THIAGO MARRARA

VOLUME  3

2025 TERCEIRA EDIÇÃO

MANUAL DE DIREITO ADMINISTRATIVO

ATOS, PROCESSOS, LICITAÇÕES E CONTRATOS

Dados Internacionais de Catalogação na Publicação (CIP) de acordo com ISBD

M358m   Marrara, Thiago
        Manual de Direito Administrativo: atos, processos, licitações e contratos / Thiago Marrara. - 3. ed. - Indaiatuba, SP : Editora Foco, 2025.

        440 p. ; 17cm x 24cm. – (Manual de Direito Administrativo ; v.3)

        Inclui bibliografia e índice.

        ISBN: 978-65-6120-318-0

        1. Direito. 2. Direito Administrativo. I. Título. II. Série.

2025-665   CDD 341.3   CDU 342.9

Elaborado por Vagner Rodolfo da Silva - CRB-8/9410
Índices para Catálogo Sistemático:
1. Direito Administrativo 341.3
2. Direito Administrativo 342.9

THIAGO MARRARA

VOLUME 3

TERCEIRA EDIÇÃO

MANUAL DE DIREITO ADMINISTRATIVO

ATOS, PROCESSOS, LICITAÇÕES E CONTRATOS

2025 © Editora Foco
Autor: Thiago Marrara
Diretor Acadêmico: Leonardo Pereira
Editor: Roberta Densa
Coordenadora Editorial: Paula Morishita
Revisora Sênior: Georgia Renata Dias
Revisora Júnior: Adriana Souza Lima
Capa Criação: Leonardo Hermano
Diagramação: Ladislau Lima e Aparecida Lima
Impressão miolo e capa: FORMA CERTA

DIREITOS AUTORAIS: É proibida a reprodução parcial ou total desta publicação, por qualquer forma ou meio, sem a prévia autorização da Editora FOCO, com exceção do teor das questões de concursos públicos que, por serem atos oficiais, não são protegidas como Direitos Autorais, na forma do Artigo 8º, IV, da Lei 9.610/1998. Referida vedação se estende às características gráficas da obra e sua editoração. A punição para a violação dos Direitos Autorais é crime previsto no Artigo 184 do Código Penal e as sanções civis às violações dos Direitos Autorais estão previstas nos Artigos 101 a 110 da Lei 9.610/1998. Os comentários das questões são de responsabilidade dos autores.

NOTAS DA EDITORA:

Atualizações e erratas: A presente obra é vendida como está, atualizada até a data do seu fechamento, informação que consta na página II do livro. Havendo a publicação de legislação de suma relevância, a editora, de forma discricionária, se empenhará em disponibilizar atualização futura.

Erratas: A Editora se compromete a disponibilizar no site www.editorafoco.com.br, na seção Atualizações, eventuais erratas por razões de erros técnicos ou de conteúdo. Solicitamos, outrossim, que o leitor faça a gentileza de colaborar com a perfeição da obra, comunicando eventual erro encontrado por meio de mensagem para contato@editorafoco.com.br. O acesso será disponibilizado durante a vigência da edição da obra.

Impresso no Brasil (2.2025) – Data de Fechamento (2.2025)

2025
Todos os direitos reservados à
Editora Foco Jurídico Ltda.
Rua Antonio Brunetti, 593 – Jd. Morada do Sol
CEP 13348-533 – Indaiatuba – SP

E-mail: contato@editorafoco.com.br
www.editorafoco.com.br

SOBRE O AUTOR

Professor de direito administrativo e urbanístico da USP (FDRP). Livre-docente pela USP (FD). Doutor pela Universidade de Munique (LMU). Advogado, consultor, parecerista e árbitro nas áreas de direito administrativo, regulatório e de infraestruturas. Editor da Revista Digital de Direito Administrativo. Entre outras obras, publicou: "Licitações e contratos administrativos"; "tratado de direito administrativo, v. 3: direito administrativo dos bens e restrições estatais à propriedade" (em coautoria com Luciano Ferraz, pela Revista dos Tribunais); "Sistema Brasileiro de Defesa da Concorrência", "Planungsrechtliche Konflikte in Bundesstaaten" (Dr. Kovac, Hamburgo); "Processo Administrativo: Lei n. 9.784/1999 comentada" (em coautoria com Irene Nohara); "Bens públicos, domínio urbano, infraestruturas"; "Direito Administrativo: transformações e tendências"; "Controles da Administração e judicialização de políticas públicas" e "Lei Anticorrupção comentada" (organizada em conjunto com Maria Sylvia Zanella Di Pietro). Encontre mais sobre o autor no LinkedIn, no Instagram e no Youtube. Artigos e outras obras disponíveis em https://usp-br.academia.edu/ThiagoMarraradeMatos. Contato: marrara@usp.br

https://www.youtube.com/channel/UClBRr7PF8ISJbu3yp8ylhoA

Esse livro é dedicado a todos os meus alunos e alunas, com os quais diariamente sou levado a repensar o direito administrativo brasileiro. Dedico, com igual alegria, aos meus professores de direito administrativo, com especial carinho à Maria Sylvia Zanella Di Pietro, pelo estímulo e pelos ensinamentos de sempre.

Meus agradecimentos a Gabriella Saiki, Enzo Polizel e Gabrielly Verçosa, que leram os originais deste volume, auxiliaram em revisões e fizeram comentários para o aprimoramento do texto.

ABREVIATURAS E SIGLAS

ACP – Ação Civil Pública
ADC – Ação Declaratória de Constitucionalidade
ADI – Ação Direta de Inconstitucionalidade
ADO – Ação de Inconstitucionalidade por Omissão
ADPF – Arguição de Descumprimento de Preceito Fundamental
AgRg – Agravo Regimental
ANA – Agência Nacional de Águas
ANAC – Agência Nacional de Aviação Civil
ANATEL – Agência Nacional de Telecomunicações
ANCINE – Agência Nacional do Cinema
ANEEL – Agência Nacional de Energia Elétrica
ANP – Agência Nacional do Petróleo, Gás Natural e Biocombustíveis
ANPD – Autoridade Nacional de Proteção de Dados
ANS – Agência Nacional de Saúde Suplementar
ANTAQ – Agência Nacional de Transportes Aquaviários
ANVISA – Agência Nacional de Vigilância Sanitária
ANM – Agência Nacional de Mineração
AP – Ação Popular
BACEN – Banco Central
CADE – Conselho Administrativo de Defesa Econômica
CC – Código Civil
CCE – Cargos Comissionados Executivos
CDC – Código de Defesa do Consumidor – Lei n. 8.078/1990
CDUSP – Código de Defesa do Usuário de Serviços Públicos – Lei n. 13.460/2017
CE – Constituição Estadual
CF – Constituição Federal
CLT – Consolidação das Leis do Trabalho
CNJ – Conselho Nacional de Justiça

CNMP – Conselho Nacional do Ministério Público
CP – Código Penal
CPC – Código de Processo Civil
CPI – Comissão Parlamentar de Inquérito
CPP – Código de Processo Penal
CR – Constituição da República
CVM – Comissão de Valores Mobiliários
DNIT – Departamento Nacional de Infraestrutura de Transportes
EC – Emenda Constitucional
ECid – Estatuto da Cidade – Lei n. 10.257/2001
EEE – Estatuto das Empresas Estatais – Lei n.13.303/2016
EP – Empresa pública
FCE – Funções Comissionadas Executivas
FNDE – Fundo Nacional de Desenvolvimento da Educação
FUNAI – Fundação Nacional do Índio
IBGE – Instituto Brasileiro de Geografia e Estatística
INMETRO – Instituto Nacional de Metrologia, Qualidade e Tecnologia
IPEA – Instituto de Pesquisa Econômica Aplicada
IPHAN – Instituto do Patrimônio Histórico e Artístico Nacional
LACP – Lei da Ação Civil Pública – Lei n. 7.347/1985
LAI – Lei de Acesso à Informação – Lei n. 12.527/2011
LGD – Lei de Governo Digital – Lei n. 14.129/2021
LGPD – Lei Geral de Proteção de Dados Pessoais – Lei n. 13.709/2018
LINDB – Lei de Introdução às Normas do Direito Brasileiro – Decreto-Lei n. 4.657/1942
LLE – Lei de Liberdade Econômica – Lei n. 13.874/2019
LLic – Lei de Licitações – Lei n. 14.133/2021
LMS – Lei do Mandado de Segurança – Lei n. 12.016/2009
LOM – Lei Orgânica Municipal
LPA – Lei de Processo Administrativo Federal – Lei n. 9.784/1999
LRF – Lei de Responsabilidade Fiscal – Lei Complementar n. 101/2000
MC – Medida Cautelar
MI – Mandado de Injunção
MP – Ministério Público
MPE – Ministério Público Estadual

MPF – Ministério Público Federal
MPV – Medida Provisória
MS – Mandado de Segurança
OS – Organização Social
OSC – Organização da Sociedade Civil
OSCIP – Organização da Sociedade Civil de Interesse Público
PL – Projeto de Lei
PNCP – Portal Nacional de Contratações Públicas
RAP – Revista de Administração Pública
RBDP – Revista Brasileira de Direito Público
RDA – Revista de Direito Administrativo (FGV)
RDDA – Revista Digital de Direito Administrativo (USP/FDRP)
RDPE – Revista de Direito Público da Economia
RE – Recurso Extraordinário
REsp – Recurso Especial
RFDUSP – Revista da Faculdade de Direito da USP
RGPS – Regime Geral da Previdência Social
RIL – Revista de Informação Legislativa do Senado
RPPS – Regime Próprio da Previdência Social
RSP – Revista do Serviço Público
s.p. – sem número de página
SEBRAE – Serviço de Apoio às Micro e Pequenas Empresas
SEM – Sociedade de Economia Mista
SENAC – Serviço Social de Aprendizagem Comercial
SENACON – Secretaria Nacional do Consumidor
SENAI – Serviço Nacional de Aprendizagem Industrial
SENAR – Serviço Nacional de Aprendizagem Rural
SENAT – Serviço Nacional de Aprendizagem do Transporte
SESC – Serviço Social do Comércio
SESI – Serviço Social da Indústria
SEST – Serviço Social de Transporte
ss – seguintes
STF – Supremo Tribunal Federal
STJ – Superior Tribunal de Justiça

TCE – Tribunal de Contas do Estado
TCM – Tribunal de Contas do Município
TCU – Tribunal de Contas da União
TDA – Títulos da Dívida Agrária
TJ – Tribunal de Justiça
TRF – Tribunal Regional Federal
UFBA – Universidade Federal da Bahia
UFRJ – Universidade Federal do Rio de Janeiro
UFSC – Universidade Federal de Santa Catarina
USP – Universidade de São Paulo

APRESENTAÇÃO E INSTRUÇÕES DE ESTUDO

A função precípua de um manual consiste em oferecer aos leitores, de modo rápido, claro e direto, os fundamentos, os conceitos e um panorama da legislação e da jurisprudência de certa disciplina científica. Não é outra a finalidade desta obra, que busca apresentar ao leitor o conteúdo essencial acerca dos tópicos nucleares do direito administrativo brasileiro contemporâneo. Como manual, não é seu foco aprofundar excessivamente os temas, esgotar todas as discussões, nem valorizar análises históricas ou de comparação do direito pátrio com o direito estrangeiro. Com ele se objetiva somente traçar as estruturas do direito administrativo *brasileiro contemporâneo*. Isso abarca: seus conceitos fundamentais; suas fontes, princípios e a teoria da discricionariedade; a organização da Administração Pública e dos entes de colaboração; os agentes públicos; as funções administrativas (serviço público, intervenção econômica, regulação, polícia etc.); os atos, contratos e processos administrativos, inclusive as licitações; os bens estatais públicos e privados; o controle da Administração e a responsabilidade dos entes estatais, seus agentes e terceiros que com eles se relacionem.

Ao longo da exposição, apontam-se os aspectos primordiais das temáticas mencionadas e que conformam uma matéria jurídica bastante complexa. Nessa análise, são levadas em conta "leis *nacionais*" (válidas para todos os três entes políticos da Federação) e "leis *federais*" (relativas à Administração Pública da União). É verdade que também há um direito administrativo estadual e municipal, mas não é possível nem oportuno sistematizá-lo em obra geral e introdutória, daí porque o direito administrativo brasileiro é geralmente exposto pela doutrina aos iniciantes com base na legislação editada pelo Congresso Nacional e na realidade da União.

Ao expor os principais capítulos da matéria, seus conceitos fulcrais e leis de referência, este manual aponta algumas questões polêmicas de cada tema acompanhadas de posicionamentos doutrinários e jurisprudenciais, quando cabíveis. Para permitir o aprofundamento da matéria e de seus problemas mais complexos, pareceu-me relevante indicar ao final de cada capítulo uma lista de obras doutrinárias nacionais sobre os temas nele tratados. Diversos julgados e súmulas também constam diretamente do texto. Aos interessados em examinar com mais detalhes a jurisprudência sugiro a consulta às páginas eletrônicas do Supremo Tribunal Federal, do Superior Tribunal de Justiça, dos Tribunais de Justiça dos Estados e dos Tribunais Regionais Federais. Para obter informações atualizadas sobre a jurisprudência mais significante, recomendo ainda a leitura dos informativos publicados por vários tribunais, principalmente os do STF e do STJ. A consideração dos informativos é essencial tanto para fins de preparação a concursos públicos, quanto para o acompanhamento das principais tendências de interpretação do direito positivo.

Igualmente imprescindível para o estudo do direito administrativo se mostra a jurisprudência de entidades e órgãos públicos diversos (não judiciários), cuja quantidade impede aqui uma enumeração exaustiva. No estudo da jurisprudência administrativa, convém consultar as páginas eletrônicas do governo. Dentre elas, merece destaque a da Rede de Informações Legislativa e Jurídica (www.lexml.gov.br). Outra fonte relevante de decisões para inúmeros temas da disciplina são os Tribunais de Contas, principalmente o da União, e as agências reguladoras.

Para imprimir mais eficiência e segurança aos estudos do direito administrativo apresentado neste manual, sugiro ainda que os leitores se dediquem simultaneamente ao exame da legislação. No entanto, inexiste um código geral de direito administrativo, como no direito civil, penal, processual civil etc., senão dezenas de leis e diversos códigos setoriais (sobre mineração, águas, florestas...). Diante dessa legislação vastíssima e fragmentada, o manuseio de coletâneas de legislação organizadas revela-se como solução bastante útil a facilitar a compreensão da matéria. Porém, como as leis são muitas e sofrem constantes alterações, o uso das coletâneas deve ser combinado com a consulta frequente às bases de dados oficiais de legislação, sobretudo às páginas eletrônicas do Senado e da Presidência da República.

SUMÁRIO

SOBRE O AUTOR V

ABREVIATURAS E SIGLAS IX

APRESENTAÇÃO E INSTRUÇÕES DE ESTUDO XIII

18. ATOS 1
    18.1   Fatos, vontades e atos 1
    18.2   Atos da Administração Pública 2
    18.3   Decisões administrativas 4
    18.4   Atos materiais 6
    18.5   Atos opinativos 7
    18.6   Atos normativos 10
    18.7   Ato administrativo: definição e classificação 14
    18.8   Atributos das decisões administrativas 16
        18.8.1   Aspectos gerais, críticas e ressalvas 16
        18.8.2   Presunção de legalidade e veracidade 17
        18.8.3   Imperatividade 20
        18.8.4   Autoexecutoriedade 21
        18.8.5   Tipicidade 22
    18.9   Existência, validade e eficácia 24
        18.9.1   Formação e o plano da existência 24
        18.9.2   Edição e o plano da validade 25
        18.9.3   Execução e o plano da eficácia 26
    18.10 Elementos de validade e vícios 28
        18.10.1 Elemento material 28
        18.10.2 Elementos formais 29
        18.10.3 Elementos causais (motivos) 31
        18.10.4 Elementos teleológicos (finalidades) 33

18.10.5 Elementos subjetivos 34

 18.10.5.1 Competência 34

 18.10.5.2 Renúncia de competência 36

 18.10.5.3 Delegação e avocação 36

 18.10.5.4 Capacidade 37

 18.10.5.5 Vícios de competência e capacidade 38

18.10.6 Resumo dos elementos e vícios 39

18.11 Modificação e correção de atos 40

 18.11.1 Modificação de atos, limites da nova interpretação e regimes de transição 40

 18.11.2 Convalidação e conversão 41

 18.11.3 Revisão do ato sancionador 43

18.12 Extinção 43

 18.12.1 Panorama das formas de extinção 43

 18.12.2 Extinção natural do ato 44

 18.12.3 Anulação 46

 18.12.4 Cassação e caducidade 49

 18.12.5 Revogação 50

18.13 Ato implícito, ato fictício e aprovação tácita 52

18.14 Súmulas 58

18.15 Referências bibliográficas para aprofundamento 59

19. PROCESSOS 63

19.1 Teoria geral 63

 19.1.1 Definições básicas: processos e procedimentos administrativos 63

 19.1.2 Processualização no Brasil 64

 19.1.3 Classificação dos processos administrativos 66

 19.1.4 Processo eletrônico e governo digital 67

19.2 Competências e fontes principais 69

 19.2.1 Competência para legislar e executar 69

 19.2.2 "Nacionalização" do processo administrativo? 70

 19.2.3 Incidência subsidiária do CPC ao processo administrativo 72

 19.2.4 Leis de processo administrativo e LINDB 74

19.3	Princípios, direitos e deveres básicos no processo		76
	19.3.1	Ampla defesa	76
	19.3.2	Contraditório	81
	19.3.3	Gratuidade	82
	19.3.4	Transparência	84
	19.3.5	Oficialidade	86
	19.3.6	Formalismo mitigado	89
	19.3.7	Isonomia	90
	19.3.8	Boa-fé e proteção da confiança	92
	19.3.9	Razoabilidade e duração razoável	94
19.4	Atores processuais		97
	19.4.1	Panorama	97
	19.4.2	Interessados: definição	98
	19.4.3	Representantes dos interessados e Súmula Vinculante n. 5	100
	19.4.4	Substitutos processuais para direitos coletivos e difusos	102
	19.4.5	Assistentes e outros intervenientes	103
	19.4.6	Participantes de audiências e consultas públicas	104
	19.4.7	Autoridades e demais agentes públicos	105
	19.4.8	Impedimento e suspeição: aspectos gerais	106
	19.4.9	Impedimento	106
	19.4.10	Suspeição	110
19.5	Fase interna e abertura do processo		112
	19.5.1	Fase interna ou preparatória	112
	19.5.2	Abertura do processo administrativo	113
	19.5.3	Comunicação de atos	115
19.6	Fase de instrução		117
	19.6.1	Características e funções	117
	19.6.2	Ônus probatório, oficialidade e razoabilidade	118
	19.6.3	Provas vedadas e legalidade instrutória	119
	19.6.4	Informalismo, momento da instrução e prova emprestada	121
	19.6.5	Participação popular: audiências e consultas públicas	122
	19.6.6	Provas periciais: laudos e pareceres	125

		19.6.7	Alegações e relatórios finais	126
19.7	Fase decisória			127
		19.7.1	Características e tipologia das decisões	127
		19.7.2	Decisões coordenadas	128
		19.7.3	Motivação da decisão	131
		19.7.4	Autovinculação ou proibição do *"venire contra factum proprium"*....	133
		19.7.5	Súmulas vinculantes e decisões administrativas	135
		19.7.6	Compensações e condicionantes na decisão	137
		19.7.7	Dever de decidir e omissão decisória	139
		19.7.8	Silêncio positivo, negativo e translativo	140
		19.7.9	Prescrição intercorrente e processos sancionadores	142
		19.7.10	Desistência e renúncia: impactos sobre a decisão	144
19.8	Fase recursal e revisão			145
		19.8.1	Recursos e recorribilidade administrativa	145
		19.8.2	Fontes e limitação das instâncias	146
		19.8.3	Gratuidade e Súmula Vinculante 21	147
		19.8.4	Reconsideração	149
		19.8.5	Recursos administrativos: tipologia	150
		19.8.6	Etapas do procedimento recursal	152
		19.8.7	Interposição do recurso	153
		19.8.8	Fase de conhecimento ou recebimento	154
		19.8.9	Efeitos devolutivo e suspensivo	157
		19.8.10	Defesa na fase recursal e julgamento	158
		19.8.11	As possibilidades de decisão recursal	159
		19.8.12	Prazo de decisão dos recursos	161
		19.8.13	Revisão da decisão condenatória	162
		19.8.14	*"Reformatio in pejus"* em recursos e revisão	165
		19.8.15	Coisa julgada e estabilidade decisória	166
19.9	Prazos			168
		19.9.1	Aspectos gerais	168
		19.9.2	Prazos em espécie	170
		19.9.3	Contagem do prazo	171

		19.9.4	Extensão: suspensão, interrupção e prorrogação	171
		19.9.5	Prazos em processos eletrônicos...	172
		19.9.6	Aceleração processual como medida inclusiva...............................	173
	19.10	Súmulas...		174
	19.11	Referências bibliográficas para aprofundamento		175

20. LICITAÇÕES 179

	20.1	Fundamentos		179
		20.1.1	Definição..	179
		20.1.2	Bases constitucionais	180
		20.1.3	Competências executórias e legislativas	181
		20.1.4	Evolução da legislação licitatória..	184
	20.2	A Lei Geral de Licitações de 2021...		185
		20.2.1	Estrutura e conteúdo	185
		20.2.2	Aplicabilidade da LLic	186
		20.2.3	Relação do Estatuto das ME e EPP com a LLic...............................	189
		20.2.4	Regulamentação da LLic	189
	20.3	Princípios e objetivos..		191
		20.3.1	Princípios da LLic	191
		20.3.2	Objetivos da licitação..	196
		20.3.3	Vantajosidade e precificação adequada...	197
		20.3.4	Desenvolvimento nacional sustentável e fomento à inovação	199
	20.4	Fase preparatória..		202
		20.4.1	Papel da fase preparatória...	202
		20.4.2	ETP, Termo de Referência e Projetos	203
		20.4.3	Parcelamento, padronização, marcas e orçamento	204
		20.4.4	Elaboração do edital	207
		20.4.5	Agentes públicos e demais envolvidos...	208
		20.4.6	Análise jurídica prévia	210
		20.4.7	Participação popular e PMI..	211
	20.5	Fase externa		211
		20.5.1	Publicação do edital, impugnação, esclarecimentos e propostas......	211
		20.5.2	Participação na licitação: proibições e regras especiais	212

20.5.3 Garantia de proposta 213

20.5.4 Modos de disputas e lances 214

20.5.5 Julgamento e seus critérios 214

20.5.6 Classificação, empates e margem de preferência 216

20.5.7 Desclassificação, preço inexequível, sobrepreço e negociação 218

20.5.8 Habilitação: normas gerais e dispensa 219

20.5.9 Habilitação técnica, jurídica, econômica, fiscal, social e trabalhista. 220

20.5.10 Encerramento, anulação, revogação, homologação e adjudicação ... 223

20.6 Modalidades de contratação 224

20.6.1 Panorama 224

20.6.2 Concorrência 224

20.6.3 Pregão 225

20.6.4 Leilão 225

20.6.5 Concurso 226

20.6.6 Diálogo competitivo 227

20.7 Contratação direta ou sem licitação 228

20.7.1 Fundamentos 228

20.7.2 Requisitos gerais da contratação direta 229

20.7.3 Dispensa de licitação 229

20.7.4 Inexigibilidade de licitação 233

20.8 Procedimentos auxiliares 236

20.8.1 Aspectos gerais 236

20.8.2 PMI (procedimento de manifestação de interesse) 237

20.8.3 Credenciamento 239

20.8.4 Registro de preços 241

20.8.5 Pré-qualificação 245

20.8.6 Registro cadastral unificado 246

20.9 Controle das licitações 247

20.9.1 Meios de controle e responsabilização: panorama 247

20.9.2 Controle social, audiências e consultas 249

20.9.3 Impugnação do edital e pedido de esclarecimento 250

20.9.4 Reconsideração e recursos administrativos 251

	20.9.5	Controle interno e linhas de defesa	253
	20.9.6	Parâmetros do controle estatal da licitação...................................	254
	20.9.7	Controle externo, Tribunal de Contas e suspensão de licitação.......	255
20.10	Infrações e sanções na LLic..		256
	20.10.1	Infrações na contratação pública	256
	20.10.2	Processo administrativo de responsabilização (PAR)	258
	20.10.3	Sanções administrativas..	259
	20.10.4	Dosimetria e desconsideração da personalidade jurídica	260
	20.10.5	Reabilitação do sancionado	262
	20.10.6	Acordo de leniência	263
	20.10.7	Compromissos de ajustamento de conduta	266
20.11	Regimes licitatórios especiais..		269
	20.11.1	Licitações nas empresas estatais	269
	20.11.2	Licitações para serviços de publicidade...	271
	20.11.3	Licitações na Lei das Startups...	276
20.12	Súmulas...		278
20.13	Referências bibliográficas para aprofundamento		281

21. CONTRATOS			285
21.1	Fundamentos e panorama		285
	21.1.1	Contratos da Administração	285
	21.1.2	Contratualização administrativa..	287
	21.1.3	Proposta de classificação doutrinária...	288
	21.1.4	Características básicas dos grupos contratuais...............................	290
21.2	Regime dos contratos instrumentais		292
	21.2.1	Direito contratual na LLic: conteúdo e aplicabilidade.....................	292
	21.2.2	Características dos contratos da LLic e poderes exorbitantes	293
21.3	Celebração e execução contratual...		295
	21.3.1	Formalização do contrato	295
	21.3.2	Interpretação e integração contratual	296
	21.3.3	Execução e responsabilidade dos contratantes...............................	297
	21.3.4	Subcontratação	300
	21.3.5	Duração contratual	302

	21.3.6	Suspensão da execução	303
	21.3.7	Prorrogação e extensão	304
	21.3.8	Alterações contratuais	306
	21.3.9	Recebimento do objeto	307
21.4	Pagamento e equilíbrio econômico-financeiro	308
	21.4.1	Pagamentos, antecipação e parcelas variáveis	308
	21.4.2	Equilíbrio econômico-financeiro	311
	21.4.3	Matriz de riscos e teoria das áleas	312
	21.4.4	Repactuação, reajustamento e revisão	314
21.5	Fiscalização, infrações e garantias	316
	21.5.1	Fiscalização do contrato	316
	21.5.2	Mora e inexecução como infrações	318
	21.5.3	Garantia de execução e retomada (*"step in"*)	320
21.6	Controvérsias e extinção contratual	322
	21.6.1	Controvérsias e MASC	322
	21.6.2	Extinção contratual: modalidades	324
	21.6.3	Direito à extinção judicial/arbitral	325
	21.6.4	Extinção unilateral pela Administração	325
	21.6.5	Extinção por declaração de nulidade	326
21.7	Súmulas	328
21.8	Referências bibliográficas para aprofundamento	329

22. CONCESSÕES 333

22.1	Introdução e normas gerais	333
	22.1.1	Os módulos concessórios	333
	22.1.2	Vantagens e desvantagens	334
	22.1.3	Fundamentos constitucionais e competências	336
	22.1.4	Evolução legislativa	337
	22.1.5	Leis de Concessões, Leis de PPP e Leis Setoriais	339
22.2	Modalidades concessórias	341
	22.2.1	Concessão de serviço público	341
	22.2.2	Concessão de obra pública	343
	22.2.3	Permissão	345

		22.2.4 Parcerias público-privadas (PPP)	347
		22.2.5 Concessão patrocinada	348
		22.2.6 Concessão administrativa	349
		22.2.7 PPP e concessão comum: distinções..	351
		22.2.8 Autorização de serviço público: particularidades............................	352
	22.3	Atores envolvidos	355
		22.3.1 Concedente, permitente e parceiro público......................................	355
		22.3.2 Concessionária, permissionária ou parceira privada	357
		22.3.3 Trabalhadores e fornecedores	359
		22.3.4 Usuários	360
		22.3.5 Regulador..	362
	22.4	Preparação contratual e licitação	363
		22.4.1 Autorização legislativa...	363
		22.4.2 Exigências na preparação contratual	367
		22.4.3 Procedimento de Manifestação de Interesse (PMI)	368
		22.4.4 Cláusulas essenciais e objeto do contrato...	369
		22.4.5 Peculiaridades da licitação...	371
	22.5	Execução contratual	372
		22.5.1 Sociedade de propósito específico (SPE)..	372
		22.5.2 Subcontratação	374
		22.5.3 Subconcessão	375
		22.5.4 Transferência e aquisição de controle	376
		22.5.5 Duração, prorrogação, extensão e cronograma................................	377
		22.5.6 Mutabilidade e alterações contratuais	380
	22.6	Aspectos econômico-financeiros	382
		22.6.1 Saídas e entradas financeiras: panorama...	382
		22.6.2 Tarifas e sua tipologia	383
		22.6.3 Contraprestação do parceiro público...	386
		22.6.4 Receitas extraordinárias	387
		22.6.5 Remuneração variável	389
		22.6.6 Subsídios e aportes	390
		22.6.7 Equilíbrio econômico-financeiro: intangibilidade relativa	391

	22.6.8	Desequilíbrio, áleas e matriz de riscos	392
	22.6.9	Reequilíbrio, reajuste e revisão	394
22.7	Fiscalização, sancionamento e extinção	396
	22.7.1	Fiscalização	396
	22.7.2	Infrações, sanções, PAR	399
	22.7.3	Garantias e FGP	400
	22.7.4	Extinção, caducidade, encampação, anulação e revogação	402
	22.7.5	Bens reversíveis	404
	22.7.6	Meios alternativos de solução de controvérsias (MASC)	407
22.8	Súmulas	408
22.9	Referências bibliográficas para aprofundamento	408

18
ATOS

18.1 FATOS, VONTADES E ATOS

Fato é todo evento que ocorre com ou sem a intervenção humana. A chuva, o vento, a queda de um meteorito e terremotos são exemplos de **fatos materiais e naturais**, que sucedem a despeito da ação dos seres humanos. Já uma atividade esportiva, a condução de um veículo, o atendimento de um cidadão ou o silêncio, a inação, a negligência na prestação de serviços são **fatos materiais humanos** ou voluntários.

Na precisa lição de Hans Kelsen, um evento natural ou humano não é por si só jurídico. A sua significação para o direito surgirá tão somente quando uma norma fizer referência a ele, emprestando-lhe um papel dentro do sistema jurídico.[1] Tanto os fatos materiais naturais, quanto os humanos podem se transformar em **fatos jurídicos**. Os fatos se tornam verdadeiros fatos jurídicos a partir do momento em que o direito normatiza sua ocorrência ou suas consequências, como ocorre com uma enchente que causa danos como a destruição de casas, mata pessoas e deflagra uma série de impactos sobre contratos.

Na prática, muitos dos fatos que interessam ao direito são humanos ou, nas palavras de Araújo, fatos "que decorrem da ação humana voluntária e sobre os quais o ordenamento jurídico ora *prescreve* efeitos jurídicos imediatamente" – independentemente de o indivíduo desejá-los –, "ora *admite* as consequências jurídicas que o ser humano, com aquela ação voluntária, deseja produzir".[2] Em outras palavras, os fatos jurídicos humanos ou voluntários abarcam tanto as ações de pessoas que objetivam efeitos jurídicos, quanto aquelas que acarretam efeitos jurídicos em virtude do desejo do legislador, por determinação do ordenamento, ainda que a pessoa não os vise.

No âmbito do direito administrativo, os fatos jurídicos, naturais ou humanos, tornam-se relevantes quando passam a criar, modificar ou extinguir **relações jurídico-administrativas** típicas, como: (i) as travadas entre Estado e cidadãos em sentido amplo (pessoas físicas ou jurídicas sujeitas a seu poder soberano); (ii) as relações interadministrativas (entre entidades públicas) e (iii) as relações interorgânicas (ou seja, entre órgãos da Administração Pública).

---

1. KELSEN, Hans. *Teoria pura do direito*, 6. ed. São Paulo: Martins Fontes, 1998, p. 4.
2. ARAÚJO, Edmir Netto de. *Curso de direito administrativo*, 8. ed. São Paulo: Saraiva, 2018. p. 511.

Nem todos os fatos jurídicos relevantes para o direito administrativo enquadram-se, porém, no conceito de **fato administrativo**, que designa o conjunto de fatos jurídicos voluntários imputáveis à Administração Pública, ou seja, manifestações da vontade estatal praticadas quer sem o intuito de produzir efeitos jurídicos (uma ação comissiva ou mesmo uma omissão ou o silêncio), quer visando à produção de efeitos jurídicos (verdadeiras declarações de vontade, ou seja, decisões administrativas de caráter geral e abstrato ou de caráter concreto). Para além desses fatos administrativos, existem fatos desvinculados de um comportamento da Administração Pública, mas que são relevantes para as relações de direito administrativo. Por essa razão, é possível falar de um conceito amplo de "fatos jurídicos relevantes para a Administração", o qual abarca tanto fatos administrativos propriamente ditos, quanto fatos de terceiros com implicações jurídico-administrativas.

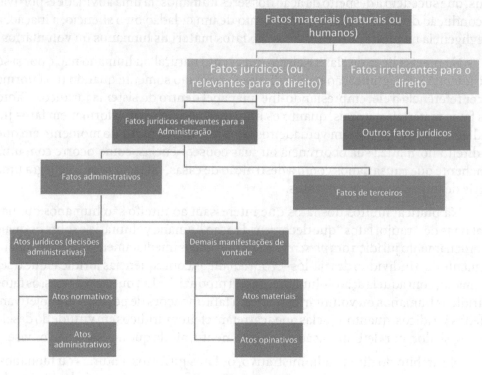

Fonte: elaboração própria

18.2 ATOS DA ADMINISTRAÇÃO PÚBLICA

O direito privado divide os fatos jurídicos voluntários em: (a) **atos jurídicos em sentido estrito** e (b) **negócios jurídicos**. Edmir Netto de Araújo revela com clareza a diferença entre os institutos: fala-se de ato jurídico para indicar aqueles cujos efeitos são prescritos pelo ordenamento e que se "realizarão caso o agente declare a vontade naquela forma prescrita, independentemente de sua vontade". De outro lado, o negócio jurídico, que pode ser unilateral ou bilateral, consiste na declaração de vontade que produz os efeitos jurídicos que o agente desejou atingir; as consequências são desejadas por ele e não determinadas pelo ordenamento jurídico diretamente, que apenas as admite ou as reconhece.[3] Em termos práticos, a diferença reside no maior ou menor grau de vinculação do comportamento e de seus efeitos ao ordenamento jurídico.

Em contraste com o direito privado, o direito administrativo trabalha com o conceito mais abrangente de **atos da Administração** para englobar quaisquer fatos jurídicos voluntários imputáveis à Administração Pública. Nessa categoria incluem-se todas as manifestações de vontade praticadas por agentes públicos no exercício de suas funções instrumentais ou finalísticas, com ou sem conteúdo propriamente decisório. De modo geral, subdividem-se os atos da Administração em quatro gêneros:

(i) Os **atos materiais** equivalem a comportamentos materializadores de comandos normativos, mais ou menos abertos, previstos na legislação ou em decisões administrativas de caráter concreto (atos administrativos) ou de caráter abstrato (atos normativos infralegais). Além disso, atos materiais são praticados para dar vida a um comando jurisdicional, ou melhor, uma decisão expedida pelo Judiciário. Por se destinarem a concretizar um mandamento de qualquer um dos três Poderes, os atos materiais da Administração Pública são também denominados de "atos de mera execução". Exemplos são os atendimentos em hospital público, aulas em universidade pública, os cuidados com as áreas verdes urbanas, as ações de defesa nacional e de manutenção da segurança pública;

(ii) Os **atos opinativos** trazem uma opinião ou dados mais ou menos técnicos, mas necessários à preparação de uma decisão administrativa. Eles servem de suporte, obrigatório ou facultativo, à elaboração de atos administrativos ou normativos pela Administração. Exemplos são os pareceres técnicos em processos de licenciamento ambiental no Sistema Nacional de Meio Ambiente (SISNAMA), os pareceres sobre revalidação de diplomas estrangeiros em universidades públicas e sobre pedidos de autorização de concentrações empresariais no Sistema Brasileiro de Defesa da Concorrência (SBDC);

(iii) Os **atos normativos** configuram atos jurídicos de caráter geral e abstrato. Como decisões administrativas gerais, eles são expedidos pelos entes da Administração Pública, como agências reguladoras, secretarias, universidades públicas, a partir da lei e da Constituição. Exemplos se vislumbram em regimentos e regulamentos, a exemplo daqueles que regem a prestação dos serviços de telefonia, o funcionamento de um programa de pós-gra-

---

3. ARAÚJO, Edmir Netto de. *Curso de direito administrativo*, 8. ed. São Paulo: Saraiva, 2018. p. 514.

duação em universidade pública, a cobrança de bagagens por companhias aéreas ou o uso de bens públicos; e

(iv) Os **atos administrativos** são atos jurídicos voluntários em sentido estrito e marcados pela concretude de seu conteúdo mandamental. Eles são espécies de decisão administrativa, mas diferem dos atos normativos por conterem mandamento concreto, voltado a uma situação específica, como se detalhará oportunamente. Exemplos de atos administrativos são a demissão do servidor público por infração disciplinar, a nomeação do candidato aprovado em concurso público, a aplicação de advertência a um aluno de universidade pública, a autorização para o uso de uma praça municipal e a licença ambiental.

Sob uma perspectiva processual simplificada, se considerarmos o funcionamento de uma entidade administrativa qualquer, os atos opinativos serão preparatórios e precedentes dos atos normativos e atos administrativos, enquanto os atos materiais representarão sua execução, daí porque são posteriores, como demonstra o esquema abaixo. Faça-se apenas uma ressalva: os materiais, em muitos casos, também poderão ser praticados sem decisão administrativa anterior. Isso ocorrerá quando executarem diretamente uma lei ou decisão judicial.

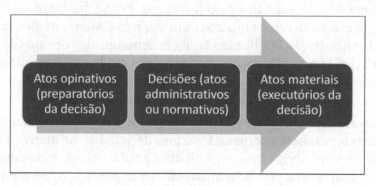

Fonte: elaboração própria

18.3 DECISÕES ADMINISTRATIVAS

Todos os atos da Administração Pública se vinculam ao exercício de funções administrativas instrumentais (como a gestão de bens, de pessoal ou de recursos financeiros) ou finais (como a prestação de serviços públicos, a intervenção direta estatal na economia, a regulação, o exercício do poder de polícia ou do fomento), exercidas quer no Poder Executivo, quer no âmbito do Poder Judiciário ou do Poder Legislativo. Conquanto se vinculem sempre a funções administrativas, ao se examinar seu efeito jurídico sobre os cidadãos, torna-se possível distribuir os quatro gêneros de atos da Administração em duas categorias maiores: os atos sem caráter decisório e as decisões administrativas propriamente ditas.

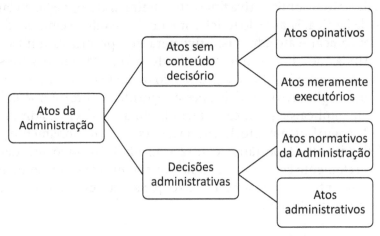

Fonte: elaboração própria

O primeiro grupo de atos da Administração (atos materiais e atos opinativos) não têm por objetivo produzir efeito jurídico direto. Não visam a diretamente criar, modificar ou extinguir direito, dever ou faculdade de um determinado sujeito. Por isso, são atos não decisórios. Na verdade, sua função consiste ou na execução de uma decisão (atos executórios ou materiais) ou na preparação da decisão (atos opinativos). Apesar disso, por serem capazes de gerar danos a um ou mais indivíduos, a prática desses atos pode deflagrar efeito jurídico e suscitar a responsabilidade do Estado como pessoa jurídica ou do agente público como pessoa física. Exemplo disso se vislumbra quando certo motorista de um hospital público, ao conduzir ambulância, atropela pedestre. Embora não visasse modificar a esfera jurídica de terceiros, a ação estatal material gerou um dano no caso exemplificado e, por conseguinte, dá margem à responsabilização do agente público (motorista) e do ente (hospital).

Diferentemente dos atos opinativos e materiais, as **decisões administrativas** propriamente ditas abarcam os atos administrativos e os atos normativos. Em comum, eles se caracterizam pela finalidade de atingir a esfera jurídica de um ou mais sujeitos, geralmente com base em um comando previsto em lei, e pela ausência de definitividade e pela sindicabilidade, ou seja, pela possibilidade de serem questionados perante o Judiciário – que então dará a palavra definitiva em caso de conflito. As decisões administrativas podem ser atacadas pelos seus destinatários ou por terceiros, sujeitando-se a formas especiais de extinção, como a anulação, a revogação e a revisão, além de poderem acarretar a responsabilização de pessoas físicas ou jurídicas.

A diferenciação aqui proposta entre decisão administrativa e demais atos da Administração é incomum na doutrina brasileira. No entanto, um exemplo simples esclarece a importância prática de se identificar quais atos configuram efetivamente decisão. Num processo de licenciamento ambiental para instalação de uma fábrica, os estudos ou os pareceres técnicos (ato opinativo) servem de base para a decisão administrativa final (ato administrativo) de licenciar ou não a construção da fábrica. Diante do indeferimento do pedido, o empreendedor, caso deseje, poderá atacar o ato administrativo perante a própria Administração ou o Judiciário. Ainda que o indeferimento tenha decorrido de opiniões constantes do parecer que precedeu e justificou a decisão do órgão licenciador, não é o parecer oficial (como ato opinativo) que deflagra efeito jurídico sobre o empreendedor. Ele só terá alguma implicação jurídica na medida em que a decisão administrativa o tiver utilizado como fundamento. Eventual recurso ou questionamento judicial do empreendedor se voltará, portanto, contra o ato administrativo de indeferimento e apenas indiretamente contra o ato opinativo em que ela se sustenta. Afinal, é o ato de indeferimento e não o parecer prévio que afeta a esfera de direitos do empreendedor no exemplo dado.

18.4 ATOS MATERIAIS

Os agentes públicos desempenham ações executivas a todo momento e, com isso, dão vida à gestão pública. Exemplos disso se vislumbram quando organizam e participam de reuniões, atendem usuários de serviços públicos em hospitais e escolas, analisam documentos, apoiam o cidadão, limpam praças, jardins, parques e edifícios, bem como quando fiscalizam e monitoram agentes econômicos e sociais. Também devem ser incluídos na categoria dos atos materiais os denominados **atos enunciativos**, como avisos e certidões, pois eles não criam direitos ou deveres, resumindo-se a dar publicidade a uma informação, dado ou orientação geral.

Chamados por vezes de **atos de mera execução**, os atos materiais compõem a maior parte de todas as ações praticadas pelos agentes públicos no seu dia a dia. Usualmente, eles consistem no desempenho de mandamentos contidos em atos normativos editados pelas Administração ou em atos administrativos concretos. É possível, no entanto, que atos materiais sejam praticados com suporte direto em um comando previsto na lei ou na Constituição, ou por força de decisões judiciais. Nesses dois casos, não haverá uma decisão administrativa intermediária que precede a execução. Em síntese, os atos materiais ou de execução ora viabilizam uma decisão administrativa (ato administrativo ou ato normativo da Administração), ora concretizam comandos previstos em lei ou no texto constitucional, ora executam decisões judiciais.

Assim como outros atos da Administração, os atos materiais são executados pelos agentes públicos de acordo com as atribuições distribuídas por cargos, empregos e funções no Estado. Em situações excepcionais previstas no ordenamento, particulares legitimados a agir em nome da Administração Pública poderão praticá-los. Em qualquer caso, os entes e os agentes executores responderão pelos danos que indevidamente causarem a terceiros. Essa responsabilidade poderá recair sobre a entidade (responsabilidade civil objetiva – art. 37, § 6º da Constituição) e sobre o agente executor (responsabilidade disciplinar, responsabilidade penal e responsabilidade civil por culpa ou dolo).

O modo de execução dos atos materiais é frequentemente tratado em normativas funcionais, como os estatutos de servidores, os códigos de ética, os diplomas disciplinares e os regimentos internos. Alguns exemplos de normas pertinentes se extraem da Lei n. 8.112/1990, que impõe ao servidor civil da União os deveres de "exercer com zelo e dedicação as atribuições do cargo", "zelar pela economia do material e a conservação do patrimônio público" e "tratar com urbanidade as pessoas" (art. 116). O Estatuto ainda proíbe o servidor de "cometer a pessoa estranha à repartição, fora dos casos previstos em lei, o desempenho de atribuição...", "proceder de forma desidiosa" e "receber propina, comissão, presente ou vantagem de qualquer espécie, em razão de suas atribuições" (art. 117).

Outro diploma bastante relevante para a execução de atos na Administração Pública é a Lei n. 13.460/2016. Conhecida como Código de Defesa dos Usuários de Serviços Públicos, ela prevê que os agentes públicos e prestadores de serviços públicos deverão observar, entre outras diretrizes, a urbanidade, o respeito, a cortesia, a igualdade de tratamento, a proteção da saúde e da segurança dos usuários, a simplicidade e correção da linguagem, bem como as normas de código de ética e de condutas (art. 5º). A lei também prevê a instituição de conselhos de usuários como órgão dos prestadores de serviços públicos. Esses conselhos têm competência, por exemplo, para acompanhar a prestação dos serviços, participar na sua avaliação e propor melhorias na sua prestação. Com isso, o legislador incrementou os poderes da sociedade no controle da ação pública, sobretudo em benefício da boa execução da legislação e das decisões administrativas. Trata-se de medidas que atingem diretamente os atos materiais e revelam a preocupação atual com a eficiência administrativa e com o atendimento adequado, pelo Estado, das necessidades sociais.

18.5 ATOS OPINATIVOS

Os atos opinativos contêm uma apreciação, técnica ou leiga, da realidade que é objeto de um processo administrativo e, a partir dela, apontam uma sugestão ou recomendação embasada. Sua função consiste em subsidiar a formação da decisão administrativa, seja ela abstrata (ato normativo) ou concreta (ato administrativo). Por esse motivo, afirmei anteriormente que os atos opinativos são exclusivamente preparatórios das decisões administrativas, ou seja, eles não configuram uma verdadeira decisão, já que são incapazes de, isoladamente, gerar impacto na esfera de direitos dos interessados no processo em que se inserem.

Exemplos de atos opinativos são os laudos, os **pareceres** e as manifestações dos membros de colegiados durante debates de sessões ordinárias ou extraordinárias. Interessante é a questão do voto dos membros do colegiado. Afinal, um voto no geral não se confunde com a decisão administrativa do colegiado. Daí ser possível afirmar que esse voto isolado, ainda que contenha manifestação em sentido decisório ou abstenção, apenas prepara e contribui para a formação da vontade colegial geradora do ato normativo ou administrativo expedido pelo órgão. Não há decisão colegiada sem voto, mas isso não significa que referida decisão se confunda com os votos que lhe dão origem.

O art. 50 da LPA federal expressamente prevê que a **motivação** da decisão pode consistir em "declaração de concordância com fundamentos de anteriores pareceres...", que, nesse caso, serão parte integrante do ato. O dispositivo em destaque se estende para todo e qualquer ato opinativo que dê suporte à tomada de uma decisão de caráter normativo ou concreto. Em outras palavras, a decisão de um órgão da Administração não necessita conter motivos explícitos e próprios caso ela se assente em um ato opinativo anterior, aceito pelo órgão como fundamento de sua escolha. Se, porém, a decisão final se basear em argumentos outros, não contidos ou contrários aos do ato opinativo, a motivação deverá ser completa e exaustiva.

Os atos opinativos podem ser classificados quanto à presença no processo e quanto ao efeito de seu conteúdo. Pelo primeiro critério, dividem-se **atos opinativos obrigatórios**, que devem necessariamente constar dos autos (como o parecer jurídico em licitações), e os **atos opinativos não obrigatórios**, ou seja, aqueles que podem ser solicitados, mas cuja presença nos autos não configura um requisito essencial de forma. Pelo segundo critério, relativo ao efeito jurídico, separam-se os **atos meramente opinativos**, que não vinculam a decisão final, dos **atos opinativos vinculantes**, que conformam a decisão final, tornando-se objeto necessário da decisão administrativa, caso ela venha a ser tomada. Exemplo de opinião vinculante se encontra nas respostas a consultas que, de acordo com o art. 30 da LINDB, devem a princípio vincular a Administração Pública em eventual ato decisório posterior.

Uma vez que preparam a decisão final, os atos opinativos fazem parte da instrução do processo administrativo. Por essa razão, andou bem o Congresso Nacional ao prever regras sobre **laudos e pareceres** na LPA federal (Lei n. 9.784/1999). O art. 42 prescreve que os pareceres obrigatórios serão fornecidos por órgãos consultivos em quinze dias. Se o parecer for obrigatório e vinculante, o processo administrativo não terá prosseguimento até a sua apresentação. Se o parecer for meramente opinativo, o processo terá prosseguimento. Em qualquer caso, o responsável pelo atraso deverá ser responsabilizado. Já o art. 43 trata dos laudos, mas deixa a critério da Administração a fixação do prazo. Em caso de descumprimento do prazo, o órgão responsável pela instrução processual deverá solicitar documento equivalente de outro órgão dotado de equivalente qualificação e capacidade técnica.[4]

---

4. Criticamente sobre o tratamento dos laudos e pareceres na LPA, cf. MARRARA, Thiago; NOHARA, Irene Patrícia. *Processo administrativo*: Lei 9.784/1999 comentada, 2. ed. São Paulo: Revista dos Tribunais, 2018, p. 356 e ss.

Outro aspecto que merece discussão diz respeito à manutenção da impessoalidade e da moralidade na elaboração de atos opinativos. Como manifestação da administração pública, não há dúvidas de que todos os atos, inclusive os opinativos, sujeitam-se aos princípios gerais de direito administrativo. Por exemplo, as normas de impedimento e suspeição do processo administrativo afetam não somente quem decide, como também as "autoridades que influenciam a formação da vontade do julgador, principalmente por atuarem na fase de instrução do processo, ou seja, na fase de produção de provas".[5] Não cabe aqui examinar em profundidade as hipóteses de impedimento e suspeição (art. 18 a 21 da LPA), que serão retomadas no capítulo de processo administrativo. Basta, por ora, recordar que o responsável pelo ato opinativo não poderá, entre outras situações, atuar em processos que envolvam seus próprios interesses ou direitos, parentes de até terceiro grau ou pessoas contra as quais esteja litigando ou com as quais mantenha relação de amizade íntima ou inimizade notória.

Os atos opinativos, como parte do processo administrativo, devem seguir a regra geral da **transparência**. Eles somente poderão ser sigilosos nas hipóteses excepcionais de restrição da publicidade contidas na Lei de Acesso à Informação para fins de proteção dos interesses do Estado e da sociedade ou para proteção da vida privada, da imagem, da honra, da intimidade e das liberdades e garantias individuais (art. 23 e 31 da Lei n. 12.527/2011). Note-se, porém, que a Administração está autorizada a dar acesso a pareceres preparatórios e votos apenas após a tomada da decisão. Essa conclusão resulta do art. 7°, § 3° da Lei, segundo o qual "o direito de acesso aos documentos ou às informações neles contidas utilizados como fundamento da tomada de decisão e do ato administrativo será assegurado com a edição do ato decisório respectivo".

As alterações na Lei de Introdução às Normas do Direito Brasileiro (LINDB) também ocasionaram impacto expressivo sobre os agentes responsáveis pela elaboração de pareceres que preparam e contribuem com a decisão administrativa. Nos termos de seu art. 20, as autoridades administrativas, ao decidir, devem levar em conta as **consequências práticas** de sua escolha. Isso tem uma implicação clara sobre quem elabora atos opinativos. Técnicos e pareceristas deverão esclarecer a razoabilidade da medida sugerida (adequação, necessidade e proporcionalidade em sentido estrito), inclusive demonstrando a sua vantagem diante de alternativas decisórias. Ao exigir que avaliem o impacto das decisões, a LINDB tornou a tarefa dos órgãos consultivos muito mais importante, sobretudo para fins de validação da decisão administrativa.

A seu turno, o art. 28 da LINDB passou a prever que "o agente público responderá pessoalmente por suas decisões ou opiniões técnicas em caso de dolo ou

---

5. MARRARA, Thiago; NOHARA, Irene Patrícia. *Processo administrativo*: Lei 9.784/1999 comentada, 2. ed. São Paulo: Revista dos Tribunais, 2018, p. 233.

erro grosseiro". Esse dispositivo serve naturalmente para evitar abusos dos órgãos de controle no sentido de imputar responsabilidade a pareceristas por opiniões legítimas e adequadamente defensáveis. Nesse sentido, o art. 28 indica que nenhum responsável por laudos ou pareceres poderá ser condenado, simplesmente porque não adivinhou a interpretação desejada pelos órgãos de controle, como o Ministério Público ou os Tribunais de Contas. A norma da LINDB, contudo, gerou extrema confusão ao utilizar a expressão **erro grosseiro**, sobretudo sabendo-se que a Constituição da República prevê a responsabilidade civil do agente público por dolo ou *culpa* (art. 37, § 6º).[6] Para solucionar a confusão, o Decreto n. 9.830/2019, definiu o erro grosseiro como "aquele manifesto, evidente, inescusável praticado com culpa grave, caracterizado por ação ou omissão com elevado grau de negligência, imprudência ou imperícia" (art. 12, § 1º). E complementou: "não será configurado dolo ou erro grosseiro do agente público se não restar comprovada, nos autos do processo de responsabilização, situação ou circunstância fática capaz" de caracterizá-lo (art. 12, § 2º). Outra disposição sobre atos normativos prevista no Decreto é a que impede a responsabilização do gestor (daquele que decide efetivamente) por **opinião técnica alheia**, salvo "se estiverem presentes elementos suficientes para o decisor aferir o dolo ou erro grosseiro da opinião técnica ou se houver conluio entre os agentes" (art. 12, § 6º).

Apesar dos avanços, em outros aspectos, a LINDB andou mal, por tornar mais rígida e inflexível a atuação administrativa. O art. 30 previu que opiniões constantes de consultas terão **caráter vinculante** para o órgão ou entidade a que se destinam, até ulterior revisão. A lei tornou as consultas e súmulas vinculantes, enrijecendo a gestão pública, inclusive se comparada com o Judiciário, em que as súmulas podem ser vinculantes ou de mera orientação. Nada impede que dispositivo de lei especial afaste a regra geral da Lei de Introdução. Aliás, aparentemente, o próprio Decreto n. 9.830/2019 mitigou essa exigência ao prever que: "A autoridade máxima de órgão ou da entidade da administração pública *poderá* editar enunciados que vinculem o próprio órgão ou a entidade e os seus órgãos subordinados" (art. 23, g.n.).

18.6 ATOS NORMATIVOS

Os atos normativos, como se sustentou anteriormente, são espécie de decisão administrativa marcada pelo **conteúdo mandamental geral e abstrato**. Eles são gerais, na medida em que se destinam a um conjunto indeterminado de sujeitos (universalidade subjetiva) e abstratos, pois não se referem a uma única situação concreta, senão a inúmeras (universalidade objetiva). É exatamente na abstração que se encontra a diferença central entre ato normativo da Administração Pública e ato administrativo.

---

6. Para mais detalhes sobre o art. 28 da LINDB, cf. os capítulos sobre responsabilidade disciplinar e responsabilidade extracontratual civil do Estado no volume IV deste manual.

Os atos normativos se justificam por uma razão simples. As normas legais e constitucionais não são capazes de disciplinar com precisão, atualidade, celeridade e profundidade todas as situações da vida. Assim, em vez de regrar de modo exaustivo todo e qualquer assunto administrativo, o legislador abre espaço ou requer que a Administração crie normas gerais e abstratas infralegais no sentido de torna viável o funcionamento de seus entes, órgãos e políticas públicas.

Com frequência, as decisões normativas da Administração servem para detalhar a Constituição, uma lei ou, mesmo, outro ato normativo infralegal. Existem atos normativos que, por exemplo, pormenorizam aspectos da Lei de Concessões, da Lei de Licitações e da Lei de Acesso à Informação. Eles dão densidade a comandos hierarquicamente maiores e viabilizam sua execução.

Embora a Constituição da República sistematize os atos legislativos (art. 59), o ordenamento jurídico brasileiro é bem confuso e lacunoso no tocante aos atos normativos editados pela Administração. Embora a disciplina dos regulamentos se mostre relativamente madura, há muitas dificuldades para se teorizar sobre os atos normativos em geral por falta de normas claras ou um padrão nacional. Na verdade, o sistema federativo permite que cada esfera política trate da normatização de maneira peculiar. É isso que viabiliza, na prática, o uso de conceitos idênticos para indicar fenômenos normativos distintos a depender do ente da federação.

Uma boa maneira para se compreender os atos normativos consiste em separar os conceitos que indicam o conteúdo do ato daqueles que se referem à forma.

A **classificação pela forma** do ato considera o instrumento que o insere no ordenamento jurídico. Nesse sentido, decreto, portaria, resolução, deliberação, súmulas são nomes de formas jurídicas. Enquanto o **decreto** é a forma típica dos atos editados pelos Chefes do Executivo, a **portaria** e a **instrução normativa** são atos editados por uma ou mais autoridades singulares, enquanto a **resolução** é ato normativo editado por órgãos colegiados, como comissões e conselhos (cf. art. 9º do Decreto n. 12.002/2024). Reitere-se que essas definições aparecem em certos regulamentos, como o Decreto citado, mas não constam da Constituição nem de qualquer lei nacional. Por isso, sofrem variações conforme a legislação de cada ente da federação e a prática administrativa. Também ocorre de essas formas por vezes serem empregadas para a edição de normas de efeitos concretos, hipótese em que perderão a natureza de atos normativos no sentido aqui discutido e se inserirão no conceito de ato administrativo. Exemplo disso é o decreto de declaração de utilidade pública para desapropriação de um imóvel.

As **súmulas**, muito comuns no âmbito do Poder Judiciário, são empregadas pela Administração Pública com a finalidade de consolidar entendimentos interpretativos de órgãos colegiados e reforçar a segurança jurídica e a previsibilidade dos destinatários das políticas públicas. O art. 30, parágrafo único da LINDB menciona as súmulas expressamente e afirma que elas "terão caráter vinculante em relação ao órgão ou entidade a que se destinam até ulterior revisão". A atribuição de vinculação deixa evidente que a súmula é ato normativo. No entanto, andou mal o legislador ao impedir que a Administração Pública use súmulas de mera orientação (caso em que seriam atos opinativos puros). Essa amarra da lei restringiu inoportunamente a flexibilidade dos órgãos públicos. Melhor seria que a Administração, como o Judiciário, pudesse optar entre súmulas vinculantes ou de pura orientação, como alertado anteriormente.

Paralelamente às formas mencionadas, utiliza-se uma **classificação dos atos normativos pelo conteúdo**. Os conceitos de regulamento, regimento, enunciado sumular, entre outros, designam o conteúdo de um ato normativo. Algumas leis de processo administrativo tentam diferenciar as várias espécies, mas a LPA federal propriamente dita não trata do assunto. Ainda assim, é possível afirmar que, em contraste com os regulamentos, os **regimentos** são atos normativos que se voltam primordialmente a regular o funcionamento interno de um órgão ou entidade. Eles cumprem uma função organizacional, ou seja, definem a composição de órgãos, suas competências, as regras para escolha e ação dos membros, os procedimentos de votação, de decisão, de desempate e de recursos.

Enquanto os regimentos têm utilidade organizacional, os **regulamentos** servem para detalhar e viabilizar uma atividade ou política pública. Os **regulamentos executivos** servem para detalhar uma lei e geralmente são expedidos por Decreto do Chefe do Executivo; os **regulamentos autônomos** servem para detalhar imediatamente uma norma prevista no texto constitucional, enquanto os **regulamentos setoriais** são geralmente editados por meio de resoluções de órgãos especializados em certas políticas públicas, como as agências reguladoras.

As **instruções e orientações normativas**, a seu turno, são normas editadas pelo segundo escalão do Executivo, ou seja, por Ministérios e Secretarias. A Constituição, nesse sentido, expressamente aponta que os Ministros têm competência para expedir instruções para a execução de leis, decretos e regulamentos (art. 87). Esses instrumentos servem para adaptar as normas de lei ou de regulamento executivo à determinada área de atuação setorial da Administração Pública (saúde, educação, tributação etc.).

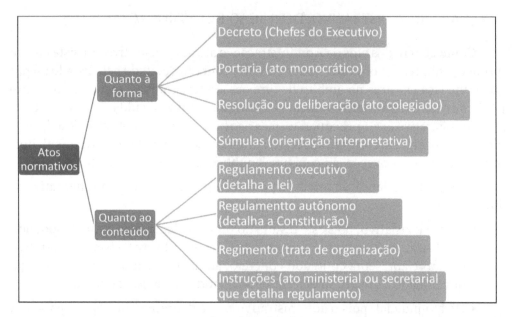

Fonte: elaboração própria

No plano infralegal, certos Decretos detalham o regime dos atos normativos da Administração Pública. O Decreto n. 9.830/2019, que regulamentou a LINDB, trouxe normas sobre as súmulas e instrumentos análogos, como as **orientações normativas** e os **enunciados**. Esses instrumentos poderão ser editados com força vinculante, como verdadeiros atos normativos e deverão necessariamente constar das páginas eletrônicas dos órgãos que os editam (art. 19 a 24 do referido Decreto).

Além disso, o Decreto n. 12.002/2024, que atualmente regulamenta a Lei Complementar n. 95/1998, traz importantes normas sobre a redação, a articulação e a alteração de atos normativos, além de um anexo com um guia para sua elaboração. Do ponto de vista estrutural, exige-se que tais atos contenham parte preliminar, parte normativa e parte final. Quanto à forma, impõe-se que as disposições normativas sejam "redigidas com clareza, precisão e ordem lógica" (art. 11, *caput*).

Outra disposição digna de nota é a que disciplina a realização de consulta pública para recebimento de sugestões da população quanto a propostas de atos normativos federais (art. 27). O Decreto federal ainda impõe a postergação por prazo razoável da produção de efeitos de atos normativos, por exemplo: (i) de maior repercussão; (ii) que demandem tempo para esclarecimentos ou exijam medidas de adaptação pela população; (iii) que exijam medidas administrativas prévias para a aplicação de modo ordenado (art. 17, *caput*). Trata-se de mandamento imprescindível para a garantia da segurança jurídica, especialmente na vertente de estabilidade das posições dos destinatários das normas.

18.7 ATO ADMINISTRATIVO: DEFINIÇÃO E CLASSIFICAÇÃO

Como gênero dos atos da Administração, o ato administrativo consiste em ato jurídico, **unilateral**, **voluntário** e de **conteúdo concreto**, editado pelo Estado ou por quem lhe faça as vezes no âmbito de funções administrativas, regido pelo direito público e destinado a criar, modificar ou extinguir direitos, faculdades ou deveres. O ato administrativo é sempre concreto, mas não fundamentalmente individualizado. Ele pode ser geral em certas situações, destinando-se a uma pluralidade de sujeitos, como os atos de aprovação em concursos públicos ou processos seletivos.

A partir dessa definição inicial, é possível afirmar que o ato administrativo se diferencia:

- Do ato legislativo, pois este resulta do processo legislativo formal, podendo ser abstrato ou concreto, enquanto aquele resulta do processo administrativo e sempre apresenta conteúdo concreto, ainda que se mostre geral, ou seja, direcionado a um grupo determinado ou indeterminado de sujeitos;

- Do ato judicial, pois o administrativo não é definitivo, ou seja, sujeita-se a controle pelo Poder Judiciário, podendo ser invalidado por sentença;

- Do ato normativo da Administração, pois, ainda que os dois representem decisões da Administração Pública, o ato administrativo sempre é concreto, enquanto o normativo é abstrato;

- Do ato material, pois o ato administrativo visa a atingir diretamente a esfera jurídica de um sujeito, de modo a criar, modificar ou extinguir direitos, faculdades ou deveres; e

- Do ato opinativo, que é preparatório do ato administrativo propriamente dito, não assumindo conteúdo decisório, já que não visa afetar diretamente a esfera do destinatário.

- Inúmeros e bastante distintos são os atos administrativos praticados pela Administração Pública ao desempenhar suas variadas funções. Daí a importância de classificá-los.

Pelo critério de **formação da vontade**, há atos simples ou **monocráticos** (formados pela vontade de um agente público), **atos colegiados** (formados pela soma das vontades de vários agentes, membros de um mesmo órgão) e **atos complexos** (formados pela soma das vontades de dois ou mais órgãos). A diferença entre eles reside, pois, no número de vontades, de autoridades e de órgãos envolvidos na formação do ato final.

Sob o critério de **conteúdo** e de **efeito para o destinatário**, há **atos limitativos** da esfera particular, na medida em que criam deveres, limitam direitos ou os extinguem. Isso se vislumbra nos atos sancionadores de ilícitos administrativos (como a multa, o perdimento de bens, a suspensão e a advertência) e nos atos cautelares, praticados para evitar o perecimento de um direito ou a lesão irreversível ao interesse público antes da finalização do processo administrativo, como a apreensão de veículos e mercadorias, a determinação de suspensão provisória de atividades, o fechamento provisório de estabelecimentos. De outro lado, ainda sob o enfoque material ou de conteúdo, há **atos de favorecimento** ou benéficos, como os que criam direito, liberam o exercício de um direito ou extinguem deveres. Exemplos são as licenças ambientais ou urbanísticas para construções e operação de infraestruturas, a autorização para a fusão de empresas e a revisão das sanções administrativas por fato novo. De acordo com o art. 54 da LPA federal, a decadência do poder anulatório atinge apenas os atos benéficos. Além disso, para esses atos, a reserva legal não é imprescindível.

Por um **critério de forma**, os atos são denominados de alvarás (que servem para a oficializar licenças ou autorizações), instruções, ordens de serviço, circulares, portarias (geralmente editadas por órgão monocrático), deliberações (de órgãos colegiados), decretos (sempre expedidos pelos chefes maiores do Executivo) entre outros. Não há propriamente uma padronização de todas as formas no Brasil. Tampouco existe uma lei geral que as defina. Como dito antes, esclarecimentos parciais sobre as formas constam apenas do Decreto n. 12.002/2024 e de algumas leis de processo administrativo subnacionais. Fora isso, certas leis indicam a forma que consideram mais adequada para uma ou outra decisão. É preciso lembrar, ainda, que tais formas são igualmente utilizadas para inserir atos normativos no ordenamento jurídico, ou seja, uma mesma forma, como o Decreto ou a Deliberação, pode ora incluir um ato de efeitos gerais e abstratos, ora um ato concreto. Para se concluir se há ato normativo ou administrativo em cada situação, é preciso verificar seu conteúdo e não apenas o nome dado à forma utilizada.

Pelo **critério de escolha**, separam-se atos predominantemente **discricionários**, marcados por maior possibilidade de escolha entre duas ou mais soluções em relação à ação, ao seu conteúdo, à sua finalidade ou à sua forma, e atos predominantemente **vinculados**, ou seja, já predeterminados pelo legislador na presença de certas circunstâncias fáticas. Também chamada de **juízo de conveniência ou oportunidade** ou margem de escolha, a discricionariedade recai sobre um ou mais elementos do ato, não sobre o ato como um todo, daí porque não existe ato puramente vinculado ou discricionário.[7]

Com base no critério da discricionariedade de ação ou de exercício de competência, tradicionalmente, utilizam-se os termos **licença** e **admissão** para indicar atos vinculados (*e.g.* licença para condução de veículos como ato de polícia e admissão em escolas públicas como ato que libera a fruição de serviço público). A **homologação** também é ato vinculado com finalidade de controle e serve para atestar que um procedimento anterior foi conduzido de maneira lícita, permitindo a adjudicação. Por exemplo, se um concurso público tiver sido conduzido conforme todas as regras

---

7. A discricionariedade foi objeto de análise detalhada em um capítulo próprio no volume I deste manual.

formais previstas no ordenamento e no ato convocatório, ele será obrigatoriamente homologado pelo órgão competente, não havendo discricionariedade para negar a homologação com base em fatores estranhos aos estipulados no ordenamento, como requisitos criados posteriormente e não constantes do edital.

De outra parte, a **autorização** e a **permissão** são nomes técnicos reservados para indicar atos discricionários (*e.g.* autorização de uso de bem público ou para o funcionamento de instituições financeiras). Advirta-se, porém, que o legislador repetidamente ignora a classificação doutrinária e mistura os termos técnicos.[8] A permissão utilizada para delegação de serviços públicos, por exemplo, é expressamente definida em lei como contrato e não como ato (art. 40 da Lei n. 8.987/1995). As classificações doutrinárias, por isso, devem ser tomadas com cautela e sempre cotejadas diante da realidade normativa vigente e a partir de uma interpretação lógica e sistemática.

Pelo **critério da validade**, há atos **irregulares** (com vícios que não causam danos e, portanto, tornam a anulação e a convalidação desnecessárias), atos **anuláveis** (com vícios que podem ser sanados, ou seja, que admitem convalidação), atos nulos (que contêm vícios graves e não admitem convalidação) e atos **inexistentes** (completamente inviáveis pela falta de elementos essenciais a viabilizar sua real caracterização como atos jurídicos).

Pelo **critério da eficácia jurídica**, distinguem-se atos **imperfeitos** (ainda não formados e, portanto, incapazes de produzir efeitos), atos **pendentes** (formados, mas impossibilitados de produzir efeitos até a implementação de condição ou termo), atos **perfeitos** (formados e capazes de produzir efeitos) e atos **consumados** (ou seja, que já produziram seus efeitos).

18.8 ATRIBUTOS DAS DECISÕES ADMINISTRATIVAS

18.8.1 Aspectos gerais, críticas e ressalvas

Os "atributos" designam características comuns do regime jurídico de atos decisórios da Administração Pública. Simplificadamente, há quatro atributos básicos: (i) a presunção de legitimidade e de veracidade; (ii) a imperatividade; (iii) a autoexecutoriedade e (iv) a tipicidade.

Como não há uma lei geral acerca dos atos administrativos, os atributos carecem de tratamento padronizado no direito positivo. Na verdade, eles foram esculpidos e sistematizados pelo trabalho científico a partir de normas legais, da jurisprudência e dos princípios do direito administrativo, principalmente o da legalidade e o da

---

8. Criticamente sobre o mau uso dos termos técnicos pelo legislador, cf. MARRARA, Thiago. *Bens públicos, domínio urbano, infraestrutura*. Belo Horizonte: Fórum, 2007, p. 135.

indisponibilidade de interesses públicos primários. Dessa maneira, os atributos estão presentes em muitos atos, mas, por vezes, mostram-se incompatíveis com alguns deles. Nem todos os atributos aparecem em todos os atos.

Além disso, costuma-se falar de atributos dos "atos administrativos". No entanto, essa restrição ao ato de efeito concreto é indevida, pois as mesmas características também se encontram em atos normativos da Administração Pública. Daí ser preferível falar de atributos das *decisões* administrativas, como características que marcam tanto atos de efeito concreto, quanto atos gerais e abstratos editados no exercício das funções administrativas.

Na atualidade, há forte crítica doutrinária a alguns dos mencionados atributos pelo fato de conferirem à Administração Pública poderes exorbitantes inexistentes no direito privado e que, não raramente, legitimam abusos no manejo dos poderes estatais. A tal respeito, concordo com duas observações de Vitor Schirato.[9] De um lado, não se deve aceitar que os atributos incidam de modo uniforme para toda a gama de atos que a Administração pratica quotidianamente e, de outro, que os atributos sirvam de escusa para não se proteger direitos fundamentais.

Essas e outras críticas não tornam menos importante a teoria dos atos administrativos, nem o estudo dos atributos. Ainda que mereçam certas relativizações, eles são peças-chave tanto para a eficiência da Administração, quanto para a manutenção da teoria dos atos da Administração e sua distinção frente aos atos jurídicos do direito privado. Importante é apenas reinseri-los no contexto atual, em que o exercício de funções administrativas necessita observar a processualidade, a consensualização e a tutela constante dos direitos fundamentais – direitos esses que constituem a maior de todas as finalidades do Estado Democrático e Social de Direito.

18.8.2 Presunção de legalidade e veracidade

Como ente artificial, criado e sustentado pelo ser humano, o Estado democrático age sob mando da comunidade, cujos anseios se transformam em normas legais por força da atuação dos representantes do povo nas Casas do Poder Legislativo. O princípio da legalidade administrativa é o instrumento que explica essa mecânica. Ele impõe aos entes, órgãos e agentes públicos a observância constante da vontade social representada no ordenamento jurídico, quer por respeito direto a normas constitucionais, quer pela execução de normas legais que derivam das primeiras. A Administração Pública atua sempre conforme os mandamentos implícitos ou explícitos do direito positivo, segundo padrões mais ou menos rígidos de legalidade.

---

9. SCHIRATO, Vitor Rhein. Repensando a pertinência dos atributos dos atos administrativos. In: MEDAUAR, Odete; SCHIRATO, Vitor Rhein (Org.). *Os caminhos do ato administrativo*. São Paulo: Revista dos Tribunais, 2011, p. 118-119.

Essa premissa de que o corpo orgânico da Administração se comporta à luz do direito positivo traduz-se no atributo da **presunção de legalidade**. Por vezes, esse mesmo atributo é chamado de **presunção de legitimidade**, mas é importante não confundir os dois conceitos, que apresentam conteúdos e modos de verificações completamente distintos. Legalidade indica a conformidade ou a compatibilidade de certo ato com o ordenamento jurídico, enquanto legitimação aponta o grau positivo de aceitabilidade, aprovação ou respeitabilidade do ato pela comunidade. Na prática, o fato de um ato ser legal não significa que seja legítimo. Daí porque é incorreto identificar a presunção de legalidade com a de legitimidade.

Em distinção, a **presunção de veracidade** consiste em premissa de que a Administração não apenas cumpre a norma jurídica, mas se pauta em fatos verdadeiros. É possível afirmar que essa segunda presunção se baseia na moralidade administrativa. Esse princípio constitucional exige do administrador público um comportamento probo, de boa-fé e sempre guiado pelas finalidades públicas.

Baseada no princípio constitucional da moralidade, a presunção relativa de veracidade atinge os fatos que a Administração toma como impulso da sua ação decisória, complementando a presunção relativa de legalidade, que se refere às normas empregadas para formatar e validar a decisão. Essas duas presunções são reforçadas: pelo princípio da publicidade, que demanda transparência na ação estatal; pelo princípio da eficiência, que exige celeridade na condução dos procedimentos; e pelo princípio da impessoalidade, que impede a Administração de agir no sentido de beneficiar ou prejudicar qualquer pessoa imotivadamente.

Sempre relativas (pois admitem prova em contrário), as duas mencionadas presunções deflagram inúmeros efeitos práticos. Em primeiro lugar, elas fortalecem o Estado ao reforçar a estabilidade de suas decisões jurídicas. Isso se verifica em vários mandamentos que as corporificam, a saber: (i) o que veda recusar fé aos documentos públicos (art. 19, III, da Constituição da República) e (ii) o que permite às autoridades públicas reconhecer firma de cópias de documentos na presença do original (art. 22, § 3º, da LPA federal).

Em segundo lugar, as presunções de veracidade e de legalidade oferecem o suporte lógico para o reconhecimento de dois outros atributos que marcam grande parte das decisões administrativas: a **imperatividade** e a **autoexecutoriedade** – que, respectivamente, permitem impor a decisão a um particular a despeito de seu consentimento e executar forçosamente a decisão a despeito da chancela prévia de outro Poder estatal e, até mesmo, diante de resistência ou oposição do destinatário, salvo quando ela estiver autorizada expressamente em lei.

Porém, há que se ter em mente que as presunções de legalidade e veracidade se sujeitam a alguns condicionamentos. A uma, não há presunção absoluta, mas relativa. Trata-se de presunção *juris tantum* que admite prova em contrário. A palavra do agente público, corporificada em decisão, não é inquestionável, nem imune a provas em contrário. Ademais, as presunções tampouco afastam o dever de transparência, nem implicam blindagem dos atos decisórios contra mecanismos de controle social, administrativo, legislativo ou judicial.

A duas, como já dito, as presunções não se estendem para todos os tipos de ato decisório da Administração Pública. Isso se vislumbra de maneira clara no âmbito do direito administrativo sancionador. O direito à presunção de inocência e ao direito de ampla defesa impede que se condene sem provas qualquer pessoa física ou jurídica, inclusive na esfera administrativa. Esse raciocínio se estende a todo e qualquer outro tipo de ato restritivo praticado pelo Estado em detrimento de direitos fundamentais, tais como atos de indeferimento de licenças e autorizações, atos de reprovação etc.

Além do ato restritivo de direitos ou interesses depender de previsão em lei em sentido formal (por força da reserva legal constante do art. 5º, II da Constituição da República), é essencial sua motivação ampla, clara e coerente (nos termos do art. 50, § 1º da LPA federal e dos art. 20 e 21 da LINDB). Igual exigência formal vale, por exemplo, para atos administrativos de caráter seletivo (em processos de concursos, licitações, *e.g.*), decisões de recursos administrativos, atos que divergem ou abandonam jurisprudência consolidada, atos que descumprem súmulas vinculantes, entre outros.

A três, a presunção não impede que se inverta o ônus da prova em desfavor da Administração Pública em determinadas situações. É preciso lembrar que as determinações do Código de Processo Civil, por força de seu artigo 15, aplicam-se subsidiariamente aos processos administrativos. Disso resulta que se deve inverter o ônus quando: (i) qualquer pessoa, a questionar a decisão da Administração, ficar impossibilitada ou tiver excessiva dificuldade de exercer o encargo probatório e (ii) se convencionar com a pessoa em conflito a inversão antes ou depois de um processo judicial (art. 373 do CPC). Essas normas mitigam a previsão do art. 374, IV, do CPC.

A quatro, como adverte Schirato,[10] mostra-se questionável tomar a presunção de veracidade como característica exclusiva do direito administrativo. Afinal, o art. 219 do Código Civil de 2002 prevê que "as declarações constantes de documentos assinados presumem-se verdadeiras em relação aos signatários". A própria legislação de processo administrativo reconhece essa lógica ao afirmar que "salvo imposição legal, o reconhecimento de firma *somente* será exigido quando houver dúvida de autenticidade" (art. 22, § 2º, da LPA). Daí se conclui que a diferença entre os atos privados e administrativos não está tanto no atributo em si, mas nas consequências que ele produz em cada campo jurídico.

---

10. SCHIRATO, Vitor Rhein. Repensando a pertinência dos atributos dos atos administrativos. In: MEDAUAR, Odete; SCHIRATO, Vitor Rhein (Org.). *Os caminhos do ato administrativo*. São Paulo: Revista dos Tribunais, 2011, p. 127.

18.8.3 Imperatividade

Também conhecida como coercibilidade, a imperatividade indica que o ato administrativo ou um ato normativo da Administração pode ser elaborado, editado validamente e ganhar eficácia jurídica ainda que seu destinatário não concorde com sua existência ou seu conteúdo. Em poucas palavras: uma decisão administrativa se impõe a despeito da concordância de quem afeta. Isso se verifica em muitas situações, como na sanção aplicada contra uma empresa que tenha violado normas de regulação ou na medida cautelar contra um comportamento que possa gerar dano irreversível a um interesse público primário (por exemplo, a retirada de um caminhão abandonado no meio de rodovia).

Apesar dos vários exemplos imagináveis, é preciso contextualizar e temperar a presunção de imperatividade. O poder de editar decisões que interferem na esfera de direitos das pessoas por criação, modificação ou extinção de dever, direito ou faculdade depende do âmbito de competência de cada entidade administrativa. Todos os entes dispõem de poder disciplinar, mas nem todos exercem poder de polícia e, sem isso, jamais poderão produzir atos restritivos da esfera de cidadãos em geral. Isso significa que o âmbito da imperatividade é limitado de acordo com o tipo de poder administrativo exercido (*i.e.*, poder de polícia, poder disciplinar ou poder contratual).

Além disso, a imperatividade não torna os atos vinculantes de comportamentos. Em outras palavras, nem todo ato imperativo é restritivo da liberdade. Alguns criam direitos, meras faculdades e ônus, exercidos conforme a vontade do seu destinatário. Imperatividade não pode ser lida como coação estatal, como determinação comportamental em todo e qualquer caso. Os efeitos reais da imperatividade variarão sempre de acordo com o efeito jurídico do ato.

Outra confusão bastante frequente se percebe na relação da imperatividade com **autoritarismo**. Todo ato imperativo é um ato autoritário e isolado, contrário ao espírito do Estado Democrático de Direito? É preciso ter cautela para não se estender indevidamente o sentido da imperatividade. O fato de se reconhecê-la como traço de atos administrativos e normativos da Administração não afasta a processualidade constitucionalmente garantida, nem o emprego eventual de mecanismos pró-consensuais. Essa ressalva merece aprofundamentos.

A Constituição da República cria de modo inequívoco um **devido processo administrativo**, de modo que nenhum ato estatal interventivo na esfera de direitos dos cidadãos poderá prescindir do respeito à garantia da ampla defesa, do contraditório e a outros direitos processuais fundamentais, como os previstos na LPA federal. Erra o administrador público que se baseia na imperatividade para se desviar do devido processo legal. Não é esse seu sentido, nem sua função. Imperatividade e processualidade andam juntas, o que de pronto já afasta a confusão entre imperatividade e autoritarismo ou arbitrariedade.

Já a relação entre consensualização e imperatividade é mais complexa. A **consensualização** designa um movimento de valorização do diálogo e construção de consenso nas funções administrativas, visando, *grosso modo*, mais eficiência e legitimidade estatal.[11] Esse movimento se expressa por mecanismos que assumem natureza orgânica (como a participação dos cidadãos em colegiados com poder decisório), natureza procedimental (como consultas e audiências) ou contratual (como os compromissos de cessação de prática). A edição de atos administrativos pode ser mais ou menos dialógica a depender da intensidade de emprego dessas técnicas em cada processo administrativo. O fato de o ato decisório final se impor aos destinatários não é incompatível com a consensualização. Muito pelo contrário. Inúmeros atos imperativos são elaborados após processos que, por lei, embutem instrumentos de diálogo. É o que se vislumbra nas licenças ambientais, elaboradas em processos marcados por constantes consultas e audiências públicas.

Aliás, assim como a licença ambiental, muitos atos administrativos são praticados por interesse de pessoas físicas e jurídicas, que os solicitam à Administração. É o caso do ato de admissão em universidade pública ou de expedição de alvará contendo uma licença urbanística para construção de shopping center. Em situações como essa, o ato administrativo não é praticado de ofício. Ele depende de impulso, do requerimento do destinatário final. Por esses e outros motivos, imperatividade não se confunde nem com arbitrariedade, nem com oficialidade.

18.8.4 Autoexecutoriedade

Enquanto a imperatividade designa a aptidão do ato para se tornar válido e juridicamente eficaz a despeito da concordância do destinatário, a autoexecutoriedade vai além, pois se refere ao poder de a Administração forçosamente dar efetividade à decisão a despeito de manifestação prévia de qualquer outro Poder estatal. Trata-se da possibilidade de praticar os atos materiais que darão vida a um comando presente em ato administrativo ou normativo independentemente de autorização prévia do Legislativo ou do Judiciário. Esse atributo marca grande parte dos atos estatais. Já nas relações entre particulares, a autoexecutoriedade aparece em casos excepcionais previstos em lei. É o que se verifica na legítima defesa contida na legislação penal e na defesa da propriedade por desforço necessário, previsto na legislação civil.

O uso de medidas autoexecutórias pela Administração Pública é muito relevante para: (i) **fins cautelares**, ou seja, para evitar o perecimento de direitos fundamentais ou lesão irreversível a interesses públicos primários (como se vislumbra na interdição de acesso a locais contaminados, na evacuação de áreas sob risco de desastre e na retirada de objeto abandonado em via pública); (ii) **fins instrutórios**, isto é,

---

11. A respeito dos efeitos positivos da criação de consenso na gestão pública, conferir MARRARA, Thiago. *Regulação consensual*: o papel dos compromissos de cessação de prática no ajustamento de condutas dos regulados. *RDDA*, v. 4, n. 1, 2017, p. 274.

de produção de provas antes ou ao longo de um processo administrativo (como a inspeção de determinados estabelecimentos pelas autoridades de polícia sanitária ou ambiental) e (iii) para **fins punitivos**.

Como todos os outros atributos das decisões administrativas, a autoexecutoriedade também sofre exceções. Apenas para exemplificar, embora determinações de inspeção sejam usualmente autoexecutórias, medidas de busca e apreensão executadas pelo Estado dependem de autorização judicial prévia. A chancela do Judiciário e, por vezes, do Legislativo é corriqueira na intervenção da Administração sobre o direito de propriedade. Em matéria de desapropriação, a execução forçosa (contrária à vontade do proprietário) requer decisão em ação judicial. Para alguns casos, a desapropriação dependerá de decisão do Poder Legislativo, como a que atinge bens públicos, salvo quando houver acordo entre os entes federativos (art. 2º, § 2º e § 2º-A, do Decreto-Lei n. 3.365/1942).

Em outros casos de intervenção na propriedade, a falta de previsão legal gera inúmeras controvérsias práticas. Veja o exemplo das demolições de construções. Quando a legislação prever sua autoexecutoriedade, como se vislumbra na esfera ambiental (art. 72, inciso VIII, da Lei n. 9.605/1998), não haverá grandes problemas (cf. RESP 1217234/PB). Contudo, na falta de previsão, poderá a Administração municipal, por exemplo, expedir ordem de demolição de casas indevidamente construídas em uma praça ou um parque da cidade sem autorização prévia do Judiciário? A resposta deve ser buscada na principiologia. A demolição não deve depender de autorização judicial prévia somente nas hipóteses em que a sua realização se mostrar essencial para afastar risco iminente aos interesses públicos envolvidos e não causar dano injustificável, grave e irreversível a direito inquestionável do particular afetado, devendo sempre ser acompanhada das adequadas garantias do devido processo (cf. STF AI 759399 e ARE 1166322).

18.8.5 Tipicidade

O reconhecimento da tipicidade como atributo implica, segundo Di Pietro, que o ato corresponda "a figuras definidas pela lei como aptas a produzir determinados resultados".[12] Essa afirmação é correta desde que se trate de um ato restritivo de interesses ou de direitos fundamentais, pois a Constituição cria uma reserva legal geral ao afirmar que ninguém poderá ser obrigado a fazer ou deixar de fazer algo senão em virtude de lei (art. 5º, II, da CF). Sempre que a Administração Pública desejar intervir na liberdade e na propriedade privada, uma norma legal deverá prever o ato por meio do qual isso ocorrerá. Essa lógica somente será excepcionada quando se reconhecer uma hipótese de *"deslegalização"*, ou seja, a transferência do poder normativo do legislador ao administrador.

---

12. DI PIETRO, Maria Sylvia. *Direito administrativo*, 35. ed. Rio de Janeiro: Forense, 2022, p. 213.

A exigência de tipicidade para atos restritivos de direito não decorre apenas da Constituição. A legislação ordinária, conquanto reconheça o **formalismo mitigado** como um de seus princípios fundamentais, dispõe ser necessária a "adoção de formas simples, suficientes para propiciar adequado grau de certeza, segurança e respeito aos direitos dos administrados" e que a Administração deve observar as "formalidades essenciais à garantia dos direitos dos administrados" (art. 2º, parágrafo único, incisos VIII e IX, da LPA federal). Esses dois incisos evidenciam a utilidade da tipicidade no direito administrativo brasileiro: quando a previsibilidade for essencial à segurança jurídica e ao respeito a direitos fundamentais, a prévia definição do ato em norma abstrata será essencial e condição para a validade dos atos concretos.

Nos demais casos, para além dos mencionados nos dois incisos, a tipicidade é dispensável. Isso decorre expressamente de outro trecho da LPA federal, no qual se prescreve que "os atos do processo administrativo não dependem forma determinada senão quando a lei expressamente a exigir" (art. 22, *caput*). Esse dispositivo condensa o princípio do informalismo ou da formalidade mitigada. Não há que se engessar a ação administrativa quando não houver razão para tanto. Dois exemplos são bastante úteis para ilustrar essa afirmação teórica.

Em emergência, urgência ou imprevisão que gerem riscos de lesão a direitos fundamentais e a interesses públicos primários, a Administração Pública será instigada a praticar **atos acautelatórios** a despeito de uma previsão legal típica e específica. Além de prescindir de tipificação, em caso de risco iminente, a legislação permite sua determinação e execução sem a oitiva prévia dos interessados atingidos (art. 45 da LPA federal). Ainda que previstos em uma ou outra lei em sentido formal, a reserva legal não é condição imprescindível de validade dos atos cautelares, já que eles se baseiam diretamente na Constituição da República. Importante para sua validade é, igualmente, a vinculação ao interesse público, à moralidade, à impessoalidade e à razoabilidade (adequação, necessidade e proporcionalidade em sentido estrito).

Outra situação em que a tipicidade se mostra claramente desnecessária se verifica no campo das funções prestativas, indutivas ou premiais. Sempre que a Administração praticar atos que gerem implicações jurídicas positivas, favoráveis ao destinatário, a reserva legal geral prevista na Constituição a princípio cairá por terra. Isso decorre de uma interpretação *a contrario sensu* do art. 5º, inciso II. Se o Estado pode obrigar a fazer ou deixar de fazer algo somente quando a lei o autorizar; inversamente, sempre que sua ação não for limitativa da liberdade, a lei será prescindível, salvo quando expressamente exigida. Por consequência, a validade dos atos administrativos que criam ou ampliam direitos ou faculdades prescindirá de tipificação prévia em lei. Um exemplo ajuda a vislumbrar o que se sustenta aqui. A falta de tipo legal não invalidará a decisão de uma universidade pública de, a despeito de qualquer previsão normativa, premiar seus estudantes, desde que isso se harmonize com suas competências e com as finalidades públicas que guiam seus serviços de educação superior.

18.9 EXISTÊNCIA, VALIDADE E EFICÁCIA

18.9.1 Formação e o plano da existência

Em uma perspectiva cronológica, o **ciclo de vida da decisão administrativa** se divide em três etapas essenciais: (i) a de formação; (ii) a de edição e (iii) a de produção de efeitos. A diferenciação desses três momentos permite que se compreenda a matriz elaborada por Celso Antônio Bandeira de Mello e na qual se sistematizam: (a) atos perfeitos, válidos e eficazes; (b) atos perfeitos, inválidos e eficazes; (c) atos perfeitos, válidos e ineficazes e (d) atos perfeitos, inválidos e ineficazes.[13] Existência, validade e eficácia são planos ou facetas jurídicas distintas, ainda que interdependentes em alguma medida.

Na **fase de formação** ou "nascimento", conjugam-se os requisitos básicos para que o ato ganhe vida. Aqui se torna relevante a distinção entre atos perfeitos e imperfeitos. Se congregar todos os requisitos básicos para seu surgimento, o ato jurídico será perfeito. Diferentemente, faltando-lhe elementos básicos de existência, será imperfeito.

Para se compreender com exatidão esse momento é preciso resgatar os elementos de existência de um ato jurídico. Não existe ato no direito sem forma e conteúdo, nem sem uma relação com sujeitos externos. Para que surja, nasça, é preciso que um ato contenha elementos mínimos. Ele necessita se expressar no mundo de alguma forma, seja ela escrita, gestual, visual, sonora ou de qualquer outro tipo. É imprescindível, além disso, que contenha algum tipo de mandamento e relacione-se com sujeitos (pessoas físicas ou jurídicas). No caso do ato administrativo, não haverá ato sem um sujeito que o pratique (emissor), nem um ou mais sujeitos que figurem como destinatários de seus mandamentos jurídicos.

Não se pode falar de ato sem forma, conteúdo e sujeitos. Sem esses elementos mínimos, um fato não se transforma em ato jurídico. O ato não nasce; inexiste juridicamente; permanece como mero fato. Alguns exemplos ajudam a esclarecer essa afirmação.

Imagine que certo órgão público decida expedir ato sancionatório num processo sem condenados. Se não houver sujeitos (emissor e destinatários), ainda que implícito, nenhum ato se aperfeiçoará. Igual conclusão valerá para o desejo dos membros de um colegiado em praticar um ato que, ao final, não se materializa por qualquer forma. Não há ato sem forma! Ademais, inexistirá ato caso se edite um documento, com órgão emissor e destinatário, mas que não tenha qualquer tipo de mandamento. Ainda que exista forma, não há ato sem conteúdo. Nessas três situações exemplificativas, o ato jurídico não se forma; há imperfeições graves que obstam

---
13. BANDEIRA DE MELLO, Celso Antonio. *Curso de direito administrativo*, 34. ed. São Paulo: Malheiros, 2019, p. 397-398.

seu nascimento e sua existência. A inexistência indica a falta de requisitos básicos de viabilidade para transformar um fato em ato jurídico. E aquilo que não existe não pode sequer ser considerado válido ou inválido. O ato inexistente constitui, no máximo, um conjunto de *fatos* com ou sem implicações jurídicas.

18.9.2 Edição e o plano da validade

Apenas quando cumpridos os requisitos de formação, de perfeição, é que um fato se transformará em ato jurídico. A partir daí, editado o ato, passa a ser possível discutir sua validade ou invalidade, ou seja, a conformidade ou compatibilidade de seus elementos com o ordenamento jurídico.

Para que se considere qualquer ato como válido, será imprescindível confirmar se ele contém elementos qualificados à luz do ordenamento jurídico. Como visto, para alcançar o plano da existência, relevante é a presença de **elementos básicos de formação** (conteúdo, forma e sujeitos). No entanto, para atingir o plano subsequente da validade, essencial é a qualificação desses elementos perante o direito positivo. Não bastará uma mera forma, mas sim a forma aceita pelo ordenamento; não bastará qualquer conteúdo, mas o conteúdo lícito e moral e assim por diante.

No direito administrativo brasileiro, há divergências sobre quais são os elementos de validade do ato. Celso Antônio Bandeira de Mello prefere diferenciar os elementos (que seriam apenas a forma e o conteúdo) dos pressupostos do ato, que se dividem em pressupostos de existência (objeto e pertinência do ato ao exercício da função administrativa) e pressupostos de validade (sujeito, motivo, finalidade, causa e formalização). Essa concepção teórica busca empregar o conceito de "elemento" de maneira mais precisa, restringindo-o àquilo que realmente é parte componente do ato.[14] Edmir Netto de Araújo também adota uma visão mais detalhada, ao dividir elementos intrínsecos (ação ou abstenção humanas, forma e objeto ou conteúdo), elementos extrínsecos (agente público, tempo e lugar) e requisitos de validade.[15]

Outros autores seguem uma proposta simplificada, que toma o conceito de elemento como fatores, integrantes ou não do próprio ato, que se mostram essenciais à sua validade. Muitos desses autores sequer separam o plano da existência e da validade. Seguindo essa concepção, Diogo de Figueiredo Moreira Neto[16] e Maria Sylvia Zanella Di Pietro se baseiam na teoria dos cinco elementos, quais sejam: (i) sujeito; (ii) forma; (iii) conteúdo; (iv) motivo e (v) finalidade. Esta abordagem também encontra fundamento nos requisitos de validade do ato apresentado na Lei de Ação Popular (art. 2º, *caput* e alíneas da Lei n. 4.717/1965).

---

14. BANDEIRA DE MELLO, Celso Antonio. *Curso de direito administrativo*, 34. ed. São Paulo: Malheiros, 2019, p. 400.
15. ARAÚJO, Edmir Netto de. *Curso de direito administrativo*, 8. ed. São Paulo: Saraiva, 2018, p. 517.
16. MOREIRA NETO, Diogo de Figueiredo. *Curso de direito administrativo*, 16. ed. Rio de Janeiro: Forense, 2014, p. 329.

De acordo com a teoria dos cinco elementos – aqui empregada com pequenos ajustes e ampliações e com a ressalva de que outras propostas teóricas igualmente adequadas existem na doutrina brasileira –, a decisão administrativa (ato administrativo ou ato normativo) será válida quando:

(i) for editada por sujeito capaz e competente e se direcionar a uma ou mais pessoas (**elementos subjetivos**);

(ii) absorver conteúdo mandamental possível no plano fático e lícito à luz do ordenamento (**elementos materiais**);

(iii) construir-se de modo procedimentalmente acertado, ser expedido na forma aceita pelo ordenamento e divulgado corretamente (**elementos formais**);

(iv) assentar-se em motivos fáticos e jurídicos existentes e lícitos (**elementos causais**); e

(v) perseguir finalidades públicas primárias (**elementos teleológicos**).

18.9.3 Execução e o plano da eficácia

Além dos planos da existência e da validade, cumpre discutir o plano da eficácia, ou seja, o da produção de efeitos dos atos administrativos. Validade e eficácia jurídica são conceitos que não se misturam. Há: (i) atos válidos e eficazes; (ii) atos inválidos, porém eficazes e (iii) atos válidos, mas ineficazes. Espera-se que a validade ande junto com a eficácia. Contudo, há inúmeras situações em que os efeitos jurídicos do ato são dissociados da validade. Vale repetir: existe ato válido e simultaneamente eficaz, mas também ato válido ineficaz e, até mesmo, ato inválido eficaz. Essas duas últimas situações merecem comentários adicionais.

Um ato válido pode ter sua eficácia diferida, retardada, em razão da presença de alguma condição ou termo inicial. A condição nada mais é que um evento futuro e incerto a condicionar os efeitos de um ato. A **condição suspensiva** impede que certo ato produza efeito até que o evento incerto e futuro ocorra. Um órgão ambiental, por exemplo, pode expedir licença para construção de uma fábrica, condicionando seus efeitos liberatórios ao término de certas obras de proteção da fauna e das águas na localidade. Um órgão de defesa da concorrência pode aprovar a fusão de três grandes empresas, mas condicionar sua eficácia à alienação de marcas ou ativos físicos para outros concorrentes. Nos dois exemplos, o ato administrativo válido não produzirá efeito até que a condição se implemente. E se ela não se implementar, o ato válido permanecerá ineficaz. Para além disso, a Administração poderá expedir atos sujeitos a **termo inicial** e a termo final, ou seja, que tenham um prazo específico para começar a produzir seus efeitos e para encerrá-los. Por exemplo, o Município autoriza o uso de uma avenida municipal para realização de uma feira livre da data "x" (termo inicial) à data "y" (termo final).

Também é imprescindível diferir a eficácia de um ato no intuito de se respeitar o princípio da segurança jurídica e o da razoabilidade, respeitando-se as posições jurídicas dos destinatários do mandamento administrativo por meio da previsão de **regimes de transição**. De acordo com o art. 23 da LINDB, "a decisão administrativa... que estabelecer interpretação ou orientação nova sobre norma de conteúdo indeterminado, impondo novo dever ou novo condicionamento de direito, *deverá prever regime de transição quando indispensável* para que o novo dever ou condicionamento seja cumprido de modo proporcional, equânime e eficiente e sem prejuízo aos interesses gerais". A redação é prolixa, mas, em poucas palavras, a ideia do legislador é garantir que os destinatários de um novo mandamento gozem do tempo razoável para colocá-lo em prática e, em certos casos, possam se beneficiar de regime jurídico "de passagem", de duração temporária, que ofereça condições diferenciadas para viabilizar a razoável observância de nova interpretação ou orientação por parte daqueles que se encontravam sob interpretação normativa anterior e mais benéfica. No período de transição, cujo formato é sujeito à discricionariedade administrativa, mostra-se igualmente aceitável que o Estado ofereça suporte pessoal, material ou financeiro aos destinatários para viabilizar certas adaptações.[17]

Outra situação que merece atenção é aquela em que a eficácia persiste além do momento em que se reconheça um ato como inválido. Isso se vislumbra no art. 54 da LPA federal, que impede a anulação formal de alguns atos administrativos sob certas condições (prazo de cinco anos, ato benéfico e boa-fé). O intuito do legislador foi o de garantir a eficácia jurídica do ato a despeito de sua desconformidade com o ordenamento para, com isso, promover a segurança jurídica dos destinatários de boa-fé após certo período. Além disso, para manter a segurança jurídica, é igualmente concebível que um ato sujeito à caducidade (isto é, extinto por alteração da lei que o sustenta) tenha seus efeitos reduzidos gradualmente, também por meio de regimes de transição, caso em que a eficácia superará o período de validade. Esses exemplos todos servem para evidenciar que existem situações nas quais a eficácia se estende temporalmente para além do período de existência ou de validade do ato.

Ainda no plano da eficácia, é possível fazer a distinção entre atos pendentes, atos em execução e atos consumados ou esgotados. Os **pendentes** são aqueles que, já expedidos, ainda não produziram efeitos, geralmente por conta de uma condição suspensiva ou de um termo inicial. **Em execução**, são aqueles cujos mandamentos encontram-se em cumprimento e atos **consumados**, aqueles cujas determinações jurídicas se executaram integralmente. Essa distinção é bastante relevante, entre outras coisas, para a discussão da extinção de atos e de responsabilização por danos. A revogação e a revisão de sanções, por exemplo, somente atingem decisões pendentes de execução.

---

17. MARRARA, Thiago. Artigo 23. In: CUNHA FILHO, Alexandre J. C.; ISSA, Rafael Hamze; SCHWIND, Rafael Wallbach. *Lei de introdução às normas do direito brasileiro* – anotada. São Paulo: Quartier Latin, 2019, v. II, p. 231.

18.10 ELEMENTOS DE VALIDADE E VÍCIOS

18.10.1 Elemento material

O núcleo do ato administrativo é o mandamento concreto que visa a criar, modificar ou extinguir direitos ou deveres de uma ou mais pessoas físicas ou jurídicas. Esse mandamento representa o conteúdo ou o objeto do ato. Trata-se do elemento material, sem o qual um ato não se aperfeiçoa juridicamente. Encontram-se na doutrina autores que diferenciam objeto (como o mandamento propriamente dito) do conteúdo (matéria tratada). É o entendimento de Celso Antônio Bandeira de Mello e Regis de Oliveira.[18] Entretanto, a separação carece de significativa utilidade prática, razão pela qual o conteúdo e o objeto podem ser tomados como equivalentes.

Ato sem conteúdo não é ato administrativo. É, no máximo, um fato, que não se aperfeiçoa como ato, não atinge o plano da existência. Além disso, é importante lembrar que existem atos da Administração com conteúdo definido, mas que não configuram propriamente decisões, já que não criam, extinguem ou modificam um direito, dever ou faculdade. Isso se vislumbra no ato meramente opinativo (como os pareceres e os laudos) e nos atos de mera execução ou atos materiais. Há conteúdo, mas não um mandamento jurídico. Como já se explicou, enquanto os atos opinativos preparam as decisões, os atos materiais geralmente servem à sua execução.

O grau de discricionariedade na construção do mandamento legal é irrelevante para a configuração do ato administrativo. Defendo que inexiste diferença fundamental entre ato político e ato administrativo. O **ato político** nada mais é que ato administrativo marcado por elevado grau de escolha em relação ao elemento material. Isso não o retira da categoria dos atos administrativos, contanto que seu conteúdo permaneça concreto e se relacione com a função administrativa (ainda que de tom mais governamental).[19]

Para que obtenha validade, não basta que certo ato contenha um conteúdo qualquer. O ato administrativo será válido somente se seu mandamento respeitar dois requisitos: (i) a **legalidade** em sentido amplo e (ii) a **exequibilidade**, ou seja, a possibilidade de execução fática. Em outras palavras, ato válido é o que carrega determinação concreta harmônica com os princípios e regras de direito administrativo, inclusive com o princípio da moralidade, e seja capaz de produzir efeitos reais, já que ninguém pode ser obrigado ao impossível.

---

18. BANDEIRA DE MELLO, Celso Antonio. *Curso de direito administrativo*, 34. ed. São Paulo: Malheiros, 2019, p. 402 e OLIVEIRA, Régis Fernandes. *Ato administrativo*, 5. ed. São Paulo: Revista dos Tribunais, 2007, p. 80-81.
19. Também nesse sentido, cf. ARAGÃO, Alexandre Santos de. Teoria geral dos atos administrativos – uma releitura à luz dos novos paradigmas do direito administrativo. In: MEDAUAR, Odete; SCHIRATO, Victor Rhein (Org.). *Os caminhos do ato administrativo*. São Paulo: Revista dos Tribunais, 2011, p. 41.

Esses dois requisitos permitem que se chegue facilmente à tipologia dos vícios materiais do ato administrativo. O primeiro vício consiste em **conteúdo ilícito**, como se vê no ato de polícia interventivo em direitos fundamentais sem base no ordenamento. O segundo vício é do **conteúdo inexequível**, inviável na realidade, como a licença ambiental que imponha ao empreendedor fazer chover em determinadas datas. Há casos ainda mais graves, em que o ato se apresenta sem conteúdo ou com conteúdo indeterminável. Esses não são inválidos, mas verdadeiramente inexistentes, já que o vício de origem os torna incapaz de ingressar no ordenamento jurídico.

18.10.2 Elementos formais

Costuma-se reduzir o elemento formal à forma de expressão do ato, ou seja, se ele é escrito, gestual, sonoro ou visual, por exemplo. Esse entendimento é insuficiente. A validade do ato é condicionada não somente pela forma como ele se manifesta no mundo jurídico. É preciso compreender os elementos formais de modo mais amplo, levando-se em conta uma perspectiva aderente à processualidade das funções administrativas. Sob essa visão ampliada, os elementos formais se desdobram em três conjuntos de requisitos: (i) os relativos à elaboração do ato; (ii) os relativos à sua expedição e (iii) os que se referem à sua divulgação.

O primeiro grupo abrange exigências formais quanto à **elaboração** da decisão. Exemplos disso são os prazos para decidir; as audiências públicas obrigatórias em certos tipos de licenciamento; as consultas públicas necessárias para elaboração de atos normativos ou a observância do direito à ampla defesa nos processos sancionatórios. Os prazos, a audiência e a consulta ilustram elementos formais que não se referm à manifestação do ato, senão à sua formação. Quando o ordenamento os considerar impositivos, essenciais, a validade da decisão administrativa restará comprometida sem a sua realização, salvo se for possível a convalidação. Se eles forem de uso meramente facultativo, porém, sua ausência não representará vício.

Os elementos relativos à **expedição** ou manifestação do ato são mais complexos. A forma dos atos é livre (princípio do formalismo mitigado), salvo quando a lei determinar forma específica para que ele ingresse no mundo jurídico (por exemplo, a publicação em forma de decreto, de alvará, de portaria etc.). Isso significa que a tipicidade não é um atributo geral de todo ato administrativo. Apesar disso, a legislação federal exige alguns parâmetros formais de expedição, como a redação da decisão em português, sua documentação por escrito (art. 22, § 1º da LPA) e a motivação (art. 50 da LPA).

Ainda que a forma escrita e documental seja a mais usual, ela não é a única possível. Inúmeros atos administrativos são expressos de outro modo. Gestos, sinais luminosos ou sonoros também formalizam atos decisórios. Essas manifestações são fáceis de se vislumbrar no trânsito. Com o objetivo de controlar o tráfego, utilizam-se ordens verbais, apitos, gestos e aparelhos que emitem sinais sonoros e luminosos, como semáforos. O Código de Trânsito Brasileiro (arts. 87 e 89 da Lei n. 9.503/1997) reconhece todas essas formas como sinais de trânsito e, inclusive, estabelece ordem hierárquica ou de prevalência jurídica entre eles.

A motivação é outro requisito de forma bastante relevante, embora não apareça em todo e qualquer tipo de ato – diferentemente dos motivos, que configuram elemento causal, anterior e essencial à validade. Entendida como exposição dos motivos, a motivação será obrigatória sempre que for instrumental à defesa de interesses e direitos dos destinatários da decisão administrativa ou de terceiros afetados por ela. Seguindo essa lógica, o art. 50 da LPA federal prevê motivação de atos que neguem, limitem ou afetem direitos ou interesses; imponham ou agravem deveres, encargos ou sanções; decidam processos de concurso ou seleção pública; decidam recursos; deixem de aplicar jurisprudência firmada ou divirjam de atos opinativos (como laudos e pareceres); importem revogação, anulação, suspensão ou convalidação de ato etc. O mesmo dispositivo ainda prescreve que a motivação contenha a indicação dos fatos e dos fundamentos jurídicos de modo explícito, claro e congruente. Permite, ainda, que a decisão meramente acople fundamentos de atos opinativos que a embasaram e, em casos da mesma natureza, autoriza a reprodução mecânica dos fundamentos. Já para as decisões orais e de órgãos colegiados, os motivos se condensarão na ata ou em termo escrito, desde que, por óbvio, ela se mostre essencial diante do conteúdo da decisão.

Outra Lei que trata com bastante cuidado da motivação é a LINDB. Por exemplo, o art. 20 prevê que as decisões administrativas não serão realizadas com base em "valores jurídicos abstratos sem que sejam consideradas as consequências práticas da decisão", exigindo-se que a motivação demonstre "a necessidade e a adequação da medida imposta ou da invalidação de ato... inclusive em face das possíveis alternativas". Seguindo a mesma lógica, o art. 21 estabelece que as decisões que decretarem invalidade de ato, contrato, processo ou norma também deverão indicar de modo expresso suas "consequências jurídicas e administrativas". Esses e outros dispositivos da LINDB, que se aplicam a todos as esferas da federação brasileira, aumentaram significativamente as tarefas do administrador público na elaboração da motivação, já que requerem estudo de alternativas e exame de consequências. Trata-se de um movimento de valorização do planejamento decisório, também chamado de "consequencialismo". Com isso, a lei busca contribuir de modo expressivo com a profissionalização da administração e com a elevação da cautela nos processos de tomada de decisão, fazendo que o agente público aja não apenas com base no passado, mas também com apoio em um prognóstico, ou seja, no que espera atingir no futuro.

O terceiro grupo de elementos formais do ato administrativo abrange os relativos à sua **divulgação**. Esses elementos são extremamente importantes, dado que a Constituição consagra a publicidade como princípio geral do direito administrativo e a Lei de Acesso à Informação – LAI (art. 3º, I) declara que a transparência marca as ações estatais, restringindo-se o sigilo a situações imprescindíveis à segurança do Estado e da sociedade (art. 23) e a contextos que possam comprometer a honra, imagem, intimidade e vida privada das pessoas (art. 31).

É a partir desse arcabouço normativo que a legislação detalha as formas de divulgação do ato. Algumas leis impõem publicação da decisão em diário oficial; outras prescrevem publicação em jornais e outros meios de comunicação; e há muitas que requerem ou facultam a divulgação pela internet. Alguns exemplos ajudam a entender o que se diz. A LAI, aplicável à União, aos Estados e aos Municípios, atribui aos órgãos públicos o dever de promover, "independentemente de requerimentos, a divulgação *em local de fácil acesso...* de informações de interesse coletivo ou geral por eles produzidas ou custodiadas", no que se incluem decisões sobre processos licitatórios, de repasse de recursos financeiros a terceiros entre outras (art. 8º). O mesmo dispositivo ainda torna obrigatória a publicidade ativa em *sítios oficiais na internet*, salvo para Municípios com população de até 10 mil habitantes.

A partir dessa tipologia chega-se facilmente aos vícios de forma que macularão a legalidade do ato administrativo, a saber: (i) vícios quanto ao procedimento de elaboração do ato, que são os de mais difícil convalidação, uma vez que podem afetar seu conteúdo; (ii) os vícios relativos à forma de manifestação do ato, vícios mais simples, superáveis pelo uso da forma correta, desde que os efeitos do ato já não se tenham esgotado e (iii) vícios no tocante às exigências legais de divulgação do ato, que, a depender de seu efeito prático, poderão inviabilizar a convalidação por atingir interesses públicos ou impedir o exercício de direitos.

18.10.3 Elementos causais (motivos)

Os atos administrativos encontram nos seus motivos um elemento essencial de validade. Certo ato até pode existir sem motivo, mas jamais será válido. Afinal, o Estado, democrático e republicano, é criado pelo povo e para o povo. Isso impede que a Administração Pública, como braço estatal, aja aleatoriamente, sem motivos ou guiada por desejos pessoais dos que temporariamente exercem o poder. Para ser democrática, ela necessita atuar por impulso legítimo e verdadeiro, sempre em direção às finalidades públicas.

Não pode a Administração agir sem motivos, nem agir com suporte em motivos incompatíveis com o ordenamento. Os motivos que dão validade ao ato administrativo (e aos outros atos da Administração) são de dois tipos: (i) os **pressupostos fáticos**, ou seja, a situação da realidade que justifica a ação estatal (dados, comportamentos, riscos) e (ii) os **pressupostos jurídicos**, isto é, as normas, explícitas ou implícitas, que autorizam o comportamento.

Para saber se a Administração atua de modo válido é preciso indagar: existe um fato que justifica sua ação (pressuposto fático)? Em vista do fato, existe uma norma que autoriza sua ação (pressuposto jurídico)? Imagine como exemplo o ato de sanção de proibição de exercer o comércio aplicado pelo CADE contra uma empresa condenada por cartel. Para que seja válido, é preciso que o ato se fundamente em comportamento presente ou passado da empresa (*e.g.* envolvimento em um cartel para combinação de preços de combustíveis); em normas que tipifiquem o comportamento mencionado como infração e prevejam a proibição de comércio como sanção (art. 36 da Lei de Defesa da Concorrência).

Motivos, em síntese, são as **causas fáticas e jurídicas**, bem como as consequências previstas e que justificam a escolha do Estado seja por um ato administrativo, seja um ato normativo. Motivos não se confundem com finalidade, nem com motivação.

O elemento causal é sempre antecedente do ato. Pode consistir numa situação dada ou no risco de que algo ocorra. A finalidade é o resultado posterior que se deseja atingir com o ato. O motivo justifica o mandamento adequado para atingir a finalidade. É por isso que deve haver uma linha de congruência entre motivo, conteúdo mandamental e finalidade. Tome-se o exemplo de desapropriação de imóvel urbano por utilidade pública. Seu motivo fático poderá hipoteticamente residir na falta de vagas em escolas locais e na inviabilidade de ampliação de vagas nos edifícios municipais existentes, exigindo que o Município obtenha imóvel para construir novas escolas e concretizar a finalidade constitucional de "progressiva universalização do ensino médio" (art. 208, II, da Constituição da República).

O motivo tampouco se confunde com a **motivação**. Motivo é causa; motivação é explicitação do motivo e da finalidade junto ao ato decisório. Ela consiste em elemento formal de validade do ato. Importa ter em mente que todo ato necessita de motivos, mas nem todo será acompanhado de motivação, pois nem sempre esse requisito formal se mostrará imprescindível. Tal como revela o art. 50 da LPA, os motivos do ato devem ser expostos principalmente quando seu conhecimento for condição para defesa de direitos ou interesses do destinatário do ato ou de terceiros por ele afetados.

A partir dessas ilações, torna-se mais simples compreender por que um ato administrativo restará viciado quando: (i) o motivo não existir (tratando-se de invenção da autoridade ou de terceiros); ou (ii) o motivo tiver sido falseado, por exemplo, mediante distorção dos fatos ou emprego de normas já revogadas para justificar a tomada da decisão. Pela **teoria dos motivos determinantes**, bem sumarizada por Di Pietro, "a validade do ato se vincula aos motivos indicados como seu fundamento, de tal modo que, se inexistentes ou falsos, implicam a sua nulidade".[20] Em outras palavras, a validade pressupõe a existência e a integridade dos motivos alegados. Como os motivos antecedem logicamente o ato, não podem eles ser substituídos ou modificados posteriormente, sobretudo como manobra para sustentar atos ilegais na origem.

No ordenamento brasileiro, porém, algumas regras afastam a teoria dos motivos determinantes em situações específicas. Exemplo disso se vislumbra na tredestinação

---

20. DI PIETRO, Maria Sylvia. *Direito administrativo*, 35. ed. Rio de Janeiro: Forense, 2022, p. 221.

de bens desapropriados, ou seja, no uso do bem adquirido pelo Estado para uma finalidade pública, porém distinta da que justificou a desapropriação. Imagine que um imóvel desejado pelo Município sob o motivo de falta de vagas em escolas e de necessidade de expandir os edifícios dedicados ao ensino venha a ser empregado, mais tarde, na construção de estação de transporte coletivo. Mesmo que o motivo originário da desapropriação seja desprezado, pela legislação vigente (art. 519 do Código Civil), a tredestinação do imóvel desapropriado será considerada lícita caso ele seja empregado em outra finalidade igualmente pública. Essa conclusão também se extrai da legislação específica, segundo a qual a perda objetiva ou a inviabilidade do interesse público que justificou a desapropriação permitirá ao Poder Público destinar a área desapropriada para outra finalidade pública ou alienar o bem a qualquer interessado, com preferência ao antigo proprietário (art. 5º, § 6º do Decreto-Lei n. 3.365/1942, alterado pela Lei n. 14.620/2023). Assim, conquanto o motivo que a autorizou venha a ser substituído por outro, também de interesse público, a desapropriação não será invalidada.

18.10.4 Elementos teleológicos (finalidades)

Não basta que a Administração tenha motivos a justificar uma ação. É necessário que ela saiba qual finalidade pública será atingida, que resultado de interesse público se alcançará e explique como a decisão escolhida se mostra a mais adequada para tanto. A validade do ato administrativo depende dessa correlação entre motivo (como causa precedente), conteúdo (como mandamento) e finalidade pública (como resultado esperado).

Na prática, um mesmo ato sempre persegue finalidades imediatas e mediatas, secundárias e primárias. Importante, em última instância, é que todas elas se conectem com uma finalidade pública, que pode consistir tanto na tutela de um direito fundamental (direito de reunião, direito à manifestação, direito à saúde, à educação, ao trabalho etc.), quanto na concretização de outros interesses públicos primários (defesa do ambiente, da concorrência etc.).

Veja o exemplo de um ato que licencia a construção de edifício por empreiteira particular. Imediatamente ou no plano secundário, a finalidade do ato de licença é viabilizar a obra, mas isso não é suficiente. É essencial verificar se, mediatamente, a licença urbanística respeita direitos fundamentais (como o direito social à moradia) e interesses públicos primários (como o de desenvolvimento sustentável da cidade). É nessas finalidades públicas que se encontra o elemento ou pressuposto teleológico imprescindível à validade do ato.

Ilegal será qualquer ato que se orientar por finalidades desconectadas de direitos fundamentais ou de interesses públicos primários ou que perseguir finalidades exclusivamente contrárias a eles. Não por outra razão, o tipo básico de vício quanto ao elemento teleológico é conhecido por **desvio de finalidade**. Ele se configurará sempre que o ato buscar finalidade divergente da prevista de modo explícito ou implícito nas normas que cuidam das competências de cada entidade estatal (art. 2º, parágrafo único da Lei n. 4.717/1965).

A identificação da finalidade pública que orienta a prática de um ato se mostra igualmente fundamental para verificar sua razoabilidade ou proporcionalidade em sentido amplo. Afinal, a razoabilidade exige que se comprove que o ato é apto a atingir a finalidade dele esperada (regra da adequação), que é o mais brando dentre os atos adequados (regra da necessidade) e que seus benefícios compensem os malefícios (regra da proporcionalidade em sentido estrito). Não há como se fazer a comprovação da adequação e da proporcionalidade sem que as finalidades sejam conhecidas.

A fortalecer o princípio da razoabilidade, a LINDB (art. 20 e 21) passou a exigir expressamente que a autoridade competente avalie as consequências de sua decisão em termos concretos, abstendo-se de adotá-las com base apenas em abstrações. Esse mandamento, portanto, valoriza o planejamento, o **consequencialismo**, o elemento finalístico do ato administrativo. A ideia do legislador é simples: não basta decidir com suporte em motivos passados, não basta demonstrar que o ato encontra suporte em elementos causais, fáticos e jurídicos. É preciso ir além, para demonstrar como a alternativa decisória eleita atingirá de modo adequado, em relação a alternativas concebíveis, as finalidades públicas esperadas.

O cotejo dos princípios da razoabilidade, da moralidade e da impessoalidade é arma poderosa para reconhecer casos mais complexos de desvio de finalidade, nos quais o ato aparentemente se guia por um interesse público primário, mas, intimamente, esconde o desejo de beneficiar ou prejudicar indevidamente certas pessoas. É o que ocorre com desapropriações realizadas para afetar inimigos políticos ou autorizações de uso de bens públicos sempre em favor de apaniguados em detrimento de outros interessados. Em situações assim, a mera identificação da finalidade pública não permite atestar o desvio, já que ela está formalmente presente. Uma análise mais cuidadosa deverá ser empreendida, observando-se o contexto, as alternativas decisórias disponíveis e a relação entre os sujeitos envolvidos (agente público, destinatários do ato e terceiros).

18.10.5 Elementos subjetivos

18.10.5.1 Competência

Para que ganhe existência jurídica, quer como ato administrativo concreto, quer como ato normativo, a decisão administrativa da Administração Pública necessita se conectar com sujeitos emissores e receptores (ou destinatários). O elemento subjetivo constitui um requisito essencial da existência do ato. E a presença desse elemento, devidamente qualificado, é um dos requisitos para lhe conferir validade.

O primeiro sujeito, como dito, é o **emissor**, ou seja, um órgão monocrático ou colegiado que pratica o ato. Ainda que o ato seja digital, haverá um sujeito responsável pela sua emissão. Disso decorre que, sem sujeito que a emita, inexistirá decisão administrativa; e sem que esse mesmo sujeito seja competente e capaz, não haverá decisão válida.

Em alguns casos, além do emissor do ato, um **destinatário** terá que ser apontado. Exemplifico: para que certa licença ambiental ingresse no plano jurídico, não bastará que determinado ente público a expeça (sujeito emissor do ato). Ele deverá endereçá-la ao empreendedor que a requereu. A ausência desse destinatário tornará o ato inexistente. Em outros atos, todavia, bastará que o sujeito seja determinável e, em certos deles, sequer será relevante a delimitação do destinatário. A partir daí se permite afirmar que o elemento subjetivo das decisões administrativas varia. Ora esse elemento é mais restrito, porque se limita à figura do emissor do ato; ora é mais abrangente, pois exige emissor e destinatário específicos.

Outra característica do elemento subjetivo das decisões administrativas é a **complexidade**. A verificação da validade do ato jurídico praticado por pessoa física na sua vida privada depende basicamente da ausência de proibição da conduta pelo ordenamento. Já no direito público, a situação mostra-se bem distinta. Para se confirmar o elemento subjetivo, há que se empregar um método e uma sequência de etapas. Não se trata meramente de examinar se o agente público que o expediu é competente. Na verdade, esse método abrange ao menos três etapas: (i) a identificação do sujeito emissor e, eventualmente, de um destinatário – quando necessário; (ii) a confirmação da competência do emissor, levando-se em conta todas as subdivisões da organização administrativa e (iii) o exame da capacidade do agente público.

A primeira etapa dispensa considerações por sua simplicidade. A segunda etapa, do exame da competência, exige mais cuidados. Para que o ato seja válido, todos os sujeitos envolvidos necessitam ser competentes. Cumpre examinar a competência do nível federativo para a matéria (União, Estados e Municípios), a competência da entidade, a competência do órgão e a competência do agente público ou de quem lhe faça as vezes. Repita-se: a prova da competência no direito administrativo ocorre em pelo menos quatro planos: o da esfera federativa; o da entidade; o do órgão e o do agente.

Tome-se novamente o exemplo da licença ambiental. No Brasil, todos os níveis da federação são a princípio competentes para licenciar, mas o licenciamento é único, ou seja, não se aceitam licenças múltiplas para um mesmo empreendimento (Lei Complementar n. 140/2011, art. 13). Diante disso, para se verificar se uma licença ambiental local é válida, cabe inicialmente perquirir se o Município detém competência no caso concreto; em seguida, se a entidade municipal recebeu a competência para tanto; se o órgão interno agiu conforme o regimento da entidade e se os sujeitos que atuaram pelo órgão tinham legitimidade para tanto. Sempre que algum desses sujeitos prescindir de competência para agir, o ato praticado restará viciado, mas poderá – em certas ocasiões – submeter-se à convalidação.

18.10.5.2 Renúncia de competência

Agir sem competência é agir ilicitamente. Da mesma forma, não agir quando se tem competência configura violação ao ordenamento jurídico. A competência é a medida do poder do Estado, distribuída pela federação e pelas incontáveis entidades estatais no intuito de transformar em realidade os objetivos constitucionais. Por isso, as competências são *a priori* irrenunciáveis. Seu exercício é vinculado na medida em que concretiza interesses públicos primários. Isso fica evidente quando a LPA federal determina ser "vedada a renúncia total ou parcial de poderes ou competências, *salvo autorização em lei*" (art. 2º, parágrafo único, II). Na ausência de norma em sentido contrário, presume-se que o exercício das competências é vinculado.

Apenas quando o legislador permitir à Administração escolher se agirá é que haverá discricionariedade e, por conseguinte, faculdade para se renunciar de modo lícito o exercício da competência em uma situação pontual. Isso se vislumbra, por exemplo, na possibilidade aberta pela LINDB (art. 26) para celebração de compromissos em situação contenciosa. Com base nesse dispositivo, certo órgão público poderá se abster de conduzir o processo sancionador até o final, substituindo-se por ajustamento de conduta com o acusado no plano administrativo. Dada a previsão legal, não se poderá falar de renúncia de competência pela autoridade que deixar de emitir decisão administrativa condenatória em virtude de compromisso celebrado de modo válido, ainda que o infrator seja confesso.

18.10.5.3 Delegação e avocação

A renúncia de competência de modo algum se confunde com a eventual **transferência do exercício** de competência para um órgão de maior ou menor hierarquia. Por motivos técnicos, geográficos, econômicos, políticos ou de outra natureza, aceita-se que uma entidade ou um órgão (dentro da entidade) transfira o exercício de suas tarefas para outra entidade ou para um órgão inferior por meio da técnica de *delegação*. Igualmente possível é a *avocação*, ou seja, a determinação, proveniente de um órgão superior, para que o inferior lhe transfira o exercício da competência. Dentro de uma entidade, a delegação ocorre em sentido descendente (órgão hierarquicamente superior transfere para o inferior) e a avocação ocorre em sentido ascendente (órgão hierarquicamente inferior transfere ao superior por sua ordem).

No âmbito federal, a avocação e a delegação foram disciplinadas pelos art. 11 a 17 da LPA. Principalmente para evitar que essas técnicas de deslocamento do exercício da competência venham a ser empregadas de modo abusivo ou imoral, o legislador estabeleceu inúmeras amarras normativas. Para ser lícita, a delegação da prática de atos deverá observar a legalidade (não incidir sobre competências indelegáveis), a publicidade (ser divulgada), a especificidade (ter objeto delimitado), a parcialidade (não envolver todas as competências do delegante), a transitoriedade (para não se confundir com a redistribuição de competência), a revogabilidade (ou possibilidade de ser extinta a qualquer tempo) e a motivação (com a indicação da razão jurídica, econômica, social, técnica ou territorial que a justifica).[21]

A legalidade merece atenção especial. De acordo com o art. 13 da LPA, "não podem ser objeto de delegação: I – a edição de atos de caráter normativo; II – a decisão de recursos administrativos; III – as matérias de competência exclusiva do órgão ou autoridade". O inciso terceiro é o de maior dificuldade. A definição de "competência exclusiva" não é simples. O legislador desejou tornar indelegáveis competências atribuídas a um órgão em razão de sua expertise técnica ou de sua especial composição (mais democrática e representativa, por exemplo). O melhor adjetivo para o texto legal não seria "exclusiva", mas sim competências insuscetíveis de exercício por outros órgãos com a mesma qualidade ou legitimidade.

18.10.5.4 Capacidade

Para além da competência, a pessoa física que age como agente público em nome do Estado na prática do ato deve ser capaz, isto é, estar em condições de exercer suas funções administrativas. Um agente, embora competente, não será capaz para expedir decisões caso se encontre em situação de impedimento, de suspeição, férias, licença, afastado ou suspenso de suas funções. Daí se conclui o seguinte: nem todo agente competente será automaticamente capaz para a prática de atos administrativos.

É preciso advertir que, pelo art. 10 da LPA federal, "são capazes, para fins de processo administrativo, os maiores de dezoito anos, ressalvada previsão especial em ato normativo próprio". Essa norma vale especificamente para os interessados no processo, não se referindo à capacidade dos agentes públicos. Na verdade, a Constituição da República não veda que menores de dezoito anos exerçam funções administrativas, seja como agente temporário, seja como concursado, ocupante de cargo ou emprego público.

O próprio Código Civil também reconhece essa possibilidade ao prescrever que "cessará, para os menores, a incapacidade: (...) III – pelo exercício de emprego público efetivo" (art. 5º, parágrafo único, inciso III). Apesar da possibilidade, alguns estatutos limitam o recrutamento de agentes públicos a maiores de 18 anos. O Estatuto dos Servidores Civis da União, por exemplo, estabelece como requisito básico para investidura em cargo público a idade mínima de dezoito anos, além de aptidão física e mental (Lei n. 8.112/1990, art. 5º, V). Porém, não seria inconstitucional aceitar menores de 18 anos como estatutários, razão pela qual Estados e Municípios

---

21. MARRARA, Thiago. Competência, delegação e avocação na lei de processo administrativo. In: NOHARA, Irene Patrícia; PRAXEDES, Marco (Org.). *Processo administrativo*: temas polêmicos da Lei 9.784/99. São Paulo: Atlas, 2011, p. 256.

podem fazê-lo, desde que naturalmente respeitem as normas constitucionais sobre trabalho de menores.

Ainda acerca da capacidade como parte do elemento subjetivo, vale registrar que as regras do direito privado não se aplicam automaticamente ao direito público. É perfeitamente possível reconhecer determinado ato como válido ainda que o sujeito emissor esteja fora de seu juízo mental. Se o ato for vinculado, de nada interessará o equilíbrio ou desequilíbrio do sujeito emissor. Isso também vale em relação a atos objetivos, praticados por meio de programação. Nesse caso, o sujeito é o órgão, tornando-se irrelevante a figura do agente público como pessoa física. Por essas e outras razões, não se pode tomar as causas de incapacidade do direito civil como causas que automaticamente invalidam uma decisão administrativa concreta ou normativa.

18.10.5.5 Vícios de competência e capacidade

O primeiro e mais grave dos vícios quanto ao elemento subjetivo consiste na ausência de um sujeito emissor ou na ausência de destinatário (caso se repute essencial sua identificação a depender do ato). Vício dessa natureza torna impossível ao ato ingressar no mundo jurídico. Trata-se de vício de existência, portanto.

No plano da validade, os vícios são mais brandos e abrangem basicamente: (i) a usurpação de função e (ii) o excesso de poder.

A **usurpação de função**, crime nos termos do Código Penal (art. 328), consiste no exercício de função pública sem qualquer tipo de investidura para tanto. Alguém age de maneira indevida em nome do Estado fora de um cargo, emprego ou função pública. Já o *"excesso de poder"* consiste na prática de um ato que está fora dos limites de competência de um agente devidamente investido em funções públicas. Determinado agente público decide e a lei prevê a prática do ato. Até aí nenhum problema. Porém, a competência não pertence ao agente que expede a decisão. Isso significa que o excesso se configura quando o decisor de fato invade a competência do agente juridicamente competente.

Um exemplo ajuda a entender o excesso de poder. A legislação de licitações e contratos públicos prevê sanções por infrações contratuais. A sanção de inidoneidade para contratar, a mais gravosa, somente será cominada em desfavor do contratado no âmbito do Poder Executivo por decisão de Ministro de Estado, Secretário Estadual ou Municipal (art. 156, § 6º. da Lei n. 14.133/2021). O dirigente de um departamento que celebrar contrato poderá punir a contratada com multa, advertência ou suspensão, mas não com a sanção de inidoneidade. Se isso ocorrer, o dirigente que a aplicar terá extrapolado os limites do seu poder e o ato restará viciado. Note-se que, no exemplo, o agente que pune está investido em função administrativa e o objeto é válido, pois o ordenamento realmente prevê a inidoneidade. Entretanto, o poder para a cominação dessa sanção se encontra no âmbito de competências exclusivas de outro agente de hierarquia superior (o Ministro ou o Secretário).

Advirta-se que o **excesso de poder** não se confunde com o **desvio de poder**, que, como já se demonstrou, constitui um vício quanto ao elemento teleológico. Tanto o excesso quanto o desvio são vícios inseridos no conceito maior de **abuso de poder**, mas dizem respeito a elementos distintos.

Fonte: elaboração própria

Nas situações em que um ato benéfico é praticado por um usurpador de função ou por um agente em excesso de poder, a teoria da aparência entra em jogo para, em favor da segurança jurídica e dos destinatários de boa-fé, excepcionalmente manter o ato eficaz. Fala-se aqui da **teoria do agente de fato**. Note-se bem: o agente de fato não é terceira figura além do usurpador ou daquele que age em excesso de poder. Trata-se somente de uma teoria para garantir os efeitos dos atos viciados nessas duas situações ilegais. Para que ela seja empregada no escopo de garantir a eficácia do ato viciado quanto ao elemento subjetivo, impõe-se a observância dos seguintes requisitos: (i) a aparência de legalidade do ato; (ii) a boa-fé do destinatário, comprovada pelo desconhecimento da incompetência ou incapacidade do agente; (iii) conteúdo benéfico do ato e (iv) regularidade dos outros elementos do ato. Se o ato contiver objeto ilícito, desrespeitar forma essencial ou estiver maculado por motivo ilícito ou desvio de finalidade, a princípio, terá que ser anulado a despeito da teoria da aparência, salvo quando cumpridos requisitos para convalidação ou quando constatada a decadência do poder anulatório.

18.10.6 Resumo dos elementos e vícios

Elemento do ato	Abrangência	Vícios
Causal	Motivos: pressupostos fáticos e pressupostos jurídicos.	Ausência de motivos; Falseamento ou distorção dos motivos.
Teleológico	Finalidade: aderência a um interesse público e capacidade de atingi-lo.	Desvinculação a interesse público primário; Inadequação para atingir a finalidade pública; Desnecessidade frente a alternativas decisórias.
Material	Conteúdo jurídico: mandamento que cria, altera ou extingue direito ou obrigação	Ausência de conteúdo (ato inexistente); Conteúdo inexequível; Conteúdo ilícito.

Formal	Formas de preparação, de manifestação e de divulgação do ato	Ausência de forma (ato inexistente); Desrespeito a formalidades essenciais.
Subjetivo	Competência e capacidade do emissor do ato e presença de destinatário, quando cabível	Ausência de sujeito (ato inexistente); Usurpação de função; Excesso de poder; Ausência de capacidade.
	Fonte: elaboração própria	

18.11 MODIFICAÇÃO E CORREÇÃO DE ATOS

18.11.1 Modificação de atos, limites da nova interpretação e regimes de transição

Os atos administrativos podem ser extintos, com ou sem substituição por outro ato. As modalidades de extinção serão examinadas em itens futuros deste capítulo. Por ora, cumpre debater se certo ato pode ser modificado ou receber nova interpretação distinta daquela que a ele se dava inicialmente.

A discussão sobre a possibilidade de modificação unilateral do conteúdo do ato administrativo, sem sua extinção, necessita ser realizada à luz dos princípios da moralidade e da segurança jurídica. Esses princípios exigem da Administração Pública atuação coerente ao passado, de modo a se evitar comportamentos erráticos, contraditórios. Vedam, portanto, o *venire contra factum proprium*. É isso que motiva a proteção do ato jurídico perfeito, definido pelo art. 6º, § 1º da LINDB como o ato "já consumado segundo a lei vigente ao tempo que se efetuou". Por força desse comando, o particular tem direito à execução do ato tal como praticado, evitando-se modificações. Não se impede, contudo, que o ato sofra alterações em sede de reconsideração ou recurso administrativo, ou sujeite-se quer a anulações parciais decorrentes de ilegalidade, quer a revogações parciais por interesse público.

Diferentemente, há situações em que a Administração Pública não modifica o conteúdo do ato, nem altera suas disposições. Na verdade, assume nova interpretação a respeito de elementos vagos ou indeterminados que o compõem, de modo a transformar o comando mandamental originário. Nesse cenário de mudança de interpretação, há que se diferenciar duas situações: aquela na qual a Administração Pública busca fazer valer a nova interpretação para o passado e aquela na qual fixa uma nova interpretação para o futuro.

Em relação ao passado, a nova interpretação somente poderá retroagir quando tiver efeitos mais benéficos que a interpretação anterior. Essa conclusão se extrai do art. 2º, parágrafo único, XIII, da LPA federal, segundo o qual novas interpretações não devem retroagir. Embora o artigo não diferencie interpretações mais favoráveis ou mais restritivas, fato é que somente deverá ser aplicado para as mais restritivas. Afinal, quando o interessado assim requerer, as mais favoráveis não somente poderão como deverão se estender para atos passados, ainda em execução ou por executar, em virtude do princípio do tratamento isonômico.

Em relação a novas interpretações fixadas para o futuro, a situação é distinta. Sem modificar o ato, é possível que a Administração passe a oferecer outra leitura aos seus comandos constitutivos, aplicando essa interpretação nova para o futuro. Nessa situação, ainda que não se possa falar de vedação da modificação interpretativa, o art. 23 da LINDB impõe alguns cuidados importantes. Diz o comando legal que a interpretação ou orientação nova sobre norma de conteúdo indeterminado que venha a impor "novo dever ou novo condicionamento de direito" deverá prever **regime de transição** quando "indispensável para que o novo dever ou condicionamento de direito seja cumprido de modo proporcional, equânime e eficiente, sem prejuízo aos interesses gerais".

Desse artigo se extraem duas conclusões básicas. A uma, é plenamente aceitável que a interpretação nova com efeitos para o futuro seja mais restritiva que a anterior. A duas, a interpretação nova com efeitos futuros, quando mais restritiva, deverá oferecer um regime de transição, ou seja, regimes jurídicos diferenciados, que criam situação mais tolerante, prevejam tempo de adaptação ou estipulem uma escala graduação de modificação da posição jurídica em benefício daqueles que se encontravam no regime interpretativo anterior e mais brando.

18.11.2 Convalidação e conversão

Outra forma de se modificar atos administrativos em seus elementos internos ou externos aparece na convalidação, como técnica de recuperação de atos marcados por algum tipo de ilegalidade sanável. Por força da economia processual, o ordenamento jurídico permite que alguns atos ilícitos sejam corrigidos, de modo a recobrar sua validade e a manter sua eficácia. A convalidação nada mais é que uma forma de eliminação posterior de um vício do ato administrativo e que opera efeitos retroativos. A grande vantagem de se utilizá-la é evitar a necessidade de anulação do ato. A possibilidade de convalidação é o que permite afirmar que nem todo ato ilícito necessita ser anulado.

No âmbito da União, o art. 55 da LPA prevê a faculdade de que a Administração federal convalide atos viciados. O legislador estabeleceu dois requisitos para tanto: (i) o vício deve ser sanável e (ii) é preciso comprovar que a convalidação não prejudicará o interesse público e terceiros. Em outras palavras, a convalidação não é um dever, senão uma faculdade, uma decisão discricionária do administrador público e que, para ser empregada licitamente, dependerá da comprovação da existência de vício sanável e de análise contextual a respeito dos efeitos nocivos que poderá gerar, inclusive a pessoas que não figuram no processo administrativo na qualidade de interessadas.

A compreensão desses requisitos demanda certos esclarecimentos conceituais. Para o direito administrativo brasileiro, ato nulo é sinônimo de ato viciado não passível de convalidação e ato anulável, o que pode ser convalidado. O problema prático dessa distinção reside na falta de diferenciação do direito positivo entre vícios insanáveis (que tornam os atos nulos) e sanáveis (que caracterizam os atos anuláveis). Para superar a lacuna, a doutrina[22] entende que não aceitam convalidação os vícios de conteúdo, finalidade e motivo. Por consequência, convalidáveis são os atos que apresentem:

(i) **Vício em relação ao sujeito**, a exemplo de um ato sancionatório praticado por uma autoridade de hierarquia menor que a prevista em lei (caso de excesso de poder), mas convalidado posteriormente pela autoridade superior com poder para aplicar a sanção; e

(ii) **Vício em relação à forma**, desde que ela não seja imprescindível. Como se esclareceu anteriormente, forma é conceito que se interpreta em sentido amplo, de maneira a abarcar as formalidades de preparação do ato, de edição ou de divulgação. Imagine que certo ato seja editado como resolução e não pela forma de decreto. Esse simples vício poderá ser corrigido pela republicação na forma adequada. Outro vício convalidável é o da expedição de decisão sancionadora em processo disciplinar após o prazo legal previsto para a conclusão processual. A extrapolação do prazo gera vício formal que pode ser facilmente convalidado.

Em contraste à convalidação, o instituto da **conversão** transforma um ato inválido por vício de conteúdo em ato válido ao modificar sua tipificação, ou seja, ao adequar seu conteúdo a um tipo compatível. Um exemplo ajuda a ilustrar o instituto. As concessões de uso de bem público exigem licitação prévia no Brasil. Diferentemente, as autorizações de uso de bem se realizam diretamente, isto é, sem licitação prévia para a escolha do usuário. Para evitar sua anulação, uma concessão de uso não precedida de licitação poderia ser convertida em autorização de uso desde que seu conteúdo se mostre compatível com esse instituto. Na prática, a conversão eventualmente modificará a situação jurídica e os direitos dos destinatários do ato. Se isso ocorrer, entende-se necessário o consentimento do destinatário do ato convertido. Além disso, em analogia com o art. 55 da LPA, não se deve aceitar a conversão que se mostre danosa a interesses públicos primários ou a direitos e interesses juridicamente tutelados de terceiros – salvo quando estes também consentirem.

Apesar de algumas distinções, a convalidação e a conversão perseguem a mesma finalidade de evitar a anulação de um ato viciado, favorecendo a economia processual e a eficiência da Administração Pública. Uma e outra podem ser determinadas tanto pelo órgão que expediu o ato, quanto por órgãos de controle hierarquicamente superiores.

---

22. Cf. DI PIETRO, Maria Sylvia. *Direito administrativo*, 35. ed. Rio de Janeiro: Forense, 2022. p. 252; NOHARA, Irene Patrícia. *Direito administrativo*, 9. ed. São Paulo: Atlas, 2019, p. 226; ARAGÃO, Alexandre Santos de. *Curso de Direito administrativo*, 2. ed. Rio de Janeiro: Forense, 2013. p. 247; CARVALHO FILHO, José dos Santos. *Manual de direito administrativo*, 37. ed. Barueri: Atlas, 2023, p. 387.

18.11.3 Revisão do ato sancionador

Revisão é conceito técnico polissêmico, que aceita muitas definições. É bastante frequente seu uso como tradução do termo *"review"* para indicar o controle de uma decisão administrativa, por exemplo, pelo Judiciário. No âmbito do processo administrativo, porém, a revisão é conceito com significado próprio que não deve ser ignorado pelo fato de ter sido reconhecido tanto na legislação disciplinar, quanto em leis de processo administrativo.

Para entender o instituto, recorre-se à previsão do art. 65 da LPA federal, que assim dispõe: "os processos administrativos de que resultem sanções poderão ser *revistos*, a qualquer tempo, a pedido ou de ofício, quando surgirem fatos novos ou circunstâncias relevantes suscetíveis de justificar a inadequação da sanção aplicada". E o parágrafo único complementa: "da revisão do processo não poderá resultar o agravamento da sanção".

Sobre o instituto em questão, sintetizo algumas considerações realizadas em obra de comentários à LPA.[23] Em primeiro lugar, a revisão em questão consiste em espécie de recurso administrativo em sentido amplo, mas que se restringe a processos sancionatórios. Em segundo, ela se realiza a qualquer momento – desde que a sanção ainda não tenha se esgotado, por óbvio. Em terceiro, o pedido de revisão pode ser apresentado por pessoa física ou jurídica condenada na esfera administrativa ou de ofício pela autoridade pública. Em quarto, ele é direcionado ao órgão público que aplicou a sanção ou a órgão hierarquicamente superior. Em quinto, o pedido somente poderá ser aceito quando comprovados fatos novos (relativos à materialidade ou autoria) ou circunstâncias relevantes (externas ao processo) que demonstrem a inadequação da sanção, ou seja, sua inaptidão para atingir o fim público que dela se espera no caso concreto. Em sexto, o julgamento do pedido de revisão é limitado pela vedação da *reformatio in pejus*. Diferentemente dos recursos administrativos, cujo julgamento pode acarretar decisão pior para o recorrente (art. 64, parágrafo único, da LPA), a revisão culmina ou na manutenção da sanção, ou no seu abrandamento ou na sua completa extinção (art. 65, parágrafo único da LPA).

18.12 EXTINÇÃO

18.12.1 Panorama das formas de extinção

Inúmeros fenômenos levam à extinção da decisão administrativa: alguns são **naturais**, ocorrendo a despeito da vontade, e outros **voluntários**, dependentes da iniciativa do agente que pratica o ato ou daquele que tenha competência para controlá-lo, dentro ou fora da Administração Pública.

---

23. MARRARA, Thiago; NOHARA, Irene Patrícia. *Processo administrativo*: Lei 9.784/1999 comentada. São Paulo: Revista dos Tribunais, 2018, p. 510 e ss.

A extinção voluntária ocorre por determinação, direta ou indireta, explícita ou implícita, de certo órgão público, ainda que o ato continue plenamente viável. Ora essa extinção se impõe por invalidação nas modalidades de cassação, anulação ou caducidade, sempre baseadas em motivo de ilegalidade e determinadas tanto pelo órgão que praticou o ato, quanto pelo Judiciário na sua função de controle externo da Administração ou pelo Legislativo na sua função legiferante. Ora a extinção voluntária se dá, porque o conteúdo decisório passa a se mostrar incompatível com interesses públicos primários (revogação). Nesse caso, a competência é discricionária e exclusivamente dependente da iniciativa da Administração Pública. A tabela abaixo sintetiza essas várias possibilidades de extinção.

Fonte: elaboração própria

18.12.2 Extinção natural do ato

Um ato se extingue ou se esgota naturalmente por vários motivos, tais como: o esgotamento dos seus efeitos; a superveniente impossibilidade fática de execução de seu objeto; a desqualificação do sujeito ou o seu desaparecimento.

O primeiro cenário é o de **esgotamento dos efeitos**. O ato se torna eficaz, produz seus efeitos e naturalmente desaparece. Imagine uma sanção de suspensão aplicada contra o servidor em razão de uma infração disciplinar. Cumprida a suspensão, esgota-se e extingue-se o ato sancionador.

Outra situação de extinção natural se verifica com a **superveniente impossibilidade de execução** do objeto. Atos com mandamentos incialmente viáveis, mas que se tornam inexequíveis ao longo do tempo, desaparecem de maneira natural. Tome-se o exemplo de medida ambiental cautelar que exija do empreendedor a despoluição de um corpo hídrico que, em seguida, vem a secar de maneira definitiva. Nessa situação, o objeto mandamental torna-se impossível no plano fático e o ato se esgota.

Distinta é a situação de impossibilidade das condições previstas no ato. Há casos em que a condição, como evento futuro e incerto, também se mostra inexequível de modo definitivo. Quando isso ocorrer, o ato poderá desaparecer naturalmente a depender do tipo de condição. Em analogia com os mandamentos do Código Civil (art. 123 e 127), se a condição for suspensiva, sua impossibilidade fática ou jurídica invalidará o ato. Porém, se for resolutiva, reputar-se-á a condição inexistente e, portanto, o ato perdurará.

Ainda dentro das hipóteses de extinção natural se enquadram as situações **de desqualificação do sujeito**, ou seja, de alteração de sua situação jurídica, principalmente do destinatário do ato. Caso bastante frequente é o do estudante que comete infração disciplinar, mas, antes da execução da sanção, desliga-se da universidade pública. Como estudante, o indivíduo se sujeitava ao poder disciplinar. Ao perder o status de usuário do serviço público educacional, afasta-se da competência disciplinar da universidade.

Outra situação concebível de extinção natural do ato ocorre por **desaparecimento do sujeito**. Imagine que certa pessoa jurídica solicite o uso privativo de um espaço público, mas antes de se valer da autorização de uso vai à falência e se extingue. Assim como a morte da pessoa física, a falência também configura causa de extinção natural do ato administrativo.

Há, porém, exceções a essa regra da extinção do ato por força de morte, desaparecimento ou incapacidade do sujeito. Apenas para exemplificar a exceção, observe-se a Lei n. 13.311/2016, que cuida de ocupação e utilização de feiras, quiosques, trailer, feira e banca de jornais e revistas. Ao tratar do ato administrativo de outorga de uso de bem público, o art. 2º, § 2º da lei prevê que, "no caso de falecimento do titular ou de enfermidade física ou mental que o impeça de gerir seus próprios atos, *a outorga será transferida,* pelo prazo restante, nesta ordem: ao cônjuge ou companheiro, aos ascendentes e descendentes".

As hipóteses de extinção natural do ato foram reconhecidas no direito positivo pelo art. 52 da LPA federal, que assim dispõe: "o órgão competente poderá declarar extinto o processo quando exaurida sua finalidade ou *o objeto da decisão se tornar impossível, inútil ou prejudicado por fato superveniente*". O dispositivo legal destaca as hipóteses de ato impossível (que jamais poderia se tornar eficaz), inútil (cuja eficácia não altera a realidade) ou prejudicado por fato superveniente à sua edição, como o desaparecimento do sujeito.

Se essas hipóteses se materializarem ao longo do processo administrativo e antes da edição do ato, seu surgimento se tornará impossível e, por conseguinte, o processo destinado à sua produção será declarado extinto. Entretanto, sempre que ocorrerem após a edição do ato, implicarão sua extinção.

18.12.3 Anulação

A invalidação da decisão administrativa pode ser tomada como um gênero que abrange três medidas básicas: a anulação, a cassação e a caducidade.

Em poucas palavras, a **anulação** configura um ato administrativo ou judicial de extinção de decisão administrativa viciada em alguns de seus elementos e não convalidada. Em comparação com a caducidade, a anulação não depende do comportamento do destinatário do ato e a ilegalidade que a justifica decorre de incompatibilidade do ato com o direito posto, precedente à sua formação. Em contraste com a revogação, que se dá mediante identificação comprovada da inadequação superveniente do ato com interesses públicos primários, a anulação se baseia em vícios de legalidade, ou seja, de incompatibilidade jurídica de algum dos cinco elementos do ato (causal, finalístico, material, subjetivo ou formal) com o ordenamento jurídico.

De acordo com a **Súmula 346** do STF: "a Administração Pública pode declarar a nulidade de seus próprios atos". A seu turno, dispõe a **Súmula 473** do STF que a "Administração pode anular seus próprios atos quando eivados de vícios que os tornam ilegais, porque deles não se originam direitos". Essas duas Súmulas são ainda bastante relevantes no Brasil, pois guiam a anulação em Estados e Municípios que não disponham de leis de processo administrativo a tratar do assunto.

Outro comando que tem aplicabilidade geral para todos os níveis da federação é o art. 21 da LINDB, segundo o qual a administração pública pode decretar a anulação de ato, caso em que deverá indicar suas consequências jurídicas e administrativas de forma expressa, bem como as condições para que a regularização à legalidade ocorra de modo compatível com o princípio da razoabilidade, evitando-se impor aos sujeitos atingidos ônus ou perdas anormais ou excessivos à luz das peculiaridades do caso. Em outras palavras, esse dispositivo autoriza a modulação de efeitos da decisão administrativa anulatória, de modo a se postergar os efeitos da anulação.

Especificamente no âmbito da União, o instituto da anulação foi disciplinado muitos antes da LINDB, mas de maneira mais tímida. O art. 53 da LPA dispõe que "a Administração *deve* anular seus próprios atos, quando eivados de vício de legalidade, e *pode* revogá-los por motivo de conveniência ou oportunidade, respeitados os direitos adquiridos". Como se explicará mais adiante, embora a LPA fale de um dever de anular, na prática, nem sempre é isso que ocorre. Alguns fatores poderão transformar a anulação em uma faculdade a se exercer à luz das circunstâncias.

Para se bem compreender a anulação, instituto dos mais importantes para o direito administrativo, há que se diferenciar aspectos relativos: (i) à competência para sua prática; (ii) aos atos que devem ser anulados e (iii) aos procedimentos e limites.

Quanto à **competência**, a anulação não fica limitada à Administração Pública. É bastante comum que a própria autoridade que editou o ato o anule ou que os órgãos superiores a ela, com base em seus poderes de hierarquia, determinem a anulação, seja em análise de recursos administrativos, seja por mero controle interno. Essa decisão interna de anulação gozará de autoexecutoriedade, ou seja, independerá da manifestação prévia do Poder Judiciário ou do Poder Legislativo. No entanto, em certos casos, o Judiciário pode ser levado, a pedido de algum interessado, a realizar o controle externo do ato administrativo e, por conseguinte, a determinar sua anulação por sentença.

A anulação poderá ocorrer em qualquer instância judicial, mas para situações de ilegalidade por violação do conteúdo de súmulas vinculantes editadas pelo Supremo Tribunal Federal, o interessado dispõe da reclamação, pela qual submete o ato violador diretamente ao controle desse Tribunal. De acordo com o art. 64-B da LPA federal, uma vez acolhida pelo Supremo "a reclamação fundada em violação de enunciado da súmula vinculante, dar-se-á ciência à autoridade prolatora e ao órgão competente para o julgamento do recurso [administrativo], que deverão adequar as futuras decisões administrativas em casos semelhantes, sob pena de responsabilização pessoal nas esferas cível, administrativa e penal".

Quanto aos atos passíveis de anulação, também há que se fazer algumas observações levando-se em conta a escala de gravidade dos vícios. Nesse sentido:

- **Atos meramente irregulares**, caracterizados por pequenos e irrelevantes vícios, não demandam anulação. Aqui vale o brocardo *"pas de nullité sans grief"*. Não há nulidade sem dano. A anulação será inútil se o vício for menor e incapaz de gerar prejuízo a qualquer pessoa ou ao interesse público primário. Imagine um ato que deveria ser publicado em portaria, mas é publicado em resolução. A confusão da forma não é vício danoso, devendo-se falar de mera irregularidade a ser corrigida pelo ente competente;

- **Atos anuláveis ou convalidáveis**, marcados por vícios sanáveis, aceitam correção. Destarte, eles podem ser anulados ou convalidados a depender do cumprimento de certos requisitos legais. Sobre a possibilidade de convalidação, o art. 55 da LPA federal prescreve o seguinte: "em decisão na qual se evidencie não acarretarem lesão ao interesse público nem prejuízo a terceiros, os atos que apresentarem defeitos sanáveis poderão ser convalidados pela própria Administração". Esse dispositivo é extremamente importante, pois, em síntese, revela que a convalidação, como técnica de salvamento do ato viciado: (i) somente ocorrerá quando o vício for sanável; (ii) depende da comprovação de compatibilidade com o interesse público; (iii) resta vedada se gerar prejuízo a terceiros e (iv) constitui uma faculdade, não um dever. A legislação, a rigor, não aponta claramente quais são os vícios sanáveis. Apesar disso, entende-se que correspondem principalmente aos de forma e de competência. Imagine a sanção de impedimento de licitar aplicada por autoridade de hierarquia menor que a exigida pela Lei de Licitações. Nesse caso, o vício de competência será sanável, pois bastará que a autoridade superior competente ratifique o ato para que ele se convalide;

- **Atos nulos ou não convalidáveis** deverão ser anulados desde que o poder anulatório não tenha decaído. Esses atos apresentam vícios mais graves, insuscetíveis de convalidação, sobrando ao Estado apenas a anulação, salvo quando se operar sua decadência. É o que ocorre com atos viciados em relação ao elemento finalístico ou causal (motivos falsos ou distorcidos). Igualmente nulo é o ato com vício de conteúdo que não aceite conversão. Advirta-se, porém, que a anulação sofre limitações. Nos termos do art. 54 da LPA, a decadência do poder de anular ocorrerá se (i) o ato viciado for benéfico ao destinatário (como atos de licença, de concessão e admissão); (ii) o destinatário estiver de boa-fé e (iii) o prazo de cinco anos contados da data da prática do ato tiver se esgotado. Imagine que um pesquisador de boa-fé tenha recebido bolsa de estudos do Ministério da Educação em um processo que, seis anos mais tarde, revela-se distorcido por corrupção praticada por outros bolsistas. Por força do art. 54 da LPA, no caso concreto, o poder anulatório terá decaído em relação ao pesquisador de boa fé e o ato de concessão da bolsa não poderá ser anulado, ainda que contenha vício insanável; e

- **Atos inexistentes**, por fim, são fatos que sequer se transformam em atos jurídicos por descumprirem requisitos mínimos de perfeição. Não há ato sem conteúdo, sem sujeito e sem forma. Em todos esses casos, portanto, não se fala de anulação, já que não se pode invalidar algo que não existe. E como não há anulação, tampouco se discutirá a decadência do poder anulatório. Se houver necessidade, basta que se declare a inexistência do ato a qualquer tempo. Isso não impede que a Administração Pública venha a ser eventualmente responsabilizada pelo dano que o comportamento incorreto de algum agente público tenha gerado a pessoas de boa-fé, nem que se puna o agente que deu causa ao problema.

A partir dessas considerações gerais, conclui-se que: (i) atos meramente irregulares não precisam ser anulados; (ii) atos anuláveis podem ser anulados quando a convalidação não se mostrar compatível com os requisitos legais da LPA, sobretudo com o interesse público e com a proteção dos interessados; (iii) atos nulos devem ser anulados desde que o poder anulatório não tenha decaído e (iv) atos inexistentes não serão anulados, mas simplesmente declarados inexistentes, se necessário, já que constituem meros fatos que prescindem de elementos básicos para se transformar em ato.

Em nenhuma hipótese, deve-se confundir medidas de anulação ou convalidação relativas ao ato viciado com as de reparação de pessoas por danos sofridos pela ação ilícita e de eventual responsabilização dos agentes públicos que tenham dado causa a ela. As consequências dos vícios de um ato são diversas e se irradiam por planos distintos. A manutenção ou não do ato viciado não afeta ou prejudica a verificação de responsabilidades no campo civil por danos causados pelo ato, nem no campo disciplinar, da improbidade ou criminal para punir os agentes que tenham agido ilicitamente.

Além do problema da confusão dos efeitos do vício para o ato, de um lado, e para as pessoas envolvidas, de outro, é usual que se pratique a anulação sem qualquer metodologia, o que acarreta, em muitas situações, a extinção desnecessária ou indevida de atos que poderiam ser mantidos. Exatamente por isso, antes da medida anulatória, proponho que a autoridade responsável ou de controle execute um breve método de quatro indagações, a saber: (i) o ato contém vício ou não? (ii) o vício é danoso ou se trata de mera irregularidade irrelevante?; (iii) o ato viciado danoso aceita convalidação, isto é, pode ser corrigido nos termos da legislação?; (iv) levando-se em conta que o vício danoso não é convalidável, o poder de anulação pode ser exercido ou operou-se a decadência? Por meio dessas indagações básicas, é possível verificar se existem condições para a prática da anulação, ou seja, se o ato é viciado, danoso, insuscetível de convalidação e o poder anulatório ainda não decaiu.

Como ato que modifica situações jurídicas, para o bem ou para o mal, a anulação é processualizada e dependente de pormenorizada motivação. Na LPA federal, o art. 50, VIII, exige a indicação dos fatos e dos fundamentos jurídicos de anulação, revogação, suspensão ou convalidação de ato administrativo. Já a LINDB, aplicável imediatamente a todos os entes da federação, determina que: (i) a motivação deverá demonstrar a adequação da invalidação, inclusive em face das possíveis alternativas (art. 20, parágrafo único); (ii) o ato de anulação deverá indicar suas consequências, ou seja, se os **efeitos jurídicos** são *ex nunc* ou *ex tunc* – abrindo-se a possibilidade de modulação de efeitos – e como cada sujeito será atingido (art. 21, parágrafo único); e (iii) a decisão levará em conta as circunstâncias práticas a justificar a ação e as orientações gerais da época em que se praticou o ato (art. 22, § 1º e art. 24, *caput*).

18.12.4 Cassação e caducidade

Além da anulação, a categoria da invalidação em sentido amplo inclui as técnicas de cassação e de caducidade. A **cassação** consiste em extinção do ato de conteúdo benéfico motivada pelo descumprimento de normas pelo seu destinatário. Segundo Ricardo Marcondes Martins, trata-se de técnica de extinção típica dos atos ampliativos de direito, "em que o benefício gerado pelo ato depende de uma situação ou de uma conduta do administrado".[24] Tome-se o exemplo da licença ambiental conferida a um agricultor com o ônus (ou condicionante) de que, para desenvolver suas atividades econômicas, adote medidas de proteção de determinadas espécies da fauna. O descumprimento dessa obrigação colocará o agricultor, como destinatário da licença, em situação de ilicitude e, por conseguinte, implicará a cassação do ato que o beneficiava.

Distinta é a figura da **caducidade**. Trata-se, aqui, da extinção de um ato originariamente lícito por força da modificação da legislação em que ele se baseava.

---

24. BACELLAR FILHO, Romeu Felipe; MARTINS, Ricardo Marcondes. *Tratado de direito administrativo*, v. 5: ato administrativo e procedimento administrativo. São Paulo: Revista dos Tribunais, 2014, p. 284.

Imagine que o ordenamento permita o porte de arma por cidadãos e, em momento posterior, o Congresso edite lei que proíba essa prática em todo e qualquer caso. O suporte jurídico do ato desaparece com a nova lei e, por conseguinte, ele se extingue por caducidade ou decaimento. Novamente é Martins que bem delimita a diferença do instituto em relação a outras formas de extinção. Nas suas palavras: "trata-se da retirada do ato administrativo não por motivo de inconveniência ou inoportunidade (*revogação*), nem por motivo de desconformidade originária do ato com o ordenamento jurídico (invalidação...), mas por *desconformidade superveniente do ato com o Direito,* não relacionada ao descumprimento das condições impostas ao administrado" (g.n.).[25] Em última instância, a caducidade indica uma forma de invalidação de atos por atuação do Poder Legislativo.

18.12.5 Revogação

Diferentemente da anulação, da cassação e da caducidade, que se relacionam sempre com um ato ilícito ou com um comportamento irregular de seu destinatário, a revogação ocorre por motivo completamente distinto, a saber: a incompatibilidade superveniente de um ato discricionário com interesse público primário devidamente especificado. Em apertadíssimo resumo, revogar significar extinguir, parcial ou completamente, explícita ou implicitamente, uma decisão administrativa (concreta ou normativa) com o objetivo de se proteger certo interesse público.

Alguns detalhes dessa definição pedem esclarecimento. Em primeiro lugar, a revogação atinge atos válidos, a princípio compatíveis com o ordenamento jurídico, mas que se tornam inconvenientes ou inoportunos diante de interesses públicos, como a proteção da saúde pública, a defesa do consumidor, a tutela do ambiente equilibrado ou a defesa da concorrência. Embora o conteúdo do ato se mostre conforme o direito e sua edição tenha respeitado os requisitos formais gerais, é possível que seus efeitos se mostrem posteriormente nocivos a interesses públicos das mais diversas naturezas, exigindo-se sua extinção.

Em segundo lugar, como a revogação se justifica em razão de uma mudança do cenário fático que torna os efeitos do ato, antes aceitáveis, inadequados em face do interesse público, suas implicações são "ex nunc". A revogação não opera efeitos retroativos, para o passado (*"ex tunc"*), mas apenas efeitos para o futuro, a partir da sua prática. Nesse sentido, dispõe o art. 53 da LPA federal que a revogação, realizada por motivo de conveniência e oportunidade, deverá respeitar os direitos adquiridos. Nada impede, ademais, que se modulem os efeitos do ato de revogação, lançando-os para o futuro, ou que se introduza um regime de transição (art. 23 da LINDB).

---

25. BACELLAR FILHO, Romeu Felipe; MARTINS, Ricardo Marcondes. *Tratado de direito administrativo,* v. 5: ato administrativo e procedimento administrativo. São Paulo: Revista dos Tribunais, 2014, p. 284.

Em terceiro lugar, para que um ato possa ser revogado é necessário que ele tenha **natureza discricionária**. Atos vinculados são incompatíveis com a revogação, porque são praticados sempre que o destinatário cumpre os requisitos legais. O mero preenchimento dos requisitos legais obriga o administrador público a editar o ato vinculado. O administrador, diante do cumprimento dos requisitos, não está autorizado a substituir a vontade do legislador pela sua e se negar a expedi-lo. É por isso que atos vinculados somente aceitam anulação. Já os atos discricionários sujeitam-se à anulação e à revogação. Afinal, como atos praticados com base em juízo de conveniência e oportunidade, o administrador público poderá, diante da mudança do cenário fático, refazer esse juízo e extinguir o ato em parte ou por completo com o objetivo de resguardar interesses públicos.

Dessa constatação se extrai uma conclusão importante: nem todos os atos administrativos são revogáveis. Além dos atos vinculados, são igualmente imunes à revogação os atos considerados irrevogáveis por lei ou por autolimitação administrativa e os atos que já tenham esgotado seus efeitos práticos (atos exauridos ou consumados). Ora, como a revogação produz efeitos para o futuro, ela não terá qualquer relevância se o ato já tiver atingido sua finalidade e se esgotado.

Os atos opinativos e de mera execução, que não são decisões administrativas propriamente ditas, tampouco se sujeitam à revogação. Não faria sentido algum revogar um parecer em processo administrativo, uma aula dada numa universidade pública ou um atendimento na repartição pública. Apenas as decisões administrativas discricionárias e ainda pendentes de execução se sujeitam à revogação.

Questão interessante é saber se a **indenização** é sempre cabível em hipótese de revogação. Para solucionar essa dúvida, afigura-se adequado diferenciar três tipos de situação: (i) aquela em que a revogação ocorre para ajustar o ato a uma situação que já era conhecida ou prevista; (ii) aquela em que a revogação é realizada diante da alteração do cenário fático e (iii) as situações em que o destinatário estiver de má-fé. Explico.

Em muitos casos, o próprio administrador público deixa de planejar sua ação e edita atos que não deveriam ser praticados diante do interesse público. Nessa situação, errа o administrador por não avaliar corretamente os interesses públicos em jogo. Daí porque, ao revogar, ocasionará o dever de o Estado reparar todos os danos sofridos pelo destinatário de boa-fé. Completamente distinta é a situação em que a revogação é feita diante de uma alteração de cenário, que não era conhecida nem prevista pelo agente público. Em casos como esse, entendo que a responsabilidade poderá ser afastada ou mitigada a depender do contexto. Afinal, essa revogação poderá beneficiar exclusivamente a Administração em alguns casos, devendo o Estado indenizar os particulares, mas, em outras situações, poderá ser vantajosa à sociedade, inclusive ao destinatário do ato revogado, caso em que a mitigação ou o afastamento da reparação será cabível. A terceira e última situação é aquela em que o destinatário demonstra má-fé, pois sabe de fatos desconhecidos pela Administração e que afetam a compatibilidade do ato com o interesse público, mas, ainda assim, intenta beneficiar-se da prática. Nesse caso, ele assume o risco conhecido da revogação, razão pela qual não caberá indenização.

A posição aqui defendida, que diferencia a indenização estatal conforme três situações, opõe-se ao reconhecimento de dever amplo de indenização estatal aos destinatários de todo e qualquer ato revogado. Em entendimento distinto ao que sustento aqui, Antônio Carlos Cintra do Amaral defendia que, "do ato revogatório, resulta a responsabilidade do Estado pelo prejuízo causado ao particular, compensável mediante indenização".[26]

18.13 ATO IMPLÍCITO, ATO FICTÍCIO E APROVAÇÃO TÁCITA

Nem sempre o ato administrativo é emitido de forma expressa para validar uma situação jurídica do administrado. Ainda assim, em certas situações, mesmo sem uma decisão estatal formalizada, permite-se falar de ato administrativo quer por decorrência lógica de outro ato (ato presumido), quer por determinação do legislador (ato fictício).

O **ato administrativo implícito** nada mais é que a decisão concreta da Administração Pública extraída de um ato administrativo anterior. Trata-se de comando embutido em outro, que dele se resulta por imperativo lógico. Exemplo disso se vislumbra nas relações de estudantes com universidades públicas. Para que possam se beneficiar do serviço público de educação superior, os estudantes precisam utilizar os bens públicos de uso especial que formam a universidade pública, como salas de aulas, laboratórios, bibliotecas, espaços de alimentação, banheiros etc. Esses usos muitas vezes ocorrem de modo privativo. No entanto, onde é que se encontram os atos de outorga de uso desses bens públicos? Na verdade, o ato administrativo de admissão, conhecido como matrícula, embute esses direitos de uso dos bens públicos para fins de fruição do serviço público de educação superior. Pode-se se dizer, portanto, que o ato de matrícula contém um ato implícito de uso de bens públicos de uso especial ainda que nada diga a respeito.

Situação completamente distinta é a do **ato administrativo fictício**, que decorre da omissão da Administração Pública em decidir um pedido do particular tempestivamente, ou seja, dentro dos prazos estabelecidos para tanto. O ato fictício constitui a resposta que o ordenamento jurídico confere para solucionar o grave problema do silêncio administrativo, ou seja, da omissão ilícita de decidir nos prazos estipulados pela legislação. Essa omissão ocorre por fatores diversos, ora externos, não imputáveis ao agente público competente (como uma greve que paralisa o órgão, uma enchente que destrói a repartição, a falta de equipamentos ou servidores etc.),

---

26. AMARAL, Antônio Carlos Cintra do. *Teoria do ato administrativo*. Belo Horizonte: Fórum, 2008, p. 77.

ora internos, como a corrupção, o intuito de perseguir ou prejudicar determinadas pessoas e assim por diante.

Ao longo do tempo, o direito positivo buscou atacar o silêncio e a omissão decisória por uma série de instrumentos. A uma, embora o dever de decidir já decorresse do direito constitucional de petição, ele passou a ser reforçado em inúmeras leis. A LPA federal, por exemplo, estipula o dever de decidir e estabelece um prazo de 30 dias prorrogável por igual período para tanto (art. 48 e 49). A duas, a EC n. 45/2004, que promoveu a reforma do Judiciário, inseriu a duração razoável do processo administrativo como direito fundamental (art. 5º, LXXVIII). A três, o ordenamento prevê mecanismos de transferência do exercício de deveres de decisão, como a avocação, a delegação e a chamada "atuação supletiva", típica dos processos de licenciamento ambiental. Nesses processos, o decurso do prazo transfere o exercício da tarefa decisória atribuída ao órgão ambiental de um nível federativo menor em relação ao maior, por exemplo, do Município que se omite ao Estado em que ele se insere (art. 2º, inciso II da Lei Complementar n. 140/2011). A quatro, a legislação prevê a figura do ato administrativo fictício, ou seja, a ficção de que um ato administrativo, com efeito negativo (de indeferimento) ou positivo (de deferimento), surgirá após o decurso do prazo, de modo a superar automaticamente a omissão da autoridade pública em decidir.

Não há regras gerais e nacionais sobre o **silêncio no direito administrativo** brasileiro. O fato de a Administração Pública desrespeitar os prazos de decisão não ocasiona de modo obrigatório atos fictícios negativos ou positivos em todos os ramos da Administração Pública. Na verdade, normas sobre silêncio se encontram apenas em situações muitos específicas da legislação especial. O Estatuto da Cidade (Lei n. 10.257/2001, art. 27, § 3º), por exemplo, prevê que o silêncio do Município quanto ao exercício de seu direito de preferência na aquisição de um imóvel urbano equivalerá à autorização para que o proprietário o aliene a terceiros. Nesse contexto, o silêncio ganha efeito positivo. Na LPA paulista (Lei n. 10.177/1998, art. 33, § 1º), diferentemente, afirma-se que o silêncio da autoridade equivale ao indeferimento, dando-se ao silêncio efeito negativo. A seu turno, a Lei Complementar n. 140/2011 (art. 14, § 3º), que cuida do licenciamento ambiental, impede expressamente que se cogite de efeito positivo de silêncio nesse campo, valendo-se da "atuação subsidiária" e da "atuação supletiva" para tentar evitar violações de prazos de decisão.

A **Lei de Liberdade Econômica** (Lei n. 13.874), editada em 2019, merece um comentário destacado por ter ampliado o efeito positivo do silêncio no Brasil, transformando-o em um instituto mais amplo. Seu art. 3º, inciso IX conferiu a toda pessoa física ou jurídica, "a garantia de que, nas solicitações de atos públicos de liberação da atividade econômica que se sujeitam ao disposto nesta Lei, apresentados todos os elementos necessários à instrução do processo, o particular será cientificado expressa e imediatamente do prazo máximo estipulado para a análise de seu pedido e de que, *transcorrido o prazo fixado, o silêncio da autoridade competência importará* *aprovação tácita para todos os efeitos, ressalvadas as hipóteses expressamente vedadas em lei*" (g.n.). Além disso, a lei contém normas sobre a extensão do instituto a Estados e Municípios (art. 1º, § 5º), sobre a definição de atos de liberação (art. 1º, § 6º), sobre as hipóteses de inaplicabilidade (art. 3º, § 6º e § 7º) e a fixação do prazo de decisão. O Decreto federal n. 10.178, de 2019, regulamentou os dispositivos legais apontados e, entre outros aspectos, tratou: (i) da fixação, da contagem, da suspensão e da extensão do prazo; (ii) das exigências ao beneficiário da aprovação tácita; (iii) de hipóteses de inaplicabilidade; (iv) do documento comprobatório de liberação, bem como (v) da renúncia ao direito de aprovação tácita entre outros aspectos que examinarei nos próximos itens.

Conforme sustentei em estudo sobre o tema,[27] a exegese dos dispositivos constantes da Lei de Liberdade Econômica e do seu regulamento executivo autoriza afirmar que a ocorrência da aprovação tácita não é tão simples e fácil quanto se desejaria. Afora numerosos requisitos escritos, explicitados no texto normativo, é imprescindível que se observem requisitos não escritos, implícitos, para que o silêncio positivo ocorra no caso concreto. Os **requisitos expressos**, que necessitam ser cumpridos de modo cumulativo, consistem em:

(i) **Solicitação dos interessados**, de modo que o efeito positivo não se aplicará em processos administrativos liberatórios abertos de ofício pela Administração Pública, senão apenas nos decorrentes de requerimento, voluntário ou compulsório, de pessoas físicas e jurídicas externas à Administração Pública;

(ii) **Carácter liberatório do ato solicitado**, como licenças, autorizações, credenciamentos e outros exemplificados ou não na LLE (art. 1º, § 6º). A despeito do nome, ato liberatório é aquele que autoriza previamente o exercício de um direito, operando como condição de licitude do comportamento privado;

(iii) **Relação do ato com atividade econômica**, não cabendo a aprovação tácita para solicitação de atos liberatórios de comportamentos de vida doméstica, de atividade religiosa, social etc., salvo quando houver previsão em outra lei. Os atos liberatórios relacionados ao exercício de atividade econômica são baseados no poder de polícia estatal (muitas vezes utilizados como instrumento regulatório) e condicionam ações particulares de "instalação, construção, operação, produção, funcionamento, uso, exercício, realização, no âmbito público ou privado, de atividade, serviço, estabelecimento, profissão, instalação, operação, produto, equipamento, veículo, edificação e outros" (art. 1º, § 6º). Essas e outras ações, ainda que não exemplificadas pela LLE, devem se relacionar com o escopo econômico, encaixando-se

---

27. MARRARA, Thiago. Administração que cala consente? Dever de decidir, silêncio administrativo e aprovação tácita. *RDDA*, v. 7, n. 1, 2020, em geral.

numa cadeia produtiva de bens ou serviços de qualquer natureza comercializados licitamente no mercado nacional;

(iv) **Suficiência dos elementos instrutórios**, ou seja, o pedido deve vir acompanhado de todos os elementos de prova de que necessita para comprovar o preenchimento de requisitos formais e materiais para que o interessado se beneficie do silêncio positivo. Por consequência, não serão aprovados automaticamente por descumprimento do prazo de decidir os pedidos não instruídos suficientemente e aqueles que dependam de fase própria de produção de provas;

(v) **Fixação de prazo de decisão** "pelo órgão ou pela entidade da administração pública solicitada, observados os princípios da impessoalidade e da eficiência, e os limites máximos estabelecidos em regulamento" (art. 3º, § 8º da LLE). O Decreto n. 10.178/2019 prevê que: (i) o prazo será dado pela autoridade máxima do órgão ou entidade responsável (art. 10, *caput*); (ii) o prazo máximo não será superior a 60 dias para a decisão administrativa (art. 11, *caput*); (iii) a autoridade poderá estabelecer prazos diferentes para as fases do processo administrativo; (iii) ato normativo poderá estabelecer prazos superiores aos 60 dias em razão de "interesses públicos envolvidos e da complexidade da atividade econômica a ser desenvolvida pelo requerente", mediante fundamentação da autoridade máxima do órgão ou da entidade (art. 11, § 1º) e (iv) o órgão ou entidade considerarão padrões internacionais para fixação do prazo (art. 11, § 2º). Esses mandamentos mostram-se bastante confusos e em certa medida deslocados do que a legislação geral e especial estabelece. A leitura rápida do art. 3º, § 8º da Lei de Liberdade Econômica passa a impressão de que o agente público pode estabelecer prazo de modo a ignorar o que diz a lei especial ou, diante de lacuna, a lei processual geral. Aceitar essa conclusão exigiria considerar que a LLE teria revogado implicitamente todas as regras de prazos dos diplomas anteriores. Como sustentei alhures, essa não é a melhor interpretação. Para resolver o impasse, é importante a distinção entre prazo legal e prazo razoável. No âmbito da União, a autoridade pública deve seguir os prazos da lei administrativa especial ou, na sua falta, o prazo de decisão de até 60 dias (incluída a prorrogação) da LPA federal. Porém, com a LLE, é possível que se fixe prazo menor ou, de modo muito excepcional, maior que 60 dias, caso entenda que ele seja o mais adequado à luz das circunstâncias concretas, da duração razoável do processo e dos interesses públicos primários incidentes *in casu*. Esse prazo, vale registrar, não se refere à duração total do processo, mas sim à decisão, pois, se o pedido não estiver instruído, a fixação do prazo por si só não servirá de nada; e

(vi) **Descumprimento do prazo de decisão**, ou seja, não se falará de efeito positivo do silêncio antes de esgotado o prazo de decidir fixado. Para se calcular o decurso, é preciso utilizar normas de contagem expressas, por exemplo, na LPA federal (art. 66). De acordo com essas normas gerais (mas subsidiárias), os prazos se iniciam a partir da data da cientificação oficial, excluindo-se o dia do começo e incluindo-se o do vencimento. Esses prazos contam-se em dias contínuos e prorrogam-se sempre até o primeiro dia útil seguinte se o vencimento cair em dia em que não haja expediente ou este for encerrado antes do horário normal. Já os prazos em meses, são contados de data a data. Por motivo de força maior, os prazos aceitam suspensão (art. 67 da LPA). Ademais, o Decreto Regulamentar n. 10.178/2019 estipula que o prazo para fins de aprovação tácita começa a ser contado da data em que todos os elementos necessários à instrução do processo tiverem sido apresentados (art. 12, *caput*). Por exemplo, se a autoridade afirmar que o pedido será examinado em 60 dias a partir de primeiro de março, mas o pedido depender de instrução que se encerrará apenas em primeiro de abril, então o prazo de 60 dias correrá de abril em diante [data do final da instrução], não de março [data de definição do prazo decisório]. Esse prazo aceitará suspensão em três situações: (i) força maior que inviabilize o processo, como um vírus que ataque o sistema de processo eletrônico e retarde o curso processual, uma enchente ou incêndio que destrua as instalações da entidade pública e impeça seus trabalhos (art. 67 da LPA); (ii) pedido de complementação instrutória, que poderá ser feito uma única vez, de modo claro e exaustivo, pela autoridade pública (art. 13 do Regulamento da LLE); ou (iii) fato novo que impacte a produção de provas e o exame do pedido (art. 13, § 2º do Regulamento).

Além dos expressos, há vários requisitos implícitos para que a aprovação tácita possa ocorrer. Eles abrangem: (i) a clareza e determinação do pedido apresentado à Administração Pública; (ii) a juridicidade formal e material do pedido; (iii) a ausência de efeitos nocivos a terceiros e (iv) a ausência de responsabilidade do requerente interessado pelo atraso e pelo decurso do prazo.[28]

O conhecimento dos requisitos explícitos e implícitos apontados serve não apenas para a identificação das situações em que o efeito positivo será deflagrado para beneficiar o requerente, como também para indicar hipóteses em que ele restará vedado. A partir disso atinge-se a conclusão de que as hipóteses de vedação da aprovação tácita são muito mais numerosas que as declaradas de modo expresso pelo legislador em alguns artigos da Lei de Liberdade Econômica. De um lado, o efeito positivo ficará obstado quando um ou mais dos requisitos cumulativos deixarem de ser observados. Isso se vislumbrará, por ilustração, em hipóteses de solicitação obscura ou indeterminada, solicitação apresentada por sujeito sem legitimidade para tanto, solicitação de ato sem conteúdo liberatório, de ato sem relação com atividade econômica ou de ato

---

28. Em detalhes, cf. MARRARA, Thiago. Administração que cala consente? Dever de decidir, silêncio administrativo e aprovação tácita. *RDDA*, v. 7, n. 1, 2020, em geral.

liberatório de comportamento ilegal. De outro lado, a legislação oferece hipóteses de vedação adicionais que incidirão mesmo quando cumpridos os requisitos explícitos e implícitos mencionados, quais sejam: (i) ato público de liberação relativo a questões tributárias de qualquer espécie ou de concessão de registro de direitos de propriedade intelectual; (ii) decisão administrativa que importe compromisso financeiro, como os atos de acesso a fomento, de obtenção de auxílio financeiro; (iii) decisão sobre recurso interposto contra ato administrativo denegatório de solicitação de liberação de atividade econômica; (iv) quando o pedido de ato liberatório tiver sido formulado por agente público ao órgão ou entidade em que exerça suas funções; (v) quando o requerente renunciar o direito de aprovação tácita a qualquer momento nos termos do art. 15 do Decreto Regulamentar da LLE e (vii) em todas as outras hipóteses vedadas por lei especial, a exemplo da existente para licenciamentos ambientais, prevista na Lei Complementar n. 140, de 2011 (art. 14, § 3º).

Como ato administrativo fictício de efeito liberatório de um comportamento particular, a aprovação tácita não encerra os problemas decorrentes da omissão da Administração em processar e decidir tempestivamente uma solicitação. Em primeiro lugar, é possível que o beneficiário do silêncio necessite comprovar a aprovação ficta perante terceiros, inclusive outros órgãos da Administração Pública. Em face dessa situação, o art. 14 do Decreto n. 10.178 autoriza o requerente a "solicitar documento comprobatório da liberação da atividade econômica a partir do primeiro dia útil subsequente ao término do prazo...". Além disso, prevê que as entidades públicas deverão "automatizar a emissão do documento comprobatório de liberação da atividade econômica" (art. 14, § 1º) – medida que será capaz de contornar uma nova inércia da autoridade competente.

Cumpre registrar que a aprovação tácita não serve para legitimar **condutas ilícitas**. Sucede que, muitas vezes, o requerente beneficiado não logrará definir com exatidão se sua conduta é lícita. Para resolver essa questão, o art. 10, § 2º do Decreto Regulamentar prevê que a aprovação tácita não afastará a sujeição do requerente à exigência de adequações identificadas pelo Poder Público em fiscalizações posteriores. Dessa sujeição à "realização de adequações" extrai-se uma conclusão interessante. Por força do princípio da segurança jurídica, ao verificar que existem indícios de ilegalidade na conduta, antes de tomar medidas punitivas, a autoridade competente deverá solicitar ajustamentos, inclusive mediante uso de compromissos ou por meio da criação de regimes de transição nos termos permitidos pela LINDB (art. 26 e 23). Em outras palavras, se o comportamento derivado da aprovação tácita for interpretado como potencialmente ilícito, antes de abertura de um processo sancionador, a Administração deverá notificar o requerente beneficiado pelo silêncio, buscando, com ele, obter o ajustamento comportamental. Em não sendo possível essa solução, aí sim a Administração poderá utilizar os processos sancionadores para cominar sanções, sem prejuízo de declarar a nulidade da aprovação tácita por vício insanável do objeto.

Por fim, vale registrar que a aprovação tácita não se aplica a Estados e Municípios salvo em situações excepcionais. A primeira delas vale para "ato público de liberação da atividade econômica... *derivado ou delegado* por legislação ordinária federal" (art. 1º, § 5º, I, g.n.). O ato liberatório *delegado* é aquele praticado por um Estado ou Município que recebe da União o direito de exercer uma competência liberatória em seu nome. Exemplo disso seria um ato de autorização de atividades de trânsito de competência de uma entidade federal, mas expedido por órgão estadual de trânsito com base em convênio de cooperação que envolva delegação de tarefas. Já a expressão "ato liberatório *derivado* da legislação ordinária federal" parece embutir hipóteses de atos estaduais e municipais expedidos à luz de normas gerais aprovadas pelo Congresso Nacional com suporte em competências legislativas concorrentes. Assim, seriam atingidos pelo silêncio positivo os requerimentos de atos previstos em leis nacionais que tratem de juntas comerciais, saneamento, fauna, caça, pesca, ambiente, esporte, educação e outros assuntos sob competência concorrente.

A segunda hipótese de aplicação excepcional da aprovação tácita se dará sempre que "*ente federativo* ou o *órgão responsável* pelo ato decidir vincular-se" aos mandamentos da Lei de Liberdade Econômica "por meio de instrumento válido próprio" (art. 1º, § 5º, II, grifei). Este inciso contém duas situações distintas. A primeira é mais óbvia e simples. Um Estado ou Município, como ente federativo, poderá aprovar lei que faça valer o mandamento federal em seus processos administrativos liberatórios (ou melhor, em todos ele ou em apenas alguns). A segunda situação é aquela em que "o órgão responsável" pelo ato liberatório decide se vincular ao instituto da aprovação tácita previsto na lei federal. Aqui se observa uma inconstitucionalidade, pois, ao permitir a opção pelo "órgão responsável", a LLE suprime a autonomia federativa.[29]

18.14 SÚMULAS

SUPREMO TRIBUNAL FEDERAL

- Súmula n. 346: A administração pública pode declarar a nulidade dos seus próprios atos.
- Súmula n. 473: A administração pode anular seus próprios atos, quando eivados de vícios que os tornam ilegais, porque deles não se originam direitos; ou revogá-los, por motivo de conveniência ou oportunidade, respeitados os direitos adquiridos, e ressalvada, em todos os casos, a apreciação judicial.

---

29. Em sentido igualmente crítico, cf. MACERA, Paulo Henrique; MOURÃO, Carolina Mota. A autorização fictícia na Lei de Liberdade Econômica. CUNHA FILHO, Alexandre Jorge Carneiro da; MACIEL, Renata Mota; PICCELI, Roberto Ricomini. *Lei da Liberdade Econômica Anotada*. São Paulo: Quartier Latin, 2019, p. 359. v. 1.

SÚMULAS VINCULANTES

- Súmula Vinculante n. 3: Nos processos perante o Tribunal de Contas da União asseguram-se o contraditório e a ampla defesa quando da decisão puder resultar anulação ou revogação de ato administrativo que beneficie o interessado, excetuada a apreciação da legalidade do ato de concessão inicial de aposentadoria, reforma e pensão.

SUPERIOR TRIBUNAL DE JUSTIÇA

- Súmula n. 280: O art. 35 do Decreto-lei n. 7.661/1945, que estabelece a prisão administrativa, foi revogado pelos incisos LXI e LXVII do art. 5º da Constituição Federal de 1988.

TRIBUNAL DE CONTAS DA UNIÃO

- Súmula n. 145: O Tribunal de Contas da União pode alterar as suas Deliberações (Regimento Interno, art. 42, itens IV e V), para lhes corrigir, de ofício ou a requerimento da parte, da repartição interessada ou do representante do Ministério Público, inexatidões materiais ou erros de cálculo, na forma do art. 463, I, do Código de Processo Civil, ouvida previamente, nos dois primeiros casos, a Procuradoria junto ao Colegiado.

- Súmula n. 256: Não se exige a observância do contraditório e da ampla defesa na apreciação da legalidade de ato de concessão inicial de aposentadoria, reforma e pensão e de ato de alteração posterior concessivo de melhoria que altere os fundamentos legais do ato inicial já registrado pelo TCU.

18.15 REFERÊNCIAS BIBLIOGRÁFICAS PARA APROFUNDAMENTO

ALMEIDA, Fernando Henrique Mendes de. *Os atos administrativos na teoria dos atos jurídicos*. São Paulo: Revista dos Tribunais, 1969.

AMARAL, Antônio Carlos Cintra do. *Teoria do ato administrativo*. Belo Horizonte: Fórum, 2008.

ARAGÃO, Alexandre Santos de. Teoria geral dos atos administrativos – uma releitura à luz dos novos paradigmas do direito administrativo. In: MEDAUAR, Odete; SCHIRATO, Victor Rhein (Org.). *Os caminhos do ato administrativo*. São Paulo: Revista dos Tribunais, 2011.

ARAÚJO, Edmir Netto de. Atos administrativos e recomposição da legalidade. *RDA*, v. 207.

ARAÚJO, Edmir Netto de. *Do negócio jurídico administrativo*. São Paulo: Revista dos Tribunais, 1992.

ARAÚJO, Edmir Netto de. *O ilícito administrativo e seu processo*. São Paulo: Revista dos Tribunais, 1994.

AZEVEDO, Antônio Junqueira de. *Negócio jurídico*: existência, validade e eficácia. São Paulo: Saraiva.

BACELLAR FILHO, Romeu Felipe; MARTINS, Ricardo Marcondes. *Tratado de direito administrativo*. São Paulo: Revista dos Tribunais, 2014. v. 5: ato administrativo e procedimento administrativo

BANDEIRA DE MELLO, Celso Antônio. "Relatividade" da competência discricionária. *Revista Trimestral de Direito Público*, v. 25, 1999.

BARROS JR., Carlos S. Considerações a propósito da revogação dos atos administrativos. *RDA*, v. 61.

BARROS JR., Carlos S. de. Teoria dos atos administrativos. *RDA*, v. 106.

BITENCOURT, Eurico; MARRARA, Thiago (Org.). *Processo administrativo brasileiro*: estudos em homenagem aos 20 anos da Lei Federal de Processo Administrativo. Belo Horizonte: Fórum, 2019.

CAVALCANTI, Themístocles Brandão. A teoria do silêncio no direito administrativo. *Revista da Faculdade de Direito da USP* (RFDUSP), v. 34, 1938.

CAVALCANTI, Themístocles Brandão. *Teoria dos atos administrativos*. São Paulo: Revista dos Tribunais, 1973.

COUTO E SILVA, Almiro do. Atos jurídicos de direito administrativo praticados por particulares e direitos formativos. *RDA*, v. 95, 1969.

CRETELLA JR., José. *Anulação do ato administrativo por desvio de poder*. Rio de Janeiro: Forense, 1978.

CUNHA FILHO, Alexandre J. C.; ISSA, Rafael Hamze; SCHWIND, Rafael Wallbach. *Lei de introdução às normas do direito brasileiro* – anotada. São Paulo: Quartier Latin, 2019. v. II.

CUNHA FILHO, Alexandre J. C.; PICCELLI, Roberto Picomini; MACIEL, Renata Mota (Coord.). *Lei de Liberdade Econômica* – anotada. São Paulo: Quartier Latin, 2019.

DI PIETRO, Maria Sylvia Zanella. *Discricionariedade administrativa na Constituição de 1988*. São Paulo: Atlas, 2012.

FAGUNDES, Miguel Seabra. *O controle dos atos administrativos pelo Poder Judiciário*. Rio de Janeiro: Forense, 2005.

FERRARI, Regina Maria Macedo Nery. O silêncio da Administração Pública. *A&C – Revista de Direito Administrativo & Constitucional*, Belo Horizonte, ano 13, n. 52, p. 55-75, abr./jun. 2013.

FERRAZ, Sérgio; DALLARI, Adilson Abreu. *Processo administrativo*, 3. ed. São Paulo: Malheiros, 2012.

FERREIRA, Daniel. *Sanções administrativas*. São Paulo: Malheiros, 2001.

FERREIRA, Daniel. *Teoria geral da infração administrativa a partir da Constituição Federal de 1988*. Belo Horizonte: Fórum, 2009.

FIGUEIREDO, Caio Cesar; KLEIN, Aline Lícia. A eficácia condicionada do deferimento tácito administrativo para atos públicos de liberação: quando o silêncio advém do legislador. CUNHA FILHO, Alexandre Jorge Carneiro da; MACIEL, Renata Mota; PICCELI, Roberto Ricomini. *Lei da Liberdade Econômica Anotada*. São Paulo: Quartier Latin, 2019. v. 1.

FORTINI, Cristiana; DANIEL, Felipe Alexandre Santa Anna Mucci. O silêncio administrativo: consequências jurídicas no direito urbanístico e em matéria de aquisição de estabilidade pelo servidor. *Fórum Administrativo – FA*, ano 6, n. 64, 2006.

GAMA, João Taborda. *Promessas administrativas*. Coimbra: Coimbra editora, 2008.

GUALAZZI, Eduardo Lobo Botelho. *Ato administrativo inexistente*. São Paulo: Revista dos Tribunais, 1980.

HACHEM, Daniel Wunder. Processos administrativos reivindicatórios de direitos sociais – dever de decidir em prazo razoável vs. silêncio administrativo. *A&C – Revista de Direito Administrativo & Constitucional*, n. 56, 2014.

MACERA, Paulo Henrique; MOURÃO, Carolina Mota. A autorização fictícia na Lei de Liberdade Econômica. CUNHA FILHO, Alexandre Jorge Carneiro da; MACIEL, Renata Mota; PICCELI, Roberto Ricomini. *Lei da Liberdade Econômica Anotada*. São Paulo: Quartier Latin, 2019. v. 1.

MARRARA, Thiago. Administração que cala consente? Dever de decidir, silêncio administrativo e aprovação tácita. *RDDA*, v. 7, n. 1, 2020.

MARRARA, Thiago. A autorização fictícia no direito administrativo. *RDA*, v. 251, 2009.

MARRARA, Thiago. Regulação consensual: o papel dos compromissos de cessação de prática no ajustamento de condutas dos regulados. *RDDA*, v. 4, n. 1, 2017.

MARRARA, Thiago; NOHARA, Irene Patrícia. *Processo administrativo*: Lei 9.784/99 comentada, 2. ed. São Paulo: Revista dos Tribunais, 2018.

MARTINS, Ricardo Marcondes. *Efeitos dos vícios do ato administrativo*. São Paulo: Malheiros, 2008.

MEDAUAR, Odete. Comentário ao inciso IX do artigo 3º. CUNHA FILHO, Alexandre Jorge Carneiro da; MACIEL, Renata Mota; PICCELI, Roberto Ricomini. *Lei da Liberdade Econômica Anotada*. São Paulo: Quartier Latin, 2019. v. 1.

MEDAUAR, Odete; SCHIRATO, Victor Rhein (Org.). *Os caminhos do ato administrativo*. São Paulo: Revista dos Tribunais, 2011.

MIGUEL, Luiz Felipe Hadlich. Silêncio administrativo – o "não ato". In: MEDAUAR, Odete; SCHIRATO, Vitor Rhein (Org.). *Os caminhos do ato administrativo*. São Paulo: Revista dos Tribunais, 2011.

MODESTO, Paulo. Silêncio administrativo positivo, negativo e translativo: a omissão estatal formal em tempos de crise. *Colunistas*, 2016, n. 317, edição online disponível em: http://www.direitodoestado.com.br/colunistas/paulo-modesto/silencio-administrativo-positivo-negativo-e-translativo--a-omissao-estatal-formal-em-tempos-de-crise-.

MOTTA, Fabrício. *Função normativa da Administração Pública*. Belo Horizonte: Fórum, 2007.

NOHARA, Irene Patrícia. *Limites à razoabilidade nos atos administrativos*. São Paulo: Atlas, 2006.

NOHARA, Irene Patrícia. *O motivo no ato administrativo*. São Paulo: Atlas, 2004.

NOVELLI, Flávio Bauer. A eficácia do ato administrativo. *RDA*, n. 60, 1960.

OLIVEIRA, Régis Fernandes de. *Ato administrativo*, 5. ed. São Paulo: Revista dos Tribunais, 2007.

OLIVEIRA, Régis Fernandes de. *Delegação e avocação administrativas*. São Paulo: Revista dos Tribunais, 2007.

POMPEU, Cid Tomanik. *Autorização administrativa*, 3. ed. São Paulo: Revista dos Tribunais.

PONDÉ, Lafayette. O ato administrativo, sua perfeição e eficácia. *RDA*, v. 29, 1952.

REALE, Miguel. *Revogação e anulação do ato administrativo*. Rio de Janeiro: Forense, 1968.

SAADI, Marcelo. Efeitos do silêncio da Administração Pública: comentários ao artigo 3º, IX, da Lei 13.874/2019. CUNHA FILHO, Alexandre Jorge Carneiro da; MACIEL, Renata Mota; PICCELI, Roberto Ricomini. *Lei da Liberdade Econômica Anotada*. São Paulo: Quartier Latin, 2019. v. 1.

SADDY, André. *Silêncio administrativo no direito brasileiro*. Rio de Janeiro: Gen-Forense, 2013.

SILVA, Lígia Covre da. Da modernização estatal ao silêncio administrativo e seus efeitos no direito latino-americano: uma investigação normativa. *RDDA*, v. 1, n. 2, 2004.

SIMONETTI, José Augusto. *O princípio da proteção da confiança no direito administrativo brasileiro*: estabilidade de atos e limitação da discricionariedade administrativa. Rio de Janeiro: Lumen Juris, 2017.

SUNDFELD, Carlos Ari. *Ato administrativo inválido*. São Paulo: Revista dos Tribunais, 1990.

TÁCITO, Caio. A teoria da inexistência do ato administrativo. In: TÁCITO, Caio. *Temas de direito público*. Rio de Janeiro: Renovar, 1997.

VITTA, Heraldo Garcia. O silêncio no direito administrativo. *RDA*, v. 218, 1999.

ZANCANER, Weida. *Da convalidação e da invalidação dos atos administrativos*. São Paulo: Malheiros, 1996.

19
PROCESSOS

19.1 TEORIA GERAL

19.1.1 Definições básicas: processos e procedimentos administrativos

As incontáveis ações que o Estado emprega na tentativa de atingir os objetivos estabelecidos pelo povo por meio de seus representantes não podem se realizar de maneira aleatória, desorganizada, isolada e pontual. Objetivos complexos exigem ações estruturadas, racionais, articuladas, bem fundamentadas e planejadas, além de legítimas. É nesse contexto que os **procedimentos administrativos** ganham força como sequências organizadas de ações no exercício das funções administrativas. Toda e qualquer sequência de ações interdependentes da Administração se enquadra nesse amplo conceito de procedimento. Exemplos disso são os procedimentos internos de organização de arquivos e estoques, os procedimentos de fiscalização de tráfego, os de treinamento e capacitação, os de atendimento à população em hospitais públicos, os de seleção e avaliação em escolas públicas, entre diversos outros.

O conceito de procedimento é bastante alargado, muito mais que o de processo. Ainda que, por vezes, empreguem-se as duas palavras como sinônimos, rigorosamente, os processos administrativos configuram somente os procedimentos que envolvem acusações ou conflitos de interesses ou direitos. Por isso, destacam-se em relação aos demais e oferecem necessariamente uma série de garantias jurídicas aos sujeitos que deles participam como interessados. **Processos administrativos** são procedimentos qualificados por direitos e garantias dos sujeitos em conflito. Eles são executados pela Administração Pública com a observância da ampla defesa e do contraditório e se diferenciam dos processos legislativos e judiciais, penais ou cíveis, por culminarem em decisão de natureza administrativa emitida no âmbito de qualquer dos três Poderes.

Essa definição de processo administrativo como subcategoria qualificada de procedimento deriva do art. 5º, LV, da Constituição da República. De acordo com esse dispositivo, aos "litigantes, em processo judicial ou *administrativo*, e aos *acusados em geral* são assegurados o contraditório e ampla defesa, com os meios e recursos a ela inerentes". Essa norma é extremamente relevante, pois esclarece que os direitos inerentes à defesa devem ser conferidos, em primeiro lugar, nos processos sancionadores ou punitivos. Mas não só. Em segundo lugar, a Constituição estende as garantias processuais a qualquer "litigante", ou seja, qualquer pessoa física ou jurídica que, diante da Administração Pública, envolva-se em conflito atual ou potencial concernente a seus direitos ou interesses.

A partir do dispositivo constitucional, resta claro que o devido processo não é exclusividade do Judiciário. A Constituição impõe a oferta de garantias tanto nos processos jurisdicionais, civis ou penais, quanto nos processos administrativos conduzidos no Executivo, no Legislativo e no Judiciário. Esse mandamento tem implicações gigantescas! Independentemente de qualquer indicação legal, procedimentos de escolha ou de seleção, como um concurso público ou uma licitação, necessitam ser tratados como processos administrativos. A mesma lógica vale para os procedimentos preparatórios de atos liberatórios, como licenças ambientais ou autorização para concentrações econômicas. Em todos esses casos, existe disputa, existe litigante e a decisão final interfere na esfera jurídica do interessado, impondo que se trate o procedimento como verdadeiro processo administrativo, acompanhado das fases e garantias inerentes.

Esses processos existem onde quer que haja função administrativa capaz de afetar a esfera jurídica de alguém. Isso significa que processos administrativos são desenvolvidos no âmbito do Poder Executivo, mas não só. O Judiciário e o Legislativo também desempenham funções administrativas e, quando houver litigante ou acusado, deverão respeitar garantias processuais antes de proferir decisões administrativas. Tome-se o exemplo das sanções disciplinares. Essas decisões punitivas são expedidas no âmbito dos três Poderes para apurar faltas funcionais de servidores. Exatamente por isso, somente gozarão de validade quando resultarem de um processo administrativo adequadamente conduzido.

Por sua função introdutória, esse manual não explora aspectos de direito estrangeiro ou questões históricas. Todavia, convém advertir que a distinção entre processo e procedimento pode seguir critérios distintos do aqui indicado em outros países. Na Itália e Alemanha, por exemplo, procedimento administrativo é termo que indica as sequências de atos praticadas dentro da Administração Pública, enquanto o processo administrativo aponta procedimentos em curso na Justiça Administrativa, como órgão especializado do Judiciário. O critério utilizado nesses países é institucional e material. Procedimento representa função administrativa; processo aponta função jurisdicional. Essa lógica é inaplicável ao Brasil, já que aqui não há contencioso administrativo, ou seja, não existe jurisdição dedicada exclusivamente ao direito administrativo, nem, por conseguinte, processo judicial administrativo. Os conflitos envolvendo a Administração Pública são geralmente solucionados no âmbito da justiça comum por meio de processos civis e, em certos casos, por meio de processos penais, trabalhistas, militares e eleitorais.

19.1.2 Processualização no Brasil

Impulsionada pela edição de leis gerais federal, estaduais e municipais a reger processos administrativos dos mais diversos tipos, a processualização reflete a elevada preocupação da sociedade e do legislador com os momentos de criação decisória na Administração Pública. Na raiz desse fenômeno se encontra o reconhecimento definitivo da imprescindibilidade e dos impactos das variadas decisões administrativas, concretas ou abstratas, sobre a vida dos indivíduos, da sociedade e do mercado.

É nesse sentido que a processualização desponta como um movimento refletor da crescente importância da teoria e da prática das decisões públicas, que, ao passar dos anos, ganharam proeminência em virtude de transformações na administração pública, como a regulação, a agencificação e a deslegalização. Enganam-se aqueles que enxergam na preocupação atual com o processo administrativo uma perda de protagonismo dos atos administrativos e normativos. O que ocorre é exatamente o oposto! A processualização se fortalece na medida em que a sociedade e o mercado passam a se preocupar mais intensamente com a forma, o conteúdo e o impacto das decisões estatais.

A processualização emergiu também por força de duas aspirações que se formaram na década de 1990 e ainda perduram. A primeira consiste no desejo do Poder Constituinte – condensado nos subsequentes mandamentos da Constituição da República de 1988, promulgada num cenário pós-ditatorial – de **democratizar** as atividades estatais, concretizar o ideal republicano e, ao mesmo tempo, garantir os princípios da moralidade[1] e da impessoalidade, bem como os direitos fundamentais de petição e de ampla defesa, entre outros.

A segunda aspiração remete à política de **desestatização** e de fortalecimento de parcerias entre Estado e mercado, inclusive para delegação de serviços públicos, que se forjou ainda em meados da década de 1980 e materializou-se em leis específicas nos anos de 1990 e de 1997. A atração de capitais e de investidores demanda uma ordem jurídica clara, bem estruturada e, mais que isso, transparente, minimamente previsível e respeitosa, em seu funcionamento, a posições jurídicas dos agentes econômicos. Não há país atrativo a investimentos sem processos decisórios estatais regrados e racionais, sem um grau mínimo de segurança e de estabilidade.

Ao mesmo tempo em que viabiliza anseios pós-ditatoriais por democratização, transparência e promoção de direitos fundamentais, a processualização se consagra por ser útil a melhorar o ambiente institucional em prol da segurança jurídica. Isso, dentre outras coisas, favorece o recebimento de capitais e de investimento, os emparceiramentos e o empreendedorismo – movimentos relevantes para um Estado

---

1. A relação entre moralidade e processualidade é bem esclarecida por Odete Medauar no seguinte trecho: "(...) a atuação processualizada reduz as oportunidades de práticas imorais no exercício de poderes públicos: atividades parametradas, presença de sujeitos com direitos e ônus, obrigação de motivar etc. dificultam os desvirtuamentos próprios da imoralidade administrativa. Há um sentido moralizador na conflitualidade prevista e explícita, que substitui aquelas casuais e ocultas que nascem de presunções subjetivas e corporativas e de atividades facultativas de sujeitos mais espertos ou hábeis. Havendo, no entanto, práticas imorais em momentos do processo, torna-se mais fácil evidenciá-las". MEDAUAR, Odete. *A processualidade no Direito Administrativo*, 3. ed. Belo Horizonte: Fórum, 2021, p. 107.

que pretende reduzir e enxugar suas despesas. É por esses e outros motivos que – apesar da corrupção visível, dos percalços da economia, da violência crescente e das permanentes deficiências da saúde, da educação e de outras atividades públicas e de interesse público – o movimento de processualização não pode ser menosprezado, nem abandonado.

19.1.3 Classificação dos processos administrativos

O processo administrativo é certamente a mais rica e multifacetada categoria de processos. Diferentemente do processo legislativo e do judicial, o administrativo varia de modo extremo a depender dos vários contextos em que é empregado. Reconhecer essa multiplicidade de formas ocasiona a necessidade de construir uma classificação básica que diferencie os processos em subgrupos com características próprias. Classificações teóricas sobre o assunto servem para evidenciar a riqueza dos processos na Administração Pública e para definir regimes jurídicos comuns, inclusive de modo a evitar a aplicação indevida das regras de um grupo sobre outro.

Em sua obra sobre a processualidade administrativa, Odete Medauar propõe uma classificação oportuna, que dá conta de grande parte dos processos existentes no quotidiano dos órgãos que formam a Administração Pública Direta e Indireta. Sob essa perspectiva, os processos se dividem em:

A) Processos administrativos em que há controvérsias, ou seja, conflitos de interesses, incluindo: A.1.) *Processos administrativos de gestão*, a exemplo de licitações, concursos públicos de acesso ou promoção; A.2.) *Processos administrativos de outorga*, como o de licenciamentos de atividades e exercício de direitos, licenciamento ambiental, registro de marcas e patentes, autorizações para realização de concentrações econômicas etc. – esses processos são chamados de processos liberatórios pela Lei de Liberdade Econômica; A.3.) *Processos administrativos de verificação ou determinação*, por exemplo os de prestação de contas, de lançamento tributário; e A.4.) *Processos administrativos de revisão*, tais como os de reclamações.

B) Processos administrativos em que há acusados, denominados processos sancionadores ou punitivos, subdivididos em: B.1.) *Internos*, como processos disciplinares, envolvendo servidores; B.2.) *externos*, que visam a apurar infrações, desatendimento de normas e aplicar sanções a pessoas que não integram a organização administrativa.[2] Exemplos são os processos punitivos conduzidos por agências reguladoras, com base no poder de polícia, contra regulados infratores.

---

2. MEDAUAR, Odete. *A processualidade no Direito Administrativo*, 3. ed. Belo Horizonte: Fórum, 2021, p. 168.

Outra classificação possível leva em conta a decisão final. Adotando essa perspectiva, entendo haver ao menos cinco subcategorias processuais, a saber:

(i) **Processos administrativos punitivos**, que apuram infrações e, em caso de condenação, culminam em sanções. Esses processos punitivos podem ser: (a) contratuais (como os resultantes de descumprimento de cláusulas em concessões e PPP, contratos de fornecimentos, acordos de leniência, compromissos de cessação), (b) internos, ou seja, baseados no poder disciplinar, que se aplica a servidores e a usuários de serviços públicos e (c) externos, isto é, baseados na polícia administrativa, e capazes de atingir pessoas físicas e jurídicas sob o poder soberano do Estado, por exemplo, por suas agências reguladoras;

(ii) **Processos administrativos liberatórios**, que redundam em atos favoráveis ao exercício de direitos fundamentais, como os de licenciamento, de autorização, de admissão, de credenciamento ou de registro. Esses processos foram destacados na Lei de Liberdade Econômica, que, entre outros instrumentos, prevê a autorização tácita como resultado do silêncio da Administração;

(iii) **Processos cautelares**, que preparam a adoção de medidas de tutela provisória de interesses públicos ou de direitos fundamentais. Esses processos podem ser autônomos, ou seja, independentes de outro processo administrativo, ou caminhar paralelamente a um processo principal de natureza sancionatória ou liberatória;

(iv) **Processos de seleção**, como os de licitação para escolha de fornecedores ou delegatórios de serviços públicos, os chamamentos públicos para escolha de entes do terceiro setor que receberão fomento, os concursos públicos para seleção de pessoal, os processos de concessão de bolsas de estudos, os processos de admissão para serviços públicos; e

(v) **Processos de negociação, por exemplo, para a** celebração de acordos administrativos integrativos ou punitivos, como compromissos de cessação de prática, ajustamentos de conduta e acordos de leniência.

19.1.4 Processo eletrônico e governo digital

Com o avançar de novas tecnologias de informação e comunicação (TIC) e sua adoção pelo Estado, os processos administrativos têm gradualmente assumido o formato eletrônico em detrimento dos autos físicos em papel. Entre outras, as vantagens do processo eletrônico consistem em: (i) permitir novas formas de controle do andamento processual; (ii) aprimorar a transparência e o registro de comportamentos dos atores processuais; (iii) viabilizar atuações mais céleres e menos custosas, como as sessões virtuais de deliberação e o acesso remoto ao processo.

Há, contudo, alguns desafios que essa nova estrutura coloca à Administração como: os custos e investimentos necessários para construir e manter plataformas digitais; as dificuldades de padronização e interoperabilidade; a necessária mudança de lógica e cultura na condução dos processos administrativos, já que a mentalidade criada sobre o processo em papel geralmente impede que se extraia do digital todas as vantagens possíveis. Outro desafio, ainda maior, consiste em adaptar a legislação processual para prevenir e solucionar problemas e questões próprias do processo eletrônico e, consequentemente, do mundo virtual.

Algumas leis estaduais de processo administrativo enfrentam o tema, a exemplo da LPA baiana (Capítulo XVI da Lei n. 12.209/2011). No âmbito da União, a Lei de Processo administrativo é omissa sobre o assunto, mas a Lei de Governo Digital – LGD (Lei n. 14.129/2021) o aborda em inúmeros comandos. Seu art. 5º prescreve que a "Administração Pública utilizará soluções digitais para a gestão de suas políticas finalísticas e administrativas e para o *trâmite de processos administrativos eletrônicos*".

Além de estipular a adoção de novas tecnologias, a LGD traz comandos mais específicos sobre a condução do processo eletrônico, dentre os quais vale destacar:

- A faculdade do agente público para emitir atos declaratórios, como atestados, certidões e diplomas, em meio digital com assinatura eletrônica (art. 5º, parágrafo único);
- O dever de praticar os atos processuais em meio eletrônico, salvo quando: o usuário solicitar forma diversa por inviabilidade decorrente de indisponibilidade de meio eletrônico ou houver risco de dano à celeridade processual. Nessas exceções, o documento em papel será posteriormente digitalizado (art. 6º);
- O reconhecimento da assinatura eletrônica como meio de validação jurídica dos documentos e atos em meio digital, desde que respeitados parâmetros adequados de autenticidade, integridade e segurança. Essas exigências, porém, não afastam as hipóteses legalmente aceitas de anonimato (art. 7º);
- A presunção de que atos em meio eletrônico se realizam no dia e hora apontados pelo sistema informatizado do órgão competente, que deverá fornecer recibo eletrônico de protocolo. Na falta de disposição em contrário, o ato será tempestivo se praticado até 23h59 do dia do prazo, sem prejuízo de prorrogação em virtude de indisponibilidade do sistema informatizado nos termos de norma regulamentar (art. 8º);
- A possibilidade de acesso à íntegra do processo para vista pessoal do interessado por intermédio do sistema informatizado de gestão ou acesso à cópia, preferencialmente em meio eletrônico (art. 9º);
- A submissão da restrição de acesso à informação e do sigilo no processo administrativo eletrônico à LAI (art. 10);

- O reconhecimento de que documentos nato-digitais assinados eletronicamente são originais para todos os efeitos legais (art. 11); e
- A exigência de que o formato e armazenamento dos documentos digitais garantam o acesso e a preservação de informações nos termos da legislação arquivística nacional (art. 12), respeitando igualmente as normas sobre guarda de processos administrativos eletrônicos de valor permanente (art. 13 da LGD). De acordo com a Lei da Política Nacional de Arquivos Públicos e Privados, permanentes são os "conjuntos de documentos de valor histórico, probatório e informativo que devem ser definitivamente preservados", caracterizando-se pela imprescritibilidade e inalienabilidade (art. 8º, § 3º, e art. 10 da Lei Federal n. 8.159/1991).

19.2 COMPETÊNCIAS E FONTES PRINCIPAIS

19.2.1 Competência para legislar e executar

A competência em matéria de processo administrativo suscita discussões interessantes. Para entendê-las, cumpre retomar a divisão entre competência executória e competência legislativa. A primeira diz respeito aos poderes de abertura e execução de processos administrativos. A segunda se refere à edição de leis que disciplinam processos.

Como o processo administrativo configura um instrumento de ação pública preparatório de decisões juridicamente impactantes, todos os entes estatais que exercem função administrativa podem utilizá-lo. Na federação brasileira, isso permite que União, Estados, Municípios e suas entidades da Administração Indireta se valham de processos administrativos desde que observem a distribuição das tarefas estabelecida pelas fontes constitucionais e legais. A cada ente e órgão do Executivo caberá conduzir os processos pertinentes para desenvolver as tarefas sob sua incumbência e garantir a disciplina interna. O Judiciário e o Legislativo, em qualquer nível, também poderão lançar mão de processos administrativos pelo fato de que desempenham quotidianamente tarefas de gestão pública. Quando isso ocorrer, estarão primariamente sujeitos às normas da legislação administrativa.

Questão interessante envolve processos administrativos relativos a políticas públicas sob competência comum de dois ou mais níveis da federação e relacionados a um sistema de política pública. Exemplos disso se vislumbram nos campos do direito ambiental, em que opera o SISNAMA, e do direito do consumidor, em que se coloca o SNDC. Esses "sistemas" exigem que os processos levados a cabo pelos vários órgãos e entidades nas três esferas federativas sejam conduzidos de modo harmônico a fim de se evitar contradições ou choques que inviabilizem ou prejudiquem a boa execução da política pública. A advertência é essencial, pois, na prática, nem sempre os órgãos e entes componentes desses sistemas agem de modo coerente. Problemas dessa ordem derivam, em grande parte, da falta de normas de coordenação e harmonização processual, que deveriam ser editadas pela União com base no art. 23, parágrafo único da Constituição da República. Até hoje, poucas normas dessa natureza foram criadas, merecendo destaque as contidas na Lei Complementar n. 140/2011, relativa aos processos administrativos ambientais, como os de licenciamento.

No plano legislativo, a discussão de competência é mais polêmica. Isso deriva da vagueza redacional do art. 22, I, da Constituição, que atribuiu à União competência privativa para legislar sobre direito "processual". O adjetivo empregado de modo genérico no inciso permite indagar o seguinte: a competência da União abrange apenas processos judiciais ou qualquer processo, inclusive os administrativos?

A interpretação que se consagrou ao longo do tempo é a de que a competência da União se limita aos processos judiciais. Como o processo administrativo é essencial para a autonomia federativa, não deve a União a princípio cuidar de processos empregados pelas Administrações estaduais e municipais. Com base nesse entendimento, o Congresso editou a Lei n. 9.784/1999, como lei geral de processo administrativo restrita aos entes federais. Algumas Assembleias e Câmaras seguiram o mesmo caminho, criando leis para processos estaduais e municipais, respectivamente.

Há, porém, casos de lacuna, ou seja, situações em que o ente federativo contém uma lei geral, mas que prescinde de uma norma sobre certo assunto (como a decadência do poder anulatório) e situações em que o ente federativo sequer dispõe de lei geral própria. Nessas hipóteses, as entidades da esfera federativa poderão se valer de técnicas de integração, como o uso de princípios gerais do direito e a analogia a leis de processo administrativo de outros entes. Poderá igualmente, quando cabível, valer-se de normas de processo judicial.

O entendimento de que cada esfera federativa cria suas próprias normas de processo administrativo não impede que, excepcionalmente, para algumas matérias explícitas no texto constitucional, o Congresso tenha competência para editar normas nacionais, ou seja, aplicáveis a União, Estados, Distrito Federal e Municípios. Exceções assim se vislumbram: (i) no art. 22, XXVII, que dá ao Congresso o poder de editar normas gerais sobre processos de contratação pública em todas as suas modalidades, e (ii) no art. 22, II, que reserva ao Congresso à competência legislativa sobre desapropriação.

19.2.2 "Nacionalização" do processo administrativo?

Demonstrando que, num primeiro momento, cristalizou-se no Brasil o entendimento de que processo administrativo é assunto de competência de cada unidade federativa, essencial para sua autonomia, sem prejuízo de certas exceções constitucionalmente apontadas, a partir da década de 1990, intensificou-se o movimento de multiplicação de leis gerais de processos administrativo, ou seja, leis contendo normas processuais básicas, que se aplicam subsidiariamente aos processos da Administração nos mais diferentes setores de cada esfera da federação sempre que não houver norma processual especial. Ícone da processualização brasileira é a Lei n. 9.784, de 29 de janeiro de 1999, incidente sobre todos os entes federais que lidam com processos administrativos. Além da LPA federal, várias leis semelhantes foram criadas nos Estados e Municípios, a exemplo da pioneira lei de Sergipe.

Nos últimos anos, entretanto, nota-se clara pressão à **nacionalização** das normas de processo administrativo. Conquanto questionável em um país que se estende por território continental, com estruturas e condições de gestão pública muito díspares e realidades econômico-financeiras completamente diferentes, esse movimento "unitarista" ou de "padronização processual" tenta se justificar pelo princípio da igualdade no tratamento dos cidadãos pela Administração Pública, pela necessidade de redução de custos de transação, bem como pelos princípios da eficiência e da segurança jurídica, sobretudo na faceta da previsibilidade.

Na prática, essa tendência à nacionalização se revela em duas frentes principais. De um lado, desponta na jurisprudência dos Tribunais Superiores, principalmente do STJ e do STF. De outro, surge em novas leis que unificam institutos processuais da Administração Pública em todos os níveis federativos.

No plano jurisprudencial, alguns posicionamentos merecem destaque. O primeiro deles diz respeito à nacionalização da LPA federal no STJ. Conquanto elaborada para reger os processos administrativos no âmbito dos três Poderes da União, a Lei n. 9.784/1999 em pouco tempo se consolidou como "a" lei de processo administrativo. Seus princípios gerais, suas normas sobre impedimento e suspeição, sobre delegação e avocação, sobre instrução processual, recursos, autotutela e motivação do ato administrativo – todas elas redigidas de modo direto, claro e flexível – mostraram-se tão marcantes e transformadoras, que, na falta de dispositivos legais próprios em Estados e Municípios, o STJ gradualmente os "nacionalizou",[3] isto é, determinou sua aplicação a entes que não contavam com normas gerais em suas respectivas esferas federativas. Isso ocorreu fortemente com o art. 54 da LPA federal, que previu a decadência quinquenal do poder anulatório, admirável mecanismo de estabilização das relações jurídicas e de tutela de cidadãos de boa-fé.[4]

---

3. Sobre a aplicabilidade da LPA federal aos entes estaduais e municipais ("nacionalização"), cf. o estudo aprofundado de CUNHA, Bruno Santos. *Aplicabilidade da Lei Federal de Processo Administrativo*. São Paulo: Almedina, 2017, p. 142 e ss.
4. Nesse sentido, vale a transcrição ilustrativa do seguinte julgado do STJ: Administrativo. Processual civil. Servidores públicos estaduais inativos. Art. 54 da Lei n. 9.784/99. Administração estadual. Aplicação. Possibilidade. Decadência administrativa. Configurada. Termo a quo. Vigência da lei. *1. Ausente lei específica, os comandos normativos contidos na Lei n. 9.784/99 são aplicáveis no âmbito das Administrações Estadual e Municipal, os quais estabelecem o prazo de 5 (cinco) anos para a Administração rever seus próprios atos. 2. Caso o ato acoimado de ilegalidade tenha sido praticado antes da promulgação da Lei n. 9.784, de 01.02.1999, a Administração tem o prazo de cincos anos a contar da vigência da aludida norma para anulá-lo; caso tenha sido praticado após a edição da mencionada Lei, o prazo quinquenal da Administração contar-se-á da prática do ato tido por ilegal, sob pena de decadência, nos termos do art. 54 da Lei n. 9.784/99. (...)* (RMS 24.423/RS, Rel. Ministra Laurita Vaz, Quinta Turma, julgado em 23.08.2011, DJe 08.09.2011).

Mais tarde, o movimento de nacionalização passou a ser fortalecido pelo STF. Em decisão bastante polêmica, o Supremo chegou a ponto de limitar a autonomia federativa do Estado de São Paulo para impor à Administração Paulista o prazo quinquenal de decadência do poder anulatório previsto do referido art. 54 da LPA federal em detrimento do prazo decenal da LPA paulista (art. 10 da Lei n. 10.177/1998). Baseado maiormente no princípio da igualdade no tratamento dos cidadãos, ao julgar a polêmica **ADI 6019**, o STF deixou de lado a autonomia dos entes federativos para legislar sobre processo administrativo e afirmou que a regra criada pelo Congresso deverá ser observada pela Administração estadual, ainda que exista lei própria de processo administrativo.

Essa linha de nacionalização não se esgota nas decisões do STJ e do STF sobre os comandos da LPA federal. A tendência de mitigar a autonomia federativa para unificar o processo administrativo também se revela em certas leis a partir da década de 2010. Exemplo disso é o **art. 15 do Código de Processo Civil**, que determinou aplicação subsidiária das normas do Código quando houver lacuna sobre processo administrativo. Contra o mandamento e seu espírito antifederativo, o governador do Rio de Janeiro ajuizou no STF a ADI n. 5492, que pede interpretação conforme à Constituição ao art. 15 para restringir sua incidência à órbita federal.

Outro exemplo legislativo é a **LINDB**, cujo texto foi significativamente ampliado pela Lei n. 13.655/2018 com artigos sobre interpretação do direito público e vários institutos de processo administrativo, como compromissos, súmulas, consulta pública entre outros. A estratégia por trás da inserção dessas ferramentas inegavelmente importantes para a segurança jurídica na LINDB, e não na LPA federal, consiste precisamente em fazer que elas se imponham às Administrações Públicas de todas as entidades federativas, de maneira a padronizá-las e, ao mesmo tempo, para suprir a omissão de certos Poderes Legislativos no nível subnacional. Justificativa semelhante explica a edição da Lei de Desburocratização do mesmo ano (Lei n. 13.726/2018), cuja ementa explicitamente se refere à racionalização de "atos e procedimentos administrativos dos Poderes da União, dos Estados, do Distrito Federal e dos Municípios...".

19.2.3 Incidência subsidiária do CPC ao processo administrativo

Como se demonstrou, entre a edição da LPA federal no final da década de 1990 e a inserção de normas processuais gerais na LINDB em 2018, o Congresso Nacional aprovou um novo Código de Processo Civil. Nesse diploma, inseriu a determinação de aplicação subsidiária de suas normas aos processos administrativos quando houver lacuna da legislação administrativa. A imposição de aplicação subsidiária foi feita sem qualquer tipo de ressalvas.

Essa previsão do CPC é indubitavelmente útil em alguns casos, mas pode ser catastrófica em outros, pois muitos processos administrativos são completamente diferentes dos processos judiciais. A utilidade do CPC se vislumbra, por exemplo, nas regras que tratam dos elementos da decisão, de tipologia, coleta e uso de provas. Contudo, muitas regras podem se chocar com a lógica de certos processos administrativos, principalmente os de cunho sancionatório, que mais se assemelham aos processos penais. Tampouco podem ser essas normas judiciais aplicadas sem as devidas adaptações para processos seletivos.

É de se questionar se o mandamento do art. 15 precisaria estar expresso. Digo isso, pois, antes da edição do CPC de 2015, os Tribunais Superiores haviam firmado o entendimento de que as lacunas de leis especiais em matéria de processo administrativo poderiam ser solucionadas com as normas de leis gerais, os princípios constitucionais e por meio de analogia com diplomas processuais administrativos de outros níveis da federação. Foi exatamente esse último entendimento que iniciou o fenômeno de "nacionalização" da LPA federal, como extensão de sua aplicabilidade para Estados e Municípios sem leis processuais ou com leis lacunosas sobre certos aspectos.

Sob essas circunstâncias, ao impor a aplicação subsidiária do CPC ao processo administrativo, o legislador restringiu os espaços de analogia e enrijeceu a Administração Pública. A solução do Código enraíza-se em certa ignorância a respeito da multiplicidade dos processos administrativos e dos problemas que a extensão da lógica do processo civil ocasiona a alguns deles. Como dito, certos processos administrativos se assemelham a processos civis; muitos, porém, aproximam-se mais dos processos penais, enquanto outros sequer encontram formato paralelo em processos jurisdicionais, como demonstram os processos de licitações, concursos e progressão de carreira. Em modalidades assim, a incidência subsidiária do CPC poderá ser desastrosa e totalmente inadequada.

Por esses e outros motivos, o art. 15 necessita ser interpretado conforme a Constituição. A aplicação subsidiária de normas do CPC ao processo administrativo será cabível somente quando: (i) houver lacuna legal ou regulamentar que impeça solucionar uma questão de processo administrativo; (ii) referida lacuna não puder ser superada por normas básicas previstas em leis gerais, como a LINDB, a Lei de Desburocratização e as Leis de Processo Administrativo e (iii) a norma processual civil se acoplar à lógica do processo administrativo em concreto. Isso significa que a aplicação supletiva e subsidiária das normas do CPC não deve anteceder a aplicação subsidiária de normas básicas contidas nas leis administrativas. Ademais, nos processos administrativos punitivos, a ordem de aplicação normativa subsidiária necessita se iniciar pela LPA e, em seguida, pelo CPP, atingido o CPC somente na persistência da lacuna.

De maneira distinta do aqui sustentado, mas com base em preocupações comuns, o Estado do Rio de Janeiro questiona o art. 15 do CPC na **ADI 5429**, anteriormente mencionada. Por meio dela, solicita ao Supremo que confira ao dispositivo interpretação conforme a Constituição no sentido de circunscrever sua aplicabilidade ao âmbito da União sob pena de se afrontar a autonomia federativa. Essa tese, se acolhida, servirá para limitar o movimento de nacionalização processual da Administração Pública que se espraia pelo Congresso e pelos Tribunais Superiores. Seu acolhimento, porém, não impedirá que o CPC venha a ser aplicado pelas Administrações Públicas estaduais e locais por meio da analogia (e não da subsidiariedade) quando não houver norma especial ou geral de processo administrativo a solucionar a questão e a regra do Código se mostrar adequada ao caso concreto. Por esses e outros motivos, a restrição dos efeitos do art. 15 se mostra bastante salutar.

19.2.4 Leis de processo administrativo e LINDB

Cada unidade federativa cria sua própria lei de processo administrativo por força de sua autonomia constitucionalmente garantida. A partir desse entendimento, o Congresso editou a Lei n. 9.784/1999, hoje, a mais destacada Lei de Processo Administrativo do país. Em grande medida, o sucesso da LPA federal se deve à experiência, à solidez teórica, à inteligente perspectiva e à sensibilidade dos integrantes da Comissão que a elaborou.[5]

A lei abarca um corpo de normas "básicas" que não interferem nas peculiaridades dos processos administrativo setoriais, como o concorrencial, o tributário e o ambiental. Por se tratar de conjunto normativo de aplicabilidade subsidiária, seus comandos incidem sobre os campos setoriais apenas quando as leis federais específicas revelarem lacunas acerca, por exemplo, da abertura do processo, direitos e deveres dos atores envolvidos, instrução, decisão e recursos. Com isso, a LPA desponta como o pacote de garantias de processualidade. Não é por outra razão que o próprio legislador caracteriza suas normas como "básicas".

Em virtude dessa característica central, as definições, os princípios, os institutos e as regras da LPA federal se apresentam sem detalhamentos excessivos, sem exageros ou complicações redacionais, sem a preocupação com realidades setoriais da complexa e agigantada Administração Pública brasileira. Com a clareza necessária, as normas da lei assumem textura aberta em termos semânticos, o que lhes garante a flexibilidade essencial para se acoplar a inúmeros tipos de processo administrativo e garantir a mínima processualidade em todos os campos.

Embora esse caráter aberto e principiológico da LPA federal por vezes mitigue a utilidade prática de alguns de seus dispositivos – como o art. 68, que cuida muito superficialmente das sanções –,[6] fato é que uma lei processual geral muito detalhada jamais teria se consagrado tão rápido e facilmente quanto a LPA federal. Uma lei

---

5. São eles: Caio Tácito, Adilson Abreu Dallari, Almiro Couto e Silva, Carmen Lúcia Antunes Rocha, Diogo de Figueiredo Moreira Neto, Inocêncio Mártires Coelho, José Carlos Barbosa Moreira, José Joaquim Calmon de Passos, Maria Sylvia Zanella Di Pietro, Odete Medauar e Paulo Modesto.
6. Criticamente sobre o art. 68, cf. MARRARA, Thiago; NOHARA, Irene Patrícia. *Processo administrativo*: Lei n. 9784/1999 comentada, 2. ed. São Paulo: Revista dos Tribunais, 2018, p. 531-532.

geral não deve ser excessivamente pormenorizada. Fosse assim, seria incapaz de se adaptar às realidades dos multifacetados processos que a Administração utiliza no seu dia a dia.

Em sua estrutura originária, a LPA federal apresenta 18 capítulos que tratam: (i) de disposições gerais, como aplicabilidade, princípios e diretrizes; (ii) dos direitos dos administrados; (iii) dos deveres do administrado; (iv) do início do processo; (v) dos interessados (como partes do processo administrativo); (vi) da competência; (vii) dos impedimentos e da suspeição; (viii) da forma, do tempo e lugar dos atos processuais; (ix) da comunicação dos atos; (x) da instrução; (xi) do dever de decidir, ao que se somou o capítulo XI-A pela Lei n. 14.210/2021 para tratar da decisão coordenada; (xii) da motivação; (xiii) da desistência e outros casos de extinção do processo; (xiv) da anulação revogação e convalidação; (xv) do recurso administrativo e da revisão; (xvi) dos prazos; (xvii) das sanções, de modo extremamente lacônico e (xviii) de disposições finais, incluindo regras de tramitação prioritária de processos incluídas pela Lei n. 12.008/2009.

Graças às qualidades da LPA federal, muitos Estados e Municípios brasileiros adotam ou reproduzem seu modelo. Foi o que fez o Distrito Federal, ao aprovar lei que estende para seus órgãos e entes os comandos da lei criada pelo Congresso para a União. Alguns outros Estados, como São Paulo, preferiram modelos de leis mais rígidos, detalhados, prenhes de procedimentos minuciosos. Leis assim, por se mostrarem mais inflexíveis e pouco adaptáveis à realidade complexa e assimétrica dos entes públicos, não gozam da mesma efetividade da legislação federal.

Anos após a edição da LPA federal e de várias leis estaduais e municipais, reconhecendo a importância da processualização e buscando promover mais segurança jurídica nas relações entre Administração Pública, Judiciário, mercado e sociedade, o Congresso Nacional decidiu incrementar ainda mais o regime jurídico dos processos administrativos ao inserir mandamentos sobre motivação, decisão, sanção e acordos processuais na LINDB. Embora essa lei tenha como finalidade precípua tratar da interpretação e aplicação do direito (com normas de sobredireito), é inegável que vários institutos agregados a ela em 2018 pela Lei n. 13.655 cuidam de processo administrativo e não meramente de interpretação, como se demonstrará ao longo deste capítulo.[7]

Dado que essa lei de introdução, ao contrário da LPA, tem aplicabilidade nacional, suas determinações vinculam a União, os Estados, o Distrito Federal e os Municípios, daí porque, ao mesmo tempo em que reforçam de modo muito oportuno a segurança jurídica e a processualização na federação brasileira, refletem a tendência de nacionalização da processualidade administrativa. Na prática, a convivência

---

7. Um panorama sobre os vários institutos da LINDB foi oferecido no capítulo sobre princípios dentro do volume 1 deste manual. Além disso, ao longo de outros capítulos, principalmente no de atos administrativos, constante deste volume, tais dispositivos foram comentados quando oportunos.

da LINDB com as leis de processo administrativo é capaz de ocasionar eventuais antinomias, situação em que a especialidade impõe prestigiar as leis de processo, partindo-se das setoriais em direção às gerais por força da regra da especialidade.

19.3 PRINCÍPIOS, DIREITOS E DEVERES BÁSICOS NO PROCESSO[8]

19.3.1 Ampla defesa

Ainda hoje, aqueles que frequentam os corredores das repartições públicas não raramente se deparam com processos administrativos conduzidos sem grande respeito ao direito de defesa. Isso se vislumbra, principalmente, em processos de seleção, como concursos públicos para admissão em quadro de pessoal e processos para admissão de usuários de serviços públicos, como os educacionais. Sucede com igual frequência em processos de progressão de carreira de servidores, de concessão de fomento, entre outros.

Por essas e outras deficiências, que maculam a atuação de alguns órgãos públicos brasileiros, o poder constituinte reputou imprescindível estender as garantias básicas do devido processo legal ao direito administrativo. O art. 5º, LV, da Constituição da República, inovando na história constitucional brasileira, dispõe que: "aos litigantes, em processo judicial e *administrativo,* e aos acusados *em geral* são assegurados o contraditório e ampla defesa, com os meios e recursos a ela inerentes" (g.n.).

Os trechos marcados revelam que o legislador reconheceu, em momento muito oportuno, a importância e o significativo impacto dos processos administrativos e de suas decisões sobre a vida dos cidadãos, das empresas e dos próprios servidores. Desse reconhecimento resultou a necessidade de extensão de garantias essenciais do processo judicial aos interessados do processo administrativo, o que aproximou seus regimes jurídicos.

De acordo com o texto constitucional, a incidência do princípio da ampla defesa não se limita aos processos administrativos sancionadores (e aos acusados),[9] análogos aos processos penais. Garantir a ampla defesa é imprescindível ao longo de todo e qualquer tipo de processo em que haja litígio e, portanto, "litigantes". Diante da pluralidade de formas do processo administrativo, essa figura necessita ser compre-

---

8. Nesse item, resgato, com ajustes e atualizações, a exposição que realizei em MARRARA, Thiago. Princípios de processo administrativo. *RDDA*, v. 7, n. 1, 2020, em geral.
9. Bacellar Filho explica que o termo "acusados", presente no texto constitucional, "designa as pessoas físicas ou jurídicas a que a administração atribui determinada conduta ilícita, das quais decorrerão consequências punitivas. O termo 'acusados em geral' reporta-se à generalidade das acusações, não discriminando a gravidade da punição. Quem quer que seja acusado de comportamento que possa gerar efeito punitivo (não importando sua gravidade) tem a proteção do processo administrativo". BACELLAR FILHO, Romeu Felipe; MARTINS, Ricardo Marcondes. *Tratado de direito administrativo*, v. 5: ato administrativo e procedimento administrativo. São Paulo: Revista dos Tribunais, 2014, p. 390.

endida em sentido abrangente, de modo a indicar pessoas, físicas ou jurídicas, que tenham direito ou interesse juridicamente tutelado em risco ou em disputa. Nisso se enquadram tanto os titulares de direitos e interesses individuais, quanto os titulares de direitos e interesses coletivos e difusos, nos limites estabelecidos pela legislação.

A confirmar o significado abrangente do termo, Ada Pellegrini Grinover esclarecia que "litigantes existem sempre que, num procedimento qualquer, surja um conflito de interesse... basta que os partícipes do processo administrativo se anteponham face a face, numa posição contraposta".[10] Em igual linha, Bacellar Filho explica que "a lide não se restringe ao universo da função jurisdicional, porque o móvel da ação administrativa pode requerer a composição de um conflito". E completa: no direito administrativo, "a dedução de uma pretensão pela administração ou perante esta, cujo provimento seja capaz, por qualquer modo, de atingir a esfera de interesse de outrem, dá lugar à lide ou à controvérsia administrativa...".[11]

No plano legislativo, a concepção ampliativa também foi adotada, tal como se verifica no art. 9º da LPA federal, que incluiu no rol de interessados (ou seja, das "partes") do processo administrativo: (i) as pessoas físicas ou jurídicas que o iniciem como titulares de direitos ou interesses individuais; (ii) aqueles que, sem terem iniciado o processo, têm direitos ou interesses que possam ser afetados pela decisão; (iii) as organizações e associações representativas de direitos coletivos; e (iv) as pessoas e as associações legalmente constituídas quanto a direitos ou interesses difusos.

Em todas essas situações, a disposição constitucional torna completamente irrelevante, para fins da garantia da ampla defesa, a existência ou não de normas específicas na legislação infralegal e em atos normativos da Administração. Não se poderá recusar ou obstar o direito de defesa sob o argumento de que não está previsto em leis setoriais, resoluções ou editais a reger um ou outro processo administrativo em concreto.

A ampla defesa aceitará mitigação, ou melhor, diferimento, em situações nas quais a Administração Pública, no uso de seus poderes cautelares, não dispuser de condições para garantir as manifestações do interessado antes da tomada de uma decisão emergencial – tal como dispõe o art. 45 da LPA federal.[12] Em tais situações excepcionalíssimas, de defesa diferida, os interessados se manifestarão, mas posteriormente à decisão administrativa cautelar, praticada com o objetivo de afastar risco iminente que possa colocar em jogo o resultado útil do processo ou interesses públicos primários a ele relacionados.

---

10. GRINOVER, Ada Pellegrini. Do direito de defesa em inquérito administrativo. *RDA*, n. 183, 1991, p. 13.
11. BACELLAR FILHO, Romeu Felipe; MARTINS, Ricardo Marcondes. *Tratado de direito administrativo*, v. 5: ato administrativo e procedimento administrativo. São Paulo: Revista dos Tribunais, 2014, p. 387-388.
12. Em detalhes sobre os poderes cautelares no processo administrativo, cf. MELLO, Shirlei Silmara de Freitas. Tutela de urgência no processo administrativo federal (Lei n. 9784/99): fundamentos, parâmetros e limites. In: MARQUES NETO, Floriano de Azevedo; MENEZES DE ALMEIDA, Fernando; NOHARA, Irene; MARRARA, Thiago (Org.). *Direito administrativo*: estudos em homenagem à Maria Sylvia Zanella Di Pietro. São Paulo: Atlas, 2013, p. 767 e ss. Ver também CABRAL, Flávio Garcia. *Medidas cautelares administrativas*. Belo Horizonte: Fórum, 2021.

Em condições normais, o princípio da ampla defesa se desdobra em uma série de outros direitos básicos dos interessados e que podem ser resumidos a:

(i) **Direito de petição** a todo e qualquer órgão público (art. 5º, XXXIV da Constituição; art. 3º, III da LPA; art. 9º da Código de Defesa dos Usuários de Serviços Públicos – Lei n. 13.460/2017), que deve ser utilizado de modo não abusivo, ou seja, sem o intuito de, mediante deflagração e movimentação de processos sem plausível fundamentação, prejudicar terceiros, por exemplo, em termos concorrenciais ("*sham litigation*"). O direito de petição tampouco deve ser movido com base em provas ilícitas, de má-fé ou de maneira temerária;

(ii) **Direitos de representação e de substituição**, ou seja, o direito de se fazer representar por advogado ou por procurador sem formação jurídica, bem como o direito de ter seus direitos individuais homogêneos, coletivos ou difusos defendidos no processo por substitutos que agem em nome próprio, como entidades de caráter representativo, a exemplo de associações ou do Ministério Público, conforme garantido pelo art. 9º, III e IV, da LPA federal. Em razão de a decisão administrativa, apesar de impactante, não ser definitiva e inatacável à luz da unicidade de jurisdição, vale a "*faculdade*" da representação por advogado.[13] A respeito do assunto, a **Súmula Vinculante 5** do STF pontua que: "a falta de defesa técnica por advogado no processo administrativo disciplinar não ofende a Constituição";[14]

(iii) **Direito de produção de provas**, que consiste na possibilidade de trazer elementos de convencimento aos autos com o objetivo de comprovar fatos discutidos no processo ou reforçar posições interpretativas sobre comandos normativos (art. 2º, parágrafo único, X e art. 3º, III da LPA). Em espécie, os meios de prova aceitos no processo administrativo são semelhantes aos do judicial. Há provas testemunhais, documentais e periciais, inclusive emprestadas de outros processos administrativos ou judiciais.[15] Também se vedam no processo administrativo as provas ilícitas, as desnecessárias,

---

13. A complementar esse argumento, vale transcrever a perspectiva de Medauar, para quem "A exigência de defesa técnica em todos os processos administrativos implicaria a obrigatoriedade de defensoria dativa proporcionada pelo poder público a todos os sujeitos sem advogado próprio, o que parece inviável. Por isso, deveria ser exigida em processos cujos resultados repercutam com gravidade sobre direitos e atividades dos sujeitos, como, p. ex., interdição de atividades, fechamento de estabelecimentos, cessação do exercício profissional. Deve figurar como possibilidades nos demais processos". MEDAUAR, Odete. *A processualidade no direito administrativo*, 2. ed. São Paulo: Editora Revista dos Tribunais, 2008, p. 126.
14. Criticamente a respeito, cf. BACELLAR FILHO, Romeu Felipe; MARTINS, Ricardo Marcondes. *Tratado de direito administrativo*. São Paulo: Revista dos Tribunais, 2014, v. 5: ato administrativo e procedimento administrativo, p. 624 e ss.
15. "É de se ressaltar que a utilização da prova emprestada tem recebido prestígio do Supremo Tribunal Federal inclusive nos casos em que a prova é produzida excepcionalmente (v.g., escuta telefônica e ambiental), autorizando o seu transpasse da esfera criminal para a administrativa". MOREIRA, Egon Bockmann. *Processo Administrativo*: princípios constitucionais e a Lei n. 9.784/1999, 6. ed. Belo Horizonte: Fórum, 2022, p. 305-306.

as impertinentes ou as puramente protelatórias, e exige-se que as provas produzidas sejam devidamente sopesadas e consideradas pelo órgão decisório.[16] A despeito dessas características comuns com o processo judicial, o direito administrativo apresenta algumas peculiaridades. Em primeiro lugar, a LPA federal consagrou expressamente o uso de audiências e consultas públicas como instrumento de produção de provas por meio de participação popular. Esses mecanismos são de emprego facultativo, embora existam leis especiais (ambientais, urbanísticas etc.) que demandem seu emprego como requisito de validade da decisão final. Em segundo lugar, por força do princípio do formalismo mitigado, a produção de provas é muito mais flexível no direito administrativo, podendo ocorrer após encerrada a fase propriamente instrutória (na fase recursal, por exemplo). Em terceiro, o princípio da oficialidade, que varia de intensidade conforme o tipo de processo, sempre permite que a Administração intervenha na produção de provas e solicite sua complementação ou junte diretamente aos autos elementos probatórios. Em quarto, por força da razoabilidade e da necessidade de evitar ônus probatórios excessivos aos interessados, o órgão público está obrigado a coletar as provas que detém em seus bancos de dados, ressalvadas as hipóteses de sigilo, e a inverter o ônus da prova para garantir a isonomia, a viabilização da defesa e a busca da verdade material. Em quinto, é típico do processo administrativo que se dissociem as autoridades responsáveis pela instrução das autoridades competentes pela decisão final. Embora isso não impeça a complementação de instrução na fase de julgamento ou de recursos, a dissociação primária serve para garantir que a autoridade julgadora alcance uma posição de maior neutralidade diante do caso concreto;

(iv) **Direito a permanecer calado**, que é extremamente relevante para impedir que um indivíduo venha a ser forçado a falsamente declarar aquilo que deseja a Administração Pública. Explico. Se autorizado a punir aquele que se cala para se defender, o órgão processante poderia sancioná-lo com base na alegação de que não revelou a *"verdade"*, colocando o acusado ou o interessado numa situação de punição inevitável. O direito ao silêncio, portanto, consiste não apenas no direito de não confessar e de se calar. Trata-se, mais que isso, de uma garantia contra condenações forjadas. Contudo, ele não veda a confissão espontânea ou negociada, por exemplo, em acordos de leniência ou compromissos de cessação de prática, nem obsta a Administração Pública, com suporte em poderes legalmente previstos, de utilizar instrumentos como a inspeção e a busca e apreensão (dependente

---

16. Nesse sentido, Medauar reforça que o direito de ampla defesa engloba o direito de solicitar a produção de provas, "de vê-las realizadas e *consideradas*". MEDAUAR, Odete. *A processualidade no Direito Administrativo*, 3. ed. Belo Horizonte: Fórum, 2021, p. 144.

de autorização judicial) com o objetivo de obter informações, documentos e outros objetos, como computadores, máquinas e arquivos digitais, para viabilizar a instrução;

(v) **Direito à interposição de recursos**, que se desdobra em pedido de reconsideração apresentado à própria autoridade que expediu a decisão, em recurso administrativo voluntário e hierárquico para o órgão superior dentro da mesma entidade jurídica ou em recurso administrativo voluntário e impróprio, submetido a julgamento do órgão da Administração Direta que supervisiona o ente descentralizado que decidiu. Como expressão da ampla defesa, a reconsideração e o recurso voluntário hierárquico não dependem de previsão legal, nem em ato normativo ou edital.[17] Dependente de lei, na verdade, é a eventual restrição das possibilidades recursais, que se adota em entidades que operam em instância única e cujas decisões, via de regra, sujeitam-se unicamente a reconsideração, como se vislumbra em muitas agências reguladoras. Isso significa que inexiste, no processo administrativo, um direito ao duplo grau obrigatório.[18] Em casos de instância única, esgotada a reconsideração, haverá sempre o recurso ao Judiciário. Na mesma linha, tampouco há impedimento constitucional para que o legislador limite o número de instâncias administrativas, tal como o fez a LPA federal;[19] e

(vi) **Direito à revisão da decisão sancionatória** (art. 65 da LPA), que consiste basicamente num direito à rediscussão exclusiva de decisão sancionatória em virtude de fatos novos ou de circunstâncias relevantes, externas ao processo, capazes de demonstrar que a sanção originariamente cominada se tornou inadequada (incapaz de atingir a finalidade pública) e, por isso, deve ser substituída por uma mais branda ou ser completamente afastada. Na pior hipótese, a apreciação da revisão será indeferida, mantendo-se a sanção. Em hipótese alguma, será autorizada a *reformatio in pejus*, *i.e.*, na revisão não se aceita agravamento da sanção – medida que é, diferentemente, permitida em juízos de reconsideração e de recurso administrativo, embora sob algum protesto da doutrina.[20] Por sua causa e função, o pedido

---

17. Nesse sentido, cf. a dissertação de PACCE, Carolina Dalla. *A sistematização dos recursos administrativos na legislação federal*. São Paulo: Faculdade de Direito da USP (dissertação de mestrado), 2015.
18. Em sentido diverso, cf. FERRAZ, Sérgio; DALLARI, Adilson Abreu. *Processo administrativo*, 4. ed. São Paulo: Malheiros, 2020, p. 415.
19. Dispõe o art. 57 que "o recurso administrativo tramitará no máximo por três instâncias administrativas, salvo disposição legal diversa". A respeito, MARRARA, Thiago; NOHARA, Irene Patrícia. *Processo administrativo*: Lei n. 9.784/1999 comentada, 2. ed. São Paulo: Revista dos Tribunais, 2014, p. 462 e ss.
20. Mesmo diante da previsão do art. 64, parágrafo único, que autoriza a *reformatio*, Bacellar Filho sustenta que "considerando-se que o direito de recorrer se apresenta como um desdobramento do princípio da ampla defesa, parece-nos que assegurar o contraditório diante da possibilidade da reforma para pior, mediante a concessão de prazo para a parte recorrente manifestar-se antes da decisão, não supre a inconstitucionalidade do referido dispositivo". BACELLAR FILHO, Romeu Felipe; MARTINS, Ricardo Marcondes. *Tratado de direito administrativo*. São Paulo: Revista dos Tribunais, 2014, v. 5: ato administrativo e procedimento administrativo, p. 652.

de revisão pode ser apresentado pelo sancionado ou pela própria Administração Pública e a qualquer tempo, desde que a sanção já não tenha se esgotado.

Para se bem compreender os limites e os impactos do princípio da ampla defesa no processo administrativo, é imprescindível que se tenha em mente a relevante distinção entre a figura dos interessados, como verdadeiras partes processuais, e a dos meros participantes, que figuram em audiências e consultas como colaboradores e têm direitos mais restritos, como se verá ao longo deste capítulo.

19.3.2 Contraditório

O contraditório é a premissa da defesa, daí porque andam inexoravelmente juntos. Não há reação ao desconhecido; não há, pois, defesa possível sem conhecimento do objeto processual, suas causas, elementos probatórios nem dos motivos a sustentar as decisões liminares ou finais. O contraditório enseja a divulgação, ativa ou a pedido, dos elementos que estimulam, inspiram e motivam as decisões, garantindo-se aos sujeitos por ela potencialmente afetados a faculdade de reações formais. Essa divulgação há que ser garantida, em situação extrema, mesmo em prejuízo do sigilo ou da restrição de acesso a informações sensíveis. Não por outra razão, a Lei de Acesso à Informação adequadamente prescreve que: "não poderá ser negado acesso à informação necessária à tutela judicial ou administrativa de direitos fundamentais" (art. 21, *caput*).

Na síntese de Moreira, ancorado no art. 5º, LV, da Constituição da República, o contraditório implica a "participação do administrado na integralidade do processo administrativo, no exercício do direito de influenciar ativamente a decisão a ser proferida". Trata-se, ainda nas suas palavras, da garantia de "ser cientificado com clareza não só da existência do processo, mas de tudo o que nele ocorra (...)".[21] Em sentido semelhante, Medauar o apresenta com o direito de "obter conhecimento adequado dos fatos que estão na base da formação do processo, e de todos os demais fatos, dados, documentos e provas que vierem à luz no curso do processo".[22]

Do princípio do contraditório se extraem direitos e deveres correlatos próprios, modulados conforme as caraterísticas dos diversos tipos de processo administrativo, e que se sintetizam em:

(i) **Direito à citação**, ou seja, o direito de ser notificado da abertura do processo, incluindo-se informações acerca dos motivos subjacentes, do objeto processual e das potenciais consequências decisórias, principalmente em

---

21. MOREIRA, Egon Bockmann. *Processo Administrativo*: princípios constitucionais e a Lei n. 9.784/1999, 6. ed. Belo Horizonte: Fórum, 2022, p. 254-255.
22. MEDAUAR, Odete. *A processualidade no Direito Administrativo*, 3. ed. Belo Horizonte: Fórum, 2021, p. 122.

termos sancionatórios, a todos os interessados. Em muitas leis de processo administrativo, a "citação" é tratada como intimação ou notificação;

(ii) **Direito a intimações** de todos os atos processuais que possam afetar a posição jurídica dos interessados, destacando-se prazo razoável para que se manifestem. *A contrario sensu*, como ressalta Carvalho Filho, simples atos de rotina e tramitação do processo dispensam a intimação, já que servem apenas para movimentar o feito.[23] De acordo com a LPA federal, as intimações necessitam respeitar requisitos temporais e materiais sob pena de nulidade (art. 26, § 5º). A omissão do interessado em atender a intimações não importará confissão ou renúncia a direito, nem servirá para limitar seu direito de defesa no curso do processo (art. 27);

(iii) **Direito de acompanhamento de provas**, materializado na faculdade de se acompanhar a produção de provas ao longo do processo, como perícias, inspeções, oitiva de testemunhas, busca e apreensão e tantas outras. Esse direito gera para o órgão competente o dever de intimar os interessados com prazo razoável para viabilizar o acompanhamento;

(iv) **Direito de acesso constante aos autos**, que inclui, basicamente, o direito à obtenção de vista e de cópias dos autos, bem como a certidões (art. 46 da LPA). O direito à carga dos autos tem perdido seu relevo nos últimos anos, sobretudo diante da adoção gradual de sistemas digitais em que tramitam processos integralmente virtuais. Incidirá, porém, nas muitas Administrações que ainda usam processos em papel; e

(v) **Direito à motivação das decisões**, consistente na apresentação explícita, clara e congruente dos fundamentos de fato e de direito que sustentam as decisões processuais, liminares ou finais (art. 50, § 1º da LPA), bem como o prognóstico de suas consequências práticas (art. 20 e 21 da LINDB). A motivação não é obrigatória em todas as situações e nem sempre será prévia; em certos casos excepcionais, ela poderá ser diferida, como se vislumbra em decisões cautelares *inaudita altera parte* (art. 45 da LPA). Os detalhes do regime da motivação na LPA serão apresentados ao se tratar da etapa decisória dos processos.

19.3.3 Gratuidade

A gratuidade designa um princípio geral de processo administrativo umbilicalmente vinculado ao contraditório e à ampla defesa. De nada adiantaria o legislador consagrar esses dois princípios, se os órgãos públicos responsáveis por processos administrativos pudessem limitar sua efetividade por meio de barreiras de natureza financeira. Além de dificultar o exercício de direitos processuais num caso concreto,

---

23. CARVALHO FILHO, José dos Santos. *Processo administrativo federal*, 5. ed. São Paulo: Atlas, 2013, p. 169.

eventuais exigências desse gênero, impostas aos interessados, ocasionariam, em perspectiva macroscópica, discriminação ilegítima de posições jurídicas entre ricos e pobres em direção à elitização do processo administrativo e à "camarotização" dos direitos. Em última instância, argumenta Gomes Moreira, cobranças com essa finalidade estimulariam a desistência da via administrativa e poderiam acentuar a judicialização desnecessária de questões administrativas.[24]

Para evitar essas distorções e efeitos nocivos, o princípio geral da gratuidade transforma eventuais cobranças em medidas excepcionais e dependentes de autorizativo legal expresso. Essa afirmação se sustenta em dois dispositivos relevantes da LPA federal. De um lado, o art. 2º, parágrafo único, XI, enumera, dentre o rol de critérios do processo administrativo, a proibição de cobrança de despesas processuais, ressalvadas as previstas em lei. De outro, o art. 56, § 2º prescreve que, salvo exigência legal, a interposição de recurso administrativo independe de caução.

A prescrição da LPA teve seu sentido afetado pela **Súmula Vinculante 21**, de 2009, sugerida pela Ministra Ellen Gracie com base na decisão do RE 388.359/PE. Nela, o Supremo Tribunal Federal consagrou o entendimento de que é "inconstitucional a exigência de depósito prévio ou arrolamento prévio de dinheiro e bens para admissibilidade de recurso administrativo". Essa Súmula se fazia imprescindível, pois muitos Tribunais Superiores entendiam, entre outras coisas, que depósitos prévios eram adequados na medida em que evitavam recursos capazes de procrastinar a decisão administrativa final e, especialmente em matéria tributária, de afetar a rapidez no recolhimento de tributos.[25]

Destarte, para fins de recursos administrativos, veda-se qualquer tipo de condicionamento financeiro prévio por meio de mecanismos de caução ou garantia. E não mais interessa, segundo a Súmula, se existe ou não autorização legal expressa nesse sentido. Exigência financeira dessa natureza é incompatível com a Constituição da República por dificultar o direito de petição e, por conseguinte, a defesa em processos administrativos. Como já sustentei alhures, "não interessa se a exigência de depósito prévio está prevista em norma contida em lei formal aprovada pelo Congresso ou em ato normativo interno de um ente da Administração". Por consequência, tornou-se inconstitucional a parte inicial do art. 56, § 2º da LPA, especialmente o trecho "salvo exigência legal".[26]

O entendimento do Supremo a respeito das cauções e dos arrolamentos em recursos administrativos não afeta outras formas de cobrança. Cauções e arrolamentos não se confundem com a cobrança de preços por despesas processuais, nem com taxas, como espécie de tributo, que se destinam a sustentar o exercício do poder de

---

24. GOMES MOREIRA, João Batista. *Direito administrativo*: da rigidez autoritária à flexibilidade democrática. Belo Horizonte: Fórum, 2005, p. 368.
25. Nesse sentido, por exemplo, cf. a decisão do STJ no AgRg no Ag 797.422/RS.
26. MARRARA, Thiago; NOHARA, Irene Patrícia. *Processo administrativo*: Lei n. 9.784/1999 comentada. São Paulo: Revista dos Tribunais, 2018, p. 458.

polícia ou de serviços públicos por meio de processos administrativos. A exigência de pagamento de taxas para processos necessários à outorga de atos liberatórios, como licenças de condução de veículos, licenças ambientais ou urbanísticas, atos de autorização de concentrações econômicas e outros atos administrativos do gênero, continuam plenamente aceitáveis, desde que criadas em linha com os parâmetros de direito tributário. Essa lógica também se estende a taxas para prestação de serviços públicos *uti singuli* (divisíveis), como serviços de abastecimento domiciliar de água e recolhimento de esgoto.

Igualmente aceitáveis são os preços públicos recolhidos por órgãos públicos por serviços acessórios, de uso facultativo. É o caso de cobranças por eventuais usos de computadores para preparação de petições, cópias ou escaneamento de documentos e assim por diante. Aqui, não há taxa propriamente dita, já que inexiste serviço público em sentido estrito, nem polícia, mas mera atividade administrativa acessória.

19.3.4 Transparência

Falar de um princípio geral da transparência soa estranho a muitos especialistas em processo judicial. No entanto, como os processos administrativos lidam basicamente com interesses públicos primários (como a defesa do consumidor, a proteção da concorrência, a promoção do ambiente e da saúde pública, entre outros assuntos caros à sociedade), é essencial que eles possam ser acompanhados e controlados não apenas pelos interessados propriamente ditos ("partes"), como por qualquer do povo.

Para o processo administrativo, o princípio do contraditório se mostra essencial, mas não suficiente. Ele necessita ser complementado pelo princípio da transparência, que se define em poucas linhas como a necessidade de garantia constante da acessibilidade das informações processuais ao povo, respeitadas às hipóteses excepcionais de sigilo por segurança do Estado e da sociedade (art. 23 da LAI), de restrição de informações pessoais relativas à imagem, honra, vida privada e intimidade do seu titular (art. 31 da LAI, que, em matéria processual, reflete os mandamentos do art. 5º, X e LX da CF) e de outras limitações de acesso previstas em leis especiais, como as que protegem dados regulatórios, testes, segredos industriais, dentre outras.

O princípio da transparência processual, distinto do contraditório, nada mais é que uma das facetas do princípio constitucional da publicidade. Como sustentei alhures, a publicidade configura um instrumento, que se desdobra em inúmeras facetas, cada qual materializada em institutos próprios. Uma dessas facetas é exatamente a da "publicidade-transparência", vinculada fortemente ao princípio da legalidade, e que impulsiona o escoamento de informações com o objetivo de permitir que os cidadãos exerçam seus direitos e controlem as práticas estatais, sobretudo no intuito de coibir abusos e ilegalidades.[27] Essa faceta da publicidade se materializa por meio de divulgação ativa e passiva de informações estratégicas, pela criação de portais de transparência, de agendas públicas, de cartas de serviços e de propósitos, de planos etc.

A específica preocupação com a transparência, segundo Odete Medauar, remonta a década de 1970, quando se passou a inverter a predominância do segredo e do oculto.[28] Não há dúvidas de que essa preocupação ganhou forças com o movimento de redemocratização pós-ditadura, responsável pela consagração da publicidade como princípio geral no art. 37, *caput* da CF. A isso se soma a explicitação do imperativo de transparência processual em outros incontáveis mandamentos constitucionais, *e.g.* na determinação de participação de associações no planejamento municipal, no direito de manifestação dos usuários de serviços públicos, na publicidade dos estudos de impacto ambiental e no reconhecimento da legitimidade de qualquer cidadão, associação, partido político ou sindicato para denunciar ilegalidades ou irregularidades perante os Tribunais de Contas.[29]

Na esteira da Constituição, editou-se grande número de diplomas legais para se estimular e garantir a transparência dos processos administrativos. Não é possível, aqui, examinar todas as normas que tratam do assunto, razão pela qual se mencionam apenas quatro leis de extrema importância, quais sejam:

(i) A **Lei de Licitações e Contratos – LLic**, que garante a qualquer cidadão o direito de impugnar licitações, de pedir esclarecimentos, bem como de obter acesso a contrato administrativo, salvo quando corretamente qualificado como sigiloso nos termos da LAI;

(ii) A **Lei do *Habeas Data*** (Lei n. 9.507/1997), que expande esse remédio para além das hipóteses constitucionais ao autorizar sua impetração para assegurar o conhecimento de dados do impetrante, para viabilizar a retificação de dados e para – aí a novidade infralegal – determinar certas anotações nos assentamentos do impetrante (art. 7º). Adequadamente, esse importante diploma legal explicita que se entende de "caráter público" todo e qualquer "registro ou banco de dados contendo informações que sejam ou que possam ser transmitidas a terceiros ou que não sejam de uso privativo do órgão ou entidade produtora ou depositária das informações" (art. 1º, parágrafo único). A lei ainda impõe a gratuidade aos procedi-

---

27. MARRARA, Thiago. O princípio da publicidade: uma proposta de renovação. In: MARRARA, Thiago (Org.). *Princípios de direito administrativo*. São Paulo: Atlas, 2012, p. 288. A respeito, cf. também o volume I deste manual.
28. MEDAUAR, Odete. *A processualidade no Direito Administrativo*, 3. ed. Belo Horizonte: Fórum, 2021, p. 106.
29. Para um panorama mais detalhado dos mecanismos de participação popular na Constituição de 1988, conferir o pioneiro estudo de DI PIETRO, Maria Sylvia Zanella. Participação popular na Administração Pública. *Revista Trimestral de Direito Público*, n. 1, 1993.

mentos administrativos de acesso a informações, de retificação de dados, anotação de justificação (art. 21), exatamente no sentido de evitar quer a inacessibilidade das informações por meio de barreiras financeiras, quer a judicialização desnecessária de questões que poderiam ser solucionadas pela própria Administração Pública;

(iii) A **Lei de Transparência** (Lei Complementar n. 131/2009), que modificou a Lei de Responsabilidade Fiscal (Lei Complementar n. 101/2000), e instituiu inúmeros mecanismos para garantir a acessibilidade de informações fiscais. Nessa linha, cria o dever de o Estado liberar ao conhecimento e acompanhamento da sociedade, em tempo real, as informações pormenorizadas sobre a execução orçamentária e financeira, em meios eletrônicos de acesso público. Prevê, ainda, a divulgação de atos de despesas e receitas, além de ter conferido a qualquer cidadão, associação, partido político ou sindicato a legitimidade para denunciar a violação das normas de transparência ao Ministério Público ou ao Tribunal de Contas; e

(iv) A **Lei de Acesso à Informação – LAI**, que prevê a publicidade como regra geral da Administração Pública, trata de hipóteses de publicidade ativa e passiva, prevê a adoção de sistemas eletrônicos para facilitar o acesso à informação pública, define as hipóteses de sigilo por segurança do Estado e da sociedade – estabelecendo os respectivos processos de classificação de informações sigilosas –, cria mecanismos de controle dos processos de classificação, detalha normas de proteção de informações pessoais necessárias à proteção da imagem, da honra, da vida privada e da intimidade das pessoas, além de fundar um regime sancionador por descumprimento das normas de transparência quer por órgãos públicos e por particulares.

19.3.5 Oficialidade

O Estado existe sob a premissa de que os seres humanos, sozinhos, não são capazes de promover e tutelar todos os seus interesses e direitos, sobretudo os de custo elevado e outros que se caracterizam pelo caráter indivisível. Quando a Administração Pública atua, supõe-se que o faça sob interesses públicos primários definidos, como a defesa do consumidor, da concorrência, do equilíbrio ambiental, da ordem urbanística, da saúde pública, da cultura e da memória coletiva, ou seja, para desempenhar para o povo aquilo que o próprio povo lhe atribuiu. Por conseguinte, é inevitável que todos os processos administrativos guardem relação direta ou indireta com os interesses públicos primários, consagrados na Constituição da República e pormenorizados em leis, regulamentos e outros atos normativos.

O princípio da oficialidade ou impulso oficial no processo administrativo nada mais é que a tradução dessas tarefas constitucionais, ou melhor, da função estatal (não exclusiva, é claro) de promover e tutelar interesses públicos primários em favor de direitos fundamentais. Trata-se de poder-dever de órgãos administrativos para agir, dentro dos limites de suas competências explícitas e implícitas, a despeito de qualquer solicitação externa, com o escopo de evitar a lesão ou a ameaça aos interesses primários que a Constituição colocou sob sua tutela. A oficialidade autoriza, em síntese, ação de ofício, por iniciativa própria, independente da vontade e de pedido dos interessados ou de terceiros no processo administrativo.

As implicações desse princípio são inúmeras e, como é natural, variam de acordo com o tipo de processo e conforme o grau de interesses públicos primários em jogo. Há processos que dependem fortemente da iniciativa dos interessados; outros são conduzidos quase exclusivamente por movimentação estatal. Além disso, em certas situações, a oficialidade gerará mera faculdade de agir, sujeita a juízo de conveniência e oportunidade. Em outras, redundará em verdadeiro dever de agir, cujo descumprimento representará "renúncia de competência" – comportamento omissivo considerado ilícito pela LPA federal (art. 2º, parágrafo único, II).

Em todo e qualquer caso, conquanto haja variações de intensidade e de suas implicações para o órgão público responsável pelo processo administrativo, fato é que a oficialidade sempre estará presente. Resta saber, apenas, como ela se manifestará em cada uma das fases do processo administrativo.

Na **fase de abertura** ou instauração, o princípio da oficialidade sustenta o poder de a Administração iniciar processos administrativos a despeito de requerimentos, de denúncias ou representações externas. Isso vale principalmente para processos de fiscalização e sanção, processos de seleção e, mais raramente, para alguns processos administrativos liberatórios com função de controle preventivo, como os de autorização e licenciamento. Exemplo se vislumbra no âmbito do direito concorrencial, em que o CADE tem o poder de determinar a abertura de processo de controle de concentrações ainda que as empresas envolvidas não realizem a notificação prévia de modo voluntário. Situação como essa se afigura excepcional, pois, no geral, os processos liberatórios de autorização, de licenciamento, admissão e congêneres, dependem de iniciativa do interessado, como se verifica nos processos ambientais, urbanísticos ou de controle de trânsito.

Na **fase de instrução**, o princípio da oficialidade tem papel bastante relevante, pois permite à Administração Pública produzir provas a despeito das solicitações dos sujeitos envolvidos, inclusive em processos sancionadores. Medauar relaciona a oficialidade, nesse contexto, com o dever de a Administração buscar a verdade material ou real, isto é, de tentar se aproximar ao máximo da realidade dos fatos, "não se satisfazendo com a versão oferecida pelos sujeitos".[30] Nesse sentido, Moreira preleciona que o órgão público a zelar pela instrução "pode produzir provas de ofício, não dependendo de requerimento expresso do interessado, nem tampouco

---

30. MEDAUAR, Odete. *A processualidade no Direito Administrativo*, 3. ed. Belo Horizonte: Fórum, 2021, p. 157.

de sua anuência".[31] Nas palavras de Harger, "a Administração tem plena liberdade de produzir as provas que julgar necessárias".[32] Em nenhum momento, entretanto, a oficialidade permite que se afastem a ampla defesa, o contraditório e suas implicações, como o direito de ser intimado e de acompanhar a produção de provas.

Na **fase decisória**, o princípio exige que a Administração necessariamente se manifeste sobre solicitações ou reclamações e emita decisão nos limites de sua competência. Veda-se a omissão de decidir, salvo quando o ordenamento assim autorizar – a exemplo dos casos passíveis de ajustes ou compromissos com efeito substitutivo do processo administrativo (como se vislumbra no art. 26 da LINDB). Nos termos da LPA federal, o dever de decidir consta expressamente do art. 48 e 49, mas neles não se prevê efeito negativo ou positivo decorrente da omissão administrativa. Salvo disposição em contrário – como a existente na Lei de Liberdade Econômica (LLE) para certos processos liberatórios – a falta da decisão após o decurso do prazo legal não gera efeito jurídico automático para o interessado (silêncio positivo), embora possibilite a punição do agente público (na esfera disciplinar, civil, penal e de improbidade), além da responsabilização do Estado por eventuais danos causados.

Ainda na fase decisória, a oficialidade deflagra outro efeito relevante. No processo administrativo, a desistência ou a renúncia de direitos pelo interessado não necessariamente ocasionará a extinção do processo, nem impossibilitará a decisão administrativa. Nos termos do art. 51, § 2º da LPA federal, se a Administração Pública considerar que o interesse público assim o exige, o processo prosseguirá a despeito de renúncia ou desistência. Já em termos de conteúdo, a oficialidade permite que a Administração delibere para além daquilo que foi solicitado (desde que, por óbvio, não viole a defesa) e escolha outras soluções ou medidas, contanto que a decisão se harmonize com sua função de tutelar e promover os interesses públicos primários sob sua competência.

Outras aparições da oficialidade se notam na **fase de recursos**, revisão e de controle da decisão administrativa. As decisões administrativas (atos administrativos e atos normativos) estão sujeitas a anulação, determinada de ofício, sempre que houver vício danoso, não sanável e contanto que não se tenha operado a decadência do poder anulatório. Igualmente de ofício, poderá a Administração cassar o ato administrativo benéfico sempre que constatar a prática de comportamento indevido pelo seu beneficiário que a autorize a tanto. Já a revogação poderá ser realizada de ofício para extinguir atos discricionários, lícitos e pendentes que se revelem incompatíveis com o interesse público primário. Fora isso, a oficialidade permite que a Administração Pública revise decisões sancionatórias, de modo a extinguir a sanção ou a mitigá-la. A revisão geralmente ocorre a pedido do interessado, mas o art. 65, *caput* da LPA

---

31. MOREIRA, Egon Bockmann. *Processo Administrativo*: princípios constitucionais e a Lei n. 9.784/1999, 6. ed. Belo Horizonte: Fórum, 2022, p. 264.
32. HARGER, Marcelo. *Princípios constitucionais do processo administrativo*, 2. ed. Rio de Janeiro: Forense, 2008, p. 158.

federal permite sua realização de ofício, mormente quando uma circunstância relevante afeta interesses públicos e torna inadequada a sanção originária.[33]

19.3.6 Formalismo mitigado

Já desde a década de 1960, com o Decreto-Lei n. 200, as preocupações sociais e teóricas com o bom funcionamento da Administração Pública e com sua capacidade de responder aos anseios da sociedade têm crescido expressivamente. Essas preocupações traduziram-se em normas que demandam mais "eficiência" no agir estatal, o que se consagrou em princípio geral de natureza constitucional com a Emenda n. 19 de 1998. Eficiência, nesse contexto, tem ao menos três sentidos. Denota, a uma, economicidade, *i.e.*, o dever de buscar a melhor razão de custo-benefício nas ações e contratações públicas. A duas, eficiência indica efetividade, que implica a necessidade de se construírem decisões capazes de atingir as finalidades públicas esperadas e transformar a realidade. A três, eficiência em sentido estrito significa racionalidade procedimental, que se traduz tanto em celeridade, quanto no afastamento de exigências, expedientes e trâmites desnecessários, impertinentes, meramente protelatórios.

É dessa faceta da eficiência procedimental que se extrai o princípio do formalismo mitigado ou **informalismo**. Mas não só daí. Sua existência se fundamenta por igual na consagração do princípio da unicidade de jurisdição, segundo a qual o Judiciário poderá apreciar toda e qualquer lesão ou ameaça a direito (art. 5º, XXXV da Constituição da República). Não há qualquer conflito envolvendo a Administração Pública que esteja imune à análise do Judiciário. Partindo-se dessa premissa, como as decisões administrativas não são irretocáveis nem inquestionáveis, inexiste motivo para que se conduzam processos administrativos extremamente formalistas, rígidos e engessados. Mais importante é que o processo funcione, cumpra suas finalidades e, no seu curso, garanta os direitos e interesses tutelados individuais, coletivos e difusos.

O formalismo mitigado foi expressamente consagrado na LPA federal. O art. 2º, parágrafo único, VIII, exige a observância das formalidades **essenciais à garantia dos direitos** dos administrados. Formalidades acessórias, secundárias, inúteis, não devem ofuscar as reais finalidades do processo. Já o inciso IV impõe a adoção de "formas simples", suficientes para propiciar adequado grau de certeza, segurança e respeito aos direitos dos administrados. Exatamente por força desse texto, Ferraz e Dallari reputam que o princípio em debate poderia ser denominado de "informalidade em favor do administrado", pois ele é o titular da garantia da forma, "sendo que somente em seu benefício pode haver alguma informalidade".[34]

---

33. Como defendi alhures, a revisão por fato novo deve ser requerida primariamente pelo interessado. O papel central da Administração, portanto, ocorrerá nas revisões por circunstâncias relevantes. Cf. MARRARA, Thiago; NOHARA, Irene Patrícia. *Processo administrativo*: Lei n. 9784/1999 comentada, 2. ed. São Paulo: Revista dos Tribunais, 2014, p. 509-510.
34. FERRAZ, Sérgio; DALLARI, Adilson Abreu. *Processo administrativo*, 4. ed. São Paulo: Malheiros, 2020, p. 156.

Em termos mais abrangentes, Medauar explica que o formalismo mitigado também "se traduz na exigência de interpretação flexível e razoável quanto a formas, para evitar que estas sejam vistas como um fim em si mesmas". Todavia, alerta que ele não poderá ser utilizado para escusar o cumprimento da lei, autorizar práticas ilícitas.[35] Essa mesma preocupação é oportunamente ressaltada por Ferraz e Dallari, que, de modo direto e crítico, alertam que "a informalidade tem servido ao tráfico de influências", sobretudo porque pessoas com maior acesso a autoridades, ou que contam com sua simpatia, "ou que desfrutam de maior poder de convencimento (seja lá qual for o instrumento de persuasão), podem conseguir algumas vantagens, maior ou menor celeridade (conforme seu interesse), alguma transigência".[36]

Desse alerta se extrai a conclusão de que informalidade necessita ser dosada para que não coloque em risco interesses públicos, a transparência, a objetividade, a isonomia e a moralidade no processo administrativo. Seu emprego deve ser guiado por sua função que, grosso modo, consiste em evitar a supervalorização da forma, a construção de barreiras a direitos fundamentais a partir de exigências sem importância prática. Exemplo do bom uso da informalidade se revela no art. 63, § 2º da LPA, que permite a Administração rever de ofício atos ilegais, desde que não ocorrida preclusão administrativa, ainda que o recurso administrativo que aponte a ilegalidade não possa ser conhecido, por exemplo, por extrapolar o número de instância, ser interposto por agente ilegítimo ou de modo extemporâneo.

Mais recentemente, mandamentos trazidos pela Lei de Desburocratização também reforçaram o princípio do formalismo mitigado. Entre outras normas, a Lei n. 13.726/2018 prevê que os agentes administrativos poderão utilizar meios digitais para comunicação com o cidadão, autenticar documentos mediante comparação da cópia com o original e reconhecer firma etc. Além de reforçar esses aspectos que, em parte, já apareciam na legislação administrativa, a Lei cria um selo de desburocratização e prevê a premiação de entidades que se destaquem na melhoria de seu funcionamento.

19.3.7 Isonomia

Na seara processual, a isonomia resulta do princípio constitucional da impessoalidade e necessita ser compreendida com cautela, pois os processos administrativos frequentemente colocam a Administração Pública nas posições simultâneas de parte interessada e de julgadora. Portanto, é usual que a relação processual administrativa seja apenas bipartite. De um lado, posiciona-se o particular, como interessado ou acusado, e, de outro, o ente estatal, como defensor de interesses públicos primários

---

35. MEDAUAR, Odete. *A processualidade no Direito Administrativo*, 3. ed. Belo Horizonte: Fórum, 2021, p. 159.
36. FERRAZ, Sérgio; DALLARI, Adilson Abreu. *Processo administrativo*, 4. ed. São Paulo: Malheiros, 2020, p. 131 e 133.

e, ao mesmo, julgador. Essa formatação processual, por si só, já afasta uma garantia de perfeita simetria entre as posições do interessado e da Administração Pública. Nas palavras de Sérgio Ferraz e Adilson Dallari, tais formatos expressam uma desigualdade fundamental, inamovível, mas que se compensa com a exigência de atuação absolutamente isenta da Administração na condução e na elaboração da decisão.[37] A estrutura bipartite de grande parte dos processos administrativos não significa, por isso, que o princípio da isonomia seja inútil nesse campo.

Em primeiro lugar, a isonomia exige que os agentes públicos que atuam no processo administrativo em posição capaz de influenciar a construção da decisão guardem um mínimo de impessoalidade em relação aos interessados. De acordo com Medauar, são incompatíveis com o princípio as "atuações geradas por antipatias, simpatias, objetivos de vingança, represálias, trocos, nepotismo, favorecimentos diversos..."[38] Para evitar problemas como esse e mitigar riscos à objetividade processual, a LPA federal deu um grande passo ao consagrar normas gerais de impedimento e suspeição, que serão comentadas, neste capítulo, ao se tratar dos atores processuais.

Em segundo lugar, a despeito da estruturação usualmente bipartite do processo administrativo, a isonomia exige que se confira idêntica possibilidade de defesa e de produção de provas aos interessados e à Administração. É preciso que os instrumentos que materializam a ampla defesa e o contraditório sejam colocados, em igual medida, à disposição de todos os atores envolvidos, estatais ou não. Como preleciona Moreira, há que se conferir "tratamento isonômico aos envolvidos na relação processual e, tanto quanto possível, entre a própria Administração e pessoas privadas". Isso se expressa em "direito equânime à exposição inicial e defesa, produção de provas, ciência recíproca dos atos processuais, recorribilidade das decisões etc."[39] Na síntese de Ferraz e Dallari, o princípio exige que a autoridade pública incumbida do processo zele pela maior igualdade substancial possível entre as partes, "inclusive compensando eventuais desigualdades, em busca de uma solução legal, justa e convincente".[40]

A igualdade pede que se afastem assimetrias, verticalizações, superioridades ou privilégios de um interessado sobre outro ou da Administração sobre o interessado. E seu reconhecimento não é apenas formal, senão igualmente material, de maneira a autorizar o emprego justificado de medidas discriminatórias. Exatamente com esse escopo, a LPA foi alterada pela Lei n. 12.008, de 29 de julho de 2009, com o

---

37. FERRAZ, Sérgio; DALLARI, Adilson Abreu. *Processo administrativo*, 4. ed. São Paulo: Malheiros, 2020, p. 103.
38. MEDAUAR, Odete. *A processualidade no Direito Administrativo*, 3. ed. Belo Horizonte: Fórum, 2021, p. 103.
39. MOREIRA, Egon Bockmann. *Processo Administrativo*: princípios constitucionais e a Lei n. 9.784/1999, 6. ed. Belo Horizonte: Fórum, 2022, p. 93.
40. FERRAZ, Sérgio; DALLARI, Adilson Abreu. *Processo administrativo*, 4. ed. São Paulo: Malheiros, 2020, p. 106.

objetivo de incluir instrumentos de aceleração processual em favor de certos grupos de interessados, como se demonstrará oportunamente.

19.3.8 Boa-fé e proteção da confiança

Como preceitos gerais do direito e por força dos princípios constitucionais da moralidade e da segurança jurídica, a boa-fé abarca limitações e benefícios que respectivamente atingem ou favorecem tanto a Administração, quanto os interessados, sempre com o objetivo de promover a honestidade e as boas ações daqueles que atuam no processo, bem como de resguardar posições jurídicas dos que agem ou agiram dessa forma. Nesse **sentido objetivo**, o princípio da boa-fé redunda em um conjunto, temporal e culturalmente mutável, de direitos e deveres.

A seu turno, em sentido subjetivo, a boa-fé desponta como **proteção da confiança** e se traduz em deveres de tutela da crença legitimamente criada pelos interessados na atuação legítima, isonômica e moral da Administração Pública.[41] A respeito, Paulo Modesto destaca que as condutas estatais necessitam se desenvolver de maneira a "resguardar posições jurídicas de sujeitos de boa-fé e, além disso, reclamar lealdade da Administração e fidelidade à palavra empenhada".[42] Giacomuzzi, de modo semelhante, preleciona que a boa-fé, assentada na moralidade administrativa, gera para a Administração deveres de transparência e lealdade.[43]

A LPA federal foi responsável por um enorme avanço no direito administrativo, uma vez que inúmeros de seus dispositivos consagraram a boa-fé objetiva e a proteção da confiança, inclusive de modo a afastar a concepção rígida e inflexível de legalidade. Segundo Giacomuzzi, trata-se do primeiro texto legislativo a fazer constar de forma expressa a boa-fé no direito público, o que se nota, de pronto, no art. 2º, parágrafo único, IV, segundo o qual a atuação processual deve ser guiada por "padrões éticos de probidade, decoro e boa-fé", e no art. 4º, II, que lista dentre os deveres do administrado o de "proceder com lealdade, urbanidade e boa-fé".[44]

Para além dos dois dispositivos destacados por Giacomuzzi, a consagração da boa-fé se verifica em inúmeros outros comandos da LPA federal. Dentre eles, destaco o art. 3º, I, que confere ao administrado o direito de "ser tratado com respeito pelas autoridades e servidores, *que deverão facilitar o exercício de seus direitos e o cumprimento de suas obrigações*". Nesse relevantíssimo dispositivo, entendo ter o

---

41. MARRARA, Thiago. A boa-fé do administrado e do administrador como fator limitador da discricionariedade administrativa. *RDA*, v. 259, 2012, p. 231.
42. MODESTO, Paulo. Legalidade e autovinculação da administração pública: pressupostos conceituais do contrato de autonomia no anteprojeto da nova lei de organização administrativa. In: MODESTO, Paulo. (Org.). *Nova Organização Administrativa Brasileira*, 2. ed. Belo Horizonte: Fórum, 2010, v. 1, p. 129.
43. GIACOMUZZI, José Guilherme. *A moralidade administrativa e a boa-fé da Administração Pública*, 2. ed. São Paulo: Malheiros, 2013, p. 275.
44. GIACOMUZZI, José Guilherme. *A moralidade administrativa e a boa-fé da Administração Pública*, 2. ed. São Paulo: Malheiros, 2013, p. 248.

legislador consagrado o **subprincípio da cooperação**, aqui no âmbito das relações entre a Administração e os interessados no processo.

Assim como o cidadão tem o dever de colaborar com a Administração, as autoridades, os órgãos e as entidades devem auxiliá-lo no exercício de seus direitos e no cumprimento de seus deveres. O mandamento da LPA gera para a autoridade o dever de informar os cidadãos sobre os requisitos, condições e procedimentos para o devido gozo de direitos individuais, coletivos e difusos. Ao constatar dificuldades, a Administração Pública necessita agir de ofício para ajudá-lo, oferecendo-lhe informações e condições materiais para tutelar sua cidadania. De outro lado, a cooperação demanda orientação quanto ao cumprimento de deveres, ação extremamente relevante, sobretudo quando se leva em conta a caótica e confusa legislação administrativa e as incompreensões e dificuldades que ela ocasiona para os cidadãos.[45]

Para além disso, em linha com o que expus alhures,[46] o princípio da boa-fé e da proteção da confiança se revela em incontáveis mandamentos processuais, de que são exemplos:

(i) A necessidade de **respeito à jurisprudência administrativa** e às **orientações gerais** (limitando a discricionariedade decisional), mandamento que se origina da teoria dos fatos próprios ou da vedação do *"venire contra factum proprium"*. Melhor dizendo: a Administração Pública se vincula a seus posicionamentos passados no sentido de gerar um padrão decisório para o futuro que, por fomentar a crença legítima dos cidadãos, exigirá fundamentação ao ser alterado. Se situações submetidas à apreciação e decisão estatal forem idênticas, o tratamento conferido a um caso mais novo em relação ao anterior deverá ser igual, salvo quando ocorrer mudança de orientação ou de interpretação baseada em interesses públicos ou modificação do direito positivo. Não é por outro motivo que o art. 50, VII, da LPA federal requer expressa motivação para decisões que "deixem de aplicar jurisprudência firmada sobre a questão ou discrepem de pareceres, laudos, propostas e relatórios oficiais". A LINDB deu um passo adiante ao reconhecer a vinculação da Administração não apenas à sua própria jurisprudência, mas ao conceito ampliado de "orientações gerais", que abarca "interpretações e especificações contidas em atos públicos de caráter geral ou em jurisprudência judicial ou administrativa majoritária, e ainda as adotadas por prática administrativa reiterada e de amplo conhecimento público" (art. 24, parágrafo único);

---

45. MARRARA, Thiago. O conteúdo do princípio da moralidade: probidade, razoabilidade e cooperação. *RDDA*, v. 3, n. (1), p. 117-118, disponível em www.revistas.usp.br/rdda.
46. MARRARA, Thiago. A boa-fé do administrado e do administrador como fator limitador da discricionariedade administrativa. *RDA*, v. 259, 2012, no geral.

(ii) A **vedação da aplicação retroativa de nova interpretação** administrativa (ou vinculação à coisa julgada administrativa), que assegura ao interessado a manutenção de decisões administrativas que lhe beneficiaram ainda que a Administração venha a alterar seu posicionamento para o futuro. Essa disposição consta expressamente do art. 2º, parágrafo único, XIII, da LPA. No entanto, referido mandamento não confere qualquer imunidade ao interessado diante de modificação legítima da decisão administrativa baseada em interesse público (por revogação), em ilegalidade (por anulação), em descumprimento de deveres (por cassação) ou em transformação do direito positivo (por caducidade). O dispositivo tampouco afasta a possibilidade de retroação de interpretação mais benéfica, desde que a Administração assim proponha e o interessado anua. O art. 24 da LINDB, de modo um pouco confuso e prolixo, reforça esses mandamentos ao estabelecer que: "a revisão, nas esferas administrativa, controladora ou judicial, quanto à validade de ato, contrato, ajuste, processo ou norma administrativa cuja produção já se houver completado levará em conta as orientações gerais da época, sendo vedado que, com base em mudança posterior de orientação geral, se (sic) declarem inválidas situações plenamente constituídas";

(iii) A **revisão de sanções administrativas**, ou seja, o direito de o interessado obter a redução ou extinção da sanção administrativa contra ele cominada, pendente ou em execução, quando fatos novos ou circunstâncias relevantes demonstrarem a inadequação do ato punitivo (art. 65 da LPA federal). Especificamente, o fato novo que autoriza a revisão em tela configura uma informação nova de natureza interna ao processo, de interesse para o assunto debatido, e que revela uma distorção no exame do comportamento do condenado (materialidade ou autoria), demandando a correção do ato punitivo por medida de respeito à boa-fé e de moralidade; e

(iv) A **decadência do poder anulatório** de atos administrativos benéficos, em proteção dos interessados de boa-fé, desde que transcorrido o prazo quinquenal. Esse mandamento, contido no art. 54 da LPA federal, coloca a proteção da boa-fé e da confiança acima da legalidade estrita, impedindo que vícios insanáveis levem à extinção de um ato administrativo em detrimento das expectativas e dos direitos de cidadãos bem-intencionados, que acreditaram na legitimidade e validade da ação estatal de conteúdo benéfico, como atos de licença, autorização, admissão, concessão entre outros. Esses e outros institutos resultantes da boa-fé serão retomados ao longo deste capítulo.

19.3.9 Razoabilidade e duração razoável

O processo administrativo se desdobra em ações materiais, somadas às determinações estatais que impactam a esfera de direitos fundamentais e de interesses de inúmeros atores, sejam eles os próprios interessados (partes) ou terceiros, como participantes em audiências e consultas públicas. Esses impactos não advêm unicamente da decisão final. Eles ocorrem ao longo de todo o trâmite processual, de decisões liminares, medidas cautelares, despachos etc.

Para conter a ação estatal e evitar abusos tanto ao longo do processo, quanto na elaboração e imposição da decisão final, o legislador elevou o princípio da razoabilidade à categoria de princípio geral do processo administrativo conforme demonstra o art. 2º, parágrafo único da LPA federal. Mais tarde, a LINDB reforçou essa disposição, por exemplo, ao impor que a motivação demonstre a *"necessidade e a adequação* da medida imposta... inclusive em face das possíveis alternativas" (art. 20, parágrafo único) e ao prever que decisões de invalidação indiquem, quando cabível, "as condições para que a regularização ocorra *de modo proporcional* e equânime e (sic) sem prejuízo aos interesses gerais, *não se podendo impor aos sujeitos atingidos ônus ou perdas que,* em função das peculiaridades do caso, *sejam anormais ou excessivos*" (art. 21, parágrafo único, g.n.).

Esse reconhecimento legislativo da razoabilidade como princípio geral ocasiona tanto desdobramentos procedimentais (relativos a todo o percurso de formação da decisão), quanto materiais (relativos ao conteúdo da própria decisão). Antes de verificar como isso ocorre, urge resgatar a definição de razoabilidade, aqui tomada como sinônimo de "proporcionalidade em sentido amplo" na consagrada terminologia alemã.

Grosso modo, a ação estatal será razoável ou proporcional em sentido amplo ao observar simultaneamente as regras (i) da **adequação**, ou seja, ao mostrar-se capaz de atingir o fim público que justifica sua prática (correlação lógica entre interesse público primário concretamente considerado e o conteúdo do ato estatal); (ii) da **necessidade**, isto é, ao se confirmar como a ação menos restritiva dos direitos fundamentais dentre as medidas adequadas disponíveis à Administração Pública no momento da decisão e (iii) da **proporcionalidade** em sentido estrito, ao revelar que os benefícios por ela gerados superam os malefícios.[47]

A prova de observância dessas três regras deve ser realizada quer em relação ao conteúdo da decisão processual final, quer em relação a toda e qualquer determinação estatal durante o processo. A revelar a extensão da razoabilidade nesse campo, o art. 2º, parágrafo, VI, da LPA federal estabelece como parâmetro de conduta dos órgãos que conduzem processos administrativos a observância da "adequação entre meios e fins, vedada a imposição de obrigações, restrições e sanções em medida superior àquelas estritamente necessárias ao atendimento do interesse público". Já o inciso IX determina "a adoção de formas simples, suficientes para propiciar adequado

---

47. Em mais detalhes sobre essas três regras, cf. MARRARA, Thiago. O conteúdo do princípio da moralidade: probidade, razoabilidade e cooperação. *RDDA*, v. 3, n. (1), p. 113, disponível em: www.revistas.usp.br/rdda.

grau de certeza, segurança e respeito aos direitos dos administrados". Nesses dois dispositivos, embutem-se as regras da adequação e da necessidade de modo evidente.

Além desses mandamentos gerais, a razoabilidade se manifesta em praticamente todas as fases processuais, desde a abertura, passando pela instrução, decisão, recursos, controle e comunicação, com bem evidencia José Roberto Pimenta Oliveira em tese sobre o princípio em tela.[48] Na abertura, especificamente, é preciso que "todo e qualquer condicionamento imposto à iniciativa dos administrados em deflagrar o procedimento administrativo demonstre o necessário e suficiente grau de razoabilidade".[49]

Na fase de instrução, o capítulo X da LPA federal evidencia outras manifestações do princípio, a começar pelo art. 29, § 2º, no qual se prescreve que "os atos de instrução que exijam a atuação dos interessados devem realizar-se de modo menos oneroso para estes". A Administração Pública não está autorizada a fazer exigências probatórias mais gravosas quando provas mais simples servirem ao mesmo propósito. Outro exemplo se verifica no art. 37, segundo o qual, "quando o interessado declarar que fatos e dados estão registrados em documentos existentes na própria Administração responsável pelo processo ou em outro órgão administrativo, o órgão competente para a instrução proverá, de ofício, à obtenção dos documentos ou das respectivas cópias".

A razoabilidade também tem sido empregada, ainda na etapa instrutória, para flexibilizar a vedação da prova ilícita que consta da LPA e da Constituição da República. Nesse sentido, por exemplo, Pimenta Oliveira defende a aceitação excepcional da prova ilícita contanto que, por razoabilidade, ela se mostre útil para aproximar o processo da verdade material e para beneficiar o acusado.[50] Ao comentar o art. 30 da LPA, entendi igualmente ser razoável a relativização da prova ilícita desde que os benefícios gerados pela sua aceitação, sobretudo em termos de tutela de direitos fundamentais, superem os malefícios.[51]

Na fase de decisão e de recursos, a razoabilidade produz outras consequências de relevo. Em primeiro lugar, exige que o conteúdo da decisão se harmonize com as regras da adequação, da necessidade e da proporcionalidade, sempre que tiver caráter discricionário e restritivo. Esse mesmo mandamento afeta o conteúdo de decisões em reconsiderações, recursos e igualmente na análise da revisão de ato sancionador por fato novo ou circunstância relevante. Fora isso, a razoabilidade necessita ser

---

48. OLIVEIRA, José Roberto Pimenta. *Os princípios da razoabilidade e da proporcionalidade no direito administrativo brasileiro*. São Paulo: Malheiros, 2006, p. 376 e ss.
49. OLIVEIRA, José Roberto Pimenta. *Os princípios da razoabilidade e da proporcionalidade no direito administrativo brasileiro*. São Paulo: Malheiros, 2006, p. 383.
50. OLIVEIRA, José Roberto Pimenta. *Os princípios da razoabilidade e da proporcionalidade no direito administrativo brasileiro*. São Paulo: Malheiros, 2006, p. 389.
51. MARRARA, Thiago; NOHARA, Irene Patrícia. *Processo administrativo*: Lei n. 9784/1999 comentada, 2. ed. São Paulo: Revista dos Tribunais, 2018, p. 297.

levada em conta no exame da concessão de efeito suspensivo e da *reformatio in pejus*, que é admitida pela LPA federal para reconsideração e recursos administrativos em sentido estrito, restando vedada apenas na revisão sancionatória.

Após a edição da LPA, mais especificamente em 2004, a Emenda Constitucional n. 45 inseriu outro relevante mandamento no ordenamento jurídico pátrio com o objetivo de concretizar a razoabilidade em termos processuais. O art. 5º, LXXVIII, que assim dispõe: "a todos, no âmbito judicial e *administrativo*, são assegurados a **razoável duração do processo** e os meios que garantam a celeridade de sua tramitação".

Essa redação deve ser interpretada com bastante cautela, pois dá a entender, em exame superficial, que a duração razoável se confunde com mera celeridade processual. Porém, a duração do processo deve ser suficientemente curta para que se mostre eficaz, mas, ao mesmo tempo, minimamente longa para que os interessados e terceiros logrem exercer seus direitos e a Administração Pública possa conduzir o processo de modo a garantir a segurança e a formação de uma decisão bem motivada.[52]

A duração razoável não autoriza a celeridade a todo custo, inclusive com prejuízo aos direitos processuais fundamentais. Não é disso que se trata! Ela pede que os tempos processuais (em prazos internos ao processo), como a duração geral do trâmite permita a construção de decisão sólida. Nessa linha de compreensão, registra Moreira que, "por prazos razoáveis e proporcionais, compreendam-se aqueles adequados ao ato praticado e ao volume de informações e documentos cujo exame se exige".[53]

19.4 ATORES PROCESSUAIS

19.4.1 Panorama

Os processos administrativos são extremamente variados em formatos e finalidades. Disso resulta que os atores envolvidos mudam conforme a categoria processual. Levando-se em conta os sujeitos estatais, alguns processos são conduzidos por um agente público isolado, enquanto outros dependem de um grupo de agentes, como comissões sindicantes e bancas de concursos públicos. Também é usual que a legislação dissocie as autoridades responsáveis pela fase de instrução das que cuidam da fase decisória. Utiliza-se essa dissociação para deixar o órgão decisor em situação de maior neutralidade, evitando que se influencie e forme pré-julgamentos ao longo da etapa de produção de provas.

---

52. MARRARA, Thiago; NOHARA, Irene Patrícia. *Processo administrativo*: Lei n. 9784/1999 comentada, 2. ed. São Paulo: Revista dos Tribunais, 2014, p. 513.
53. MOREIRA, Egon Bockmann. *Processo Administrativo*: princípios constitucionais e a Lei n. 9.784/1999, 6. ed. Belo Horizonte: Fórum, 2022, p. 89.

De outro lado, levando-se em consideração os particulares envolvidos, o processo administrativo abarca a figura dos interessados (equivalentes às partes), dos representantes (a exemplo dos advogados), dos substitutos processuais (como associações de representação de interesses coletivos ou difusos), dos denunciantes e representantes, de terceiros intervenientes (como os assistentes), de testemunhas, de participantes de audiências e consultas públicas e de outros colaboradores (por exemplo, terceiros chamados a oferecer provas).

Todos esses tipos de atores podem receber das leis administrativas legitimidade processual. No entanto, a presença desses sujeitos varia conforme a modalidade do processo administrativo, sua finalidade e a complexidade de seu objeto. A própria delimitação dos interessados, como partes, é bastante flexível. Certos processos na Administração são **bipartites**, ou seja, envolvem o ente estatal, de um lado, e o interessado, de outro. Há igualmente processos **tripartites**, em que a Administração atua para solucionar conflito de direito e interesses entre dois interessados. Isso se vê frequentemente na regulação, em que agências buscam mediar conflitos entre regulados. Existem, ainda, os processos **pluripartites**, como licitações, concursos, vestibulares, que chegam a envolver de uns poucos até milhares de interessados.

Apesar da riqueza de formas e pluralidade de atores, fato é que todos os processos abarcam dois grupos essenciais de sujeitos: (i) os "agentes públicos" que o conduzem e (ii) os "interessados", que, no processo, defendem seus direitos e interesses perante a Administração Pública. Exatamente por seu protagonismo, a LPA federal cuidou desses grupos de sujeitos ao prever regras sobre legitimação processual, direitos e deveres dos interessados, impedimento e suspeição de agentes públicos etc. É o que se analisará nos itens a seguir.

19.4.2 Interessados: definição

Muitos são os legitimados a atuar no processo administrativo, mas nem todos eles se enquadram no conceito técnico de "interessado" em sentido técnico. Esse conceito abarca apenas as pessoas físicas e jurídicas que defendem direito ou interesse de modo direto ou na qualidade de substitutos processuais.

No processo administrativo, a palavra "interessado" equivale à "parte" do processo judicial. Apesar de sofrer críticas doutrinárias,[54] essa peculiaridade terminológica se justifica, uma vez que "parte" indica posições antagônicas em processo de estrutura triangular (autor – réu – juiz). Esse termo, não se harmoniza à complexidade dos processos administrativos, ora tripartites como o judicial, ora bipartites ou pluripartites.

---

54. Cf. FORTINI, Cristiana; PEREIRA, Maria Fernanda Pires de Carvalho; CAMARÃO, Tatiana Martins da Costa. *Processo administrativo – comentários à Lei n. 9.784/1999*. Belo Horizonte: Fórum, 2008, p. 102. Segundo as autoras, "o uso da palavra interessado configura equívoco, eis que o mesmo, no processo administrativo, na maioria das vezes, não terá mero interesse, mas verdadeiramente, direitos".

O art. 9º da LPA federal enumera os interessados conforme: (i) sua relação com a instauração do processo e (ii) a natureza dos direitos/interesses discutidos. A partir desses critérios, inclui nessa categoria de atores:

(i) As pessoas físicas e jurídicas que iniciam o processo para defender seus direitos ou interesses de que são titulares. Esses titulares de direitos e interesses individuais estão autorizados a formular pedidos de modo isolado ou conjunto (desde que os pedidos tenham conteúdo e fundamentos idênticos – art. 8º da LPA). Independentemente disso, como eles ocasionam a instauração do processo administrativo, podem ser chamados, doutrinariamente, de **interessados deflagradores**;[55]

(ii) As pessoas físicas e jurídicas que, para defender seus direitos e interesses, ingressam em processo corrente – aberto pela Administração ou a pedido de outro interessado. Esses podem ser chamados de **interessados supervenientes**;

(iii) Os titulares (ou seus **substitutos processuais**) de direitos e interesses coletivos, entendidos como aqueles transindividuais, de natureza indivisível de que seja titular grupo, categoria ou classe de pessoas ligadas entre si ou com a parte contrária por uma relação jurídica base (art. 81, parágrafo único, I do CDC);

(iv) Os titulares (ou seus substitutos processuais) de direitos e interesses difusos, entendidos como aqueles transindividuais, de natureza indivisível, de que sejam titulares pessoas indeterminadas e ligadas por circunstâncias de fato (art. 81, parágrafo único, II do CDC).

A classificação do art. 9º mostra que a LPA federal trata como interessado não apenas quem defende direitos subjetivos, individuais ou transindividuais, mas também que defende **interesse juridicamente tutelado**, como o licitante que almeja a celebração de contrato, o Município que deseja proteger sua autonomia constitucionalmente garantida e os infratores que visam a celebração de leniência. Nessas situações, não há propriamente direito subjetivo, mas o interesse juridicamente tutelado transforma a pessoa em interessado.

Conquanto a lei se refira a pessoas físicas ou jurídicas, é preciso enquadrar no conceito de interessados também os entes despersonalizados. Aqui incide o art. 75 do CPC, segundo o qual a representação da massa falida caberá ao administrador judicial; da herança jacente ou vacante, ao curador; do espólio, ao inventariante; da sociedade e da associação irregulares, bem como de outros entes organizados sem personalidade jurídica, à pessoa a quem couber a administração de seus bens.

---

55. Terminologia sugerida por CARVALHO FILHO, José dos Santos, *Processo administrativo federal*, 3. ed. Rio de Janeiro: Lumen Juris, 2007, p. 104 e ss.

Quando se tratar de pessoa física, além da legitimação processual, o indivíduo deverá ter capacidade nos termos do art. 10 da LPA, ou seja, comprovar que é maior de dezoito anos, salvo quando ato normativo próprio autorizar critério distinto. Por força dessa flexibilização, é preciso aceitar como legitimado os menores de 18 anos *emancipados* por força de exercício de emprego, colação de grau em curso superior ou outras causas previstas no Código Civil (art. 5°, parágrafo único). Não comprovada a capacidade, o indivíduo "será representado ou assistido por seus pais, tutores ou curadores, na forma da lei" (art. 71 do CPC). Particularmente em relação aos indígenas, a representação é regulada por legislação especial (art. 4°, parágrafo único do CC) e caberá precipuamente à FUNAI (art. 1°, parágrafo único da Lei n. 5.371/1967).

Como interessado é apenas quem defende direito ou interesse tutelado, não se inserem nessa categoria, por exemplo: (i) os representantes, denunciantes, manifestantes ou reportantes, ainda que detenham direito de petição e de acesso à informação nos termos da legislação (art. 74, § 2° e art. 37. § 2° da CF); e (ii) os participantes que atuam como colaboradores no processo, a exemplo de consultores externos, participantes colaboradores em audiências e consultas públicas, entre outros.

19.4.3 Representantes dos interessados e Súmula Vinculante n. 5

Ao tratar dos interessados, o art. 9° da LPA federal menciona expressamente os representantes de interessados e os substitutos processuais. De acordo com Sérgio Ferraz e Adilson Abreu Dallari, "o representante defende em nome de outrem o interesse de outrem", não se sujeitando, pessoalmente, aos efeitos da decisão. Diversamente, o substituto processual defende o interesse de outrem em nome próprio, sofrendo os efeitos da decisão administrativa.[56] As associações previstas nos incisos III e IV do art. 9° entram nessa categoria.

A representação da pessoa física ou jurídica no processo administrativo não é obrigatória, salvo quando lei específica determinar. Proposta pelo Ministro Carlos Alberto Direito e aprovada em junho de 2008, a **Súmula Vinculante n. 5** do STF prevê que "a falta de defesa técnica por advogado no processo administrativo disciplinar não ofende à Constituição", afastando o entendimento contrário da antiga **Súmula 343** do STJ.[57]

Embora se refira tão somente aos processos disciplinares, o entendimento do Supremo harmoniza-se com a LPA, cujo art. 3°, IV, reconhece ao administrado a faculdade de se fazer assistir por advogado, salvo quando obrigatória a representação por força de dispositivo legal específico. Por conseguinte, trate-se ou não de processo

---

56. FERRAZ, Sérgio; DALLARI, Adilson Abreu. *Processo administrativo*, 4. ed. São Paulo: Malheiros, 2020, p. 220.
57. A agora inválida Súmula n. 343 foi aprovada por unanimidade pelo STJ em setembro de 2007. Essa decisão se baseou nos art. 153, 163 e 164 da Lei n. 8.112/1990 e no acórdão do MS 10.837/DF.

disciplinar, a representação por advogado dependerá de uma escolha do titular do direito ou interesse em jogo.

Formada a partir da decisão proferida no RE 434.059-3/DF, a SV n. 5 se baseou, conforme preleciona Romeu Bacellar, nos seguintes argumentos: "(a) se forem garantidos os direitos de informação, de comunicação e de ver seus argumentos considerados, na linha da jurisprudência da Corte Constitucional alemã, a defesa terá sido exercida em sua plenitude...; (b) a defesa técnica só seria exigível quando a complexidade da questão tornasse o acusado inapto para exercer a autodefesa, ou quando a sua ausência não permitisse ao servidor exercer mais do que um simulacro de defesa; (c) de acordo com o art. 133 da CF/1988, o advogado é indispensável à administração da justiça, assim considerada apenas a função jurisdicional; (d) do art. 5.º, LV, da CF/1988 não se extrai a obrigatoriedade de defesa técnica nos processos administrativos, pois isso implicaria 'mais do que a ampla defesa, e sim uma defesa amplíssima, ou seja, uma defesa transbordante'; (e) a exigência de defesa técnica em todos os processos administrativos disciplinares importaria um assoberbamento da Defensoria Pública; (f) o que a Constituição Federal assegura é o contraditório, considerado como a possibilidade de intervir na formação da decisão, devendo o interessado exercitá-lo ou não, segundo suas conveniências pessoais, assim como no processo civil; (g) a necessidade de defesa técnica no processo penal é exceção, pois nele está em jogo um direito indisponível, que não pode ser renunciado; (h) o art. 156 da Lei n. 8.112/1990 autoriza que o servidor promova a sua autodefesa, facultando a nomeação de procurador, que não precisa, necessariamente, ser advogado".[58]

Quando o interessado optar por ser representado, deverá juntar aos autos documento de atribuição de poderes para tanto, ou seja, procuração. Como a LPA não cuida desse instrumento, valem as normas subsidiárias do CPC (art. 103 e ss.). Tampouco disciplina a lei a representação de entes públicos. Essa lacuna demanda que se aplique no processo administrativo o art. 75 do CPC, conforme o qual: a União será representada pela AGU, diretamente ou por órgão vinculado; o Estado e o Distrito Federal, por seus procuradores; o Município, por seu prefeito, procurador ou Associação de Representação de Municípios, expressamente autorizada, e a autarquia e a fundação de direito público, por quem a lei do ente federado designar. Já

---

58. Romeu Felipe Bacelar tece duras críticas à Súmula. A seu ver: (i) não se pode afirmar que o direito de informação, de comunicação e de consideração esgote o conteúdo do direito de defesa; (ii) somente o advogado, a despeito da complexidade do objeto processual, teria condições de oferecer a acusados defesa ampla; (iii) "o advogado é indispensável à realização da justiça, aí compreendidas todas as situações que dependam de uma atuação técnica e especializada dos profissionais da advocacia para que sejam assegurados de forma efetiva os direitos fundamentais do cidadão, notadamente os direitos ao contraditório e à ampla defesa. E tais situações podem ocorrer tanto no exercício da função jurisdicional quanto da função administrativa"; (iv) o direito à ampla defesa não se satisfaz com uma defesa qualquer, inclusive no processo administrativo, que foi equiparado ao judicial nesse sentido e (v) a falta de recursos do interessado para contratar advogado deve ser solucionada por meio da atuação da defensoria ou, na sua impossibilidade, por advogado dativo. BACELLAR FILHO, Romeo Felipe; MARTINS, Ricardo Marcondes. *Tratado de direito administrativo*. São Paulo: Revista dos Tribunais, 2014, v. V: ato administrativo e procedimento administrativo, p. 626 a 644.

o consórcio público, que assume natureza de associação interfederativa, será representado por Chefe do Poder Executivo de ente consorciado nos termos do protocolo de intenções e seus documentos de regência (art. 4º, VIII, da Lei n. 11.107/2005).

19.4.4 Substitutos processuais para direitos coletivos e difusos

O substituto processual é aquele que defende o direito ou interesse de outrem em nome próprio, sofrendo os efeitos da decisão administrativa. A LPA prevê essa figura para processos administrativos que envolvam direitos ou interesses coletivos ou difusos.

Os titulares de **interesses ou direitos coletivos** estão vinculados juridicamente entre si ou com um terceiro.[59] Esse vínculo decorre, por exemplo, de relação contratual, relação jurídico-administrativa (adesão a serviço público) e relação associativa. Além de ser grupal ou categorial, a titularidade é determinável. Sabe-se quem são os titulares com precisão, justamente porque eles estão vinculados de modo direto (entre si) ou indireto (mediante terceiros).[60] Identificado esse tipo de direito transindividual coletivo no processo administrativo, o art. 9º, III da LPA federal autoriza a atuação, por substituição processual, de organizações ou associações representativas dos titulares do direito em jogo.

A palavra "organização" suscita algumas dificuldades no mencionado dispositivo legal. Entendo que ela não se restringe à organização religiosa prevista no art. 44, IV, do Código Civil. Nela se enquadram, além dessas entidades religiosas, outras pessoas jurídicas de direito privado, incluindo os partidos políticos, as fundações e outras entidades instituídas para defender interesses ou direitos coletivos, bem como entidades estatais que tenham a missão de defender certos grupos de indivíduos, como indígenas, consumidores, profissionais de uma determinada categoria etc.

Em contraste com os coletivos, os **direitos e interesses difusos** são metaindividuais, porém indivisíveis. Eles prescindem de relação jurídica base, de modo que seus titulares o partilham por se encontrarem em uma situação fática comum. Isso torna impossível determinar com precisão todos eles.[61] As características dos direitos e interesses difusos são, portanto, três: (i) a pluralidade de titulares; (ii)

---

59. Nesse sentido, em comentário ao art. 81, II, do CDC, afirma Benjamin que "os interesses ou direito coletivos... caracterizam-se pela circunstância de serem titulares dos mesmos um grupo, categoria ou classe de pessoas que guardem, entre si ou em relação a outra pessoa contra quem se pretende demandar, um vínculo jurídico decorrente de uma relação jurídica base". BENJAMIN, Antônio Herman V. Artigo 81, in: MARQUES, Claudia Lima; BENJAMIN, Antonio Herman V.; MIRAGEM, Bruno. *Comentários ao Código de Defesa do Consumidor,* 2. ed. São Paulo: Revista dos Tribunais, 2005, p. 975.
60. Nesse sentido, cf. Carvalho Filho, José dos Santos. *Processo administrativo federal,* 3. ed. Rio de Janeiro: Lumen Juris, 2007, p. 108.
61. Sobre a distinção, cf. NUNES, Rizzatto. *Comentários ao Código de Defesa do Consumidor,* 2. ed. São Paulo: Saraiva, 2005, p. 724 e BENJAMIN, Antonio Herman V. Artigo 81. In: MARQUES, Claudia Lima; BENJAMIN, Antonio Herman V.; MIRAGEM, Bruno. *Comentários ao Código de Defesa do Consumidor,* 2. ed. São Paulo: Revista dos Tribunais, 2005, p. 975.

a indeterminabilidade do grupo de titulares e (iii) a indivisibilidade do direito ou interesse comum.[62] Presente esse tipo de interesse ou direito no processo administrativo, então o art. 9º, IV, da LPA autoriza que "pessoas ou associações" atuem como substitutos processuais. É difícil explicar a razão de o inciso III se referir a associação e entidades, enquanto o inciso IV fala de pessoas ou associações. De todo modo, ao mencionar "pessoas", o legislador empregou termo mais genérico, nele incluindo tanto as organizações representativas de interesses e direito difusos, quanto outros tipos de pessoas jurídicas.

Em processos que tratem de direitos coletivos ou de difusos, a despeito das diferenças redacionais da LPA, a legitimação de certa pessoa na qualidade de substituto dependerá: (i) de constituição legal; (ii) do funcionamento regular, *i.e.*, ausência de suspensões ou impedimentos; e (iii) da relação de compatibilidade entre sua finalidade institucional com o direito ou interesse em jogo no processo em concreto. Especificamente no caso de direitos coletivos, além desses requisitos, entendo fundamental que a entidade demonstre a relação com o grupo específico de indivíduos vinculados pela relação jurídica-base.

19.4.5 Assistentes e outros intervenientes

A LPA federal não trata da intervenção de terceiros. Afinal, os processos administrativos nem sempre envolvem figuras semelhantes ao autor e réu do processo civil, tampouco lidam com situações litigiosas em todos os casos. Ademais, a figura do interessado superveniente (art. 9º, II) geralmente resolve a situação em que terceiros precisam ingressar no processo diante do risco de que a decisão lhes afete.

Sem prejuízo de todos esses argumentos, algumas **figuras de intervenção** poderão se harmonizar com certos processos administrativos, tais como a assistência simples, o chamamento ao processo e o *amicus curiae*, entre outros. Quando isso ocorrer, na falta de norma própria do direito administrativo, incidirão as normas do processo judicial com os devidos ajustes, tal como orientam Sérgio Ferraz e Adilson Abreu Dallari.[63]

A assistência simples ocorrerá sempre que terceiro ingressar por vontade própria no processo com o objetivo de auxiliar um dos interessados (art. 121 do CPC).[64] Ao agir, o assistente exercerá direitos muito semelhantes aos interessados, mas sua aceitação não permitirá que altere nem os fundamentos, nem o objeto do

---

62. A respeito dessas características, conferir, entre outros, BENJAMIN, Antonio Herman V. Artigo 81. In: MARQUES, Claudia Lima; BENJAMIN, Antonio Herman V.; MIRAGEM, Bruno. *Comentários ao Código de Defesa do Consumidor*, 2. ed. São Paulo: 2005, p. 975.
63. FERRAZ, Sérgio; DALLARI, Adilson Abreu. *Processo administrativo*, 4. ed. São Paulo: Malheiros, 2020, p. 221.
64. DINAMARCO, Cândido Rangel. *Instituições de direito processual civil*. 7 ed. São Paulo: Malheiros, 2017, v. II, p. 444.

processo.[65] Além disso, a presença do assistente não obstará que a parte principal reconheça a procedência do pedido, dele desista, renuncie ao direito ou transija (art. 122 do CPC). Porém, se a parte for revel ou de qualquer modo omissa, o assistente será considerado seu substituto processual. Por essas e outras características, esse ator não se confunde com a do interessado superveniente contida no art. 9º, II, da LPA federal.

Além do assistente, o processo administrativo comporta modalidades interventivas como a do chamamento,[66] que consiste no pedido de inclusão processual de devedores solidários, fiadores ou do afiançado (quando o fiador for demandado). No processo administrativo, com as devidas adaptações, essa figura poderá ser útil em processos sancionatórios movidos em razão de violações contratuais garantidas por terceiros.

Outra figura de utilidade ao processo administrativo é a intervenção de *"amicus curiae"* (art. 138 do CPC). A autoridade responsável pelo processo, por ofício ou a requerimento, poderá solicitar ou admitir a participação de pessoa natural ou jurídica, órgão ou entidade especializada, com representatividade adequada. O *"amicus curiae"* não está autorizado a interpor recursos e caberá à Administração definir seus poderes no processo administrativo na falta de regra própria.

19.4.6 Participantes de audiências e consultas públicas

Intervenção de terceiro típica do processo administrativo é a participação de pessoas físicas ou jurídicas, sem *status* de interessado, em audiências ou consultas públicas. Na realização desses mecanismos de participação popular, é possível que atuem tanto os próprios interessados (como verdadeiras partes), quanto meros participantes, ou seja, terceiros sem qualquer vínculo com o processo. Essa dissociação está baseada na LPA federal, cujo art. 31, § 2º prevê que o comparecimento ao procedimento de participação popular *"não confere, por si, a condição de interessado no processo,* mas confere o direito de obter da Administração resposta fundamentada, que poderá ser comum a todas as alegações substancialmente iguais"* (g.n.).

Dada sua colaboração pontual e específica, os participantes detêm fundamentalmente: (i) **direito de acesso** aos autos, uma vez que, sem transparência, não poderá contribuir de maneira efetiva com os debates e a produção de provas; (ii) **direito de manifestação**, oral nas audiências públicas e escrita nas consultas públicas; (iii) **direito de consideração** das manifestações, ou seja, de que a autoridade pondere as indagações, sugestões e críticas levantadas e (iv) **direito de obter resposta** individualizada ou comum, quando as manifestações forem idênticas ou semelhantes.

---

65. DINAMARCO, Cândido Rangel. *Instituições de direito processual civil*. 7. ed. São Paulo: Malheiros, 2017, v. II, p. 446.
66. A respeito, cf. DINAMARCO, Cândido Rangel. *Instituições de direito processual civil*. 7. ed. São Paulo: Malheiros, 2017, v. II, p. 480 e ss.

O mencionado direito à consideração, que precede a resposta, não implica a vinculação da autoridade decisória ao que os participantes manifestaram durante as audiências ou as consultas públicas. O descabimento de vinculação das manifestações da população se deve a muitos fatores. A uma, nem sempre os presentes representam toda a riqueza de opiniões da sociedade ou do mercado. A duas, é possível que certas audiências e consultas sejam capturadas por grupos de interesses, o que se vislumbra muitas vezes, por exemplo, no campo regulatório. A três, nem sempre se forma posicionamento consensual entre os diversos colaboradores. Por esses e outros motivos, a autoridade decisória somente estará vinculada a manifestações apresentadas ao longo de procedimentos de participação quando houver norma expressa nesse sentido. De maneira geral, entretanto, não existe essa determinação, de modo que as contribuições em audiências, consultas e instrumentos congêneres deverão tão somente ser ponderadas juntamente com outros elementos probatórios para estruturar e sustentar a decisão.

19.4.7 Autoridades e demais agentes públicos

Além dos interessados, representantes, substitutos, terceiros intervenientes e participantes de procedimentos de participação popular, o processo administrativo depende de agentes públicos diversos. Dentre eles, a LPA indica como *autoridade* aquele que detém o poder de decisão (art. 1º, § 2º, III). Isso revela que nem todo agente público que se envolve no processo se enquadra no conceito técnico de autoridade. Somente aquele que detém poder de tomar decisão administrativa (intermediária ou final) poderá figurar nessa posição. Não se incluem no conceito os que apenas auxiliam a condução do processo, como os responsáveis pela elaboração de laudos e pareceres ou por tarefas meramente acessórias.

É possível classificar as autoridades em sentido estrito em três grandes grupos:

(a) As **autoridades instrutórias** são as responsáveis pela fase de coleta de provas, recebimento da defesa e de alegações finais, e elaboração de relatórios finais. Na fase de instrução, essas autoridades decidem sobre admissibilidade de provas, dilação de prazos de defesa, oitiva de testemunhas, entre outros assuntos. Na prática, é comum que a instrução seja conduzida por um colegiado de autoridades, como as comissões de chamamento, de concurso ou de processos disciplinares;

(b) As **autoridades decisórias** são as que respondem pela tomada de decisões de mérito no momento de conclusão do processo com base nas provas devidamente trazidas aos autos. Nada impede que essa autoridade decida por diligências ou complementações instrutórias quando úteis para tomar uma decisão mais acertada; e

(c) As **autoridades recursais** respondem pela análise de argumentos em pedidos de recursos hierárquico, de ofício ou voluntários, e tomam decisões quanto à manutenção, à modificação, à anulação ou à revogação da decisão de instância inferior.

19.4.8 Impedimento e suspeição: aspectos gerais

A identificação de risco significativo contra a neutralidade e a imparcialidade das autoridades atuantes no processo administrativo exige medidas protetivas e preventivas para que a decisão seja expedida de maneira neutra e útil.[67] Dentre as várias medidas previstas no ordenamento jurídico, encontram-se os institutos do impedimento e da suspeição, disciplinados na LPA federal e com aplicabilidade para processos em geral, desde os seletivos até os sancionadores.

As normas de impedimento e suspeição têm como destinatários as autoridades que diretamente influenciam ou participam da formação da decisão. Destinam-se, a princípio, aos agentes públicos com poder de julgamento, monocrático ou em órgãos colegiados, bem como aos peritos e outros agentes ouvidos pela Administração Pública principalmente na fase de instrução. Indivíduos que atuem no processo de modo secundário e sem condições de influenciar o conteúdo decisório não deverão ser dele afastados com base nesses instrumentos.

As causas de impedimento e suspeição previstas no capítulo VII da LPA não são exaustivas.[68] Trata-se de um conjunto de situações exemplificativas, dado que, ao processo administrativo, aplicam-se subsidiariamente as situações previstas no CPC, com as devidas adaptações. Além disso, em caso de lacuna e *por analogia*, também incidem no processo administrativo as normas de impedimento e suspeição do CPP e de outros subsistemas processuais. Reitero, porém, que essas normas do processo judicial se estenderão à Administração Pública quando constatada a lacuna da legislação administrativa e desde que se mostrem compatíveis com a lógica do processo administrativo.

19.4.9 Impedimento

O impedimento implica a proibição de que certa autoridade participe do processo administrativo em razão de um risco, objetivamente aferível, de comprometimento da impessoalidade. Configurada a situação fática que gera o risco, não sobrará espaço de discricionariedade para avaliações. O impedimento despontará como consequência automática a despeito do momento em que seja alegado.

---

67. "Seria total e absurdamente inútil o processo administrativo se inexistisse para os litigantes a garantia de imparcialidade na tomada da decisão". FERRAZ, Sérgio; DALLARI, Adilson Abreu. *Processo administrativo*, 4. ed. São Paulo: Malheiros, 2020, p. 234.
68. Cf. MOREIRA, Egon Bockmann. *Processo Administrativo*: princípios constitucionais e a Lei n. 9.784/1999, 6. ed. Belo Horizonte: Fórum, 2022, p. 44 e FERRAZ, Sérgio; DALLARI, Adilson Abreu. *Processo administrativo*, 4. ed. São Paulo: Malheiros, 2020, p. 239 e ss.

Ao se caracterizar uma das situações objetivas de impedimento seja por arguição de um interessado no processo, seja por iniciativa da própria autoridade pública, surgirá a presunção absoluta de incapacidade do agente público. Ainda que ele mantenha a competência para participar do processo administrativo, não deverá fazê-lo por falta de capacidade para exercer suas tarefas. Observe que o impedimento não exclui a competência. O agente público impedido é competente, porém incapaz. Ao desrespeitar a proibição de agir sem capacidade, incorrerá em infração disciplinar grave a despeito da comprovação de qualquer distorção concreta na elaboração da decisão administrativa.

A LPA federal previu diversas causas de impedimento. No inciso I do art. 18 estão dispostos os impedimentos em razão do interesse da autoridade na matéria, ou seja, no objeto do processo. A palavra "interesse", constante do dispositivo em comento, suscita certas dificuldades interpretativas pelo fato de ser demasiadamente ampla, vaga e obscura. O legislador não forneceu critérios sólidos para que se diferenciem os diversos tipos de interesse. Outra crítica que merece destaque diz respeito à inadequação do uso da palavra "interesse" para se tratar de hipóteses de impedimento. Interesse é preferência, esconde sempre um aspecto subjetivo e que dificilmente pode ser comprovado, salvo quando reconhecido pelo próprio arguido. Exatamente por isso, melhor seria que fosse tratado como suspeição.

Na sistemática do art. 18, I, da LPA, o interesse capaz de ocasionar impedimento pode ser direto ou indireto. Na falta de definição legal, entendo que o **interesse direto** restará configurado quando o desfecho processual acarretar um benefício ou prejuízo imediato à esfera de direitos e deveres do agente público que julga o processo ou nele desempenha uma função relevante. A pessoa que figura como interessada no processo (art. 9º, I e II da LPA) não poderá atuar como julgadora de si mesma ou nele exercer qualquer função relevante à formação da decisão administrativa final.

Em contraste com o direto, o **interesse indireto** não é aferível de modo imediato, pois não existe relação jurídica notória ou documentada envolvendo a autoridade pública e o objeto do processo administrativo. Apesar disso, ainda que não tenha direitos e interesses imediatamente envolvidos, por meio de indícios é possível induzir que a decisão afetará de modo expressivo, para o bem ou para o mal, o agente público que desempenha o papel de julgador ou nele exerce função relevante à formação da decisão final.

Uma segunda categoria de impedimento consta do art. 18, II, da LPA, que indica a situação de a autoridade envolvida no processo ter atuado, atuar ou vir a atuar como perito, testemunha ou representante no mesmo processo ou a situação de cônjuge, companheiro ou de parente dessa autoridade ter atuado, atuar ou vir a atuar como perito, testemunha ou representante no mesmo processo. Para fins de interpretação desse dispositivo legal, é preciso considerar que:

(i) O **perito** é um colaborador da autoridade julgadora, ainda que possa atuar no processo por solicitação dos próprios interessados e não da autoridade. Ele observa e analisa fatos ou dados envolvidos no processo administrativo a partir de um ponto de vista técnico-científico. Após fazê-lo, revela conclusões científicas sobre a natureza, os efeitos, as relações entre um ou mais fatos e dados contidos no processo. Suas conclusões são então empregadas pela autoridade julgadora para formação de seu convencimento;

(ii) A **testemunha** em sentido estrito é terceiro que depõe perante a autoridade responsável pela instrução do processo em vista dos conhecimentos que possui acerca de acontecimentos ou dados relevantes para o aclaramento da matéria e para a prolação de decisão mais correta e justa. As testemunhas configuram "fontes de provas úteis para a reconstrução dos fatos controvertidos",[69] de modo que não devem se confundir com os interessados nem com as autoridades que conduzem o processo ou são competentes para julgá-lo;

(iii) O termo **representante** aceita inúmeros significados jurídicos, mas entendo que, no art. 18, II, da LPA, deve ser interpretado em sentido amplo,[70] de maneira a abranger todo aquele que tenha atuado ou atue como defensor dos interesses de uma pessoa física ou jurídica que participa do processo administrativo na qualidade de interessado nos termos do art. 9º da LPA. A representação não precisa estar restrita àquele processo administrativo especificamente, ela pode dizer respeito a outros processos administrativos, bem como a processos judiciais;

(iv) Os **cônjuges** são pessoas unidas pelo vínculo matrimonial, ou seja, casados legalmente (art. 1.514 do Código Civil);

(v) O/a **companheiro/a** abrange as pessoas, do mesmo sexo ou não, que convivem de modo íntimo, público, contínuo e duradouro com o objetivo de constituir família. Nesse ponto, há que se recordar que o STF na ADI n. 4277 e na ADPF n. 132 reconhece a equivalência da união homossexual à heterossexual;

(vi) Os **parentes por consanguinidade** ou naturais incluem: filhos e pais (primeiro grau na linha reta); netos e avós (segundo grau na linha reta); bisnetos e bisavós (terceiro grau na linha reta); irmãos (colaterais de segundo grau); tios e sobrinhos (colaterais de terceiro grau). De quarto grau em diante, não há impedimento, mas pode haver suspeição. Em linha com o art. 227, § 7º da Constituição, filhos adotivos detêm os mesmos direitos

---

69. CAMBI, Eduardo. *A prova civil*. São Paulo: Revista dos Tribunais, 2006, p. 139.
70. Nesse sentido, CARVALHO FILHO, José dos Santos. *Processo administrativo federal*, 3. ed. Rio de Janeiro: Lumen Juris, 2007, p. 139.

e deveres dos filhos biológicos, proibindo-se designações e tratamentos discriminatórios, inclusive para se afastar a regra de impedimento; e

(vii) Os **parentes por afinidade** até o terceiro grau são os parentes biológicos do cônjuge ou do companheiro da autoridade administrativa que, pela aproximação resultante da união familiar, tornam-se praticamente seus parentes. Esse conceito abrange sogros e sogras, genros e noras, cunhados e cunhadas, tios, avós, sobrinhos e netos da autoridade ou de seu cônjuge ou companheiro.

A terceiro hipótese de impedimento prevista na LPA federal ocorre na presença de litígio administrativo ou judicial entre um interessado e a autoridade (art. 18, III). Esse dispositivo, porém, não abarca processos de jurisdição voluntária ou administrativos em que não haja conflito. A configuração do impedimento pressupõe a existência de litígio ou disputa intersubjetiva. Aqui se inserem situações litigiosas, de natureza judicial ou administrativa, entre o cônjuge ou o companheiro da autoridade administrativa e o interessado no processo administrativo ou seu cônjuge ou companheiro. O inciso III não menciona, porém, conflitos envolvendo parentes e afins.

O impedimento ocasiona dois deveres: o de comunicação e o de abstenção. A autoridade que se encontrar em situação de impedimento prevista no art. 18 da LPA deverá comunicar sua situação à autoridade competente para afastá-lo da função, ou seja, a autoridade hierarquicamente superior ou o presidente do órgão colegiado a que pertence. Esse **dever de comunicação** se exercerá assim que a autoridade pública tiver conhecimento dos fatos previstos como causa de impedimento. A comunicação tardia poderá prejudicar significativamente o andamento do processo administrativo, haja vista a necessidade de se praticar novamente todos os atos administrativos que não puderem ser aproveitados, sem prejuízo de responsabilização disciplinar da autoridade que agiu de modo extemporâneo (art. 19, parágrafo único da LPA). A comunicação da causa de impedimento deve ser imediata, formal e fundamentada.

A falta de comunicação pela autoridade impedida não afasta o impedimento, que poderá ser arguido por qualquer pessoa a qualquer momento (dentro do prazo legal). O próprio interessado poderá fazê-lo por meio de petição fundamentada e instruída com os documentos necessários para a demonstração de uma ou mais causas de impedimento. A LPA prescinde de norma a estabelecer um prazo para arguição. No entanto, com a edição do CPC e a imposição de aplicação de suas normas subsidiariamente ao processo administrativo, caberá ao interessado alegar o impedimento em até 15 dias da data de conhecimento do fato que o gera (art. 146, *caput* do Código). Essa norma será afastada apenas quando houver norma especial em sentido diverso a reger processos administrativos específicos.

Além do dever de comunicação, o impedimento gera o **dever de abstenção**. A autoridade será afastada do processo administrativo e não mais poderá praticar atos de cunho decisório ou atos que influenciem, de algum modo, a tomada da decisão administrativa. A abstenção necessita ser interpretada de modo amplo. Internamente, a autoridade em situação de impedimento perderá a capacidade de praticar atos processuais, embora não perca sua competência. Externamente, necessitará se abster de exercer qualquer tipo de influência relevante na formação da decisão, inclusive por meio de manifestações na imprensa ou pressão.

Vale alertar que o desrespeito ao princípio da moralidade e da impessoalidade pela autoridade no processo administrativo poderá configurar **infração administrativa funcional** e ensejar a cominação de sanções administrativas de caráter disciplinar. Em casos mais graves, o comportamento indevido configurará crime de prevaricação, definido pelo art. 319 do CP como a conduta de "retardar ou deixar de praticar, indevidamente, ato de ofício, ou praticá-lo contra disposição expressa de lei, para satisfazer interesse ou sentimento pessoal", ou crime de advocacia administrativa (art. 321 do CP).

19.4.10 Suspeição

A suspeição torna a autoridade incapaz para atuar no processo administrativo em razão de uma causa de natureza subjetiva. A LPA federal cita como motivos tanto a amizade quanto a inimizade da autoridade com algum dos interessados ou envolvendo os respectivos cônjuges, companheiros e parentes e afins até terceiro grau.

A **suspeição** depende da interpretação de conceitos jurídicos indeterminados (amizade e inimizade). Para preservar a isonomia e promover segurança jurídica, os entes públicos podem editar normas próprias para detalhar e concretizar esses termos vagos.

Na falta de definição normativa, a **amizade** poderá ser interpretada como sentimento de afeição, companheirismo, simpatia de uma pessoa natural em relação a outra. Para a LPA federal, porém, o que importa é a "amizade íntima", intensa, profunda, ou seja, a participação do amigo na intimidade do outro. Colegas de trabalho, de clube, de academia, ou seja, pessoas que dividem momentos ou espaços quotidianos, ainda que de vida privada, mas não agem com intimidade, excluem-se da situação de suspeição em questão.

A **inimizade** é a relação de oposição duradoura e abstrata entre duas pessoas. A mera oposição ou discordância em relação a uma ou outra questão teórica ou fática não deve ser aceita como inimizade para fins de aplicação do art. 20 da LPA. Seguindo-se essa lógica, não configurará inimizade a oposição acadêmica entre de dois docentes que, simultaneamente, figuram num processo de concurso público como interessado, de um lado, e como autoridade julgadora, de outro. A oposição política tampouco representa, por si só, inimizade.

Conquanto críticas políticas e acadêmicas sejam usualmente levadas como sinais de inimizade pessoal em determinadas culturas, essas formas de oposição em ambientes mais democráticos são vistas como salutares e naturais. Ademais, para fins de suspeição nos termos da LPA, a inimizade deve ser notória,[71] ou seja, consistir em hostilidade recíproca e de natureza duradoura, abstrata e amplamente conhecida entre a autoridade e o interessado. Apesar disso, em analogia com o processo judicial, a suspeição não poderá ser declarada nem reconhecida, quando a parte injuriar ou de propósito der motivo para criá-la (art. 256 do CPP e art. 145, § 2º, do CPC).

A suspeição restará igualmente configurada quando houver amizade ou inimizade entre certa autoridade ou certo interessado com o cônjuge, companheiro ou parentes até terceiro grau do outro. Seguindo-se a disposição do art. 145, I, do CPC, isso também inclui a relação de amizade ou inimizade da autoridade com os advogados de algum interessado. Ademais, há que se aplicar no âmbito da Administração Pública as causas de suspeição da autoridade que receber presentes de pessoas jurídicas, que aconselhá-las acerca do objeto da causa ou que for dela credora ou devedora – três situações igualmente previstas no referido artigo do CPC.

Dado que a suspeição configura uma causa de incapacidade relativa da autoridade a princípio competente para atuar no processo administrativo, o fato de ela continuar a praticar atos no processo do qual participa o interessado que é seu amigo íntimo ou inimigo notório não necessariamente implicará violação dos princípios da moralidade e da impessoalidade. Não por outro motivo, o legislador não repetiu a norma contida no art. 19, parágrafo único da LPA ao tratar da suspeição. A atuação de autoridade suspeita não configurará, por si só, infração administrativa ou infração de qualquer outra natureza. Haverá infração administrativa e penal, bem como ato de improbidade administrativa apenas se a autoridade suspeita dolosamente beneficiar amigo ou prejudicar inimigo que atue no processo administrativo federal sob o status de interessado nos termos do art. 9º da LPA.

O art. 21 da LPA trata da possibilidade de interposição de recurso administrativo contra o indeferimento da alegação de suspeição. Trata-se de recurso interposto pelo interessado contra o ato da autoridade competente que declara inexistir amizade íntima ou inimizade notória nos termos do art. 20, de modo a manter a capacidade processual da autoridade pública envolvida.

---

71. Sérgio Ferraz e Adilson Abreu Dallari criticam a escolha do termo "inimizade notória" pelo Legislador tendo em vista o termo "inimizade capital" utilizado no processo civil. Nas palavras dos autores, "... a fórmula "inimizade notória" também não é feliz: notória para quem? Por ser notória, independerá a arguição de prova? Essas são, enfim, apenas algumas das dúvidas que o preceito enseja. Em nosso entendimento, inimizade, *tout court*, desde que provada por quem a alega, é a fórmula única capaz de afastar o agente administrativo do processo em que devesse atuar". Cf. FERRAZ, Sérgio; DALLARI, Adilson Abreu. *Processo administrativo*, 4. ed. São Paulo: Malheiros, 2020, p. 241.

19.5 FASE INTERNA E ABERTURA DO PROCESSO

19.5.1 Fase interna ou preparatória

A abertura ou instauração não é verdadeiramente a primeira fase de um processo administrativo. Antes dela, é comum que se desenvolva uma fase interna ou preparatória. Nessa etapa, ainda não há interessados, não há exatamente uma lide ou acusação, nem conflitos de interesses ou direitos, mas, a depender do tipo processual, certos particulares poderão atuar na etapa preparatória com o intuito de contribuir com a Administração Pública.

Nos processos de seleção, como as licitações e os concursos públicos, por exemplo, essa fase interna é extremamente relevante. Nela se realiza o **planejamento** do processo de seleção; definem-se as autoridades responsáveis; elabora-se ato convocatório; utilizam-se expedientes de participação popular, como consultas e audiências; solicitam-se atos opinativos, como pareceres jurídicos etc. Em alguns casos, como os de contratação, a fase preparatória poderá abarcar procedimentos de manifestação de interesse (PMI), nos quais a sociedade e o mercado serão chamados a colaborar com a Administração Pública por meio de propostas, estudos e modelos. A legislação de licitações e contratos, de maneira geral, disciplina em detalhes a fase interna ou preparatória, além de tratar do PMI. Já as normas de concursos públicos de pessoal e processos seletivos de pessoal são menos detalhadas, embora também cuidem do assunto. Nesse sentido, ao exigir a reserva de percentual de vagas para deficientes, o texto constitucional está a estabelecer normas que atingem o planejamento do concurso, ou seja, sua fase preparatória.

Os processos sancionatórios podem ser igualmente precedidos de fase preparatória com finalidade de investigação. Essa etapa é frequentemente denominada de inquérito, sindicância ou procedimento preliminar pela legislação. No geral, esses e outros procedimentos análogos são inquisitórios, sem a garantia de ampla defesa e contraditória, já que não há propriamente acusados. Neles, buscam-se indícios de autoria e materialidade para sustentar a abertura subsequente de um processo administrativo sancionador. Se esses elementos já existirem, o processo sancionador será aberto diretamente, sem a necessidade do preparatório.

A LPA federal não cuida diretamente dessas etapas preparatórias ou internas. A disciplina jurídica do tema se encontra na legislação especial que trata de cada um dos diferentes processos administrativos. Apenas para fins de ilustração, no âmbito do direito concorrencial, o CADE utiliza o inquérito como etapa preparatória de um processo de controle de condutas, ou seja, de sancionamento de pessoas físicas ou jurídicas por infrações contra a ordem econômica.[72] De maneira análoga, no

---

72. Em detalhes sobre o processo administrativo concorrencial, cf. MARRARA, Thiago. *Sistema Brasileiro de Defesa da Concorrência*. São Paulo: Atlas, 2015, capítulo 2.

âmbito interno dos entes públicos, muitos processos disciplinares são precedidos de sindicâncias, destinadas à coleta de elementos que possam subsidiar uma acusação. Além disso, a preparação é essencial nos processos administrativos seletivos, como licitações, concursos públicos e vestibulares de universidades públicas.

19.5.2 Abertura do processo administrativo

A fase de abertura ou de instauração é a de oficialização do início dos atos processuais. Ela se dá com a expedição de ato formal da Administração Pública, como uma portaria, nota técnica ou edital (por exemplo, de licitação ou de concurso). O ato de abertura difere conforme o tipo do processo. Nos sancionadores, ele dará ciência da acusação aos interessados, ou seja, às pessoas físicas e jurídicas que figuram no processo para que possam se defender. Nos processos de seleção, o ato de abertura não indica interessados, já que eles inexistem nesse momento. A instauração simplesmente lança condições e características do processo, abrindo prazo para que pessoas físicas e jurídicas possam requerer sua participação mediante inscrições ou propostas.

As peculiaridades da abertura variam conforme o tipo de processo. Ainda assim, há alguns pontos comuns. A abertura ocorre ora por iniciativa própria da Administração Pública, ora por solicitação de interessados (art. 5º da LPA). Por exemplo, certo órgão público, ao dispor de indícios de autoria e materialidade de certa infração disciplinar, deverá de imediato dar início a processo disciplinar para verificação da legalidade da conduta. De modo semelhante, ao monitorar o setor, uma agência reguladora poderá igualmente encontrar indícios que exijam a abertura de processo sancionador contra empresas reguladas. A abertura também será vinculada quando a Administração verificar indícios de descumprimento de contrato administrativo pelo fornecedor. Nesses casos, a Administração tem o dever de agir processualmente sob pena de cometer a chamada "renúncia ilegal de competência".

Em outros contextos, porém, a abertura do processo depende de iniciativa e provocação de particular que tenha a legitimidade para figurar como interessado, ou seja, que necessite do processo para tutelar seus direitos ou interesses perante a Administração Pública. Isso se vislumbra nos processos de licenciamento ambiental ou urbanístico, cuja instauração é solicitada pelo empreendedor como principal interessado na obtenção do ato liberatório.

Para que a petição seja aceita e deferida pela Administração de modo a viabilizar a abertura processual válida, além de comprovar sua legitimidade como interessada, a pessoa física ou jurídica requerente deverá preencher os requisitos para o exercício adequado do direito de petição. Esses requisitos geralmente aparecem na legislação especial, incidindo subsidiariamente os constantes da LPA federal (art. 6º).

O exercício de direito de petição inadequado ou irregular poderá ser recusado pela Administração Pública, que deverá motivar sua decisão e instruir o interessado quanto ao suprimento de eventuais falhas (art. 6°, parágrafo único da LPA). Note bem: não cabe ao órgão público recusar recebimento de petições, a não ser que, motivadamente, demonstre falha que impeça seu processamento. Recusas por análises superficiais de mérito realizadas no momento do recebimento da petição por servidores de atendimento, mas sem competência decisória, são inadmissíveis.

Dando vida ao princípio da eficiência no âmbito processual, a LPA federal autoriza que os órgãos públicos elaborem modelos ou formulários padronizados para viabilizar a abertura de processos com pretensões equivalentes (art. 7°). Além disso, permite que uma pluralidade de interessados formule seus pedidos em requerimento único quando: (i) tiverem conteúdo e fundamentos idênticos e (ii) não houver proibição legal ao peticionamento conjunto.

Resta indagar se terceiros, sem figurar como verdadeiros interessados, têm direito à abertura de processo. A indagação é relevante, pois muitas pessoas físicas ou jurídicas entregam diariamente elementos à Administração na busca da abertura de processo administrativo. É o que fazem denunciantes ou "reportantes" ("whistleblower") na esperança de verem abertos processos sancionadores. A legislação brasileira, inclusive, estimula essa contribuição de terceiros, que assume uma feição de controle social da vida comunitária.

A Constituição da República prevê que "qualquer cidadão, partido político, associação ou sindicato é parte legítima para, na forma da lei, denunciar irregularidades ou ilegalidades perante o Tribunal de Contas" (art. 74, § 2°). Ao definir o direito constitucional de manifestação, o CDUSP garante ao usuário (devidamente identificado) o direito de dirigir reclamações, denúncias, sugestões e elogios às ouvidorias e que tenham relação com o serviço público ou com a conduta dos agentes públicos incumbidos da prestação ou da fiscalização do serviço (art. 5° da Lei n. 13.460/2016). Já a Lei n. 13.608/2018 introduziu no Brasil o *whistleblowing* ao prever que os entes federativos podem estabelecer "formas de recompensa pelo oferecimento de informações que sejam úteis para a prevenção, a repressão ou a apuração de crimes ou ilícitos administrativos" (art. 4°, *caput*).

Nessas e noutras situações previstas pelo ordenamento, as pessoas que entregam elementos indicativos de infrações para a Administração, com ou sem o intuito de obter recompensa, não abrem, nem determinam a abertura de processo. A Administração examina os elementos apontados e, nos termos previstos pela legislação, decide ou não pela abertura do processo de ofício. Questão interessante diz respeito à licitude de um processo aberto nessas condições com base em informações trazidas anonimamente por terceiros. O anonimato torna a abertura ilegal?

Como dito, a abertura do processo é direito dos interessados que cumprem requisitos legais. Terceiros, como os denunciantes ou reportantes, não detêm direito à abertura, não interessando exatamente o fato de serem identificados ou anônimos. Assim, ainda que os elementos sejam trazidos à Administração de maneira não identificada, anônima, caberá ao órgão público exercer seu dever de apuração e, somente quando houver elementos, abrir o processo por força do princípio da indisponibilidade do interesse público. O anonimato não obsta a tutela do interesse público por meio do processo administrativo. Aliás, na atualidade, a Lei do Whistleblowing (Lei n. 13.608/2018) afirma claramente que os entes federativos devem garantir o anonimato e usar sistemas de "disque-denúncia".

Sem diminuir a importância de denúncias e manifestações, cumpre alertar que o uso abusivo do direito de petição, de forma identificada ou anônima, com a finalidade única de conspurcar a imagem ou a honra de terceiros ou prejudicar a concorrência, enseja punição em certas esferas. Nesse sentido, por exemplo, o direito da concorrência tem desenvolvido a figura do *"sham litigation"* para punir o **exercício abusivo do direito de petição** com finalidade meramente anticoncorrencial.[73] A seu turno, a Lei de Improbidade Administrativa – LIA expressamente reconhece como crime a "representação por ato de improbidade contra agente público ou terceiro beneficiário, quando o autor da denúncia o sabe inocente" (art. 19, *caput*).

19.5.3 Comunicação de atos

É completamente ilícito qualquer processo administrativo que corra de maneira secreta em relação aos interessados. Embora alguns processos aceitem restrições de informações e sigilo pelo seu conteúdo, tais limitações valem somente para terceiros, nunca para os interessados e para os órgãos de controle. Nesse sentido, a LAI deixa claro que o direito de defesa dos interessados e acusados se sobrepõe a qualquer razão justificadora de sigilo. Nas palavras da lei: "não poderá ser negado acesso à informação necessária à tutela judicial ou *administrativa de direitos fundamentais*" (art. 21, *caput*, g.n.). Além disso, o consentimento para acesso a informações pessoais protegidas não dependerá de consentimento quando o acesso se revelar necessário para a "defesa de direitos humanos" ou a "proteção do interesse público ou geral preponderante" (art. 31, § 3º, IV e V).

A LPA federal reforça esses mandamentos ao tratar da comunicação dos atos processuais e prever como direito do administrado "ter ciência da tramitação dos processos administrativos em que tenha a condição de interessado, ter vista dos autos, obter cópias de documentos neles contidos e conhecer as decisões proferidas" (art. 3º, II). Em outras palavras, mesmo em processos com informações classificadas como secretas, ultrassecretas ou reservadas, ou com informações privadas sob proteção, a transparência necessária à defesa não deverá ser afetada.

A garantia da transparência processual para interessados se materializa por inúmeros meios, que variam de acordo com o tipo de processo. Nos processos de

---

73. A respeito, cf. EIRAS, Larissa. Sham litigation: requisitos para sua configuração. *Revista de Direito da Concorrência*, v. 7, n. 2, 2019, p. 53 e ss.

seleção, a comunicação da abertura geralmente se dá por edital e, ao longo do processo, por avisos públicos ou outras formas de informação coletiva. Nos processos que envolvem interessados indeterminados, desconhecidos ou sem domicílio definido, são comuns as publicações. Já nos sancionadores e liberatórios, são empregadas as intimações pessoais por formatos variados. A despeito do processo e da ferramenta de comunicação aplicável, o imprescindível é que se "assegure a certeza da ciência do interessado", como bem impõe a LPA federal (art. 26, § 3º).

Dentre as várias figuras mencionadas, a LPA federal trata em detalhes da **intimação**, exigindo-a para "atos do processo que resultem para o interessado em imposição de deveres, ônus, sanções ou restrições ao exercício de direitos e atividades e os atos de outra natureza, de seu interesse" (art. 28). Nesse pacote amplo de atos enquadram-se primeiramente as decisões processuais, a efetivação de diligências e a produção de provas (art. 41), bem como as determinações de prestação de informações ou apresentação de provas (art. 39, *caput*).

A LPA (art. 26 e 27) cria um regime jurídico básico para a intimação ao determinar: (i) seu conteúdo mínimo, incluindo a identificação do intimado e do órgão, a finalidade, a indicação de elementos para seu cumprimento (data, hora etc.) e fundamentos; (ii) necessidade de se respeitar a antecedência mínima de 3 dias úteis quando exigir comparecimento; (iii) a realização por ciência no processo, por via postal com aviso de recebimento ou *"outro meio que assegure a certeza da ciência do interessado"*; (iv) a possibilidade de intimação por publicação oficial para interessados indeterminados, desconhecidos ou com domicílio indefinido; (v) a proibição de que o desatendimento da intimação seja tomado como confissão ou como renúncia de direito; (vi) a nulidade da intimação que viole as prescrições legais e (vii) o comparecimento do interessado como saneador de falta ou irregularidade da intimação.

Como dito anteriormente, a LPA federal não se preocupa com o processo eletrônico. Apesar disso, a Lei de Governo Digital (LGD) trata do assunto e, no tocante à comunicação de atos, seu art. 42 cria a figura do **domicílio eletrônico**. Mediante opção do usuário das plataformas de governo digital, desde que haja meios disponíveis, as comunicações, notificações e intimações poderão ocorrer por meio eletrônico. Para tanto, as ferramentas de intimação deverão garantir a autoria das comunicações, fornecer comprovação de emissão e recebimento, mostrar-se passível de auditoria e conservar os dados de envio e recebimento por 5 anos ao menos (art. 42 e 43 da LDG). Ainda sobre a comunicação processual, a LGD garante a possibilidade de acesso à íntegra do processo para vista pessoal do interessado por intermédio de sistema informatizado ou por cópia, preferencialmente em meio eletrônico (art. 9º).

Nem a LGD, nem a LPA tratam, porém, de citação. A razão para essa omissão é simples: a lógica do processo administrativo é bastante distinta da que permeia o judicial. A despeito disso, o art. 3º, II, da LPA aponta a necessidade de comunicação ao interessado não apenas dos atos ao longo do processo, como também do início da tramitação processual. A ausência da figura da "citação" na LPA não autoriza que se mitigue de qualquer forma a garantia constitucional do contraditório e da ampla defesa, nem impede que leis especiais se valham da figura para certos processos, como se vislumbra no campo sancionador disciplinar regido pela Lei n. 8.112/1990 (art. 133, § 2º).

19.6 FASE DE INSTRUÇÃO[74]

19.6.1 Características e funções

A instrução é a etapa processual de **coleta e produção de provas**, como meios destinados a esclarecer e confirmar fatos, permitindo seu adequado enquadramento no ordenamento jurídico. Provas ora são produzidas de ofício pelo órgão que conduz o processo administrativo, ora são emprestadas de outros processos, administrativos ou judiciais, ora são trazidas pelos interessados ou por terceiros, como os participantes de audiências e consultas públicas.

Os atos instrutórios consistem, entre outros: no depoimento pessoal dos interessados, na oitiva de testemunhas, na juntada de provas documentais, na realização de diligências, de inspeções e de buscas e apreensões (com autorização judicial), na elaboração de provas periciais, como os laudos e pareceres, na realização de procedimentos de participação popular, como as audiências e consultas públicas. Além disso, abarcam as intimações para acompanhamento da produção de provas, para solicitação de considerações finais e para divulgação do relatório final, que sumariza tudo quanto ocorrido nessa fase.

Em muitos processos administrativos, vários atores processuais interagem com uma comissão especialmente constituída para desenvolver a fase de instrução, coletando provas constituídas ou provas novas. Isso se vislumbra nas comissões sindicantes, nas processantes disciplinares e nas comissões de concursos públicos, chamamentos e outros processos. Todas elas se concentram na fase probatória e não participam das subsequentes fases decisória e recursal. Sob essa estrutura, portanto, opera-se uma dissociação entre os responsáveis pela instrução e pela decisão.

Esse modelo de dissociação entre as autoridades que instruem e que decidem é frequentemente utilizado pelo fato de tornar o processo mais neutro. Afastado da instrução, o decisor tem menor contato com os interessados e seus representantes, podendo julgar com maior isenção. Apesar disso, há certas desvantagens. Não é raro que tais comissões sejam compostas por servidores sem experiência ou conhecimento jurídico, abrindo espaço para o cometimento de erros e falhas processuais.

---

74. Esse capítulo retoma parte das considerações detalhadas que apresentei em MARRARA, Thiago; NOHARA, Irene. *Processo administrativo*: Lei n. 9.784/1999 comentada, 2. ed. São Paulo: Revista dos Tribunais, 2018, p. 285 e ss.

Ademais, frequentemente se instituem comissões "*ad hoc*", momentâneas, que cuidam de processo específico. Isso se mostra questionável, pois as autoridades que as instituem podem escolher membros propícios a beneficiar os interessados ou prejudicá-los, colocando em risco os princípios da impessoalidade e da moralidade. A meu ver, é mais adequado que as comissões sejam permanentes, formadas por um conjunto fixo de servidores que assumem inúmeros processos durante um período determinado. As comissões permanentes sofrem menor pressão e risco de manipulação, além de tenderem a ser mais experientes pelo ganho de conhecimento na condução de vários processos.

Independentemente do modelo que as leis venham a empresar, os princípios gerais da Administração Pública e os princípios processuais sempre pautarão a ação dos membros das comissões de instrução e a etapa de produção de provas. Ao longo dessa etapa, é imprescindível que não se ignorem os princípios da legalidade, da razoabilidade, da oficialidade, do formalismo mitigado, da ampla defesa, da duração razoável, dentre outros.

19.6.2 Ônus probatório, oficialidade e razoabilidade

O ônus probatório não pode ser tratado da mesma forma em todos os tipos de processos administrativos. Por exemplo, nos processos sancionadores, a consagração da **presunção de inocência** impede que a falta de provas resulte automaticamente na condenação do acusado. Na falta de provas, impõe-se a absolvição (*"in dubio pro reo"*). O ônus de prova da materialidade e da autoria da infração administrativa disciplinar ou contratual recai, no geral, sobre o órgão público de instrução.

Diferentemente, em processos liberatórios, o ônus da prova recai sobre aquele que solicita uma autorização, licença ou ato análogo. Assim, cabe ao solicitante de uma licença urbanística para construção ou ampliação de um shopping center provar os fatos que justifica seu pedido sob pena de indeferimento. A mesma lógica vale para uma concessionária de serviço público em relação aos fatos que alega para justificar pedido de reequilíbrio econômico-financeiro do contrato no âmbito de um processo administrativo de revisão.

Na falta de disposições especiais sobre a distribuição do ônus da prova em processos específicos, o intérprete encontrará soluções nas leis gerais de processo administrativo e no CPC. A LPA federal traz disposições importantes sobre o tema. O art. 29 reconhece que a produção de provas pode ser feita tanto pela Administração quanto pelo interessado, cabendo ao órgão público responsável pela instrução juntar todos os elementos probatórios aos autos. Além disso, referida lei traz mandamentos importantes sobre a atuação probatória de cada um dos polos da relação.

De um lado, o art. 36 afirma caber ao interessado a "prova dos fatos que tenha alegado". O art. 40 reforça essa ideia ao prever que o processo será arquivado se o interessado não trouxer aos autos provas necessárias à apreciação de seu pedido, solicitadas pela Administração. A LPA lança sobre o interessado, primariamente, o ônus de sustentar seus direitos e interesses no processo.

De outro lado, porém, esse ônus do interessado é relativizado por uma série de mandamentos que concretizam o princípio da **razoabilidade probatória**. O art. 29, § 2º prescreve que os atos de instrução dependentes da ação do interessado se realizarão "do modo menos oneroso" para ele. Se o interessado puder comprovar determinado fato por distintos meios de prova, a Administração não deverá forçá-lo a entregar as provas mais custosas e inacessíveis. Reforçando essa lógica, outros artigos da lei impõem um dever de cooperação da Administração. O art. 3º, I, exige que os agentes públicos facilitem o exercício de direitos e o cumprimento dos deveres pelos interessados. Já o art. 37, extremamente relevante na prática, atribui aos órgãos públicos o ônus probatório quando o interessado "declarar que fatos e dados estão registrados em documentos existentes na própria Administração responsável pelo processo ou em outro órgão administrativo". Se a Administração dispuser da prova em seus bancos de dados e arquivos, não deverá exigir que o interessado a traga aos autos, realizando esforço desnecessário.

Assim como o interessado, a Administração também está autorizada a produzir e a exigir provas que repute relevantes para esclarecer os fatos e para realizar sua missão de promover e tutelar interesses públicos primários. Definida como poder de agir de ofício baseado na indisponibilidade dos interesses públicos, a **oficialidade** é reconhecida pela legislação na fase instrutória.

De um lado, esse princípio processual confere ao órgão público o poder de trazer aos autos provas pertinentes e necessárias, mesmo quando não solicitadas pelo interessado. Os art. 32 e 33 da LPA federal reforçam a oficialidade ao permitir que o órgão de instrução abra audiências e consultas públicas. Já os art. 42 e 43 lhe autorizam a solicitar laudos e pareceres. De outro lado, a Administração tem o poder de solicitar informações e provas aos interessados e a terceiros, como fica evidente nos art. 39 e 40. O princípio da cooperação também vale para os interessados, que, nos termos do art. 4º da LPA, devem expor os fatos conforme a verdade, agir com lealdade e boa-fé, além de "prestar as informações que lhe forem solicitadas e colaborar para o esclarecimento dos fatos". Contudo, esses mandamentos precisam ser interpretados de modo sistemático, inclusive levando em conta o direito à não produção de prova contra si mesmo.

19.6.3 Provas vedadas e legalidade instrutória

As provas são essenciais para comprovar fatos que sustentam certa alegação, interesse ou direito relevante ao desfecho processual. No entanto, o ordenamento impõe limites ao uso de provas, seja para garantir a duração razoável do processo, seja para evitar que, ao se defender, os interessados ou a própria Administração Pública atuem de modo maquiavélico, cometendo ilegalidades gravosas ou tumultuando o processo. A instrução submete-se à legalidade. Por isso, não podem ser empregadas no processo administrativo as provas vedadas pela legislação, a saber:

- As **provas ilícitas** (art. 30 da LPA federal e art. 5º, LVI, da CF). O dispositivo constitucional dispõe serem "inadmissíveis, no processo, as provas obtidas por meios ilícitos". A vedação atinge tanto os processos judiciais, quanto os administrativos nas suas mais diversas modalidades. Além disso, abrange provas ilícitas por violação do direito material ou processual, bem como as que derivam das ilícitas. A contaminação das provas derivadas e sua necessidade de vedação é fundamentada na *"teoria dos frutos da árvore envenenada"*, reconhecida pelos Tribunais brasileiros (STF, HC 69.192-RS e STJ, ROMS 8.327-MG). Note, porém, que existe uma tendência de relativizar a vedação das provas ilícitas a partir de juízos de razoabilidade e do princípio do interesse público, tal como se vislumbra em certos julgados do STJ (RMS 6.129/RJ);

- As **provas impertinentes** (art. 38, § 2º da LPA). Aqui se incluem as provas desvinculadas dos fatos e da matéria debatida no processo administrativo. Trata-se de provas incabíveis, desconexas, sem qualquer relação lógica com as alegações e os fatos em discussão, razão pela qual não contribuem para a tomada da decisão;

- As **provas desnecessárias** (art. 38, § 2º da LPA). Essas provas diferem das impertinentes, porque, a princípio, guardam relação com a matéria processual. No entanto, elas não geram contribuição relevante. Exemplos disso se vislumbram: (a) em provas repetidas, como documentos já constantes dos autos ou (b) em provas redundantes, como a oitiva de testemunhas para averiguar fatos que já foram comprovados por confissão e por gravações. De acordo com o CPC (art. 374), cuja lógica se estende aos processos administrativos nesse assunto, independem de provas os fatos notórios; os afirmados por uma parte e confessados pela outra; os admitidos no processo como incontroversos e aqueles em cujo favor milita presunção legal de existência ou de veracidade. As provas sobre esses fatos são desnecessárias, devendo ser recusadas; e

- As **provas meramente protelatórias** (art. 38, § 2º, da LPA). Praticamente todas as provas geram algum impacto temporal sobre o andamento do processo e nisso não há qualquer problema. No entanto, certas provas são trazidas aos autos com puro intuito de atrasar o andamento processual, não se mostrando pertinentes, nem necessárias. *A contrario sensu*, se a prova gerar impacto na duração processual, mas for necessária, pertinente e lícita, não poderá ser recusada, pois a duração razoável do processo administrativo, consagrada na Constituição (art. 5º, LXVIII) não se sobrepõe à garantia fundamental de defesa dos interessados.

Toda e qualquer prova que se enquadre numa das quatro categorias referidas pelo art. 39, § 2º da LPA federal deverá ser recusada. Caso já tenha ingressado nos autos, necessitará ser desentranhada quando possível ou ignorada na tomada da decisão. Provas vedadas são ineficazes. Porém, com o objetivo de evitar arbitrariedades e cerceamento de defesa, o art. 38, § 2º da LPA exige motivação da recusa de provas. A princípio, a decisão de recusa caberá às autoridades responsáveis pela instrução, mas poderá ser revista, por força dos princípios da hierarquia e do formalismo mitigado, pela autoridade decisória. Já o interessado poderá interpor, contra a recusa, pedido de reconsideração, recurso hierárquico ou recorrer ao Judiciário.

A recusa não é faculdade, mas um poder dever do Estado destinado a garantir a legalidade e a duração razoável da instrução. A omissão da autoridade pública em recusar provas vedadas configurará omissão ilegal, deflagrando inúmeros efeitos, como punições disciplinares e, em casos mais graves, crime de prevaricação. Já o ente público se sujeitará a eventual responsabilização civil por danos resultantes de decisão baseada em provas vedadas. A seu turno, dependendo da gravidade da ilicitude instrutória, a decisão restará viciada e poderá ser nulificada quando incabível a convalidação.

19.6.4 Informalismo, momento da instrução e prova emprestada

O informalismo (ou formalismo mitigado) confere ao processo administrativo alto grau de flexibilidade, inclusive na fase de produção de provas, salvo quando houver norma especial a determinar maior rigidez e formalismo. Esse princípio gera relevantes impactos seja em relação ao momento da instrução, seja quanto ao uso de provas.

Embora os processos administrativos geralmente sejam conduzidos por um órgão específico de instrução que não se confunde com o de decisão, o esgotamento da fase de instrução com a entrega do relatório final não impede que, posteriormente, os interessados ou a Administração Pública busquem retomar a produção de provas. Em outras palavras, os órgãos de julgamento e de recurso podem aceitar a instrução realizada, juntar novas provas ou devolver os autos, solicitando complementação de provas ao órgão responsável pela instrução.

Sempre que novos elementos probatórios forem trazidos aos autos, inclusive fora da fase de instrução propriamente dita, será necessário garantir o contraditório e a ampla defesa a todos os interessados. Note bem: não basta garantir que o interessado se manifeste sobre a prova! Ele tem direito a acompanhar sua produção em certas situações. Nesse sentido, o art. 41 da LPA federal dispõe que o interessado será intimado para acompanhar a inquirição das testemunhas e a realização de diligências.

Outra consequência do princípio do informalismo e da **economia processual**, relacionado à eficiência da ação estatal, consiste na possibilidade de emprego de prova emprestada no processo administrativo. É possível que os órgãos públicos da Administração compartilhem provas, salvo na presença de vedação legal em contrário – como se vislumbra, por ilustração, em relação a provas obtidas para a celebração de acordos de leniência. É igualmente possível que se busquem provas contidas em procedimentos ou processos judiciais.

O STJ tem firme entendimento acerca da admissibilidade das provas judiciais emprestadas, mas desde que se respeitem a ampla defesa e o contraditório. Uma interceptação telefônica contida em inquérito policial poderá ser empregada no processo administrativo disciplinar, desde que o servidor acusado tenha acesso às transcrições do diálogo e às gravações, podendo manifestar-se sobre elas (STJ, MS 15.321/DF). Ainda sobre o tema, a **Súmula n. 591** do STJ dispõe ser "permitida a '**prova emprestada**' no processo administrativo disciplinar, desde que devidamente autorizada pelo juízo competente e respeitados o contraditório e a ampla defesa". A partir desses posicionamentos judiciais e dos princípios administrativos, a prova emprestada se mostra aceitável no processo administrativo, mas desde que (i) seja lícita, necessária e pertinente e (ii) o empréstimo se harmonize com a ampla defesa.

19.6.5 Participação popular: audiências e consultas públicas

Em complemento à produção de provas documentais, periciais, testemunhais, entre outras, o processo administrativo se abre frequentemente a contribuições da população por meio de audiências, consultas e conferências. Ao mesmo tempo em que torna mais transparente o processo decisório estatal, a participação popular contribui com a elaboração de decisões administrativas mais sólidas, estáveis, efetivas e menos sujeitas a questionamentos. As justificativas para esses efeitos positivos são simples: as manifestações do povo auxiliam os agentes públicos a entenderem os fatos envolvidos no processo com mais profundidade e tomar decisão mais acertada. Ao mesmo tempo, a participação abre espaço para que a população conheça os elementos que guiarão a decisão, permitindo que compreenda os motivos dos posicionamentos estatais.

Por esses e outros benefícios, andou bem o legislador ao consagrar na LPA federal a consulta pública e a audiência pública como mecanismos gerais de instrução mediante participação popular. Essas técnicas foram repetidas com bastante destaque na LINDB, na Lei Geral de Agências Reguladoras federais, na Lei de Licitações, no Estatuto da Cidade, na legislação do SUS e do SISNAMA, entre outros diplomas relevantes. A análise dessas várias leis permite que se extraiam algumas conclusões gerais sobre o tema:

(i) A utilização de mecanismos de participação popular é ora discricionária (como se verifica nas regras da LPA e da LINDB), ora obrigatória ou vinculada (como se verifica nas políticas ambientais e urbanísticas). Quando vinculada, a ausência da participação popular na fase de instrução configurará vício capaz de nulificar a decisão final;

(ii) A participação popular na instrução se vale de diferentes instrumentos, de uso cumulativo ou isolado. As audiências e as consultas públicas são os mais comuns, mas sem prejuízo de outros, como as conferências, encontros e grupos de trabalho;

(iii) A forma de participação escolhida é discricionária, salvo quando a lei determinar um instrumento específico;

(iv) A participação popular é aberta a qualquer pessoa, física ou jurídica, a despeito de relação direta anterior com o processo administrativo. Como já se explicou, os participantes não se confundem com os interessados, ainda que estes possam também comparecer a expedientes de participação popular;

(v) Independentemente do instrumento, as participações não costumam ser vinculantes. Elas geram contribuições quanto à compreensão do objeto do processo, mas não substituem o dever de o agente público tomar a decisão baseando-se em todos os elementos de provas e na ponderação de direitos fundamentais e interesses públicos primários. Em verdade, a vinculação raramente seria possível, pois é comum o dissenso entre os participantes. Tampouco seria recomendável, já que nem sempre as manifestações refletem fielmente todos os grupos de interesses, sociais e econômicos; e

(vi) Apesar do reconhecimento da participação por inúmeros instrumentos em várias leis, o ordenamento prescinde da sistematização clara dos direitos dos participantes no processo administrativo, embora seja claro, como dito, que eles não se confundem com os interessados.

Sob essas circunstâncias, ao menos dois aspectos merecem desenvolvimento doutrinário. O primeiro diz respeito aos direitos dos participantes e a diferenciação de sua posição jurídica em relação aos interessados no processo administrativo. O segundo se refere à compreensão das características básicas de instrumentos de participação popular, devendo-se conferir atenção especial às audiências e às consultas públicas pelo fato de estarem diretamente disciplinadas na LPA federal e aparecerem com frequência na legislação que trata da participação.

A definição da posição jurídica e dos direitos dos participantes foi tratada neste capítulo ao se abordar os atores processuais. Conforme se demonstrou, a LPA federal (art. 31, § 2º) é explícita ao dizer que a participação de pessoa física ou jurídica ao processo administrativo não lhe confere a condição de verdadeiro interessado (nos termos do art. 9º da lei). Disso resulta que os **direitos dos participantes** não equivalem aos dos interessados. Como dito, seus direitos circunscrevem-se basicamente a: (i) direito de acesso aos autos; (ii) direito de manifestação, oral nas audiências públicas e escrita nas consultas; (iii) direito à consideração das manifestações, ou seja, de que a autoridade a pondere ao lado das demais provas na tomada da decisão e (iv) o direito de obter resposta, individualizada ou comum. Esses direitos são da essência da participação popular e sem eles não há participação possível nem adequada. Por isso, salvo em situações específicas, deverão ser respeitados em sua integralidade.

Verificados os direitos básicos dos participantes, resta saber quais são e como funcionam os dois principais mecanismos de participação popular no processo administrativo: a audiência pública e a consulta pública.

A **audiência pública** consiste em sessão de explicação e debates sobre temas relevantes do processo administrativo (art. 32 da LPA federal). Essa sessão ocorre de maneira presencial ou virtual. Em qualquer caso, é importante que nela se permita, na presença das autoridades responsáveis pela condução do processo, a discussão oral de aspectos importantes para a tomada da decisão, incluindo suas alternativas e suas consequências. Ao longo dos debates, os participantes exercerão seu direito de manifestação mediante apresentação de indagações, recomendações, críticas e elogios. Nem sempre, porém, a garantia da participação se viabilizará em uma única sessão. Para se elevar e se diversificar a participação em processos mais complexos e impactantes sobre a vida da população, é geralmente imprescindível que se realizem várias audiências sequenciais, em locais, datas e horários distintos.

Em comparação com a audiência, a **consulta pública** é marcada pela participação escrita em papel ou em formato digital. Por consequência, seu trâmite costuma se alongar, tornando-a, no geral, adequada para contribuições mais detalhadas. Isso explica a utilização bastante frequente das consultas em processos de edição de atos normativos ou de atos administrativos com destinatários coletivos. Nesse sentido, de acordo com a LPA federal (art. 31), "quando a matéria do processo envolver *assunto de interesse geral*", o órgão competente "poderá" realizar a consulta mediante despacho motivado. A LINDB (art. 29) segue essa lógica, porém de forma pouco mais restritiva, já que recomenda a consulta pública tão somente para atos normativos. A LPA tem efeitos mais abrangentes que a LINBD na medida em que sugere a consulta para processos de interesse da coletividade, incluindo os de preparação de atos normativos, mas sem neles se esgotar. Essa abertura normativa é relevante, pois a Administração Pública toma decisões que, apesar de concretas, deflagram grande impacto, a exemplo de certas licenças ambientais e urbanísticas.

Em várias leis especiais, a consulta também recebe destaque. A Lei Geral de Agências da União (art. 9º, *caput*) torna obrigatória a realização de consulta em processo administrativo pelo qual o conselho diretor ou a diretoria colegiada do regulador cria ou modifica atos normativos de interesse geral dos agentes econômicos, consumidores ou usuários de serviços públicos. Esse comando é ainda mais restritivo que o da LINDB, pois trata apenas de "atos normativos de interesse geral". A esse despeito, é mais rígido, porque não prevê faculdade, mas sim dever de garantir a participação popular nas referidas hipóteses. Ademais, a Lei das Agências avança ao prever prazos de divulgação e de encaminhamento das participações, bem como o dever de a Administração disponibilizar à sociedade, inclusive na internet, o relatório de Avaliação de Impacto Regulatório – AIR, os estudos, dados e material técnico empregado como fundamento das propostas de normatização.

19.6.6 Provas periciais: laudos e pareceres

As provas periciais envolvem basicamente laudos e pareceres. Em comum, elas envolvem apreciações de situações fáticas a partir de um olhar marcado pela tecnicidade. Isso exige que sejam elaboradas por profissional ou equipe de profissionais com evidente especialização em determinado área de conhecimento. Esses profissionais são chamados a se manifestar expressa e formalmente sobre situações essenciais ao esclarecimento dos fatos e, no geral, respondem a quesitos apresentados pelos interessados ou pela Administração.

A LPA não define nem diferencia os pareceres e laudos. No entanto, entendo que os laudos são provas periciais de caráter mais objetivo, elaborados por profissionais de ciências exatas ou biológicas. Já os pareceres, como o próprio nome explicita, caracterizam-se por maior grau de subjetividade, como se vislumbra em pareceres jurídicos ou econômicos. Apesar da maior ou menos abertura a subjetivismos, fato é que ambos devem se basear na ciência, nas técnicas reconhecidas e aceitáveis. Devem ser responsavelmente elaborados por profissionais habilitados, internos ou externos à Administração Pública, e que atuem de modo neutro e técnico. Conquanto o interessado possa custear essas provas, isso não autoriza o profissional incumbido da tarefa a "vender" ou "distorcer" a ciência, sem prejuízo, porém, de sustentar posicionamentos minoritários ou divergentes dos consolidados.

A legislação de processo administrativo exige laudos e pareceres em inúmeros momentos e com diferentes características. Em termos mais abstratos, a LPA federal classifica essas provas periciais segundo dois critérios: o da obrigatoriedade e o da vinculatividade.

O primeiro critério permite diferenciar os pareceres obrigatórios dos meramente facultativos. Os **pareceres obrigatórios** devem ser produzidos e inseridos nos autos sob pena de nulidade da decisão. Não há discricionariedade para que as autoridades de instrução escolham se os solicitarão ou não. Trata-se de prova vinculada, cuja ausência no processo configura vício. Exemplo disso é o parecer jurídico para a abertura de licitações (art. 53 da LLic). Salvo em situações excepcionais, sem a apreciação jurídica prévia, o edital restará formalmente viciado e poderá ser anulado.

Apesar de existirem pareceres obrigatórios, no geral, eles são facultativos, ou seja, as autoridades os solicitam conforme um juízo de conveniência e oportunidade. No exercício da discricionariedade, podem entender que o parecer é desnecessário à luz do conjunto probatório ou que é útil para esclarecer fatos que permeiam o processo. Creio, porém, que o ordenamento brasileiro tende a tornar a solicitação de pareceres cada vez mais frequente, mesmo quando facultativos. Isso se deve não somente à consagração legislativa do dever de planejar e de pré-avaliar potenciais consequências das decisões administrativas, como também ao desejo popular por mais eficiência e profissionalismo na Administração Pública.

O segundo critério de classificação doutrinária diz respeito não à necessidade do parecer nos autos, mas sim à vinculação ou não do órgão decisório às conclusões apresentadas pelo perito ou pelo parecerista. A partir desses critérios, separam-se os pareceres vinculantes e os meramente opinativos. Os **vinculantes** impõem que a decisão administrativa leve em conta suas conclusões, salvo quando houver prova suficiente forte para sustentar uma divergência. Já os **meramente opinativos** trazem informações não vinculantes, ou seja, contêm meras recomendações técnicas a partir da ciência. De maneira geral, na prática, é difícil identificar se determinado parecer tem natureza vinculante ou opinativa, pois a legislação raramente traz essa informação. Na ausência de norma, respostas deverão ser extraídas por analogia, princípios gerais e pela interpretação sistemática e teleológica de cada lei.

A diferença entre pareceres obrigatórios, facultativos, vinculantes ou meramente opinativos mostra-se importante na prática seja para se definir o grau de discricionariedade dos órgãos de instrução e de decisão, seja por outros aspectos relativos. A respeito da condução processual, a LPA indica que a emissão de parecer obrigatório deverá ocorrer em 15 dias (art. 42). Esse prazo aceita alargamento por norma especial ou necessidade do órgão consultivo. Se o parecer for obrigatório e vinculante, o processo deverá ser suspenso caso não seja juntado aos autos no prazo, sem prejuízo da responsabilidade do agente que ocasionou o atraso. Porém, se o parecer for obrigatório, mas opinativo, o processo poderá seguir caso ele não seja juntado dentro do prazo.

A LPA dá solução divergente para os laudos ao afirmar que, diante do descumprimento do prazo, o órgão de instrução deverá buscar outro consultor com qualificação e capacidade técnica equivalentes (art. 43). Entendo, porém, que a busca de consultor alternativo e substituto não é faculdade restrita apenas ao laudo. Quando cabível, essa medida também se aplicará diante do descumprimento de prazo para emissão de parecer, já que o atraso na juntada dessas peças técnicas pode gerar prejudica a duração razoável do processo.

19.6.7 Alegações e relatórios finais

Além de a legislação exigir que a Administração Pública garanta aos interessados no processo administrativo o direito de produção de provas (art. 29, 36 e 38 da LPA federal), o direito de acompanhamento de provas (art. 41) e o direito de acesso (por vista, cópias ou certidões - art. 45 da LPA), é preciso que se lhes confira a possibilidade de apresentar manifestações finais ao término da instrução e antes da emissão do relatório final (art. 44 da LPA).

Apresentadas a juízo do interessado após intimação realizada pelo órgão de instrução, as manifestações finais conterão o reforço das alegações do interessado a partir das provas juntadas aos autos, bem como eventuais apontamentos de irregularidade na instrução.

Com base no conjunto probatório e levando em conta as peças de defesa, inclusive as manifestações finais, passa-se então à elaboração do **relatório final** pelo órgão de instrução – sempre, naturalmente, que ele não se confundir com o órgão decisório. Esse relatório tem a natureza de declaração e parecer administrativo. Nele, o órgão de instrução indicará o pedido, o conteúdo das fases do procedimento, fará a descrição e a apreciação dos elementos probatórios e apresentará proposta de decisão, objetivamente justificada (art. 47). O relatório deverá considerar todas as provas, principalmente as juntadas pelo interessado. Esse direito de consideração das provas na motivação resulta expressamente do art. 38, § 1º da LPA federal.

Ressalte-se que o relatório final é peça obrigatória somente nos processos em que o órgão de instrução não se confunde com o órgão de decisão. Se as tarefas de instrução e de decisão incumbirem ao mesmo órgão, será necessário intimar o interessado para manifestações finais, mas não se elaborará relatório final obrigatoriamente. Aqui, juntadas as manifestações finais, o órgão decisório, monocrático ou colegiado, poderá decidir de imediato.

Vale advertir que o trâmite aqui descrito está baseado na LPA federal, que é lei de normas básicas criadas para a Administração Pública da União. Essas normas não se aplicarão na presença de normas especiais que contenham disposições em sentido contrário. Já no âmbito dos Estados e Municípios, além de se verificar a existência de norma especial, é preciso observar a existência de lei geral de processo administrativo estadual ou local, caso em que a LPA federal somente incidirá em caso de lacuna por meio de analogia.

19.7 FASE DECISÓRIA

19.7.1 Características e tipologia das decisões

No desempenho de suas incontáveis tarefas, as entidades que compõem a Administração Pública praticam decisões e outros atos que buscam prepará-las ou executá-las. Quando se fala de **decisão administrativa**, quer-se referir aos tipos de atos, monocráticos ou colegiados, com conteúdo concreto ou abstrato, que tratam de certa questão da vida e, ao fazê-lo, criam, modificam ou extinguem direitos, faculdades e deveres, de natureza individual ou transindividual.

Dentro da categoria de decisões, incluem-se os atos administrativos, de natureza concreta, ora gerais, ora individualizados, e os atos normativos, de natureza abstrata (ou seja, universal quanto ao assunto) e geral (universal quanto aos sujeitos). Isso revela que a decisão administrativa é multifacetada, plural. Ela se manifesta por atos bem diferentes, envolvendo desde os que aprovam um regimento ou um regulamento até os que expedem licenças, autorizações, admissões, ou aplicam sanções contra determinado sujeito. Embora diferentes na forma e no conteúdo, todos esses atos têm em comum a produção de efeito jurídico sobre a esfera de direitos de uma ou mais pessoas.

Em condições normais, a decisão administrativa ocorre ao final do processo, depois de realizada a instrução. No entanto, certas situações requerem decisões antes do processo ou ao longo de seu curso. Essas decisões antecipadas ocorrem ora por motivo de urgência, ora pela necessidade de se adiantar o provimento final.

As decisões urgentes e cautelares servem para que a Administração tutele interesses públicos primários e direitos fundamentais antes ou ao longo do processo. Em condições normais, as **decisões cautelares** são expedidas após a oitiva dos interessados. No entanto, a LPA permite excepcionalmente a decisão *inaudita altera parte* (sem a prévia manifestação do interessado), desde que se mostre necessária para afastar um "risco iminente" (art. 45). A elevada chance de ocorrência de eventos que causem prejuízos irreparáveis ou de difícil reparação a direitos fundamentais ou interesses primários pede que a Administração tome decisões protetivas de imediato, caso em que a manifestação do interessado somente se dará após a expedição do mandamento, e não antes, como se impõe em situações ordinárias.

Além das decisões cautelares, ou de urgência, há decisões provisórias, que antecipam o mérito do pedido. A LPA federal não trata dessa modalidade, mas ela é corriqueira em inúmeras entidades. Por exemplo, nas universidades públicas, é comum que o presidente de certo órgão colegiado pratique, a pedido do interessado, a chamada decisão *ad referendum*. Com isso, a autoridade antecipa o julgamento do pedido, condicionando-se a manutenção de seu ato à confirmação pelo órgão colegiado. No direito administrativo da concorrência, também se verifica algo semelhante. O conselheiro relator de ato de concentração econômica está autorizado a aprová-lo de modo liminar. O Tribunal Administrativo do CADE, ao final do processo de controle de concentração, manifesta-se sobre a decisão do conselheiro no sentido de confirmá-la ou afastá-la. As decisões provisórias ou liminares são sempre precárias, ou seja, revogáveis a qualquer tempo, seja pela autoridade que a expediu, seja pelo órgão colegiado competente para proferir a decisão definitiva na esfera administrativa.

19.7.2 Decisões coordenadas[75]

A Lei n. 14.210/2021 inseriu o Capítulo XI-A na LPA federal (art. 49-A a 49-G).[76] De acordo com o art. 49-A, *caput*, na Administração Pública Federal, as decisões

---

75. Esse item retoma parte da exposição crítica sobre o art. 49-A apresentado em: MARRARA, Thiago. Coordenação administrativa e decisão coordenada: reflexões e lamentos sobre as mudanças da Lei de Processo Administrativo federal. In: CABRAL, Antonio do Passo; MENDONÇA, José Vicente Santos. *Decisão administrativa coordenada*. São Paulo: JusPodivm, 2022, p. 122-128.
76. Sobre as origens e inspirações para inserção do instituto na LPA, cf. BINENBOJM, Gustavo; CYRINO, André. A decisão coordenada: notas e reflexões iniciais. In: CABRAL, Antonio do Passo; MENDONÇA, José Vicente Santos. *Decisão administrativa coordenada*. São Paulo: JusPodivm, 2022, p. 10-18.

poderão ser tomadas de maneira coordenada sempre que exigirem participação de "3 (três) ou mais setores, órgãos ou entidades". Para tanto, é preciso que: (i) a coordenação se justifique pela relevância da matéria e (ii) haja discordância capaz de prejudicar a celeridade do processo administrativo. Esse primeiro dispositivo legal aponta que a *"decisão coordenada"* envolve a faculdade de decidir em conjunto assuntos administrativos que se mostrem relevantes e possam ensejar dissensos.

Apesar de ser clara a ideia, o art. 49-A, § 1º, trata a decisão coordenada de modo confuso, definindo-a como "**instância** (sic) de natureza interinstitucional ou intersetorial que atua de forma compartilhada com a finalidade de simplificar (sic) o processo administrativo mediante participação de todas as autoridades e agentes (sic) decisórios e dos responsáveis pela instrução técnico-jurídica (sic), observada a natureza do objeto e a compatibilidade do procedimento e de sua formalização com a legislação pertinente" (g.n.).

Essa definição legal contém, ao menos, três problemas evidentes. O primeiro é a explicação extremamente longa e prenhe de atecnias. Leis devem ter redação clara, objetiva, concisa, utilizando termos no seu sentido técnico e de maneira precisa. O segundo problema são os erros jurídicos. Decisão não é instância. Um conceito não se confunde com o outro. Decisão é ato, concreto ou normativo, que afeta esferas de direitos, enquanto "instância" é plano organizacional com competência processual e decisória. O texto, por isso, não cumpre seu principal papel. Define sem definir. Não esclarece se a faculdade da decisão coordenada é técnica de unificação decisória, de vinculação ou de mera aproximação.

A definição legal revela, ainda, um terceiro problema ao confundir o papel da coordenação administrativa com o da simplificação processual. O objetivo da decisão coordenada consistiria em gerar coordenação ou tornar o processo mais simples? Essa pergunta é relevante, pois coordenar não é sinônimo de simplificar. Não raramente, a coordenação gera complexidade procedimental, custos adicionais, alguma lentidão e restrições à discricionariedade, impondo o uso intensivo de ferramentas de comunicação, diálogo e harmonização das condutas de inúmeros sujeitos envolvidos.

Além desses aspectos, o art. 49-A, § 4º e 5º, aponta que a decisão coordenada não exclui a responsabilidade dos órgãos ou autoridades participantes, nem deve ocorrer sem observância de princípios como a legalidade, eficiência e transparência. A previsão é desnecessária, já que o processo administrativo sempre se sujeita a princípios constitucionais e basilares do direito administrativo. Não há dúvida de que a LPA se submete à Constituição, inclusive no tocante à responsabilidade extracontratual daqueles que conduzem o processo e nele decidem.

A LPA traz vedações para o uso da decisão coordenada em licitações, processos sancionatórios e em processos de autoridades de Poderes distintos (art. 49-A, § 6º). As razões dessas limitações são obscuras, sobretudo quando se considera que o instituto é de emprego facultativo. Ademais, a própria Lei de Licitações fala de centralização de compras e procedimentos conjuntos como mecanismo de coordenação e cooperação (art. 181). Nessa matéria, a LLic se mostra muito mais avançada que a LPA modificada em 2021, já que aparentemente não concede uma faculdade de coordenação, impondo verdadeiramente um dever.

Causa maior de perplexidade, porém, a vedação da decisão coordenada no campo do direito administrativo sancionador. É público e notório que um dos assuntos que necessitam de reforma urgente na LPA federal é o art. 68, que trata do poder punitivo da Administração de maneira superficial e precária. Esse artigo deveria conter os pilares fundamentais do direito sancionador, mas não o faz, ocasionando gravíssimas disfunções. De um lado, multiplicam-se sanções e processos administrativos de responsabilização baseados em um mesmo e único comportamento, afastando a proibição do *bis in idem* da prática do direito administrativo. De outro, não raramente, processos administrativos dedicados a um mesmo comportamento desembocam em decisões conflitantes, elevando a graus inaceitáveis a insegurança jurídica. Por esses e outros problemas, a LINDB dedicou normas ao direito administrativo sancionador (art. 22, § 1º a 3º), enquanto a Lei de Improbidade atualizada em 2021 (art. 3º, § 2º) e a LLic (art. 159) passaram a tratar do assunto da coordenação decisória com técnicas claras de unificação. Na contramão do direito positivo e da doutrina, a LPA federal reformada veda a decisão coordenada nessa seara.

Estendendo suas vedações, em contradição ao que formalmente diz estimular, o art. 49-A, § 6º da LPA ainda proíbe a decisão coordenada entre autoridades de diferentes Poderes. As razões para tanto são igualmente obscuras. Por que temer que órgãos do Judiciário adotem decisões coordenadas com autoridades do Ministério Público em temas administrativos? A Constituição afirma que os poderes são independentes, mas devem atuar de maneira harmônica entre si. Como a decisão coordenada é técnica de promoção da harmonia e da coerência nas funções administrativas, exercidas em maior ou menor medida por todos os três Poderes, inexiste motivo para vedar o instituto nas relações entre eles. Além de injustificável, a norma do § 6º contradiz o § 1º, que valoriza a coordenação numa perspectiva intersetorial. E essa intersetorialidade não pode ser pensada apenas no âmbito do Executivo. Cada vez mais, órgãos de controle judicial e legislativo assumem o papel de reguladores indiretos, influenciando decisivamente as ações de entes especializados do Executivo, daí a importância de que possam se unir nas tarefas de coordenação, a despeito das divisões orgânicas de Poderes.

Esses e outros problemas passam a impressão de que a Lei n. 14.210 não foi fruto do necessário debate e preparação entre especialistas em processo administrativo. Essa impressão negativa é reforçada pela leitura de outros artigos com erros técnico-conceituais. Exemplo disso se vislumbra no art. 49-B, segundo o qual os interessados – verdadeiras partes do processo administrativo conforme indica o art. 9º da LPA – deverão solicitar sua habilitação para participar na decisão coordenada e que, quando aceitos, figurarão no desenvolvimento da coordenação como "ouvintes".

Da forma como posto, o art. 49-B abre espaço para a interpretação de que as autoridades competentes poderão, se desejarem, conferir ou não direito de defesa e manifestação ao interessado durante a coordenação decisória. Ocorre que interessados, como verdadeiras partes, não se confundem com ouvintes. Interessado é conceito técnico ancorado no art. 9º da LPA. Em linha com a Constituição (art. 5º, LV), são seus direitos: acompanhar os atos processuais; acessar os elementos que influenciam a decisão; contraditar e se defender diante de todos os argumentos, fatos e argumentos que possam afetar o processo e, assim, atingir sua esfera de direitos e interesses tutelados.

O extenso art. 49-G da LPA esclarece que a conclusão dos trabalhos da decisão coordenada será consolidada em ata (...)", a ser publicada no Diário Oficial da União. É preciso interpretar o dispositivo com cautela. Não é apenas a conclusão que necessita constar de ata. Todos os atos dos processos administrativos, por envolverem direitos e interesses dos interessados, devem ser documentados nos autos. Dessa maneira, qualquer sessão realizada pelos órgãos envolvidos para construir decisão coordenada deverá ter seu curso aberto aos interessados e seu resultado divulgado em ata, ainda que não se trate da conclusão dos trabalhos. Não é lícito que sessões várias sejam realizadas de maneira secreta, sem a transparência que o devido processo impõe. Isso significa que a decisão coordenada poderá envolver inúmeras sessões e, por conseguinte, várias atas, não apenas uma, relativa à decisão final.

Além disso, o art. 49-G causa estranheza, quando cotejado juntamente ao art. 49-A, por determinar que a ata conterá a "decisão de cada órgão ou entidade relativa à matéria sujeita à sua competência". Esse trecho gera dúvida sobre se a decisão coordenada impõe unificação, vinculação ou aproximação decisória. Ao apontar que a ata conterá as decisões das autoridades participantes, o artigo transmite a ideia de que a decisão coordenada não representaria uma decisão unificada, senão um conjunto de decisões aproximadas, construídas por diálogo entre os órgãos competentes envolvidos mediante encontros em sessões formais, mas editadas e publicadas por ata única e comum a todos, sem prejuízo das responsabilidades individualizadas.

Em síntese, a decisão coordenada foi criada e inserida na LPA federal por bons propósitos, mas o texto legal peca pela baixa qualidade técnica, por falta de clareza sobre o procedimento decisório coordenado, bem como por inúmeras limitações desnecessárias. Seria ideal que o legislador revisasse a LPA federal para aprimorar o instituto, melhorar sua disciplina normativa e expandi-lo diante de sua importância.

19.7.3 Motivação da decisão

Coordenada ou não, a decisão administrativa necessita conter os motivos que a sustentam, inclusive uma análise preditiva ou de futuro (art. 20 da LINDB).

Motivar nada mais é que explicitar as razões, ou melhor, expor: (i) motivos fáticos, como eventos ou comportamentos, passados ou presentes; (ii) motivos jurídicos, ou seja, regras e princípios, além de (iii) um prognóstico, isto é, as consequências que se espera produzir, sobretudo em comparação com as alternativas decisórias disponíveis. Não basta decidir, é preciso explicar ao destinatário, à sociedade e aos órgãos de controle esses três conjuntos de razões pelas quais se chegou à decisão. A falta dessa explicitação constitui vício de forma capaz de inviabilizar a ampla defesa, a transparência administrativa e a legalidade.

Retomando parte do que afirmei no volume 1 deste manual acerca do tema, a motivação necessita ser clara, congruente e geralmente prévia à determinada ação ou inação estatal. A clareza pede que se apontem os motivos de maneira concreta, vinculada à realidade, isenta de vagueza ou abstração desnecessárias, em forma acessível a todo e qualquer interessado, sempre que possível, a despeito de sua formação técnica. A congruência indica a necessidade de harmonia e coerência entre os motivos utilizados. E a anterioridade consiste na necessidade de indicar os motivos da decisão antes de se executá-la, determinação que, porém, aceita ressalvas, por exemplo, em relação a medidas cautelares urgentes.

A exposição dos motivos acompanha uma decisão jurídica formal, escrita ou oral, presencial ou virtual, monocrática ou colegiada. Nas decisões orais relevantes, a motivação deverá se condensar em termo escrito ou em ata. Mandamento semelhante vale para a motivação da decisão tomada por órgãos colegiados (como conselhos e comissões), em que os motivos se embaralham nos debates de seus membros. Em circunstâncias como essas, cabe reduzir à ata os argumentos aceitos pela maioria do colegiado como fundamentos decisórios. Dela também deverão constar pontualmente os argumentos de divergência, pois isso permitirá identificar a responsabilidade de cada membro do colegiado por decisões ilegais ou abusivas.

Na Administração federal, a LPA intenta compatibilizar a motivação com a eficiência, a celeridade e a economia processual por meio de algumas regras. Nessa linha, por exemplo, autoriza que a motivação consista em declaração de concordância com fundamentos contidos em pareceres, propostas ou outros atos opinativos anteriores à prática do ato. Viabiliza, ainda, o uso de instrumento mecânico para reprodução dos fundamentos das decisões diante de vários assuntos da mesma natureza, contanto que a padronização não prejudique direito dos interessados (cf. art. 50, § 1º e 2º).

A importância da motivação aumenta conforme se eleva o grau de discricionariedade e o conteúdo restritivo da medida estatal, concreta ou normativa. Quanto mais opções houver à disposição do administrador, mais trabalho ele terá para comparar alternativas e explicar a escolha razoável no caso concreto. E quanto mais limitadora de direitos fundamentais for a medida eleita, mais relevante será sua motivação, pois as pessoas atingidas necessitarão conhecer as razões do Estado para exercer seu direito à ampla defesa.

Seguindo essa lógica, a LPA federal impõe a motivação de qualquer decisão que negue, limite ou afete direito ou interesse, bem como dos que imponham ou agravem deveres, encargos e sanções (art. 50, I e II). A exigência também vale para a anulação, a revogação (art. 50, VIII) e outras espécies de atos restritivos indicados no referido dispositivo legal. O rol de atos previstos na LPA desempenha mero papel ilustrativo, de sorte que outros, nela não mencionados, podem igualmente exigir motivação abrangente.

Apesar de fundamental para os atos restritivos, a legislação não afasta a necessidade de motivação de atos benéficos. Tanto é assim que, ao tratar dos casos de motivação obrigatória, a LPA federal faz referências aos atos de convalidação (art. 50, VIII) e aos que dispensem ou declarem a inexigibilidade da licitação (art. 50, IV). Esses comandos mostram que atos benéficos, sobretudo com efeitos sobre interesses ou direitos de terceiros, também pedem motivação. Nisso se incluem decisões de concursos públicos, de licitações, de processos de seleção de toda natureza, como aqueles executados para a concessão de bolsas de estudos, seleção de alunos, distribuição de habitações, fomento e progressão de carreira.

19.7.4 Autovinculação ou proibição do "venire contra factum proprium".

Ao tratar da motivação, a LPA exige que a Administração se justifique sempre que, ao decidir, abstenha-se de "aplicar jurisprudência firmada sobre a questão" ou discrepe de "pareceres, laudos, propostas e relatórios oficiais" (art. 50, VII). Em outras palavras, os órgãos públicos estão autorizados a mudar sua interpretação ou entendimento, mas desde que expliquem a razão de abandonarem certa jurisprudência firmada em julgamentos anteriores. Mudanças arbitrárias são ilícitas.

A função dessa exigência legal de motivação por **divergência à jurisprudência** interna é simples. O legislador objetiva estimular a Administração a agir com coerência e evitar contradições sem motivo legítimo. Afinal, ao escolher seus comportamentos, os indivíduos levam em conta não somente a legislação, mas também a jurisprudência formada no âmbito dos órgãos públicos. A confiança que legitimamente criam a partir de decisões passadas e lícitas necessita ser protegida! Exatamente por isso, a LPA requer que a Administração cumpra sua palavra, atue de modo coerente e sem surpresas ou contradições inexplicáveis. Mais não é só isso. O art. 50, VII serve, ainda, para impedir o casuísmo e, pior, decisões arbitrariamente forjadas para beneficiar ou perseguir um ou outro.

Ao impor coerência decisória mediante respeito à jurisprudência interna, a LPA absorve a teoria da autovinculação, conhecida como teoria dos atos próprios ou proibição do *"venire contra factum proprium"*. Pelas razões já mencionadas, trata-se de instituto que expressa os princípios da moralidade, da impessoalidade, da segurança jurídica, da boa-fé e a proteção à confiança legítima. Conforme sustentei em estudo sobre o tema, se a Administração julgou situações anteriores num mesmo sentido, aceitável à luz da legalidade, é naturalmente esperado que mantenha o padrão decisório para casos futuros a não ser que disponha de justificativa legítima e válida para abandoná-lo ou para dele divergir.[77]

É possível tratar da autovinculação em dois cenários distintos. No primeiro, a Administração pratica duas ou mais decisões diferidas no tempo sobre o mesmo assunto em relação a *sujeitos variados*. No segundo, a Administração pratica duas ou mais decisões sobre o mesmo assunto em relação ao *mesmo sujeito*, ainda que em processos diferentes. A ambos os casos, incide o art. 50, VII da LPA federal, que demanda motivação especial sempre que certo padrão jurisprudencial consolidado for abandonado em novas decisões.

Ocorre que esse dispositivo se aplica diretamente apenas para a Administração Direta e Indireta da União. Para superar essa limitação da LPA e consagrar a teoria da autovinculação para a Administração brasileira em todos os níveis federativos, o Congresso inseriu o art. 30 na LINDB. Esse comando legal de aplicabilidade nacional impõe que as autoridades públicas atuem sempre no sentido de aumentar a segurança jurídica na aplicação das normas e, em seu parágrafo único, reconhece que súmulas administrativas, respostas a consultas e outros instrumentos análogos terão caráter vinculante em relação a órgão ou entidade a que se destinam até ulterior revisão.

Em primeiro lugar, o art. 30 da LINDB reconhece o dever de o Estado cooperar com todos aqueles que com ele se relacionam e necessitam de esclarecimentos de dúvidas e incertezas sobre a interpretação e aplicação do ordenamento jurídico. Em segundo, consagra os mecanismos de esclarecimento, como as súmulas e as respostas a consultas. Em terceiro – e aí está sua função mais relevante –, determina que a Administração aja coerentemente, de boa-fé, sem ignorar nem contradizer entendimentos e orientações formalizados no passado, sobretudo quando tenham estimulado o administrado a se comportar de um jeito ou outro a partir da crença legítima na manifestação estatal.

Assim como a LPA, a LINDB não impossibilita a Administração de criar entendimentos novos, ou seja, de abandonar entendimentos firmados em súmulas, consultas ou em sua jurisprudência. Entendo que isso se mostra possível em, ao menos, três situações: (i) quando a manifestação anterior não se aplicar ao caso atual por ser diferente daqueles que a fundamentaram ("*distinguishing*"); (ii) quando a manifestação anterior for ilegal ou (iii) quando tiver se formado de modo imoral, por exemplo, mediante corrupção para beneficiar o interessado de má-fé.

Porém, fora dessas situações excepcionais, os entendimentos da Administração, devidamente publicizados em súmulas, consultas e outros instrumentos análogos, vincularão futuras decisões até que sejam efetivamente revisados. Alerte-se que o

---

77. MARRARA, Thiago. A boa-fé do administrado e do administrador como fator limitativo da discricionariedade administrativa. In: MARRARA, Thiago (Org.). *Princípios de direito administrativo*, 2. ed. Belo Horizonte: Fórum, 2021, p. 321.

órgão público não estará apenas vinculado a decisões que ele mesmo proferiu no passado sobre o mesmo assunto, mas também a atos públicos de caráter opinativo e de orientação. Tudo isso mostra que a LINDB consagrou e ampliou a autovinculação que a LPA introduziu no ordenamento pátrio.

19.7.5 Súmulas vinculantes e decisões administrativas

A autovinculação não se manifesta apenas no plano interno das entidades públicas. Como parte do Estado, é fundamental que a Administração também leve em conta entendimentos que tenham se consolidado no âmbito do Judiciário. Nessa consideração, deve o administrador público dedicar especial atenção às Súmulas Vinculantes, como enunciados aprovados pelo Supremo Tribunal Federal e que contêm a representação de entendimento pacífico ou predominante acerca de determinada questão jurídica.

Conforme disposição do art. 103-A, § 1º da Constituição da República, introduzido pela Emenda Constitucional n. 45/2004, a Súmula Vinculante cuida da validade, da interpretação e da eficácia de normas determinadas e "acerca das quais haja controvérsia atual entre órgãos judiciários ou entre esses e a Administração Pública", acarretando "insegurança jurídica e multiplicação de processos sobre questão idêntica".

Sob o ponto de vista funcional, as Súmulas Vinculantes uniformizam as decisões dos Tribunais e da Administração Pública a respeito de uma questão jurídica no intuito de superar divergências de entendimento – tantos as internas ao Judiciário, quanto entre o Judiciário e a Administração. Ao tornarem públicos os posicionamentos em relação a tópicos controvertidos, as súmulas orientam o comportamento de todos os entes estatais e da sociedade, colaborando com a promoção da previsibilidade e, por conseguinte, da segurança jurídica. Por isso, o efeito vinculante do mandamento sumular não se restringe ao Judiciário. Ele também atinge a Administração Pública, direta e indireta, de sorte a comandar a prática de atos e processos administrativos e a prevenir novos conflitos sobre o tema já pacificado.

Essa vinculação da Administração ao instituto ficou clara em 2006, quando o Congresso aprovou a Lei n. 11.417/2006 e incluiu um terceiro parágrafo no art. 56 da LPA federal, além de nela inserir os art. 64-A e 64-B.

A importância prática do art. 56, § 3º, da LPA se compreende a partir de um exame das Súmulas Vinculantes editadas pelo Supremo. Muito dos enunciados até agora aprovados têm como destinatário direto órgãos competentes para o exercício de funções de ordem administrativa e dizem respeito, em boa parte dos casos, às relações da Administração com os agentes públicos, a temas de processo administrativo e a aspectos de remuneração de atividades administrativas, principalmente serviços públicos e poder de polícia. Em todos esses assuntos, a Súmula Vinculante do STF desponta como verdadeiro texto legal, ou seja, como norma de efeito geral e abstrato que não deve ser desrespeitada nem pelo Judiciário, nem pela Administração.

O art. 56, § 3°, da LPA permite que, caso a autoridade administrativa decida contrariamente ao conteúdo de súmula vinculante, o interessado recorra da decisão e exija que a Administração a cumpra ou justifique a razão pela qual entende ser ela inaplicável ao caso concreto. O dispositivo em comento cria uma faculdade ao interessado e que, se utilizada, gerará deveres para o órgão julgador.

De acordo com o dispositivo precitado, diante de um recurso com alegação de violação de Súmula Vinculante, (i) a autoridade julgadora (*a quo*) decidirá no prazo de cinco dias se reconsiderará ou não; (ii) caso não reconsidere, deverá explicitar os motivos de aplicabilidade ou inaplicabilidade da súmula e (iii) somente após a explicitação desses motivos, encaminhará os autos ao órgão superior (*ad quem*).

Seja por ocasião do juízo de reconsideração da autoridade *a quo*, seja no juízo recursal da autoridade *ad quem*, transportando-se os ensinamentos de Mancuso sobre o processo judicial para o processo administrativo, será essencial realizar três operações:[78] (i) verificar o conteúdo do enunciado sumular e delimitar sua extensão; (ii) aferir se o caso concreto se enquadra ou não na hipótese abstrata prevista na súmula; e (iii) anular ou modificar a decisão recorrida caso se repute aplicável a súmula vinculante.

Toda essa operação, por força do art. 64-A da LPA, deverá ficar explícita na decisão. A autoridade recursal, aplicando ou não a súmula vinculante, está obrigada a declarar como entendeu o enunciado sumular e a razão pela qual nele enquadrou ou deixou de enquadrar o caso concreto. A motivação quanto à aplicabilidade da súmula é de extrema importância, mormente porque servirá para fins de apresentação de reclamação perante o STF, ato previsto no art. 64-B da LPA, comentado a seguir.

Em termos gerais, o instrumento da **reclamação** já estava previsto na redação originária da Carta Magna, especificamente no art. 102, I, alínea "l". Por força desse dispositivo, cumpre ao STF processar e julgar a "reclamação para a preservação de sua competência e garantia da autoridade de suas decisões". Com a Emenda Constitucional n. 45, de 08 de dezembro de 2004, o processo de "reclamação" foi especificado para casos de violação de súmula vinculante. Nos termos do art. 103-A, § 3° da CF, "do ato administrativo ou decisão judicial que contrariar a súmula aplicável ou que indevidamente a aplicar, caberá reclamação ao Supremo Tribunal Federal, que, julgando-a procedente, anulará o ato administrativo ou cassará a decisão judicial reclamada, e determinará que outra seja proferida com ou sem aplicação da súmula, conforme o caso".

---

78. MANCUSO, Rodolfo de Camargo. *Divergência jurisprudencial e súmula vinculante*. São Paulo: Revista dos Tribunais, 2007, p. 324.

Mais tarde, a possibilidade do uso da reclamação frente a atos administrativos e atos da Administração que descumprem súmulas vinculantes do STF foi, de certo modo, limitada com a edição da Lei n. 11.417/2006 – que regulamentou o art. 103-A da Constituição, alterou a LPA, incluindo os art. 64-A e 64-B, e disciplinou a edição, a revisão e o cancelamento de enunciado de súmula vinculante pelo STF. O art. 7º da Lei n. 11.417/2006 esclareceu duas questões importantes e que merecem destaque. A uma, o interessado poderá utilizar os mais diversos meios admitidos em direito para afastar a decisão administrativa que não aplicou ou aplicou incorretamente uma súmula vinculante. A duas, limitou o uso da reclamação perante o STF.

Por determinação do art. 7º, § 1º da Lei n. 11.417/2006, a reclamação somente será admitida após o esgotamento das vias administrativas. Em outras palavras, o interessado poderá lançar mão da ação de reclamação somente quando esgotadas as instâncias recursais sem a alteração ou anulação da decisão que deixou de aplicar ou aplicou incorretamente certa súmula vinculante. Caso não interponha recurso administrativo ou esse recurso ainda esteja em trâmite, então o interessado terá acesso limitado ao Judiciário, já que a reclamação não será aceitável.

Interposta a reclamação e reconhecida a não aplicação de certa súmula vinculante, o STF determinará a anulação da decisão administrativa viciada e sua substituição por nova, com ou sem aplicação da súmula, conforme o caso (art. 7º, § 2º da Lei n. 11.417/2006). Além disso, o STF deverá dar ciência ao órgão administrativo competente para julgar o recurso administrativo, permitindo que adeque futuras decisões em casos semelhantes sob pena de responsabilização nas esferas cível, administrativa e penal (art. 64-B da LPA). Sinteticamente, portanto, os resultados do acolhimento da reclamação são dois: (i) a anulação da decisão administrativa que viola certa súmula vinculante e (ii) a determinação para que a Administração alinhe suas posturas futuras ao enunciado.

19.7.6 Compensações e condicionantes na decisão

As decisões administrativas contemporâneas escapam da dinâmica bipolar. Entre o deferir e o indeferir, o aprovar e o reprovar, o autorizar ou o proibir, existem possibilidades decisórias intermediárias, capazes de se harmonizar com maior facilidade aos princípios da razoabilidade e do interesse público, bem como à proteção de direitos fundamentais.

Em especial, a razoabilidade está justamente em buscar decisões aptas a atingir os efeitos a que se propõe e que não imponham obrigações, restrições e sanções em medida superior àquelas estritamente necessárias ao atendimento do interesse público (art. 2º, parágrafo único, VI da LPA federal). Isso pressupõe relativa flexibilidade decisória em dois sentidos. De um lado, há que se facultar ao administrador público o provimento parcial, ou seja, a possibilidade de tomar decisões que atendam apenas parcialmente aos pedidos. De outro, o administrador deve buscar contornar os potenciais efeitos nocivos de suas decisões com medidas de proteção, ou melhor, com as chamadas "condicionantes", "compromissos" ou "encargos".

Conquanto nem a LPA, nem a LINDB aborde o assunto, as condicionantes são uma realidade em vários campos do direito público, como o direito ambiental, o direito urbanístico, o direito regulatório e o direito concorrencial. Nesses setores, entre outros, é comum que as decisões administrativas, ao atender pleitos do interessado, tragam alguns ônus ou limitações que condicionam a eficácia do provimento com o objetivo de compatibilizar interesses públicos primários e/ou direitos fundamentais em choque.

Nesse amplo grupo de condicionantes, incluem-se: (a) **condições suspensivas** da eficácia da decisão, como a que autoriza a fusão de empresas tão somente após a venda de certos ativos; (b) **condições resolutivas** da eficácia de decisão, como a que cessa a licença urbanística caso o empreendimento venha a ocasionar graves inconvenientes para a mobilidade urbana; e (c) **encargos** impostos ao destinatário da decisão, como o de absorver externalidades negativas, ou melhor, assumir custos indiretos de sua atividade para a vizinhança ou para a sociedade, a exemplo da exigência de programas sociais e ambientais nos Municípios afetados pela construção de hidrelétricas.

Essas várias figuras podem ser empregadas em distintos processos administrativos ora para mitigar efeitos nocivos do atendimento formulado pelo interessado, ora para lhe impor responsabilidades por meio de compensações. Isso se dá tanto por decisão unilateral e motivada da autoridade pública competente para decidir quanto de maneira concertada, ou seja, por meio de compromissos negociados entre a autoridade decisória e o interessado, a exemplo do acordo em concentrações utilizado pelo CADE.

A utilização de acordos para tais situações independe de previsão legal específica, pois a LINDB já a oferece no art. 26, cujo texto aceita o uso de compromissos entre a Administração e interessados para "eliminar irregularidade, incerteza jurídica ou situação contenciosa". Esse autorizativo legal não se limita a problemas já instaurados, como os discutidos em processos administrativos sancionadores. É preciso que as técnicas de concertação administrativa sejam igualmente empregadas de forma preventiva e integrativa, como os acordos que acompanham as decisões liberatórias em geral no intuito de disciplinar condicionantes das mais variadas espécies.

Cabe notar, porém, que a estipulação de condicionantes pelos órgãos públicos, principalmente nos processos administrativos liberatórios (como os de licenciamento ambiental ou urbanístico), tem gerado algumas preocupações no Brasil. Isso se deve ao fato de que, por vezes, a Administração Pública propõe que o destinatário da decisão assuma tarefas desproporcionais, ilícitas ou ilegítimas. Atento a esse problema e para combatê-lo, o Congresso Nacional deu um passo significativo ao consagrar a figura da **medida ou prestação compensatória ou mitigatória abusiva** na Lei de Liberdade Econômica – LLE (Lei n. 13.874/2019).

O art. 3º, XI, da LLE proíbe que as autoridades administrativas, em sede de estudos de impacto ou outras liberações de atividade econômica no direito urbanístico: (i) requeiram medidas do interessado já planejadas para execução pela Administração antes da solicitação do ato administrativo liberatório, sem que a atividade econômica altere a demanda para execução dessas medidas; (ii) valham-se do interessado para realizar, no lugar da Administração, "execuções que compensem impactos que existiriam independentemente do empreendimento ou da atividade econômica solicitada"; (iii) requeira execução ou prestação de qualquer tipo para áreas ou situação além daquelas diretamente impactadas pela atividade econômica ou (iv) estipule condicionante irrazoável, inclusive quando utilizada como "meio de coação ou intimidação" do interessado no processo liberatório.

Conquanto a LLE se refira a condicionantes do direito urbanístico, não há dúvidas de que suas normas valem para todos os campos do direito público em que o Estado condiciona o exercício de direitos dos interessados em decisões administrativas liberatórias. Afinal, a vedação da condicionante abusiva ou ilegítima resulta diretamente dos princípios da moralidade, da razoabilidade e da legalidade administrativa. Toda e qualquer condicionante, além de guardar pertinência com o objeto do processo, necessita ser razoável, moral e lícita.

19.7.7 Dever de decidir e omissão decisória[79]

Sempre que receber solicitação ou requerimento do interessado, como nos processos de licenciamento, ou sempre que conduzir um processo de ofício para tutelar interesses públicos, como os disciplinares, a Administração Pública não poderá se abster de decidir, salvo em situações excepcionais, como as de celebração de compromissos substitutivos.

Sobre a autoridade administrativa recai um dever de decisão, resultante tanto do direito fundamental de petição dos cidadãos, quanto dos princípios da legalidade, da moralidade e da indisponibilidade dos interesses públicos. Esse dever está atrelado à proibição de que o agente público renuncie ao exercício de suas competências ou que manipule o processo.

Apesar dos claros fundamentos do dever de decidir no ordenamento pátrio, ainda são frequentes a ausência de decisão ou o atraso no seu proferimento. Essas situações altamente nocivas decorrem de fatores voluntários ou involuntários. A omissão decisória por vezes deriva de falta de equipe, incapacidade de atendimento de grandes volumes de pedidos ou outras más condições que afetam o funcionamento eficiente e efetivo de certos órgãos públicos. Em outros cenários, as omissões e atrasos resultam de más intenções de algum agente, que intenta prejudicar, perseguir ou beneficiar certas pessoas. O atraso na decisão, a falta de decisão, o famoso "engave-

---

[79] Nesse e nos próximos itens, retomo considerações realizadas em MARRARA, Thiago. Administração que cala consente? Dever de decidir, silêncio administrativo e aprovação tácita. *RDA*, v. 280, p. 227 e ss. 2021.

tamento do processo" espelham desvios de finalidades evidentes e inaceitáveis à luz dos princípios constitucionais e dos direitos fundamentais citados.

Para combater a violação ao dever de decidir na Administração, o legislador brasileiro construiu um conjunto de ferramentas ao longo dos anos. Em primeiro lugar, a Constituição de 1988 reforça o dever em tela ao garantir o direito fundamental de petição e a duração razoável do processo administrativo (art. 5º, XXXIV, 'a', e LXXVIII da CF). Em segundo, a legislação consagra explicitamente o dever de decidir do administrador público e estabelece prazos para tanto. Por exemplo, de acordo com o art. 48 da LPA federal, a autoridade tem o "dever de explicitamente emitir decisão nos processos administrativos e sobre solicitações ou reclamações, em matéria de sua competência". Uma vez concluída a instrução, "a Administração tem o prazo de até 30 dias para decidir, salvo prorrogação por igual período expressamente motivada" (art. 49).

19.7.8 Silêncio positivo, negativo e translativo

Os referidos mandamentos da LPA e de outras leis de processo administrativo dos Estados e dos Municípios não bastam. Para assegurar ao cidadão que a Administração decidirá, a legislação tem evoluído e criado outras técnicas. Quando a omissão ilícita atinge o dever de elaborar uma decisão, o direito positivo, muitas vezes, oferece normas que preveem o efeito negativo, o efeito positivo ou o efeito translativo do silêncio administrativo.

No modelo de **silêncio negativo**, a lei expressamente prescreve que a falta da decisão dentro do prazo estabelecido para sua expedição implicará a negação do pleito do interessado no processo administrativo. O silêncio equivale ao indeferimento ficto do pedido. O problema desse tipo de norma é sua incompatibilidade com o direito fundamental à ampla defesa e ao contraditório, e com o dever de motivação de atos restritivos de direitos ou interesses. Nas situações em que o ordenamento confere efetivo negativo ao silêncio, o interessado não obterá às informações necessárias para interpor recurso administrativo ou recorrer ao Judiciário, tornando-se praticamente impossível que se defenda contra a decisão administrativa. Por isso, regras que consagram o efeito negativo com efeitos de restrição de direitos são, a meu ver, inconstitucionais por afrontarem a ampla defesa e o princípio constitucional da publicidade.

No modelo do **silêncio positivo**, a legislação prevê que a omissão do administrador em decidir, uma vez extrapolado o prazo para tanto, equivalerá a ato administrativo de deferimento. O decurso do prazo, somado à omissão, gera decisão ficta e benéfica ao interessado. O silêncio ilícito se transfigura na ficção da prática de um ato que atende à solicitação.[80] O resultado do silêncio positivo consiste em uma decisão fictícia favorável, também chamada de **aprovação tácita**.

---

80. Cf. MARRARA, Thiago. A autorização fictícia no direito administrativo, *RDA*, v. 251, 2009.

No Brasil, algumas leis apontam o efeito positivo do silêncio da Administração. De acordo com o art. 27, § 3º do Estatuto da Cidade, o Município que não se manifestar sobre o exercício de direito de preempção sobre um imóvel urbano no prazo legal perderá o direito de exercê-lo e autorizará, tacitamente, o proprietário a aliená-lo de modo oneroso a outrem. A Lei do Petróleo (Lei n. 9.478/1997) também prevê efeito positivo, quando prevê a aprovação automática de planos e projetos de exploração de petróleo não apreciados pela ANP no prazo legal (art. 26, § 3º, declarado constitucional pelo STF na ADI n. 3273, julgada em 2005).

Mais recentemente, a Lei de Liberdade Econômica avançou bastante no tratamento do assunto ao prever o efeito positivo do silêncio da Administração diante de pedidos de atos liberatórios em geral no âmbito da União, como licenças, autorizações e outros. Todavia, a própria LLE contém uma série de restrições ao efeito positivo, o que limita expressivamente o impacto da inovação. Explico: nos termos do art. 3º, § 6º e 7º, não haverá autorização tácita em processos que versem sobre questões tributárias de qualquer espécie, em processos de concessão de registro de marcas, nem em processos que possam ensejar compromisso financeiro da administração tampouco aceitam a forma tácita. Ademais, não se permite o efeito positivo do tempo por razão de ordem subjetiva, ou seja, "quando a titularidade da solicitação for de agente público ou de seu cônjuge, companheiro ou parente em linha reta ou colateral, por consanguinidade ou afinidade, até o 3º grau, dirigida à autoridade administrativa ou política do próprio órgão ou entidade da Administração Pública em que desenvolva suas atividades funcionais" (art. 3º, § 7º). O objetivo maior dessa vedação é evitar conflitos de interesses ou benefícios a parentes por meio de uma violação intencional do prazo para se decidir.

Para além do silêncio positivo ou negativo, o direito positivo apresenta outras técnicas para viabilizar a decisão, evitando a omissão e o desrespeito a prazos nos processos administrativos. Essas técnicas abrangem a delegação e a avocação do exercício de funções, bem como mecanismos de cooperação entre órgãos públicos. Adotando-se a terminologia de Paulo Modesto, fala-se aqui de **silêncio translativo**.[81]

Para exemplificar, no campo do direito ambiental, a LC n. 141/2011 não aceita o efeito positivo do silêncio, mas indica técnicas alternativas. Uma delas é a **atuação subsidiária**, ou seja, a ação cooperativa oferecida por um ente da federação que participa do SISNAMA a outro, que a solicita com o objetivo de obter o auxílio necessário ao desempenho das atribuições decorrentes das competências ambientais comuns. Um Estado pode solicitar apoio à União para executar tarefas de licenciamento ambiental, por exemplo.

Já a **atuação supletiva** indica o deslocamento automático do exercício da competência ambiental de um ente federativo menor para outro maior. De acordo com o

---

81. MODESTO, Paulo. Silêncio administrativo positivo, negativo e translativo: a omissão estatal formal em tempos de crise. *Colunistas*, 2016, n. 317, edição online, s.p

art. 15 da LC n. 140/2011, a atuação supletiva ocorrerá no campo do licenciamento e da autorização ambiental quando inexistir órgão ambiental capacitado ou conselho de meio ambiente. Nessas condições, após o decurso do prazo, o exercício da competência municipal de licenciamento se deslocará automaticamente para o Estado em que se insere, que então deverá expedir a decisão no caso concreto. Pelas mesmas razões, será igualmente possível que o exercício da competência se desloque do nível estadual para o federal.

Numa situação ou noutra, essa estratégia legal gera o benefício de proteger o cidadão contra a má-administração. Contudo, tem o inconveniente de "premiar" entes que, por não realizarem seu trabalho a contento, transferem-no a outros.

Esse problema exige novas abordagens do assunto. Para se coibir o desrespeito ao dever de decidir tempestivamente, mesmo na presença de técnicas de silêncio positivo ou de atuação supletiva, é fundamental que se ataquem as causas do problema. De um lado, cumpre oferecer à sociedade órgãos públicos bem estruturados e equipados, conduzidos por agentes treinados e especializados no que fazem. De outro, para os casos de omissão com desvio de finalidade, o famoso "engavetamento doloso", o remédio consiste na busca de medidas de responsabilização daquele que renuncia imoralmente à sua competência. Além de infração disciplinar, as omissões dolosas configuram crime de prevaricação (art. 319 do Código Penal).[82]

19.7.9 Prescrição intercorrente e processos sancionadores

Especificamente nos **processos sancionadores**, a omissão da Administração Pública na condução do processo e na elaboração da decisão podem ser prejudiciais ao acusado por colocá-lo em situação prolongada de tensão, sofrimento e exposição a constrangimentos de natureza extrajurídica. O atraso na tomada de decisões sancionatórias é igualmente capaz de violar a garantia constitucional da duração razoável do processo.

Apesar dessas implicações, a legislação não autoriza que a demora na tomada de decisão configure silêncio negativo ou positivo dentro do processo sancionador. Melhor dizendo: o silêncio não pode configurar absolvição, nem punição. Ademais, ao tratar do assunto, o STJ manifestou o entendimento de que atrasos nesse tipo de processo não geram sua invalidade. Nas palavras do Tribunal, "a ultrapassagem do prazo para a conclusão do processo administrativo disciplinar não caracteriza nulidade capaz de invalidar o procedimento, principalmente porque não demonstrado o prejuízo" (REsp n. 585.156/RN, Rel. Ministro Paulo Gallotti, Sexta Turma, julgado em 02.10.2008, DJe 24.11.2008). Seguindo essa lógica, o fato de se extrapolar o prazo para conclusão do processo sancionador não impedirá a autoridade de julgá-lo tar-

---

82. Art. 319. Retardar ou deixar de praticar, indevidamente, ato de ofício, ou praticá-lo contra disposição expressa de lei, para satisfazer interesse ou sentimento pessoal: Pena: detenção, de três meses a um ano, e multa.

diamente, nem tornará eventual decisão condenatória inválida. Afinal, a superação do prazo não gera por si só prejuízo ao direito de defesa, nem afasta a necessidade de que o Estado continue a tutelar os interesses públicos primários.

A desconsideração de invalidades e a falta de efeitos positivos ou negativos por decurso do prazo de decidir não autorizam, porém, que os processos administrativos sancionadores restem paralisados de maneira arbitrária por longos períodos. Os princípios da moralidade, da eficiência e da segurança jurídica autorizam a conclusão de que ninguém pode ser mantido indefinidamente na situação de acusado em um processo administrativo que, sem justificado motivo, não avance a uma decisão final. Para evitar que esse desvio ocorra, utiliza-se a técnica da *"prescrição intercorrente"*, que implica a extinção do poder de punir o acusado em razão da paralisação injustificada e irrazoável da condução processual.

Ocorre que nem a LPA, nem a LINDB tratam do instituto. Regras sobre prescrição intercorrente encontram-se apenas em diplomas esparsos. Por exemplo, ao disciplinar o poder de polícia da Administração Pública federal, direta ou indireta, a Lei n. 9.783/1999 é expressa ao determinar que "incide a prescrição no procedimento administrativo paralisado por mais de três anos, pendente de julgamento ou despacho, cujos autos serão arquivados de ofício ou mediante requerimento da parte interessada, sem prejuízo da apuração da responsabilidade funcional decorrente da paralisação, se for o caso" (art. 1º, § 1º).

Para Estados e Municípios que não disponham de mandamento legal análogo, resta saber se regras como a exposta poderiam ser aplicadas. A jurisprudência do STJ tem caminhado no sentido de afastar a incidência, por analogia, da Lei Federal n. 9.783/1999. Em julgado que trata de multa administrativa imposta por Procon estadual, o Tribunal afirmou que "o art. 1º do Decreto n. 20.910/1932 regula a prescrição quinquenal, sem nada dispor sobre a prescrição intercorrente. Nesse contexto, diante da impossibilidade de conferir interpretação extensiva ou analógica às regras atinentes à prescrição e da estrita aplicabilidade da Lei n. 9.873/1999 ao âmbito federal, *descabida é a fluência da prescrição intercorrente no processo administrativo estadual de origem, em face da ausência de norma autorizadora*" (AgInt nos EDcl no REsp n. 1.893.478/PR, relatora Ministra Assuste Magalhães, julgada em 16.12.2020, g.n. e, em sentido semelhante, AgInt no AREsp n. 1.749.181/DF, de 2021 e no AgInt no REsp n. 1.838.846/PR, de 2020).

Em divergência a esse entendimento jurisprudencial, quando houver lacuna da legislação infranacional (estadual, distrital ou municipal), defendo ser inteiramente possível aplicar, por analogia, o dispositivo da lei federal que consagra a prescrição intercorrente em processos administrativos sancionadores conduzidos com base no poder de polícia da União a qualquer outro tipo de processo administrativo sancionador. A razão é simples. A prescrição intercorrente serve como ferramenta de proteção do interessado acusado e que resulta dos princípios da moralidade administrativa, da eficiência e da segurança jurídica. A falta de norma local ou estadual de modo algum legitima a paralisia injustificada da Administração Pública na condução de processos do gênero, de sorte a causar o prolongamento do tormento e a geração de custos desnecessários ao acusado.

Assim, como a norma federal precitada tem conteúdo benéfico ao administrado e amplia seus direitos fundamentais, afigura-se passível e inevitável sua aplicação analógica em processos sancionadores cuja legislação não reconheça expressamente a prescrição intercorrente. Não me parece que o posicionamento jurisprudencial mencionado se justifique nesse tema, seja por favorecer e estimular a inércia indevida da Administração Pública, seja porque, em outros assuntos, como o da decadência do poder anulatório, o próprio STJ reconhece a aplicação nacional, por analogia, de normas da legislação processual federal em favor de interessados em processos estaduais ou locais cujas leis se mostrem lacunosas.

19.7.10 Desistência e renúncia: impactos sobre a decisão

A autoridade pública não está autorizada a cometer renúncia de competência, mas poderá licitamente se abster de decidir em caso de desistência ou de renúncia por parte de um ou mais interessado. De acordo com art. 51 da LPA federal, "o interessado poderá, mediante manifestação escrita, desistir total ou parcialmente do pedido formulado ou, ainda, renunciar a direitos disponíveis".

A **desistência** atinge um direito processual; enquanto a **renúncia** se refere a direito material. Imagine, por exemplo, certo empreendedor que solicita licença ambiental para construção de uma fábrica. Mesmo sem renunciar a seu direito de empreender, poderá desistir do licenciamento após a abertura do processo administrativo por reputar que o projeto não se mostra mais atrativo naquele momento. Nesse caso, o empreendedor abre mão do processo, não do direito.

Diferentemente da desistência processual, a renúncia se refere a direitos materiais. Tome-se, por ilustração, uma empresa prestadora de serviços públicos que sofra impactos financeiros em razão dos atrasos do poder público na liberação das áreas necessárias à construção de certas infraestruturas. As indenizações pelos gastos adicionais causados pelo poder concedente são um direito da empresa prestadora. No entanto, mesmo que tenha solicitado a abertura de processo de revisão do contrato administrativo, poderá renunciar ao direito de receber a reparação.

Os §§ 1º e 2º do art. 51 da LPA prescrevem que a desistência do pedido ou a renúncia a direito não atingirá os interessados que não a tiverem formulado nem prejudicará o prosseguimento excepcional do processo administrativo por motivo de interesse público. Caso um dos envolvidos renuncie a seus direitos durante um processo de reequilíbrio econômico-financeiro, ainda assim ele prosseguirá, desde que a outra parte dependa da decisão. Em licitações e concursos essa lógica também vale. Por mais que muitos ou todos desistam durante o seu curso, o processo será conduzido até a tomada da decisão final.

A desistência e a renúncia podem ser empregadas: (i) ao longo do processo administrativo, antes da emissão de uma decisão de primeira instância ou (ii) em fase recursal, antes da emissão da decisão do recurso. Além disso, a renúncia poderá ocorrer após a tomada de decisão e antes da satisfação do direito do interessado. Nesse caso específico, ela não afetará o processo, que já se concluiu, mas atingirá a eficácia da decisão, tornando-a parcial ou totalmente desnecessária.

Em alguns tipos de processo administrativo, como nas licitações, a renúncia do interessado declarado vencedor configurará ilícito administrativo. Assim, caso o vencedor não venha a assinar o contrato no prazo determinado pela legislação, estará sujeito a sanções administrativas. Essa regra punitiva da renúncia tem por fundamento a quebra da boa-fé na licitação e a necessidade de se evitar a perda de recursos expressivos na condução de licitações que, ao final, não culminem em contratos. Em outros processos, contudo, a renúncia não poderá ser tomada como ilícito sem norma legal que assim disponha.

19.8 FASE RECURSAL E REVISÃO

19.8.1 Recursos e recorribilidade administrativa

Recorrer é fazer correr novamente, ou melhor, fazer que o objeto do processo seja reanalisado e julgado outra vez. O recurso pressupõe uma decisão anterior e a possibilidade de questioná-la seja por aspectos formais, seja por aspectos materiais, incluindo violações à razoabilidade e à moralidade administrativa. Por consequência, não se sujeitam a recurso os atos de preparação de uma decisão (como os pareceres e laudos), nem os atos que a executam, na medida em que não criam, modificam ou extinguem, por si só, direito, dever ou faculdade. Objeto do recurso é a decisão em si.

No âmbito do direito administrativo, a recorribilidade é aceita em termos amplos, tanto por vias internas, quanto por via externas. O interessado poderá interpor pedidos de reconsideração, recursos administrativos hierárquicos próprios ou, em casos previstos, impróprios. Além dessas figuras comuns, certas leis setoriais preveem recursos específicos, como os embargos de declaração (análogos aos do processo judicial). Também a Administração Pública se vale de recursos, seja como interessada em processos que correm em outros níveis federativos, seja como julgadora. Nesse último caso, entram em jogo os recursos de ofício, interpostos de maneira vinculada, i.e., por força de norma legal ou regulamentar que os impõe.

Essa abrangente **recorribilidade** ancora-se em normas constitucionais, mormente as que consagram os princípios da legalidade e da eficiência administrativa (art. 37, *caput*), bem como as que tutelam a garantia ao devido processo legal e o direito fundamental de petição (art. 5º, LVI e XXXIV, "a"). Os recursos administrativos resguardam a legalidade, pois permitem que mais de um órgão zele pelo cumprimento da supremacia da lei e do Direito sobre o Estado. Ao autorizar a reapreciação da matéria, os recursos ampliam a possibilidade de anulação de atos ilegais e de revogação de atos contrários ao interesse público. De outra via, colaboram com a eficiência da Administração, pois, conquanto ocasionem certa dose de retrabalho, permitem o aperfeiçoamento das decisões administrativas, ou seja, a construção de decisões corretas, adequadas e efetivas à consecução de interesses públicos primários e de interesses secundários. Ao tornar as decisões melhores, em última instância, os recursos contribuem com a solução mais célere e duradoura de controvérsias dentro da própria Administração Pública, ocasionando, por conseguinte, um desestímulo à judicialização.

Simultaneamente, os recursos representam a concretização do **direito fundamental de petição**. Por meio deles, o interessado solicita novo julgamento da Administração contra um ato decisório que considera incorreto, inoportuno, abusivo ou ilegal por qualquer outra razão. Com isso, ganha igualmente a oportunidade de se defender contra decisões de autoridades públicas tecnicamente despreparadas, descomprometidas com o princípio da boa administração ou que ajam com desvio de finalidade, no intuito de prejudicar ou beneficiar indevidamente certas pessoas.

A despeito dessas vantagens, os recursos não são de uso obrigatório. Além disso, salvo em casos excepcionalíssimos, as instâncias recursais na Administração Pública não precisam ser esgotadas como condição para que o interessado recorra ao Judiciário. Essa conclusão resulta da **unicidade de jurisdição** (art. 5º, XXXV, da CF). No entanto, recorrer ao Judiciário antes de utilizar os meios recursais dentro da Administração pode gerar alguns inconvenientes, como custos e riscos de morosidade na obtenção da tutela. Em muitas situações, a interposição prévia do recurso administrativo se mostra preferível aos remédios judiciais também pelo fato de o processo administrativo se caracterizar pelo formalismo mitigado e pela gratuidade. Assim, o interessado está autorizado a apresentar alegações complementares e produzir novas provas mesmo na fase recursal e sem qualquer exigência de cobranças.

19.8.2 Fontes e limitação das instâncias

É comum que as leis específicas tragam sistemática recursal própria. Isso se vislumbra no campo do direito concorrencial, do direito do consumidor e direito regulatório em geral. Apesar disso, no âmbito da União, o Congresso Nacional adequadamente inseriu normas gerais sobre recursos na LPA. Essas normas incidirão subsidiariamente a todo e qualquer tipo de processo administrativo sempre que inexistir norma especial. É sob essa lógica que se deve compreender os institutos aqui tratados, inclusive o tema da limitação das instâncias.

A legitimidade recursal não confere aos interessados um direito ilimitado de recorrer. O direito fundamental de petição é calibrado pela duração razoável do processo, bem como pelo princípio da eficiência. Exatamente por isso, é fundamental a limitação de instâncias, tema que recebe tratamento legal muito variado no direito administrativo.

Em primeiro lugar, há leis que estipulam instância única, como se vislumbra em processos que tramitam em agências reguladoras. Ocorre que a instância única não nega a recorribilidade, já que a ausência de instância superior não afasta a reconsideração. Isso revela que, no direito administrativo, recorribilidade não é sinônimo de duplo grau. Em segundo lugar, certas leis estipulam um número bastante grande de instâncias. Em terceiro, encontram-se leis que simplesmente ignoram o tema, deixando de estabelecer limites.

Para essa última situação, é preciso encontrar um meio de superação de lacuna e, com esse objetivo, a LPA federal prevê a regra do **teto de três instâncias** (art. 57). De acordo com essa norma básica, os recursos administrativos tramitarão por três instâncias administrativas no máximo, salvo quando houver regra legal em sentido contrário (seja para aumentar as instâncias, seja para diminui-las). Na prática, isso significa que o interessado poderá interpor recurso que leve a matéria do processo para reapreciação em segundo grau, caso não haja reconsideração do órgão julgador (*a quo*). Se não obtiver sucesso, poderá adicionalmente interpor recurso para transferir a apreciação da matéria do segundo para o terceiro grau. Na falta de disposição legal específica, fica vedada a interposição de terceiro recurso hierárquico para uma quarta instância. Dessa maneira, esgotado o limite legal, restará ao interessado solicitar eventual reconsideração administrativa e/ou recorrer ao judiciário.

O termo **instância** não é simples de se definir frente à complexidade da organização administrativa. No Judiciário, a contagem das instâncias é mais simples, podendo-se, *grosso modo*, falar das comarcas e das seções judiciárias (instâncias locais ou primeira instância), dos tribunais de justiça no âmbito dos Estados ou dos Tribunais Regionais na Justiça federal (segunda instância) e dos tribunais superiores (terceira instância). Já no âmbito da Administração Pública, a contagem de instâncias se mostra complexa. A Administração Direta e Indireta federal se organiza de maneira bastante diversa e fragmentada, não correspondendo exatamente à estrutura do Judiciário.

Sob essas circunstâncias, para se descobrir o trâmite recursal e suas instâncias, é preciso examinar cada entidade da Administração e cada tipo de processo por meio dos regulamentos e regimentos aplicáveis. Além disso, no direito administrativo, as instâncias equivalerão a níveis orgânicos internos da mesma entidade quando se falar de recurso próprio, mas corresponderão a entidades diferentes daquela que julgou quando se tratar de recurso impróprio.

19.8.3 Gratuidade e Súmula Vinculante 21

Não se deve limitar a cidadania à situação financeira de cada um. Por consequência, o direito fundamental à recorribilidade administrativa não pode ser condicionado à cobrança de despesas processuais ou a exigências de caução. No processo administrativo, vale o princípio da gratuidade. Contudo, ao mesmo tempo em que reconhece esse princípio, a LPA federal prevê que exigências financeiras seriam aceitáveis na presença de autorização expressa em norma legal (art. 2°, parágrafo único, XI, e art. 56, § 2°, da LPA).

Segundo essa norma, o direito à gratuidade não poderia ser limitado na esfera administrativa por portarias, resoluções ou fontes análogas que previssem pagamento de despesas processuais, a concessão de caução em favor da Administração Pública ou a recolhimento de qualquer outro valor de natureza compensatória. A exigência da cobertura de despesas ou da oferta de caução somente seria aceitável, de acordo com a LPA, quando expressamente constasse de lei em sentido formal.

Ocorre que mesmo essa exceção trazida na lei é combatida pela doutrina e foi afetada por entendimentos jurisprudenciais. Para Gomes Moreira, a cobrança de cauções como o depósito prévio, ao restringir o direito de defesa, gera um incentivo para que o administrado desista da via administrativa e busque resolve o problema perante o Judiciário.[83] Marcelo Harger, a seu turno, vê na exigência de depósito prévio, especialmente na esfera fiscal, uma incompatibilidade com interesses públicos primários e secundários. Explica que a imposição do depósito pelo Legislador é compreensível para atender os interesses específicos da Administração, mas, em sentido amplo, ataca os interesses públicos primários, pois nega o direito fundamental à ampla defesa e, ao mesmo tempo, furta um dos objetivos fundamentais do processo administrativo: o controle de legalidade da atuação da Administração Pública.[84]

Apesar dos sólidos argumentos trazidos pela doutrina especializada, a jurisprudência dos Tribunais Superiores tardou a reconhecer a inconstitucionalidade da exigência de depósito prévio como requisito de admissibilidade de recursos administrativos. Exemplos dessa orientação inadequada se vislumbravam em alguns julgados do STJ de 2005 e 2006, prolatados depois da edição da LPA. À época, para o Tribunal, "O duplo grau não atinge a esfera administrativa, sendo constitucional a exigência de depósito prévio para fins de interposição de recurso administrativo". Por isso, "a exigência do depósito recursal administrativo não viola os princípios constitucionais do contraditório e da ampla defesa (art. 5°, LV) e do devido processo legal (art. 5°, LIV)". Na verdade, sob a perspectiva da Corte, o depósito evitaria "procrastinação e objetiva[ria] a mais rápida percepção dos impostos pela Administração" (AgRg no Ag n. 797.422/RS, Rel. Ministro Luiz Fux).

Em 27 de novembro de 2009, o cenário mudou. No intuito de se consolidar a gratuidade em favor da ampla defesa e de se afastar qualquer dúvida sobre as co-

---

83. GOMES MOREIRA, João Batista. *Direito administrativo* – Da rigidez autoritária à flexibilidade democrática. Belo Horizonte: Fórum, 2005, p. 368.
84. HARGER, Marcelo. Nova perspectiva a respeito do depósito recursal como condição de admissibilidade do recurso em processo administrativo fiscal, *BDA*, v. 13, n. 9, p. 722. 2002.

branças para a interposição de recursos administrativo, o plenário do Supremo, por sugestão da ministra Ellen Gracie, apresentou a proposta da **Súmula Vinculante n. 21**, que restou aprovada na sessão plenária de 29 de outubro do mesmo ano. De acordo com o enunciado: "é inconstitucional e exigência de depósito ou arrolamento prévios de dinheiro ou bens para admissibilidade de recurso administrativo". Essa Súmula se baseou na decisão do RE 388.359/PE, julgado em 28 de março de 2007.

Da Súmula Vinculante n. 21 e dos julgados em que ela se baseou extraem-se algumas conclusões importantes. Nas discussões jurisprudenciais não se conferiu destaque ao art. 56, § 2º da LPA, que já consagrava, desde 1999, a regra geral da gratuidade nos processos administrativos, "salvo exigência legal". Por apontar a reserva legal, esse trecho do art. 56, § 2º da LPA seria, por si só, capaz de afastar exigências de depósitos prévios contidas em normas de Decreto presidencial ou de outros atos normativos da Administração, fazendo desnecessária a Súmula n. 21. Porém, o STF pretendeu extrapolar a previsão contida na LPA e, ao fazê-lo, tornou-a parcialmente inconstitucional.

A Súmula Vinculante n. 21 em nenhum momento abre exceção para cobranças baseadas em lei. Não interessa se a exigência de depósito está prevista em norma contida em lei formal aprovada pelo Congresso ou em ato normativo interno de certo ente da Administração Pública. A despeito da hierarquia da norma, o condicionamento do direito de recurso a pagamento de valores ou entrega de bens será inconstitucional por obstar a ampla defesa. Por consequência, não mais se mostra compatível com a Constituição a expressão "salvo exigência legal", prevista no trecho inicial do art. 56, § 2º da LPA.[85]

19.8.4 Reconsideração

Sem prejuízo de normas próprias em leis especiais, a LPA federal aponta três instrumentos gerais para garantir a recorribilidade na Administração Pública: (i) a reconsideração; (ii) os recursos em sentido estrito e (iii) a revisão, específica para processos sancionadores.

A **reconsideração** constitui a manifestação mais simples e básica de recorribilidade, daí porque independe de qualquer previsão legal.[86] Trata-se de pedido direcionado pelo interessado ao próprio órgão que proferiu a decisão sem mudança de instância. Em processos de instância única, a reconsideração será a forma exclusiva de rediscussão decisória. Já nos processos de duas ou mais instâncias, ela se colocará como etapa obrigatória e prévia ao recurso hierárquico. O processo não será examinado pela instância superior (*ad quem*) sem que o órgão originário (*a quo*) verifique se manterá ou modificará a decisão que proferiu.

---

85. MARRARA, Thiago; NOHARA, Irene Patrícia. *Processo administrativo:* Lei n. 9.784/1999 comentada, 2. ed. São Paulo: Revista dos Tribunais, 2018, p. 456-457.
86. Nesse sentido, FERRAZ, Sérgio; DALLARI, Adilson Abreu. *Processo administrativo*, 4. ed. São Paulo: Malheiros, 2020, p. 455.

O juízo de reconsideração é essencial na sistemática recursal criada pela LPA federal. Trata-se de direito do interessado e dever do órgão decisor originário, que, assim, não pode se negar a cumpri-lo. Na nova apreciação, esse órgão poderá: reformar a decisão inicial e atender o pedido do interessado ou, alternativamente, manter a decisão proferida, procedendo ao encaminhamento do pedido, agora como **recurso hierárquico**, para a instância superior.

A LPA federal não estabelece prazo para interposição de reconsideração, mas essa lacuna não gera problemas. Carolina Dalla Pacce aduz que o prazo aplicável é o de dez dias, idêntico ao da interposição do recurso administrativo, uma vez que o pedido de reconsideração vem nele embutido. Já o prazo legal para a autoridade pública reconsiderar é de cinco dias, excluindo-se o dia do início e incluindo-se o dia do vencimento. Esse prazo corre seguidamente, a despeito de feriados ou datas em que não haja expediente. Caso o dia final recaia sobre data sem expediente regular, o prazo se estenderá automaticamente para a data mais próxima na qual o órgão esteja em funcionamento.

O decurso do prazo de reconsideração nem sempre ocasionará a preclusão da possibilidade de manifestação da autoridade e o silêncio, por conseguinte, não deverá ser entendido como negativa automática do pedido feito pelo recorrente, salvo por expressa previsão. Em condições normais, nada impede que, um dia ou até mesmo alguns dias após o decurso do prazo de reconsideração, a autoridade *a quo* modifique a decisão, atendendo ao pedido do interessado, desde que ainda estejam os autos sob sua competência e que se justifique o atraso na manifestação dentro do prazo de cinco dias – por exemplo, pelo fato de a próxima reunião do órgão colegiado que julgou o caso ocorrer em data mais distante. Esse entendimento se baseia no princípio do formalismo mitigado que rege os processos administrativos e impede que irregularidades não danosas o prejudiquem.

De outra parte, a ausência injustificada de manifestação sobre o pedido de reconsideração combinada com o direcionamento dos autos ao órgão superior, ainda que configure uma postura indevida, deve ser compreendida como denegação implícita da reconsideração,[87] operando-se preclusão lógica. A propósito, nos termos do art. 56, § 1º da LPA, expirado o prazo de cinco dias ou mesmo antes dele, caberá à autoridade que não reconsiderou a decisão originária enviar o recurso para a autoridade imediatamente superior.

19.8.5 Recursos administrativos: tipologia

O recurso administrativo em sentido estrito consiste na petição de reapreciação da decisão originária por instância diversa da que a proferiu. Na sistemática da LPA

---

87. FERRAZ, Sérgio; DALLARI, Adilson Abreu. *Processo administrativo*, 4. ed. São Paulo: Malheiros, 2020, p. 456.

federal, trata-se de instrumento que somente será empregado caso a autoridade *a quo* não reconsidere sua decisão. Em termos gerais, os recursos se classificam de acordo com três critérios básicos: (i) o do recorrente; (ii) o da vontade e (iii) o do órgão recursal.

O **recurso voluntário** é aquele interposto pelo interessado por sua livre e espontânea vontade. Baseado no direito fundamental de petição, o uso dessa figura independe de previsão, ou seja, é aceitável sua interposição mesmo sem regra em lei específica ou ato normativo infralegal. Além de expressar o direito de petição, a utilização do recurso voluntário é extremamente útil para o sistema jurídico, pois contribui para evitar que a sociedade e o próprio Estado sobrecarreguem o Judiciário com causas resolúveis de modo pacífico, célere e efetivo no âmbito interno de cada ente público.[88]

O recurso administrativo é interposto ora pelos interessados, como pessoas físicas e jurídicas particulares, ora por entes estatais que, de algum modo, figuram no processo na qualidade de interessados. No entanto, certos recursos são interpostos por determinação legal. A isso se dá o nome de **recurso de ofício**, instrumento que se diferencia do recurso voluntário por alguns aspectos centrais, como: (i) a interposição por autoridade pública, já que o ordenamento não pode obrigar um cidadão a recorrer; (ii) a vinculação, dada a ausência de margem de escolha da autoridade, sendo a interposição automática, decorrente da vontade do legislador consubstanciada em norma; (iii) a dependência de previsão legal, em contraste com o recurso voluntário, interposto por desejo do interessado, sempre que não haja vedação expressa em lei.

De maneira geral, a legislação prevê recurso de ofício para decisão administrativa parcial ou totalmente desfavorável à Administração Pública[89] ou aos interesses públicos primários que lhe cabe tutelar. Se a decisão for favorável ao ente público, não sobrará razão para se determinar a reapreciação pela autoridade superior sob pena de se violar a eficiência e a duração razoável do processo administrativo.

Por um critério orgânico, que leva em conta a figura do órgão *ad quem* (*i.e.* do competente para julgar o pedido), diferenciam-se os recursos administrativos próprios dos impróprios. Os **próprios** são encaminhados aos órgãos superiores dentro da mesma entidade estatal. A instância recursal é órgão que faz parte da pessoa jurídica estatal em que nasceu a decisão. Já os **recursos impróprios** correspondem àqueles decididos por entidade (da Administração Direta da União, Estados ou Municípios),

---

88. Nesse sentido se manifestam outros comentadores da LPA. "O princípio da revisibilidade permite que a própria Administração Pública reveja as decisões proferidas em primeira instância, corrigindo-as se necessário, tudo no intuito de evitar que o processo deságue no Poder Judiciário". Cf. FORTINI, Cristiana; PEREIRA, Maria Fernanda Pires de Carvalho; CAMARÃO, Tatiana Martins da Costa, *Processo administrativo – Comentários à Lei n. 9.784/1999*. Belo Horizonte: Fórum, 2008, p. 80.
89. Nesse sentido, FERRAZ, Sérgio; DALLARI, Adilson Abreu. *Processo administrativo*, 4. ed. São Paulo: Malheiros, 2020, p. 432.

que exerce poder de supervisão sobre a entidade da Administração Indireta em que se encontra o órgão julgador *a quo*.

Por não decorrerem de uma relação hierárquica interna e direta, os recursos impróprios são excepcionais e somente devem ser aceitos na prática quando previstos no ordenamento. Na fala de previsão, cabível será o recurso próprio e as instâncias administrativas se circunscreverão ao âmbito da entidade estatal no qual o processo surgiu. Apesar desse entendimento, o tema é polêmico, sobretudo pela falta de disposições claras a respeito. Nesse cenário normativo obscuro, principalmente no âmbito do direito regulatório, ocorrem discussões frequentes a respeito da possibilidade de Secretarias ou Ministérios reverem, em recurso impróprio, decisões expedidas por agências reguladoras, como autarquias de regime especial participantes da Administração Indireta e sujeitas ao poder de supervisão ou tutela da Administração Direta.

A esse respeito, a AGU se manifestou no Parecer n. AC – 051 de 2006. De acordo com esse ato: "estão sujeitas à revisão ministerial, de ofício ou por provocação dos interessados, *inclusive pela apresentação de recursos hierárquico impróprio*, as decisões das agências reguladoras referentes às suas atividades administrativas ou que ultrapassem os limites de suas competências materiais definidas em lei ou regulamento, ou, ainda, violem as políticas públicas definidas para o setor regulado pela Administração Pública" (g.n.). Essa manifestação favorável ao recurso hierárquico impróprio em três situações bem delimitadas sustenta-se na interpretação de que o Decreto-Lei n. 200/1967, ao tratar do poder de supervisão da Administração Direta da União sobre a Indireta, oferece fundamento legal ao controle das decisões regulatórias.

19.8.6 Etapas do procedimento recursal

Os processos administrativos, assim como os entes em que eles tramitam, são extremamente multifacetados e regidos por leis das mais diversas. Nesse contexto, é incorreto e imprudente sustentar teoricamente a existência de trâmite padrão único para todos os recursos que correm nas mais diversas entidades administrativas. Independentemente disso, à luz dos mandamentos constitucionais, é possível afirmar que a fase recursal, em sentido ideal, abrange algumas etapas essenciais, a saber:

(i) A interposição, pelo interessado (em recursos voluntários) ou por ordem da lei (em recursos de ofício);

(ii) O exame dos requisitos de admissibilidade, culminando no recebimento/conhecimento do recurso ou não;

(iii) A declaração de efeitos conferidos ao recurso (apenas efeito devolutivo ou duplo efeito, se o efeito suspensivo for solicitado);

(iv) Eventual complementação instrutória, uma vez que o formalismo mitigado permite que a autoridade recursal faça verificações de fatos mesmo após a conclusão da instrução;

(v) Eventual abertura para complementação da defesa, por exemplo, em virtude de novas provas ou em razão do risco de *reformatio in pejus* e

(vi) Julgamento, com ou sem resolução de mérito.

19.8.7 Interposição do recurso

Nos termos do art. 60 da LPA federal, o recurso é interposto mediante requerimento escrito, virtual ou em papel. Essa regra vale principalmente para os recursos voluntários, interpostos pelo interessado de acordo com juízo próprio de conveniência frente ao conteúdo da decisão administrativa que o afetou.

O requerimento é encaminhado à autoridade que representa o órgão que decidiu o processo e de cuja decisão se recorre (chamada de autoridade *a quo*). Essa regra de direcionamento tem a função de permitir que a decisão possa ser reconsiderada no prazo de cinco dias. Se isso efetivamente ocorrer, atendendo-se ao pedido, o recurso não terá prosseguimento à instância superior. Todavia, se a decisão for mantida, então o órgão que proferiu a decisão recorrida o encaminhará ao órgão superior dentro da mesma entidade (nos recursos próprios) ou ao órgão competente em outra entidade (nos recursos impróprios).

De acordo com a LPA federal, o prazo geral de interposição de recurso administrativo é de dez dias corridos, contados a partir da data de ciência ou de divulgação oficial da decisão. O termo inicial recai no dia posterior ao da data da ciência ou divulgação oficial. Os dez dias são corridos, não úteis e o seu termo final recai em data de expediente normal na repartição pública em que o processo administrativo tramita. Não havendo expediente normal nessa data, então se deve estender o prazo até o próximo dia útil de expediente normal (art. 66, § 1º da LPA).

O conteúdo do recurso abrange os fundamentos do pedido de reexame da decisão administração. Isso inclui aspectos e argumentos, fáticos e jurídicos, capazes de demonstrar que a decisão administrativa incompatível com interesses públicos primários ou com regras materiais ou formais. Se a decisão ferir interesses públicos, de maneira injustificável ou irrazoável, há que se pedir sua revogação ou sua modificação. Se for ilícita, pede-se ou sua anulação (para vícios sanáveis), ou a declaração de nulidade (para vícios insanáveis) ou sua convalidação (para manter a decisão mediante a correção de vícios sanáveis). Embora possa parecer estranho, o pedido de convalidação em sede recursal será cabível quando o interessado recorrer de decisão que determina anulação de ato anterior. Aqui, pois, o recurso é usado para reverter a decisão inicial que extinguiu um ato ou contrato.

Em qualquer caso, é de extrema relevância prática para os recursos a norma que autoriza a juntada dos documentos que o recorrente considerar convenientes na fase recursal (art. 60 da LPA federal). A legislação evidencia que o interessado recorrente está autorizado a adicionar fatos e provas na instância superior, reabrindo a instrução. A juntada de novos elementos ao processo, bem como a realização de complementações e revisões instrutórias são sempre possíveis na instância recursal desde que se mostrem necessárias ou imprescindíveis para a verificação da verdade material e, por conseguinte, para a elaboração de decisão justa e legal. Inaceitáveis serão, todavia, provas ilícitas, impertinentes, desnecessárias ou meramente protelatórias.

19.8.8 Fase de conhecimento ou recebimento

O exame de admissibilidade do recurso administrativo ocorre na chamada etapa de conhecimento ou recebimento. Trata-se de momento prévio ao da avaliação de mérito em si e que busca confirmar se o recurso preenche todos os requisitos formais. Assim, para ser deferido ou indeferido, ou seja, para que o órgão recursal decida se mantém, modifica ou extingue a decisão da instância inferior, é preciso que o recurso tenha sido previamente conhecido ou recebido. O exame dos requisitos de admissibilidade culmina no conhecimento ou recebimento do recurso ou, diferentemente, no não conhecimento ou não recebimento.

Na LPA federal, os requisitos de admissibilidade recursal são basicamente quatro e necessitam ser observados cumulativamente. São eles: (i) a tempestividade; (ii) a competência do órgão *ad quem;* (iii) a legitimidade do recorrente; e (iv) a não exaustão das instâncias administrativas.

(i) **Tempestividade**. A interposição do recurso fora do prazo legal é causa de não conhecimento, impedindo que o órgão *ad quem* aprecie suas razões sem que tal omissão viole a regra da ampla defesa, tal como já reconheceu o STF.[90] Essa regra não é absoluta. Em processos mais simples e não havendo prejuízos para interesses públicos primários, os prazos administrativos não devem ser interpretados com formalismo excessivo. Em algumas situações, o recurso interposto fora do prazo não configura verdadeiro recurso intempestivo e, assim, pode ser conhecido sem quaisquer dificuldades. Isso se vislumbra, por exemplo, quando o interessado recorrente demonstra que a interposição do recurso se tornou impossível por ocorrência de força maior. Pode, ainda, alegar o não cumprimento do prazo em razão de uma conduta praticada pela própria Administração que tenha impedido a interposição do recurso. Tanto é assim, que a Lei de Governo Digital da União prevê a prorrogação do prazo quando o sistema informatizado obstar o direito de petição (art. 8º). Ademais, a Administração está autorizada a conhecer o recurso,

---

90. Nesse sentido, o seguinte julgado: "Ementa: Constitucional. Agrário. Reforma agrária: desapropriação. Devido processo legal. CF, art. 5º, LV. Lei n. 9.784, de 29.01.99, art. 5º, art. 63, I. I. – Inocorrência, no procedimento administrativo da desapropriação, de ofensa ao devido processo legal – CF, art. 5º, LV – dado que o não conhecimento do recurso administrativo decorreu do fato de o mesmo ter sido apresentado a destempo: Lei n. 9.784/99, art. 59 e art. 63, I. II. – M.S. indeferido". MS 24095 / DF, Min. Carlos Velloso, j. 01.07.2002, DJ 23.03.2002, p. 71.

mesmo após o decurso do prazo, se considerar que seu recebimento se mostra mais vantajoso para a proteção de interesses públicos que o não conhecimento. Em vista desses cenários é possível novamente afirmar que os prazos administrativos não são sempre peremptórios. Por força de motivos de interesse público, poderá o recurso ser recebido mesmo depois de decorrido o prazo para sua interposição;

(ii) **Legitimidade.** O uso de recursos administrativos não está aberto a qualquer pessoa, senão apenas às que detenham legitimidade recursal. No âmbito federal, legitimados para recorrer são os titulares de direitos e interesses afetados pela decisão recorrida. Já nos processos envolvendo interesses ou direitos coletivos, atribui-se legitimidade às entidades representativas e, em processos envolvendo direitos difusos, às entidades mencionadas e aos cidadãos em geral (art. 58 da LPA federal). A princípio, não seria necessário que o legislador tivesse repetido o rol de legitimados para a interposição de recurso administrativo na LPA, pois ele é praticamente idêntico ao rol de interessados do art. 9º. Basicamente, qualquer pessoa física ou jurídica cujos interesses ou direitos tenham sido direta e indiretamente afetados pela decisão administrativa final poderá recorrer a despeito de não ter solicitado a abertura do processo. A legitimidade recursal, todavia, não se estende aos meros participantes de audiências públicas e a outros colaboradores;

(iii) **Competência.** Nenhuma decisão deve ser expedida por autoridade incompetente, inclusive em sede recursal. Por força do art. 56, § 1º da LPA, o legitimado necessita interpor o recurso perante a autoridade representante do órgão que originariamente proferiu a decisão (autoridade *a quo*), que poderá ou não a reconsiderar no prazo de cinco dias. Não havendo a reconsideração, a autoridade recorrida encaminhará a petição como recurso ao representante do órgão superior competente (autoridade *ad quem*), que julgará a questão em segunda instância e assim por diante. A autoridade que receber recurso direcionado de modo incorreto agirá de duas maneiras alternativas: ou o redirecionará, de ofício, para a autoridade verdadeiramente competente para recebê-lo ou instruirá o recorrente acerca do correto direcionamento, orientando-o de modo a efetivar o direito ao recurso. Esses deveres são impostos à Administração e resultam do princípio da cooperação (art. 3º, I, da LPA),[91] conforme o qual toda autoridade tem o dever de auxiliar o particular a exercer seus direitos e cumprir seus deveres. Uma vez configurada a causa de não conhecimento do recurso por ausência de competência (art. 63, *caput*, II, da LPA), faculta a lei a devolução do prazo ao recorrente (art.

---

91. Em mais detalhes sobre o princípio da cooperação, cf. MARRARA, Thiago. O princípio da publicidade: uma proposta de renovação. In: MARRARA, Thiago (Coord.). *Princípios de direito administrativo*, 2. ed. Belo Horizonte: Fórum, 2021, p. 383 e ss.

63, § 1º). Reputo, porém, que essa solução será imprescindível quando o envio direto do recurso pela autoridade incompetente à competente não se fizer possível ou desejado no caso concreto; e

(iv) **Não exaustão das instâncias**. O quarto e último requisito para o conhecimento do recurso é o respeito ao limite de instâncias. Como se explicou anteriormente, certas leis específicas definem um teto de instâncias e, por vezes, estabelecem instância única, caso em que somente haverá possibilidade de pedido de reconsideração. Na falta de previsão, valerá o teto de três instâncias da LPA federal. Assim, extrapolado o número máximo de instâncias no caso concreto, restará inadmitido o recurso.

O ato de conhecer ou não certo recurso é vinculado e a autoridade, ao praticá-lo, não analisará o mérito, não adentrará as razões que o interessado alega no intuito de ver a decisão administrativa parcial ou integralmente revertida. Ausente qualquer um dos quatro requisitos formais, não poderá o recurso ser recebido pela Administração Pública. Existe, porém, uma exceção muito importante a essa regra geral no campo do processo administrativo. O art. 62, § 2º da LPA determina que o não conhecimento do recurso não impede a Administração de rever de ofício o ato ilegal. Mesmo que não conhecido o recurso, deve o órgão competente agir quando, por meio das razões recursais, tomar conhecimento de ato patentemente ilegal ou danoso a certo interesse público primário. Esse mandamento decorre da prevalência da legalidade e do interesse público sobre a mera formalidade administrativa.

Por força dessa lógica, a despeito do descumprimento dos requisitos de recebimento, a autoridade deverá sempre ingressar no exame do mérito quando isso for necessário para afastar atos processuais claramente ilegais. Mesmo que não observados requisitos de recebimento, ao ter conhecimento da prática de um ato inequivocamente ilegal e danoso ao examinar um recurso que não poderá ser conhecido, deverá a autoridade, apesar do não recebimento, tomar as providências para restaurar a legalidade, quer pela convalidação do ato, quer pela sua anulação. A violação de requisitos formais de recorribilidade não serve para afastar o dever de corrigir eventuais violações ao ordenamento jurídico ocasionados pela decisão recorrida.

Repito: o não conhecimento do recurso administrativo por falhas formais não serve de escusa para que o agente público competente ignore a legalidade administrativa. O não conhecimento da petição não afasta o dever de zelar pelo ordenamento jurídico. A simples ciência da ilegalidade, a despeito do prosseguimento do recurso, deverá levar a Administração a agir, extirpando o ilícito apontado. Exceção a essa regra haverá apenas: (i) quando a ilegalidade não for danosa (*"pas de nullité sans grief"*); (ii) quando for danosa, mas objeto de convalidação ou (iii) quando o prazo de cinco anos para anulação do ato benéfico ilegal em relação a interessados de boa-fé já tiver transcorrido – hipótese em que se operará a confirmação do ato viciado por força do art. 54, *caput* da LPA.

19.8.9 Efeitos devolutivo e suspensivo

Assim como os recursos do processo judicial, os recursos administrativos também apresentam dois efeitos: o devolutivo e o suspensivo. O primeiro, devolutivo, é efeito necessário e o segundo, suspensivo, efeito eventual.

Afirma-se que o recurso tem **efeito devolutivo**, pois ele acarreta a reabertura da discussão acerca do objeto do processo. Ele devolve o caso ao debate. Ao interpor um recurso voluntário que respeite os requisitos de conhecimento, o interessado recolocará o assunto para que as autoridades o analisem novamente e profiram outra decisão, que poderá tanto manter intacta a decisão da instância inferior, quanto alterá-la parcial ou totalmente. O efeito devolutivo é comum a todos os tipos de recursos em sentido amplo (recursos voluntários, de ofício, próprio ou impróprios, reconsiderações e revisões). Trata-se de efeito inerente à recorribilidade; efeito necessário do recurso conhecido, não se sujeitando ao crivo da autoridade.

Além do efeito devolutivo, os recursos podem ocasionar **efeito suspensivo** da exequibilidade da decisão administrativa questionada. Quando o duplo efeito for concedido, a definitividade e a executoriedade da decisão recorrida ficarão suspensas até que se julgue o recurso. Essa suspensão da exequibilidade é excepcional (art. 61 da LPA federal) e, no geral, necessita ser requerida de forma expressa pelo recorrente desde que não haja proibição legal para tanto.

A **excepcionalidade do efeito suspensivo** tem a ver com suas consequências práticas. Ele impede a execução da decisão administrativa, inclusive das condenatórias, e afasta a necessidade imediata do controle judicial. Não é por outra razão que Sérgio Ferraz e Adilson Dallari consideram-no um instrumento para aliviar a sobrecarga gerada pela Administração Pública aos juízes.[92] Seguindo essa lógica, o art. 5º, I da Lei n. 12.016/2009 impede a concessão de mandado de segurança quando se tratar de ato do qual caiba recurso administrativo com efeito suspensivo, independentemente de caução. O mandado não será conhecido caso a decisão administrativa nele questionada estiver ainda em prazo para questionamento por recurso que aceita efeito suspensivo ou quando já estiver em curso o recurso com duplo efeito no âmbito da Administração Pública.

No âmbito da União, existem três possibilidades para concessão de efeito suspensivo. A primeira se encontra no próprio art. 61, *caput*, da LPA e diz respeito à concessão por força de dispositivo contido em lei específica – hipótese que, aliás, sequer necessitaria constar da lei em comento por força da regra básica de que a norma especial afasta a norma geral. Outras duas hipóteses constam do art. 61, parágrafo único, que reconhece a possibilidade de concessão de efeito suspensivo aos

---

92. FERRAZ, Sérgio; DALLARI, Adilson Abreu. *Processo administrativo*, 4. ed. São Paulo: Malheiros, 2020, p. 445.

recursos administrativos desde que exista receio de **prejuízo de difícil reparação** ou de **incerta reparação**.

Prejuízo indica qualquer alteração fática que tenha implicações nocivas sobre a esfera de direitos ou de interesses juridicamente tutelados de alguém ou da coletividade. Trata-se de dano, redução ou limitação de patrimônio, restrição de direitos e liberdades fundamentais. Medidas que não causem limitação de direitos ou de interesses reconhecidos pelo ordenamento jurídico não configuram prejuízos para fins de concessão de duplo efeito. Ademais, não basta a configuração do prejuízo, é preciso que se demonstre sua incerta, difícil ou impossível possibilidade de reparação. Se o prejuízo puder ser facilmente desfeito, não haverá fundamento para o efeito suspensivo.

Para além da configuração do risco de prejuízo de difícil ou de incerta reparação, a autoridade competente para realizar o juízo quanto ao duplo efeito recursal deverá verificar se existe relação de causalidade entre a suspensão da eficácia da decisão administrativa recorrida e o impedimento do prejuízo. Trata-se, aqui, de análise de razoabilidade sob a perspectiva da regra da adequação. É preciso perguntar à luz do caso concreto: o prejuízo de incerta ou difícil reparação alegado pelo recorrente desaparecerá em razão do efeito suspensivo? Se a resposta for negativa, então o efeito suspensivo será inadequado para atingir os objetivos do art. 61, parágrafo único, da LPA federal, não havendo razão para se concedê-lo.

19.8.10 Defesa na fase recursal e julgamento

Quando vários interessados tiverem figurado no processo administrativo em posição de divergência ou competição, a interposição de recurso por um deles ocasionará a necessidade de se garantir o contraditório e a ampla defesa aos outros. O órgão competente deverá abrir aos demais interessados a possibilidade de apresentação de contrarrazões ao recurso, como petição que traga motivos reais e pertinentes para convencer o julgador da necessidade de se rejeitar o recurso por falhas formais ou por aspectos de mérito.

Dado o **formalismo mitigado** característico do processo administrativo, é possível que, nas contrarrazões ao recurso interposto, os demais interessados realizem pedidos autônomos ainda que não tenham eles mesmos tomado a iniciativa recursal. Não é imperativo que as alegações se restrinjam a rebater o recurso administrativo. Além dessa função de defesa, elas também poderão conter pedidos independentes como se fossem um verdadeiro recurso.

No âmbito da União, o art. 62 da LPA federal consagra o direito à ampla defesa e ao contraditório em sede recursal. Isso mostra que o direito ao conhecimento dos fatos e atos processuais e a possibilidade de comentá-los e combatê-los não se exaurem com o proferimento da decisão administrativa de primeira instância. A ampla defesa e o contraditório são princípios de aplicação imprescindível e inafastável durante todo o trâmite processual. Em sede de recurso, reconsideração ou revisão, não pode a Administração Pública ignorá-los. Nem mesmo a omissão dos demais interessados ao longo do processo administrativo é motivo suficiente para que a autoridade deixe de intimá-los para contrarrazoar. Aplica-se aqui o art. 27, parágrafo único da LPA, conforme o qual omissão de um interessado na prática de determinados atos processuais não afasta seu direito à ampla defesa e ao contraditório em relação a atos futuros do processo.

O momento da **intimação** e o órgão competente para realizá-la foram igualmente disciplinados pelo art. 62 da LPA. Nenhuma análise de mérito do recurso será feita antes que os outros interessados se manifestem. Assim que interposto o recurso e verificado o preenchimento dos requisitos básicos de conhecimento, deverá a autoridade intimar os outros interessados, dando-lhes ciência dos argumentos e provas juntados pelo recorrente para que formulem suas alegações, juntem as provas que considerem convenientes ou solicitem complementações instrutórias. Isso deve ocorrer no prazo de 5 dias úteis (art. 62, *caput*). Note que o prazo de contrarrazões consta da LPA em dias úteis, não em dias corridos, como geralmente ocorre.

O órgão competente para a realização da intimação equivale ao que conhece o recurso, ou seja, o órgão que profere a decisão da qual se recorre, que recebe o recurso, realiza o juízo de reconsideração e procede à análise dos aspectos formais da interposição nos termos do art. 63 da LPA. Em outras palavras: a autoridade competente para realizar a intimação dos demais interessados frente à interposição de recurso administrativo é a mesma que proferiu a decisão recorrida. Não havendo reconsideração, o recurso, acompanhado das contrarrazões dos outros interessados, será remetido ao órgão superior competente, que, a partir de então, assumirá os deveres de condução do processo e de garantia da ampla defesa e do contraditório.

A defesa no âmbito recursal não se resume, porém, à figura das contrarrazões pelos demais interessados. Ao julgar o recurso, o órgão superior poderá obter elementos para modificar a decisão de forma a torná-la pior para o recorrente (*reformatio in pejus*). Em situações como essa, a abertura de espaço para defesa antes da decisão também será fundamental, como se explicará mais à frente.

19.8.11 As possibilidades de decisão recursal

O órgão competente para decidir o recurso poderá confirmar, modificar, anular ou revogar, total ou marcialmente, a decisão recorrida (art. 64 da LPA federal), inclusive de maneira a gerar gravame à situação do recorrente (*reformatio in pejus*).

A manutenção integral da decisão recorrida é chamada de **confirmação**. Não existe, portanto, confirmação parcial. A decisão confirmatória mantém a parte dispositiva da decisão anterior em sua integralidade. Todavia, é possível que os motivos da decisão confirmatória se mostrem diversos dos presentes na decisão recorrida, embora conduzam à mesma solução. Nessa situação, os motivos novos ou divergentes que sustentam a decisão deverão ser anunciados pela autoridade competente para julgar o recurso por força da regra da motivação, aplicável expressamente às decisões de recursos administrativos (art. 50, *caput*, V da LPA federal). Diversamente, se os motivos que levarem à confirmação da decisão recorrida forem os mesmos empregados pela autoridade recorrida, a motivação poderá se limitar a mera declaração de concordância com os fundamentos contidos na decisão anterior, que, assim, tornam-se parte integrante da decisão recursal (art. 50, § 1º).

Toda decisão que não mantenha integralmente os mandamentos contidos na decisão recorrida tem efeito **modificativo**. Para alterar a decisão anterior, o órgão superior competente pelo julgamento do recurso deverá apresentar seus argumentos. Não se trata de modificar por mero capricho, prazer ou simplesmente sob o argumento de hierarquia. A decisão modificativa da decisão anterior é sempre motivada, ou seja, exige que o órgão exponha os fatos e dispositivos legais que o levaram a uma conclusão que diverge da proferida pela autoridade da instância inferior. Exige, ademais, a demonstração das consequências esperadas (art. 20 da LINDB).

A **anulação** pode ocorrer na fase recursal para extinguir o processo e a decisão de modo integral ou para afastar parte dos mandamentos da decisão recorrida. Por seus efeitos, a anulação requer algumas cautelas. Em primeiro lugar, é preciso confirmar a existência de ilegalidade no tocante à forma (procedimento preparatório, forma de edição ou forma de divulgação da decisão), ao conteúdo, à finalidade, ao motivo ou aos sujeitos competentes para decidir. Em segundo lugar, confirmada a ilegalidade, deve-se examinar se ela produz ou produzirá danos. Sem a potencialidade de danos, a autoridade não necessita com ela se preocupar por mero formalismo ou preciosismo (*"pas de nullité sans grief"*). Em terceiro lugar, cumpre analisar a possibilidade, bem como a conveniência e oportunidade de convalidação. Para tanto, é preciso que o vício seja sanável. Em quarto lugar, caso todos os requisitos necessários sejam cumpridos e não se realize a convalidação,[93] aí sim será anulado o ato administrativo.

A decisão recorrida sujeita-se, ainda, a **revogação** desde que cumpridos alguns requisitos. Enquanto a anulação ocorre em razão de falhas de ilegalidade, a revogação se dá em virtude de uma reanálise da conveniência e oportunidade da decisão. Ela será possível em situações nas quais a decisão recorrida, apesar de válida, não se mostrar favorável aos interesses públicos primários ou, ainda que o for, existirem soluções mais razoáveis ao caso. A análise do mérito, ou seja, da conveniência e da oportunidade da decisão recorrida, diz respeito ao exame de sua razoabilidade, demandando a apreciação de sua adequação, necessidade e proporcionalidade à luz dos interesses públicos envolvidos no processo.

---

93. A convalidação, nos termos da LPA federal, somente deverá ser realizada quando o vício for sanável, não houver lesão a interesse público nem prejuízo a terceiros (art. 55). Para saber mais, cf. o capítulo anterior deste manual a respeito dos atos administrativos.

Por sua natureza, a revogação atinge apenas alguns tipos de decisões recorridas. Dela estão excluídas as decisões cujo conteúdo seja vinculado ao cumprimento de requisitos preestabelecidos na legislação, as decisões já executadas, bem como decisões consideradas irrevogáveis por lei ou por contrato administrativo. No geral, revogáveis serão as decisões discricionárias que ainda não tiverem produzido seus efeitos. Ao praticar a revogação, o órgão público poderá ou substituir a decisão questionada por outra (revogação substitutiva) ou simplesmente afastá-la (revogação extintiva).

19.8.12 Prazo de decisão dos recursos

No âmbito da União, salvo na presença de norma especial, o prazo para decisão de recursos administrativos é de trinta dias prorrogável justificadamente por igual período (art. 59, §§ 1º e 2º da LPA). Esse prazo é genérico, de modo que não varia para decisões monocráticas ou colegiadas. Porém, muito frequentemente, o órgão *ad quem*, competente para julgar o recurso administrativo, tem estrutura colegiada. Em situações como essa, para evitar o desrespeito ao prazo já prorrogado nos termos do art. 59, § 2º da LPA, a autoridade que preside o órgão poderá, após elaboração de parecer técnico, deliberar o recurso *ad referendum* dos membros do colegiado. Em outras palavras, a autoridade que conduz o órgão decidirá antecipadamente e de modo monocrático. No momento posterior oportuno, sua decisão será levada ao colegiado, que a confirmará ou rejeitará.

Em situações mais complexas ou sensíveis, a deliberação monocrática sujeita ao crivo posterior do colegiado se mostrará arriscada, restando ao presidente do órgão *ad quem* tomar as providências para que seus membros se reúnam em tempo hábil, de modo a respeitar o prazo prorrogável de trinta dias quando houver essa flexibilidade para estipulação das datas de reunião. Contudo, se as datas de funcionamento do colegiado forem estipuladas por lei e não for possível – ou for evidentemente irrazoável – a organização de reunião extraordinária, então o julgamento do recurso deverá ser postergado à próxima reunião ordinária. Nesse contexto específico, dada a impossibilidade de solução alternativa a viabilizar o respeito estrito à norma da LPA, a extensão do prazo e o julgamento do recurso fora do prazo legal se mostrarão excepcionalmente aceitáveis.

O prazo de julgamento inicia-se com o recebimento dos autos pela autoridade competente para apreciar o recurso. Vale lembrar que todo recurso administrativo é inicialmente direcionado ao órgão que proferiu a decisão, que terá a oportunidade para reconsiderá-la e, não o fazendo, encaminhará os autos à autoridade competente para julgá-lo, ou seja, o órgão superior dentro da mesma entidade (no caso de recurso hierárquico próprio) ou o órgão de outra entidade pública com poder de tutela sobre a julgadora (no caso de recurso impróprio previsto em lei). Somente depois da data de recebimento pelo órgão responsável para julgar o recurso é que o prazo será iniciado.

Salvo por previsão de efeito positivo ou negativo decorrente do silêncio da Administração, o descumprimento do prazo para proferir a decisão não gerará qualquer preclusão, ou seja, a decisão deverá ser prolatada mesmo quando extrapolado o prazo, já prorrogado. Assim, de acordo com a LPA federal, embora o órgão competente não tenha decidido dentro do prazo (30 dias com eventual prorrogação por mais 30 dias), o recurso não poderá deixar de ser julgado, pois a lei em comento não autoriza renúncia de competência e não prevê qualquer consequência geral (negativa ou positiva) ao silêncio da Administração.

A ausência de efeitos ao silêncio não obsta a apuração de **responsabilidade pessoal** do agente público por eventual violação injustificável ou de má-fé à garantia constitucional da duração razoável do processo. No âmbito da União, a presteza e a pontualidade configuram deveres funcionais de todos os agentes públicos estatutários (expressos no art. 116, V e X da Lei n. 8.112/1990). O descumprimento culposo ou doloso é causa de sanções administrativas disciplinares. Além disso, quando o retardamento do processo for doloso – como frequentemente se vislumbra no que chamo de "engavetamentos" propositais de processos administrativos para prejudicar o interessado – poderá a autoridade ser condenada por crime de prevaricação (art. 319 do CP). Concebível é também a responsabilização civil do Estado e dos agentes públicos responsáveis que tenham agido com culpa ou dolo (art. 37, § 6º da Constituição da República).

19.8.13 Revisão da decisão condenatória

A palavra revisão é usada de muitos modos no direito. Por influência estrangeira, por vezes, fala-se de revisão como sinônimo de reapreciação da legalidade da medida (*"review"*), tal como se vislumbra na LINDB (art. 24). Porém, muito antes da Lei n. 13.655/2018, a palavra revisão já aparecia em leis de processo administrativo em sentido técnico próprio que não se confunde com o da Lei de Introdução.

Ao tratar da figura, a LPA federal (art. 65) apresenta a revisão como ferramenta *sui generis* de **rediscussão de decisões condenatórias** em processos administrativos sancionadores, isto é, processos em que, por meio da cominação de sanção, restringem-se os direitos ou os interesses de pessoa física ou jurídica condenada pela prática de certa infração administrativa.

Baseada em fatos novos ou circunstâncias relevantes, a revisão constante da LPA federal destina-se a atacar, a qualquer momento, por iniciativa do condenado ou da própria autoridade pública, uma decisão condenatória expedida em razão do cometimento de ilícito administrativo. A princípio, a revisão caberá quando fato novo ou circunstância relevante demonstrar que a condenação se tornou inadequada, ou seja, incapaz de atingir sua finalidade. Essa figura valerá para qualquer condenação imposta pela Administração, seja ela de natureza disciplinar ou de polícia, seja ela contratual. Na falta de punição, por conseguinte, não se cogitará de revisão nos termos do art. 65 da LPA federal.

Questão interessante diz respeito à aplicação do instituto contra outras medidas de restrição do interessado ao longo do processo administrativo, como as medidas cautelares. Conquanto não configurem decisão verdadeiramente sancionatória, elas são igualmente restritivas de direito e, por isso, entendo que se sujeitam à revisão. Sob essa lógica, há que se interpretar a redação da LPA de modo amplo para se reconhecer a possibilidade de revisão contra atos de restrição de direitos de natureza cautelar, impostos pela autoridade contra o acusado antes mesmo da decisão final.

Em toda e qualquer situação, a revisão será cabível a qualquer tempo, diferentemente dos recursos. Além disso, poderá ser solicitada tanto pelo condenado, quanto pelo próprio órgão público que tiver expedido o ato condenatório ou tiver competência para controlá-lo. No mérito, porém, a revisão somente será lícita quando se demonstrar que: (i) a sanção se tornou inadequada (ii) por força de fato novo ou circunstância relevante

Fatos novos são informações ou dados desconhecidos ou inexistentes à época da condenação, mas que, se conhecidos antes, teriam reduzido a punição ou ocasionado a absolvição. Como esses elementos eram de impossível conhecimento ao longo do processo sancionador, sua comprovação futura – no procedimento de revisão – exigirá que se reduza ou se extinga a sanção com o objetivo de evitar restrição injusta ou irrazoável de direitos fundamentais.

Diferentemente, o conceito de **circunstância relevante** abarca eventos, dados ou outras informações externas ao processo e que constroem um cenário novo no qual a sanção se torna inadequada à luz de interesses públicos primários. Os fatos novos são internos ao objeto do processo; as circunstâncias relevantes são externas, pois se referem a elementos ambientais que, eventualmente, sequer terão ligação direta com o processo, mas, ainda assim, imporão extinção ou redução da sanção por motivos de interesse público.

Imagine, por exemplo, que certa agência reguladora tenha condenado uma empresa farmacêutica a suspender a produção de remédios. No entanto, perceba que a sanção gera problemas concorrenciais e prejuízos a pacientes, uma vez que ocasiona a escassez de medicamentos e o consequente aumentos de preços. Esses fatores são exemplos de circunstâncias relevantes que permitem a revisão da sanção administrativa nos termos do art. 65 da LPA federal. Eles não negam a autoria e a materialidade justificadoras da punição, mas mostram sua inadequação por interesses públicos.

É preciso frisar que a descoberta de qualquer fato novo ou a configuração de circunstância relevante posterior ao sancionamento não bastam para garantir a licitude da revisão. É imprescindível que se comprove que a sanção se tornou inadequada. Nesse sentido, por exemplo, será inadequada a sanção que limite direitos fundamentais de alguém que se descubra inocente ou de alguém que, apesar de culpado, sofra mal maior que o devido. Igualmente inadequada será a sanção que produza danos irrazoáveis a interesses públicos, como aquela que, para combater infração concorrencial, prejudique a concorrência num segmento de mercado ou os consumidores ou aquela que, para combater a corrupção, gere desemprego, fome e pobreza em detrimento das famílias.

Por essas funções de tutela de direitos fundamentais e interesses públicos, a revisão se eleva a um dos mais importantes instrumentos de controle do poder sancionador estatal. Dado o seu relevante papel, a LPA federal reconhece que a iniciativa da revisão cabe tanto ao interessado quanto ao órgão que impôs a sanção. Ademais, autoriza o pedido de revisão a qualquer tempo. Descabe limitação temporal para a alteração de decisões sancionatórias no âmbito dos processos administrativos da Administração Indireta e Direta federal. Essa regra faz todo sentido, pois permite que o Estado corrija, a qualquer tempo, restrições irrazoáveis contra a liberdade, a propriedade e outros direitos fundamentais de pessoas físicas ou jurídicas condenadas, ou que impeça efeitos extraprocessuais da sanção em detrimento dos interesses públicos primários.

O Poder Público não pode se acomodar frente a restrições ilegais de direitos fundamentais e a afrontas a interesses públicos primários, razão pela qual não faria sentido impor à revisão qualquer limitação de ordem temporal. Disso se conclui que o legislador não está autorizado a afastar a regra do art. 65, *caput*, da LPA federal, por exemplo, ao criar norma específica que busque restringir temporalmente o direito de revisão de decisões sancionatórias de qualquer gênero. Restrições temporais a esse direito são, na verdade, inconstitucionais.

Essa vedação de se impor qualquer limitação temporal ao instituto da revisão por sua relação com a proteção de direitos fundamentais e de interesses públicos primários vale, inclusive, para processos administrativos estaduais e municipais. Sendo assim, a meu ver, afigura-se inconstitucional o art. 68, § 1º da LPA mineira (Lei n. 14.184/2002), que limita o exercício da revisão ao período de cinco anos posteriores à expedição da decisão condenatória. Esse prazo quinquenal é irrelevante! O que importa é saber se a sanção ainda tem eficácia ou não, pois, se já esgotou seus efeitos, de nada adiantará a revisão.

Em relação à competência para o julgamento, a revisão se aproxima da reconsideração e afasta-se do recurso voluntário hierárquico. Enquanto o recurso é decidido pelo órgão hierarquicamente superior, a revisão das decisões administrativas é conduzida, a princípio, pelo órgão que proferiu a decisão condenatória. Apesar disso, não entendo ilegítimo que qualquer órgão com poder de anulação ou revogação da decisão venha também a exercer o poder de revisão por iniciativa própria ou solicitação do interessado, contanto que o órgão originário não o faça e que os autos sejam devidamente examinados.

A despeito da iniciativa e do órgão que agir, a revisão somente poderá ocasionar três consequências: (i) a manutenção da condenação; (ii) a redução da sanção ou (iii) a extinção da sanção. O aumento da sanção ou a aplicação de novas sanções após o esgotamento de prazos de recursos administrativos é impossível. A LPA é explícita nesse sentido ao vedar a *"reformatio in pejus"* em revisão (art. 65, parágrafo único), como se explicará a seguir.

19.8.14 *"Reformatio in pejus"* em recursos e revisão

No processo penal, a proibição de modificar a decisão para piorar a situação do recorrente (denominada *"reformatio in pejus"*) consta expressamente do CPP para casos específicos (art. 617). De acordo com esse dispositivo legal, não se aceitará o agravamento da pena quando somente o réu apelar da sentença. Se, portanto, o réu condenado se mostrar insatisfeito com a pena aplicada em primeira instância e contra ela recorrer isoladamente, terá o direito de não a ver aumentada na instância recursal. Se, em contraste, a parte que acusar também recorrer, não estará o órgão recursal proibido de agravar a pena.

No processo administrativo, essa lógica não se aplica por várias razões. A primeira delas resulta da variedade de situações. Como se sabe, nem todos os processos que correm na Administração Pública têm natureza sancionatória. Há, igualmente, processos administrativos seletivos, liberatórios, dentre muitos outros. Dessa maneira, é perfeitamente concebível que a reforma de certa decisão para piorar a situação do recorrente ocasione uma melhor decisão para vários outros interessados e benefício a interesses públicos primários.

Não bastasse isso, a **reforma para pior** ganhou tratamento próprio no direito administrativo a partir da edição da LPA federal. Até então, não havia regra geral acerca dessa possibilidade de tornar a decisão na instância recursal pior para o recorrente. Entretanto, ao redigir o art. 64, parágrafo único e o art. 65, parágrafo único da LPA, o legislador esclareceu esse tema polêmico para todo e qualquer processo administrativo, inclusive os sancionadores.

O art. 64 da LPA é explícito ao afirmar que a decisão sempre poderá ser alterada para pior desde que garantida a ampla defesa prévia! O texto legal não consagrou a proibição da *"reformatio in pejus"* nos processos administrativos conduzidos pela Administração Direta e Indireta da União.[94] O órgão *ad quem* não estará impedido

---

[94] A maioria dos comentadores não veem inconstitucionalidade no dispositivo em questão, ainda que alguns, como Sérgio Ferraz e Adilson Dallari, busquem restringir as hipóteses de *reformatio in pejus*. Cf. VICHI, Bruno de Souza. Do recurso administrativo e da revisão (arts. 56 a 65). In: FIGUEIREDO, Lúcia Valle (Coord.). *Comentários à lei federal de processo administrativo (Lei n. 9.784/99)*. Belo Horizonte: Fórum, 2004, p. 256; FORTINI, Cristiana; PEREIRA, Maria Fernanda Pires de Carvalho; CAMARÃO, Tatiana Martins da Costa. *Processo administrativo – Comentários à Lei n. 9.784/1999*. Belo Horizonte: Fórum, 2008, p. 219; CARVALHO FILHO, José dos Santos. *Processo administrativo federal*, 3. ed. Rio de Janeiro: Lumen Juris, 2007, p. 326 e FERRAZ, Sérgio; DALLARI, Adilson Abreu. *Processo administrativo*, 4. ed. São Paulo: Malheiros, 2020, p. 454.

de, no julgamento do recurso, alterar a decisão e agravá-la em desfavor do recorrente caso considere haver motivos para tanto.

Essa regra geral faz todo sentido, pois, como dito, o art. 64 trata de processos administrativos em sentido amplo, não apenas de formas de processo sancionatório – ao contrário do dispositivo do CPP mencionado. Imagine, portanto, um processo para concessão de licença ambiental e outro para a aprovação de ato de fusão entre duas empresas de grande porte. Nesses processos ambientais e concorrenciais, não se objetiva a aplicação de sanção administrativa. Os interessados buscam somente um ato liberatório que lhes permita praticar ou desenvolver atividades. Se a primeira instância do ente administrativo competente para esses processos decidir pela concessão de licença ou de autorização parcial e, em virtude da restrição sofrida, o interessado recorrer, poderá o órgão *ad quem*, por força do art. 64, parágrafo único da LPA, negar a licença integralmente, piorando a situação do recorrente, por exemplo, com o objetivo de resguardar interesses públicos primários.

Essas situações ilustram a possibilidade geral da *"reformatio in pejus"* nos processos administrativos federais. Isso não significa que a modificação ocorrerá sem qualquer limitação. Em primeiro lugar, a LPA federal exige o respeito à ampla defesa sempre que surgir qualquer elemento que possa ser usado, na instância recursal, para fundamentar uma decisão que cause "gravame à situação do recorrente". Quando houver elementos para piorar a decisão em desfavor do recorrente, a autoridade competente deverá então cientificá-lo para que formule suas alegações antes da decisão (art. 64, parágrafo único).

Além disso, a LPA federal veda expressamente a *"reformatio in pejus"* em procedimentos de revisão (art. 65, parágrafo único). Como demonstrado anteriormente, a revisão é o pedido de redução ou eliminação de uma sanção já imposta em virtude de fatos novos ou circunstâncias relevantes que demonstrem sua inadequação. Na pior das hipóteses, a decisão da revisão poderá manter a sanção, mas nunca a agravar.

19.8.15 Coisa julgada e estabilidade decisória

A "coisa julgada" é instituto vital à garantia da segurança jurídica por meio da estabilização das relações jurídicas. A Constituição trata expressamente do assunto ao dispor que: "a lei não prejudicará o direito adquirido, o ato jurídico perfeito e a coisa julgada" (art. 5º, XXXVI). Já a LINDB a define como "o caso julgado ou a decisão judicial de que já não caiba recurso". Por sua vez, o art. 502 do CPC trata da coisa julgada como a "autoridade que torna imutável e indiscutível a decisão de mérito não mais sujeita a recurso".

Tradicionalmente, o direito processual separa duas figuras ao tratar do assunto: a coisa julgada formal e a material. Segundo Humberto Theodoro Júnior, a **coisa julgada formal** resulta "simplesmente da imutabilidade da sentença dentro do processo em que foi proferida pela impossibilidade de interposição de recursos, quer porque a lei não mais os admite, quer porque se esgotou o prazo estipulado pela lei sem interposição pelo vencido, quer porque o recorrente tenha desistido do recurso interposto ou ainda tenha renunciado à sua interposição". No entanto, essa "imutabilidade, que impede o juiz de proferir novo julgamento no processo para as partes tem reflexos, também, fora do processo, impedindo-as de virem a renovar a discussão da lide em outros processos", fazendo surgir a **coisa julgada material**. Em outras palavras, "a coisa julgada formal atua dentro do processo em que a sentença foi proferida, sem impedir que o objeto do julgamento volte a ser discutido em outro processo. Já a coisa julgada material, revelando a lei das partes, produz seus efeitos no mesmo processo ou em qualquer outro, vedando o reexame da *res in iudicium deducta*, por já definitivamente apreciada e julgada".[95] Na síntese de Didier, Braga e Oliveira, a coisa julgada formal representa a indiscutibilidade e a imutabilidade decisória endoprocessual, daí representar uma preclusão, enquanto a material se projeto para fora.[96]

No direito administrativo, porém, nem a LINDB nem a LPA nem outras leis processuais se valem do conceito de coisa julgada expressamente. Essa omissão não configura qualquer falha, mas sim uma intenção de não absorver o instituto do direito processual judicial. Há razões compreensíveis para tanto. A primeira delas é que, na prática, as decisões da Administração Pública submetem-se inevitavelmente à possibilidade de controle judicial em razão do princípio da unicidade de jurisdição. Isso traz para o processo administrativo um grau muito maior de precariedade e instabilidade que o presente no processo judicial. A segunda razão para não se falar de coisa julgada administrativa nos mesmos termos da judicial tem relação com os variados controles que a Administração exerce sobre si mesma no sentido de fazer valer a legalidade, a moralidade e o interesse público. Essas várias ferramentas de autocontrole são utilizadas conforme o tipo de processo administrativo em jogo. Melhor dizendo, a depender da modalidade processual, distintos serão os instrumentos e os momentos capazes de ocasionar o refazimento da decisão ou extingui-la.

Por esses e outros motivos, entendo mais harmônico ao processo administrativo o uso do conceito de **estabilidade decisória** que, propriamente, de coisa julgada. A estabilidade representa conceito flexível, capaz de se adaptar à realidade assimétrica e multifacetada da Administração Pública. Na prática, a estabilidade aumenta conforme se reduz a possibilidade de utilizar instrumentos de questionamento da decisão. Partindo-se dessa premissa, é possível afirmar que inexiste um padrão fixo e comum de estabilidade, mas sim graus diferentes. Como aponta Murillo Giordan

---

95. THEODORO JÚNIOR, Humberto. *Curso de Direito Processual Civil*, v. 1: Teoria Geral do Direito Processual Civil, Processo de Conhecimento, Procedimento Comum, 60. ed. Rio de Janeiro: Forense, 2019, p. 1263.
96. DIDIER JR., Fredie; BRAGA, Paula Sarno; OLIVEIRA, Rafael Alexandria de. *Curso de direito processual civil*: teoria da prova, direito probatório, ações probatórias, decisão, precedente, coisa julgada e antecipação dos efeitos da tutela, 11. ed. Salvador: JusPodivm, 2016, p. 532.

Santos em tese sobre o tema, a estabilidade no direito administrativo aceita "aplicação modulada", ou seja, graus diferenciados de intensidade.[97]

Essa variação dos graus de estabilização da decisão administrativa é decorrência de muitos fatores, dentre os quais:

(i) O conteúdo da decisão, uma vez que, por exemplo, o conteúdo benéfico, gerador de vantagens ao interessado, abre espaço para a decadência do poder anulatório. Já o conteúdo vinculado imuniza a decisão contra a revogação. Esses dois parâmetros mostram que o conteúdo da decisão é fator capaz de alterar a estabilidade decisória;

(ii) O tipo de processo administrativo, dado que alguns se submetem a meios específicos de modificação decisória. Isso se vislumbra no instituto da revisão do art. 65 da LPA federal, que viabiliza a redução ou a extinção de decisões condenatórias em processos sancionadores e, mais importante, a qualquer tempo (ou seja, desde que ainda haja sanção em curso); e

(iii) O tempo transcorrido desde a data da decisão, pois esse lapso gradualmente afasta os instrumentos tanto do controle administrativo (inclusive por reconsideração e recursos), quanto do controle externo, em especial, do realizado no âmbito judicial (por pretensões anulatórias). O tempo é parâmetro de estabilização inafastável e muito importante, ocasionando preclusões e prescrições, além de tornar a decisão imune, após seus efeitos, a certos mecanismos de controle e modificação.

19.9 PRAZOS

19.9.1 Aspectos gerais

Nem todos os prazos para o exercício de direitos, deveres e poderes nos mais diferentes tipos de processos administrativos constam expressamente do ordenamento jurídico. Frente a lacunas, caberá à Administração Pública defini-los até que o legislador o faça por lei. Para tanto, dois parâmetros serão úteis. Em primeiro lugar, a mensuração dos prazos necessitará observar o princípio da razoabilidade. O prazo há que ser suficientemente longo para que a medida processual esperada da autoridade ou do interessado se torne exequível. Ao mesmo tempo, será suficientemente curto para que o processo seja capaz de oferecer decisão oportuna e efetiva. Em síntese, ao fixar prazos de processos administrativos na falta de norma, competirá à Administração Pública ponderar os princípios da razoabilidade, da finalidade, do interesse público e da eficiência,

---

97. SANTOS, Murillo Giordan. *Coisa julgada administrativa*. Belo Horizonte: Fórum, 2021, p. 274.

bem como as garantias da **duração razoável do processo** e da ampla defesa (art. 5º, LXXVIII e LV da CF).[98]

Normas sobre prazos são, na verdade, de extrema relevância, pois os prazos condicionam a eficiência do processo administrativo, a efetividade e a justiça da decisão administrativa.[99] O cumprimento das finalidades públicas e a proteção dos interessados dependem deles. Sem a limitação temporal para a prática dos atos processuais, as autoridades ou os interessados poderiam atrasar deliberadamente o processo, de sorte a comprometer os mais diversos tipos de interesses e direitos. Sem prazos, poderiam emperrar o funcionamento do Estado e deliberadamente frustrar direitos fundamentais dependentes do bom andamento do processo administrativo.

Por esses e outros motivos, andou bem a LPA federal ao disciplinar o assunto tanto por meio de prazos específicos, quanto por normas gerais sobre o tema, que aparecem no capítulo XVI. Enquanto o art. 66 aborda a contagem, a prorrogação e o ajustamento automático de prazos, o art. 67 da lei trata da suspensão. Essas normas valem sempre que leis federais específicas não dispuserem sobre o tema (art. 69 da LPA). Poderão, igualmente, ser aplicadas por analogia a processos estaduais e municipais.

Os prazos previstos para a prática de atos processuais administrativos detêm natureza ora peremptória, ora dilatória. Se o prazo e suas hipóteses de prorrogação estiverem previstos na LPA, a princípio, ele não poderá ser alterado por ajuste dos interessados. Aqui, fala-se de **prazo peremptório**. Em contrapartida, os **prazos dilatórios** aceitam redução ou prorrogação pelas partes. É preciso discutir se eles se harmonizam ou não com a lógica do processo administrativo em geral.

Carvalho Filho discutiu o assunto e defendeu a tese de que os prazos dilatórios são incompatíveis com o processo administrativo por conta do princípio da supremacia dos interesses públicos.[100] No entanto, entendo que o simples ajuste entre as autoridades administrativas e os interessados para a redução ou extensão de prazo administrativo não ocasiona necessariamente prejuízos ao interesse público. Acordo do gênero entre autoridade e interessados acerca da dilação do prazo eventualmente geraria benefícios para a Administração e para os interessados. Não bastasse isso, se hoje são possíveis ajustes de prazos em negócios jurídicos processuais no Judiciário e em arbitragens, não sobra razão para proibi-los no processo administrativo.

Destarte, embora a LPA não destaque os prazos dilatórios e deixe a cargo das autoridades administrativas a concessão de prorrogações, não há que se excluir a hipótese de o legislador ou diplomas administrativos inserirem prazos flexíveis, que podem ser

---

98. Acerca da discussão sobre o prazo razoável, cf., ainda, FERRAZ, Sérgio; DALLARI, Adilson Abreu. *Processo administrativo*, 4. ed. São Paulo: Malheiros, 2020, p. 70-72.
99. Nesse sentido ver também CARVALHO FILHO, José dos Santos. *Processo administrativo federal*, 3. ed. Rio de Janeiro: Lumen Juris, 2007, p. 340.
100. Veja CARVALHO FILHO, José dos Santos. *Processo administrativo federal*, 3. ed. Rio de Janeiro: Lumen Juris, 2007, p. 340.

alterados pela vontade dos envolvidos. Observe-se apenas que, ao decidir pela redução ou alteração desses prazos, a autoridade deverá verificar a proteção dos interesses públicos primários em jogo e dos direitos fundamentais de todas as pessoas atingidas. Respeitados esses critérios, não há motivo para se recusar o formalismo mitigado.

19.9.2 Prazos em espécie

Os prazos de atos processuais em espécie estão previstos de modo esparso na LPA para diferentes comportamentos dos agentes públicos, dos interessados e de terceiros. Eles aparecem ora em dias úteis, ora em dias corridos, encontrando-se disciplinados da seguinte forma:

- O art. 24 estipula 5 dias, prorrogáveis por igual período, à prática de atos pela autoridade pública. Esse prazo não se refere aos interessados. Ademais, tem caráter subsidiário, pois valerá somente quando inexistir prazo para determinado comportamento do agente público;
- O art. 26, § 2º e o art. 41 preveem 3 dias úteis mínimos para a intimação do interessado sobre a realização de provas ou efetivação de diligências. Esse prazo destina-se a garantir o direito de acompanhamento na produção de provas como expressão da garantia de ampla defesa;
- O art. 42 aponta 15 dias para emissão do parecer por órgão consultivo, salvo prazo distinto em norma específica ou dilação por motivo de necessidade. Aqui, busca o legislador evitar que atrasos de terceiros comprometam indevidamente a duração razoável do processo;
- O art. 44 estabelece 10 dias para apresentação de alegações finais pelo interessado, direito que necessita ser garantido sempre que o órgão de instrução for diferente do órgão de decisão;
- O art. 49 prevê 30 dias, sujeito a prorrogação, para que a Administração decida o processo administrativo contado a partir do término da instrução;
- O art. 54 prevê 5 anos para que o ente público exerça seu poder-dever de anular atos administrativos de que decorram efeitos favoráveis para os destinatários, contados da data em que foram praticados;
- O art. 56, § 1º impõe 5 dias para que a autoridade realize juízo de reconsideração. Esgotado esse prazo, entende-se mantida a decisão pela autoridade *a quo*, que deverá então encaminhar os autos à autoridade *ad quem*;
- O art. 59, *caput* prevê 10 dias para interposição de recurso administrativo contado da data da ciência ou divulgação da decisão. Como se demonstrou anteriormente, porém, a extrapolação desse prazo não pode servir de escusa para que a Administração deixe de tutelar a legalidade e os interesses públicos; e
- O art. 59, parágrafo único, estipula o prazo prorrogável de 30 dias para que o recurso administrativo seja decidido.

19.9.3 Contagem do prazo

Embora a legislação aponte a maior parte dos prazos em dias, eles podem ser expressos em minutos, horas, dias, meses ou anos. Inexistente a norma legal que fixe certo prazo, competirá à Administração Pública indicá-lo mediante consideração da duração razoável do processo, da garantia da ampla defesa e do princípio da eficiência administrativa. Ademais, deverá informar ao público e aos interessados os horários de expediente, especialmente quando os órgãos responsáveis pelo processo administrativo seguirem rotina peculiar ou quando houver modificação excepcional dos horários.

O art. 66 da LPA federal preocupa-se com os prazos definidos em dias, meses e anos, apontando várias regras sobre o termo inicial da contagem e o termo final. O inicial recai no dia posterior ao da cientificação oficial, ou seja, para o início da contagem exclui-se o dia em que a cientificação por intimação ou qualquer outro meio ocorra.

No dia posterior ao da cientificação, os prazos passam a fluir de maneira contínua. Isso significa que a contagem inclui finais de semanas, feriados e datas com expediente reduzido. No entanto, há exceções. Certas normas, inclusive dentro da própria LPA, apontam prazos em dias úteis. Além disso, consta uma exceção à regra da continuidade do art. 67 da LPA, segundo o qual os prazos aceitarão **suspensão por motivo de força maior** devidamente comprovado.

Quanto ao termo final, também existem regras específicas. Ele somente recairá em **dia útil e com expediente normal**. Por isso, o art. 66, § 1º da LPA impõe prorrogação automática do prazo ao próximo dia útil caso o termo final recaia em feriado ou data com expediente anormalmente reduzido.

Ainda sobre o termo final, os prazos fixados em meses ou anos subordinam-se a regras especiais. De acordo com o § 3º do art. 66 da LPA, esses prazos se extinguirão no mesmo dia do mês ou do ano futuro, ou seja, eles se contam de **data a data**. Entretanto, se o mês de vencimento do prazo não contiver o dia equivalente ao do termo inicial, o termo final corresponderá ao último dia do mês. O prazo anual que se iniciar no dia 29 de fevereiro de um ano bissexto se esgotará, portanto, no dia 28 de ano não bissexto. O prazo mensal que se iniciar no dia 31 de outubro se encerrará no dia 30 de novembro.

19.9.4 Extensão: suspensão, interrupção e prorrogação

O vocábulo **extensão** abrange qualquer dilação temporal para a prática de atos nos processos administrativos. A extensão é aqui tomada como um gênero que abrange suspensões, interrupções ou prorrogações de prazos.

Em específico, a **suspensão** consiste na paralisação da contagem do prazo por força de motivo disposto em lei ou regulamento. Uma vez cessado o motivo que a enseja, o prazo continuará a correr do momento em que parou. Na LPA federal, a suspensão do prazo só ocorrerá quando se comprovar motivo de força maior, conforme dispõe o art. 67. Isso significa que o evento previsível, mas de consequências inevitáveis que impede o cumprimento do prazo poderá ser alegado antes de sua ocorrência ou posteriormente. No entanto, apesar de aceitar a alegação anterior ou posterior, para que a prorrogação efetivamente seja válida é preciso: (i) que o evento efetivamente ocorra; (ii) que ele seja comprovado; (iii) não esteja sob controle dos interessados e (iv) que impeça o cumprimento do prazo.

A suspensão não se confunde com a **interrupção**, já que os prazos interrompidos são zerados e não voltam a correr do momento que atingiram. O prazo é completamente reiniciado, substituído por um novo. A LPA federal, contudo, não trata de hipóteses de interrupção de prazo, de maneira que, a princípio, os prazos apenas se suspendem no processo administrativo da União, salvo disposição de lei especial.

A suspensão e a interrupção distinguem-se da **prorrogação**, que importa o adiamento do termo final em casos autorizados pelas normas processuais. Isso pode ocorrer de modo vinculado ou discricionário. Nessa última hipótese, a motivação da prorrogação será fundamental. A LPA federal não contém norma geral de prorrogação, mas trata do tema em vários de seus dispositivos. A discricionariedade de prorrogação de prazo surge, por exemplo, no art. 59, §2º, que disciplina o tempo para decisão dos recursos administrativos. Já o art. 66, § 1º aponta a prorrogação vinculada (ou automática) quando não houver expediente normal no dia do vencimento do prazo. O mesmo ocorre na LGD, que estipula prorrogação automática quando o prazo não puder ser cumprido por falha do sistema de processo eletrônico.

19.9.5 Prazos em processos eletrônicos

A LPA federal e inúmeras leis estaduais ou municipais de processo administrativo prescindem de normas a respeito de processo eletrônico. Apesar de grave, essa lacuna se justifica, muitas vezes, pelo momento histórico de elaboração dessas leis, em grande parte, nascidas antes da década de 2000. Ocorre que, com o passar dos anos, tornou-se corriqueiro o uso de processos eletrônicos na Administração Pública, tornando essencial o esclarecimento da contagem de prazos nos ambientes virtuais.

No âmbito da União, a Lei do Governo Digital (LGD) traz normas relevantes e auxilia a solucionar questões problemáticas sobre o tema. De um lado, aponta a presunção de que atos em meio eletrônico se realizam no dia e hora indicados pelo sistema informatizado do órgão competente, que deverá fornecer recibo eletrônico de protocolo. De outro, esclarece que, na falta de disposição em contrário, o ato será tempestivo se praticado até 23h59 do dia em que recai o termo final, sem prejuízo de prorrogação motivada pela indisponibilidade do sistema informatizado nos termos de norma regulamentar (art. 8º).

Uma leitura da LGD permite afirmar que os prazos do processo eletrônico poderão ser contados em dias corridos ou úteis a depender da norma aplicável. No entanto, o termo final do ato digital será o último minuto do dia, salvo quando houver limitação expressa e razoável em sentido diverso. Esse prazo não é afetado por eventuais reduções de expediente físico, a princípio. Contudo, está explicitamente condicionado ao bom funcionamento e à operabilidade do sistema eletrônico. Nenhum interessado poderá ser prejudicado por quedas ou lentidões dos meios tecnológicos. Caso isso ocorra, o prazo necessitará ser devolvido no todo ou em parte a depender da situação.

Nos Estados e Municípios que não tenham norma própria sobre o assunto, incidirá o Código de Processo Civil – CPC, cujo art. 213 assim dispõe: "a prática eletrônica de ato processual pode ocorrer em qualquer horário até às 24 horas do último dia do prazo", devendo-se levar em conta o horário vigente na repartição perante a qual o ato deve ser praticado. Sendo assim, em linha com o que se explicou, na falta de disposição administrativa, o prazo no processo eletrônico não se esgotará com o término do horário de expediente físico, mas sim com o fim do dia em que recair seu termo final.

19.9.6 Aceleração processual como medida inclusiva

A duração razoável é inequívoca garantia constitucional que impõe a celeridade do processo administrativo sem prejudicar a ampla defesa. Para alguns grupos de indivíduos, a celeridade tem impacto especial, pois a demora de decisão é capaz de acarretar prejuízos significativos a seus direitos fundamentais. Isso exige que se empreguem discriminações positivas no sentido de conferir tratamento preferencial aos processos em que esses sujeitos figuram como interessados.

Seguindo essa lógica de promoção da igualdade material, em 2008, a Lei n. 12.008 alterou a LPA federal e nela incluiu o art. 69-A. De acordo com esse dispositivo, terão prioridade na tramitação, em qualquer órgão ou instância", os processos em que figure: I – pessoa com idade igual ou superior a 60 anos; II – pessoa portadora de deficiência física ou mental e III – pessoa com doença grave, ainda que contraída após o início do processo. Essas doenças estão listadas de modo exemplificativo na própria lei.[101]

Na prática, a aceleração não é automática. Incumbirá aos interessados enquadrados nas hipóteses legais comprovar sua condição perante a autoridade competente e solicitá-la. A seu turno, a autoridade, após deferir o pedido, determinará a identificação dos autos e as providências a serem cumpridas. Indeferimentos, de outra parte, deverão ser amplamente motivados.

---

101. Em detalhes, cf. MARRARA, Thiago; NOHARA, Irene Patrícia. *Processo administrativo*: Lei n. 9.784/1999 comentada. São Paulo: Revista dos Tribunais, 2018, p. 566 e ss.

Para além disso, a regra da LPA federal atribui ao ente público o dever de disciplinar por normas internas o tratamento diferenciado. Ao fazê-lo, poderá subdividir grupos com maior ou menor necessidade de aceleração processual de acordo com o provimento esperado. Em nenhum caso, porém, a prioridade na tramitação desses processos administrativos em favor dos grupos vulneráveis apontados pela legislação deverá servir de justificativa para limitar indevidamente seus prazos e seus direitos processuais básicos, em especial, o de ampla defesa.

19.10 SÚMULAS

SUPREMO TRIBUNAL FEDERAL

- Súmula n. 20: É necessário processo administrativo com ampla defesa, para demissão de funcionário admitido por concurso.

- Súmula n. 429: A existência de recurso administrativo com efeito suspensivo não impede o uso do mandado de segurança contra omissão da autoridade.

- Súmula n. 430: Pedido de reconsideração na via administrativa não interrompe o prazo para o mandado de segurança.

SÚMULAS VINCULANTES

- Súmula Vinculante n. 3: Nos processos perante o Tribunal de Contas da União asseguram-se o contraditório e a ampla defesa quando da decisão puder resultar anulação ou revogação de ato administrativo que beneficie o interessado, excetuada a apreciação da legalidade do ato de concessão inicial de aposentadoria, reforma e pensão.

- Súmula Vinculante n. 5: A falta de defesa técnica por advogado no processo administrativo disciplinar não ofende a Constituição.

- Súmula Vinculante n. 21: É inconstitucional a exigência de depósito ou arrolamento prévios de dinheiro ou bens para admissibilidade de recurso administrativo.

SUPERIOR TRIBUNAL DE JUSTIÇA

- Súmula n. 312: No processo administrativo para imposição de multa de trânsito, são necessárias as notificações da autuação e da aplicação da pena decorrente da infração.

- Súmula n. 373 – É ilegítima a exigência de depósito prévio para admissibilidade de recurso administrativo.

- Súmula n. 467: Prescreve em cinco anos, contados do término do processo administrativo, a pretensão da Administração Pública de promover a execução da multa por infração ambiental.

- Súmula n. 633: A Lei n. 9.784/1999, especialmente no que diz respeito ao prazo decadencial para a revisão de atos administrativos no âmbito da Administração Pública federal, pode ser aplicada, de forma subsidiária, aos estados e municípios, se inexistente norma local e específica que regule a matéria.

TRIBUNAL DE CONTAS DA UNIÃO

- Súmula n. 59: A citação do responsável, para apresentar alegações de defesa ou recolher o débito, constitui formalidade essencial, que deve preceder o julgamento do processo dos responsáveis por bens, valores e dinheiros públicos, pelo Tribunal de Contas.
- Súmula n. 103: Na falta de normas legais regimentais específicas, aplicam-se, analógica e subsidiariamente, no que couber, a juízo do Tribunal de Contas da União, as disposições do Código de Processo Civil.
- Súmula n. 205: É inadmissível, em princípio, a inclusão, nos contratos administrativos, de cláusula que preveja, para o Poder Público, multa ou indenização, em caso de rescisão.

19.11 REFERÊNCIAS BIBLIOGRÁFICAS PARA APROFUNDAMENTO

ARAÚJO, Edmir Netto de. *O ilícito administrativo e seu processo*. São Paulo: Revista dos Tribunais, 1994.

BACELLAR FILHO, Romeo Felipe; MARTINS, Ricardo Marcondes. *Tratado de direito administrativo*. São Paulo: Revista dos Tribunais, 2014. v. V: ato administrativo e procedimento administrativo.

BACELLAR FILHO, Romeu Felipe. *Direito administrativo e o novo Código Civil*. Belo Horizonte: Fórum, 2007.

BACELLAR FILHO, Romeu Felipe. *Processo administrativo disciplinar*. São Paulo: Saraiva, 2012.

BARROS, Laura Mendes Amando de. *Participação democrática e fomento nos conselhos deliberativos*. São Paulo: Saraiva, 2016.

BEZNOS, Clóvis. O processo administrativo e sua codificação. *Revista da Procuradoria Geral do Município de Fortaleza*, n. 4, 1996.

BIM, Eduardo Fortunato. *Audiências públicas*. São Paulo: Revista dos Tribunais, 2014.

BITENCOURT NETO, Eurico. *Devido procedimento equitativo e vinculação de serviços públicos delegados no Brasil*. Belo Horizonte: Fórum, 2009.

BITENCOURT NETO, Eurico; MARRARA, Thiago (Coord.). *Processo administrativo brasileiro*: estudos em homenagem aos 20 anos da Lei Federal de Processo Administrativo. Belo Horizonte: Fórum, 2020.

BORGES, Alice Gonzáles. Processo administrativo e controle. *RDA*, v. 226, 2001.

CABRAL, Antônio do Passo; MENDONÇA, José Vicente Santos de. *Decisão administrativa coordenada*. São Paulo: JusPodivm, 2022.

CABRAL, Flávio Garcia. *Medidas cautelares administrativas*. Belo Horizonte: Fórum, 2021.

CARVALHO FILHO, José dos Santos. *Processo administrativo federal*, 5. ed. São Paulo: Atlas, 2013.

CARVALHO, Gustavo Marinho. *Precedentes administrativos no direito brasileiro*. São Paulo: Contracorrente, 2015.

COTRIM NETO, Alberto Bittencourt. Da necessidade de um código de processo administrativo. *Revista Brasileira de Direito Comparado*, n. 15, 1994.

COUTO E SILVA, Almiro do. O princípio da segurança jurídica (proteção à confiança) no direito público brasileiro e o direito da administração pública de anular seus próprios atos administrativos: o prazo decadencial do art. 54 da Lei de Processo Administrativo da União (Lei n. 9.784/99). *Revista Brasileira de Direito Público*, v. 6, 2004.

CUNHA, Bruno Santos. *Aplicabilidade da lei federal de processo administrativo*. São Paulo: Almedina, 2017.

DALLA PACCE, Carolina. *A sistematização dos recursos administrativos na legislação federal*. Dissertação de Mestrado (Faculdade de Direito da Universidade de São Paulo), 2015.

DI PIETRO, Maria Sylvia Zanella. Participação popular na Administração Pública. *Revista Trimestral de Direito Público*, n. 1, 1993.

EIRAS, Larissa. Sham litigation: requisitos para sua configuração. *Revista de Direito da Concorrência*, v. 7, n. 2, 2019.

FERRAZ, Sérgio; DALLARI, Adilson Abreu. *Processo administrativo*, 3. ed. São Paulo: Malheiros, 2012.

FERREIRA, Daniel. *Sanções administrativas*. São Paulo: Malheiros, 2001.

FERREIRA, Daniel. *Teoria geral da infração administrativa a partir da Constituição Federal de 1988*. Belo Horizonte: Fórum, 2009.

FIGUEIREDO, Lúcia Valle (Coord.). *Devido processo legal na Administração Pública*. São Paulo: Max Limonad, 2001.

FIGUEIREDO, Lúcia Valle. Instrumentos de administração consensual: a audiência pública e sua finalidade. *RDA*, n. 230, 2002.

FORTINI, Cristiana; DANIEL, Felipe S.A.M. O silêncio administrativo. *Fórum Administrativo*, n. 64, 2006.

FORTINI, Cristiana; PEREIRA, Maria Fernanda Pires de Carvalho Pereira; CAMARÃO, Tatiana Martins. *Processo administrativo* – comentários à Lei n. 9.784/1999, 2. ed. Belo Horizonte: Fórum, 2011.

FRANCO SOBRINHO, Manoel de Oliveira. Introdução à teoria da prova administrativa. *RDP*, n. 21, 1972.

FRANCO, Fernão Borba. *Processo administrativo*. São Paulo: Atlas, 2008.

GALVÃO, Ciro Di Benatti; DUARTE, Luciana Gaspar Melquíades. *A lei de processo administrativo federal no contexto do Estado Democrático de Direito*. Curitiba: CRV, 2017.

GRINOVER, Ada Pellegrini. Do direito de defesa em inquérito administrativo. *RDA*, n. 183, 1991.

GUIMARÃES, Bernardo Strobel. Âmbito de validade da lei de processo administrativo: para além da Administração Federal. *RDA*, n. 235, 2004.

HACHEM, Daniel Wunder. Processos administrativos reivindicatórios de direitos sociais: dever de decidir em prazo razoável vs. silêncio administrativo. *A&C – Revista de Direito Administrativo & Constitucional*, v. 14, n. 56, 2014.

HARGER, Marcelo. *Princípios constitucionais do processo administrativo*. Rio de Janeiro: Forense, 2008.

MARRARA, Thiago (Org.). *Princípios de direito administrativo*, 2. ed. Belo Horizonte: Fórum, 2020.

MARRARA, Thiago. Administração que cala consente? Dever de decidir, silêncio administrativo e aprovação tácita. *RDA*, v. 280, n. 2, 2021.

MARRARA, Thiago. Coordenação administrativa e decisão coordenada: reflexões e lamentos sobre as mudanças da Lei de Processo Administrativo federal. In: CABRAL, Antônio do Passo; MENDONÇA, José Vicente Santos. *Decisão administrativa coordenada*. São Paulo: JusPodivm, 2022.

MARRARA, Thiago. Princípios de processo administrativo. *RDDA*, v. 7, n. 1, 2020.

MARTINS JÚNIOR, Wallace Paiva. A processualização do direito administrativo. In: MARRARA, Thiago (Org.). *Direito administrativo*: transformações e tendências. São Paulo: Almedina, 2014.

MEDAUAR, Odete. *A processualidade no direito administrativo*, 2. ed. São Paulo: Revista dos Tribunais, 2008.

MELLO, Shirlei Silmara de Freitas. Motivação, publicidade e controle. In: MARRARA, Thiago (Org.). *Princípio de direito administrativo*. São Paulo: Atlas, 2012.

MELLO, Shirlei Silmara de Freitas. Tutela de urgência no processo administrativo federal (Lei 9.784/99): fundamentos, parâmetros e limites. In: MARQUES NETO, Floriano; MENEZES DE ALMEIDA, Fernando; NOHARA, Irene; MARRARA, Thiago (Org.). *Direito e Administração Pública*: estudos em homenagem a Maria Sylvia Zanella Di Pietro. São Paulo: Atlas, 2013.

MELLO, Shirlei Silmara de Freitas. *Tutela cautelar no processo administrativo*. Belo Horizonte: Mandamentos, 2003.

MODESTO, Paulo. A nova lei de processo administrativo. *Revista Pública e Gerencial*, v. 2, 1990.

MOREIRA, Egon Bockmann. *Processo administrativo*: princípios constitucionais e a Lei 9.784/1999, 6ª ed. Belo Horizonte: Fórum, 2022.

NOBRE JÚNIOR, Edilson Pereira. *As normas de direito público na Lei de Introdução ao Direito Brasileiro*. São Paulo: Contracorrente, 2019.

NOBRE JÚNIOR, Edilson Pereira; CAVALCANTI, Francisco; FERREIRA FILHO, Marcílio da Silva; NÓBREGA, Theresa Cristine de Albuquerque. *Comentários à Lei do Processo Administrativo federal*. São Paulo: Saraiva, 2016.

NOHARA, Irene Patrícia; MARRARA, Thiago. *Processo administrativo*: Lei n. 9.784/99 comentada, 2. ed. São Paulo: Revista dos Tribunais, 2018.

PEREIRA, Flávio Henrique Unes. A indispensável defesa técnica nos processos administrativos disciplinares. *Fórum Administrativo – Direito Público*, v. 88, 2008.

PETIAN, Angélica. *Regime jurídico dos processos administrativos ampliativos e restritivos de direito*. São Paulo: Malheiros, 2013.

PINTO E NETTO, Luísa Cristina. *Participação administrativa procedimental*. Belo Horizonte: Fórum, 2009.

ROCHA, Carmen Lúcia Antunes. Princípios constitucionais do processo administrativo. *RDA*, n. 209, 1997.

SADDY, André. *Silêncio administrativo no direito brasileiro*. Rio de Janeiro: Forense, 2013.

SANTOS, Fábio Gomes dos. *Audiências públicas administrativas no direito brasileiro*. Rio de Janeiro: Lúmen Juris, 2015.

SANTOS, Murillo Giordan. *Coisa julgada administrativa*. Belo Horizonte: Fórum, 2021.

SILVA, Lígia Covre da. Da modernização estatal ao silêncio administrativo e seus efeitos no direito latino-americano. *RDDA*, v. 1, n. 2, 2014.

SOUZA, Luciano Anderson; TUCUNDUVA SOBRINHO, Ruy Cardozo de Mello (Coord.). *Temas de processo administrativo*. São Paulo: Contracorrente, 2017.

SUNDFELD, Carlos Ari. A importância do procedimento administrativo. *RDP*, n. 84, 1987.

SUNDFELD, Carlos Ari. *As leis de processo administrativo*. São Paulo: Malheiros, 2006.

ZANCANER, Weida. *Da convalidação e da invalidação dos atos administrativos*. São Paulo: Malheiros, 2001.

20
LICITAÇÕES

20.1 FUNDAMENTOS

20.1.1 Definição

O conceito de licitação equivale a uma categoria de processos administrativos que o Estado emprega para escolher objetivamente com quem contratará ou, em certos casos, quem se beneficiará de um ato administrativo, como o de outorga de uso de bens públicos. Trata-se de um conjunto bastante complexo e densamente normatizado de processos com finalidade seletiva por essência e no qual participam pessoas físicas ou jurídicas interessadas em firmar relações com o Estado.

Apenas para ilustrar, a Administração Pública emprega licitação para escolher a empreiteira que contratará para edificar certa ponte ou reformar um hospital público, o prestador de serviços de limpeza ou de segurança de seus edifícios, o fornecedor de medicamentos e alimentos para merenda escolar, o locatário de um imóvel público ocioso, o comprador para os bens que deseja vender. Utiliza esse tipo de processo, ainda, para selecionar a empresa que assumirá, por concessão ou permissão, serviços de saneamento básico ou de transporte coletivo e infraestruturas como portos, aeroportos e rodovias. Todos esses exemplos atestam a importância dessa categoria processual com finalidade seletiva para o dia a dia da União, dos Estados, do Distrito Federal e dos Municípios, bem como para as várias entidades que formam suas respectivas Administrações Indiretas.

Em termos procedimentais, a licitação abrange uma gama variada de trâmites destinados à seleção de contratantes. O concurso, a concorrência, o pregão, o leilão e o diálogo competitivo constituem suas espécies. São essas as modalidades processuais tratadas na Lei n. 14.133/2021, conhecida como a Lei Geral de Licitações – LLic.

Apesar de essa Lei se restringir aos mencionados processos, seria possível inserir no conceito teórico de licitação, em sentido alargado, outros processos de seleção de contratantes que recebem nomenclatura diversa, como o chamamento público para contratação de organizações da sociedade civil e mecanismos congêneres utilizados nas relações com o terceiro setor. Porém, esses processos não constam da Lei de Licitações (LLic) e se submetem a regras especiais contidas na Lei n. 13.019/2014 e outros diplomas. Isso também ocorre com instrumentos objetivos de seleção impostos pelo direito administrativo a entidades privadas que recebem recursos públicos, como as fundações de apoio.

É inegável que todas essas ferramentas desempenham a mesma finalidade da licitação e poderiam ser incluídas nesse conceito sob a perspectiva doutrinária, como dito. Entretanto, a legislação brasileira utiliza o conceito em sentido mais restrito, uma vez que limita a licitação às modalidades processuais expressamente mencionadas na Lei n. 14.133/2021.

Para atingirem sua finalidade de seleção objetiva de contratantes ou de beneficiários de certo ato administrativo com efeito econômico, as licitações envolvem sequências racionais e concatenadas de atos materiais, opinativos e jurídicos. Essa sequência é intensamente disciplinada pela legislação, que a transforma em procedimentos administrativos. Engana-se, porém, quem as toma apenas como tal, ou seja, apenas como meros procedimentos. Por envolverem conflitos de interesses e direitos daqueles que disputam um contrato ou um ato praticado pela Administração Pública, as licitações são permeadas pela ampla defesa, pelo contraditório, pela transparência e por outras garantias. É a inafastabilidade desses direitos e garantias que as torna verdadeiros processos administrativos.

Na atualidade, esses processos administrativos se espalham mundo afora e sua adoção tem sido defendida por organizações internacionais, como a OMC e a OCDE. O protagonismo que as licitações alcançaram nas últimas décadas guarda relação direta com sua função tanto para o sistema capitalista baseado na concorrência de mercado, quando para o modelo democrático e republicano que marca os Estados ocidentais. Ao contribuir para viabilizar escolhas objetivas, a licitação valoriza a livre iniciativa e busca tutelar a livre-concorrência. Ao mesmo tempo, destina-se a promover a vantajosidade da contratação pública e a incentivar objetivos públicos, como o desenvolvimento nacional sustentável. São esses os grandes fatores que consagram a primazia da realização das licitações e impedem as entidades estatais de celebrar contratos ou praticar certos atos em favor de pessoas escolhidas diretamente, ou seja, por critério e vontade do administrador público. Apenas em casos excepcionais é que o ordenamento aceita a contratação direta por dispensa ou inexigibilidade, de modo a afastar o uso de instrumento licitatório para a seleção objetiva e competitiva.

20.1.2 Bases constitucionais

A importância das licitações foi reconhecida pela Constituição da República que, basicamente, trata do assunto em três normas centrais. A primeira consagra um dever geral de licitar; a segunda abre espaço para um regime licitatório próprio das empresas estatais e a terceira estipula competência legislativa sobre a matéria.

Em primeiro lugar, a Constituição de 1988 reconhece um **dever geral de licitar** ao prescrever que, "ressalvados os casos excepcionais especificados na legislação, as obras, serviços, compras e alienações serão contratados mediante processo de licitação pública que assegure igualdade de condições a todos os concorrentes" (art. 37, XXI).

Esse inciso se mostra extremamente relevante, pois: (i) evidencia que a finalidade maior das licitações públicas consiste em promover a isonomia nas relações da Administração Pública com pessoas físicas e jurídicas interessadas em com ela contratar; (ii) destaca o papel da licitação para a livre-concorrência, para a livre iniciativa e, em última instância, para o Estado republicano; e (iii) estipula que a utilização da licitação como método de seleção objetiva por exceção será afastada apenas em casos indicados pela legislação.

Apesar de estar fundamentado em fonte constitucional e primária, esse dever geral não é absoluto. Situações existem em que a licitação não se mostrará adequada para promover interesses públicos e direitos fundamentais. Ademais, o reconhecimento do dever geral jamais poderá ser lido como uma imposição de regime jurídico único. O Poder Constituinte destacou o papel da licitação, mas não impediu que a legislação institua **regimes jurídicos assimétricos** e variados, capazes de se adaptar com mais eficiência aos diferentes contextos da contratação pública. Não há, pois, imposição de regime jurídico único em matéria licitatória.

Em segundo lugar, confirmando a aceitação da pluralidade e assimetria de regimes jurídicos, a Constituição da República prevê que a "lei estabelecerá o estatuto jurídico da empresa pública, da sociedade de economia mista e de suas subsidiárias que explorem atividade econômica de produção ou comercialização de bens ou prestação de serviços", dispondo, entre outros temas, da "licitação e contratação de obras, serviços, compras e alienações, observados os princípios da administração pública" (art. 173, § 1º, III).

Esse dispositivo sustenta a criação legislativa de um regime licitatório mais flexível e ágil às **empresas estatais** que, muito frequentemente, exercem atividades econômicas em sentido estrito e em regime de competição com outros agentes econômicos. Esse regime jurídico, hoje, se encontra delineado no Estatuto das Empresas Estatais (Lei n. 13.303/2016).

Em terceiro lugar, a Constituição da República ainda tratou das licitações ao distribuir as competências legislativas pelos entes da federação. Esse tema, mais complexo, será debatido no próximo item.

20.1.3 Competências executórias e legislativas

No intuito de fomentar a boa gestão patrimonial do e pelo Estado brasileiro, a Constituição da República reconheceu o dever de licitar e estipulou regras sobre a legislação da matéria. Ao fazê-lo, o Poder Constituinte conferiu a todos os níveis federativos competência executória para licitar e contratar, mas optou por concentrar o poder de criação de normas gerais sobre licitações nas mãos do Congresso Nacional.

O art. 22, XXVII, da Constituição é claro ao prescrever que a União detém "competência legislativa privativa" para editar essas normas gerais sobre todas as modalidades de contratação. Por força desse dispositivo, cabe ao Congresso aprovar normas básicas sobre licitações e contratos, em *todas* as suas modalidades, para as Administrações Públicas diretas, autárquicas e fundacionais da União, Estados, Distrito Federal e Municípios.

Embora referido dispositivo não se refira à Administração Indireta em geral, apontando apenas autarquias e fundações, o Congresso também edita as normas licitatórias básicas para as empresas estatais federais, estaduais e municipais, incluindo as sociedades de economia mistas, as empresas públicas e as controladas. Isso decorre do já mencionado art. 173, § 1º, III, da Constituição.

Por conseguinte, os poderes legislativos dos Estados, do Distrito Federal e dos Municípios restringem-se aos espaços deixados pela legislação nacional para tratar das licitações conduzidas seja pela Administração Direta, seja pela Indireta, incluindo as pessoas estatais de direito privado com estrutura empresarial. Melhor dizendo: os Estados e Municípios podem criar leis de licitação e contratação, mas deverão sempre observar as normas gerais editadas pela União, quando houver. Sua discricionariedade legislativa será exercida de maneira plena unicamente quando não houver norma geral já aprovada no âmbito nacional.

Outra advertência merece registro. Ao empregar o termo **normas gerais**, o art. 22, XXVII, da Constituição poderia levar o intérprete a entender a competência legislativa em discussão como um exemplo de competência concorrente (tal como as previstas no art. 24 da CF). Entretanto, o fato de as licitações surgirem no rol de competências legislativas privativas da União (art. 22 e não no art. 24) ocasiona implicações especiais que atingem as competências dos Estados.

Em assuntos de competência legislativa concorrente, os Estados federados devem respeitar as normas gerais da União, mas suas normas estaduais valem como parâmetro para os Municípios. Por consequência, se o tema das licitações estivesse incluído no rol de competências concorrentes, os Municípios teriam que observar a legislação estadual para editar suas leis de licitação. Todavia, não é isso que ocorre. A matéria é objeto do art. 22 e, por isso, Estados e Municípios observam as normas gerais do Congresso, mas os Municípios não devem obediência às normas estaduais, podendo inovar e até mesmo contrariar as normas estaduais, desde que cumpram as normas gerais nacionais. Reitere-se: apesar da expressão "normas gerais", a competência legislativa em matéria licitatória não é concorrente (não se aplicando a lógica do art. 24 da CF, mas sim a do art. 22).

Feito essa ressalva inicial, resta indagar o que significa a expressão "norma geral" empregada no texto constitucional. Ao afirmar a competência do Congresso para aprovar leis de normas gerais, entendo que a Constituição não confere à União o poder de normatizar particularidades, minúcias, cabendo-lhe tão somente estabelecer os princípios, os parâmetros e as fases licitatórias no intuito de garantir tanto uma mínima padronização do assunto no território nacional, quanto um grau razoável de segurança jurídica e de liberdade de iniciativa aos competidores.

Na prática, porém, essa lógica não é respeitada. Como se verá nos próximos itens, o Congresso tem optado historicamente por construir o que chamo de "**leis--cartilhas**", isto é, diplomas normativos extremamente detalhados e que deixam espaços limitados para acomodação federativa, ou seja, para a adaptação da lógica licitatória aos contextos administrativos dos Estados e Municípios. Isso faz que as unidades federativas subnacionais enfrentem dificuldades enormes para colocar a lei em prática e que, em certos momentos, vejam-se completamente impossibilitadas de cumpri-la em razão de suas limitações de recursos financeiros, humanos e técnicos.

No esforço de encontrar alguma explicação para o modelo maximalista escolhido pelo Congresso, em visão otimista, arrisco afirmar que a riqueza e amplitude das normas nacionais não decorrem apenas do espírito centralizador e unitarista que permeia a federação brasileira. Em visão mais otimista, o modelo atual poderia ser lido como estratégia do legislador para orientar milhares de entes políticos (sobretudo locais) que não lograriam construir arcabouço detalhado e bem estruturado de normas próprias por conta de suas fragilidades institucionais e operacionais. Outra vantagem desse modelo nacionalizante seria o de aproximar as normas aplicáveis por milhares de entes federativos, de maneira a aumentar a previsibilidade do sistema e a reduzir custos de transação para os agentes econômicos, permitindo que transitem com mais facilidade por licitações conduzidas em diferentes localidades.

A grande expansão das normas gerais não é o único traço polêmico da legislação brasileira. Ao elaborar a Lei de Licitações de 2021, assim como ocorreu com a Lei de Licitações de 1993, o Congresso não procedeu a uma diferenciação precisa entre normas gerais (portanto, nacionais, *i.e.*, obrigatoriamente aplicáveis a União, Distrito Federal, Estados e Municípios) e, de outro lado, normas meramente federais (incidentes apenas sobre os entes da União). Essa obscuridade quanto ao caráter nacional ou federal das normas legais ocasiona incerteza jurídica e fomenta uma judicialização que poderia ser evitada.

Não raramente, Estados e Municípios enfrentam questionamentos dos comandos legais que criam para inovar no regime licitatório. Esses conflitos não raramente transferem aos tribunais superiores a tarefa de esclarecer quais normas estaduais e locais poderão subsistir diante da competência legislativa privativa da União ancorada no art. 22, XXVII, da Constituição da República. Exemplo disso se viu quando, ao cuidar da revogada Lei de 1993, o Supremo Tribunal Federal asseverou que normas a respeito da alienação e outorga de uso de bens públicos são de aplicabilidade exclusivamente federal (**ADI 927-3**).

A prevenção de problemas como o citado se mostra relativamente simples. Ao elaborar a legislação, o Congresso poderia claramente indicar as normas que reputa nacionais e as meramente federais, tal como se vislumbra em outras leis de contratação pública, a exemplo da Lei das Parcerias Público-Privadas (Lei n. 11.079/2004).

Ocorre que a LLic de 2021, repetindo erros da legislação que a precedeu, aponta todas as suas normas como se gerais e nacionais fossem.

20.1.4 Evolução da legislação licitatória

As normas gerais sobre licitações e contratos editadas pelo Congresso constam de inúmeras leis nacionais. Após a Constituição de 1988, essas leis se multiplicaram:

- Em 1993, editou-se a famosa Lei n. 8.666/1993, conhecida como **Lei Geral de Licitações e Contratos**, a qual pode ser utilizada até 30 de dezembro de 2023, data após a qual se torna definitivamente revogada pela Lei n. 14.133/2021;
- Em 2002, editou-se a Lei n. 10.520, que introduziu o **pregão** como modalidade de licitação e, em 30 de dezembro de 2023, fica definitivamente revogada pela Lei n. 14.133/2021;
- Em 2006, aprovou-se o **Estatuto das Microempresas (ME) e Empresas de Pequeno Porte (EPP)**, inserindo-se uma política de ações afirmativas em licitações para que essas empresas pudessem acessar com mais facilidade os mercados públicos. Essa política se vale de ferramentas como as licitações exclusivas e os deveres de subcontratação;
- Em 2010, surgiu a Lei n. 12.232 para tratar da contratação, pela Administração Pública, de **serviços de publicidade** governamental. Diferentemente de outras, esse diploma não foi revogado pela Lei n. 14.133/2021;
- Em 2011, em virtude dos grandes eventos mundiais que ocorreram no Brasil, como as Olimpíadas e a Copa do Mundo, a Lei n. 12.462 introduziu o **Regime Diferenciado de Contratação (RDC)** que, aos poucos, foi expandido para determinadas políticas públicas. Porém, em 30 de dezembro de 2023, esse diploma fica definitivamente revogado pela Lei n. 14.133/2021;
- Em 2016, o **Estatuto das Empresas Estatais** (Lei n. 13.303) trouxe um regime jurídico de licitações e contratos próprio para as sociedades de economia mista, empresas públicas e controladas em atividade econômica ou prestação de serviços públicos. Esse regime não foi alterado pela Lei n. 14.133/2021;
- Em 2021, aprovou-se a atual Lei Geral de Licitações e Contratos (Lei n. 14.133/2021, doravante LLic). O novo diploma convive com a Lei n. 8.666/1993 (antiga Lei Geral), a Lei n. 10.520 (antiga Lei do Pregão) e a Lei n. 12.462/2011 (antiga Lei do Regime Diferenciado de Contratação) até 30 de dezembro de 2023, substituindo-os todos a partir dessa data; e
- Também em 2021, editou-se a Lei Complementar n. 182, conhecida como Estatuto das Startups e do empreendedorismo inovador, o qual prevê regras

próprias de contratação dessas empresas envolvendo projetos com risco tecnológico.

20.2 A LEI GERAL DE LICITAÇÕES DE 2021

20.2.1 Estrutura e conteúdo

A Lei Geral de Licitações e Contratos de 2021 (Lei n. 14.133, doravante LLic) buscou reduzir a fragmentação e a complexidade legislativa da matéria ao fundir em seu corpo normas de três leis que a antecederam, bem como a jurisprudência sobre a matéria. No entanto, ela não codificou o regime jurídico das licitações no Brasil, já que muitas leis especiais precedentes continuam a valer, como a de contratação de serviços de publicidade prestados por intermédio de agências de propaganda para a Administração e o Estatuto das ME e EPP. Além disso, outras leis surgiram após a sua edição, a exemplo da Lei das *Startups* (LC n. 182/2021), que introduziu normas de licitações e contratos para soluções inovadoras na Administração Pública.

Embora não tenha consolidado todas as normas gerais, a LLic é, inegavelmente, a lei mais importante sobre o tema, apresentando conteúdo bem mais amplo que o da revogada Lei de 1993. Sua abrangente disciplina normativa se divide em cinco grandes títulos, cujo conteúdo é sistematizado na tabela a seguir:

Título	Tema	Artigos
I	**Disposições preliminares** (aplicação; princípios; definições; agentes públicos)	1º-10
II	**Licitações** (processo licitatório; fase preparatória; modalidades; critérios de julgamento; disposições setoriais sobre compras, obras e serviços de engenharia, serviços em geral, locação de imóveis e licitações internacionais; divulgação do edital; apresentação das propostas e lances; julgamento; habilitação; encerramento; contratação direta, inexigibilidade, dispensa, alienações; instrumentos auxiliares)	11-88
III	**Contratos** (formalização, garantias, alocação de riscos, prerrogativas, duração, execução, alteração, extinção, recebimento, pagamento, nulidade, MASC)	89-172
IV	**Irregularidades** (infrações e sanções; impugnações, esclarecimento e recursos; controle)	155-173
V	**Disposições gerais** (PNCP; alterações legislativas; disposições transitórias e finais)	174-194

Fonte: elaboração própria

Nesse movimento de renovação e de acréscimos normativos, a LLic de 2021 trouxe inovações relevantes em relação à legislação precedente, como: a introdução do agente de contratação; a previsão do plano de contratações anual; a modificação das modalidades licitatórias, com a extinção do convite e da tomada de preços, além da introdução do diálogo competitivo; a adoção do processo eletrônico; a reorganização das fases, com valorização de lances e da negociação; a introdução de novos critérios de julgamento; a sistematização dos procedimentos auxiliares; a possibilidade de saneamento de erros ou falhas na habilitação; a criação do Portal Nacional de Contratações Públicas (PNCP), sem contar as variadas inovações no regime dos contratos, da solução de controvérsias e do direito sancionador.[1]

20.2.2 Aplicabilidade da LLic

Por formar um vasto conjunto de normas gerais sobre licitações e contratos administrativos, a Lei n. 14.133/2021 é o diploma mais relevante da matéria sem qualquer sombra de dúvida. Assim, cumpre esclarecer quais entidades estatais e quais tipos de contratos são regidos por suas normas e como essas normas se relacionam com as da legislação especial e com as da legislação precedente, por ela revogada definitivamente em 30 de dezembro de 2023 (conforme manda o art. 193 da LLic, conforme redação da Lei Complementar n. 198/2023). A compreensão desses e outros aspectos exige que se aborde o âmbito de aplicação das chamadas "normas gerais" da LLic sob três perspectivas: (i) a subjetiva (pessoas abrangidas); (ii) a objetiva (atos e contratos referidos) e (iii) a temporal.

Da **perspectiva subjetiva ou pessoal**, a discussão da aplicabilidade normativa da LLic de 2021 esbarra no mesmo problema da antiga Lei n. 8.666/1993, qual seja: a ausência de uma separação precisa entre normas nacionais e normas meramente federativas, como se apontou anteriormente. Todavia, uma vez definida a natureza de certa norma como geral, então ela será automaticamente nacional, ou seja, estenderá seus efeitos para a União, os Estados, o Distrito Federal e os Municípios.

As normas gerais incidem aos órgãos do Poder Judiciário, do Poder Legislativo e do Poder Executivo das três esferas federativas. Por conseguinte, disciplinam as licitações tanto na Administração Direta (Presidência, Governo do Estado, Prefeitura, Ministérios, Secretarias Estaduais e Municipais), quanto na grande parte das entidades de direito público e de direito privado que formam a Administração Indireta federal, estadual e municipal. Incidem, igualmente, sobre fundos especiais e demais entidades controladas direta ou indiretamente pela Administração (art. 1º, *caput* da LLic).

Não obstante, certas entidades da Administração Indireta disfrutam de regime licitatório especial ou de algumas vantagens em relação a outras. Por exemplo, os consórcios estatais, de direito público ou privado, e as agências executivas subordinam-se à LLic, mas gozam de limites duplicados para dispensa de licitação por valor do contrato (art. 75, § 2º). Já as empresas estatais têm suas licitações disciplinadas integralmente pela Lei n. 13.303/2016, salvo no tocante aos crimes licitatórios (art. 178 da LLic). O regime desse Estatuto abarca tanto as sociedades de economia mista,

---

1. Em mais detalhes, DI PIETRO, Maria Sylvia Zanella; MARRARA, Thiago. Estrutura geral da nova lei: abrangência, objetivos e princípios. In: DI PIETRO, Maria Sylvia Zanella et al. *Licitações e contratos administrativos*, 2. ed. Rio de Janeiro: Forense, 2022, p. 01-04.

quanto as empresas públicas e as controladas, a despeito de se dedicarem a atividades econômicas em sentido estrito ou a funções públicas.

Da **perspectiva objetiva ou material**, a LLic de 2021 tentou imprimir mais previsibilidade e segurança jurídica ao sistema de contratação pública mediante o estabelecimento de limites positivos e negativos acerca da aplicabilidade de suas normas. O art. 2º enumera uma lista de contratos e atos sujeitos à lei, incluindo tanto os tradicionais contratos de obras, serviços e fornecimento de bens, como contratos de locação, alienação de bens públicos, concessão de direito real de uso, concessões e permissões de uso de bens etc. Isso mostra que a licitação desponta, sobretudo, como processo que antecede contratos públicos, mas se aplica igualmente antes da prática de certos atos administrativos economicamente disputados, como as permissões de uso privativo de bens públicos.

Em complemento, a LLic traz normas de delimitação negativa, ou seja, casos de não aplicabilidade integral ou parcial. Nesse sentido, indica espécies de contratos que se afastam do regime geral, como os que tenham por objeto operações de crédito, interno ou externo, e gestão de dívida pública e outros em regime especial (art. 3º). Aponta, ainda, que as contratações realizadas no âmbito das repartições públicas sediadas no exterior respeitarão regulamentação específica e peculiaridades locais, guiando-se unicamente por seus princípios gerais (art. 1º, § 2º). Abre espaço, por fim, para a incidência de normas licitatórias de acordos internacionais ou de agências e organismos internacionais para determinados contratos firmados no Brasil (art. 1º, § 3º).

Em suas disposições finais, a Lei n. 14.133/2021 estabelece um corpo de regras sobre sua **aplicabilidade subsidiária**. Esses mandamentos são fundamentais na prática, uma vez que muitos contratos administrativos são regidos por leis extremamente sucintas e incapazes de solucionar muitos de seus problemas e conflitos. Atento a isso, o legislador prevê que a LLic incidirá subsidiariamente para concessões e PPP (art. 186); convênios, ajustes e instrumentos cooperativos análogos (art. 184); contratação de serviços de publicidade (art. 186) e a que envolva o patrimônio imobiliário da União (art. 192).

Em todos esses casos expressos na legislação, a aplicação subsidiária implica um dever de se utilizar automaticamente comandos normativos da LLic sempre que faltar norma na legislação especial. No entanto, é preciso cautela, pois determinadas extensões normativas poderão se mostrar incompatíveis com a lógica de alguns grupos de contratos administrativos regidos por leis próprias, como as parcerias público-privadas.

Mesmo para contratos que não são apontados expressamente na LLic como subordinados à incidência subsidiária será possível estender suas normas gerais com base na técnica da analogia para colmatação de lacunas (art. 4º da LINDB). A analogia difere da aplicação subsidiária pelo fato de que jamais ocorrerá automaticamente. Trata-se apenas de uma das variadas técnicas de integração do direito que o operador poderá escolher no caso concreto para superar certa lacuna. Assim, nada impede que, em vez da analogia com as normas gerais da LLic, deseje integrar a lacuna mediante o uso de princípios gerais do direito administrativo ou da contratação pública.

A terceira e última perspectiva de análise da aplicabilidade das normas da LLic é a **temporal**. Como dito, a Lei n. 14.133 de 2021 passou a conviver com a Lei Geral de 1993, a Lei do Pregão e a Lei do RDC até 30 de dezembro de 2023, substituindo-as definitivamente nessa data, a princípio, por força da Medida Provisória n. 1.167/2023 (que perdeu vigência) e, mais tarde, da Lei Complementar n. 198/2023, que alterou o art. 193 da Lei n. 14.133 para ampliar o período de transição que originariamente se encerraria em abril de 2023. Diante desse cenário, é possível que surjam dúvidas sobre a submissão de uma licitação ou contrato específico aos diversos diplomas. Para superar essa dúvida, há que se levar em conta três situações distintas:

- **Contratos anteriores à LLic de 2021**. A primeira situação jurídica é a dos contratos firmados antes da entrada em vigor da LLic de 2021. Todos esses contratos continuam regidos pela lei que fundamentou a licitação e sua modelagem (art. 190 da LLic), não se aplicando qualquer norma da Lei n. 14.133, salvo no tocante aos crimes. Em outras palavras, esses contratos antigos continuam regidos pela Lei n. 8.666/1993, pela Lei do Pregão ou pela Lei do RDC;

- **Contrato no período de transição**. A segunda situação é a dos contratos firmados com base em editais ou atos de contratação direta publicados entre abril 2021 a 29 de dezembro de 2023 (conforme a Lei Complementar n. 198/2023). Durante esse período, salvo em relação aos crimes licitatórios que passaram a valer imediatamente, o ente contratante dispõe da faculdade de optar pelo regime de licitação antigo ou pelo novo, devendo expressar sua escolha no edital da licitação ou no ato de autorização de contratação direta (art. 191 e 193 da Lei n. 14.133/2021). Assim, no caso concreto, é preciso verificar que regime foi escolhido na licitação ou na contratação direta ocorrida nesse período e respeitá-lo até o esgotamento da relação contratual (art. 190). Note bem: o que importa não é a data de celebração do contrato, mas a data da opção pelo regime expressa no edital ou no ato de autorização de dispensa ou de inexigibilidade. Embora os regimes antigos e o novo possam conviver nesses anos iniciais da Lei n. 14.133/2021, eles jamais poderão ser misturados (art. 191, *caput*); e

- **Contratos após o período de transição**. A terceira e última situação é a dos contratos firmados com base em editais ou atos de contratação direta de 30 de dezembro de 2023 em diante. Esses contratos deverão seguir integralmente o regime da Lei n. 14.133/2021, restando impedida a aplicação da Lei n. 8.666/1993, da Lei do Pregão e da Lei do RDC.

20.2.3 Relação do Estatuto das ME e EPP com a LLic

O Estatuto da Microempresa e da Empresa de Pequeno Porte de 2006 (LC n. 123) traz uma série de instrumentos de **ação afirmativa** que objetivam tornar as licitações e os mercados públicos mais acessíveis a empreendedores de menor porte.[2] A estratégica inclusiva se impôs, uma vez que esses agentes, por suas fragilidades organizacionais, técnicas e operacionais, não conseguem lidar facilmente com os custos e as dificuldades do sistema de contratação pública.

Os diversos instrumentos de discriminação positiva da LC n. 123, como a licitação exclusiva e outros, poderiam ter sido incorporados na LLic de 2021, mas não foram! O legislador pecou nesse aspecto, pois a separação das normas gerais e das normas de inclusão de ME e EPP suscita dúvidas e dificuldades sobre como harmonizar as duas leis em casos concretos e tende a tornar a política inclusiva menos efetiva.

A LLic não trouxe sequer regras que tenham facilitado a coordenação de suas normas com as do Estatuto das ME e EPP. Apesar dessa falha, para evitar benefícios indevidos para alguns licitantes, criou um conjunto de normas limitativas das medidas de inclusão (art. 4º), proibindo sua aplicação: (i) em licitação de aquisição de bens e serviços em geral, para item cujo valor anual estimado supere a receita bruta máxima para enquadramento como EPP e (ii) em licitação de obras e serviços de engenharia, quando o valor anual estimado do contrato superar a referida receita bruta.

Ademais, segundo a regra da LLic, os benefícios do Estatuto não serão concedidos à ME ou à EPP que, no ano-calendário da licitação, já tiver celebrado contratos com a Administração Pública cujos valores somados, ao ano, extrapolem a mencionada receita. Essa regra visa a impedir que uma empresa se valha de sua condição de menor porte para ter acesso facilitado a contratos de maneira ilimitada. Para viabilizá-la, cabe ao ente contratante exigir declaração das ME e EPP licitantes sobre seus contratos administrativos (art. 4º, § 2º).

Fora isso, como dito, as normas do Estatuto das ME e EPP foram mantidas como estavam mesmo com a edição da LLic de 2021. Assim, cabe ao órgão contratante observá-las ao realizar licitações e contratações diretas, aplicando os mecanismos ali previstos de forma obrigatória ou facultativa. Cada um desses mecanismos será comentado oportunamente ao longo desse capítulo.

20.2.4 Regulamentação da LLic

Embora a LLic de 2021 se mostre bastante extensa, muitos de seus dispositivos necessitam de regulamentação seja por exigência expressa da própria lei, seja para

---

2. Uma abordagem sistemática de todos esses instrumentos se encontra em MARRARA, Thiago; RECCHIA, Paulo Victor. Microempresas (ME) e empresas de pequeno porte (EPP) em licitações: comentários aos meios discriminatórios da LC n. 123 e suas modificações recentes. *Revista de Direito Público Contemporâneo*, v. 1, n. 3, 2017, em geral.

que se tornem operacionais e facilmente exequíveis. Não por outra razão, a Lei menciona a necessidade de regulamentos em aproximadamente cinquenta passagens, colocando sobre o Poder Executivo a tarefa árdua de criar normas infralegais detalhadas sobre assuntos diversos.

O exercício do poder regulamentar depende, porém, da definição prévia do ente competente para tanto. Essa indagação não aceita uma resposta única, uma vez que a competência varia de acordo com os comandos da lei e conforme o assunto a ser regulamentado. Um exame do texto da LLic revela que quatro modelos diferentes foram adotados pelo legislador:

- O primeiro é o de **regulamentação por esfera federativa**. Nesse sentido, por exemplo, a LLic estabelece que os órgãos de planejamento de cada ente federativo poderão, "na forma de regulamento", elaborar plano de contratação anual para racionalizar suas atividades (art. 12, VII). Assim, União, Estados e Municípios criarão os planos para suas respectivas unidades federativas segundo suas próprias regulamentações;

- O segundo modelo é o de **regulamentação por cada Poder**. Isso se verifica na norma geral da LLic que atribui ao Executivo, Legislativo e Judiciário a tarefa de estipular limites para o enquadramento dos bens de consumo nas categorias comum ou de luxo (art. 20, § 1º). Ao exigir regulamentos diferentes conforme o Poder, essa regra abre espaço para a assimetria de tratamento do tema conforme as realidades de cada Poder;

- O terceiro é o de **regulamentação pela União**, por exemplo, para tratar das contratações realizadas no exterior (art. 1º, § 2º), para definir margem de preferência a bens e serviços nacionais resultantes de desenvolvimento e inovação no Brasil (art. 26, § 2º) e para cuidar do uso de documentos equivalentes por empresas licitantes estrangeiras, não sediadas no Brasil (art. 70, parágrafo único) e

- O quarto e último modelo encontrado na LLic é o de **regulamentação sem competência definida**. Muitas das regras da lei se enquadram nessa situação, tal como se verifica nas que pedem regulamentação: da atuação do agente de contratação e da equipe de apoio (art. 8º, § 1º); do catálogo eletrônico de contratação (art. 19, § 1º); da obrigatoriedade de programa de integridade para contrato de grande vulto (art. 25, § 4º); da contratação de mulheres vítimas de violência e egressos do sistema prisional (art. 25, § 9º e Decreto n. 11.430/2023); da margem de preferência para bens reciclados (art. 26, II); do funcionamento do leilão (art. 31) e dos procedimentos auxiliares (art. 78).

Na ausência de definição da competência regulamentar pela própria LLic, a solução poderá ser buscada, a meu ver, pela aplicação de um método bipartite. De início, há que se verificar se a matéria dependente de regulamentação está no âmbito de competência legislativa do ente que pretende exercê-la. Em caso positivo, há que se averiguar, adicionalmente, se o cumprimento da tarefa prevista na lei cabe ao ente que deseja regulamentá-la. Cumpridos esses dois requisitos por determinado ente ou órgão, então a competência regulamentar poderá ser exercida de maneira lícita.

Para além do problema competencial, o elevado número de regulamentos que a LLic certamente demanda trabalho significativo dos entes federativos e lhes causa custos não desprezíveis. Ocorre que muitos entes não contam com recursos técnicos, humanos e financeiros para desempenhar com eficiência e efetividade o poder regulamentar. Atento a isso, o legislador expressamente autoriza que "os Estados, o Distrito Federal e os Municípios poderão aplicar os regulamentos editados pela União para execução desta Lei" (art. 187).

Esse comando legal é relevante para superar certos problemas institucionais, mas merece duas críticas. Em primeiro lugar, nem sempre o modelo da União será adequado para pequenos Municípios. Em segundo, por consequência das diferenças da Administração Federal para as locais, a LLic poderia ter explicitado que os Municípios também estão autorizados a se valer de regulamentos estaduais. Aliás, entendo que a falta dessa previsão não impede essa prática, já que os Municípios detêm autonomia política para tomar a decisão, da mesma forma que um Estado poderia, eventualmente, desejar se valer de um bom regulamento criado por certo Município.

20.3 PRINCÍPIOS E OBJETIVOS

20.3.1 Princípios da LLic

A LLic de 2021 consigna uma série de princípios que devem reger as atividades de contratação pública. Eles atingem todos os processos regidos pela Lei, isto é, tanto a licitação propriamente dita, como os procedimentos auxiliares e os processos contratuais de fiscalização, sancionamento, reequilíbrio econômico-financeiro e solução de disputas. Afinal, a LLic não é uma mera lei de licitações. Trata-se de diploma que cuida da contratação pública em geral. Desse modo, as demais atividades nela regidas não poderiam quedar à margem dos seus princípios maiores, que exercem funções de direção comportamental, de guia interpretativo, de integração de lacunas, além de servirem como parâmetros para o controle de juridicidade.

Muitos dos princípios apontados na LLic (art. 5º) são reproduções de mandamentos gerais do direito administrativo e encontram respaldo constitucional. Outros refletem as consequências desses princípios. Peculiares ao sistema de contratação pública são poucos, como os da segregação de funções, da vinculação ao instrumento convocatório, do julgamento objetivo e da competitividade. Esses princípios setoriais serão comentados a seguir em conjunto com os mais gerais no sentido de se expressar seu conteúdo básico e suas manifestações na lei:[3]

- **Legalidade e vinculação ao instrumento convocatório**: a preocupação com a legalidade na LLic aparece em normas que preveem o controle prévio da licitação por órgãos de assessoramento jurídico (art. 53) e preveem anulação e declaração de nulidade da licitação ou do contrato mediante o cumprimento de certos requisitos (art. 71, III e art. 147). Ademais, reflete-se nas normas que limitam o poder de inovação dos Estados e Municípios em matéria de licitação, como a proibição de que criem outras modalidades licitatórias para além das previstas na lei (art. 28, § 2º). A legalidade se manifesta igualmente na vinculação da Administração, dos licitantes e do contrato ao edital como instrumento convocatório (art. 92, II). Em outros momentos, porém, a lei flexibiliza a observância estrita de suas regras, abrindo espaço para distintos regimes jurídicos, como se verifica no tratamento de licitações realizadas no exterior ou com financiamento de agências e organismos internacionais (art. 1º, § 2º e § 3º). Isso se vislumbra, ainda, quando autoriza, com ressalvas, o saneamento de falhas e erros na documentação para fins de habilitação e de classificação (art. 64, § 1º) e quando estipula inúmeras restrições ao poder de declaração de nulidade (art. 147);

- **Publicidade, transparência e motivação**: esses princípios são extremamente relevantes quando se considera a licitação como processo competitivo que envolve recursos públicos e afeta o jogo do mercado, além de direitos fundamentais. São, por isso, incontáveis as normas da LLic que tratam do assunto, incluindo: a que considera públicos os atos da licitação, salvo nas hipóteses de sigilo da LAI e de outras normas especiais (art. 13); a que cria o Portal Nacional de Contratações Públicas (PNCP) (art. 174) e exige alimentação do CEIS e do CNEP (art. 161); a que valoriza mecanismos de participação por audiências e consultas públicas (art. 21); a que estabelece prazos mínimos de divulgação do edital (art. 55); a que exige divulgação de todos os anexos e da minuta de contrato (art. 25, § 3º) e a que impõe a divulgação do extrato do contrato, precedido ou não de licitação (art. 72, parágrafo único). A motivação, como exposição de consequências e dos pressupostos fáticos e jurídicos de atos administrativos, ganha destaque especial para decisões de inversão de fases (art. 17, § 1º), uso da licitação presencial (art. 17, § 2º), revogação e anulação (art. 71, II e art. 147), bem como para condenação por infração administrativa (art. 104, IV);

---

3. Uma apresentação detalhada desses princípios e de sua aplicabilidade na Lei de Licitações está disponível em: DI PIETRO, Maria Sylvia Zanella; MARRARA, Thiago. Estrutura geral da nova lei: abrangência, objetivos e princípios. In: DI PIETRO, Maria Sylvia Zanella et al. *Licitações e contratos administrativos*, 2. ed. Rio de Janeiro: Forense, 2022, p. 16-49.

- **Impessoalidade, julgamento objetivo e competitividade**: todos esses princípios visam garantir a tomada objetiva de decisões no âmbito das contratações públicas, afastando desejos e sentimentos que comprometam sua racionalidade e distorçam as relações da Administração com o mercado. Na LLic, essa preocupação é constante e se verifica na imposição de que o julgamento da licitação ocorra conforme critério que o contratante escolhe e indica no edital a partir de um rol legal. Ao longo de todo certame, inclusive no diálogo competitivo, deve prevalecer o tratamento igualitário (art. 9º e art. 32, § 1º, III). A mesma lógica se aplica para os procedimentos auxiliares (art. 78) e para os fiscalizatórios, que devem transcorrer de modo objetivo e imparcial (art. 171). Em certos momentos, porém, a LLic lança mão de medidas discriminatórias inclusivas, mas que também devem ser manejadas objetivamente para não se transformar em privilégio. Isso se vislumbra não apenas na aceitação dos instrumentos inclusivos do Estatuto das ME e EPP (art. 4º), como na possibilidade de uso de margens de preferência (art. 26). A impessoalidade, portanto, serve tanto para a moralização da contratação, quanto para incentivar a competitividade real na licitação. Aliás, para atingir esse escopo, a LLic indica outras técnicas que, conquanto não discriminatórias, mostram-se evidentemente inclusivas. Exemplos disso se vislumbram na previsão do parcelamento do objeto de contratos de aquisição de bens mediante divisão em lotes para atrair mais licitantes aos certames (art. 40, § 2º) e a aceitação de produtos similares ao da marca indicada no edital de modo excepcional e motivado (art. 41, I c/c art. 42);
- **Eficiência, celeridade, economicidade, planejamento e eficácia**: a legislação tenta promover o princípio da eficiência e seus indicados subprincípios por inúmeros meios. Em primeiro lugar, ganha destaque a necessidade de capacitação constante dos servidores seja pelas entidades contratantes, seja pelas escolas dos Tribunais de Contas (art. 18, § 1º, X e art. 173). Em segundo, notam-se inúmeras normas sobre prazos específicos e um regime geral de prazos com regras sobre termo inicial, termo final e forma de contagem (art. 183). Em terceiro, há aprimoramentos procedimentais pró-eficiência como a determinação de licitação eletrônica, de habilitação após o julgamento, a adoção de modelos de edital e contratos (art. 25, § 1º), o uso de catálogos eletrônicos, centrais de compras (art. 181) e procedimentos auxiliares, como o registro de preços, o cadastro registral unificado e a pré-qualificação (art. 78). Em quarto, observam-se aprimoramentos nos critérios de julgamento, com a possibilidade de uso dos tipos "maior desconto" e "maior retorno econômico", além da consideração dos custos do ciclo de vida do objeto. Em quinto, há grande preocupação com o planejamento em normas sobre estudos técnicos preparatórios, anteprojetos, projetos e termos de referência (art. 6º), sobre matriz de risco, obrigatória em certos casos (art. 22), e sobre padronização do objeto (art. 43). O plano de contratação anual tem especial destaque nesse

contexto, pois serve para "racionalizar as contratações", além de "subsidiar a elaboração das respectivas leis orçamentárias" (art. 12, VII e § 1º);

- **Moralidade, probidade, razoabilidade e proporcionalidade**: a LLic tutela e promove a moralidade em várias frentes. A uma, faz inúmeras remissões à Lei de Improbidade e à Lei Anticorrupção. A duas, prevê uma série de infrações administrativas e criminais, acompanhadas das respectivas sanções e normas processuais (art. 155 e art. 178). A três, traz inúmeras normas que se destinam a afastar relações de proximidade dos agentes públicos envolvidos na contratação com os licitantes (art. 7º). A quatro, apresenta normas de proibição de participação em licitações a particulares que, por exemplo, mantenham vínculo com o dirigente do contratante, tenham sido condenados por exploração de trabalho infantil ou análogo à condição de escravo, estejam em situação de impedimento ou se mostrem inidôneos (art. 14). Outra novidade importante está na exigência de programas de *compliance* para contratações de grande vulto (art. 25, § 4º) e, no âmbito sancionador, como critério de dosimetria e de reabilitação (art. 156, § 1º, V e art. 163, parágrafo único). Ainda, a lei absorve a razoabilidade como consequência da moralidade e exige sua aplicação no sancionamento, em especial na inidoneidade (ar. 156, § 5º), nos processos anulatórios (art. 147) e no exame de aspectos formais (art. 12, III);

- **Segregação de funções**: a absorção desse princípio desenvolvido na jurisprudência do TCU pela LLic de 2021 está diretamente atrelada à tentativa de moralização da contratação pública. A ideia é simples: a fim de reduzir as chances de ocultação de erros ou ilegalidades, proíbe-se que a Administração designe um mesmo agente público para desempenhar, simultaneamente, duas ou mais tarefas suscetíveis a riscos. Ao exigir que mais pessoas participem de atividades sensíveis, o legislador torna o processo mais transparente e menos dependente de um único sujeito. Isso restringe seu poder de realizar ou esconder violações ao ordenamento. Ademais, alguns julgados do TCU (acórdão 4.204/2014 e acórdão 140/2007) estenderam o princípio para evitar que empresas contratadas pelo Estado venham a desempenhar, cumulativamente, tarefas sensíveis e incompatíveis, como a de prestação de um serviço e a de apoio na fiscalização desse mesmo serviço. Daí se conclui que o princípio atinge diretamente as chefias e dirigentes responsáveis pela escolha dos servidores que operem a legislação de licitações e contratos, além de particulares que venham a atuar na Administração Pública em atividades de contratação ou de controle, como elaboração de projetos, assessoramento ou fiscalização. Em certa medida, a aplicação do princípio aos particulares é reconhecida na própria LLic, quando veda certas participações na licitação (art. 14). Entretanto, é imperativo recordar que a segregação é princípio e não regra. Destarte, precisa ser devidamente ponderada e adaptada à realidade dos diferentes níveis federativos e entidades estatais, levando-se em conta a razoabilidade e, principalmente, as fragilidades institucionais de muitos entes federativos locais que não disporão de servidores públicos em número suficiente para uma segregação tão acentuada como a almejada;

- **Interesse público e segurança jurídica**: esses dois princípios não constam de maneira expressa do art. 37, *caput* da Constituição, mas inegavelmente representam princípios gerais constitucionais e não escritos do direito administrativo. Ao destacar o interesse público, o legislador reforça que todas as tarefas de contratação se vinculam a interesses públicos primários consagrados nas fontes constitucionais, como a proteção do ambiente equilibrado, a defesa da concorrência, a promoção da dignidade humana, a proteção da cultura e do patrimônio histórico nacional, além de salvaguardar direitos fundamentais individuais, sociais ou difusos. Esse reconhecimento justifica uma série de mecanismos próprios da Lei, como a possibilidade de revogação da licitação (art. 71, II); a busca da vantajosidade; a adoção de medidas de inclusão de ME, EPP e *startups*; o uso de margens de preferência etc. Complementarmente, ao se referir à segurança jurídica e à LINDB, o legislador exige: (i) segurança *do* direito, com normas claras, precisas e objetivas em editais, contratos, pareceres e outros documentos oficiais; (ii) segurança *no* direito, com exigência de respeito a posições constituídas dos licitantes e contratados, uso de regimes de transição quando cabíveis, vedação de revogação e declaração de nulidades incondicionadas, proibição de desrespeito a interpretações, respostas a consultas e orientações gerais firmadas pela própria Administração no passado e efetivamente utilizadas como parâmetro de legalidade; e (iii) segurança *pelo* direito, oferecendo-se aos interessados amplos mecanismos de defesa de seus direitos e interesses, como as impugnações, os pedidos de esclarecimentos, os recursos, o amplo direito de manifestação e de defesa, inclusive em termos de produção de provas.[4]

A despeito de sua extensa enumeração principiológica, em linha com o que sustentei alhures,[5] o art. 5º da LLic merece algumas críticas. A uma, cita desnecessariamente vários princípios gerais que não precisariam ser repetidos, pois regem o comportamento da Administração em qualquer caso. A duas, trata muitos princípios como se fossem distintos, a exemplo da proporcionalidade e da razoabilidade, da transparência e da publicidade, entre outros que, na sua essência, sobrepõem-se ou são expressões uns dos outros. Isso gera mais confusão que esclarecimento. A três, deixa indevidamente de mencionar princípios de natureza processual, ignorando o fato de que a LLic cuida de

---

4. Sobre as três facetas da segurança jurídica, aqui aplicadas, cf. MODESTO, Paulo. Legalidade e autovinculação da administração pública. In: MODESTO, Paulo (Org.). *Nova organização administrativa brasileiras*. Belo Horizonte: Fórum, 2919, p. 128 e ss., bem como MARRARA, Thiago. *Manual de direito administrativo*. São Paulo: Foco, 2022, v. 1, p. 92.
5. DI PIETRO, Maria Sylvia Zanella; MARRARA, Thiago. Estrutura geral da nova lei: abrangência, objetivos e princípios. In: DI PIETRO, Maria Sylvia Zanella *et al*. *Licitações e contratos administrativos*, 2. ed. Rio de Janeiro: Forense, 2022, p. 19.

processos seletivos, de reequilíbrio, sancionadores, entre outros. Para se resolver esse problema, a aplicação da Lei deverá ser acompanhada do cotejo de princípios contidos não apenas na LINDB, como também na legislação de processo administrativo e em diplomas análogos, como as do CPC e do CPP, com as devidas cautelas.

20.3.2 Objetivos da licitação

O processo licitatório persegue os objetivos de: "I – assegurar a seleção da proposta apta a gerar o resultado de contratação mais vantajoso para a Administração Pública, inclusive no que se refere ao ciclo de vida do objeto; II – assegurar tratamento isonômico entre os licitantes, bem como a justa competição; III – evitar contratações com sobrepreço ou com preços manifestamente inexequíveis e superfaturamento na execução dos contratos; IV – incentivar a inovação e o desenvolvimento nacional sustentável" (art. 11).

Enquanto os princípios do art. 5º se direcionam a toda e qualquer ação da Administração na contratação, os objetivos mencionados se referem predominantemente à licitação. Além disso, por estipularem alvos, eles configuram parâmetros capazes de revelar se uma ação pública, na licitação, mostra-se lícita quanto a sua finalidade e adequação. É por isso que os objetivos desempenham papéis de guia de interpretação e de parâmetro de controle da licitação, bem como da razoabilidade das opções realizadas pelos agentes de contratação.

O primeiro e mais tradicional objetivo da licitação é garantir a **igualdade de concorrência** entre agentes econômicos dentro dos mercados públicos, ou seja, "assegurar o *tratamento isonômico* dos licitantes, bem como sua justa competição". A licitação serve para evitar que a Administração direcione seus recursos financeiros para um ou outro agente, beneficiando-o de maneira irracional ou arbitrária. Serve, ainda, para tornar claros e previsíveis os critérios e a racionalidade da contratação, assegurando a todos a chance de, querendo, concorrer pela celebração do contrato. Por materializar a isonomia, a licitação se torna um instrumento de concretização de vários princípios gerais da ordem econômica, sobretudo a livre-concorrência e a livre-iniciativa.

Sucede que a isonomia em sentido formal não é absoluta. A legislação prevê e autoriza medidas de **discriminação positiva**, ou seja, o tratamento diferenciado dos desiguais, para que a Administração promova finalidades sociais, econômicas ou ambientais. Isso se vislumbra nas regras de favorecimento à participação de microempresas (ME) e empresas de pequeno porte (EPP) nas contratações públicas. Nesses e noutros casos, porém, estratégias discriminatórias jamais poderão ser utilizadas para beneficiar uma ou outra pessoa específica na licitação. Mesmo quando a isonomia formal for mitigada pelo emprego de alguns instrumentos inclusivos, a Administração deverá zelar pela generalidade de forma a evitar que se gere privilégio indevido a um ou outro agente.

Além da isonomia, outros dois grandes objetivos guiam a licitação. De um lado, coloca-se a **vantajosidade**, que pode ser traduzido como a busca do contrato mais vantajoso. Esse conceito se relaciona diretamente com a prevenção de sobrepreço, superfaturamento e preços inexequíveis nas contratações públicas. Em complemento, a legislação confere destaque ao objetivo do **desenvolvimento nacional sustentável**, que engloba, entre outros aspectos, a necessidade de fomento à inovação. Esses dois objetivos, por sua maior complexidade, serão abordados nos itens seguintes.

20.3.3 Vantajosidade e precificação adequada

Licitações bem-sucedidas não são apenas aquelas que culminam na escolha de uma proposta vencedora e na celebração do contrato administrativo. É preciso mais. O sucesso da licitação deve ser medido de acordo com a capacidade de a proposta e o contrato gerarem resultados vantajosos para a Administração Pública. O problema está em definir o adjetivo "vantajoso", o que leva ao debate acerca do conceito de "vantajosidade". Para compreender esse conceito em toda sua complexidade, entendo ser imprescindível utilizar, ao menos, três perspectivas de análise.

Numa **abordagem tradicional e limitada**, a vantajosidade indica simplesmente a proposta que melhor atende ao critério de preço, lance ou técnica no momento do julgamento da licitação, enquadrando-se no orçamento estimado. Não importam os efeitos das propostas dos licitantes após a celebração do contrato, nem seus impactos para a sociedade e para o desenvolvimento. Tampouco se realizam análises de custo-benefício ou verificações do impacto da proposta no médio ou longo prazo. Essa visão de vantajosidade guia-se unicamente pelos interesses da própria Administração no momento da contratação. É de curso prazo, estática e simplista. Julgamentos baseados apenas no menor preço refletem bem essa perspectiva. Exatamente por isso, a legislação não deve indicar referido critério para contratações mais complexas.

Numa **abordagem intermediária**, a vantajosidade indica como melhor proposta a que traz mais benefícios numa perspectiva de médio ou longo prazo. Não interessa verificar apenas a técnica ou o valor indicado nas propostas durante a licitação. Cumpre, adicionalmente, examinar seus impactos futuros para o ente contratante. Seguindo essa lógica, ao adquirir um veículo, a Administração deverá olhar não apenas para o valor de venda indicado pelos licitantes no certame. Será igualmente necessário ponderar os custos de manutenção, seguro, reparos, bem como sua depreciação ao longo do tempo. Fala-se aqui de análise do "ciclo de vida do objeto", ou seja, examinam-se os custos e as despesas relacionados com o emprego do objeto pelo contratante durante o contrato e, até mesmo, após o seu término. A LLic de 2021 abriu espaço para essa visão ampliada da vantajosidade ao consagrar de maneira expressa a possibilidade de consideração dos custos do ciclo de vida do objeto contratado, como se demonstrará oportunamente.

Numa **abordagem amplíssima**, a vantajosidade indica a necessidade de se escolher propostas na licitação que não apenas satisfaçam da melhor maneira às demandas da Administração Pública à luz da economicidade dinâmica (que extrapola o momento da licitação), mas que também se revelem capazes de promover avanços sociais, econômicos e ambientais. Sob essa perspectiva, o conceito em debate assume um caráter transindividual, superando os meros interesses do ente contratante. A vantajosidade se interpenetra com o desenvolvimento nacional sustentável e exige, antes da contratação, ponderações sobre poluição, inclusão, acessibilidade, geração de empregos, crescimento econômico, entre outros aspectos. Seguindo essa lógica, por exemplo, ao adquirir ônibus para o transporte coletivo, um Município deveria verificar não apenas a proposta na licitação, nem somente os custos do ciclo de vida desses veículos. Seria preciso observar seu potencial de poluição de ruído e de contaminação do ar, o respeito a regras de acessibilidade para pessoas com deficiência e mobilidade reduzida, o respeito aos direitos dos trabalhadores da empresa fornecedora, entre outros pontos.

Reconhecida a pluralidade de definições do conceito de vantajosidade, resta verificar com que abrangência o legislador brasileiro o inseriu no ordenamento. Um exame da LLic de 2021 não permite, contudo, afirmar que se utilizou apenas uma concepção. A verdade é que a lei se vale de diferentes sentidos ora mais abertos, ora mais fechados da vantajosidade a depender do tipo de contratação. Ainda assim, fica evidente que o legislador não compactua com a pura lógica de vantajosidade tradicional e restrita ao exame do baixo valor da proposta, a não ser em contratos mais simples. Ao mesmo tempo em que a LLic orienta o ente contratante a conseguir um bom preço, vários de seus comandos facultam ou determinam a consideração de aspectos mais abrangentes e de longo prazo. Essa afirmação pode ser demonstrada por meio do cotejo de regras legais que abordam a vantajosidade nas diferentes fases da licitação:

- Na fase preparatória da licitação, a LLic prevê a elaboração de estudo técnico preliminar (ETP) e, na sua elaboração, requer que os agentes responsáveis reflitam sobre a melhor solução para atender a demanda da Administração Pública. Essa exigência visa a evitar que se gaste com soluções mais caras e complexas do que as efetivamente necessárias à resolução do problema. Além disso, ao tratar de termo de referência e projetos básicos, a LLic aponta a necessidade de considerações sobre custos do ciclo de vida do objeto e impactos ambientais;

- Na habilitação, a lei é maximalista e impõe tanto a demonstração da capacidade dos licitantes para executar o contrato, quanto a consideração de aspectos sociais, laborais, fiscais e de acessibilidade, visando alinhar a contratação com uma ideia mais ampla de vantajosidade;

- No julgamento por menor preço, a LLic autoriza que os custos indiretos, "relacionados com as despesas de manutenção, utilização, reposição, depreciação e impacto ambiental do objeto licitado, entre outros fatores vinculados ao seu ciclo de vida", sejam avaliados na "definição do menor dispêndio, sempre que objetivamente mensuráveis, conforme disposto em regulamento" (art. 34, § 1º). Isso possibilita relativizar o menor preço no momento da licitação para se verificar, numa análise de médio ou longo prazo, quanto a Administração despenderá com o contrato e seu objeto;

- Ainda na fase de julgamento, o ente contratante será impelido a buscar vantajosidade ao negociar a proposta com o melhor classificado. Esse dever mitiga a rigidez da licitação e confere ao agente de contratação mais espaço para bons negócios. Para atender à negociação, inclusive, o licitante poderá ofertar reduções nos custos indiretos, como manutenções gratuitas, para ficar no exemplo da aquisição de veículos; e

- A preocupação com a vantajosidade também se verifica nas regras sobre o que denomino de "precificação adequada", atrelando-se, aqui, aos princípios da moralidade e da eficiência administrativa. Isso se verifica na disciplina legal que repele o sobrepreço (como preço acima do mercado apresentado na licitação), o preço inexequível (como preço demasiadamente baixo apresentado na licitação e capaz de colocar em risco a execução contratual) e o superfaturamento (como aumento indevido de ganhos do contratado). Esses conceitos serão pormenorizados oportunamente.

20.3.4 Desenvolvimento nacional sustentável e fomento à inovação

A Lei n. 12.349/2010 foi responsável por consagrar o desenvolvimento nacional sustentável como objetivo da licitação ao inseri-lo na antiga LLic de 1993. Esse objetivo foi mantido na LLic de 2021, que, ao mesmo tempo, alçou-o à condição de princípio geral. Com isso, o legislador deixou evidente que não se trata de mera finalidade da licitação. Seus efeitos jurídicos se irradiam para as mais variadas tarefas e processos que a legislação de contratação pública absorve, incluindo processos de contratação direta e procedimento auxiliares. Para se entender as várias implicações dessa afirmação, cumpre inicialmente esclarecer o significado do conceito em debate.

Em termos muito objetivos, **desenvolvimento** nada mais é que o avanço do bem-estar individual e coletivo. Em termos jurídicos, ele se reflete no crescente grau de concretização de direitos fundamentais. De nada adiantará o crescimento econômico por meio de aumentos do Produto Interno Bruto e da renda das famílias, se as pessoas físicas e jurídicas não gozarem de melhores condições para exercer seus direitos básicos e incrementar sua dignidade. Por isso, o desenvolvimento não é sinônimo de crescimento econômico, embora possa ser impulsionado em certos casos por ele.

A Lei de Licitações não prevê apenas o desenvolvimento. Ela o qualifica como "nacional" e "sustentável". O primeiro adjetivo traz uma delimitação territorial, ao exigir que as medidas de contratação pública ocasionem desenvolvimento em favor das pessoas abrangidas pelo território brasileiro. Já o segundo adjetivo impõe que o desenvolvimento leve em conta uma perspectiva material e outra, temporal. A sustentabilidade somente se configurará quando o desenvolvimento implicar avanços em três áreas simultâneas: a social, a econômica e a ambiental. Além disso, a sustentabilidade pressupõe que os avanços em favor da sociedade presente não comprometam as condições necessárias para garantir o desenvolvimento das futuras gerações. Disso se extrai que a intersetorialidade e a transgeracionalidade são características essenciais do desenvolvimento sustentável.

A partir dessa premissa conceitual, é possível identificar e sistematizar as ferramentas que a Lei de Licitações apresenta para estimular o desenvolvimento nacional em três grandes frentes: a ambiental, a social e a econômica. Essas frentes podem ser examinadas de acordo com as diferentes fases da contratação pública: desde a preparação, passando pelo julgamento e pela habilitação, até o momento de execução contratual. Além disso, a legislação utiliza a contratação direta por dispensa, em inúmeros casos, com fins desenvolvimentistas.

Na **fase de preparação ou planejamento**, a LLic destaca a importância de que: os anteprojetos e projetos levem em conta aspectos ambientais, de acessibilidade e sociais (art. 6º, XXIV e XXV); a matriz de risco trate dos casos em que, para obrigações de resultado, será facultado ao contratado inovar tecnologicamente (art. 6º, XXVII); o planejamento da licitação considere impactos ambientais e respectivas medidas mitigadoras, incluindo requisitos de baixo consumo de energia e outro recursos, bem como logística reversa e reciclagem, quando aplicável (art. 18, § 1º, XII); e o edital defina a competência pela solicitação de licenças ambientais (art. 25, § 5º).

Na **fase de apresentação de propostas**, a LLic, por exemplo: veda que concorram na licitação pessoas físicas ou jurídicas condenadas pela exploração indevida de trabalho infantil ou adolescente, bem como de trabalho em condições análogas à de escravo (art. 14, VI); prevê regras claras para participação de cooperativas (art. 16); faculta a realização de licitação exclusiva para bens e serviços que se valem de tecnologias brasileiras e se relacionem com a implantação, manutenção e aperfeiçoamento de sistemas de tecnologia da informação e comunicação (art. 26, § 7º) e possibilita a restrição do Procedimento de Manifestação de Interesse a startups (art. 81, § 4º).

Na **fase de julgamento**, a LLic, entre outros aspectos: faculta a adoção de margens de preferência em favor de bens manufaturados ou serviços nacionais, bens reciclados, recicláveis ou biodegradáveis (art. 26); permite a consideração dos custos indiretos, relacionados com despesas de manutenção, utilização, reposição, depreciação e impacto ambiental do objeto licitado, entre outros fatores vinculados ao seu ciclo de vida (art. 34, § 1º); e indica, como regra subsidiária de desempate, a preferência a empresas situadas no território estadual do ente contratante (art. 60, § 1º, I).

Na **fase de habilitação**, a LLic aponta: uma etapa exclusivamente dedicada à consideração de aspectos sociais e trabalhistas, juntamente com os fiscais (art. 62, III), além de impor que se exija do licitante uma declaração de cumprimento de reserva de cargos para deficiente e reabilitados da previdência (art. 63, IV). Isso mostra que a habilitação vai muito além da mera verificação da capacidade do licitante para executar o contrato.

Na **fase de execução contratual**, a LLic: proíbe que qualquer empresa envolvida com a exploração indevida de trabalho de crianças ou adolescente, bem como de trabalho análogo à condição de escravo venha a participar do contrato, direta ou indiretamente (art. 14, VI); faculta que o edital exija percentual mínimo de mão de obra composta por mulheres vítimas da violência doméstica ou oriundos/egressos do sistema prisional (art. 25, § 9º e Decreto n. 11.430/2023); impõe a necessidade de que os contratos de obra e serviços de engenharia, a uma, levem em conta a disposição final ambientalmente adequada dos resíduos sólidos, compatibilizando-se com determinações de condicionamento ou compensação ambiental nos termos da licenças, a duas, utilizem produtos, equipamentos e serviços aptos a favorecer a redução do consumo de energia e de recursos naturais, e, a três, observem o impacto de vizinhança, a proteção do patrimônio histórico e cultural, as regras de acessibilidade para pessoas com deficiência ou acessibilidade reduzida (art. 45); obriga que se cumpra permanentemente a reserva de cargos para deficientes, reabilitados da previdência e aprendizes, entre outros reservas determinadas pelo ordenamento, com possibilidade de extinção unilateral do contrato em caso de violação (art. 92, XVII, art. 116 e art. 137, IX); prevê a responsabilidade solidária da Administração nos contratos com regime de dedicação exclusiva de mão de obra por encargos previdenciários e a responsabilidade subsidiária, por encargos trabalhistas, quando a fiscalização falhar (art. 121, § 2º); possibilita que se exijam medidas especiais, como depósito em conta vinculada, para proteger os trabalhadores em contratos de serviços contínuos com regime de dedicação exclusiva de mão de obra (art. 121, § 3º); possibilita quebra da ordem cronológica de pagamentos em favor de ME ou EPP, agricultor familiar, produtor rural, microempreendedor individual e sociedade de cooperativa, quando comprovado que a falta de pagamento arrisca ocasionar a descontinuidade do contrato (art. 141, § 1º, II); faculta remuneração variável com base em critérios de sustentabilidade ambiental (art. 144); e impõe que se cotejem aspectos ambientais e sociais diante da pretensão estatal de declaração de nulidade do contrato (art. 147, II e III).

As medidas de desenvolvimento aparecem igualmente na contratação direta sem licitação. Isso se vislumbra nas regras que permitem dispensa para contratar, por exemplo: bens e produtos desenvolvidos no Brasil que envolvam alta complexidade tecnológica e defesa nacional; serviços de coleta, processamento e comercialização de resíduos sólidos recicláveis ou reutilizáveis, de associações ou cooperativas exclusivamente formadas por pessoas de baixa renda reconhecidas como catadores;

serviços de entidades sem fins lucrativos que implementem tecnologias sociais de acesso à água para consumo humano ou produção de alimentos para famílias rurais de baixa renda atingidas pela seca (art. 75). A dispensa com finalidade social e inclusiva se vislumbra igualmente na alienação de bens públicos ou em sua outorga de uso para fins de programas de habitação ou de regularização fundiária de interesse social, bem como na doação de bens estatais móveis para fins e uso de interesse social, após avaliação de oportunidade e conveniência socioeconômica em relação à escolha de outra forma de alienação (art. 76, *caput,* II).

20.4 FASE PREPARATÓRIA

20.4.1 Papel da fase preparatória

A fase preparatória é dedicada ao **planejamento** da contratação pública, devendo ser utilizada tanto para a contratação por licitação quanto para a contratação direta, com as devidas adaptações. Essa fase é de extrema relevância, pois os contratos administrativos têm caráter de adesão, ou seja, são construídos unilateralmente pela Administração e colocados posteriormente aos agentes econômicos. Eles não são elaborados ao longo de uma negociação intensa com os agentes econômicos, razão pela qual a Administração tem que tomar as medidas de planejamento para que, uma vez celebrado, o contrato funcione adequadamente e seja capaz de atingir as finalidades públicas esperadas.

A fase preparatória era anteriormente chamada de **fase interna**. Essa nomenclatura era utilizada com mais frequência no passado, uma vez que a fase interna se fechava a agentes públicos e não envolvia participação de particulares externos. Porém, o direito positivo evoluiu e percebeu que o isolamento da Administração Pública no planejamento nem sempre é benéfico. Assim, passou-se aos poucos a aceitar a maior participação do mercado antes mesmo da abertura da licitação, tal como se vislumbra nos procedimentos de manifestação de interesse (PMI), no uso de mecanismos de participação popular e no diálogo competitivo. Os referidos instrumentos, entre outros, revelam o entendimento atual de que a Administração nem sempre deve agir de modo isolado, pois dialogar com o mercado é fundamental para extrair informações e planejar melhor os contratos, sobretudo os mais complexos ou pouco conhecidos pelo administrador público. Por esses e outros motivos, fez bem a LLic de 2021 ao preferir a expressão "fase preparatória" em vez de "fase interna".

Em termos simplificados, essa fase de planejamento abrange tarefas e decisões relativas: à identificação do problema ou da demanda do ente contratante; à definição pertinente do objeto do contrato; à escolha pela licitação ou pela contratação direta; a indicação dos responsáveis pela condução da licitação; à elaboração do edital e anexos, como anteprojetos, projetos, termos de referência e a própria minuta de contrato; a estipulação de critérios de julgamento, lances e de habilitação; à realização de mecanismos de participação popular, bem como à oitiva de órgãos de controle interno e assessoramento jurídico. Essas tarefas devem ser realizadas de acordo com os parâmetros dados pelo legislador, dando-se especial atenção à observância das leis orçamentárias e à consideração de fatores técnicos, mercadológicos e de gestão que possam interferir na contratação (art. 18).

20.4.2 ETP, Termo de Referência e Projetos

Pressuposto de qualquer contrato administrativo é a **identificação de uma necessidade ou de um problema** que justifique uma demanda ou oferta por parte da Administração Pública. Sem que o ente estatal saiba sua necessidade e o que deseja adquirir ou alienar com a finalidade de resolvê-la, não será possível escolher o contrato, nem definir seu conteúdo obrigacional, nem indicar a licitação será cabível. A definição tanto da necessidade/problema quanto do objeto desponta como resultado de um diagnóstico que se realiza antes de qualquer iniciativa de contratação. Em outras palavras, sem o diagnóstico prévio restará inviável estabelecer qualquer estratégia de contratação.

Na legislação, esse diagnóstico deve ser realizado no âmbito de um processo administrativo, que conterá, entre outras coisas, a descrição da necessidade, a definição do objeto, das condições de execução e pagamento, da indicação da modalidade de licitação ou da contratação direta, a análise de riscos que possam comprometer a contratação, entre outros elementos indicados na LLic (art. 18). A esse mesmo processo serão incluídos, oportunamente, os orçamentos estimados, as minutas de edital e dos anexos, inclusive a do contrato.

Por ora, entretanto, interessa verificar o diagnóstico inicial, ou seja, a definição da necessidade e do objeto. Com o objetivo de estimular uma definição organizada e fundamentada do objeto contratado, a LLic de 2021 prevê a elaboração do *estudo técnico preliminar* – ETP (art. 18, § 1º). Esse documento serve para evidenciar a necessidade ou o problema a ser resolvido e sua melhor solução, permitindo que o contratante afira a viabilidade técnica e econômica da contratação. A Lei enumera vários elementos do ETP, incluindo como obrigatórios: a descrição da necessidade; as estimativas de quantidades, buscando-se economias de escala; o valor estimado da contratação, que poderá ser preservado em sigilo até a conclusão da licitação; a justificativa para o parcelamento ou não da contratação, bem como o posicionamento conclusivo sobre a adequação da contratação. Para obras e serviços de engenharia, a especificação poderá ser, entretanto, realizada apenas em termo de referência ou em projeto básico, dispensado o ETP (art. 18, § 3º).

De modo geral, a partir do ETP, a Administração então desenvolve o **termo de referência** (TR) e os projetos básicos e executivos, quando couber. O TR é peça-chave e imprescindível para a definição do objeto. De acordo com a LLic, ele necessita conter informações sobre a natureza, quantidade, prazo do objeto contratual; a fundamentação da contratação e seus requisitos; o modelo de execução e de gestão do contrato; as estimativas de valor; os critérios de medição e pagamento, entre outros elementos (art. 6º, XXIII). Para certos contratos, o TR ainda embutirá elementos específicos e, como visto, no caso de obras e serviços de engenharia, ele poderá englobar o ETP, dispensando sua elaboração prévia e apartada.

Com base no ETP e no TR, o ente contratante desenvolve os projetos básicos e executivos por sua equipe própria ou com apoio de terceiros. O **projeto básico** nada mais é que um "conjunto de elementos necessários e suficientes" para dimensionar a obra ou serviço, ou complexo de obras e de serviços, que permite assegurar a viabilidade técnica e o adequado tratamento do impacto ambiental do empreendimento, avaliar o custo da obra, bem como definir os métodos e o prazo de execução. O conteúdo mínimo desse projeto é indicado diretamente pela LLic (art. 6º, XXV). Já o **projeto executivo** abarca os elementos necessários e suficientes à execução completa da obra ou do serviço de engenharia "com o detalhamento das soluções previstas no projeto básico, a identificação de serviços, materiais e equipamentos a serem incorporados à obra, bem como suas especificações técnicas (...)" (art. 6º, XXVI).

A partir dessas definições, nota-se que a realização de licitações acarreta elevadas exigências técnicas. Alguns entes contratantes, mais bem estruturados, dispõem de equipes próprias para elaborar a mencionada documentação técnica. Outros entes, sem equipe ou conhecimento especializado, somente poderão cumprir a LLic com a cooperação de outros órgãos públicos ou com o apoio de especialistas externos. Para buscar apoio externo, poderão utilizar o procedimento de manifestação de interesse (PMI) ou realizar a contratação, com ou sem licitação, de consultores especializados em projetos.

Outra técnica para superar as dificuldades técnicas da fase de planejamento são as contratações integradas ou semi-integradas. Nas **integradas**, os projetos básicos e executivos ficarão à cargo do particular contratado para executar as obrigações, restando ao ente contratante apenas o dever de elaborar um anteprojeto (art. 46, § 1º e art. 6º, XXIV). Já nas contratações **semi-integradas**, a Administração oferecerá os projetos básicos (com possibilidade de alteração superveniente – art. 46, § 6º), enquanto o contratado se responsabilizará pelos projetos executivos. Em ambas as situações, portanto, um único contratado elabora total ou parcialmente os projetos necessários e, em seguida, executa-os, tornando-se desnecessário um contrato separado e anterior com outra pessoa para serviços de consultoria técnica.

20.4.3 Parcelamento, padronização, marcas e orçamento

Há três aspectos relevantes na definição do objeto que merecem comentários mais detalhados: o princípio do parcelamento; a possibilidade de indicação de marcas e a estimativa do valor do contrato.

A **definição do objeto** determina de maneira fundamental tanto a capacidade do contrato para superar a necessidade ou o problema identificado pela Administração como justificativa da contratação, quanto o grau de competividade da licitação. Conforme maior ou mais complexo se torne o objeto contratual em termos quantitativos ou qualitativos, menos serão os agentes econômicos em condições de participar do certame. Por essa razão, na preparação da licitação e na definição do objeto, é possível que desponte um dilema entre buscar possíveis economias de escala advindas de um aumento do objeto, de um lado, ou parcelar o objeto para atrair mais licitantes, de outro.

Em favor do **parcelamento do objeto**, encontram-se normas variadas na LLic de 2021. No tocante a contratação de serviços, o legislador sugere o parcelamento quando tecnicamente viável e economicamente vantajoso, exigindo consideração da responsabilidade técnica, dos custos que isso gerará e da busca de competição (art. 47, § 1º). Ao tratar das compras de bens, em semelhança, a LLic também requer que se considerem o princípio da padronização e do parcelamento quando "tecnicamente viável e economicamente vantajoso" (art. 40, V). Em seguida, explica que sua aplicação levará em conta: (i) a viabilidade da divisão do objeto em lotes; (ii) o aproveitamento das peculiaridades do mercado para promover a economicidade sem prejuízo da qualidade e (iii) o dever de se buscar mais competição, evitando-se concentração do mercado (art. 40, § 2º).

A LLic, entretanto, proíbe o parcelamento em várias situações, incluindo aquele em que a economia de escala, a redução de custos de gestão contratual e a maior vantagem na contratação recomendar a compra de um fornecedor apenas, bem como a situação em que a padronização ou escolha (excepcional) de marca levar a fornecedor exclusivo (art. 40, § 3º). Esses comandos mostram que o legislador inicialmente estimula o parcelamento para compras e serviços, mas o proíbe com base em conceito abertos de natureza econômica. Assim, recaem sobre o contratante as difíceis tarefas de interpretar os conceitos que permeiam as regras de proibição e de ponderar os benefícios e malefícios concretos do parcelamento.

O segundo aspecto da definição do objeto que merece destaque diz respeito à padronização e ao uso de marcas. A **padronização** pode ser considerada tanto em perspectiva estética, quanto técnica ou funcional. Para facilitar que ela ocorra, a LLic prevê alguns instrumentos importantes, como a elaboração de catálogos eletrônicos de compras, serviços e obras, disponíveis no PNCP (art. 19, II) e, excepcionalmente, a referência a marcas ou modelos (art. 41, I), devendo-se garantir a possibilidade de apresentação, pelos proponentes, de similares mediante atendimento de certas condições (art. 42).

Os processos de padronização nas compras estão explicitamente regrados na LLic e dependem de: (i) parecer técnico sobre um determinado produto, considerando-se suas especificações e análises de contratações anteriores, custos e condições de manutenção e garantia; (ii) despacho motivado da autoridade superior competente; (iii) síntese da justificativa e descrição do padrão, devidamente divulgada na internet. As entidades também estão autorizadas a se valer de processos de padronização desenvolvidos em outros entes federativos, desde que em nível político igual ou superior. Por força dessa regra, por exemplo, um Estado ou a União estão proibidos de aderir à padronização realizada por Municípios (art. 43). Já no tocante ao **catálogo de compras**, a regra é ainda mais limitativa, dado que Estados e Municípios podem utilizar apenas catálogos criados pelo Poder Executivo federal (art. 19, II). A meu ver, essas restrições legais baseadas em uma pretensa hierarquia entre os níveis da federação são claramente inconstitucionais por violar a autonomia federativa e obstar indevidamente a cooperação interadministrativa. Correto seria respeitar a autonomia administrativa dos Estados e dos Municípios, de maneira a lhes conferir discricionariedade para escolher com quais outros entes federativos desejam cooperar, afastando-se a pretensão de colocar a União em posição de supremacia e com benefícios exclusivos em matéria de contratação pública.

Uma forma negativa e indireta de se padronizar o objeto do contrato administrativo na licitação ocorre igualmente pela **vedação de certas marcas ou produtos** que tenham sido adquiridos e utilizados anteriormente, mas, mediante comprovação em processo administrativo, não tenham demonstrado aptidão para satisfazer plenamente as necessidades da Administração (art. 41, III). Essa norma legal contém uma espécie de banimento de produtos ou marcas em mercados públicos. Por se tratar de comando de vedação de aquisição altamente restritivo de liberdades econômicas dos fornecedores, esse tipo de decisão necessita ser construída com respeito ao devido processo, sobretudo à ampla defesa e ao contraditório.

Outro aspecto bastante relevante na definição do objeto diz respeito à **estimativa de valor**. Esse ponto é fundamental, sobretudo para evitar que a Administração ocasione ganhos indevidos a certos agentes econômicos ou dê causa a desperdícios de recursos financeiros. A LLic 2021 avança significativamente ao tratar do tema, pois estipula como a Administração deverá realizar a estimativa.

Para contratos de bens e serviços em geral, o valor será estimado com base no melhor preço aferido por meio de parâmetros exemplificados pela lei, que podem ser combinados ou empregados de modo isolado. Esses parâmetros consistem no exame de custos unitários, na análise de contratações similares, na utilização de pesquisa publicada em mídia especializada, em pesquisa com ao menos 3 fornecedores etc. (art. 23, § 1º). Já para os contratos de obras e serviços de engenharia, o valor estimado, acrescido de **Benefícios e Despesas Indiretas** (BDI) e encargos sociais, será definido por parâmetros estabelecidos em uma ordem determinada legal, começando pela composição de custos unitários (art. 23, § 2º). Note-se, portanto, que ao tratar da orçamentação de obras, a LLic: (i) não se refere ao melhor preço; (ii) inclui menção ao BDI e aos encargos e (iii) estipula, aparentemente, uma ordem no uso dos critérios de orçamentação.

A Lei ainda autoriza que Estados e Municípios, quando não utilizarem recursos federais para contratar, valham-se de outros sistemas de custos para estimar valor. Já nas contratações diretas, por inexigibilidade ou dispensa, na impossibilidade de estimar valor pelas técnicas precitadas, o contratado será obrigado a comprovar previamente que os preços estão em conformidade com os praticados em contratações semelhantes de objetos de mesma natureza por meio de notas fiscais emitidas no prazo de até um ano anterior (art. 23, § 4º).

Independentemente do tipo do contrato, a estimativa do valor poderá permanecer sigilosa com o objetivo de se estimular a competição no certame. Note-se bem: de acordo com a LLic, o uso do sigilo está no campo de discricionariedade administrativa, salvo para licitação que adote critério de maior desconto, caso em que o preço estimado terá que ser fixado no edital. Nas demais hipóteses, o sigilo poderá ser utilizado, mas jamais manejado contra os órgãos de controle interno ou externo (art. 24, I) ou para afastar a necessidade de se divulgar ao mercado as quantidades que se deseja contratar.

20.4.4 Elaboração do edital

A contratação por licitação enseja a competição entre os agentes econômicos interessados, tornado imprescindível que se estabeleçam de antemão os parâmetros tanto sobre o procedimento licitatório em si, quanto sobre a forma de execução do contato. Todos esses parâmetros constam do ato convocatório, que se manifesta na forma de edital a despeito da modalidade licitatória.[6]

A LLic de 2021 estabelece um **conteúdo mínimo e obrigatório** para todos os editais, além de estipular um conjunto de documentos anexos, incluindo obrigatoriamente a minuta de contrato. Todo e qualquer edital, como a "lei" da licitação, deve conter regras de convocação, julgamento, habilitação, recursos, penalidades, fiscalização e gestão contratual, entrega do objeto e condições de pagamento (art. 25). Além desses elementos obrigatórios que constam do corpo do próprio edital, existem anexos, incluindo, obrigatoriamente, a minuta de contrato (art. 18, VI).

O edital necessita trazer elementos obrigatórios adicionais para algumas situações específicas. Para **contratos de grande vulto**, ele obrigatoriamente imporá a implantação de programa de integridade pelo licitante vencedor em 6 meses da data de celebração do contrato (art. 25, § 4º). Outro elemento que pode se tornar obrigatório a depender do caso é a matriz de risco, como uma sistematização de eventos e das respectivas responsabilidades entre as partes contratantes. Ela deve

---

6. O "ato convocatório" se consolidou ao longo do tempo com um conceito mais amplo, pois a revogada LLic de 1993 lhe conferia várias formas. No passado, o ato convocatório poderia ser um edital, uma carta-convite ou um regulamento de concurso. Na LLic atual, porém, o edital é o ato convocatório por excelência, já que serve para todas as modalidades de licitação.

necessariamente acompanhar os contratos de grande vulto, bem como contratos com regime de contratação integrada e semi-integrada (art. 22, § 3º).

Existem, ainda, **elementos facultativos** indicados na lei, como a previsão da responsabilidade do contratado por licenças ambientais e realização de desapropriação autorizada pelo Poder Público (art. 25, § 5º); a exigência de recrutamento, na execução do contrato, de mulheres vítimas de violência doméstica e trabalhadores egressos ou oriundos do sistema prisional (art. 25, § 9º) e a previsão de margem de preferência (art. 25, § 5º). Como dito, a matriz de risco e os programas de integridade, salvo nas situações citadas, também comporão exigências facultativas.

A partir disso se conclui que existe certa discricionariedade de conteúdo na elaboração do edital, mas ela é sensivelmente limitada pelo legislador, já que os itens mínimos obrigatórios são extensos. Independentemente da situação, padronizado ou não, com ou sem elementos adicionais, todo e qualquer edital, com os anexos que o compõem, deverá ser amplamente divulgado para que cumpra sua função de promover a competitividade. A publicação online ocorrerá na página eletrônica oficial da entidade contratante na mesma data de sua divulgação (art. 25, § 3º). Mais detalhes sobre a publicação, eventuais impugnações, pedidos de esclarecimentos e potenciais alterações serão apontados nos itens referentes à fase externa e às formas de controle da licitação.

20.4.5 Agentes públicos e demais envolvidos

As licitações são processos administrativos complexos e cuja condução eficiente e efetiva pressupõe agentes públicos imparciais e devidamente capacitados. Por isso, a LLic estipula uma série de requisitos para a escolha dos agentes que atuarão em setores de licitações e contratos administrativos, inclusive daqueles que não se envolvem diretamente na licitação, mas assumem tarefas estratégicas, como fiscalização da execução, assessoramento jurídico e controle interno.

Em primeiro lugar, esses agentes devem ser preferencialmente recrutados dentre servidores efetivos ou empregados públicos. Em segundo, devem ter atribuições relacionadas a licitações e contratos ou possuir formação/qualificação para tanto. Em terceiro, não podem ser cônjuges, nem companheiros de licitantes ou contratados habituais, nem com eles manter vínculo de parentesco de até terceiro grau, ou qualquer vínculo de natureza técnica, comercial, econômica, financeira, trabalhista ou civil (art. 7º). Ademais, em sua atuação, deverão observar o já comentado princípio da *segregação de funções*, cabendo às autoridades superiores evitarem que um mesmo agente atue simultaneamente em diferentes funções suscetíveis a riscos significativos. Essa vedação serve para diminuir riscos de ocultação de erros, ilegalidades e corrupção.

Além dessas normas gerais, a LLic de 2021 cria um regime jurídico aprofundado e específico aos agentes que assumirão a condução da licitação e zelarão para que ela se desenvolva de modo eficiente, regular e efetivo. Na legislação anterior, predominava a figura da comissão de licitações. Na LLic de 2021, a condução foi simplificada, pois compete ao *agente de contratação* na grande maioria dos casos. Esse agente nada mais é que uma pessoa física designada entre "servidores efetivos ou empregados públicos dos quadros permanentes da Administração Pública para tomar decisões, acompanhar o trâmite da licitação, dar impulso ao procedimento licitatório" e executar outras tarefas necessárias ao bom andamento do certame (art. 6º, LX, e art. 8º, *caput*). Nas suas atividades, o agente de contratação será auxiliado por uma equipe de apoio, mas responderá individualmente pelos atos que praticar, salvo quando induzido a erro pela atuação de membros da referida equipe.

Em determinadas situações, o agente de contratação será substituído por outras figuras. No pregão, o agente equivale ao **pregoeiro** (art. 8º, § 5º). No leilão, haverá um **leiloeiro** oficial (selecionado por credenciamento ou licitação) ou servidor designado para tanto (art. 31). Na contratação de bens ou serviços especiais, atuará uma "**comissão de contratação** formada por, no mínimo, 3 membros, que responderão solidariamente por todos os atos praticados (...) ressalvado o membro que expressar posição individual divergente fundamentada e registrada em ata (...)" (art. 8º, § 2º). Ademais, nas licitações baseadas em critério de técnica, como os concursos, atuará **banca de especialistas** com, no mínimo, três membros, incluindo quer servidores efetivos ou empregados públicos dos quadros permanentes, quer profissionais contratados por conhecimento técnico, experiência ou renome na avaliação dos quesitos previstos no edital (art. 37, § 1º). A banca do diálogo competitivo, diferentemente, envolverá o mínimo de 3 servidores, possibilitada a presença de externos apenas na qualidade de assessores técnicos (art. 32, § 1º, XI).

Nas suas tarefas, os agentes de contratação e as figuras análogas mencionadas obedecerão a normas regulamentares e poderão contar com o apoio de órgãos de assessoramento jurídico e de controle interno para que possam bem executar suas competências (art. 8º, § 3º). Caso a licitação envolva bens e serviços especiais cujo objeto não seja rotineiramente contratado pela Administração, a LLic autoriza que a Administração recrute serviço de empresa ou profissional especializado para assessorar os responsáveis pela licitação (art. 8º, § 4º). Esse apoio se mostra fundamental na prática, pois tais agentes figuram como a "primeira linha de defesa" para realizar o controle de legalidade das licitações e devem atuar com base em conhecimentos técnico-especializados para minimizar problemas e danos.

Além de criar parâmetros para a escolha dos agentes de contratação e seus congêneres, a LLic também contém parâmetros restritivos que disciplinam sua atividade, bem como a dos terceiros contratados para auxiliá-los. Alguns exemplos mais significativos merecem destaque, como as vedações do art. 9º relativas: à admissão, previsão, inclusão ou tolerância para limitações do caráter competitivo do processo de licitação; ao estabelecimento de preferência ou distinções em razão da naturalidade, sede ou domicílio dos licitantes; a exigências impertinentes ou irrelevantes para o objeto específico do contrato; à previsão de tratamento diferenciado entre empresas brasileiras ou estrangeiras em razão de aspectos comerciais, legais, trabalhistas entre outros; e à oposição de resistência injustificada ao andamento dos processos, inclusive mediante retardamento da prática de atos. A violação dessas regras sujeita os infratores a potenciais sanções nas esferas disciplinar, criminal e da improbidade.

20.4.6 Análise jurídica prévia

Ao final da fase preparatória, o processo de contratação seguirá para o exame do órgão de assessoramento jurídico, cuja função consiste na realização do controle prévio de legalidade. Esse controle se desenvolve basicamente por meio da elaboração de um parecer jurídico, no qual o advogado público apreciará o processo licitatório e elementos essenciais da contratação à luz de critérios objetivos previamente estabelecidos. Em conclusão, emitirá seu posicionamento de forma fundamentada, simples, clara, objetiva e compreensível (art. 53).

Esse controle jurídico não se restringe, porém, às licitações. Contratações diretas, por dispensa ou inexigibilidade, assim como a celebração de contratos cooperativos, como convênios, ajustes, além de adesões a atas de registros de preços e os respectivos aditivos, também dependem da apreciação prévia dos órgãos de assessoramento jurídico (art. 53, § 4º).

Para evitar sobrecargas desnecessárias aos órgãos competentes e retrabalho inútil, sabiamente, a LLic absorveu a lógica da padronização no campo do controle de legalidade. De maneira expressa, dispensa a análise jurídica em hipóteses previamente definidas em regulamento da autoridade máxima da entidade. Esse regulamento deve levar em conta critérios como baixa complexidade ou baixo valor dos contratos. Além disso, a lei faculta a dispensa do parecer quando forem utilizadas minutas de editais e instrumentos contratuais previamente padronizados pelo órgão de assessoramento jurídico (art. 53, § 5º).

Novidade interessante da lei se refere à relação dos agentes públicos com os pareceristas jurídicos. Como se sabe, o agente público tem diferentes formações profissionais, nem sempre domina conteúdo jurídico, de modo que depende dos pareceres para tomar suas decisões. Consciente dessa realidade, a LLic de 2021 prevê que a advocacia pública promoverá a **representação judicial ou extrajudicial do agente público** que tiver participado de contratações públicas e precisarem se defender nas esferas administrativa, controladora ou judicial em razão de ato praticado com a estrita observância da orientação do parecer (art. 10). A defesa ocorrerá conforme a vontade do agente público acusado e ainda que já não mais ocupe o cargo, emprego ou função em que praticou o ato questionado. A princípio, esse dever de representará será afastado apenas quando se comprovar que o agente atuou de modo doloso.

O tema é polêmico. Na **ADI 6915**, distribuída à relatoria do Min. Nunes Marques, a ANAPE questiona a constitucionalidade do art. 10 da LLic sob o argumento de que viola o pacto federativo ao intervir no funcionamento das advocacias públicas. O problema federativo me parece corretamente apontado pela Associação. Sem prejuízo, entendo que a ideia do legislador é muito louvável, já que o dever de representação nos casos mencionados tende a estimular mais cuidado na elaboração dos pareceres jurídicos em linha com o princípio constitucional da eficiência, a favorecer a cooperação interna dos órgãos públicos e a aproximar a advocacia pública das responsabilidades estratégicas de gestão sem ferir sua imparcialidade.

20.4.7 Participação popular e PMI

A participação popular e o procedimento de manifestação de interesse (PMI) são etapas eventuais da fase preparatória, mas serão examinados em itens posteriores, respectivamente no tratamento das ferramentas de controle da licitação e dos procedimentos auxiliares.

20.5 FASE EXTERNA

20.5.1 Publicação do edital, impugnação, esclarecimentos e propostas

Uma vez encerrada a instrução do processo em termos técnicos e jurídicos, a autoridade competente poderá divulgar o edital de licitação. Simplificadamente, isso se dará por publicações: (i) do inteiro teor e anexos no **Portal Nacional de Contratações Públicas (PNCP)**; (ii) do extrato do edital no Diário Oficial da esfera federativa contratante e (iii) em jornal diário de grande circulação (art. 54, § 1º). Além disso, é facultativa a divulgação do inteiro teor e anexos na página eletrônica do ente contratante, bem como a divulgação direta a interessados cadastrados para receber notícias sobre contratações (art. 54, § 2º).

A partir da publicação se inicia a contagem de prazos para impugnação e para pedido de esclarecimentos. A impugnação nada mais é que um questionamento formalmente apresentado contra o ato convocatório ou seus anexos por força de eventual violação da juridicidade. De acordo com a LLic de 2021, qualquer pessoa é parte legítima para impugnar o edital ou solicitar esclarecimentos, devendo protocolar o pedido em até 3 dias úteis antes da data de abertura do certame. Diante da impugnação, a Administração contratante assume dever de resposta, que será publicada na página eletrônica para conhecimento geral (art. 164, parágrafo único).

Apenas após as respostas às impugnações e aos pedidos de esclarecimento é que efetivamente se considera aberta a licitação, contando-se a partir daí os prazos para entrega das propostas. Esses prazos são estabelecidos pela lei como períodos mínimos, variando de: 08 a 15 dias úteis no mínimo para contratos de bens; 10 a 60 dias úteis para contratos de serviços e obras; 15 dias úteis para licitações por maior lance e 35 dias úteis para licitações com exame de técnica (art. 55). Eventuais modificações no edital implicam nova divulgação e, por conseguinte, cumprimento dos mesmos prazos originários, salvo para alterações que não comprometam as propostas.

20.5.2 Participação na licitação: proibições e regras especiais

Para garantir a isonomia no tratamento dos agentes econômicos interessados em contratar com a Administração Pública, a LLic traz uma série de regras que vedam a participação de certos interessados. De outra parte, aponta regras especiais de participação que valem, por exemplo, para consórcios e cooperativas.

As vedações de participação encontram-se em diferentes comandos legais. O art. 9º, § 1º da LLic impede que participe, direta ou indiretamente, seja da licitação, seja da execução contratual, agente público do ente contratante, inclusive quando houver conflito de interesses mesmo após o exercício do cargo ou emprego na Administração Pública nos termos da legislação específica. Para bem aplicar esse dispositivo, é preciso combiná-lo com as Leis de Conflitos de Interesses de cada ente federativo, tal como a existente no âmbito da União (Lei n. 12.813/2013).

Já o art. 14, de modo mais amplo, trata do **impedimento de participação na licitação ou execução contratual**, direta ou indiretamente: (i) de autores de anteprojeto, projetos básicos ou executivos, quando a licitação tiver relação com eles; (ii) de empresa, isoladamente ou em consórcio, responsável por projetos básicos ou executivos ou na qual o autor seja dirigente, gerente, controlador, acionista com mais de 5% do capital votante, responsável técnico ou subcontratado, bem como as empresas do mesmo grupo econômico da responsável; (iii) qualquer pessoa em situação de impedimento para licitar (seja por sanção da própria LLic ou de outras leis); (iv) pessoas que mantenham vínculo de natureza técnica, comercial, econômica, financeira, trabalhista ou civil com dirigente da entidade contratante ou com agente que desempenhe função na licitação, na sua fiscalização ou na gestão contratual – essa vedação também atinge o licitante que tenha relação de parentesco de até terceiro grau com referidos agentes públicos; (v) empresas controladoras, controladas ou coligadas concorrendo entre si na mesma licitação; (vi) qualquer pessoa que tenha, no quinquênio anterior à publicação do edital, sido condenada pela exploração de trabalho infantil, exploração de trabalho em condições análogas à de escravo ou contratação ilícita de adolescentes.

A mencionada proibição resultante da participação da pessoa física ou jurídica na elaboração de anteprojetos e projetos não é absoluta. Não se impede, por exemplo, que essas pessoas concorram da licitação quando tiverem elaborado projetos no âmbito do PMI. Ademais, a regra não obsta que o autor dos projetos seja contratado pela Administração para apoiar o planejamento da contratação, a execução ou a gestão do contrato, sempre sob supervisão de agentes públicos (art. 117, *caput*). Ademais, a regra de vedação em debate é relativizada pelas figuras da contratação integrada e da semi-integrada, nas quais a vencedora da licitação assume a elaboração, respectivamente, ou de projetos básicos e executivos ou apenas dos projetos executivos.

Além de enumerar vedações, a LLic estipula regras próprias de participação para consórcios (art. 15) e cooperativas (art. 16).

Os **consórcios empresariais** estão autorizados a concorrer na licitação sempre que não houver vedação expressa no edital em sentido contrário, devendo respeitar eventual estipulação de limite máximo do número de empresas consorciadas. Para participar como consórcio, as empresas necessitarão demonstrar o compromisso de constituição, subscrito por todos; indicarão a empresa líder, que representará o conjunto dos membros perante a Administração; e não poderão participar, na mesma licitação, de mais de um consórcio ou de forma isolada. Na habilitação técnica e na econômico-financeira, essas empresas poderão somar seus quantitativos e valores, respectivamente. Em todo caso, responderão solidariamente pelos atos praticados em consórcio, tanto na fase de licitação, quanto na execução contratual, sem prejuízo da possiblidade de substituição de membro previamente autorizada pelo ente contratante à luz dos critérios de habilitação técnica e econômico-financeira. Anteriormente à celebração do contrato, as empresas envolvidas deverão proceder à constituição do consórcio e ao registro conforme o compromisso.

Diferentemente dos consórcios, as **cooperativas** poderão participar de licitações desde que: (i) sua constituição e funcionamento observem a legislação aplicável; (ii) apresentem demonstrativo de atuação em regime cooperado, com a repartição de receitas e despesas entre os cooperados; (iii) qualquer cooperado, com igual qualificação, seja capaz de executar o objeto contratado, vedado à Administração Pública indicar pessoas nominalmente e (iv) no caso das cooperativas de trabalho, a licitação se refira a serviços especializados constantes do objeto social e que sejam executados de forma complementar à sua atuação, ou seja, sem que essas cooperativas tenham sido criadas exclusivamente para a licitação.

20.5.3 Garantia de proposta

A LLic faculta ao ente contratante demandar dos licitantes a garantia de proposta (art. 58), que não se confunde com as garantias contratuais. O papel da garantia de proposta não é outro, senão o de pressionar o licitante a celebrar o contrato caso venha a ser classificado em primeiro lugar e esteja devidamente habilitado. Quando for exigida pelo edital, essa garantia deverá ser analisada como requisito de pré-habilitação (art. 58) e apresentada na forma de caução, seguro-garantia ou fiança bancária.

A garantia de proposta não poderá superar 1% do valor estimado do contrato e será devolvida após a assinatura do contrato ou da declaração de licitação fracassada, ou seja, desde que nenhum licitante tenha logrado se habilitar ou se classificar. Caso a licitação seja bem-sucedida, mas o vencedor não aceite assinar o contrato ou entregar a documentação para tanto, então a garantia será executada pela Administração, sem prejuízo da abertura de processo administrativo para a apuração de ilícito licitatório com a aplicação das sanções previstas na LLic (art. 156). Cumpre anotar que o licitante, nesses casos, perderá a garantia de modo integral, não havendo espaço para descontos parciais. A perda não deverá ocorrer, porém, caso a impossibilidade de entrega de documento ou a omissão na assinatura do contrato não constitua ilícito, por exemplo, por decorrer de fator não imputável ao licitante, como força maior, caso fortuito, fatos de terceiros ou da própria Administração.

20.5.4 Modos de disputas e lances

O ordenamento brasileiro reconhece, na licitação, a possibilidade de se adotar os modos de disputa aberta ou fechada. Igualmente possível é a combinação do modo aberto com o fechado e vice-versa.

No **modo fechado**, as propostas são recebidas e mantidas em sigilo até a classificação. Esse procedimento se mostra mais rígido e tradicional, vedando-se alteração daquilo que se propôs no momento da inscrição. Para se estimular a competição, o legislador veda que esse modo seja empregado isoladamente para licitação com critério de julgamento de menor preço ou maior desconto. Na cominação do modo fechado seguido do aberto, as propostas são dadas, abertas, classificadas e, em seguida, sobre elas se fazem lances para mais ou para menos.

No **modo aberto**, os licitantes apresentam lances públicos e sucessivos para mais ou para menos. Na combinação do modo aberto com o fechado, inicia-se com os lances e, ao final, os licitantes têm a possibilidade de dar uma última proposta fechada e definitiva para a classificação final. Note-se, porém, que o modo aberto é inaceitável para julgamento por técnica e preço.

A sistemática dos lances do modo aberto envolve várias regras próprias. Os lances podem ser crescentes ou decrescentes conforme o tipo de licitação. Naquelas licitações em que a Administração busca alienar um bem, por exemplo, eles serão crescentes. Naquelas em que deseja comprar algo, serão decrescentes. Permite-se, ainda, o estabelecimento de intervalos mínimos entre lances para evitar mudanças ínfimas que gerem uma disputa interminável. É igualmente possível aceitar os chamados lances intermediários, ou seja, lances iguais ou inferiores ao maior lance ou iguais ou superiores ao menor. Quando isso for autorizado, o licitante terá a chance de se reposicionar na classificação ainda que seja incapaz de cobrir a melhor proposta.

20.5.5 Julgamento e seus critérios

Após a entrega das propostas, com ou sem realização de lances, ocorrerá a fase de classificação e julgamento em consonância com o tipo da licitação estabelecido no edital. Em sentido técnico, a palavra **tipo** designa o critério de julgamento inerente à licitação e, por isso, não se confunde com a palavra **modalidade**, indicadora do procedimento licitatório. Para algumas modalidades, o tipo é predeterminado, tal como ocorre no leilão (tipo maior lance) e no concurso (tipo melhor técnica ou conteúdo artístico). Em outras, como a concorrência, o tipo depende de uma escolha prévia do administrador público dentre aqueles autorizados na legislação.

A fixação do tipo é fundamental para que o julgamento permita a classificação das propostas, ou seja, sua ordenação objetiva a partir da que melhor atende aos anseios da Administração Pública. Além disso, sua definição é imprescindível para que os agentes econômicos interessados tomem uma decisão racional sobre a participação na licitação. Para que isso ocorra, os critérios de julgamento devem obedecer a legislação e necessitam ser apresentados no edital de maneira clara, objetiva, transparente e isonômica.

A LLic de 2021 prevê seis tipos ou critérios de julgamento de modo **taxativo** (art. 33). Cabe à Administração contratante empregar um desses critérios legais, vedando-se que os combine ou utilize outros não previstos nas normas básicas nacionais. Referidos critérios baseiam-se: no menor preço; no maior desconto; na melhor técnica ou conteúdo artístico; em técnica e preço; no maior lance ou no maior retorno econômico.

O critério do **menor preço**, utilizado nas modalidades de concorrência ou pregão, impõe a classificação crescente das propostas a partir do valor mais baixo oferecido pelos licitantes para contratar com o ente público (art. 34). Nesse exame, a Administração tem discricionariedade para considerar os "custos indiretos" objetivamente mensuráveis, relacionados com as despesas de manutenção, utilização, reposição, depreciação e impacto ambiental do objeto, entre outros fatores relacionados ao seu "ciclo de vida".

O critério do **maior desconto**, também utilizado em concorrência ou pregão, parte de um preço global fixado no edital de licitação, a partir do qual se ordenam de forma decrescente os descontos que os proponentes oferecem (do maior desconto para o menor). Cumpre registrar que a margem de desconto garantida na licitação terá que ser igualmente garantida em aditamentos que venham a aumentar a quantidade contratada por força de termos aditivos.

O critério de **maior lance ou oferta**, empregado exclusivamente no leilão, impõe a classificação decrescente das propostas a partir do maior valor oferecido por um bem a ser alienado pela Administração ou pela outorga de uso sobre certo bem, como concessões ou permissões de uso privativo.

O critério de **maior retorno econômico**, utilizado na concorrência ou no diálogo competitivo, tem a finalidade específica de selecionar uma empresa para a celebração de contrato de eficiência (art. 39). Por esse critério, avaliam-se dois fatores: (i) o quanto o licitante promete gerar de economia para o contratante estatal e (ii) o pagamento do licitante, que equivalerá a um percentual da economia gerada. Matematicamente, o retorno econômico equivale à economia gerada menos o valor de remuneração proposto. Esses resultados serão classificados de modo decrescente.

O critério de **melhor técnica ou conteúdo artístico**, obrigatório para concursos e possível em concorrência, destina-se à verificação qualitativa de propostas com alto teor criativo ou técnico, afastando juízos sobre o preço. De maneira geral, o critério se aplica para contratação de serviços técnico-especializados de natureza intelectual, como elaboração de projetos, assessoramento jurídico, tarefas artísticas etc., cuja remuneração poderá ser pecuniária ou prêmio sem natureza pecuniária.

O critério de **técnica e preço**, aplicável em concorrência ou diálogo competitivo, envolve a análise do valor da proposta e a da técnica indicada pelo licitante. Para cada aspecto, são atribuídas notas, multiplicadas por pesos que podem atingir até 70%. A LLic (art. 36, § 1º) prevê esse critério sempre que a avaliação da qualidade técnica for relevante na contratação, por licitação, de certos objetos, como serviços técnico-especializados de natureza predominantemente intelectual, bens e serviços especiais de tecnologia da informação e da comunicação, obras e serviços especiais de engenharia, entre outros.

Os tipos de melhor técnica ou conteúdo artístico e técnica e preço apresentam algumas características comuns. Em primeiro lugar, eles são os únicos critérios aceitos para contratação de determinados serviços técnico-especializados de natureza intelectual a partir de certo valor (art. 37, § 2º). Em segundo, eles se desenvolvem por meio de tarefas previstas na LLic, a saber: a verificação da capacitação e da experiência dos licitantes conforme atestados; a atribuição de notas a quesitos qualitativos por meio de banca que leve em conta critérios como o conhecimento do licitante, a metodologia, o plano de trabalho e a qualificação de sua equipe; bem como a atribuição de notas por desempenho do licitante em contratações anteriores conforme informações do cadastro de atesto constante do PNCP. A banca que realiza essa avaliação técnica deve ser composta por três membros no mínimo, incluindo servidores estatutários ou empregados públicos do quadro permanente ou profissionais especializados no assunto.

20.5.6 Classificação, empates e margem de preferência

A classificação das propostas seguirá a lógica do tipo licitatório apresentado no edital, levando à indicação da melhor proposta e suas subsequentes. Nessa classificação, alguns fatores poderão ocasionar implicações. O primeiro deles são as margens de preferência e o segundo, são as regras de empate.

As **margens de preferência** configuram uma espécie de "bônus" de proposta, já que concedem um benefício para determinados licitantes por aspectos de desenvolvimento nacional sustentável. Com isso, permitem contratar uma proposta por mais que não seja a primeira classificada. Dadas suas implicações, sempre que qualquer margem de preferência for aplicada, a Administração deverá divulgá-la em página oficial e conforme o exercício financeiro, inclusive com a indicação das empresas favorecidas e os recursos financeiros destinados a elas (art. 27).

Não é qualquer licitante que pode obter o referido benefício. De acordo com a LLic, a Administração tem discricionariedade para usar margem de preferência no sentido de favorecer somente os licitantes que ofereçam (art. 26): (i) bens manufaturados e serviços nacionais que atendam normas técnicas brasileiras, conforme definição da Poder Executivo Federal e (ii) bens reciclados, recicláveis ou biodegradáveis. Além de beneficiar licitantes brasileiros, a LLic autoriza estendê-las para fornecedores do Mercosul mediante previsão em acordo internacional e reciprocidade (art. 26).

As margens podem atingir até 10% e, para bens manufaturados e serviços nacionais resultantes de desenvolvimento e inovação tecnológica no país, até 20%. Imagine uma licitação por menor para compra de embalagens em que haja dois licitantes. O primeiro oferece a melhor proposta de vender cada embalagem por 100 reais. O segundo oferece o valor de 107 reais, mas para embalagens recicláveis. Caso se aplique a margem de preferência de dez por cento, então a Administração poderá contratar o segundo colocado ainda que seu preço seja nominalmente maior que o do primeiro colocado.

Outro fator que influencia a classificação é a aplicação de **critério de desempate**. É possível que as propostas dos licitantes caiam em empate real (de nota ou valor nominal) ou em empate ficto (*i.e.*, um empate imposto pelo direito apesar de as propostas terem notas ou valores diferentes). Para resolver as situações de empate real, a LLic apresenta uma ordem de critérios de desempate (art. 60), como disputa final por nova proposta, avaliação de desempenho contratual prévio, desenvolvimento de ações de equidade de gênero no ambiente laboral e desenvolvimento de programa de integridade. Caso ainda persista, a lei oferece critérios adicionais de desempate, incluindo o favorecimento de empresas estabelecidas no território estadual do ente contratante e o favorecimento de empresas brasileiras. No exame das normas de empate, portanto, verifica-se alta preocupação do legislador em favorecer licitantes mais alinhados ao desenvolvimento nacional sustentável.

Essa mesma preocupação aparece em normas que geram o chamado **empate ficto**. O Estatuto da ME e da EPP (LC n. 123/2006, art. 44) prevê o seguinte: caso a proposta de uma empresa classificada como ME ou EPP for até 10% superior à melhor proposta nas licitações em geral ou até 5% maior no pregão, então se considera um empate, dando-se à ME ou à EPP mais bem situada na margem percentual indicada a possibilidade de apresentar nova proposta para cobrir a do vencedor (art. 45). Esse direito será concedido apenas se a melhor proposta não provier de uma ME ou EPP. Além disso, será conferido a todas as ME e EPP remanescentes, caso o direito não seja exercido pela primeira que puder fazê-lo. Note-se, porém, que o comando legal somente permite contratar a ME e EPP que efetivamente cubra a melhor proposta, daí porque a regra do empate ficto se diferencia da margem de preferência, que dispensa nova proposta. Como técnica de inclusão de empresas de menor porte, o empate ficto e suas consequências somente incidirão quando cumpridos os requisitos gerais estabelecidos pela LLic (art. 4º).

20.5.7 Desclassificação, preço inexequível, sobrepreço e negociação

Além da classificação e eventuais empates, a fase de julgamento envolve eventuais decisões administrativas de desclassificação por motivos taxativamente apresentados na LLic (art. 59). Esses motivos abrangem: vícios insanáveis da proposta, ou seja, insuscetíveis de convalidação; (ii) desconformidade insanável da proposta com o edital; (iii) preços inexequíveis e (iv) sobrepreço. Adicionalmente, a Lei prevê desclassificação do licitante cuja proposta não cubra as despesas necessárias para assegurar direitos trabalhistas. Essa hipótese foi indevidamente inserida na seção da lei que trata de habilitação (art. 63, § 1º).

As referidas situações de desclassificação deverão ser verificadas na licitação, mas apenas em relação ao licitante cuja proposta restar classificada em primeiro lugar. Para evitar trabalho desnecessário e prolongamento processual, não se deve proceder ao exame de todas as propostas apresentadas (art. 59, § 1º).

No tocante ao conteúdo, algumas causas de desclassificação revelam a correta preocupação do legislador com preços extremamente reduzidos e com preços elevados. Os preços excessivamente reduzidos podem se transformar em um problema, na medida em que eventualmente indicam ou uma decisão irracional do licitante ou sua intenção de prejudicar os concorrentes para dominar o mercado no futuro (preço predatório).

Em qualquer caso, o preço muito reduzido tem que ser juridicamente controlado, pois, durante a execução, o contratado poderá restar impossibilitado de executar as obrigações pactuadas com a qualidade esperada pela Administração ou poderá prejudicar seus colaboradores, deixando de respeitar seus direitos trabalhistas e previdenciários.

Por essas razões, a LLic adequadamente impõe a desclassificação de propostas com **preços inexequíveis** e, para que isso ocorra, abre espaço para a realização de diligências de verificação por parte do ente contratante, bem como para exigência de comprovações do licitante questionado. Em certos casos, a exequibilidade é determinada por lei. Isso se dará se o valor da proposta for menor a 75% do valor orçado para obras e serviços de engenharia (art. 59, § 4º). Caso a proposta seja menor a 85% do valor orçado, será possível aceitá-la e, para tanto, faculta-se exigir uma garantia adicional do licitante vencedor (art. 59, § 5º).

Os preços excessivos também são causa de desclassificação, pois afrontam a vantajosidade, além de poderem indicar ganhos indevidos por parte do licitante, indícios de infração concorrencial (como cartel) ou de corrupção. A LLic define o **sobrepreço** como "preço orçado para licitação ou contratado em valor expressivamente superior aos preços referenciais de mercado, seja de apenas um item, se a licitação ou a contratação for por preços unitários de serviços, seja do valor global do objeto, se a licitação ou a contratação for por tarefa, empreitada por preço global ou empreitada integral, semi-integrada ou integrada" (art. 6º, LVI).

Nessa definição legal, alguns aspectos merecem realce. Em primeiro lugar, o sobrepreço é verificado na fase da licitação, diferenciando-se do **superfaturamento**, como dano causado por estratégias ilícitas na fase de execução contratual, a exemplo de desvios de medição, falseamento de desequilíbrio, modificação de materiais etc. Em segundo, o sobrepreço requer a caracterização de expressiva diferença entre o preço da proposta e o de mercado, não bastando, para comprová-lo, qualquer diferença pequena ou ordinária. Em terceiro, o sobrepreço poderá ser verificado em relação a apenas uma parcela da proposta.

Definido o resultado do julgamento na licitação e realizadas as eventuais desclassificações, o ente contratante ainda terá a possibilidade de promover a **negociação** de condições mais vantajosas com o primeiro colocado classificado (art. 61). Ademais, caso certa proposta, embora não contenha sobrepreço, permaneça acima do preço máximo definido na estimativa prevista, então a Administração poderá preterir o primeiro colocado para conduzir a negociação com os demais licitantes na ordem de classificação, desde que, naturalmente, proceda ao exame prévio das causas de desclassificação anteriormente discutidas. Caso seja bem-sucedida, os resultados da negociação realizada pelo agente ou comissão de contratação serão divulgados a todos os demais licitantes e juntados ao processo administrativo.

20.5.8 Habilitação: normas gerais e dispensa

Em sua essência e origem, a fase de habilitação desempenha a função de verificar se o futuro contratado logrará cumprir as obrigações assumidas. Por isso, durante essa fase, a entidade contratante examina uma série de aspectos sobre a constituição, o funcionamento e a situação do licitante. Ao longo do tempo, porém, o ordenamento jurídico brasileiro expandiu os critérios de habilitação, de modo a utilizá-la para outras duas funções: compatibilizar a contratação com os princípios da legalidade, da moralidade e da competitividade dentro e fora da licitação, além de evitar a contratação de licitantes que descumpram o ordenamento jurídico com o objetivo de ganhar vantagens competitivas indevidas.

Considerando-se os custos e as barreiras que a habilitação ocasiona à entrada de licitantes e à competitividade, bem como sua inadequação para determinadas formas de contratação, a LLic prevê sua dispensa total ou parcial em certas situações específicas (art. 70, III). Isso ocorrerá: (i) nas contratações para entrega imediata, (ii) nas contratações em valores inferiores a um quarto do limite para dispensa de licitação para compras em geral e (iii) nas contratações de produto de pesquisa e desenvolvimento até 300 mil reais (valor majorado anualmente pelos Decretos de atualização, como o Decreto n. 11.871/2023). Além disso, a LLic é expressa ao afirmar que o leilão não exigirá registro cadastral prévio, nem terá fase de habilitação (art. 31, § 4º).

Fora dessas hipóteses especiais, a habilitação será obrigatória e obedecerá a inúmeras regras gerais. Quanto ao momento e ao modo, ocorrerá após a fase de julgamento e se limitará ao licitante mais bem classificado. Alternativamente, por decisão fundamental, antecederá o julgamento, caso em que todos os licitantes terão sua documentação examinada (art. 17, § 1º), mas somente os habilitados ingressarão na fase de julgamento e classificação de propostas. Existe, ainda, um terceiro modelo de habilitação por meio de pré-qualificação antecipada e permanente como um procedimento auxiliar que afasta a necessidade de habilitação dentro da licitação, além de poder valer para inúmeros certames de maneira a evitar repetição de habilitações a cada um deles.

Em qualquer um desses três modelos, a documentação poderá ser substituída por **certificados de registro cadastral** previamente obtidos, inclusive pelo registro cadastral único emitido no âmbito da União e criado pela LLic de 2021. Tanto a pré-qualificação, quanto o registro serão comentados oportunamente neste capítulo ao longo da análise dos procedimentos auxiliares.

Ainda em termos gerais, na habilitação: (i) os licitantes devem comprovar respeito à reserva de vagas para deficientes e reabilitados da previdência social (art. 116); (ii) as empresas estrangeiras que não funcionem no Brasil têm direito de se valer de documentos equivalentes para se habilitar (art. 70, parágrafo único); e (iii) a Administração pode demandar vistoria prévia para que o licitante conheça o local e condições de realização da obra ou serviço, podendo-se a substituir por declaração de conhecimento pleno dessas condições (art. 63, § 2º).

Quanto à documentação, também existem regras gerais importantes que, de maneira evidente, incorporam o princípio do formalismo mitigado no processo de contratação pública e buscam promover a competitividade a despeito das várias barreiras geradas pela fase de habilitação. A LLic veda a substituição ou inclusão de documentos após a entrega. Todavia, aceita diligência para complementar informações sobre documentos apresentados diante da necessidade de apuração de atos existentes à época da abertura da licitação, bem como a atualização de documentos com validade expirada após o recebimento das propostas. Além disso, reconhece de modo expresso que erros e falhas incapazes de alterar a substância dos documentos ou sua validade poderão ser sanados motivadamente (art. 64, § 1º).

20.5.9 Habilitação técnica, jurídica, econômica, fiscal, social e trabalhista.

A LLic divide a habilitação em quatro planos distintos, com finalidades próprias e regidos por normas específicas. Abrange, assim: (i) a habilitação técnica; (ii) a econômico-financeira; (iii) a jurídica e (iv) a fiscal, social e trabalhista.

A **habilitação técnica** é bem detalhada na lei e divide-se em duas análises. A primeira diz respeito à qualificação técnico-profissional, voltando-se ao exame da capacitação e da experiência dos profissionais e da equipe. Isso se faz por meio do exame de currículos e atestados de trabalhos anteriores. A segunda diz respeito à qualificação técnico-operacional e consiste no exame das instalações, aparelhamento e equipamentos de que dispõe a licitante para executar adequadamente as obrigações contratuais.

A LLic traz uma lista da documentação que será empregada para se fazer essas análises (art. 67). Nela se destaca o papel dos atestados e certidões que demonstrem a execução de obrigações semelhantes em experiências anteriores. Como esses documentos atestam qualidades pessoais de membros da equipe, os profissionais indicados pelo licitante devem participar diretamente da execução do contrato. Essa regra busca evitar o chamado "aluguel de currículos", ou seja, o uso de nome de certos profissionais para se vencer a licitação sem que eles participem do contrato. A necessidade de participação direta, porém, não impede a substituição do profissional, desde que por outro com experiência equivalente ou superior.

Ainda na habilitação técnica, a lei se preocupa com empresas que assumam muitos compromissos simultaneamente, valendo-se da mesma equipe. Isso gera o risco de que não logrem, caso vençam, desempenhar suas obrigações contratuais. Para evitar esse inconveniente, é possível exigir do licitante que aponte compromissos capazes de reduzir a disponibilidade de sua equipe técnica. Fora isso, dois outros aspectos merecem destaque: o primeiro diz respeito à vedação de admitir atestado de responsabilidade técnica de profissionais condenados por impedimento ou inidoneidade por atos de sua responsabilidade (art. 67, § 12) e o segundo consiste na possibilidade de se empregar atestado de potenciais subcontratados contanto que o edital autorize (art. 67, § 9º).

A **habilitação econômico-financeira** se destina a demonstrar a aptidão econômica do licitante para executar as obrigações do futuro contrato. Para se verificar essa situação, o edital deverá prever coeficientes e índices econômicos objetivos. A documentação exigida abrange balanço patrimonial, demonstrações de resultado de exercício, demonstrações contábeis recentes e certidão negativa de falência. Adicionalmente, a LLic faculta a solicitação de declaração de contador para atestar cumprimento de índices do edital; apresentação da relação de compromissos do licitante que reduzam sua capacidade econômico-financeira e capital ou patrimônio mínimo, salvo para compra com entrega imediata. De outra parte, veda expressamente qualquer exigência de valores mínimos de faturamento, de rentabilidade ou lucratividade, bem como qualquer indicação de índices e valores não usuais para esse tipo de avaliação.

A **habilitação jurídica** objetiva avaliar a capacidade do licitante para exercer direitos e assumir obrigações (art. 66). Os documentos para tanto se restringem à comprovação da existência jurídica da pessoa do licitante e à autorização para o exercício de atividade profissional. Em outras palavras, é preciso saber se o licitante está devidamente constituído, se seus objetivos institucionais (no caso das pessoas jurídicas) se alinham com as obrigações contratuais que pretendem assumir e se, quando cabível, estão devidamente liberados pelas autoridades regulatórias para exercer tais atividades. Entretanto, o registro de cada profissional no respectivo conselho será parte da análise da qualificação técnico-profissional, não da habilitação propriamente jurídica.

A **habilitação fiscal, social e trabalhista** tem um caráter notadamente extracontratual, materializando os princípios do desenvolvimento nacional sustentável e da competitividade. Nela, busca-se zelar pela regularidade do licitante em relação às Fazendas federal, estaduais e municipais, perante a Seguridade Social e o FGTS, perante a Justiça do Trabalho e no tocante à legislação que trata do trabalho de menores (art. 7º, XXXIII da Constituição da República). Embora a situação de inadimplência ou irregularidade fiscal, social e trabalhista não indique uma incapacidade de execução contratual, ela é controlada na habilitação para tutelar direitos sociais e para evitar que o licitante se beneficie economicamente de sua situação de inadimplência ou irregularidade para obter vantagens concorrenciais. Não há dúvidas de que um licitante que deixa de pagar tributos e verbas trabalhistas é capaz de oferecer um preço muito mais competitivo se comparado com a proposta daquele que respeita a legislação, paga seus tributos em dia e zela pelos direitos trabalhistas de seus colaboradores.

No Estatuto da ME e da EPP, existem regras discriminatórias para favorecer a participação dessas empresas de menor porte em licitação (art. 42 e 43). Isso se verifica, particularmente, no tocante aos requisitos de regularidade fiscal e trabalhista, cuja comprovação poderá ser feita apenas no momento da assinatura do contrato, embora tenham que entregar a documentação juntamente com os demais licitantes. Caso se abra a documentação de habilitação e se verifiquem pendências no tocante à essa habilitação, a ME ou EPP terá o prazo de 5 dias úteis contados da declaração de vencedor para regularizar sua situação, pagar ou parcelar o débito, com as respectivas emissões de certidões, sob pena de decadência do direito à contratação e imposição de sanções administrativas.

Essa norma especial para ME e EPP necessita se harmonizar com a sistemática da LLic de 2021, que expressamente prevê a exigência de documentos de regularidade fiscal, em qualquer caso, "somente em momento posterior ao julgamento das propostas, e apenas do licitante mais bem classificado" (art. 63, III). Em primeiro lugar, entendo que esse comando vale para regularidade fiscal, social e trabalhista, já que constitui uma única espécie de habilitação. Em segundo, para os licitantes em geral, a documentação relativa a esses itens será entregue apenas para o licitante que ficar em primeiro lugar quando a fase de julgamento e classificação anteceder a de habilitação. Em terceiro, se o primeiro classificado for ME ou EPP e apresentar restrições na sua documentação, terá direito a prazo adicional para pagar, parcelar ou se regularizar de qualquer outra forma. Se, porém, o primeiro colocado não for ME ou EPP, será imediatamente inabilitado na presença de restrições.

20.5.10 Encerramento, anulação, revogação, homologação e adjudicação

Após a realização das fases de julgamento e de habilitação, dois possíveis cenários se abrem. O primeiro é o da **licitação fracassada**, ou seja, que não traz qualquer vencedor pelo fato de que todos foram desclassificados ou inabilitados, diferindo da **licitação deserta** como aquela que não conta com interessados desde o início. O segundo cenário é o da licitação bem-sucedida, ou seja, que aponta um vencedor habilitado e que pode ser convocado para a celebração do contrato.

Em um cenário ou outro, é possível que os licitantes se mostrem inconformados com a decisão e, portanto, manejem recursos administrativos ou ações judiciais para controlar e suspender a licitação, impedindo seu término. Ademais, é possível que órgãos de controle a suspendam, tal como se demonstrará oportunamente neste capítulo. O encerramento definitivo da licitação pela Administração Pública dependerá do desfecho dessas medidas de controle. Somente quando a licitação voltar a correr, o processo administrativo será encaminhado para o órgão superior competente que, em seguida, adotará uma das seguintes alternativas.

Caso encontre irregularidades sanáveis, o órgão superior determinará o retorno dos autos para o agente ou a comissão de contratação, solicitando que proceda às devidas correções ou complementações de modo a afastar vícios ou lacunas. Se essas irregularidades danosas se mostrarem insanáveis, então se procederá à anulação da licitação, de ofício ou mediante provocação de terceiros. Para tanto, o órgão superior conduzirá processo administrativo, ouvirá os interessados e então proferirá decisão amplamente motivada. Na confirmação de ilegalidades, anulará o certame e tomará providências para apuração de responsabilidade pessoal de quem tiver dado causa ao vício insanável (art. 71, § 1º e 4º).

Alternativamente, quando inexistir qualquer vício capaz de ocasionar o pedido de saneamento ou a invalidação, o órgão posterior poderá ingressar em uma segunda etapa, consistente na verificação de motivo de conveniência e oportunidade que imponha a revogação da licitação. O motivo de revogação não pode residir em fatos passados já conhecidos. Somente fatos supervenientes ou anteriores, porém de conhecimento prévio impossível, geram motivos legítimos a sustentar tal medida. Ademais, a autoridade competente para revogar deverá ouvir os interessados e realizar um juízo de ponderação das alternativas, benefícios e malefícios da decisão diante dos vários interesses públicos primários e direitos fundamentais em jogo. Afinal, a ampla defesa, segurança jurídica e razoabilidade são princípios aplicáveis a toda e qualquer etapa da contratação pública.

Mostrando-se descabidas as hipóteses excepcionais de devolução dos autos, de invalidação ou de revogação, então a decisão do agente ou da comissão de contratação será homologada pela autoridade superior, que adjudicará o objeto contratual ao vencedor indicado. Nesse contexto, a **homologação** equivale ao ato declaratório vinculado que reconhece a legalidade do processo administrativo, enquanto a **adju-**

dicação implica ato vinculado de atribuição do objeto ao vencedor, conferindo-lhe o direito e o dever de celebrar o contrato e de apresentar a documentação para tanto. Embora juridicamente distintas, a adjudicação depende logicamente da homologação, razão pela qual são, na prática, embutidas num mesmo ato decisório.

20.6 MODALIDADES DE CONTRATAÇÃO

20.6.1 Panorama

As várias fases que formam uma licitação envolvem peculiaridades e certas nuances de acordo com o rito procedimental adotado pela Administração a partir de uma tipologia indicada pela legislação. No Brasil, a entidade contratante não tem plena discricionariedade de manejar as fases e suas características como bem entender. As fases sofrem influência da modalidade que, por sua vez, é escolhida após um exame que considere, ao menos, a necessidade que se almeja satisfazer, o objeto a ser contratado e o tipo de julgamento adequado para obter a vantajosidade.

Feito esse exame inicial com base no ETP, no TR e em outros documentos preparatórios, a Administração terá as informações necessárias para escolher uma dentre as cinco modalidades procedimentais autorizadas pela LLic, a saber: (i) a concorrência; (ii) o concurso; (iii) o leilão; (iv) o pregão ou (v) o diálogo competitivo (art. 28). No modelo vigente, portanto, não mais se permitem as modalidades de convite e de tomada de preços. Tampouco se aceitam combinações das modalidades legais ou modalidades adicionais criadas por leis de Estados e Municípios.

20.6.2 Concorrência

A mais tradicional e completa modalidade de licitação é a concorrência. Ela serve para inúmeras formas de contratação, aceita todos os tipos de julgamento (com exceção do maior lance) e segue o rito procedimental completo da LLic (art. 17). Isso significa que a concorrência é compatível com modo de disputa aberto ou fechado, bem como com a combinação de ambos, passando, em seguida, pelas fases de julgamento e habilitação. Por seu caráter mais burocrático e de maior controle, seu uso é indicado para objetos caracterizados pela maior complexidade e para contratos específicos indicados na legislação.

Nesse sentido, a LLic (art. 6º, XXXVIII) a designa como modalidade obrigatória para contratação de (i) bens e serviços especiais, caracterizados pela alta complexidade e heterogeneidade e (ii) obras e serviços de engenharia, comuns ou especiais. Além disso, a concorrência é cabível para condução de registro de preço como procedimento auxiliar e para celebração de contratos de permissão e de concessão de serviços ou obras públicas, incluindo as parcerias público-privadas, regidas por leis próprias.

A LLic explicitamente veda o uso da concorrência para certos casos. Ela não é aceitável na contratação de bens e serviços comuns, ou seja, caracterizados por padrões de desempenho e qualidade passíveis de definição objetiva no edital mediante especificações usuais do mercado (art. 6º, XIII). Para aquisição desse tipo de bens e serviços, a modalidade cabível é o pregão (art. 29).

20.6.3 Pregão

O pregão é modalidade que também segue todas as fases indicadas na LLic (art. 17). Contudo, tem uso obrigatório para a aquisição de **bens e serviços comuns**. Além disso, seu uso é facultativo para **serviços comuns de engenharia** e para **registros de preços**, casos em que pode substituir a concorrência. De outra parte, é empregado para contratação de leiloeiros oficiais quando não for utilizado credenciamento. Entretanto, a lei proíbe seu uso para obras, serviços especiais, serviços especiais de engenharia e serviços técnico-especializados de natureza predominantemente intelectual. A razão para tanto é simples: esses objetos não se compatibilizam com um julgamento baseado em menor preço ou maior desconto.

Nas hipóteses em que poderá ser utilizado, o pregão sempre seguirá o tipo de julgamento por menor preço ou por maior desconto. Não se aceita sua realização pelos demais critérios, como os que envolvem análise de aspectos técnicos. Ademais, os modos de disputa são limitados, já que não cabe modo fechado isoladamente para licitação por menor preço ou maior desconto.

O pregão sempre envolverá lances, ou seja, modo aberto, combinado ou não com o fechado. Tudo isso lhe dá menor versatilidade, quando comparado com a concorrência. Ainda assim, como os bens e serviços comuns constituem grande parte daquilo que a Administração Pública adquire no dia a dia, a frequência de utilização do pregão é altíssima, o que explica em grande parte sua importância prática.

20.6.4 Leilão

Inverso ao pregão, o leilão é procedimento destinado às situações em que a Administração Pública se coloca no polo da oferta. Ele se aplicará quando a Administração desejar alienar parte de seu patrimônio imobiliário ou mobiliário ou outorgar direitos reais ou pessoais de uso sobre esses bens. Assim, o leilão se vale apenas do critério de maior lance, pelo qual se classificam as ofertas a partir do maior valor oferecido em direção ao menor.

Diante dessas características, a LLic expressamente prevê o uso do leilão para alienação e outorga de uso de imóveis e móveis (art. 76, I e II). Isso explica sua condução, por exemplo, para escolher agentes econômicos que desejam comprar bens públicos inservíveis ou celebrar concessões de uso privativo de bem público, como as que viabilizam a instalação de bancas de jornais nas calçadas e a operação de restaurantes particulares em estádios e teatros públicos.

As fases do leilão assumem características peculiares. O edital de licitação deverá conter elementos próprios, como a descrição do bem, o valor da sua avaliação, a indicação do lugar onde se encontra, a especificação de eventuais ônus, gravames ou pendências que sobre ele recaiam. A divulgação do edital também segue regras próprias, devendo ser igualmente divulgado em "local de ampla circulação de pessoas na sede da Administração", além de outros meios para ampliar a divulgação.

A fase de propostas necessariamente envolve lances, não podendo ser realizado por disputa fechada. Já o julgamento somente ocorre pelo critério do **maior lance**. Ademais, o leilão prescinde de fase de habilitação por expressa vedação legal e, por conseguinte, nele não se usam registros cadastrais (art. 31, § 4º). Encerrada a fase de lances, finalizada a fase recursal e realizado o pagamento pelo vencedor, o leilão se encerrará caso esteja em condições de homologação.

A condução do leilão é realizada por um servidor capacitado para tanto ou por um leiloeiro oficial, remunerado com um percentual do valor do objeto alienado ou cujo uso é outorgado a um particular. Esse valor é chamado de **comissão** e definido no credenciamento de leiloeiros, de maneira padronizada a todos, ou no pregão realizado para escolhê-lo conforme um critério de maior desconto a partir da comissão fixada na legislação, considerando-se também os valores dos bens a serem leiloados.

20.6.5 Concurso

A licitação na modalidade concurso não se confunde com o concurso para seleção de servidores públicos apresentada na Constituição da República e tratada nos Estatutos de Servidores. Embora o nome técnico seja idêntico, o concurso mencionado pela LLic é modalidade de licitação destinada a selecionar pessoas físicas e jurídicas para celebrar um determinado contrato com a Administração Pública, não se estabelecendo qualquer vínculo de natureza laboral. Em outras palavras: o concurso como modalidade de licitação é processo seletivo de contratantes, enquanto o concurso público do direito administrativo laboral é processo seletivo de empregados públicos ou de servidores estatutários.

Na LLic de 2021, a licitação na modalidade concurso é destinada exclusivamente à contratação de objetos que envolvam **trabalho técnico, científico ou artístico** (art. 6º, XXXIX), como a criação de obras de arte, de composições musicais e de projetos de arquitetura (art. 30). Por essa característica, a fase de julgamento no concurso sempre se baseará no critério de melhor técnica ou conteúdo artístico (art. 35).

O edital de concurso deverá indicar a qualificação que espera dos participantes, além das diretrizes e formas de apresentação do trabalho (art. 30). Deverá igualmente apontar as condições de sua realização, bem como o prêmio ou a remuneração que se concederá ao vencedor. Por essa razão, os licitantes do concurso não apresentam qualquer proposta comercial ou preço por seu trabalho. É a Administração, no edital, que fixa o pagamento em dinheiro ou um prêmio sem expressão pecuniária.

Como dito, o critério de julgamento do concurso é exclusivamente o da **técnica** ou do **conteúdo artístico**. Em virtude desse tipo de julgamento e para se garantir adequada objetividade, a realização dessa modalidade licitatória depende de **banca de especialistas** capaz de avaliar os critérios objetivos de caráter artístico ou técnico indicados no edital para fins de classificação dos licitantes. Essa banca envolverá, ao menos, três membros, servidores efetivos, empregados públicos ou especialistas externos com conhecimento técnico, experiência ou renome na avaliação dos quesitos previstos no edital (art. 37, § 1º).

A celebração do contrato exige que o vencedor ceda à Administração os direitos patrimoniais relativos ao projeto artístico ou técnico (quando houver) e autorize sua execução conforme juízo de conveniência e oportunidade. Por conseguinte, embora a Administração realize um concurso bem-sucedido, não restará obrigada a executar o projeto artístico ou cultural contratado, nem ficará proibida de modificá-lo (art. 30, parágrafo único).

20.6.6 Diálogo competitivo

A LLic de 2021 introduziu no direito brasileiro a modalidade do diálogo competitivo a partir da experiência do direito europeu e de outros sistemas estrangeiros. O objetivo dessa modalidade é relativamente simples. A Administração Pública desenvolve certas tarefas exclusivas, além de outras muito pouco frequentes no mercado. Ademais, enfrenta desafios inúmeros na condução de suas políticas públicas, o que lhe impõe, em certos momentos, o desafio de encontrar soluções inovadoras para seus problemas e necessidades peculiares.

Nesse contexto, a identificação de um problema e de uma necessidade pela entidade contratante não necessariamente desemboca numa solução pronta de mercado para solucioná-la. É perfeitamente concebível que ainda inexista uma boa solução disponível e, portanto, sequer se possa modelar o objeto do contrato. É aqui que o diálogo competitivo se insere. Como diz seu próprio nome, esse procedimento envolve um diálogo com o mercado a partir da mera definição do problema e da necessidade, ou seja, o contato com os licitantes ocorre antes de se saber o objeto a ser contratado exatamente pelas dificuldades ou impossibilidade de se defini-lo de antemão. Isso pode ocorrer tanto no âmbito de um contrato instrumental regido pela LLic, quanto no campo das concessões, inclusive das parcerias público-privadas.

De acordo com a LLic, há dois requisitos fundamentais para o uso do diálogo (art. 6º, XLII). O primeiro diz respeito ao objeto em si. É preciso que se busque um objeto: caracterizado pela inovação tecnológica; dependente de adaptação de soluções existentes no mercado ou cujas especificações não possam ser definidas precisamente pela Administração. O segundo requisito, cumulativo ao primeiro, consiste na constatação de que a Administração necessita dialogar com o mercado para definir e identificar os meios e alternativas para satisfação de sua necessidade.

Esses meios e alternativas se relacionam tanto a aspectos técnicos, jurídicos ou financeiros. Assim, mesmo quando a Administração já saiba qual é a alternativa técnica de que precisa, poderá empregar o diálogo, a título de ilustração, diante das dificuldades de sustentabilidade financeira do contrato ou de compatibilização do que se deseja com as amarras da legislação vigente.

Procedimentalmente, o diálogo apresenta uma série de peculiaridades. De início, abre-se um **primeiro edital** em que a Administração indica suas necessidades ou problemas para que os agentes econômicos avaliem seu interesse em participar da licitação e, em caso positivo, apresentem as propostas técnicas. Em seguida, essas propostas são avaliadas, admitindo-se ao diálogo os interessados que preencham determinados requisitos de pré-seleção. Com esses selecionados, o órgão público passa a interagir em fases (variadas ou não) até encontrar a solução satisfatória para a obra, o serviço ou o bem que deseja. Essa interação ocorre de maneira paralela e isolada, ou seja, sem a reunião conjunta dos vários licitantes. A LLic expressamente proíbe que a Administração revele a outros licitantes as soluções propostas ou informações sigilosas comunicadas, salvo quando houver consentimento. Encontrada a solução, então se publicará um **segundo edital**, ofertando-se prazo para entrega de propostas pelos licitantes previamente selecionados, as quais serão julgadas conforme critérios objetivos.

20.7 CONTRATAÇÃO DIRETA OU SEM LICITAÇÃO

20.7.1 Fundamentos

A Constituição Federal consagrou o dever geral de licitar para entidades da Administração Pública Direta ou Indireta. A licitação é a regra, devendo ser empregada mesmo quando inexistir previsão legal específica e sua lógica for pertinente. Havendo concorrência entre interessados em um ato de gestão patrimonial do Estado e constatada a necessidade de se proteger a isonomia, algum procedimento de seleção por licitação deverá ser empregado para racionalizar a escolha.

Todavia, a Constituição deixa evidente que não se trata de dever absoluto, dada a possibilidade de se afastá-lo e de se realizar a contratação direta nos casos explicitamente indicados na legislação (art. 37, XXI CF). Mesmo que haja concorrência e necessidade de tratamento isonômico, em alguns casos pode o legislador permitir que a Administração Pública abra mão da licitação. Há dois motivos que sustentam essas exceções: o primeiro é a impossibilidade de competição sob determinadas circunstâncias, o que ocasiona a **inutilidade da licitação**, falando-se de inexigibilidade. O segundo é a **opção legislativa** de facultar o emprego da licitação em certos casos no intuito de prestigiar interesses públicos primários. Aqui se fala de dispensa.

A LLic de 2021 apresenta hipóteses de inexigibilidade de licitação de modo exemplificativo. Afinal, não poderia o legislador conceber todas as situações em que a competição se torna inviável. As cinco hipóteses legais constam do art. 74. Diferentemente, as variadas hipóteses de dispensa são apontadas na LLic de modo taxativo, separando-se as contratações diretas de bens, obras e serviços (art. 75) das contratações diretas destinadas à alienação e à outorga de uso privativo de bens estatais (art. 76).

Tanto as hipóteses de dispensa, quanto as de inexigibilidade se enquadram no conceito de "contratação direta" ou contratação não precedida de licitação. Vale, porém, uma advertência. A ausência de licitação por inexigibilidade ou dispensa não afasta o emprego eventual de outros procedimentos seletivos objetivos em determinados casos. Exemplos desses procedimentos são os chamamentos públicos de credenciamento para contratos por inexigibilidade, bem como as dispensas eletrônicas para contratos de baixo valor, conforme se explicará nos itens a seguir.

20.7.2 Requisitos gerais da contratação direta

A contratação direta por dispensa e inexigibilidade de licitação somente será válida quando preenchidos inúmeros requisitos legais. A ausência de licitação implica ausência de uma fase competitiva de julgamento, porém não afasta a necessidade de que se conduza a etapa de preparação e planejamento, com certas adaptações, bem como certas tarefas da chamada fase externa.

A LLic confirma essa necessidade ao estipular um conjunto de requisitos de validade da contratação direta a despeito de sua espécie (art. 72). Entre outras condições, esse dispositivo exige a autorização da contratação; a formalização da necessidade por meio de ETP; a definição do objeto por TR e outros documentos cabíveis; a elaboração de parecer técnico e jurídico, quando cabíveis; a comprovação de que o interessado observe os requisitos de habilitação e a razão da escolha do contratado. O legislador ainda estipulou requisitos próprios e adicionais para certos tipos de contratação direta, como se vislumbra nas dispensas por emergência e contrato de baixo valor, bem como na inexigibilidade por notória especialização ou aquisição de imóvel específico.

O descumprimento dos requisitos gerais e específicos da LLic ocasiona severas consequências punitivas aos agentes públicos e particulares envolvidos. Essas consequências emergem no campo disciplinar, no âmbito da improbidade administrativa, no campo civil e penal. A própria LLic é expressa ao afirmar que a contratação direta indevida ocasiona responsabilidade solidária do agente público e do contratado por danos ao Erário (art. 73), desde que se pratique a conduta de forma dolosa, com fraude ou erro grosseiro.

20.7.3 Dispensa de licitação

A dispensa equivale a um conjunto de opções legislativas e taxativas de afastamento do dever de licitar. A licitação será **dispensável** quando sua realização depender de um juízo de conveniência e oportunidade, ou seja, estiver no campo de discricionariedade administrativa. Melhor dizendo: dispensável é a que pode ou não ser conduzida a critério da Administração. Em contraste, a licitação será **dispensada** quando o legislador proibir sua realização, não deixando qualquer margem de escolha para a Administração.

A LLic de 2021 trata separadamente as dispensas para aquisição de bens, obras e serviços (art. 75) e as dispensas para alienação ou outorga de uso de bens estatais (art. 76). Porém, não aponta com clareza se qual licitação é dispensável ou dispensada, razão pela qual entendo haver, a princípio, uma faculdade primária por sua realização. As hipóteses de dispensa, em ambos os dispositivos, constituem opção conferida pelo legislador à Administração.

As hipóteses do art. 75 da LLic são inúmeras. Todas essas hipóteses devem ser interpretadas de modo restritivo. Não cabe, neste manual, examinar detalhadamente todas elas. Mais importante é compreender os critérios que o legislador utilizou para criá-las. Para explicitá-los, afigura-se bastante funcional a categorização proposta por Lúcia Valle Figueiredo e Sérgio Ferraz[7] em quatro grupos: (a) a dispensa por valor do contrato; (b) por situação excepcional; (c) em razão do objeto e (d) em virtude da pessoa contratada.

O primeiro grupo de dispensa se dá pelo **baixo valor do contrato**. Como a licitação é um processo administrativo extremamente lento e custoso, que exige o esforço de inúmeros agentes públicos e muitos recursos financeiros, contratos de menor valor não justificam os seus custos. Destarte, guiado pelos princípios da eficiência e da economicidade, o legislador faculta a dispensa nesses casos de pequenas despesas estatais.

Na LLic de 2021 (art. 75, I e II), esse grupo de dispensa vale para contratos com valor inferior a "100 mil" para obras e serviços de engenharia, ou de manutenção de veículos automotores. Vale igualmente para contratos de aquisição de bens e serviços em geral com valor de até "50 mil". Os valores estão entre aspas, pois eles são continuamente atualizados por atos infralegais, embora continuem fixos no texto da LLic. Nesse sentido, o Decreto n. 11.871/2023 atualizou ambos para R$ 119.812,02 e R$ 59.906,02, respectivamente. Para contratos firmados por consórcios estatais e por entidades qualificadas como agências executivas, esses valores se aplicam em dobro (art. 75, § 2º).

Quantos contratos abaixo dos referidos valores podem ser celebrados pela Administração? A dispensa é ilimitada? Responder a essas indagações é imprescindível para evitar que esse tipo de dispensa torne completamente imprestável o sistema licitatório, colocando nas mãos do gestor a possibilidade de direcionar os recursos como bem entender em contratações diretas. Consciente dessas questões, o legislador estipula a necessidade de que o valor teto para dispensas leve em conta o somatório

---

7. FIGUEIREDO, Lucia Valle; FERRAZ, Sérgio. *Dispensa de licitação*. São Paulo: Revista dos Tribunais, 1980, p. 32.

de despesas no exercício financeiro da unidade gestora e o somatório de despesa com objetivos da mesma natureza (ou seja, no mesmo ramo de atividade – art. 75, § 1º). O parâmetro temporal para o cálculo do valor é o exercício financeiro; o parâmetro material é o somatório de despesas no mesmo ramo de atividade e o parâmetro institucional é a unidade gestora. Trata-se de um conjunto de três critérios cumulativos.

Além dessas balizas, a LLic de 2021 (art. 75, § 3º) inovou ao prever que, nas dispensas por baixo valor do contrato, a Administração contratante divulgará aviso na internet com seu interesse em obter propostas e permitirá que outros interessados as tragam pelo prazo mínimo de 3 dias úteis. Se outras propostas surgirem, deverá ser selecionada a mais vantajosa, ainda que ela não provenha da pessoa que as autoridades gostariam de contratar por dispensa. Essa medida, conhecida como **dispensa eletrônica** e disponível no PNCP, busca proteger a vantajosidade, ao mesmo tempo em que dá mais transparência para as dispensas por baixo valor e abre espaço para a competividade.

O segundo grupo de dispensas ocorre em virtude da **situação em que o contrato é firmado**. Aqui entram as contratações diretas em contextos de guerra, de Estado de Defesa, de Estado de Sítio, de calamidade pública e de intervenção da União no domínio econômico para regular preço ou abastecimento. Duas hipóteses, porém, merecem atenção destacada.

A primeira delas é a de contratação por emergência. Ao tratar do assunto, a LLic busca evitar as emergências intencionalmente "fabricadas" para afastar a licitação e as emergências que resultem de falha ou ausência de planejamento da Administração. Para isso, em primeiro lugar, estipula que a contratação por emergência ou calamidade se aplicará para bens imprescindíveis e parcelas de obras ou serviços que possam ser concluídos no prazo de um ano, vedadas a prorrogação do contrato e a recontratação da mesma pessoa pelo mesmo motivo. Ademais, a Lei define como emergencial a contratação destinada a "manter a continuidade do serviço público", devendo-se observar valores de mercado e adotar providências para a conclusão da licitação, sem prejuízo da apuração de responsabilidade (art. 75, § 6º). Em síntese: não é qualquer objeto, nem por qualquer período, nem qualquer pessoa que se autoriza contratar sem licitação em situações emergenciais.

A segunda situação que merece comentário é a da contratação direta em virtude da realização, no último ano, de licitação fracassada (na qual todos são inabilitados ou desclassificados) ou licitação deserta (à qual não tenham comparecido interessados). Para evitar novos dispêndios com uma segunda licitação que venha a resultar em insucesso, a LLic autoriza que, no prazo máximo de um ano, a mesma entidade contrate diretamente desde que o faça nas mesmas condições previstas no edital da licitação fracassada ou deserta. Igualmente, a autorização se confere para a licitação malsucedida em virtude de sobrepreço ou preços acima do mercado. Importante para tanto, como dito, é o prazo de um ano, que, a meu ver, será contado da última decisão de desclassificação ou inabilitação no caso da licitação fracassada, ou da data final do prazo da entrega das propostas em relação à licitação deserta.

O terceiro grupo de dispensa se dá em razão de **características do objeto contratado**. Aqui se enquadram as aquisições sem licitação de gêneros perecíveis, como pães e frutas, de obras de arte e objetos históricos autênticos, desde que inerentes à finalidade do adquirente, de material para as forças armadas, e de medicamentos para doenças raras. Igualmente cabíveis nesse grupo são as contratações de inovação, como a aquisição de produtos para pesquisa e desenvolvimento e a aquisição de bens ou serviços produzidos ou prestados no Brasil que envolvam, cumulativamente, alta complexidade tecnológica e defesa nacional. Fora da LLic, em leis especiais, como a de inovação, existem figuras de dispensa com finalidade análoga, a exemplo da "encomenda tecnológica".

O quarto e último grupo de dispensa se dá em virtude de **características da pessoa contratada**. O legislador afasta a licitação ora porque o contrato é firmado entre entidades estatais, ora porque é celebrado com uma entidade não estatal, mas que persegue finalidades de interesse público e úteis para a coletividade.

Em relação à primeira situação, a LLic de 2021 faculta a dispensa para aquisição de bens ou serviços de órgão ou entidade que integre a Administração e tenha sido criado para esse fim específico, desde que o preço seja compatível com o de mercado. Além disso, afasta a licitação para celebração de contrato de programa entre um consórcio e um ente federativo consorciado ou alguma entidade de sua Administração Indireta. Nesses dois casos, a ausência de licitação se deve ao fato de que os dois polos contratantes são o próprio Estado. Isso não autoriza, porém, que o contratante ignore a necessidade de avaliar a razoabilidade do preço que paga pelo objeto contratado. A lei excepciona a competitividade, mas não a vantajosidade.

Já na segunda situação, encontram-se as contratações diretas com finalidade inclusiva, ou seja, de promoção de entidades que perseguem finalidades públicas e beneficiam a sociedade. Nesse sentido, a LLic autoriza a contratação sem licitação de associações de pessoas com deficiência sem fins lucrativos e de comprovada idoneidade para prestação de serviços, desde que o preço seja compatível com o de mercado e os serviços sejam exclusivamente realizados por deficientes. Autoriza, ainda, a contratação sem licitação de instituição dedicada à recuperação social da pessoa presa e que não persiga finalidades lucrativas.

Além desses quatro grupos que explicam a lógica das situações do art. 75, existem dispensas relativas à gestão de bens públicos imóveis ou móveis. Embora a alienação de patrimônio ou a outorga de direitos de uso, reais ou pessoais, ocorram geralmente por licitação na modalidade leilão, baseado em julgamento pelo maior lance, a licitação pode ser dispensada tanto em relação aos imóveis quantos aos móveis.

Para os **imóveis**, é possível a dispensa, por exemplo, para dação em pagamento; doação ou venda para qualquer esfera de governo; permuta por outro imóvel; investidura (imóveis lindeiros de obras públicas); concessão de direito real de uso (CDRU) e concessões de uso em programa de habitação ou regularização etc. (art. 76, I). Já para os **móveis**, cabe dispensa para doação com fins de interesse social; permuta no âmbito da Administração; venda de bens produzidos ou comercializados pela Administração em razão de suas finalidades; venda de ações etc.[8]

A dispensa de licitação nas hipóteses indicadas não afasta a necessidade de avaliação do bem, nem a comprovação de interesse público na sua alienação ou outorga de uso. Além disso, a dispensa não torna prescindível a exigência de autorização legislativa prévia para alienação de imóveis, salvo nos casos dos obtidos por dação ou em procedimento judicial, além de outros indicados na LLic (art. 76, § 1º e § 4º).

20.7.4 Inexigibilidade de licitação

Diferentemente dos casos de dispensa, a inexigibilidade abarca as situações nas quais a concorrência se torna impossível e, por conseguinte, realizar uma licitação seria inútil. A inviabilidade da concorrência resulta ora da falta de competidores no mercado, criando um cenário de monopólio ou de monopsônio, ora de características do contratado, que tornam difícil compará-lo objetivamente com outros, como se vislumbra na contratação de notórios especialistas e artistas consagrados. Além disso, a inviabilidade de concorrência eventualmente surgirá nas situações em que a Administração pode contratar os vários agentes existentes no mercado, como se verifica no credenciamento para contratação simultânea de músicos para festividades.

Uma vez que a licitação inexigível decorre de um cenário fático, o legislador não tem como imaginar de antemão todas as situações em que a inviabilidade de concorrência se materializará. Por isso, as situações tratadas na LLic como causas de inexigibilidade de licitação são meramente exemplificativas, diferindo das situações de dispensa, que assumem caráter taxativo. Seguindo essa lógica, a autoridade pública poderá declarar inexigível a licitação mesmo que a legislação não preveja especificamente a situação concreta que impossibilita a concorrência e torna inútil o certame.

A despeito da impossibilidade de se delimitar legalmente todos os casos de inexigibilidade, o legislador considerou oportuno enumerar cinco causas dessa modalidade de contratação direta, quais sejam: (i) a contratação de fornecedor único ou exclusivo; (ii) a contratação de artista consagrado; (iii) a contratação de serviço técnico especializado de natureza predominantemente intelectual; (iv) a aquisição ou locação de imóveis com características especiais e (v) os contratos celebrados com agentes credenciados (art. 74).

---

8. Esses e outros aspectos da gestão dos bens foram comentados em mais detalhes no volume 2 deste manual.

A contratação de **fornecedor único ou exclusivo** torna inexigível a licitação pelo fato de inexistirem competidores no mercado para fornecer certos materiais, equipamentos, gêneros ou serviços à Administração, ou para adquirir algo que a Administração deseje alienar. Ademais, a situação se dá quando um produto ou serviço for comercializado por representante comercial exclusivo. Nesses casos, a Administração deverá demonstrar a inviabilidade da competição por meio de "atestado de exclusividade, contrato de exclusividade, declaração de fabricante ou outro documento idôneo" (art. 74, § 1º).

Exemplos dessa causa de inexigibilidade se vislumbra na aquisição, pela Administração Pública, de medicamentos patenteados para os quais não existem alternativas terapêuticas ou para contratação de revista científica específica e comercializada por uma única editora. Nesses e noutros exemplos, a competição de mercado inexiste e qualquer licitação que se fizesse teria, no máximo, o fornecedor único ou exclusivo como licitante isolado. Daí se conclui que a licitação não gera qualquer utilidade em casos assim.

A exclusividade não pode ser induzida pela Administração, por exemplo, pela indicação de marca específica de produto que leve ao indevido afastamento da competição. A LLic permite que os entes contratantes indiquem marcas ou modelos na aquisição de bens, mas apenas na contratação com licitação, de maneira excepcional e para situações específicas e taxativas, como aquela em que se mostra necessária a padronização de objetos ou a compatibilização de plataformas (art. 41, I). Em todo caso, o ente contratante deverá permitir a prova de qualidade de produtos similares aos das marcas indicadas (art. 42).

Para a contratação direta, porém, a indicação de marca não é aceita como fundamento válido por disposição expressa da LLic (art. 74, § 1º, parte final). Seguindo essa lógica, tampouco deverá a entidade contratante limitar a competição por proibição irrazoável de certas marcas ou produtos. Nos termos da LLic, esse tipo de proibição é possível, mas somente quando, em processo administrativo, comprovar-se que produtos adquiridos e utilizados anteriormente pela Administração não atendem requisitos indispensáveis ao pleno adimplemento das obrigações (art. 41, III). Ora, se a LLic veda a escolha de marca para uso da inexigibilidade, entendo que também se deve vedar a proibição de marcas para chegar a um cenário de fornecedor único ou exclusivo.

Também justifica a inexigibilidade de licitação a contratação de **artista consagrado** ou, nas palavras da lei, de profissional do setor artístico, diretamente ou por meio de empresário exclusivo, desde que consagrado pela crítica especializada ou pela opinião pública (art. 74, II). No conceito de artista se enquadram pintores, escultores, musicistas, escritores, entre outros profissionais. Porém, a inexigibilidade somente será aceita quando se comprovar a consagração pela crítica ou opinião pública. Na falta desse requisito, a contratação por inexigibilidade será eventualmente possível, mas apenas nas hipóteses de credenciamento.

O contrato de prestação de serviço por artista consagrado poderá ser firmado diretamente com o artista ou com seu empresário exclusivo, ou seja, "a pessoa física ou jurídica que possua contrato, declaração, carta ou outro documento que ateste a exclusividade permanente e contínua de representação, no país ou em Estado específico, do profissional do setor artístico". Porém, a representação do artista pelo empresário que se restrinja a certo evento ou a uma localidade não viabilizará a contratação direta por expressa vedação da LLic (art. 74, § 2º).

A terceira causa de inexigibilidade se vislumbra na contratação de *certos serviços técnicos especializados de natureza predominantemente intelectual com* **profissionais ou empresas de notória especialização** (art. 74, III). Essa polêmica hipótese envolve muitos requisitos distintos.

O primeiro requisito consiste no serviço técnico especializado de natureza predominantemente intelectual (conforme definição do art. 6º, XVIII da LLic). Ocorre que o legislador aparentemente não desejou aceitar a inexigibilidade para todos os serviços que se encontram na definição legal, mas tão somente para os serviços expressamente apontados no art. 74, III, como os de elaboração de estudos técnicos, projetos básicos, pareceres, perícias, fiscalização de obras, defesa de causas judiciais, treinamento e aperfeiçoamento de pessoal, restauração de obras de artes. Essa impressão se extrai da expressão "seguintes serviços técnicos", utilizada no art. 74, III. Porém, entendo que essa limitação é descabida, já que se mostra impossível ao legislador antever serviços técnicos especializados que gerem inviabilidade de competição. Assim, a vedação da inexigibilidade somente deverá valer quando o legislador a tiver expressamente indicado, ou seja, será proibida tão somente para os "serviços de publicidade e divulgação".

Todos os outros serviços técnicos de natureza predominantemente intelectual, a meu ver, podem legitimamente validar a inexigibilidade aqui debatida, mas desde que cumpridos os requisitos adicionais, quais sejam: (i) a notória especialização do contratado e (ii) a singularidade do objeto. A notória especialização indica a especialização reconhecida e comprovada, devendo ser comprovada objetivamente por "desempenho anterior, estudos, experiência, publicações, organização, aparelhamento, equipe técnica ou outros requisitos relacionados com suas atividades" (art. 74, § 3º).

Já a **singularidade** indica uma característica especial da tarefa a ser desempenhada e que permita inferir que o contratado é "essencial e reconhecidamente adequado à plena satisfação do objeto do contrato". Note-se bem: a LLic de 2021, diferentemente da LLic de 1993, não usa expressamente a palavra "singularidade", mas, ainda assim, a singularidade continua a existir por interpretação lógico-sistemática da lei. Se o objeto do contrato é simples, passível de execução por qualquer profissional, então a competição será a princípio possível e a licitação não será inútil. Somente se pode falar de verdadeira inexigibilidade, portanto, quando a notória especialização do contratado for essencial para solucionar uma demanda marcada por dificuldade, complexidade ou raridade. É por essa mesma razão que o legislador também veda a subcontratação nessas situações (art. 74, § 4º).

A quarta causa de inexigibilidade de licitação indicada na LLic se vislumbra na **aquisição** ou na **locação de imóveis** cujas características de instalações e de localização tornem necessária sua escolha (art. 74, V). Para que isso ocorra, a Administração deve examinar as características do imóvel seja no tocante às suas instalações internas e/ou à sua localização. Essa análise deve ser formal e demonstrar claramente a singularidade do imóvel a ser comprado/adquirido ou locado, bem como a vantagem para a Administração. Não basta, porém, comprovar as características do imóvel em si. A LLic ainda exige requisitos adicionais bem precisos, quais sejam: a avaliação prévia do bem, do seu estado de conservação, dos custos de adaptações eventuais e do prazo de amortização dos investimentos; e a certificação de inexistência de imóveis públicos vagos e disponíveis que atendam ao objeto. Esse requisito força a Administração contratante, adequadamente, a dar uso a seus bens ociosos, evitando gastos desnecessários com aquisições e locações.

A quinta e última causa de inexigibilidade se vislumbra na contratação de objetos que devam ou possam ser contratados por meio de **credenciamento**. Essas situações serão comentadas no item próprio deste capítulo sobre os procedimentos auxiliares.

20.8 PROCEDIMENTOS AUXILIARES

20.8.1 Aspectos gerais

A LLic absorveu de leis anteriores e sistematizou inúmeros procedimentos auxiliares como ferramentas que visam a facilitar a contratação. O art. 78 e seguintes tratam do sistema de registro de preços (SRP); do procedimento de manifestação de interesse (PMI); do cadastro único de fornecedores; da pré-qualificação permanente e do credenciamento. O catálogo eletrônico não entrou formalmente na lista, mas a LLic o reconhece como instrumento de padronização da documentação preparatória da contratação. A desconsideração do catálogo como verdadeiro procedimento auxiliar decerto se explica por seu caráter interno, dado que a Administração o elabora sem a participação dos particulares ao contrário dos demais procedimentos mencionados, em que é essencial a colaboração externa.

A sistematização dos procedimentos auxiliares na LLic não constitui propriamente uma inovação. Alguns dos procedimentos auxiliares já apareciam na LLic de 1993, como o registro cadastral e o registro de preços. Outros ganharam reconhecimento na Lei de Concessões de 1995, como o procedimento de manifestação de interesse, embora sem esse nome explícito, atribuído posteriormente pelas normas regulamentares. Mais tarde, a Lei do RDC (Lei n. 12.462/2011, art. 29) e o Estatuto das Empresas Estatais (Lei n. 13.303/2016, art. 63) sistematizaram os procedimentos auxiliares, incluindo também o catálogo eletrônico.

O breve cotejo da evolução legislativa revela que a sistematização do art. 78 da LLic não representa, como dito, inovação. Trata-se da consolidação de normas esparsas precedentes, não, propriamente, da construção de algo novo. Ainda assim, o avanço foi grande, pois a LLic garantiu a aplicabilidade de procedimentos desenvolvidos no Brasil ao longo das décadas aos chamados contratos instrumentais, firmados no dia a dia da Administração Pública.

Ao introduzir referidas técnicas na LLic, o legislador visou proporcionar ganhos de celeridade e de eficiência, além de economia processual, redução de custos de transação e desburocratização seja nas várias etapas da contratação por licitação, seja na contratação direta.

Em termos dogmáticos, a disciplina dos procedimentos auxiliares se separa em normas gerais e normas específicas. Referindo-se a todos os procedimentos, a lei estipula que: (i) sua condução respeitará normas definidas em regulamento; (ii) a execução caberá à comissão de contratação (art. 6º, L) e (iii) eles se sujeitarão a anulação, revogação, homologação ou diligências, em semelhança ao que ocorre na finalização das licitações, mas com as devidas adaptações (art. 71, § 4º). A seu turno, as normas específicas apontam as finalidades e o regime jurídico de cada procedimento, como se demonstrará nos próximos itens.

20.8.2 PMI (procedimento de manifestação de interesse)

Um dos maiores desafios da Administração brasileira na contratação pública reside na elaboração de estudos, projetos e outros elementos técnicos exigidos na fase de planejamento e preparação. Para obter esses elementos técnicos, a entidade contratante dispõe de muitos caminhos.

O primeiro deles consiste em elaborá-los por sua própria equipe. Ocorre que nem sempre os entes contratantes dispõem de agentes públicos especializados em assuntos tão variados e complexos, fazendo-se necessário, como alternativa, buscar o apoio de terceiros. Para tanto, a Administração tem a possibilidade de abrir licitação para contratar profissionais que elaborem os estudos, investigações, projetos e demais documentos técnicos. Pode, igualmente, contratar certos profissionais diretamente, de maneira a adquirir serviços técnicos por meio, por exemplo, da inexigibilidade para prestadores notoriamente especializados ou da dispensa para fundações dedicadas ao ensino e à pesquisa. Com ou sem licitação, nessas últimas hipóteses, a Administração contrata e remunera os profissionais ou empresas com seus próprios recursos.

O problema da contratação de empresas e profissionais reside, portanto, na dependência de recursos públicos. É aqui que entra em jogo o procedimento de manifestação de interesse (PMI), criado pela Lei Geral de Concessões e absorvido pela LLic de 2021 (art. 81). Trata-se de procedimento aberto mediante edital de **chamamento público** e por meio do qual a Administração, interessada em celebrar um contrato no futuro, abre a oportunidade de especialistas colaborarem com estudos, investigações, projetos e outros documentos técnico-intelectuais necessários à preparação de uma contratação. Porém, não os remunera pelos serviços.

As vantagens do PMI para a Administração são variadas. A uma, o procedimento permite que dialogue com especialistas sem se comprometer com a contratação futura. A duas, ela não necessita pagar pelas contribuições técnicas trazidas durante o PMI. Uma vez aprovados no chamamento público para oferecer estudos, projetos e outros documentos solicitados pelo ente estatal, os profissionais ou empresas trabalham por sua conta e risco. A Administração se restringe a selecionar as contribuições técnicas que entende mais vantajosas e a garantir que, caso elas sejam empregadas numa contratação futura bem-sucedida, o contratado será obrigado a indenizar os profissionais ou as empresas pelo que tiverem elaborado no PMI.

Imagine que certo Município deseje celebrar um contrato de eficiência para reduzir suas despesas correntes com manutenção de computadores, mas não tenha condições de elaborar os projetos e estudos de que necessita, nem de contratar consultores para tanto. Nesse contexto, o PMI despontará como a solução mais adequada. O Município abrirá o chamamento por edital, selecionará os estudos que deseja a partir daqueles apresentados pelos especialistas aprovados no chamamento e usará esses elementos técnicos para organizar a licitação do contrato de eficiência que deseja celebrar. Caso logre firmar esse contrato, atribuirá ao contratado a obrigação de ressarcir os responsáveis pelos estudos escolhidos no PMI.

De acordo com a LLic, a utilização do PMI, guiado sempre por chamamento, poderá se abrir a qualquer agente econômico ou se limitar a **startups**, ou seja, "a microempreendedores individuais, as microempresas e as empresas de pequeno porte, de natureza emergente e com grande potencial, que se dediquem à pesquisa, ao desenvolvimento e à implementação de novos produtos ou serviços baseados em soluções tecnológicas inovadoras que possam causar alto impacto" (art. 81, § 4º). Essa regra legal visa a estimular as empresas de menor porte com finalidade inovadora. Na prática, porém, a iniciativa do legislador deverá ter pequena utilidade, pois as pequenas empresas enfrentam dificuldades proporcionalmente maiores para assumir os custos e riscos inerentes ao PMI.

Em qualquer situação, seja no PMI aberto a todos seja no exclusivo para *startups*, o regime de jurídico será o mesmo (art. 81, § 2º). A participação não ensejará, para a Administração, um dever de licitar ou contratar; nem gerará aos responsáveis pelas contribuições técnicas qualquer direito ao ressarcimento pelos valores despendidos, salvo, como dito, para os autores dos estudos e projetos escolhidos, que terão direito ao ressarcimento nos limites fixados pelo edital e desde que a Administração celebre efetivamente o contrato a que eles se relacionam (art. 81, § 1º). Ademais, o participante do PMI, caso deseje, poderá participar da futura licitação, mas sem que nela obtenha qualquer direito de preferência em relação a outros licitantes, ou seja, em relação aos que não participaram do PMI.

Na condução do PMI e na seleção dos estudos, projetos e investigações desejados, a LLic impõe que a Administração Pública elabore **parecer objetivo** com a demonstração de que: (i) o produto ou serviço entregue pelo participante é adequado e suficiente à compreensão do objeto; (ii) as premissas adotadas são compatíveis com as necessidades do órgão e (ii) a metodologia proposta é a que propicia a maior economia e vantagem para a Administração (art. 81, § 3º).

Mais uma vez, a iniciativa do legislador é louvável, pois busca conferir objetividade ao julgamento no PMI. Todavia, entendo que essas exigências legais são exageradas. Se a entidade contratante dispusesse de equipe capaz de realizar análises técnicas e elaborar um parecer tão aprofundado, detalhado e complexo, poderia, ela mesma, elaborar os estudos, projetos e investigações de que necessita. Em boa parte das situações, a Administração abre o PMI, porque não dispõe de equipe ou de expertise para desenvolver estudos e projetos. E se não dispõe dessas condições, como poderá elaborar parecer tão aprofundado tecnicamente? É por essa razão que o art. 81, § 3º embute uma contradição em si, violando a razoabilidade.

20.8.3 Credenciamento

Diferentemente do PMI, empregado pela Administração a fim de obter apoio de profissionais do mercado na fase de preparação da contratação, o credenciamento é procedimento auxiliar que se destina a viabilizar a contratação direta por inexigibilidade em hipóteses indicadas pela lei. Na prática, a Administração Pública brasileira já se valia do credenciamento antes mesmo da LLic de 2021. Porém, inexistia regramento nacional sobre o assunto, de modo que o tratamento dado pela legislação atual contribui de modo significativo para difundir o instituto e elevar a segurança jurídica na sua utilização.

Sinteticamente, o credenciamento nada mais é que um procedimento, realizado por meio de chamamento público, que declara a aptidão de certas pessoas para serem contratadas, mediante inexigibilidade de licitação, pela Administração Pública. A decisão final do credenciamento não é a de contratar, mas a de declarar que o interessado cumpre requisitos que lhe autorizam celebrar, no futuro, um contrato padrão sem licitação.

Como se trata de mecanismo relacionado à contratação direta, o uso do chamamento se mostra extremamente limitado. Ele poderá ser utilizado como auxiliar da contratação por inexigibilidade, mas não para qualquer de suas hipóteses. O art. 79 da LLic aponta tão somente três situações taxativas que viabilizam sua aplicação, a saber:

(i) **A contratação direta paralela e não excludente**, ou seja, a situação em que se busca firmar contratos administrativos padronizados e simultâneos com um número indefinido de agentes econômicos previamente credenciados. Isso se vislumbra na contratação de farmácias e clínicas privadas no âmbito do SUS, na contratação de postos de gasolina para abastecer veículos oficiais etc. Embora a lei fale de paralelismo, é lícito o uso do credenciamento mesmo que os credenciados não sejam contratados ao mesmo tempo. Quando nem todos puderem ser prestigiados em uma dada oportunidade, a Administração adotará um sistema de distribuição de demanda (art. 79, parágrafo único, II). Nessa circunstância, o credenciado terá direito a não ser preterido, cabendo ao ente contratante respeitar a objetividade e a isonomia na distribuição de demanda. Isso pressupõe que o órgão credenciador estabeleça ordens transparentes de contratação dos credenciados e as siga. Por ilustração, no credenciamento de bandas musicais para festividades municipais, a impossibilidade de se contratar todas as bandas credenciadas para o mesmo evento exigirá que o Município adote sistema rotativo, distribuindo os contratos dentre os credenciados ao longo dos próximos;

(ii) **A seleção do contratado a critério de terceiros**, ou seja, a situação em que o contratado pela Administração somente executa o contrato quando demandado por outros sujeitos. Exemplos disso se vislumbram nos contratos para prestação de serviços de saúde por clínicas privadas ou para distribuição de medicamentos por farmácias dependentes da escolha do paciente. A LLic não explicita o que a palavra "terceiros" abarca. Na falta de definição legal, entendo que o termo é amplo e capaz de abarcar tanto as pessoas externas à Administração, quanto agentes públicos, como motoristas de veículos oficiais que escolhem postos de abastecimento ou oficinas mecânicas credenciadas; e

(iii) **A contratação em mercados fluidos**, ou seja, em segmentos de mercado nos quais o valor do objeto ou as condições de contratação se mostrem extremamente dinâmicas e mutáveis, como os de aquisição de moeda estrangeira e de passagens aéreas. Quando a fluidez derivar das variações de valor do objeto contratado, o órgão público terá que registrar o valor da cotação de mercado no momento em que contrata o credenciado (art. 79, parágrafo único, IV).

Além de estipular essas três hipóteses taxativas, a LLic exige a regulamentação do credenciamento, o que se deve realizar em cada esfera federativa, respeitando-se as peculiaridades da Administração Pública nos diferentes âmbitos. Nessa regulamentação, algumas regras básicas indicadas pelo art. 79, parágrafo único, necessitam ser respeitadas.

Em primeiro lugar, o credenciamento se realizará sempre por meio de chamamento público precedido de edital, que será divulgado e mantido à disposição do público em sítio eletrônico oficial. A princípio, a divulgação não necessita ocorrer por outras formas, como a publicação em jornais.

O edital ficará aberto de maneira permanente, ou seja, a Administração terá que aceitar pedidos de credenciamento enquanto tiver o interesse de celebrar os contratos padronizados. Por isso, o edital não fixará prazo final para entrega de propostas e, no conteúdo, deverá já trazer a minuta padronizada de contrato, incluindo o valor do pagamento, salvo no caso de mercados fluidos em que o preço é dinâmico.

Dado que o credenciamento resta aberto enquanto durar o interesse na contratação, a LLic prescreve que o edital do chamamento estipulará prazos de denúncia por qualquer das partes (art. 79, parágrafo único, VI). Essa denúncia se refere à extinção da qualidade de credenciado seja por desejo unilateral do fornecedor, seja por decisão da Administração. Não se deve confundir a denúncia do credenciamento com a extinção do contrato, que seguirá as regras gerais previstas na LLic (art. 137), restando ao particular, durante sua execução, apenas o direito à extinção por decisão judicial ou arbitral nos casos indicados pela legislação.

A LLic também estipula regras básicas sobre a execução contratual, em especial sobre a subcontratação de obrigações assumidas pelos credenciados contratados. A princípio, a subcontratação restará vedada, salvo quando a Administração a autorizar de maneira expressa. Embora a lei seja silente, entendo que a subcontratação necessite observar as regras gerais sobre o tema, como a demonstração da habilitação técnica do subcontratado antes de assumir a obrigação. A contratação por inexigibilidade não prescinde do respeito a requisitos de habilitação e a subcontratação pede a comprovação da habilitação técnica (art. 122, § 1º da LLic). Seguindo essa lógica, também há que incidir sobre a subcontratação pelo credenciado o conjunto de vedações de conflito de interesse previstas na LLic (art. 122, § 3º).

20.8.4 Registro de preços

O registro de preços consiste, sinteticamente, em uma "licitação independente de contrato" ou em um "processo de contratação direta independente de contrato". Sua realização ocorre por licitação, inexigibilidade ou dispensa, mas a consequência final desses processos não é a celebração imediata do contrato, senão a aprovação de ata que embute o compromisso de um ou mais fornecedores a, eventualmente, celebrar um ou mais contratos administrativos no futuro. Repita-se: esse procedimento auxiliar se conclui com a lavratura da ata a partir da qual nenhum, um ou inúmeros contratos serão viabilizados.

Em face dessa definição, alguns poderiam indagar: por que a Administração conduziria todas as etapas da contratação direta ou por licitação, assumindo os custos e os esforços inerentes, sem saber se, quando e quantas vezes contratará o objeto?

As razões que justificam a adoção do registro de preços são variadas e muito frequentes na prática. A Administração obtém benefícios enormes ao usá-lo quando: (i) pretende realizar vários contratos, mas não vê como convenientes licitações separadas e repetidas; (ii) busca cooperar com outras entidades públicas para aumentar as demandas contratadas, ganhar economias de escala e reduzir custos de licitações isoladas; (iii) deseja experimentar novas tecnologias, para, em um segundo momento, decidir se atendem às suas necessidades e devem ser adquiridas em maior escala; (iv) enfrenta problemas para estocar produtos, como alimentos ou equipamentos caros, preferindo contratar as quantidades conforme seu uso ao longo do tempo; e (v) deseja se prevenir contra demandas repentinas, como as resultantes de possíveis emergências.

Como visto, os benefícios do sistema de registro de preços (SRP) são inúmeros. Por isso, ele já encontrava previsão na LLic de 1993 (art. 15). Com a LLic de 2021, esse procedimento auxiliar foi ainda mais valorizado e teve seu regime jurídico atualizado, absorvendo avanços construídos em anos de experiência a partir da prática, da doutrina e da jurisprudência.

Na LLic de 2021, o SRP é definido legalmente no art. 6º, XLV como "conjunto de procedimentos para realização, mediante contratação direta ou licitação nas modalidades pregão ou concorrência, de registro formal de preços relativos à prestação de serviços, a obras e à aquisição e locação de bens para contratações futuras".

Esse dispositivo é muito relevante, pois aponta a abrangência do instituto no ordenamento vigente. Em primeiro lugar, autoriza sua aplicação tanto para contratações em ambientes competitivos e, portanto, realizadas mediante licitação, quanto para contratações sem competição, ou seja, via dispensa ou inexigibilidade. Quando licitado, o registro se desenvolverá nas modalidades ou de pregão, ou de concorrência, com as limitações que a LLic estipula para cada uma delas. Alternativamente, quando aceito em regulamento, o registro valerá para fins de dispensa ou inexigibilidade.

Assim, por exemplo, uma agência reguladora poderia abrir registro para formar ata com profissional notoriamente especializado, escolhido mediante inexigibilidade e, a partir da ata, essa agência e outras o convocariam para celebrar contratos de elaboração de estudos técnicos. É preciso observar, porém, que o uso do SRP na contratação direta foi limitado pelo legislador às situações em que um ou mais órgãos ou entidades buscam adquirir bens e serviços. A meu ver, essa regra necessita ser interpretada de modo extensivo para igualmente abarcar a situação em que um único órgão precisa contratar o bem ou serviço inúmeros vezes, tal como se vislumbra em casos de consultoria técnica especializada.

Em segundo lugar, o citado art. 6º, XLV, a LLic esclarece que o SRP serve para contratos de aquisição de bens, locação, prestação de serviços à Administração e construção de obras. Entretanto, o uso do sistema para *obras e serviços de engenharia* demanda a observância de requisitos adicionais, a saber: (i) objeto padronizado, sem complexidade técnica e operacional e (ii) necessidade permanente ou frequente da obra ou dos serviços que serão contratados.

Para além da definição, a LLic estabelece regras procedimentais e define o regime jurídico dos vários atores envolvidos no SRP, a saber: o gerenciador, os participantes e os não participantes.

O primeiro e mais importante ator equivale ao **órgão ou entidade de gerenciamento**, responsável pela condução do registro de preços e pela utilização da ata. O gerenciador também realiza o chamado *procedimento público de intenção* na fase preparatória do registro (art. 86 da LLic), dando conhecimento aos demais órgãos de seu desejo de realizar o procedimento auxiliar para que eles, ao assim desejar, agreguem suas demandas contratuais.

No procedimento de intenção surge, portanto, o segundo ator do SRP. Trata-se do **participante**, conceito que abarca órgãos ou entidades estatais que prévia e formalmente manifestam sua intenção de participar de certo registro preços, nele incluindo suas demandas de contratação, que se somarão às do gerenciador. De acordo com a legislação, o *status* jurídico de participante se adquire exclusivamente com a manifestação no procedimento de intenção conduzido pelo gerenciador (art. 86).

O terceiro e último ator do registro equivale a órgãos ou entidades **não participantes**, ou seja, que não tenham manifestado sua intenção de participar de certo SRP na fase preparatória, mas, uma vez lavrada a ata, buscam dela se valer para celebrar contratos. O "não participante" nada mais é que um "**caronista**", já que visa a se beneficiar de procedimento auxiliar que não gerenciou e do qual não participou formalmente.

Além dos atores, a LLic traça aspectos procedimentais do SRP. Quando realizado de maneira competitiva, via licitação, o registro se guiará por **edital**. Seu conteúdo mínimo é estipulado pela LLic (art. 82) e envolve, entre outros aspectos, as especificidades da licitação e do objeto, a quantidade mínima a ser cotada, o critério de julgamento de licitação (entre menor preço ou maior desconto), as condições de alterações de preços registrados e as hipóteses de cancelamento da ata, com suas respectivas consequências. Além disso, o edital deverá prever o registro de vários fornecedores que igualem seu preço ao do vencedor, formando-se, assim, um *cadastro de reserva*, com fornecedores que serão chamados a contratar de acordo com a ordem da classificação.

Além dos itens obrigatórios, o edital poderá, a critério da Administração, prever: (i) o pagamento de preços diferenciados pelo objeto contratado em razão de fatores como o local da entrega e a forma de estocagem; (ii) a possibilidade de o licitante se comprometer a atender os órgãos contratantes com quantidade menor que a prevista no edital; (iii) apenas o objeto contratado, sem indicação de unidades que se pretende adquirir, em casos especiais como o de aquisição de alimentos perecíveis ou em que o serviço estiver integrado ao fornecimento de bens.

Caso o registro ocorra por licitação, nele também se realizarão as fases de abertura, lances, julgamento, negociação e habilitação. A licitação somente ocorrerá por concorrência ou pregão, sempre mediante critério de julgamento de menor preço ou maior desconto. Já o registro para contratação direta não absorverá essas fases, mas dependerá da habilitação e do cumprimento de outros requisitos gerais da LLic. Em qualquer caso, o registro observará os requisitos obrigatórios do art. 82, § 5º, incluindo a realização prévia de ampla pesquisa de mercado, a atualização periódica dos preços, o desenvolvimento de uma rotina de controle e a definição do período de validade da ata.

Finalizada a licitação ou a contratação direta do SRP, então se tomará a decisão, que pode alternativamente consistir na anulação, revogação, devolução para diligências ou homologação do procedimento. Nessa última hipótese, lavra-se a *ata*, com validade de até um ano, possibilitada a prorrogação por igual período desde que se comprove que o preço continua vantajoso. Nesse contexto, a ata constitui um documento escrito e oficial que vincula e obriga o licitante vencedor e os incluídos no cadastro de reserva por espontânea vontade. Vincula, igualmente, a pessoa física ou jurídica que participa do registro por dispensa ou inexigibilidade. A ata equivale, assim, a um compromisso jurídico formal do agente econômico a celebrar um ou mais contratos com a Administração, caso ela assim deseje no futuro. Note-se bem: quem escolherá se celebrará o contrato ou não é o órgão público (gerenciador, participante ou não participante), não cabendo ao particular direito de escolha. Entretanto, para conferir segurança jurídica aos envolvidos, da ata constam o objeto do contrato, os preços, os fornecedores vinculados, os órgãos participantes e outras condições de contratação.

Como dito, a princípio, beneficiam-se da ata tanto o gerenciador quanto os participantes do registro de preços. Eventualmente, porém, ela será utilizada pelos "caronistas", ou seja, pelos que não participaram do registro. Fosse ilimitada essa utilização pelos órgãos não participantes, o SRP abriria espaço para violações concorrenciais e prejuízos ao interesse público. A ata poderia ser utilizada abusivamente em detrimento de novas licitações ou os não participantes poderiam esgotar o compromisso assumido pelos fornecedores selecionados, prejudicando o gerenciador e os participantes.

Para contornar esses riscos e problemas, a LLic estabelece muitos critérios, quais sejam: (i) as adesões, por órgão ou entidade não participante, não excederão a 50% do quantitativo dos itens registrados na ata para o gerenciador/participante; (ii) as adesões, no global, não excederão ao dobro do quantitativo de cada item registrado na ata para o órgão gerenciador e os participantes; (iii) a vantagem da adesão deverá ser expressamente justificada, inclusive em termos de desabastecimento ou descontinuidade do serviço a se contratar; (iv) os valores registrados na ata necessitam ser compatíveis com os de mercado; e (v) tanto o gerenciador quanto o fornecedor devem ser consultados e aprovar previamente a adesão.

Há outros limites estipulados pela LLic para a adesão. Originariamente, de maneira bastante questionável, a lei vedava a ampla cooperação federativa na contratação pública ao prever que as atas municipais não seriam abertas à adesão por outros entes federativos. A adesão era compatível apenas com atas federais e estaduais (art. 86, § 3º). A Lei n. 14.770/2023 corrigiu parcialmente esse absurdo, permitindo que entes e órgãos municipais utilizem atas de outros gerenciadores municipais, desde que formalizadas mediante licitação. Apesar disso, as atas municipais continuam sofrendo restrições indevidas. Não bastasse isso, a lei proíbe que os entes federais se valham de atas de outros entes federativos (art. 86, § 8º). Isso significa que uma universidade pública federal, como a UNB ou a UFMG, não poderá aderir a uma ata de uma universidade pública estadual, como a USP ou a UERJ. A meu ver, trata-se de regra proibitiva completamente injustificável, que nega a cooperação administrativa, colocando a União em posição hierárquica superior, o que não se harmoniza com o modelo de federação consagrado no texto constitucional.

20.8.5 Pré-qualificação

A pré-qualificação é um procedimento auxiliar de dúplice utilidade. Em primeiro lugar, ela serve para **antecipar total ou parcialmente a habilitação**, de modo a se verificar quais agentes econômicos cumprem, de antemão, algumas ou todas as condições de habilitação para participar de futuras licitações. Assim, em vez de realizar várias habilitações para diferentes licitações, a Administração pré-qualifica os interessados ao longo de um processo contínuo, permitindo que participem de diversas licitações enquanto vigente sua condição jurídica de pré-qualificado. Para garantir o benefício da desburocratização, a LLic ainda autoriza que se fechem tais licitações aos pré-qualificados, embora não se trate de obrigatoriedade (art. 80, § 10).

A segunda utilidade da pré-qualificação é a **verificação de bens e serviços** com o objetivo de atestar que cumprem exigências técnicas ou qualidades estabelecidas pela Administração. Essa análise é importante nas situações em que a Administração requer justificadamente amostra ou prova de conceito do bem que deseja adquirir (art. 41, II da LLic). É igualmente útil quando se deseja formar catálogos eletrônicos que constarão do PNCP (art. 174, § 2º, III).

Independentemente da finalidade, a pré-qualificação é guiada por um **edital** que necessita conter informações mínimas necessárias sobre a definição do objeto do contrato que o pré-qualificado disputará no futuro, bem como a modalidade de licitação que será utilizada e seus critérios de julgamentos (art. 80, § 3º da LLic). Esse edital permanece aberto enquanto houver interesse da Administração em contratar pré-qualificados (art. 80, § 2º). Assim, não é necessário elaborar um edital para cada abertura de inscrição.

Ao longo da pré-qualificação, uma vez cumpridos os requisitos de habilitação ou verificadas as características do bem examinado, a Administração declara pré-qualificado o sujeito ou o bem. Com isso, tais sujeitos poderão participar de **licitações abertas ou exclusivas** e os bens serão aceitos como amostras ou para integrar catálogos. Essa decisão administrativa precisa ser devidamente divulgada e mantida à disposição do público (art. 80, § 9º). Sua validade perfaz um ano e nunca extrapolará o prazo de validade dos documentos apresentados pelo pré-qualificado.

Durante esse período, o pré-qualificado terá a faculdade de participar de quantas licitações desejar no âmbito do órgão competente pela pré-qualificação.

20.8.6 Registro cadastral unificado

A mais importante e tradicional função do registro cadastral é a de facilitar a participação dos agentes econômicos na licitação. O **certificado de registrado cadastral** nele gerado dispensa a necessidade de reprodução dos inúmeros documentos para a habilitação em um ou várias licitações. Em vez de juntar referidos documentos, múltiplas vezes, o agente econômico apresenta sua documentação de habilitação previamente à Administração que, após verificá-la, confere o certificado de registro cadastral. Como esse certificado pode ser usado para qualquer certame durante um período determinado, ele: (i) reduz os custos de transação dos agentes econômicos que desejam participar de contratações públicas e (ii) facilita as tarefas dos entes contratantes, permitindo licitações mais céleres e menos burocráticas.

O registro cadastral já constava da LLic de 1993 e era especificamente útil na modalidade de licitação denominada tomada de preços. Na LLic de 2021, muitas coisas mudaram. Em primeiro lugar, a tomada de preços foi extinta. Porém, o registro cadastral permanece aceito tanto para qualquer modalidade licitatória que envolva habilitação, quanto para a pré-qualificação. Em segundo lugar, o registro é unificado e de efeito nacional. Em terceiro, o legislador lhe atribuiu uma finalidade adicional, qual seja, a de atestar o desempenho contratual prévio, com o que se tornou útil também para fins de julgamento de propostas.

A grande novidade da LLic de 2021 está na previsão do registro cadastral **unificado (RCU)**, que consta do Portal Nacional de Contratações Públicas – PNCP e segue normas regulamentares. A lei dispõe que a "Administração Pública *deverá utilizar* o sistema de registro cadastral unificado" do PNCP (art. 87). Por força dessa regra, a União, os Estados, o Distrito Federal e os Municípios compartilharão o mesmo sistema de registro cadastral e não poderão, ao realizarem suas licitações, instituir registro cadastral próprio ou complementar como condição de acesso a editais (art. 87, § 2º).

O RCU é público, deve ser amplamente divulgado e resta aberto de modo permanente aos agentes econômicos interessados. A inscrição no registro cadastral é viabilizada por meio de chamamento público aberto mediante edital da União ao menos uma vez por ano e pela internet (art. 87, § 1º da LLic). A partir do momento em que solicita o registro, o interessado fica autorizado a participar de licitações restritas, mas somente celebrará os contratos mediante a apresentação do certificado devidamente emitido.

O certificado de registro cadastral não tem validade ilimitada. É preciso que o interessado solicite sua renovação e, para tanto, atualize seus documentos. O descumprimento de exigências cadastrais implica a alteração, suspensão ou o cancelamento do registro pela Administração Pública a qualquer tempo (art. 88, § 5º). Sem o registro, o interessado terá que juntar a documentação de habilitação a cada licitação e, além disso, poderá ser afastado de licitações restritas, ou seja, exclusiva para os que detenham registro.

Além da validade nacional, a LLic de 2021 conferiu ao RCU uma nova função que extrapola a fase de habilitação e atinge a de julgamento. Dispõe o art. 88, § 3º que o registro cadastral conterá menção ao *"desempenho do interessado na execução de contratos anteriores"*, conforme avaliação objetiva do contratante, e menção a eventuais penalidades aplicadas. A avaliação de desempenho não se restringe a punições anteriores. Trata-se de verificação da qualidade da execução obrigacional em ajustes precedentes. Para que isso ocorra, ou seja, para que se anote o desempenho no RCU, são imprescindíveis a regulamentação de critérios objetivos e padronizados de avaliação e a implantação do **cadastro de atesto de cumprimento de obrigações** (art. 88, § 4º e art. 174, § 3º, III).

Ao inserir no RCU um sistema de avaliação de desempenho contratual prévio, o legislador objetivou dificultar a participação, em novas contratações, de empresas e profissionais que não executaram contratos administrativos com a qualidade desejada, ainda que os tenham cumprido. De outra via, o sistema cria um incentivo a que os contratados demonstrem melhor desempenho, já que a avaliação constante do cadastro poderá ser utilizada em futuras licitações para fins de desempate (art. 60, II) e para julgamento de propostas técnicas (art. 36, § 3º e art. 37, III).

20.9 CONTROLE DAS LICITAÇÕES

20.9.1 Meios de controle e responsabilização: panorama

As infrações e sanções licitatórias disciplinadas pela LLic se inserem num sistema muito mais abrangente de controle e responsabilização que o ordenamento brasileiro estrutura para fazer valer os princípios e as regras regentes da contratação pública. Por isso, antes de se ingressar no direito administrativo sancionador propriamente dito, cumpre traçar um panorama de instrumentos preventivos e repressivos de controle e fiscalização que combatem distorções concorrenciais, fraudes, desvios de finalidade, corrupção e outras ilegalidades licitatórias e contratuais.

Em termos doutrinários, é possível classificar esses variados instrumentos como manifestações do controle social, do controle interno ou de controle externo. Além disso, seu manejo, na prática, pode suscitar responsabilidades nas esferas civil, penal, administrativa e em esferas híbridas.

As medidas de **controle social** da licitação e dos contratos administrativos regidos pela LLic abarcam principalmente: (i) as impugnações e pedidos de esclarecimentos; (ii) as manifestações em eventuais audiências e consultas públicas antes da abertura da licitação; e (iii) os recursos administrativos interpostos pelos licitantes.

As medidas de **controle interno** envolvem técnicas como: (i) a anulação por vício de ilegalidade insanável; (ii) a revogação por motivo de interesse público; (iii) a realização de diligências e convalidação de vícios sanáveis; (iii) a segregação de funções; (iv) a estruturação e operacionalização das linhas de defesa; (v) o apoio constante dos órgãos de assessoramento jurídico e dos órgãos de controle interno aos responsáveis pela licitação e pela gestão contratual.

As medidas de **controle externo** incluem, entre outras: (i) a suspensão da licitação pelo Tribunal de Contas; (ii) o controle judicial e arbitral da licitação e dos contratos; e (iii) a autorização legislativa como condição prévia de certas licitações etc.

As medidas de **responsabilização civil** abarcam: (i) o dever de reparação de danos causados à Administração ou a terceiros durante a licitação ou a execução dos contratos, (ii) a retenção da garantia de proposta contra o vencedor da licitação que se recusa a celebrar o contrato; (iii) o poder de execução de garantia contratual e de retenção de pagamentos pelo contratante público; (iv) a cláusula de retomada, que confere à seguradora papel na mitigação de danos, entre outros meios.

Essas diversas ferramentas, como visto, ensejam eventual responsabilização dos sujeitos envolvidos em distintas esferas. As medidas de **responsabilização penal** são manejadas pela Justiça Comum por meio do processo penal e decorrem da prática de um rol de crimes licitatórios que o art. 178 da LLic de 2021 inseriu no Código Penal. Esses crimes têm efeito imediato, ou seja, eles também enquadram comportamentos praticados em licitações e contratos firmados com base em regimes jurídicos antigos, desde que a conduta infrativa tenha ocorrido após o início da vigência da LLic de 2021. Adicionalmente, na esfera penal, comportamentos praticados em licitações e contratos podem tipificar crimes previstos em leis especiais, como a Lei de Crimes contra a Ordem Econômica (Lei n. 8.137/1990) e a Lei de Crimes Ambientais.

A **responsabilização administrativa**, a seu turno, resulta da prática de condutas infrativas em licitações ou contratos administrativos tipificados nos art. 155 e seguintes da LLic. Essa esfera de responsabilização depende da condução prévia de processo administrativo de responsabilização (PAR) e a condenação ocasiona sanções de advertência, multa, impedimento ou declaração de inidoneidade para contratar com a Administração ou participar de licitações. A responsabilização administrativa pela LLic não exclui outras formas congêneres, como a resultante de infração administrativa tipificada na Lei de Defesa da Concorrência ou nas normas disciplinares que regem a atuação de servidores públicos.

Somam-se às várias esferas mencionadas, as medidas de **responsabilização híbrida**, que ensejam sanções administrativas, civis e políticas. Isso se vislumbra na responsabilização pelos tipos constantes da Lei Anticorrupção, expressamente citada pela LLic, e de diplomas como a Lei de Improbidade Administrativa (Lei n. 8.429/1992).

20.9.2 Controle social, audiências e consultas

As licitações e os contratos administrativos movimentam vultosos recursos públicos e são suscetíveis a diversos tipos de infração. Para incrementar o sistema de controle estatal desses procedimentos e dos recursos envolvidos, a legislação disponibiliza mecanismos de controle social para uso ora dos licitantes propriamente ditos, ora de pessoas em geral.

Na fase preparatória da licitação, o controle social é facilitado pela eventual realização de audiências e consultas públicas. O art. 21, *caput*, da LLic faculta à Administração convocar as **audiências públicas** para promover debates sobre uma licitação que pretenda realizar. Apesar de a lei mencionar apenas a licitação, entendo que audiências não restam vedadas na preparação de contratação direta, como a inexigibilidade praticada por credenciamento. Com ou sem licitação, a fase de preparação é obrigatória e envolve aspectos complexos. Nesse contexto, o debate com a população se destina a gerar elementos para que a Administração Pública tome melhores decisões sobre a contratação, com ou sem licitação.

De acordo com a LLic, a audiência é sempre **facultativa**, mesmo para licitações de grande vulto, e ocorrerá de maneira presencial ou virtual, na forma eletrônica. A lei ainda exige que a convocação respeite a antecedência mínima de oito dias úteis e que se disponibilizem previamente as informações pertinentes ao público, inclusive o estudo técnico preliminar e os elementos do edital, garantindo-se a manifestação de todos os interessados.

Ao traçar essas garantias, o texto legal mostra-se relativamente completo. A lei adequadamente se preocupa com a garantia do prazo mínimo para que os interessados em participar logrem se informar sobre o tema mediante acesso aos elementos do debate. Aliás, impõe-se considerar que ambos os requisitos andam juntos: o prazo somente poderá correr a partir do momento em que a documentação for corretamente disponibilizada. De nada adiantaria a LLic exigir prazo mínimo se o ente contratante pudesse obstar a participação popular por atrasos indevidos na liberação da documentação.

Além disso, a LLic expressa a necessidade de se garantir a todos que desejem a possibilidade de manifestação. Não cabe à Administração escolher aqueles que se manifestarão. A regra de participação aberta e irrestrita serve para evitar tanto o que chamo de "audiências simbólicas", em que agentes públicos realizam sessões monológicas de exposição, quando as "audiências capturadas", em que se admite a fala apenas daqueles que concordam com uma posição já previamente combinada. Esses desvios na audiência impedem que o instrumento cumpra seu papel central: enriquecer a instrução mediante a produção de elementos fáticos pela população, de maneira a auxiliar o contratante a tomar boas decisões.

Apesar da sua imprescindibilidade, a regra da garantia da manifestação não deve ser lida como uma proibição absoluta de medidas de organização do debate. É perfeitamente legítimo que a Administração Pública estipule limites razoáveis para as manifestações quando se mostrarem adequados diante do número excessivo de participantes ou de outras circunstâncias aceitáveis. É igualmente lícito que sejam afastadas manifestações desnecessárias, impertinentes ou ilícitas, já que esse tipo de prova não se harmoniza com as regras de instrução dos processos administrativos.

Com ou sem limitações devidamente justificadas, certo é que a garantia de manifestação não basta. De nada assegurar a manifestação popular se a autoridade pública puder ignorá-la e silenciar. Por isso, o regime da audiência pública não se resume aos dois direitos mencionados na LLic (acesso aos autos e manifestação). É preciso somar a eles dois outros direitos dos participantes: o direito à consideração, que equivale ao dever de cotejar as manifestações, ainda que sem a obrigatoriedade de acatá-las, e o direito a respostas individualizadas ou conjuntas, quando couber.

Essas observações valem igualmente para a *consulta pública* como instrumento de participação popular, instrução e controle social reconhecido expressamente no art. 21, parágrafo único da LLic de 2021. Assim como a audiência, a consulta é facultativa e envolve direitos de acesso aos autos, manifestação, consideração e resposta. Diferentemente da audiência, porém, a consulta é escrita e mais formal, razão pela qual costuma se prolongar por mais tempo. Isso a torna compatível com as situações em que a Administração objetiva debater com a sociedade projetos mais complexos, como os relativos a contratos de longo prazo com investimentos, contratos de eficiência e contratos de obras de grande vulto.

20.9.3 Impugnação do edital e pedido de esclarecimento

Para além das consultas e audiências públicas, antes do início da licitação, permite-se o controle social pela apresentação de impugnações ao edital e por pedidos de esclarecimentos (art. 164 e seguintes da LLic). Esses instrumentos podem ser empregados por qualquer pessoa, física ou jurídica, a despeito de relação com a contratação. Apesar disso, é necessário que se preencham certos requisitos formais, como o protocolo no prazo de, no mínimo, três dias úteis antes da data de abertura do certame.

Esses requisitos estão expressos na LLic, mas jamais devem ser interpretados sob a lógica "formalismo exacerbado". O princípio aplicável aos processos administrativos é o do **formalismo mitigado**. Disso resulta, por exemplo, que as autoridades públicas não deverão se basear em insignificante intempestividade de uma impugnação ou de certo pedido de esclarecimento para se omitir na tomada de medidas corretivas de ilegalidades graves ou de evidentes violações de interesses públicos primários.

Recebido o pedido de impugnação ou de esclarecimento, a entidade contratante terá até três dias úteis para divulgar a resposta em sítio eletrônico oficial, respeitando-se como limite o último dia útil anterior à data de abertura do certame. A meu ver, o prazo conferido pela LLic é muito exíguo e certamente gerará dificuldades para a Administração Pública, sobretudo quando o órgão contratante dispuser de equipe reduzida e assessoramento jurídico lento. Assim e diante dos vários interesses públicos envolvidos na contratação administrativa, a prorrogação do prazo legal, devidamente motivada por fatos que impeçam seu cumprimento, é legítima apesar de ausência de norma legal expressa nesse sentido.

Aberto o certame, já não mais caberá impugnação do edital e seus anexos. No entanto, entendo que os pedidos de esclarecimento continuarão cabíveis ao longo da licitação, sobretudo para fins de compreensão de certas decisões administrativas. As razões subjacentes a esse entendimento são simples. A uma, o pedido de esclarecimento está baseado no direito fundamental de petição e nos princípios constitucionais da moralidade, da publicidade e da segurança jurídica. A duas, em muitos casos, os esclarecimentos serão fundamentais para que o licitante, prejudicado por alguma decisão, possa compreendê-la e decidir se interporá recurso administrativo.

20.9.4 Reconsideração e recursos administrativos

A LLic contém uma ampla disciplina recursal com características próprias (art. 165). Os recursos devem ser interpostos no prazo de 3 dias úteis contados da data da intimação da decisão ou de lavratura de ata. No mérito, poderão questionar atos de deferimento ou indeferimento de pré-qualificação ou registro cadastral, de julgamento de propostas, de habilitação ou inabilitação, de anulação ou revogação da licitação, bem como de extinção unilateral do contrato. A meu ver, esse rol legal não é taxativo. Por conseguinte, qualquer outra decisão administrativa que atinja o licitante ou o contratado se sujeita a questionamento por força do direito de petição, da garantia constitucional da ampla defesa e do princípio da legalidade.

Quando inexistir instância adicional para apreciar recurso voluntário, restará ao interessado o manejo do pedido de reconsideração, também no prazo de três dias úteis (art. 165, II). Além disso, a reconsideração será empregada como etapa prévia obrigatória a qualquer análise do recurso propriamente dito. Em termos práticos, disso resulta que o recurso será dirigido à autoridade que tiver editado o ato ou proferido a decisão recorrida que terá a oportunidade de reconsiderá-la. Se não o fizer em três dias úteis, encaminhará a petição ao órgão superior que, em dez dias úteis, contados do recebimento dos autos, decidirá o recurso (art. 165, § 2º).

A **sistemática recursal** da LLic conta igualmente com regras especiais que merecem destaque. Isso se vislumbra, por exemplo, no tocante aos recursos interpostos contra decisões de habilitação e julgamento (art. 165, § 1º). Nesses casos, a intenção de recorrer deverá ser manifestada pelo licitante imediatamente após o conhecimento da decisão que lhe afeta, sob pena de preclusão. O prazo para a apresentação das razões recursais, porém, começará apenas da data de intimação ou de lavratura da ata de habilitação ou inabilitação ou, na hipótese de adoção da inversão de fases, da ata de julgamento.

Também contam com regras especiais os recursos contra decisões sancionatórias (seja na fase da licitação, seja na de execução contratual). A LLic aponta que caberá recurso no prazo de 15 dias úteis da intimação contra decisão que aplicar sanção de advertência, multa ou impedimento de contratar ou licitar (art. 166, *caput*). Esse recurso será interposto perante a autoridade que tiver aplicado a sanção, a qual poderá reconsiderar em cinco dias úteis. Se não o fizer, encaminhará motivadamente a petição como o recurso hierárquico propriamente dito para a instância superior, que terá vinte dias úteis para decidir.

Particularmente contra a sanção de declaração de inidoneidade, somente caberá pedido de reconsideração no prazo de 15 dias úteis a partir da intimação da decisão, restando à autoridade competente decidir em vinte dias úteis a partir do seu recebimento (art. 167). A existência apenas de reconsideração contra essa sanção específica se justifica pela regra de que a inidoneidade é cominada pela autoridade maior da entidade, não havendo sobre ela instância administrativa superior. Ora, se não há instância superior, não há recursos hierárquico, sobrando unicamente a possibilidade da reconsideração pela própria autoridade que aplicou a inidoneidade.

Seja nas circunstâncias gerais, seja nas situações regradas de modo especial, a reconsideração e o recurso administrativo deflagrarão **efeito suspensivo automático** da decisão recorrida (art. 168). Uma vez recebida a petição, antes mesmo da reconsideração, o órgão competente abrirá prazo para contrarrazões, que correrá da intimação pessoal ou da divulgação da interposição do recurso (art. 165, § 4º). Com base nas razões e contrarrazões, a autoridade julgará as reconsiderações ou os recursos em fase única, ou seja, de uma única vez. No julgamento, poderá receber o pedido ou não o receber em razão de vícios formais, como intempestividade, ilegitimidade e esgotamento de instâncias. Já os pedidos recebidos serão, no mérito, deferidos ou indeferidos, parcial ou totalmente, sempre de maneira motivada, ou seja, levando-se em conta os pressupostos fáticos e jurídicos, bem como os efeitos da decisão (art. 20 e 21 da LINDB).

Quando o recorrente apontar vício de legalidade na licitação, o acolhimento do recurso implicará invalidação caso referido vício se revele danoso e insanável (art. 71, III). Se não for danoso ou, mesmo sendo danoso, aceitar convalidação, a invalidação será desnecessária. Diversamente, quando se revelar imprescindível, a invalidação apenas atingirá os atos insuscetíveis de aproveitamento (art. 165, § 3º). Essa regra busca impedir que o reconhecimento de vício grave de legalidade em fase adiantada da licitação ocasione a perda de todo o procedimento. Na prática, essa análise dos vícios de legalidade e a definição de consequências não são tarefas simples. Isso torna imprescindível o apoio dos órgãos de controle interno e de assessoramento jurídico aos órgãos recursais.

20.9.5 Controle interno e linhas de defesa

A LLic dedica considerável atenção às relações da Administração, em seu papel de contratante, com órgãos de controle estatal, internos e externos. As normas sobre o assunto intentam claramente equacionar as funções de controle na proteção da legalidade e dos interesses públicos com a necessidade de se promover contratações minimamente eficientes. Não é por outro motivo que valorizam: (i) o papel de colaboração permanente do controle, as funções educativas e preventivas; (ii) o controle social como forma de incrementar as vias oficiais de controle e (iii) o uso de tecnologias da informação, que viabilizam muito mais transparência e acessibilidade.

Esses vários aspectos revelam que a LLic caminha no sentido de mitigar o controle posterior e meramente repressivo. Em parte, isso se deve ao fato de que esse tipo de controle não logra corrigir todos os danos já causados, é seletivo e se mostra demasiadamente lento. Conquanto o controle posterior e repressivo continue firme e presente, a mensagem do legislador é clara: necessita-se de uma atuação preventiva e educativa mais intensa.

Seguindo parâmetros da Organização Internacional de Entidades Fiscalizadoras Superiores (INTOSAI), a LLic absorve o chamado **modelo COSO** (desenvolvido pelo "*Committee of Sponsoring Organizations of the Treadway Commission*"). Criado com foco na administração de empresas, esse modelo se consagrou no cenário internacional ao dividir o controle interno em três "*linhas de defesa*". Adaptando-o para o campo da contratação pública, a LLic atribui a primeira linha de defesa aos serviços que atuam na contratação e aos órgãos de governança dos entes estatais. A segunda linha recai sobre os órgãos de assessoramento jurídico e de controle interno, como controladorias, ouvidorias e corregedorias. Já a terceira fica nas mãos do órgão central de controle interno e do Tribunal de Contas.

A implantar esse modelo por meio da LLic, o legislador brasileiro intenta registrar uma mensagem límpida: as contratações públicas necessitam ser fiscalizadas e controladas não apenas por quem as realiza, mas por um conjunto amplo de órgãos de controle que atuem de forma colaborativa em diversos planos e momentos. Na prática, contudo, o regramento das linhas de defesa constante da LLic deve ser interpretado com alguma cautela.

Em primeiro lugar, o modelo de controle interno delineado apresenta uma série de distorções em relação ao parâmetro internacional que o inspirou. Por exemplo, a LLic insere nas linhas de defesa os Tribunais de Contas, que não fazem parte do controle interno. Ademais, indevidamente aponta os órgãos de governança como órgãos atuantes na primeira linha. Em segundo lugar, as regras em debate necessitam se harmonizar à autonomia federativa, que dá aos Estados e Municípios ampla discricionariedade na estruturação de suas entidades da Administração Direta e Indireta. Isso significa que o modelo das linhas de defesa definido pela LLic deve ser adaptado à realidade de cada entidade, sobretudo das que formam a Administração

Indireta e nem sempre contam com a mesma e complexa estrutura de controle que se organiza na Direta.

20.9.6 Parâmetros do controle estatal da licitação

Além de absorver o modelo de linhas de defesa para coordenar os órgãos de controle em matéria de licitações e contratos administrativos, a LLic aponta parâmetros gerais para sua atuação. Incidentes tanto sobre o controle interno, quanto sobre o externo, esses parâmetros se traduzem em:

- **Objetividade.** Os procedimentos e relatórios de controle serão técnicos e baseados em evidências, organizados conforme normas de auditoria, evitando-se interesses pessoais e interpretações tendenciosas (art. 171, II). Para garantir a objetividade e, inclusive, prevenir riscos de violação da moralidade e de ocorrência de corrupção, a LLic igualmente impõe que o princípio da segregação de funções seja aplicado nas funções de controle (art. 7º, § 2º);

- **Razoabilidade.** Os órgãos de controle, diante de impropriedades formais, deverão saneá-las e, em seguida, adotar as medidas de prevenção e capacitação para evitar sua reincidência. Diante das referidas impropriedades formais, não há que se falar de responsabilidade pessoal, a princípio. Já para as irregularidades danosas, a LLic igualmente aponta a convalidação, sempre que possível, mas exige que venha acompanhada da apuração de responsabilidade, inclusive mediante remessa de cópias ao Ministério Público (art. 169, § 3º, II);

- **Devido processo e individualização.** Os órgãos de controle não devem formular acusações genéricas ao identificarem indícios de ilegalidades na contratação. Absorvendo os pilares do direito sancionador, a LLic requer a obediência da regra da individualização das condutas de cada um dos envolvidos. Assim, cada pessoa física ou jurídica somente será acusada pelo comportamento que efetivamente cometeu, não se podendo presumir conduta idêntica à dos coautores. Não bastasse isso, os processos sempre respeitarão a ampla defesa e o contraditório, como manda a Constituição;

- **Diálogo.** No seu papel preventivo e educativo, o controle sempre necessitará dialogar com os órgãos de contratação. Absorvendo a lógica da administração consensual e dialógica, a LLic prescreve explicitamente que qualquer sugestão que tenha impacto significativo nas rotinas dos gestores somente será apresentada após se conceder ao destinatário a possibilidade de manifestação. Esse diálogo é obrigatório e serve para que os gestores ofereçam subsídios ao controle, que então examinará os custos e os benefícios da medida sugerida (art. 171, I);

- **Colaboração e educação.** Como dever de trabalho conjunto, a colaboração aparece em inúmeros dispositivos da lei. Nesse sentido, o controle interno colaborará na padronização de documentos da contratação e na fiscalização de contrato (art. 19, IV e 8º, § 3º). Já os Tribunais de Contas deverão, por meio de suas escolas, promover a capacitação dos agentes envolvidos na contratação (art. 173). Esse papel educativo também é atribuído ao controle interno, já que o art. 18, § 1º, X, aponta a necessidade de que os estudos preparatórios, elaborados na fase interna da licitação, tratem de providências prévias à celebração do contrato, "inclusive quanto à capacitação de servidores ou de empregados para fiscalização e gestão contratual";

- **Acesso à informação.** A LLic, de um lado, reconhece que a contratação pública se submete à LAI, inclusive com a possibilidade de uso de restrição de informação por motivo de segurança do Estado ou da sociedade. Porém, nenhuma hipótese de sigilo ou barreira poderá ser manejada para obstar o controle, cujo funcionamento pressupõe acesso irrestrito à informação e ao conhecimento dos fatos. Isso significa que os órgãos de controle disporão de acesso até mesmo a documentos classificados nos termos da LAI, caso em que se tornarão corresponsáveis pela manutenção do sigilo (art. 169, § 2º). Com ou sem restrições, as informações necessárias serão fornecidas ora pelos órgãos contratantes, ora pelos licitantes ou contratados. Além disso, qualquer pessoa física, licitante ou outro interessado poderá representar aos órgãos de controle interno (art. 170, § 4º). A falta ou o atraso de informações não impedirá, contudo, a tomada de decisões de controle, nem deverá retardar os prazos de tramitação ou deliberação (art. 170, § 2º).

20.9.7 Controle externo, Tribunal de Contas e suspensão de licitação

Em muitas das suas normas, a LLic destaca a relação da gestão com o controle externo, dando especial destaque ao Tribunal de Contas. Isso se verifica também no tratamento das medidas de suspensão da licitação. De acordo com a lei, o Tribunal de Contas poderá suspender cautelarmente uma licitação, contanto que respeite algumas balizas.

Ao tomar a decisão de **suspensão cautelar *inaudita altera parte***, ou seja, sem ouvir previamente o órgão responsável pela licitação questionada, o Tribunal de Contas deverá intimar a autoridade competente, conferindo-lhe prazo de 10 dias úteis, admitida prorrogação, para prestar informações (art. 171, § 2º). A autoridade, por sua vez, comunicará as medidas adotadas para cumprir a decisão, procederá à apuração de eventual responsabilidade e oferecerá outras informações necessárias ao exercício do controle.

Com base nas informações prestadas e dentro do prazo de 25 dias úteis de seu recebimento, sujeito a prorrogação, o Tribunal de Contas se manifestará sobre a suposta irregularidade identificada (art. 171, § 1º). Essa norma legal é de extrema relevância. Ao estipular um prazo claro, visa a impedir que o Tribunal ou inviabilize ou congele certa licitação em razão de atraso deliberado (por motivos políticos, por exemplo) ou de atraso decorrente de dificuldades para o processamento célere da função de controle.

Adicionalmente, a LLic estabelece parâmetros materiais para a decisão de mérito. Impõe, em primeiro lugar, que o Tribunal defina medidas necessárias e adequadas, diante das alternativas, para o saneamento do processo licitatório. Essa norma destaca o princípio da razoabilidade e a necessidade de avaliação de impacto da decisão considerando as alternativas disponíveis. Com isso, almeja-se evitar a tomada de medidas drásticas incompatíveis com a gravidade do problema, o que, naturalmente, não implica imunização dos envolvidos. Mesmo que se convalidem os vícios, se eles forem danosos, a apuração de responsabilidade e a reparação civil serão imprescindíveis (art. 171, § 4º).

Em segundo lugar, tornando-se impossível a correção dos vícios, a LLic abre espaço para que o Tribunal anule o processo licitatório. A anulação fica restrita à confirmação de vícios danosos e insanáveis, portanto. Ao tomar essa medida de invalidação, o Tribunal deverá observar outros parâmetros fundamentais, como a restrição de anulação apenas aos atos que não puderem ser reaproveitados.

20.10 INFRAÇÕES E SANÇÕES NA LLIC

20.10.1 Infrações na contratação pública

Para fazer valer as regras, princípios e objetivos do sistema de contratação pública, seja na licitação, seja na execução do contrato, a LLic estabelece amplo regime de direito sancionador que se desdobra em duas frentes: a penal e a administrativa.

No campo criminal, a LLic de 2021 introduziu o Capítulo II-B no Código Penal para tratar dos crimes em licitações e contratos administrativos (art. 337-E e seguintes). Embora não caiba comentá-los em detalhes, dado que se trata de outra disciplina jurídica, esses crimes consistem em: contratação direta ilegal; frustração do caráter competitivo da licitação; patrocínio de contratação indevida; modificação ou pagamento irregular em contrato administrativo; perturbação de processo licitatório; violação de sigilo em licitação; afastamento de licitante por violência, fraude, ameaça grave ou oferta de vantagem; fraude em licitação ou contrato; contratação inidônea; impedimento indevido da inscrição em registro cadastral; omissão grave de dado ou informação por projetista. Para esses crimes, o Código Penal prevê sanções de (i) multa, que parte de 2% do valor do contrato e (ii) reclusão que, no caso mais leve, dura ao menos 6 meses e, no mais grave, atinge 8 anos.

No campo administrativo, as infrações se concentram no art. 155 da LLic. Em termos teóricos, é possível dividi-las em três grandes grupos:

- O primeiro abarca as **infrações licitatórias** propriamente ditas, ou seja, que ocorrem ao longo do certame e antes da celebração do contrato. Nisso se incluem as infrações de: "deixar de entregar documentação exigida para o certame", o que somente se poderá tomar como infração quando houver um dever específico de entregar algo; "não manter proposta, salvo em decorrência de fato superveniente devidamente justificado", de modo que, para que o licitante desista licitamente, deverá justificar sua retirada do certame a partir de fatos legítimos ocorridos após a entrega da documentação ou fatos ocorridos antes, mas que não se poderiam conhecer; e "praticar atos ilícitos com vistas a frustrar os objetivos da licitação";

- O segundo grupo abrange **infrações propriamente contratuais**, como comportamentos ilícitos praticados a partir da assinatura do instrumento e durante sua execução, incluindo a mora e o inadimplemento. Essas infrações serão abordadas em mais detalhes no próximo capítulo; e

- O terceiro e último grupo é o das **infrações comuns** tanto à fase licitatória quanto à contratual, ou seja, comportamentos que podem ocorrer em qualquer fase da contratação pública. Nele se enquadram comportamentos consistentes em: apresentar declaração falsa a qualquer momento; fraudar a licitação ou a execução obrigacional; comportar-se de modo inidôneo e praticar atos lesivos tipificados na Lei Anticorrupção.

Essa menção do art. 155, XII da LLic ao art. 5º da Lei Anticorrupção gera alguns problemas hermenêuticos.[9] É de se indagar se infração pelo art. 155, XII seria qualquer ato de corrupção do art. 5º ou apenas aqueles diretamente relacionados com o sistema de contratação pública. Há dúvida, igualmente, se qualquer ato de corrupção em contratações configurará o ilícito ou somente os atos relacionados com a licitação ou o contrato efetivamente atingido pela corrupção no caso concreto. Conforme defendi em outra oportunidade, na dúvida, interpreta-se o direito sancionador de modo mais restritivo. Por isso, diante da falta de previsão legal, entendo que somente os atos de corrupção que mantenham relação estrita com uma contratação pública determinada podem ser enquadrados no art. 155, XII da LLic.

Seguindo esse entendimento, caso uma empresa firme contrato administrativo de obras e corrompa os fiscais desse mesmo contrato para cometer superfaturamento durante a execução pela troca indevida de materiais, deverá ser sancionada tanto por infringir a Lei Anticorrupção, quanto por violação à Lei de Licitações. No entanto, se a mesma empresa tiver celebrado cinco diferentes contratos de obras com diferentes entes públicos e corromper os fiscais em apenas um deles, somente em relação ao contrato afetado se aplicará o art. 155, XII. A eventual condenação por corrupção e infração à Lei de Licitações incidirá unicamente sobre a relação contratual atingida, sem se estender às demais. Aceitar interpretação ampliada equivaleria a transformar

---

9. Sobre as infrações de corrupção, cf. MOTTA, Fabrício; ANYFANTIS, Spiridon Nicofotis. Comentários ao art. 5º. In: DI PIETRO, Maria Sylvia Zanella; MARRARA, Thiago (Org.). *Lei Anticorrupção comentada*, 3. ed. Belo Horizonte: Fórum, 2021. p. 92 e ss.

entes contratantes em responsáveis pela política de combate à corrupção quando, na verdade, não detêm nem competência, nem expertise para tanto.[10]

20.10.2 Processo administrativo de responsabilização (PAR)

Na presença de indícios de infração administrativa, cabe à entidade contratante instaurar processo administrativo de responsabilização (PAR) para que possa licitamente punir o acusado. A LLic reconhece a imprescindibilidade do processo administrativo, mas, indevidamente, faz uma aparente distinção conforme o tipo de sanção aplicável. A aplicação de multa é tratada no art. 157, enquanto a aplicação de sanções de impedimento e inidoneidade consta do art. 158. Esses dois dispositivos, em uma leitura apressada, induziriam a interpretação de que acusados sujeitos à multa se submeteriam a rito acusatório sumário, destituído de grandes formalidades.

A meu ver, porém, é inaceitável que o tipo de sanção modifique o regime do processo sancionador. Há alguns motivos básicos para tanto. A uma, é impossível saber de antemão qual sanção será aplicada ao acusado, pois isso dependeria de conhecimento prévio acerca da gravidade da conduta e todas as suas consequências. A duas, as garantias processuais que a Constituição da República concede aos acusados não variam conforme o tipo de punição administrativa (art. 5º, LV). O contraditório, a ampla defesa e os demais corolários do devido processo sempre se assegurarão aos acusados a despeito da sanção cominada.

Partindo-se dessa premissa, em toda e qualquer situação, impõe-se à Administração respeitar o art. 158 da LLic. Na presença de indícios, instaurará o PAR, que será conduzido por **comissão** formada por dois ou mais servidores estáveis (ou, na falta de estatutários, por dois ou mais empregados públicos dos quadros permanentes com, preferencialmente, 3 anos de tempo de serviço na entidade).

Ao longo do processo, esses agentes conduzirão a **instrução**, devendo avaliar os fatos e as circunstâncias pertinentes. Promoverão, ainda, a intimação do acusado para, em 15 dias úteis, apresentar defesa escrita e especificar as provas que deseja produzir (vedando-se as ilícitas, impertinentes, desnecessárias, meramente protelatórias ou intempestivas). Se, ao longo da instrução, surgirem, da Administração ou de terceiros, provas adicionais às já apresentadas na defesa do próprio acusado, ao final, garantir-se-á a ele o direito de juntar alegações finais em 15 dias úteis.

Cumpre registrar que o art. 159 da LLic institui um regime excepcional sempre que o comportamento suspeito caracterizar infrações tanto pela LLic quanto pela Lei Anticorrupção. Nesses casos, impõe-se a **unificação processual**, determinando-se que a apuração corra em um único PAR conduzido de acordo com o rito da legislação anticorrupção. Por conseguinte, veda-se a multiplicação de processos para avaliar o

---

10. MARRARA, Thiago. Infrações, sanções e acordos na nova lei de licitações. In: DI PIETRO, Maria Sylvia Zanella et al. *Licitações e contratos administrativos*, 2. ed. Rio de Janeiro: Forense, p. 472.

mesmo comportamento. Essa lógica se estende para infrações licitatórias ou contratuais apuradas com base em outras leis, como o Estatuto das Empresas Estatais (Lei n. 13.303) e a Lei de Licitações de Serviços de Publicidade Oficial (Lei n. 12.232).

Na fase decisória, o PAR culminará em absolvição ou condenação. A **absolvição** se dará por inocência comprovada ou por ausência de provas suficientes sobre a materialidade ou a autoria. Além disso, ocorrerá quando se constatar a "prescrição da ação punitiva" da Administração Pública. De acordo com a LLic (art. 158, § 4°), a **prescrição** ocorrerá em cinco anos da ciência da infração pela Administração. Ela se interromperá com a instauração do PAR e restará suspensa em caso de celebração de acordo de leniência ou por força de decisão judicial que inviabilize a conclusão do PAR.

Em síntese, a **condenação** pressupõe confirmação da autoria e da materialidade, além da inocorrência de prescrição e inexistência de compromisso de ajustamento com o acusado. Ademais, no conteúdo, será afetada por critérios de dosimetria e, igualmente, pela eventual celebração de acordos de leniência para fins de cooperação instrutória com um infrator confesso. Esses acordos serão comentados em item próprio deste capítulo.

20.10.3 Sanções administrativas

Contra a pessoa física ou jurídica responsável pelo cometimento das infrações administrativas previstas na LLic, relativas à licitação, à contratação direta ou à fase de execução contratual, o ente licitante ou contratante poderá empregar quatro sanções:

(i) A sanção de **advertência** será aplicada exclusivamente contra o infrator que tiver cometido inexecução parcial sem danos graves (art. 155, I) e quando não se justificar a imposição de penalidade mais grave (art. 156, § 2°). Aparentemente, essa sanção não deveria ser utilizada para outros tipos infrativos. No entanto, entendo ser adequado empregá-la para infrações leves como moras com reduzido efeito prático, por exemplo, em entrega de documentos secundários na licitação;

(ii) A **multa** pecuniária consiste em determinação de pagamento de valores à Administração por parte daquele que comete infração licitatória ou contratual. Essa sanção pode ser usada para qualquer tipo infrativo, mas não é obrigatória. Além disso, trata-se da única sanção que aceita cumulação com as demais (art. 156, § 7°). Para evitar multas irrisórias ou excessivas, a LLic impede que seja inferior a 0,5% do valor do contrato ou superior a 30% (art. 156, § 3°), sem prejuízo de se fixar nas cláusulas do instrumento um montante intermediário dentro desses parâmetros legais. Em hipótese de mora, porém, a multa se submeterá a regime distinto (art. 162) e não se sujeitará aos referidos limites. Em qualquer situação, as multas não pagas permitirão que a Administração desconte os valores dos pagamentos devidos durante a execução contratual e, diante de sua insuficiência, das garantias prestadas (art. 156, § 8º);

(iii) O **impedimento** de participação de licitações e de contratar com o Estado cabe para infrações do art. 155, *caput,* II, III, IV, V, VI e VII. Por conseguinte, não se aplica para a mera inexecução parcial do contrato, nem para infrações de declaração ou entrega de documentação falsa; fraude à licitação ou à execução do contrato; comportamento inidôneo; ato de frustração dos objetivos licitatórios ou atos previstos na lei anticorrupção. Para a mera inexecução parcial, cabem somente advertência e multa, enquanto, para as demais infrações mencionadas, descabe o impedimento, pois incide a declaração de inidoneidade, sem prejuízo de multa. A sanção de impedimento perdurará por até 3 anos conforme análise de dosimetria e estenderá seus efeitos para todos os órgãos e entes da Administração Pública direta ou indireta do ente federativo que a tiver cominado. Por exemplo, se determinada empresa for punida com impedimento por uma autarquia municipal ficará proibida de participar de qualquer licitação ou celebrar qualquer contrato por dispensa ou inexigibilidade com qualquer órgão público do mesmo Município, como pessoa política, ou com qualquer entidade descentralizada local (autarquias, empresas, fundações ou associações municipais) pelo prazo máximo estabelecido na decisão administrativa condenatória (respeitado o teto trienal); e

(iv) A **declaração de inidoneidade** para licitar ou contratar (art. 156, § 5º) é a sanção mais gravosa e consiste em um impedimento mais longo e extenso. Sua duração varia de 3 a 6 anos e seus efeitos atingem os entes da Administração Pública, Direta ou Indireta, de todos os níveis federativos. Essa sanção, com efeitos nacionais, incide para os casos que aceitam impedimento (desde que os critérios de dosimetria recomendem sanção mais forte) ou para os ilícitos graves previstos no art. 155, *caput*, VIII, IX, X, XI e XII. As relações da Administração com sujeitos condenados à inidoneidade implicam crime (art. 337-M do Código Penal). Cometerá ilícito penal o agente público que aceitar na licitação uma empresa ou profissional inidôneo (reclusão de 1 a 3 anos e multa) ou que celebrar com eles contrato administrativo (reclusão de 3 a 6 anos e multa). Já a pessoa física que, declarada inidônea, vier a participar ou contratar com a Administração Pública cometerá igualmente referido crime e se sujeitará às mesmas sanções aplicáveis ao agente público.

20.10.4 Dosimetria e desconsideração da personalidade jurídica

É necessário que o sancionamento respeite a razoabilidade, considerando-se as consequências positivas e negativas que advirão da condenação não apenas para o condenado, mas também para interesses públicos primários e para terceiros. No intuito de garantir essa razoabilidade, a LLic prevê **critérios de dosimetria** que abarcam: I – a natureza e a gravidade da infração cometida; II – as peculiaridades do caso concreto; III – as circunstâncias agravantes ou atenuantes (sem, porém, dizer quais são); IV – os danos que dela provierem para a Administração Pública; e V – a implantação ou o aperfeiçoamento de programa de integridade, conforme normas e orientações dos órgãos de controle (art. 156, § 1º da LLic). Ao tratar de programa de integridade, o dispositivo faz pressupor que a Administração deverá negociá-lo com o acusado e tomar seu compromisso de institui-lo ou aperfeiçoá-lo antes da condenação para poder levar em conta tal elemento na dosimetria.

Ainda por força da razoabilidade, é preciso evitar o *bis in idem* e excessos punitivos. Aqui, incide a norma da LINDB que impõe a consideração de uma punição anterior na mensuração das posteriores pelo mesmo comportamento infrativo (art. 22, § 3º). Nesse mesmo sentido, deve-se observar a necessidade de condução de um único PAR guiado pelo rito da apuração de atos de corrupção quando o comportamento gerar infrações pela LLic e, ao mesmo tempo, pela Lei Anticorrupção (art. 159 da LLic).

Para além disso, o art. 161, parágrafo único, da LLic prevê que "o Poder Executivo regulamentará a forma de cômputo e as consequências da soma de diversas sanções aplicadas a uma mesma empresa e derivadas de contratos distintos". Essa regra remete à **múltipla responsabilização administrativa**, ou seja, à situação fática em que um mesmo comportamento implica infrações diferentes, mas simultâneas para várias licitações ou contratos. É o caso de uma empresa que se envolve em cartel licitatório como infração grave que afeta os inúmeros contratos celebrados entre ela e a Administração Pública. Em situações como essa, a aplicação isolada da LLic em inúmeros processos sancionatórios distintos, instaurados para cada contrato, ocasionaria condenação múltipla e excesso punitivo, daí a razão de a lei exigir normas regulamentares sobre a soma de sanções diferentes que um mesmo comportamento ilícito ocasiona para diversas licitações ou contratos.

A razoabilidade da punição e a proibição do *bis in idem* não impedem, porém, que um mesmo comportamento infrativo ocasione a cumulação de sanções administrativas e de outras naturezas. O fato de certa pessoa ter sido condenada administrativamente por infração licitatória ou contratual não a imuniza de responsabilização por crimes, por danos e por outros ilícitos não regidos pela LLic. Seguindo essa lógica, valores pagos a título de indenização civil não se confundem com os resultantes da multa, pois aqueles buscam compensar a pessoa lesada pelos prejuízos sofridos, assumindo a finalidade de compensação e não de repressão em sentido estrito. A condenação pela LLic tampouco afasta a possibilidade de condenação em microssistemas administrativos especiais, como o da improbidade e o da defesa da concorrência.

A condenação por infrações previstas na LLic atinge, a princípio, o licitante ou o contratado. Porém, a legislação flexibiliza a intranscendência da sanção administrativa e reconhece formas de responsabilidade indireta de terceiros por comportamentos do licitante ou do contratado. Cumpridos os requisitos legais, as sanções poderão atingir administradores, sócios, empresas sucessoras ou com relação de coligação ou controle, de fato ou de direito, com a pessoa jurídica condenada sempre que a Administração Pública comprovar que a personalidade jurídica se destina a facilitar, encobrir ou dissimular a prática de ilícitos ou a provocar confusão patrimonial (art. 160). A LLic, nesse comando legal, reconhece a **desconsideração da personalidade jurídica** por meio de decisão administrativa, tornando desnecessária a intervenção judicial para tanto. Caberá ao ente público, porém, garantir a ampla defesa e o contraditório àqueles que forem afetados pela desconsideração.

20.10.5 Reabilitação do sancionado

Embora as sanções de multa e de advertência tenham efeito imediato, o impedimento e a declaração de inidoneidade aplicadas contra o condenado por infração licitatória ou contratual ocasionam efeitos punitivos ao longo de anos e limitam tanto as atividades econômicas do condenado, quanto a competitividade dentro dos mercados públicos. Levando-se em conta esses efeitos abrangentes, por vezes nocivos ao próprio Estado e à população, será inconveniente manter referidas sanções por todo o período estipulado na decisão condenatória quando, após um prazo mínimo de sujeição à pena, o condenado satisfizer determinadas condições.

Nesse contexto, a **reabilitação** consiste na decisão administrativa que faz cessar de maneira antecipada os efeitos da sanção de impedimento ou de inidoneidade com o objetivo de repelir inconvenientes que tais sanções acarretariam ao Estado e de evitar injustiças. Do ponto de vista jurídico, trata-se de um ato administrativo que modifica os efeitos da decisão condenatória para o futuro e cuja prática depende do cumprimento de uma série de condições.

De acordo com a LLic, a reabilitação será aplicada discricionariamente sempre que os seguintes requisitos tiverem sido cumpridos: (i) o dano resultante do ilícito para a Administração tenha sido integralmente reparado – o que pressupõe, de antemão, que os danos sofridos tenham sido mensurados e apresentados ao condenado; (ii) a sanção de multa, aplicada no caso concreto, tenha sido integralmente paga; (iii) comprove-se a execução da sanção de impedimento pelo mínimo de um ano ou, alternativamente, da inidoneidade por no mínimo três anos; (iv) observem-se condições adicionais previstas no próprio ato sancionatório; (v) o órgão competente obtenha parecer jurídico comprobatório do cumprimento de todos os requisitos anteriores; e (vi) cumpram-se eventuais requisitos adicionais, que serão comentados a seguir.

Uma leitura da LLic revela que as condições de reabilitação podem variar de acordo com cada caso, já que se autoriza ao órgão que determina a punição o estabelecimento de requisitos não enumerados na lei. Em outras palavras, é lícito que o ato sancionatório inclua requisitos adicionais de reabilitação, desde que não altere os exigidos pela lei. Essa margem de discricionariedade administrativa é útil para adaptar a reabilitação à gravidade de cada ilícito. No entanto, arrisca abrir margem para que a Administração estipule requisitos irrazoáveis ou impossíveis.

Para conter eventuais abusos, ao fazer uso do poder de estabelecer requisitos adicionais de habilitação, entendo ser imprescindível que o órgão competente leve em conta os princípios gerais de direito administrativo, em especial: (i) a isonomia, de maneira a estabelecer requisitos idênticos para situações idênticas; (ii) a adequação, de modo que os requisitos criados para a reabilitação sejam essenciais para se atingir a finalidade pública desejada; (iii) a moralidade, de sorte que os requisitos guardem relação de pertinência com o processo sancionador – vedando-se, por conseguinte, requisitos que visam a gerar benefícios a entidades públicas ou privadas sem qualquer relação com a infração – e (iv) a segurança jurídica, estabelecendo-se requisitos precisos e claros, cujo cumprimento possa ser avaliado de modo objetivo pela Administração Pública, afastando-se subjetivismos ou incertezas.

Além dos requisitos apontados na lei e da possibilidade de criação de outros pelo órgão sancionador, o art. 163, parágrafo único, prevê condição adicional para a reabilitação de condenados por prática de infrações de corrupção (art. 155, XII) e de apresentação de declaração ou documentação falsa (art. 155, VIII). Nessas duas situações, a reabilitação dependerá igualmente de implantação ou aperfeiçoamento de programa de integridade. "Implantar" é adotar um programa que não existia. "Aperfeiçoar" é melhorar ou aprimorar o que já estava implantado. Os verbos mencionados apontam a necessidade de que essa condição venha detalhada pela autoridade quer por indicações dispostas no próprio ato sancionador, quer pela negociação de um compromisso específico. É preciso que, de antemão, o condenado logre vislumbrar, com facilidade, quais são os parâmetros para que se preencha o requisito. Na falta de indicações da autoridade, em analogia com o disposto no art. 156, § 1º, V, da LLic, o condenado deverá adotar as orientações de programas explicitadas por órgãos de controle, como a Controladoria-Geral da União – CGU.[11]

20.10.6 Acordo de leniência

De acordo com a Lei n. 14.133/2021, a prescrição do poder punitivo de ilícitos contratuais e licitatórios ficará suspensa em razão da "celebração de acordo de leniência previsto na Lei n. 12.846, de 1º de agosto de 2013" (art. 158, § 4º, II). O legislador poderia (ou melhor, deveria) ter tratado do assunto com a seriedade e profundidade que merece, dados seus expressivos impactos na eficácia sancionatória. Contudo, preferiu essa menção quase disfarçada, sem qualquer criação de regras novas.

---

11. A CGU disponibiliza manuais e guias sobre programas de integridade nos setores público e privado. Vale a pena conferir em www.gov.br/cgu/pt-br/centrais-de-conteudo/publicacoes/integridade/colecao-programa-de-integridade-publica.

Ao se referir à possibilidade de celebração de acordos de leniência, o art. 158, § 4º da LLic faz remissão à Lei Anticorrupção, que trata do instituto em dois artigos bastante polêmicos: o art. 16[12] e o art. 17.[13] Em ambos os dispositivos, a leniência desponta como um acordo administrativo de natureza integrativa (que se acopla e acompanha o processo sancionador até o final) e cujo objetivo maior, da perspectiva do Estado, é o de gerar provas robustas de materialidade e autoria com a colaboração de um infrator confesso. De sua parte, esse infrator prontifica-se a auxiliar a Administração na instrução do processo sancionador com o intuito de obter ou a extinção ou a mitigação das sanções a que se sujeitará quando for condenado.

Apesar de as várias espécies de leniência previstas no ordenamento brasileiro revelarem a mesma essência e perseguirem idêntica finalidade (cooperação instrutória em troca de abrandamento punitivo), os dois artigos da Lei Anticorrupção diferem bastante no conteúdo. E aqui surge um primeiro problema interpretativo, pois a LLic não faz remissão a um artigo específico, mas sim à Lei Anticorrupção de forma genérica. Com isso, surge a dúvida sobre o regime aplicável para o acordo de leniência.

Para resolver o problema, entendo necessário separar três situações hipotéticas distintas. Na primeira delas, quando o ilícito cometido pela pessoa jurídica se enquadrar exclusivamente em certas hipóteses do art. 5º da Lei Anticorrupção que não guardam qualquer relação com licitações ou contratos, o acordo de leniência previsto no art. 16 da Lei Anticorrupção será aplicado isoladamente.

Na segunda situação, diferentemente, quando o ilícito cometido pela pessoa jurídica tipificar, ao mesmo tempo, infração de corrupção e infração licitatória/contratual, a Administração deverá considerar ambos os artigos. O art. 16 da Lei Anticorrupção regerá a leniência de forma geral, sobretudo na sua fase preparatória, já que traz os requisitos para celebração e demais detalhes. Contudo, em relação aos benefícios, as sanções pela infração de corrupção se subordinarão ao art. 16, enquanto as sanções por infração licitatória/contratual se sujeitarão ao regime de benefícios do art. 17.

Para compreender essa interpretação é preciso recordar que, se um mesmo comportamento violar a legislação anticorrupção e a legislação licitatória e contratual, por força do art. 159, *caput*, da LLic, somente um único processo administrativo sancionador será conduzido e uma única decisão condenatória será proferida. Em outras palavras: a Lei de Licitações veda a multiplicação de processos sancionadores para examinar e punir um mesmo comportamento que viole as duas leis citadas. Em casos assim, o exercício da competência punitiva será obrigatoriamente deslo-

---

12. MARRARA, Thiago. Comentários ao art. 16. In: DI PIETRO, Maria Sylvia Zanella; MARRARA, Thiago (org.). *Lei anticorrupção comentada*, 3. ed. Belo Horizonte: Fórum, 2021. p. 194.
13. FORTINI, Cristiana. Comentários ao art. 17. In: DI PIETRO, Maria Sylvia Zanella; MARRARA, Thiago (Org.). *Lei anticorrupção comentada*, 3. ed. Belo Horizonte: Fórum, 2021. p. 237.

cado do órgão contratante para o órgão competente para a condução do processo administrativo de responsabilização por corrupção. O acordo de leniência, nesse contexto, deverá ser aquele adotado para infrações de corrupção, ou seja, o do art. 16. Porém, como dito, os benefícios desse artigo somente valerão para as sanções por corrupção, devendo o art. 17 ser empregado para as sanções previstas na Lei de Licitações.

Em linhas gerais, nessa segunda situação hipotética, a aplicação simultânea dos benefícios do art. 16 e do art. 17 implica que o infrator confesso, que se qualificou e atuou como colaborador do Estado por meio do programa de leniência, receberá os seguintes benefícios ao cumprir o acordo de cooperação instrutória:

(i) **Quanto às infrações de corrupção**, não se publicará a decisão condenatória (art. 6º, II da Lei Anticorrupção); a multa administrativa será reduzida em até dois terços e, na ação civil pública, não se poderá aplicar a sanção de "proibição de receber incentivos, subsídios, subvenções, doações ou empréstimos de órgãos ou entidades públicas e de instituições financeiras públicas ou controladas pelo poder público, pelo prazo mínimo de 1 (um) e máximo de 5 (cinco) anos" (art. 19, IV da Lei Anticorrupção);

(ii) **Quanto às infrações licitatórias ou contratuais**, poderá haver mera mitigação ou completa extinção das quatro sanções, ou seja, o art. 17 não estabelece limites mínimos ou máximos de benefícios, abrindo espaço para que se afastem por completo a advertência, a multa, o impedimento ou a declaração de inidoneidade ou, por via diversa, que apenas se reduza o valor da multa ou os períodos de aplicação do impedimento ou da inidoneidade.

Há, ainda, uma terceira situação concebível, na qual comportamento omissivo ou comissivo do licitante ou do contratante representa somente infração pela Lei de Licitações, sem paralelo na Lei Anticorrupção. Em assim sendo, o art. 159 não incidirá, de modo que o PAR correrá nos termos da própria Lei de Licitações, com as sanções ali previstas. O regime dos benefícios da leniência será, por isso, o do art. 17, que autoriza tanto a mitigação das sanções (de multa, impedimento ou inidoneidade) quanto sua extinção completa.

Como se sabe, porém, o art. 17 da Lei Anticorrupção é extremamente incompleto e mal redigido. Não se encontra, no seu texto, esclarecimentos sobre o regime de negociação, sobre os requisitos de celebração, sobre os efeitos do descumprimento, nem mesmo limites mínimos ou máximos para os benefícios.[14] Uma maneira de se explicar as insuficiências normativas do art. 17 leva em conta a estrutura federativa.

---

14. Certos especialistas, como Luciano Ferraz, chegam a classificar a leniência do art. 17 como um acordo substitutivo – e não integrativo como a leniência propriamente dita –, pois o regime jurídico aberto criado pela Lei Anticorrupção permitiria empregá-lo como um compromisso de ajustamento. A respeito dessa posição, cf. FERRAZ, Luciano. *Controle e consensualidade*, 2ª ed. Belo Horizonte: Fórum, 2019, p. 225-226.

Uma vez que ao Congresso Nacional compete tão somente expedir normas gerais de contratação pública, deixando-se aos demais entes o tratamento de seus processos administrativos (essenciais para a garantia da autonomia federativa), então pode-se interpretar a legislação no sentido de que cada Estado e Município deverá disciplinar o regime de negociação, celebração, fiscalização e avaliação de seus acordos de leniência baseados no art. 17, ou seja, acordos exclusivos de processos punitivos contra infrações licitatórias ou contratuais. Na falta de normas próprias, os entes federativos poderão se valer de regras procedimentais por analogia ao art. 16 da Lei Anticorrupção ou de regras relativas a outras espécies de leniência, como a prevista no direito concorrencial e que conta com o melhor e mais sofisticado regime jurídico nessa matéria.[15]

20.10.7 Compromissos de ajustamento de conduta

É usual a confusão de acordos de leniência e acordos ou compromissos de ajustamento de conduta. A diferença de regime jurídico e de finalidade é, porém, enorme! Enquanto a leniência visa transferir provas para o Estado em troca de uma suavização do poder punitivo que incidirá sobre o infrator confesso, acoplando-se ao processo sancionador até sua conclusão (daí ser entendida como acordo integrativo), os acordos ou compromissos de ajustamentos de conduta não visam ao fornecimento de provas para robustecer a instrução, nem se integram ao processo administrativo sancionador. Na prática, eles objetivam substituir o processo administrativo, afastá-lo, torná-lo desnecessário, por meio da imediata correção ou a suspensão da conduta suspeita sem que se tenha qualquer julgamento acerca de sua ilicitude. Note-se bem: a prática ajustada não é ainda uma prática ilícita, exatamente porque o processo não chegou, nem provavelmente chegará a uma condenação.

O objetivo dos compromissos não é fortalecer a instrução para que o processo chegue a um resultado útil, mas sim livrar o Estado e o compromissário dos inconvenientes processuais. Para a Administração Pública, o processo administrativo traz certos malefícios ou inconvenientes, pois gera custos financeiros significativos, exige a mobilização de servidores públicos, retirando-os de suas tarefas cotidianas, traz riscos de não se realizar uma apuração efetiva pelas dificuldades probatórias ou por motivos como a prescrição, além de ser geralmente bastante demorado.

Já para o acusado, o processo enseja custos de defesa e de acompanhamento, danos à imagem e à honra, eventuais prejuízos financeiros seja pela exposição de sua acusação à imprensa e à sociedade, seja pela efetiva aplicação de sanções caso venha a ser condenado. O ajustamento afasta parte desses custos e inconvenientes, além de ser capaz de reduzir riscos de empréstimo de provas, que, se ocorressem, poderiam embasar a responsabilização do acusado, bem como de seus sócios e

---

15. Sobre o regime da leniência concorrencial, cf. MARRARA, Thiago. *Sistema Brasileiro de Defesa da Concorrência*. São Paulo: Atlas, 2015, p. 331-376.

administradores, inclusive no campo penal a depender da conduta infrativa. Esse efeito é bastante expressivo, sobretudo quando se considera que o ordenamento jurídico brasileiro tem multiplicado as esferas de punição, inclusive permitindo a cumulação de condenações na esfera administrativa por implicações derivadas de um mesmo comportamento para diferentes órgãos públicos.

Quando se realiza um ajustamento de conduta, a Administração deixa de realizar a apuração para verificar se o comportamento é ilícito ou lícito. Essa apuração se torna desnecessária, pois o órgão público acerta com o acusado uma alteração de seus comportamentos ou a própria extinção do comportamento juridicamente duvidoso. Ao celebrar o compromisso, o processo sancionador é suspenso; uma vez cumprido o compromisso, o processo sancionador é definitivamente arquivado.

Pode-se indagar se esse tipo de acordo tem algum espaço em matéria de licitações e contratos. Essa pergunta é inteiramente legítima, uma vez que a Lei de Licitações de 2021, seguindo a linha da anterior, ignorou o assunto e não fez qualquer menção aos ajustamentos ou compromissos. O legislador incorreu mais uma vez no erro que também marca a Lei Anticorrupção. Em ambos os diplomas, fala-se de leniência, mas não se encontram quaisquer menções aos ajustamentos de conduta.

Como não existe previsão expressa na LLic, alguns poderiam imaginar que a celebração de ajustamento configuraria uma hipótese de renúncia ilegal de competência, capaz de suscitar a responsabilização dos agentes públicos competentes para apurar e punir. Esse raciocínio somente estaria correto se o ordenamento não contivesse permissivos gerais. Entretanto, o direito processual administrativo evoluiu e, ao longo das últimas décadas, consagrou o ajustamento na esfera administrativa, inclusive sem impedimentos no campo dos processos sancionatórios aqui tratados.[16]

Na atualidade, a possibilidade de ajustamento está prevista na Lei n. 13.140 de 2015, conhecida como Lei de Mediação. Ao tratar de meios de solução de controvérsias também na Administração Pública, dispõe expressamente o seguinte: "Art. 32. A União, os Estados, o Distrito Federal e os Municípios poderão criar câmaras de prevenção e resolução administrativa de conflitos, no âmbito dos respectivos órgãos da Advocacia Pública, onde houver, com competência para: I – dirimir conflitos entre órgãos e entidades da administração pública; II – avaliar a admissibilidade dos pedidos de resolução de conflitos, por meio de composição, no caso de controvérsia entre particular e pessoa jurídica de direito público; III – *promover, quando couber, a celebração de termo de ajustamento de conduta*" (g.n.).

---

16. Em sentido favorável ao uso de acordos substitutivos no campo do direito sancionador da Lei de Licitações, cf. HEINEN, Juliano. *Comentários à Lei de Licitações e Contratos Administrativos*. Salvador: JusPodivm, 2021, p. 759. Luciano Ferraz também defende essa possibilidade, embora com fundamento no art. 17 da Lei Anticorrupção – que, na verdade, trata de leniência. Cf. FERRAZ, Luciano. *Controle e consensualidade*, 2ª ed. Belo Horizonte: Fórum, 2019, p. 225.

Alguns anos após a Lei de Mediação, a LINDB foi aprimorada e ampliada, passando a incluir igualmente um autorizativo geral para a celebração de compromissos ou ajustamentos. Nesse sentido, prescreve seu art. 26 que, "para eliminar irregularidade, incerteza jurídica ou situação contenciosa na aplicação do direito público [...] a autoridade administrativa poderá, após oitiva do órgão jurídico e, quando for o caso, após realização de consulta pública, e presentes razões de relevante interesse geral, *celebrar compromisso com os interessados*, observada a legislação aplicável, o qual só produzirá efeitos a partir de sua publicação oficial" (g.n.).

A redação da LINDB não é das mais concisas, claras e objetivas. Sem prejuízo, evidencia que compromissos podem ser firmados pela Administração Pública nas três esferas federativas com particulares para eliminar irregularidade ou situação contenciosa. Nesse sentido, a palavra "irregularidade", nesse comando, deve ser interpretada em sentido amplo, como qualquer tipo de violação da norma legal de caráter administrativo, inclusive em matéria de licitações e contratos.

Dessa maneira, ainda que a União, os Estados e os Municípios não criem leis próprias sobre ajustamentos de conduta,[17] valerão as disposições da Lei de Mediação e da LINDB. Nesse contexto, a celebração restará condicionada à observância dos seguintes requisitos: (i) presença de razões de interesse geral, ou seja, razões de interesse público primário, a demonstrar que o acordo acarreta benefícios não somente para o acusado, mas igualmente para o Estado e para a sociedade; e (ii) oitiva prévia do órgão jurídico, isto é, coleta obrigatória de parecer jurídico sobre o cumprimento dos requisitos no caso concreto.

Nos termos da LINDB, a participação popular via consulta pública poderá ser realizada para conferir mais legitimidade ao compromisso, porém não se mostra compulsória. Aliás, entendo que a menção à consulta pública é imprópria. Na verdade, o legislador quer se referir à participação popular em geral, podendo-se optar por audiências públicas, consultas públicas ou os dois expedientes. Com ou sem participação popular, importante é que o acordo viabilize o ajustamento ou a extinção das condutas duvidosas, prevendo de modo claro e objetivo as obrigações das partes, bem como os prazos para seu cumprimento e as consequências pela não observância das obrigações.

A legislação não chega a apontar quais seriam essas obrigações. No entanto, há um certo padrão obrigacional nesses ajustamentos que deriva de sua própria racionalidade e finalidade.

Como anotei em outro estudo,[18] "ao se optar pela via consensual com o aval da Administração Pública, o acusado aceitará o abandono da discussão acerca da

---

17. Também nesse sentido, GUERRA, Sérgio; PALMA, Juliana Bonacorsi. Art. 26 da LINDB: novo regime jurídico de negociação com a Administração Pública. *RDA*, edição especial, nov. 2018, p. 146.
18. MARRARA, Thiago. Regulação consensual: o papel dos compromissos de cessação de prática no ajustamento de condutas dos regulados. *RDDA*, v. 4, n. 1, 2017, p. 281.

legalidade de sua conduta, afastará o risco da conclusão processual, tornará prescindível a decisão de condenação ou absolvição. Em troca, concordará em submeter-se a um ajustamento de conduta construído de modo dialógico. Nessa situação, pois, o ajustamento não se dará pela imposição estatal da decisão administrativa condenatória...". Em termos práticos, "para se beneficiar da via alternativa consensual, o administrado assumirá como obrigação principal o compromisso de cessar a prática, imediatamente ou em tempo ajustado com o Estado, ou de, ao menos, alterá-la de modo a afastar seus potenciais efeitos nocivos, sem prejuízo de certas obrigações acessórias, como a de prestar contas". Aqui, vale reiterar mais uma vez: "cessar a prática pode significar uma obrigação de deixar de agir por completo ou uma obrigação de alterar a conduta de modo a abater preocupações a seu respeito. A escolha entre uma opção ou outra há que se pautar pelo princípio da razoabilidade". Na falta de uma previsão legal explícita, o ajustamento não demandará confissão de infração, já que, como se frisou, o objetivo não é punir, mas resolver!

Em relação ao compromissário, o acordo substituirá o processo sancionador, que, entretanto, poderá subsistir em relação a outros acusados que não o tenham celebrado. Nada impede, porém, que vários acusados celebrem o ajustamento, diferentemente do que se vislumbra na leniência, normalmente restrita uma única pessoa jurídica acusada. Aliás, no compromisso, é recomendável que o acordo seja coletivo, de modo a abarcar todos os acusados, exatamente para que ele possa produzir os resultados esperados (como a redução de custos com processos, a solução imediata do problema etc.).

Apesar de o ajustamento ou o compromisso destacar o papel do acusado, são igualmente relevantes as obrigações assumidas pelo Estado ao aprovar o emprego da via pró-consensual. De maneira geral, as obrigações centrais da Administração Pública comprometitente resumem-se a: "1) suspender imediatamente o processo acusatório ou o procedimento preparatório de acusação após a celebração do compromisso; 2) não realizar qualquer atividade instrutória ao longo da suspensão processual, nem buscar impor medidas contra o agente em outras esferas pelo comportamento que é objeto do pacto e 3) arquivar o procedimento ou o processo punitivo após julgar cumprido o acordo" por parte do compromissário.[19]

20.11 REGIMES LICITATÓRIOS ESPECIAIS

20.11.1 Licitações nas empresas estatais

Tanto as empresas públicas, quanto as sociedades de economia mista e as empresas controladas submetem-se a um dever geral de licitar, mas existem nuances e

---

19. MARRARA, Thiago. Regulação consensual: o papel dos compromissos de cessação de prática no ajustamento de condutas dos regulados. *RDDA*, v. 4, n. 1, 2017, p. 281.

peculiaridades que marcam as licitações e contratos administrativos celebrados por elas em razão das normas do seu estatuto nacional, ou seja, da Lei n. 13.303/2016.

Essas normas se justificam exatamente pela necessidade de se de aproximar as empresas estatais às de mercado, oferecendo-lhe regime mais célere e flexível, ainda que desempenhem serviços públicos. Em termos jurídicos, a autorização para a criação desse regime diferenciado encontra-se no art. 173, § 1º, III da Constituição, segundo o qual a lei que trata do regime dessas empresas deve igualmente cuidar de "licitação e contratação de obras, serviços, compras e alienações, observados os princípios da Administração Pública".

Uma análise do Estatuto mostra que o regime licitatório e contratual das estatais se guia pelos mesmos princípios, objetivos e fases procedimentais da legislação geral. Essa elevada semelhança se dá, sobretudo porque a LLic de 2021 absorveu muitas das novidades do Estatuto. Apesar disso, o regime das estatais contém inúmeras peculiaridades, a saber:

(i) As normas de licitações e contratos não se aplicam para "comercialização, prestação ou execução, de forma direta", pelas empresas mencionadas, de produtos, serviços ou obras especificamente relacionados com seus objetos sociais. Assim, uma empresa estatal produtora de medicamentos não necessita de licitação para vendê-los;

(ii) As normas de licitação e contratos não incidem na escolha de parceiros em *oportunidades de negócios* definidas e específicas, quando se justifique a inviabilidade de procedimento competitivo. Essas oportunidades incluem formação de parcerias e outras formas associativas, societárias ou contratuais, bem como aquisição de participações em sociedades entre outras operações (art. 28, § 4º da Lei n. 13.303/2016);

(iii) As hipóteses de dispensa e inexigibilidade se assemelham às do regime geral, mas se identificam com elas (art. 29 e 30 da Lei n. 13.303/2016);

(iv) O valor estimado do contrato na licitação é a princípio sigiloso, podendo ser divulgados mediante justificativa (art. 34);

(v) As regras para alienação de bens são simplificadas, exigindo-se, basicamente, avaliação formal prévia, sem qualquer autorização legislativa (art. 49). Além disso, nas licitações para alienação aceita-se o critério de *melhor destinação dos bens alienados* (art. 54, VIII);

(vi) Não há modalidades licitatórias, como concorrência, concurso ou leilão. O Estatuto, porém, prevê adoção preferencial de pregão para aquisição de bens e serviços comuns (art. 32, IV);

(vii) As regras de habilitação são simplificadas, pois não tratam de habilitação fiscal, social e trabalhista, nem de regras de acessibilidade (art. 58);

(viii) Não há previsão de cláusulas exorbitantes para contratos administrativos e as modificações contratuais somente ocorrerão mediante consenso nos casos e dentro dos limites previstos legalmente (art. 72 e 81);

(ix) A duração contratual é limitada a cinco anos, exceto em casos especiais indicados na lei (art. 71);

(x) O sistema sancionatório administrativo abrange apenas as sanções de advertência, multa e suspensão temporária de participação em licitação e impedimento para contratar com a "entidade sancionadora" por prazo não superior a 2 anos (art. 83); e

(xi) Cada empresa deverá publicar e manter atualizado regulamento interno de licitações e contratos compatível com o Estatuto (art. 40).

20.11.2 Licitações para serviços de publicidade

Tarefa essencial da Administração Pública é comunicar à sociedade e ao mercado suas ações, programas, obras, serviços e, inclusive, seus produtos. A publicidade governamental resulta em última instância da necessária transparência que caracteriza o Estado Republicano e Democrático. Ao reconhecer essa implicação, a Constituição consagrou a publicidade como princípio geral do direito administrativo (art. 37, *caput*) e, em outro trecho, alinhou sua realização aos princípios da moralidade e da impessoalidade, estipulando que a publicidade de atos, programas, obras, serviços e campanhas deverá ter caráter educativo, informativo ou de orientação social, dela não podendo constar nomes, símbolos ou imagens que caracterizem promoção pessoal de autoridades ou servidores públicos (art. 37, § 1º).

Na prática, a divulgação ou publicidade de suas várias atividades, informações e campanhas pode se dar de maneira direta, por ações desenvolvidas pelos próprios entes públicos, como de maneira indireta, por terceiros contratados que assumam a obrigação de desenvolver ações publicitárias para a União, os Estados ou os Municípios. É nessa situação que entram em jogo as licitações e os contratos de serviços de publicidade, que receberam amplo tratamento na Lei n. 12.232/2010, editada pelo Congresso com suporte em sua competência legislativa privativa para traçar normas gerais de licitação e contratação "em todas as modalidades" (art. 22, XXVII da Constituição).

Referido diploma legal, publicado em 29 de abril de 2010, inseriu no ordenamento jurídico pátrio um corpo de normas gerais adaptado às peculiaridades da contratação pela Administração Pública de serviços de publicidade prestados por agências de propaganda. Esse conjunto normativo se estende aos entes dos três Poderes nos âmbitos da União, dos Estados e dos Municípios, incluindo os entes da Administração Indireta.

Resta dúvida sobre a medida de aplicabilidade da Lei n. 12.232/2010 às empresas estatais. A interpretação literal do art. 1º, § 1º desta lei demonstra que aplicabilidade seria integral. No entanto, o art. 20 relativiza a determinação ao prescrever que as normas incidem apenas "subsidiariamente às empresas que possuem regulamento próprio de contratação". Desde sua origem, portanto, a Lei n. 12.232/2010 somente atinge as estatais na falta de normatização própria. Com a edição do Estatuto das Empresas Estatais em 2016 (Lei n. 13.303/2016), o espaço de aplicabilidade se reduziu ainda mais, pois o art. 28 do Estatuto previu de modo explícito que também regerá os contratos de publicidade. Em síntese: os contratos de publicidade das empresas estatais e controladas seguem a princípio a Lei n. 13.303/2016, aplicando-se a Lei n. 12.232/2010 apenas subsidiariamente.

Para as entidades a que se impõem, as normas da Lei n. 12.232/2010 se dirigem aos serviços de publicidade, definidos como "conjunto de atividades realizadas integradamente que tenham por objetivo o estudo, o planejamento, a conceituação, a concepção, a criação, a execução interna, a intermediação e a supervisão da execução externa e a distribuição de publicidade aos veículos e demais meios de divulgação, com o objetivo de promover a venda de bens ou serviços de qualquer natureza, difundir ideias ou informar o público em geral" (art. 2º, *caput*). Essa definição é bem ampla e revela que o contrato de publicidade abarca desde atividades de planejamento, quanto de execução, bem as de distribuição de material e de supervisão de ação publicitária. Além disso, também pode englobar a publicidade estatal com objetivo comercial (alienar bens e serviços no mercado) e a publicidade educativa e informativa – sempre pautadas pelos princípios da moralidade e da impessoalidade, como bem indica o citado art. 37, § 1º da CF.

Nas licitações em questão, também é possível incluir serviços de planejamento e execução de pesquisas sobre o mercado, o público-alvo e resultados de campanhas já realizadas; serviços de produção e execução de peças e projetos publicitários; e de criação e desenvolvimento de formas inovadoras de comunicação publicitária conforme novas tecnologias no intuito de expandir os efeitos das ações.

Para conferir certeza ao contratante, além de oferecer essas estipulações conceituais, o legislador previu limites negativos ao vedar a inclusão de qualquer outro tipo de atividade nos contratos de publicidade. A princípio, vedam-se especialmente serviços de assessoria de imprensa, comunicação e de relações públicas, bem como serviços de organização de eventos festivos (art. 2º, § 2º). Porém, em 2022, a Lei n. 14.356 introduziu na Lei n. 12.232/2010 o art. 20-A. Esse dispositivo, sem alterar o referido art. 2º, afirma que a contratação de serviços de comunicação institucional, incluindo serviços de relação com a imprensa e relações públicas, observa o regime licitatório especial.

Sob o ponto de vista procedimental, a Lei n. 12.232/2010 não chegou a estipular novas modalidades licitatórias, nem critérios de julgamento. Na verdade, a celebração de contratos de publicidade será precedida de licitação nas modalidades da LLic, mas sob os critérios de julgamento de **melhor técnica** ou de **técnica e preço**. Assim, como a modalidade de pregão e do leilão caminham sempre pela lógica exclusiva de preço, elas se tornam automaticamente incompatíveis com essa espécie de contratação.

A abertura da licitação na modalidade escolhida será precedida pela expedição de um ato convocatório que, entre outras disposições típicas, preverá a habilitação apenas dos classificados no julgamento de propostas; conterá um *"briefing"*, incluindo informações precisas e objetivas para a elaboração da proposta; exigirá a apresentação, pelos licitantes, de proposta técnica contendo plano de comunicação publicitária, bem como de proposta de preços pautada na remuneração vigente no mercado publicitário; apresentará uma subcomissão técnica de julgamento; definirá as diretrizes para padronização das propostas e fixará os critérios objetivos para escolha da proposta mais vantajosa para a Administração Pública, inclusive em caso de empate de pontos das propostas técnicas.

Em relação à fase procedimental externa, de competição entre os licitantes, os atos da licitação para publicidade seguirão a sequência determinada pelo art. 11 da Lei n. 12.232/2010. Em apertada síntese:

- Os licitantes entregam um invólucro com a proposta de preços e outros três contendo: (i) as propostas técnicas; (ii) os planos publicitários identificados e os mesmos planos identificados (mas sem os exemplos de peças) e (iii) demais informações da proposta técnica (art. 9º, *caput*);
- Os invólucros são transferidos à comissão de licitação em sessão própria sem a presença da subcomissão técnica;
- Os envelopes com os planos de comunicação não identificados e demais informações são abertos pela comissão licitante em sessão pública;
- Encaminham-se as propostas técnicas ao exame da subcomissão;
- Analisam-se os planos de comunicação publicitária individualmente e desclassificam-se os que desatendam exigências legais ou do ato convocatório;
- A subcomissão técnica lavra, em seguida, a ata de julgamento e a envia para a comissão licitante;
- Examinam-se os quesitos do art. 8º, desclassificando-se as propostas que desatendem as exigências legais;
- A subcomissão técnica lavra ata e encaminha as propostas, com pontuações e justificativas para a comissão licitante;
- A comissão licitante realiza sessão pública de apuração do resultado geral das propostas técnicas, na qual os envelopes identificados são abertos, comparados com as propostas não identificadas para verificar autoria e para que se elabore a planilha de pontuação com nota de cada quesito de proposta técnica;

- Proclama-se o resultado do julgamento técnico, registrando-o em ata conforme ordem de classificação;
- Publica-se o resultado do julgamento com a indicação dos desclassificados e da ordem de classificados, abrindo-se imediatamente o prazo recursal;
- Em seguida, abrem-se as propostas de preços seguindo-se os procedimentos de melhor técnica ou de técnica e preço conforme o art. 37 da LLic;
- Publica-se o resultado final da classificação das propostas, conferindo-se, mais uma vez, prazo para recurso administrativo;
- Esgotados os recursos, os licitantes classificados entregam os documentos de habilitação em sessão pública para análise de sua conformidade com as condições legais e do ato convocatório;
- Os licitantes são habilitados ou inabilitados, abrindo-se prazo para interposição de recurso;
- Uma vez finalizada a habilitação, o procedimento segue para homologação que, se ocorrer, permitirá a adjudicação do objeto ao vencedor.

A descrição procedimental revela que a fase externa da licitação para serviços de publicidade é bastante complexa e burocratizada, além de marcada por inúmeras sessões presenciais e recursos. Além disso, ela é processada por meio do trabalho de dois órgãos. A **comissão licitante**, permanente ou "*ad hoc*", conduz o procedimento, identifica autoria, organiza a classificação final, realiza a habilitação e examina recursos. A seu turno, a **subcomissão técnica** se incumbe da avaliação e do julgamento dos planos publicitários não identificados e de informações complementares à luz dos critérios técnico-especializados.

Essa subcomissão segue regras especiais de composição. Ela se forma por, no mínimo, três membros com curso superior ou atuantes nas áreas de publicidade, comunicação ou marketing, garantindo-se que ao menos um terço deles não mantenha qualquer vínculo funcional ou contratual, direta ou indireto, com o ente contratante (art. 10, § 1º). A escolha desses membros não é aleatória, nem discricionária. Ela deverá ocorrer por sorteio em sessão pública com base em uma lista com o triplo do número de integrantes, previamente cadastrados.

Esse requisito quantitativo é levemente reduzido para o dobro nas licitações que alcancem até dez vezes o valor de dispensa previsto no art. 75, II da LLic (art. 10, § 3º da Lei n. 12.232/2010 interpretado conforme a Lei de licitações de 2021). Ele também é mitigado para licitações na modalidade convite, em que a comissão de licitação permanente ou um único servidor com conhecimento na área poderá substituir de forma excepcional a subcomissão técnica quando for impossível o cumprimento da lei.

Para fortalecer o controle social, além de exigir a publicidade da lista, a Lei prevê a possibilidade de impugnação de nomes por qualquer interessado desde que baseada em "fundamentos jurídicos plausíveis" (art. 10, § 5º). O acolhimento motivado da impugnação pela entidade contratante exigirá a elaboração e publicação de nova lista atualizada. Toda essa preocupação com a subcomissão técnica se justifica pelo seu papel central e estratégico na avaliação objetiva das propostas publicitárias.

Para que a objetividade seja respeitada, além de cuidar da composição da subcomissão e exigir a participação de especialistas em comunicação, marketing ou publicidade, bem como um grau mínimo de oxigenação com membros externos, o legislador reputou importante indicar os quesitos de julgamento técnico. O art. 7º da Lei n. 12.232/2010 estabelece a necessidade de o plano de comunicação publicitária apresentar: (i) raciocínio básico, que apresentará diagnóstico da necessidade de comunicação publicitária e desafios de comunicação; (ii) estratégia de comunicação publicitária; (iii) ideia criativa, por meio de exemplos de peças publicitárias; e (iv) estratégia de mídia e não mídia, levando em conta a verba disponível indicada no instrumento convocatório.

Para evitar distorções nas notas de membros da subcomissão, a lei ainda requer a reavaliação da pontuação atribuída a um quesito sempre que a diferença entre a maior e a menor pontuação for superior a 20% da pontuação máxima do quesito (art. 6º, VII). Caso persista a diferença, caberá à subcomissão registrar em ata as razões que a justifiquem (art. 6º, § 1º). Outra determinação legal relevante para garantir a economia processual é a de que a subcomissão atribua notas mesmo às propostas que, a seu ver, devam ser desclassificadas. Essas notas serão mantidas até o julgamento de eventuais recursos administrativos contra a desclassificação.

Além dessas incontáveis determinações licitatórias, a Lei n. 12.232/2010 também cuida dos contratos de serviços de publicidade. Em apertada síntese, prevê que:

(i) O contrato, estritamente vinculado ao instrumento convocatório, seja firmado apenas com agências de propaganda certificadas tecnicamente perante o Conselho Executivo das Normas-Padrão – CENP ou entidade equivalente e cujas atividades obedeçam à Lei n. 4.680/1965 (art. 4º);

(ii) O objeto licitado poderá ser adjudicado a mais de uma agência de propaganda sem a segregação em itens ou contas mediante justificativa (art. 2º, § 3º);

(iii) A execução das ações publicitárias contratadas ocorrerá somente após obrigatório procedimento de seleção interna entre as agências contratadas, com metodologia aprovada pela Administração e devidamente publicada (art. 2º, § 4º);

(iv) A aquisição de espaço e tempo de publicidade em veículos de divulgação somente ocorrerá com autorização expressa do ente contratante (art. 4º, § 2º);

(v) Os serviços complementares (como produção e execução de peças publicitárias, planejamento e realização de pesquisas de mercado, assim como desenvolvimento de formas inovadoras de comunicação) poderão ser executados para a agência contratada somente por pessoas físicas ou jurídica previamente cadastradas pelo ente estatal contratante e sempre mediante três orçamentos comparativos que, respeitadas certas condições legais, deverão ser abertos em sessão pública fiscalizada pelo Estado (art. 14 e art. 2º, § 1º);

(vi) Os custos e as despesas de veiculação da publicidade apresentados ao contratante para pagamento deverão ser acompanhados da demonstração do valor devido ao veículo, de tabela de preços, de descontos negociados e pedidos de inserção, além de checagem de veiculação (art. 15);

(vii) As informações sobre a execução contratual, incluindo nome de fornecedores e de veículos, serão divulgadas em página na internet com livre acesso a todos (art. 16); e

(viii) As agências contratadas deverão manter comprovantes do serviço prestado e das peças publicitárias produzidas por, ao menos, cinco anos após extinção do contrato (art. 17).

20.11.3 Licitações na Lei das Startups

Pouco após a edição da LLic no ano de 2021, o Congresso editou a Lei Complementar n. 182, que institui o marco legal das *"startups"* e do empreendedorismo inovador. Ao fazê-lo, também disciplinou a licitação para contratação de soluções inovadoras pela Administração Pública nos três níveis da federação brasileira, com ressalva para as empresas estatais, que gozam de discricionariedade para absorver os comandos da lei nos seus regulamentos internos de contratação (art. 12, § 2º da LC n. 182 c/c art. 40 da Lei n. 13.303/2016).

As normas do Estatuto em questão destinam-se, sobretudo, a incentivar a contratação, pelo Poder Público, de soluções inovadoras elaboradas ou desenvolvidas pelas *startups*, viabilizando, assim, seu papel de fomento à inovação no setor produtivo e, ao mesmo tempo, a abertura de potenciais oportunidades de economicidade e de solução inovadora de problemas públicos (art. 3º, § 8º e art. 12 da LC n. 182/2021).

Sinteticamente, o Estatuto das *Startups* prevê que a Administração poderá contratar pessoas físicas ou jurídicas, isoladamente ou em consórcio, para teste de soluções inovadoras que desenvolvam ou venham a desenvolver, com ou sem risco tecnológico. Para tanto, em regra, será utilizada a licitação na modalidade especial regida pela própria LC n. 182/2021. Nessa modalidade de licitação, o contratante público poderá se resumir a indicar o problema a ser resolvido e os resultados esperados, deixando aos licitantes proporem os meios para tanto (art. 13, § 1º).

Procedimentalmente, essa licitação abrange uma fase interna e uma fase externa. A interna não é detalhada pelo Estatuto, devendo seguir, no que for cabível, as normas gerais da LLic. Já a fase externa é mais claramente disciplinada, iniciando-se com a divulgação de edital, seguida da garantia de prazo mínimo de 30 dias corridos para recebimento das propostas (art. 13, § 2º). A avaliação das propostas recai sobre comissão especial integrada por, ao menos, três pessoas de reputação ilibada e conhecimento demonstrado no assunto, das quais: uma será servidor integrante do contratante público e outra, professor de instituição pública de educação superior em área relacionada ao tema da contratação (art. 13, § 3º).

Para o julgamento das propostas, a LC n. 182/2021 oferece alguns critérios a título meramente exemplificativo, permitindo-se ao contratante definir outros no edital. Esses critérios legais abrangem, por exemplo, o potencial da proposta para a resolução do problema e a provável economia para a Administração, o grau de desenvolvimento da solução proposta, a viabilidade e maturidade do modelo de negócio, a viabilidade econômica da proposta, considerando-se os recursos da Administração para celebrar o contrato, bem como a demonstração comparativa de custo e benefício da proposta em relação às opções funcionalmente equivalentes (art. 13, § 4º). Com base nesses e noutros critérios, será possível selecionar uma ou mais propostas conforme autorize o edital, realizando-se, posteriormente, a análise de habilitação dos selecionados nos termos da LLic com certas mitigações.

Passada a licitação, a Administração então celebrará o chamado **contrato público para solução inovadora**" (CPSI) com vigência limitada de 12 meses, prorrogável por igual período (art. 14). Além de estipular cláusulas mínimas obrigatórias para esse contrato, como metas, matriz de riscos e participação nos resultados da exploração da inovação, a LC n. 182/2021 fixa um valor máximo a ser pago à contratada (art. 14, § 2º) e estabelece que o pagamento poderá ocorrer conforme diferentes modelos, a saber: preço fixo ou reembolso de custos, com ou sem remuneração variável de incentivo em ambos os casos. Em regra, o pagamento ocorrerá após a execução, permitida a antecipação de parcela mediante justificativa expressa (art. 14, § 7º).

Uma vez encerrada a vigência do CPSI, a Administração poderá celebrar com a mesma pessoa, sem licitação, um contrato para fornecimento do produto, do processo ou da solução resultante do processo de inovação ou, se for o caso, para integração da solução à sua infraestrutura tecnológica ou a seu processo de trabalho (art. 15). Na presença de vários CPSI, o contrato de fornecimento será firmado com a empresa cujo produto, processo ou solução melhor atenda às demandas do contratante em termos de custo e benefício e com relação às dimensões de qualidade e preço (art. 15, § 1º). Os contratos de fornecimento terão duração de até 24 meses prorrogáveis por igual período e limite máximo de 5 vezes o valor máximo do CPSI.

20.12 SÚMULAS

SUPERIOR TRIBUNAL DE JUSTIÇA

- Súmula n. 645: O crime de fraude à licitação é formal, e sua consumação prescinde da comprovação do prejuízo ou da obtenção de vantagem (2021).

TRIBUNAL DE CONTAS DA UNIÃO

- Súmula n. 39: A inexigibilidade de licitação para a contratação de serviços técnicos com pessoas físicas ou jurídicas de notória especialização somente é cabível quando se tratar de serviço de natureza singular, capaz de exigir, na seleção do executor de confiança, grau de subjetividade insuscetível de ser medido pelos critérios objetivos de qualificação inerentes ao processo de licitação, nos termos do art. 25, inciso II, da Lei n. 8.666/1993.

- Súmula n. 177: A definição precisa e suficiente do objeto licitado constitui regra indispensável da competição, até mesmo como pressuposto do postulado de igualdade entre os licitantes, do qual é subsidiário o princípio da publicidade, que envolve o conhecimento, pelos concorrentes potenciais das condições básicas da licitação, constituindo, na hipótese particular da licitação para compra, a quantidade demandada uma das especificações mínimas e essenciais à definição do objeto do pregão.

- Súmula n. 247: É obrigatória a admissão da adjudicação por item e não por preço global, nos editais das licitações para a contratação de obras, serviços, compras e alienações, cujo objeto seja divisível, desde que não haja prejuízo para o conjunto ou complexo ou perda de economia de escala, tendo em vista o objetivo de propiciar a ampla participação de licitantes que, embora não dispondo de capacidade para a execução, fornecimento ou aquisição da totalidade do objeto, possam fazê-lo com relação a itens ou unidades autônomas, devendo as exigências de habilitação adequar-se a essa divisibilidade.

- Súmula n. 248: Não se obtendo o número legal mínimo de três propostas aptas à seleção, na licitação sob a modalidade Convite, impõe-se a repetição do ato, com a convocação de outros possíveis interessados, ressalvadas as hipóteses previstas no parágrafo 7º, do art. 22, da Lei n. 8.666/1993.

- Súmula n. 250: A contratação de instituição sem fins lucrativos, com dispensa de licitação, com fulcro no art. 24, inciso XIII, da Lei n.º 8.666/93, somente é admitida nas hipóteses em que houver nexo efetivo entre o mencionado dispositivo, a natureza da instituição e o objeto contratado, além de comprovada a compatibilidade com os preços de mercado.

- Súmula n. 252: A inviabilidade de competição para a contratação de serviços técnicos, a que alude o inciso II do art. 25 da Lei n. 8.666/1993, decorre da presença simultânea de três requisitos: serviço técnico especializado, entre os mencionados no art. 13 da referida lei, natureza singular do serviço e notória especialização do contratado.

- Súmula n. 253: Comprovada a inviabilidade técnico-econômica de parcelamento do objeto da licitação, nos termos da legislação em vigor, os itens de fornecimento de materiais e equipamentos de natureza específica que possam ser fornecidos por empresas com especialidades próprias e diversas e que representem percentual significativo do preço global da obra devem apresentar incidência de taxa de Bonificação e Despesas Indiretas – BDI reduzida em relação à taxa aplicável aos demais itens.

- Súmula n. 254: O IRPJ Imposto de Renda Pessoa Jurídica – e a CSLL – Contribuição Social sobre o Lucro Líquido – não se consubstanciam em despesa indireta passível de inclusão na taxa de Bonificações e Despesas Indiretas – BDI do orçamento-base da licitação, haja vista a natureza direta e personalística desses tributos, que oneram pessoalmente o contratado.

- Súmula n. 255: Nas contratações em que o objeto só possa ser fornecido por produtor, empresa ou representante comercial exclusivo, é dever do agente público responsável pela contratação a adoção das providências necessárias para confirmar a veracidade da documentação comprobatória da condição de exclusividade.

- Súmula n. 257: O uso do pregão nas contratações de serviços comuns de engenharia encontra amparo na Lei n. 10.520/2002.

- Súmula n. 258: As composições de custos unitários e o detalhamento de encargos sociais e do BDI integram o orçamento que compõe o projeto básico da obra ou serviço de engenharia, devem constar dos anexos do edital de licitação e das propostas das licitantes e não podem ser indicados mediante uso da expressão 'verba' ou de unidades genéricas.

- Súmula n. 259: Nas contratações de obras e serviços de engenharia, a definição do critério de aceitabilidade dos preços unitários e global, com fixação de preços máximos para ambos, é obrigação e não faculdade do gestor.

- Súmula n. 260: É dever do gestor exigir apresentação de Anotação de Responsabilidade Técnica – ART referente a projeto, execução, supervisão e fiscalização de obras e serviços de engenharia, com indicação do responsável pela elaboração de plantas, orçamento-base, especificações técnicas, composições de custos unitários, cronograma físico-financeiro e outras peças técnicas.

- Súmula n. 261: Em licitações de obras e serviços de engenharia, é necessária a elaboração de projeto básico adequado e atualizado, assim considerado aquele aprovado com todos os elementos descritos no art. 6º, inciso IX, da Lei n. 8.666, de 21 de junho de 1993, constituindo prática ilegal a revisão de projeto básico ou a elaboração de projeto executivo que transfigurem o objeto originalmente contratado em outro de natureza e propósito diversos.

- Súmula n. 262: O critério definido no art. 48, inciso II, § 1º, alíneas "a" e "b", da Lei n. 8.666/93 conduz a uma presunção relativa de inexequibilidade de preços, devendo a Administração dar à licitante a oportunidade de demonstrar a exequibilidade da sua proposta.

- Súmula n. 263: Para a comprovação da capacidade técnico-operacional das licitantes, e desde que limitada, simultaneamente, às parcelas de maior relevância e valor significativo do objeto a ser contratado, é legal a exigência de comprovação da execução de quantitativos mínimos em obras ou serviços com características semelhantes, devendo essa exigência guardar proporção com a dimensão e a complexidade do objeto a ser executado.

- Súmula n. 265: A contratação de subsidiárias e controladas com fulcro no art. 24, inciso XXIII, da Lei n. 8.666/93 somente é admitida nas hipóteses em que houver, simultaneamente, compatibilidade com os preços de mercado e pertinência entre o serviço a ser prestado ou os bens a serem alienados ou adquiridos e o objeto social das mencionadas entidades.

- Súmula n. 269: Nas contratações para a prestação de serviços de tecnologia da informação, a remuneração deve estar vinculada a resultados ou ao atendimento de níveis de serviço, admitindo-se o pagamento por hora trabalhada ou por posto de serviço somente quando as características do objeto não o permitirem, hipótese em que a excepcionalidade deve estar prévia e adequadamente justificada nos respectivos processos administrativos.

- Súmula n. 270: Em licitações referentes a compras, inclusive de softwares, é possível a indicação de marca, desde que seja estritamente necessária para atender exigências de padronização e que haja prévia justificação.

- Súmula n. 272: No edital de licitação, é vedada a inclusão de exigências de habilitação e de quesitos de pontuação técnica para cujo atendimento os licitantes tenham de incorrer em custos que não sejam necessários anteriormente à celebração do contrato.

- Súmula n. 274: É vedada a exigência de prévia inscrição no Sistema de Cadastramento Unificado de Fornecedores – Sicaf para efeito de habilitação em licitação.

- Súmula n. 275: Para fins de qualificação econômico-financeira, a Administração pode exigir das licitantes, de forma não cumulativa, capital social mínimo, patrimônio líquido mínimo ou garantias que assegurem o adimplemento do contrato a ser celebrado, no caso de compras para entrega futura e de execução de obras e serviços.

- Súmula n. 281: É vedada a participação de cooperativas em licitação quando, pela natureza do serviço ou pelo modo como é usualmente executado no mercado em geral, houver necessidade de subordinação jurídica entre o obreiro e o contratado, bem como de pessoalidade e habitualidade.

- Súmula n. 283: Para fim de habilitação, a Administração Pública não deve exigir dos licitantes a apresentação de certidão de quitação de obrigações fiscais, e sim prova de sua regularidade.

- Súmula n. 287: É lícita a contratação de serviço de promoção de concurso público por meio de dispensa de licitação, com fulcro no art. 24, inciso XIII, da Lei 8.666/1993, desde que sejam observados todos os requisitos previstos no referido dispositivo e demonstrado o nexo efetivo desse objeto com a natureza da instituição a ser contratada, além de comprovada a compatibilidade com os preços de mercado.

20.13 REFERÊNCIAS BIBLIOGRÁFICAS PARA APROFUNDAMENTO

AMARAL, Rosan de Sousa. *Manual da Nova Lei de Licitações*: Lei n. 14.133/2021. Belo Horizonte: Fórum, 2022.

ARAGÃO, Alexandre Santos de. *Empresas estatais*: o regime jurídico das empresas públicas e sociedades de economia mista. Rio de Janeiro: Forense, 2018.

ARAÚJO, Aldem Johnston Barbosa; SARAIVA, Leonardo (Coord.). *Obras públicas e serviços de engenharia na nova lei de licitações e contratos*. Rio de Janeiro: Lúmen Juris, 2021.

BITTENCOURT, Sidney. *Nova Lei de Licitações passo a passo*: comentando, artigo por artigo, a nova Lei de Licitações e Contratos Administrativos, Lei n. 14.133, de 1º de abril de 2021. Belo Horizonte: Fórum, 2021.

BREDA, Juliano (Coord.). *Crimes de licitação e contratações públicas*. São Paulo: Thomson Reuters Brasil, 2021.

CALASANS JUNIOR, José. *Manual da Licitação*: com base na Lei n. 14.133 de 1º de abril de 2021. 3. ed. Barueri: Atlas, 2021.

CAMELO, Bradson; NÓBREGA, Marcos; TORRES, Ronny Charles Lopes de. *Análise econômica das licitações e contratos*: de acordo com a Lei n. 14.133/2021 (nova Lei de Licitações). Belo Horizonte: Fórum, 2022.

CAMPOS, Flávia. *Comentários à nova lei de licitações e contratos administrativos*. Indaiatuba: Editora Foco, 2021.

CAPAGIO, Álvaro do Canto; COUTO Reinaldo. *Nova Lei de licitações e contratos administrativos*: Lei n. 14.133/2021. São Paulo: Saraiva Educação, 2021.

CARVALHO, Victor Aguiar de. *Cartéis em licitações*. Rio de Janeiro: Lúmen Juris, 2018.

CECCATO, Marco Aurélio. *Cartéis em contratações públicas*. Rio de Janeiro: Lúmen Juris, 2018.

CHAVES, Luiz Claudio de Azevedo. *A atividade de planejamento e análise de mercado nas contratações governamentais*: a atividade de planejar e pesquisar preços de mercado nas licitações públicas e justificativa de preço nas contratações diretas da Administração Pública, 2. ed. Belo Horizonte: Fórum, 2022.

CUNHA FILHO, Alexandre Jorge Carneiro; ARRUDA, Carmen Silvia de; PICCELLI, Roberto Ricomini (Org.). *Lei de Licitações e Contratos comentada* – Lei n. 14.133/2021. São Paulo: Quartier Latin, 2022.

DAL POZZO, Augusto Neves; CAMMAROSANO, Márcio; ZOCKUN, Maurício (Coord.). *Lei de Licitações e Contratos comentada*. São Paulo: Revista dos Tribunais, 2021.

DI PIETRO, Maria Sylvia Zanella (Coord.). *Manual de licitações e contratos administrativos*, 3. ed. Rio de Janeiro: Forense, 2023.

DI PIETRO, Maria Sylvia Zanella; MARRARA, Thiago. Estrutura geral da nova Lei: abrangência, objetivos e princípios. In: DI PIETRO, Maria Sylvia Zanella (Coord.). *Licitações e contratos administrativos*: inovações da Lei n. 14.133 de abril de 2021, 2. ed. Rio de Janeiro: Forense, 2022.

FORTINI, Cristiana (Coord.). *Registro de preços*, 2. ed. Belo Horizonte: Fórum, 2014.

FORTINI, Cristiana; OLIVEIRA, Rafael Sérgio Lima de; CAMARÃO, Tatiana (Coord.). *Comentários à Lei de Licitações e Contratos Administrativos*: Lei n. 14.133, de 1º de abril de 2021. Belo Horizonte: Fórum, 2022.

FORTINI, Cristiana; PAIM, Flaviana Vieira (Coord.). *Terceirização na Administração Pública*. Belo Horizonte: Fórum, 2022.

GUIMARÃES, Edgar; SAMPAIO, Ricardo. *Dispensa e inexigibilidade de licitação*. Rio de Janeiro: Forense, 2022.

HEINEN, Juliano. *Comentários à Lei de Licitações e Contratos Administrativos*: Lei n. 14.133/2021, 3. ed. Salvador: Juspodivm, 2023.

JUSTEN FILHO, Marçal. *Comentários à lei de licitações e contratações administrativas*. São Paulo: Thomson Reuters Brasil, 2021.

MADUREIRA, Claudio. *Licitações, contratos e controle administrativo*: descrição sistemática da Lei n. 14.133/2021 na perspectiva do Modelo Brasileiro de Processo. Belo Horizonte: Fórum, 2021.

MAFFINI, Rafael. Licitação de serviços de publicidade prestados por agências de propaganda. *Revista Síntese de Direito Administrativo*, v. 7, n. 74, 2012.

MARRARA, Thiago. A fase de habilitação na licitação: o que mudou com a Lei n. 14.133/2021? In: MONTEIRO, Vera (Org.). *O novo regime jurídico das licitações e contratos*: Lei n. 14.133/2021. São Paulo: AASP (edição Especial da Revista do Advogado, n. 153), 2022.

MARRARA, Thiago. Infrações, sanções e acordos na nova Lei de Licitações. In: DI PIETRO, Maria Sylvia Zanella (Coord.). *Licitações e contratos administrativos*: inovações da Lei n. 14.133 de abril de 2021, 2. ed. Rio de Janeiro: Forense, 2022.

MARRARA, Thiago. Licitações na União Europeia (i): panorama das reformas e aplicabilidade do direito comunitário. *Revista Colunistas*, edição online de 03.02.2016.

MARRARA, Thiago. Licitações na União Europeia (ii): princípios e modalidades licitatórias. *Revista Colunistas*, edição online de 1º.03.2016.

MARRARA, Thiago. Licitações na União Europeia (iii): instrumentos de contratação agregada e de contratação eletrônica. *Revista Colunistas*, edição online de 18.04.2016.

MARRARA, Thiago. Licitações na União Europeia (iv): preparação da contratação e a abertura da licitação. *Revista Colunistas*, edição online de 08.12.2016.

MARRARA, Thiago. Licitações na União Europeia (v): habilitação e exclusão de licitantes e técnicas de comprovação dos requisitos para contratar em favor da concorrência transfronteiriça. *Revista Colunistas*, edição online de 20.12.2016.

MARRARA, Thiago. Licitações na União Europeia (vi): compreensão da vantajosidade, critérios de julgamento e análise de custo do ciclo de vida do objeto contratado. *Revista Colunistas*, edição online de 17.01.2017.

MARRARA, Thiago. Licitações na União Europeia (vii): normas gerais de execução contratual. *Revista Colunistas*, edição online de 21.02.2017.

MARRARA, Thiago; CAMPOS, Carolina Silva. Licitações internacionais: regime jurídico e óbices à abertura do mercado público brasileiro a empresas estrangeiras. *RDA*, v. 275, 2017.

MARRARA, Thiago; RECCHIA, Paulo Victor. Microempresas (ME) e empresas de pequeno porte (EPP) em licitações: comentários aos meios discriminatórios da LC n. 123 e suas modificações recentes. *Revista de Direito Público Contemporâneo*, v. 1, n. 3, 2017.

MASSON, Cleber. *Crimes em licitações e contratos administrativos*. Rio de Janeiro: Forense; Método, 2021.

MIRANDA, Henrique Savonitti. *Licitações e contratos administrativos*, 5. ed. São Paulo: Revista dos Tribunais, 2021.

MONTEIRO, Vera (Org.). *O novo regime jurídico das licitações e contratos*: Lei n. 14.133/2021. São Paulo: AASP (edição Especial da Revista do Advogado, n. 153), 2022.

MONTEIRO, Vera. *Licitação na modalidade de pregão*. 2. ed. São Paulo: Malheiros Editores, 2010.

MOREIRA, Egon Bockmann; GUIMARÃES, Fernando Vernalha. *Licitação pública*: a lei geral de licitação – LGL e o regime diferenciado de contratação – RDC, 2. ed. São Paulo: Malheiros, 2012.

NIEBUHR, Joel de Menezes. *Licitação pública e contrato administrativo*. 5. ed. Belo Horizonte: Fórum, 2022.

NOHARA, Irene Patrícia Diom. *Nova Lei de licitações e contratos*: comparada. São Paulo: Thomson Reuters Brasil, 2021.

NOHARA, Irene Patrícia Diom. *Tratado de direito administrativo*: licitação e contratos administrativos, 3. ed. São Paulo: Thomson Reuters Brasil, 2022.

NOVAES, Deborah Priscilla Santos de. *Contratações públicas para inovação*. Ribeirão Preto: FDRP/USP (dissertação de mestrado), 2024.

PEREIRA JUNIOR, Jessé Torres; DOTTI, Marines Restelatto. *Políticas públicas nas licitações e contratações administrativas*, 3. ed. Belo Horizonte: Fórum, 2017.

PEREIRA JÚNIOR, Jessé Torres; HEINEN, Juliano; DOTTI, Marines Restelatto; MAFFINI, Rafael. *Comentários à lei das empresas estatais:* Lei n. 13.303/16. Belo Horizonte: Fórum, 2020.

PIRES, Antonio Cecílio Moreira. *A desconsideração da personalidade jurídica nas contratações públicas*. São Paulo: Atlas, 2014.

PIRES, Antonio Cecílio Moreira; PARZIALE, Aniello. *Comentários à nova Lei de Licitações Públicas e Contratos Administrativos*. São Paulo: Almedina, 2022.

POZZO, Augusto Neves Dal; ZOCKUN, Maurício; CAMMAROSANO, Márcio (Coord.). *Lei de Licitações e Contratos Administrativos comentada*: Lei n. 14.133. Thomson Reuters Brasil, 2021.

PRUDENTE, Juliana Pereira Diniz; MEDEIROS, Fábio Andrade; COSTA, Ivanildo Silva da (Coord.). *Nova Lei de Licitações sob a ótica da Advocacia Pública*: reflexões temáticas. Belo Horizonte: Fórum, 2022.

QUEIROZ, João Eduardo Lopes (Coord.). *Procedimentos auxiliares das licitações e das contratações administrativas*. Belo Horizonte: Fórum, 2022.

REIS, Luciano Elias. *Compras públicas inovadoras*. Belo Horizonte: Fórum, 2022.

REISDORFER, Guilherme Dias. *Responsabilidade pré-contratual do Estado*. Belo Horizonte: Fórum, 2024.

ROSILHO, André Janjácomo. *Licitação no Brasil*. São Paulo: Malheiros Editores, 2013.

SAADI, Mário (Coord.). *Nova Lei de Licitações* (Lei n. 14.133/2021). Belo Horizonte: Fórum, 2021.

SANTOS, Murillo Giordan; VILLAC, Teresa (Org.). Licitações e contratações públicas sustentáveis. Belo Horizonte: Fórum, 2015.

SARAI, Leandro (Org.). *Tratado da nova Lei de Licitações e Contratos Administrativos*: Lei n. 14.133/21 comentada por advogados públicos. Salvador: JusPodivm, 2021.

SCHWIND, Rafael Wallbach. Breves comentários à Lei de Licitações de Serviços de Publicidade. *Revista Síntese de Direito Administrativo*, v. 7, n. 74, 2012.

SCHWIND, Rafael Wallbach. *Licitações internacionais*. Belo Horizonte: Fórum, 2022.

THAMAY, Rennan; GARCIA JUNIOR, Vanderlei; MACIEL; Igor Moura; PRADO, Jhonny. *Nova Lei de Licitações e contratos administrativos comentada e referenciada*. São Paulo: Saraiva Educação, 2021.

TORRES, Ronny Charles Lopes de. *Leis de licitações públicas comentadas*, 15ª ed. São Paulo: JusPodivm, 2024.

VILLAC, Teresa. *Licitações sustentáveis no Brasil*: um breve ensaio sobre ética ambiental e desenvolvimento. Belo Horizonte: Fórum, 2019.

VITTA, Heraldo Garcia. *Aspectos Fundamentais da Licitação*. São Paulo: Malheiros Editores, 2015.

ZARDO, Francisco. *Infrações e sanções em licitações e contratos administrativos*: com as alterações da Lei anticorrupção (Lei n. 12.846/2013). São Paulo: Thomson Reuters Brasil, 2019.

21
CONTRATOS

21.1 FUNDAMENTOS E PANORAMA

21.1.1 Contratos da Administração

Pactuar é natural na vida social. Pactos unem, geram previsibilidade, estabilizam relações e fortalecem a confiança. Por essas e outras vantagens, os serem humanos negociam e pactuam a todo momento desde seu âmbito familiar até o campo das relações econômicas.

Como ficções criadas pelos humanos e reconhecidas pelo direito, as pessoas jurídicas atuam de igual forma. Ora pactuam entre si, ora com pessoas físicas, ingressando em relações jurídicas pautadas no estabelecimento de obrigações recíprocas e interdependentes. Não há pessoa jurídica não estatal viável sem contratos. Afinal, elas não dispõem de poderes de autoridade, restando proibidas de impor suas vontades aos outros. Para agir e cumprir suas finalidades, dependem de constante negociação e da formalização de convenções que estabeleçam obrigações.

Com o Estado, a situação é distinta. Embora muitas de suas funções e ações também dependam da participação de terceiros, o poder de autoridade baseado na soberania sobre a nação e sobre o território permite que atos administrativos vinculem particulares, tornando o contrato uma figura teoricamente prescindível. Ocorre que, ao longo do tempo, o modelo de imposição da vontade estatal aos particulares por meio de instrumentos unilaterais e monológicos de polícia administrativa, intervenção na propriedade entre outros, mostrou deficiências e insucessos.

A uma, para impor suas vontades ao mercado ou à sociedade, o Estado depende de legitimação democrática expressa em autorizativos expedidos pelo Poder Legislativo e cuja elaboração não é simples em razão da dinâmica do processo legiferante. A duas, as ações unilaterais nem sempre contam com aceitação dos destinatários, o que, a três, tende a torná-las suscetíveis a resistência, conflitos e judicialização. Por esses e outros motivos, além de ser burocrática, a ação impositiva estatal é geralmente menos eficiente, mais autoritária e custosa.

Essa percepção fez que, ao longo da história, os Estados democráticos gradualmente absorvessem formas convencionais de pactuação de obrigações, utilizando-as paralelamente ou em substituição a medidas unilaterais. No direito internacional público, esse movimento dá origem a tratados, convenções, acordos plurilaterais e multilaterais. Já no direito interno, faz surgir acordos nos campos do direito processual, do direito civil, do direito penal e, igualmente, do direito administrativo.

Nessa última área, a relevância e a diversidade das convenções formalizadas pelo Estado tornaram necessária a elaboração doutrinária do conceito de **contratos da Administração**, que designa toda a amplíssima gama de contratos firmados no âmbito das funções administrativas ora pela Administração Direta das pessoas políticas, ora pelas entidades especializadas que formam suas Administrações Indiretas.

Essa breve definição revela que o conceito de contratos da Administração está assentado em dois critérios cumulativos: o subjetivo e o material. Pela perspectiva subjetiva ou pessoal, o conceito abrange somente os contratos firmados pelo Estado. Dessa maneira, por exemplo, não representam contratos da Administração os celebrados por empresa não estatal que atue como concessionária com outros particulares. Tampouco se enquadram no conceito discutido os contratos firmados por uma OS ou outro ente do terceiro setor com particulares, a despeito de envolverem objeto de interesse público. Para que se identifique um contrato da Administração, é imprescindível que, ao menos, um dos contratantes seja a Administração Pública, Direta ou Indireta.

O segundo critério que sustenta o conceito é material. Nesse sentido, os contratos da Administração abrangem unicamente os pactos que dizem respeito à execução de função administrativa. O fato de uma convenção qualquer ter como parte o Estado não bastará para que se insira no conceito. Os tratados internacionais, as convenções e os acordos processuais não representam contratos da Administração por um motivo simples: embora haja Estado, o pacto não serve a uma função administrativa.

Ao contrário dos critérios essenciais de natureza subjetiva e material, o regime jurídico a que certo contrato se submete não é relevante para inclui-lo no conceito em debate. Isso significa que os contratos da Administração formam uma categoria teórica ampla e capaz de abarcar:

I. **Contratos administrativos**, ou seja, contratos da Administração predominantemente regidos pelo direito público interno (como os contratos de programa, de eficiência, de PPP etc.) e

II. **Contratos privados da Administração**, isto é, contratos estatais sobre função administrativa, mas disciplinados predominantemente pelo direito privado (como contratos de locação, de sociedade, de seguro e de compra e venda).

Essa diferenciação teórica dos contratos da Administração nas subcategorias dos contratos administrativos propriamente ditos, de um lado, e dos contratos privados da Administração, de outro, é útil para revelar a **pluralidade de regimes jurídicos** que incidem sobre a Administração. Na prática, porém, essa diferença é mais tênue e sútil do que se imagina. Nenhum contrato segue regime puramente privado ou puramente público. Normas públicas e privadas se misturam, havendo, tão somente, uma prevalência de um grupo ou outro de normas conforme o tipo do contrato e a maturidade do direito administrativo para disciplina-lo. Exatamente por isso, como se demonstrará ao longo desse capítulo, a LLic abre espaço para aplicação subsidiária de normas de direito contratual privado para todo e qualquer contrato administrativo que não conte com norma própria no direito público.

21.1.2 Contratualização administrativa

A legislação e a teoria dos contratos administrativos ganharam força e complexidade no Brasil nas últimas décadas em virtude do movimento de multiplicação de instrumentos convencionais envolvendo a Administração Pública. Essa onda de valorização contratual é designada por **contratualização** e atinge as relações entre o Estado e o mercado, o Estado e o terceiro setor, bem como as relações estatais puras, ou melhor, entre entidades da Administração Pública (relações interadministrativas) e entre órgãos públicos dentro de um mesmo ente (relações intra-administrativas).

Como fenômeno indicativo da crescente utilização dos contratos como forma de governar e administrar, ora a contratualização se coloca como via alternativa aos modos unilaterais de ação pública, ora os substitui por completo. A preferência pelas figuras contratuais se justifica pelos ganhos de democratização, de legitimidade, de segurança jurídica e de eficiência que elas ocasionam quando comparadas à ação administrativa tradicional, marcada pelo caráter impositivo, unilateral e monológica. Na medida em que o Estado negocia, sua ação se torna mais permeável aos interesses da população, dos agentes econômicos e dos agentes sociais. Ganha, pois, legitimidade democrática e amplia sua aceitabilidade, estimulando os envolvidos nos mecanismos contratuais a respeitarem as obrigações pactuadas.

No Brasil, o movimento de contratualização administrativa floresceu sobretudo a partir da década de 1990. Como demonstrado no capítulo anterior sobre licitações, a partir de então, o Congresso Nacional editou a LLic de 1993, a Lei do RDC, a Lei das Empresas Estatais, a Lei das OSCIP, a Lei das OS, a Lei das OSC, a LLic de 2021, entre outros diplomas que edificaram um abrangente direito contratual público formado por variadas espécies convencionais e múltiplos regimes jurídicos. Essas leis se sustentam na competência privativa do Congresso para editar normas gerais sobre contratação pública em todas as suas modalidades (art. 22, XXVII, da CF/88) e geram uma padronização expressiva do direito contratual público apesar da estrutura federativa. Não impedem, contudo, que esse ramo se expanda e se diferencie pelos inúmeros entes subnacionais nos espaços de criação normativa que a federação lhes reserva.

Em vista da riqueza das novas formas de ajuste que se vislumbra no ordenamento jurídico, torna-se necessário repensar as classificações dos contratos administrativos, superando a visão limitada que os restringe aos contratos de obras, bens e serviços disciplinados pela LLic. Buscando contribuir com o avanço doutrinário no tema, Fernando Dias Menezes de Almeida emprega o conceito de **módulos convencionais** para abarcar todos os ajustes de que participa o Estado. Essa expressão equivale a de contratos da Administração e, na adequada sistematização do autor, inclui:

- Ajustes em que "uma nova situação jurídica (subjetiva ou objetiva) é criada, *necessariamente* a partir do acordo de vontade das partes envolvidas". Esse grupo divide-se em módulos convencionais de cooperação, módulos convencionais de concessão e módulos convencionais instrumentais; e
- Ajustes em que "a Administração teria poder unilateral de decisão para criar uma nova situação jurídica, independentemente do acordo de vontades, mas decide substituir o exercício desse poder por um acordo de vontades", que aqui serão denominados como acordos administrativos substitutivos.[1]

21.1.3 Proposta de classificação doutrinária

Considerando-se (a) uma definição amplíssima de contrato da Administração para indicar todo e qualquer ajuste recíproco de obrigações tipificado por lei e envolvendo, pelo menos, um ente estatal, de direito público ou privado, da Administração Direta ou Indireta, (b) o movimento de contratualização que culminou na diversificação de leis e espécies contratuais públicas no Brasil e (c) novas propostas de releitura da classificação teórica do assunto, como a formulada por Menezes de Almeida, entendo que a grande categoria dos **contratos da Administração** necessita ser desmembrada doutrinariamente na atualidade em cinco grupos:

(i) Os **contratos instrumentais** são os utilizados no cotidiano da Administração Pública para viabilizar a aquisição ou alienação de bens ou serviços necessários ao atendimento de suas demandas ou à solução de seus problemas. Aqui figuram os contratos de aquisição de bens e serviços, incluindo os de edificação de obras, os contratos de locação, os contratos de outorga de uso e de alienação de bens estatais, os contratos de eficiência, entre outros. De maneira geral, esses contratos são disciplinados pela LLic (Lei n. 14.133/2021), que dedica o título III exclusivamente ao regime jurídico contratual, como se demonstrará ao longo desse capítulo. Advirta-se, apenas, que a expressão contrato instrumental é meramente doutrinária, não sendo mencionada na legislação;

(ii) Os **contratos de cooperação** são aqueles que viabilizam a consecução de finalidades comuns, públicas ou de interesse público, entre dois ou mais entes estatais ou entre um ou mais entes estatais, de um lado, e particulares, de outro. Nesse grupo se incluem os tradicionais convênios, os termos de parceria com OSCIP, os contratos de gestão com OSC, as modalidades de

---

1. MENEZES DE ALMEIDA, Fernando. *Contrato administrativo*. São Paulo: Quartier Latin, 2012, p. 238.

parcerias sociais com as OSC, os contratos de programa de entes políticos com seus consórcios, os acordos de leniência, entre outras figuras. Para esses instrumentos, inexiste regime jurídico único e nacional, salvo em relação às poucas normas básicas sobre convênios que a Lei n. 14.770/2023 inseriu no art. 184-A da LLic, suprindo uma lacuna grave de sua redação originária. Em realidade, várias leis os disciplinam. Na identificação de lacunas, incidem subsidiariamente as normas da LLic naquilo em que forem compatíveis com esses instrumentos (tal como manda seu art. 184) e desde que não haja vedação expressa para tanto (a exemplo da que se vislumbra no art. 84, *caput* da Lei n. 13.019/2014);

(iii) Os **contratos concessórios** destinam-se a transferir uma tarefa ou obra de titularidade pública para execução temporária de um particular, que se remunera mediante a receita da exploração econômica da obra ou serviço, eventualmente somada a contrapartida, receitas ancilares, subsídio e/ou aporte do ente público contratante. O particular, nesse caso, é executor da tarefa e age, a princípio, por seu próprio risco de demanda ou oferta. Já a titularidade permanece com o Estado. A diferença do concessionário para um mero prestador de serviços contratado pela Administração está tanto na forma de sustentação do contrato, quanto na abrangência das atividades que assume, assim como no grau de responsabilidade do contratado, já que ele atua em nome próprio perante terceiros. Exemplos desses contratos são as concessões comuns e as parcerias público-privadas, que se dividem em concessões patrocinadas e concessões administrativas;

(iv) Os **contratos no exercício de poderes de autoridade** são os que substituem uma ação unilateral do Estado no sentido de restringir direitos e interesses dos particulares. Esse grupo abarca os acordos em processos liberatórios, como os acordos em concentrações econômicas no CADE e os compromissos em processos de licenciamento urbanístico ou ambiental, além dos acordos administrativos com efeito substitutivo do processo administrativo, como os termos de ajustamento de gestão (TAG), os compromissos de suspensão de processo disciplinar (SUSPAD), os compromissos de cessação de prática anticoncorrencial (TCC), entre outros. Não existe lei nacional para esses ajustes. Em grande parte, eles são pormenorizados em leis setoriais. Contudo, leis mais recentes trouxeram normas e autorizativos gerais que lhe dizem respeito (art. 26 da LINDB, por exemplo). Vale advertir que alguns desses contratos possuem natureza híbrida. É o que ocorre com os acordos de leniência, pois, ao mesmo tempo em que se inserem no exercício de poderes de autoridade, encaixam-se no conceito de cooperação, já que tanto o infrator confesso que o celebra quanto o ente público leniente atuam em conjunto no sentido de produzir provas para condenação de outros acusados; e

(v) Os **contratos laborais** são os utilizados para recrutar recursos humanos que viabilizem funções administrativas. Nesse grupo, enquadram-se desde os termos de estágio firmados por entidades estatais com graduandos e pós-graduandos, quanto contratos de emprego público e para execução de função pública temporária por excepcional interesse público. Assim como ocorre com muitos dos grupos anteriores, inexiste lei geral nacional sobre a matéria que sistematize e trate de todas essas figuras.

21.1.4 Características básicas dos grupos contratuais

Em razão da multiplicidade de contratos administrativos presentes na legislação brasileira e da ausência de um código de contratação pública como lei de sistematização que estabeleça com clareza os respectivos regimes jurídicos, não se torna fácil estipular, doutrinariamente, as características comuns para os cinco grupos de instrumentos convencionais que se inserem no conceito de contratos da Administração.

Na verdade, é preciso reconhecer que não há efetivamente, nem deve haver regime jurídico único e comum a todos. Cada grupo contratual persegue finalidade própria e se firma em contexto diferenciado. Dessa maneira, qualquer tentativa de criar regime jurídico unificado limitará inevitavelmente as potencialidades desses instrumentos. Mesmo que, no futuro, o Brasil venha a adotar um Código de Contratos Públicos, a exemplo de outros países, jamais deverá aniquilar as diferenças de regime jurídico que garantem a essência de cada grupo e espécie contratual.

Sem prejuízo dessas ressalvas e da falta de sistematização legislativa, é possível vislumbrar características essenciais que se repetem para os contratos da Administração em geral. A primeira delas é a vinculação à finalidade pública. A segunda, o formalismo e o caráter escrito. A terceira, a transparência. A quarta, a duração limitada.

A **vinculação à finalidade pública** como primeira característica é de fácil compreensão. O Estado voltado para si mesmo não se justifica no contexto democrático. É por isso que a Administração Pública, mesmo quando se envolve em atividades de mercado, sempre guarda relação com os interesses da coletividade que a funda e a sustenta. Destarte, como os contratos que as entidades da Administração Direta e Indireta firmam sempre estão vinculados às suas competências, automaticamente, eles se atrelam às finalidades e políticas públicas que justificam a existência dessas entidades. É disso que se extrai a razão para o desenvolvimento legislativo, jurisprudencial e científico de um regime jurídico específico e diferente do direito privado para grande parte dos contratos da Administração. A partir dessa lógica também se justifica a incidência de normas e princípios públicos mesmo para contratos de direito privado que a Administração utiliza. Isso não implica a negação da aplicabilidade do direito privado a certos contratos estatais. Trata-se, simplesmente, da necessária adaptação de certos instrumentos e institutos do direito obrigacional e contratual a interesses públicos primários.

A segunda característica dos contratos da Administração é a **formalidade** e o **caráter escrito**. Em um Estado republicano e democrático, a gestão dos contratos celebrados pelo Estado requer uma série de formalidades no intuito de evitar que esses instrumentos sejam empregados de modo imoral, ilegal ou parcial. A formalidade é o meio de viabilização do controle. Além disso, serve para proteger o patrimônio público, promover a isonomia e concretizar os princípios e valores constitucionais que permeiam a Administração Pública. São essas as razões que tornam imprescindível regrar a preparação, a celebração, a execução, a modificação e a extinção de contratos da Administração.

Em termos legislativos, contudo, é preciso manter cautela para que não se transforme o formalismo em "**burocratismo**", ou seja, no fetiche da forma pela forma, ignorando-se sua instrumentalidade. Além de acarretar custos desnecessários para o Estado, o excesso de formalismo torna a contratação pública demasiadamente lenta e, em última instância, prejudica o atendimento de demandas do Estado e, indiretamente, da sociedade a que ele serve. Nesse sentido, anda bem a LLic de 2021 ao prever a possibilidade de saneamento de falhas, a relativização da extensão das suas regras para contratos de cooperação, a ponderação sobre efeitos da declaração de nulidade de contratos, entre outras medidas que visam a coibir excessos de formalismo.

A terceira característica essencial dos contratos da Administração é a **transparência**, decorrente do princípio constitucional da publicidade. Como os contratos movimentam vultosos recursos públicos, é preciso que, num Estado Republicano, todos possam verificar de que modo esses instrumentos foram elaborados e firmados, quem os celebrou e quanto dinheiro movimentaram. É igualmente imprescindível assegurar que a sociedade possa colaborar seja na fase de preparação contratual, seja na sua fiscalização ao longo da execução obrigacional. Para viabilizar a gestão republicana dos contratos, as leis frequentemente preveem mecanismos de participação popular na formação contratual, como audiências e consultas públicas; autorizam mecanismos de controle do contrato, como a impugnação, as solicitações de esclarecimentos, de vistas e de cópias; impõem a divulgação dos instrumentos em plataformas digitais e na imprensa, como o Portal Nacional de Contratação Pública – PNCP etc.

A quarta e última característica básica dos contratos da Administração está na sua **duração delimitada**. Não há vínculo contratual público sem prazo, nem vínculo contratual eterno. Mesmo os contratos realizados sem repasse de recursos públicos se submetem a essa regra, pois a previsão de prazo não constitui uma mera formalidade. A duração representa um pressuposto da definição precisa de metas e finalidades para cada contrato. É, igualmente, mecanismo necessário para garantir o modelo republicano e oxigenar as relações do Estado com a sociedade e com o mercado. Assim, mesmo quando a legislação não previr prazo específico, caberá ao ente contratante estipular a duração compatível com as finalidades e as metas esperadas com cada contrato. Essa lógica vale, como dito, não apenas para os módulos instrumentais e concessórios, mas igualmente para contratos de cooperação (como convênios e contratos de gestão) e contratos no exercício do poder de autoridade (como compromissos de cessação de prática).

21.2 REGIME DOS CONTRATOS INSTRUMENTAIS

21.2.1 Direito contratual na LLic: conteúdo e aplicabilidade

A Lei n. 14.133/2021 não é apenas a Lei Nacional de Licitações. Suas normas também dispõem sobre procedimentos auxiliares, contratação direta, solução de conflitos, infrações e sanções, bem como sobre contratos administrativos instrumentais. Em particular, a abrangente disciplina contratual da LLic consta do título III, que se subdivide em 12 capítulos relativos às mais diferentes etapas da vida contratual, desde sua formação até sua extinção, tal como ilustra o quadro a seguir.

Título III – Seção:	Tema
I	Formalização dos contratos
II	Garantias
III	Alocação de riscos
IV	Prerrogativas da Administração
V	Duração dos contratos
VI	Execução dos contratos
VII	Alteração dos contratos e dos preços
VIII	Hipóteses de extinção dos contratos
IX	Recebimento do objeto do contrato
X	Pagamentos
XI	Nulidade dos contratos
XII	Meios alternativos de resolução de controvérsias

Fonte: elaboração própria

As normas contratuais do título III da LLic atingem basicamente os *contratos instrumentais*, ou seja, aqueles que os entes estatais empregam como suporte para suas atividades do dia a dia. Nessa categoria se enquadram os contratos de obras (como edificação de ruas e edifícios), de serviços (como limpeza e segurança), de fornecimento de bens (como veículos e merenda escolar), de locação, de alienação de bens públicos (como a venda de imóveis estatais ociosos), de outorga de uso privativo de bens públicos (como a concessão de direito real de uso, as concessões de uso e as permissões de uso, a exemplo das utilizadas para viabilizar restaurantes privados, cafés, farmácias e bancas nos *campi* das universidades públicas).

Nota-se, com isso, que o foco da LLic é bastante amplo no tocante às espécies contratuais, mas, ao mesmo tempo, limitado a um grupo contratual específico: os contratos instrumentais. A LLic não foi elaborada nem pensada para disciplinar contratos com finalidade de cooperação, contratos com objetivo de concessão de serviços e obras públicas, nem contratos no exercício do poder de autoridade. Não obstante, suas normas eventualmente se estendem a esses e outros grupos contratuais em caso de lacuna da legislação específica e em decorrência tanto da técnica da subsidiariedade, quanto da analogia.

A LLic traz normas explícitas sobre a sua incidência a outros grupos contratuais em inúmeros dispositivos. O art. 186 evidencia que seus comandos incidem **subsidiariamente** sobre contratos de publicidade governamental, contratos de concessão de obras e serviços públicos, inclusive parcerias público-privadas. De acordo com o art. 184 e o art. 192, a aplicação subsidiária também vale para acordos, ajustes, convênios e outros instrumentos de caráter cooperativo, bem como para os contratos relativos ao patrimônio imobiliário da União. Em todas essas hipóteses, a incidência subsidiária implica a extensão automática de seus comandos sempre que houver lacuna da legislação específica, suas normas se mostrarem pertinentes e não houver impeditivo legal.

Como já adiantado no capítulo anterior, a LLic não incide sobre contratos firmados por **empresas estatais**, já que se submetem à Lei n. 13.303/2016. Tampouco vale para as parcerias sociais regidas exclusivamente pela Lei n. 13.019/2014 ou para contratos estatais que tenham por objeto operações de crédito, interno ou externo, e gestão de dívida pública e outros em regime especial (art. 4º).

Já as contratações realizadas no âmbito das repartições públicas sediadas no exterior respeitarão regulamentação específica e as peculiaridades locais, mas observarão os princípios gerais da LLic (art. 1º, 2º). Essa relativização do regime contratual se mostra igualmente aceitável para contratos celebrados nos termos de acordos internacionais ou de regras de agências e organismos internacionais em certos casos (art. 1º, § 3º).

21.2.2 Características dos contratos da LLic e poderes exorbitantes

Um exame sistemático da LLic revela que os contratos instrumentais por ela regidos apresentam características comuns que se identificam com as já apontadas para os contratos da Administração de maneira geral, bem como características próprias que os separam dos demais grupos contratuais. Essas características consistem principalmente em:

- **Processualidade**. Os contratos regidos pela LLic são expressos em instrumentos próprios, devidamente identificados e incluídos em processos administrativos de contratação (art. 91). Mesmo quando não se faça licitação, a contratação necessitará ser formalizada em processo, do qual constarão o instrumento contratual, os documentos preparatórios e eventuais aditamentos;

- **Formalidade**. Os contratos regidos pela LLic são escritos, admitindo-se a forma impressa ou a eletrônica, inclusive para aditivos, nos termos regulamentares (art. 91, § 3º). Contratos verbais são excepcionalíssimos, ou seja, valem apenas nas situações previstas legalmente, como de pequenas compras ou prestação de serviços para pronto pagamento com valor reduzido (art. 95, § 2º). Ademais, excepcionalmente, a forma contratual será substituída por nota de empenho e autorização de compra (art. 95);

- **Transparência**. Os contratos regidos pela LLic devem ser amplamente divulgados em sítio eletrônico oficial, sem prejuízo da aplicação de regras de restrição da LAI e de outras leis especiais (art. 91 da LLic). Adicionalmente, a divulgação será realizada no Portal Nacional de Contratações Públicas dentro do prazo legal e como condição da eficácia obrigacional (art. 94);

- **Transitoriedade**. A LLic estipula tetos máximos de duração conforme o tipo de contrato, permitindo-se a realização de ajuste sem prazo apenas quando a Administração Pública se colocar na posição de usuária de serviços públicos (art. 109). Para os contratos em geral, a duração limitada não impede prorrogações desde que compatíveis com a legislação e com o edital, inclusive, em certos casos, para fins de reequilíbrio econômico-financeiro;

- **Caráter de adesão**. Os contratos instrumentais da LLic são instrumento de adesão, porque a licitação impõe a modelagem do contrato pela Administração antes da abertura da disputa pelos agentes econômicos. Não há como se negociar verdadeiramente as cláusulas já que não se sabe exatamente quem celebrará o contrato. Por isso, elas são minimamente estipuladas pela LLic (art. 92), delineadas pelo ente contratante, inseridas na minuta contratual que, por sua vez, passa a compor um anexo do edital, ao qual adere o licitante. Nesse contexto e na melhor das análises, a LLic se abre apenas para formas de "negociação indireta", ou seja, autoriza que os potenciais contratantes pleiteiem modificações à minuta de contrato por expedientes como as audiências e consultas públicas, as impugnações e a judicialização; e

- **Verticalização**. Os contratos disciplinados pela LLic se caracterizam pela presença de poderes exorbitantes ou prerrogativas que colocam a Administração contratante em regime mais benéfico que o do contratado. Não há igualdade entre os polos contratuais, pois a Administração goza de uma série de poderes exorbitantes negados ao particular contratado. Nos termos do art. 104, o ente contratante pode: (i) modificar unilateralmente o contrato sob certos limites legais; (ii) extinguir unilateralmente o contrato em casos específicos sem a necessidade de decisão judicial; (iii) fiscalizar e acompanhar a execução do contrato, impondo a correção de irregularidades; (iv) aplicar sanções na esfera administrativa por infração contratual ou licitatória, não havendo, porém, previsão legal de sanção contra a Administração; e (v) ocupar provisoriamente os bens móveis ou imóveis, bem como utilizar pessoal e serviços vinculados ao objeto do contrato nas hipóteses de risco à prestação de serviços essenciais e para acautelar a apuração de infrações contratuais.

A presença desses poderes nos contratos regidos pela LLic merece algumas críticas, pois cria um regime assimétrico injustificado em alguns casos (como se vislumbra no tocante às sanções) e eleva riscos da contratação pública, o que tende a contribuir tanto para a redução da competitividade nos certames, quanto para a elevação do preço das propostas. Afinal, riscos geram custos de prevenção e custos elevam preços.

21.3 CELEBRAÇÃO E EXECUÇÃO CONTRATUAL

21.3.1 Formalização do contrato

A partir de uma mesma licitação, da contratação direta ou de procedimentos auxiliares, é possível que se celebrem um ou mais contratos, simultaneamente ou de maneira subsequente. O art. 49 da LLic esclarece que a Administração Pública, mediante justificativa expressa, poderá contratar mais de uma empresa ou instituição para executar o mesmo serviço, desde que essa contratação não implique perda de econômica de escala, o objeto possa ser executado de forma concorrente e a múltipla execução seja conveniente.

A formalização ou celebração de cada contrato administrativo é devidamente regrada pela LLic. Ela se dá mediante a assinatura de instrumento próprio do qual constem os nomes das partes e de seus representantes, a finalidade contratual, o ato autorizativo da lavratura, o número do processo licitatório ou da contratação direta e a sujeição às normas da LLic e às cláusulas contratuais (art. 89, § 1º).

A formalização é feita, a princípio, com o vencedor da licitação, que é chamado para assinar o termo de contrato dentro de prazo certo e conforme as condições estabelecidas na licitação. Esse prazo aceita prorrogação por uma vez e por igual período quando solicitada pelo interessado de maneira motivada e desde que a Administração a aceite.

Exaurido o prazo, com ou sem prorrogação, o direito do vencedor da licitação à contratação decai. Com isso, ele se sujeita a consequências como a perda da garantia de proposta e a abertura de processo administrativo de **responsabilização por infração pré-contratual** (art. 90 da LLic). Mais importante que punir o vencedor é, porém, celebrar o contrato. Afinal, a Administração empenha muitos recursos financeiros e humanos na contratação, de modo que não firmar o contrato equivaleria a desperdiçar todos esses investimentos.

Atento a isso, o legislador permitiu à Administração Pública convocar os licitantes remanescentes na ordem de classificação caso o vencedor da licitação não assine o contrato. Em seguida, deverá indagá-los sobre o interesse de celebrar o contrato nas mesmas condições propostas pelo vencedor da licitação. Se, porém, nenhum dos demais licitantes da ordem de classificação aceitar essas condições, então o ente contratante os convocará na mesma ordem para negociar e obter o melhor preço possível, ainda que acima do preço oferecido pelo vencedor (art. 90, § 4º). Note-se bem: essa possibilidade de aceitação de condições de contratação menos favoráveis somente prevalecerá depois que todos os remanescentes tiverem a oportunidade de celebrar o contrato nas mesmas condições do vencedor.

Diferentemente do que ocorre com o vencedor que se recusa a contratar, se os demais classificados se recusarem a celebrar o contrato seja nas mesmas condições do vencedor desistente, seja em condições diversas, a Administração não poderá sujeitá-los a qualquer consequência negativa. Contra eles não se aplicará nem a perda da garantia de proposta, nem se instaurará processo administrativo de responsabilização.

Pela mesma necessidade de se salvar os investimentos realizados na contratação e para tutelar os interesses públicos subjacentes ao contrato administrativo, a LLic permite a mesma possibilidade para viabilizar a conclusão de contratos. Melhor dizendo: aceita-se que o ente contratante convoque os demais licitantes quando o vencedor, após ter celebrado o contrato, dele se desvincular por extinção unilateral, consensual, arbitral ou judicial. Para evitar a realização de novo certame, a Administração convoca os demais licitantes para contratá-los com o objetivo de finalizar o remanescente da obra, do serviço ou do fornecimento de bens relativo ao contrato descontinuado em razão da rescisão (art. 90, § 7º).

21.3.2 Interpretação e integração contratual

A função de interpretação contratual é das mais relevantes e complexas. Isso se dá por uma série de fatores. O primeiro está no fato de que o contrato administrativo não é negociado. Por isso, a Administração Pública, mesmo com apoio de órgãos de controle e de assessoramento jurídico, ocasionalmente elabora instrumentos falhos e que geram problemas diversos ao longo da execução das obrigações.

O segundo fator reside na relação do contrato a uma série de fontes de direito administrativo. O contrato nunca subsiste como instrumento jurídico isolado. Ele está atrelado primariamente ao edital e a seus anexos, aos documentos preparatórios da licitação, como o ETP e o TR, bem como às propostas oferecidas pelo licitante que o celebra. Mas não é só isso. O contrato ainda se relaciona com os planos de contratação, com planos de políticas públicas, com a legislação contratual e setorial, com os princípios da Administração e, por vezes, com comandos regulatórios.

Sob essas circunstâncias, a interpretação do contrato administrativo requer um olhar aberto e sistêmico, capaz de conciliar adequadamente inúmeros documentos normativos formados em planos distintos e que influenciam a compreensão das obrigações. Para que essa tarefa se torne menos custosa, o art. 89, § 2º LLic exige da Administração que os contratos estabeleçam *"com clareza e precisão as condições de sua execução, expressas em cláusulas que definam os direitos, as obrigações e as responsabilidades das partes, em conformidade com os termos do edital de licitação e os da proposta vencedora ou com os termos do ato que autorizou a contratação direta e os da respectiva proposta"* (g.n.).

Esse dispositivo é extremamente relevante, pois, a uma, reconhece que a relação contratual pública extrapola o próprio instrumento contratual. A duas, porque valoriza a segurança jurídica "do" direito ao exigir das autoridades competentes a elaboração de um instrumento contratual objetivo, preciso e bem redigido. A três, porque consagra o princípio da vinculação ao instrumento convocatório e à proposta apresentada na licitação, reconhecendo, nisso, também uma implicação da boa-fé nos contratos administrativos.

Mesmo a elaboração mais cuidadosa da minuta contratual não evita todo e qualquer debate ou conflito sobre a interpretação correta das cláusulas obrigacionais. Exatamente por isso, em muitas situações, para lidar com a harmonização das várias fontes que incidem sobre os contratos, será fundamental utilizar regras de colisão, como a prevalência das normas especiais, superiores e posteriores. Na prática, essas regras podem ser ajustadas à realidade contratual por meio de cláusulas específicas sobre interpretação. Para instrumentos com conteúdo mais técnico, como contratos de obras, uma solução bastante interessante, ainda que relativamente cara, é a previsão de comitês de solução de disputas (*"dispute boards"*) formados por profissionais de engenharia que tenham poder de interpretar o contrato para recomendar ou determinar soluções executivas às partes no intuito de prevenir ou solucionar conflitos.

Para além da exigência de interpretação, os contratos apresentam eventuais lacunas que demandam integração. Aqui entram em cena técnicas clássicas como a analogia e os princípios gerais do direito administrativo. De igual utilidade é o emprego subsidiário das normas da teoria geral dos contratos e as do direito contratual privado. A reconhecer essa técnica, o art. 89, *caput* da LLic determina que serão aplicados aos contratos administrativo "**supletivamente**, os princípios da teoria geral dos contratos e as disposições de direito privado". A aplicação supletiva não deve prescindir de um exame da adequação da norma privada ao contexto e as finalidades do contrato público, bem como aos princípios do direito administrativo.

21.3.3 Execução e responsabilidade dos contratantes

Os contratos administrativos resultam de processo administrativo formal de seleção (com ou sem licitação) e de planejamento prévio materializado em plano de contratação, estudo técnico preliminar, termo de referência e em projetos diversos. Salvo mediante justificativa legítima que viabilize alteração contratual, a execução das obrigações necessitará ocorrer de maneira fiel àquilo que prescrevem as cláusulas contratuais, o edital e seus anexos, bem como a legislação.

A vinculação do comportamento das partes contratantes ao edital e seus demais anexos, bem como à proposta vencedora constitui um princípio basilar e expresso do direito contratual público (art. 5º da LLic). A LLic reforça essa ideia ao exigir que o contrato preveja "a vinculação ao edital de licitação e à proposta do licitante vencedor ou ao ato que tiver autorizado a contratação direta e à respectiva proposta" (art. 92, II). Esse dispositivo legal é de suma importância, pois: (i) explica que o edital é fonte normativa a que as propostas devem aderência; (ii) o contrato, por sua vez, vincula-se primariamente ao edital e secundariamente às propostas; e (iii) o princípio da vinculação ao instrumento convocatório não vale apenas para contratos licitados, cabendo aplicá-lo para a contratação direta, mas tendo como referência seu ato autorizativo.

Não é difícil compreender a relevância desse princípio na prática. A vinculação ao ato que dá origem à contratação é necessária, porque esse ato é a fonte de: (i) parâmetros de boa-fé contratual, já que dá origem a expectativas legítimas das partes contratantes e (ii) condições que levam os agentes econômicos a tomar suas decisões de participar ou não dos processos de contratação pública. Ignorar o ato convocatório que sustenta a contratação equivale a romper a boa-fé, quebrar a previsibilidade originária e violar as condições de concorrência divulgadas ao mercado previamente à licitação.

Por essas e outras razões, o descumprimento das obrigações pactuadas acarreta ao contratado um conjunto de consequências bastante gravosas, incluindo: a sujeição a sanções administrativas previstas na própria LLic por mora ou inexecução contratual; a perda da garantia; a sujeição a deveres de reparação civil quando houver dano; eventuais sanções criminais, sem prejuízo de sanções administrativas em outras esferas, como as da Lei Anticorrupção.

Além de trazer um amplo conjunto de normas sobre sanções administrativas e uma lista de crimes licitatórios/contratuais, os dispositivos da LLic reforçam a responsabilidade do contratado não somente por danos causados diretamente à Administração, mas também a terceiros, incluindo os trabalhadores da própria entidade contratada. Essa responsabilidade não será excluída, nem reduzida mesmo se constatada falha de fiscalização estatal (art. 120).

Em relação à **entidade contratante**, o contratado será obrigado a reparar, corrigir, remover, reconstruir ou substituir, a suas expensas, no total ou em parte, o objeto do contrato em que se identificarem vícios, defeitos ou incorreções de sua execução ou de materiais (art. 119). Além disso, responsabiliza-se objetivamente, por no mínimo cinco anos, pela solidez e segurança de matérias e serviços executados, bem como pela funcionalidade da construção, reforma, recuperação ou ampliação de imóvel em caso de vício, defeito ou incorreção identificados, devendo reparar, corrigir, reconstruir ou substituir o que for necessário (art. 140, § 6º).

Em relação aos seus **trabalhadores**, somente o contratado responderá por encargos trabalhistas, previdenciários, fiscais e comerciais resultantes da execução obrigacional (art. 121). A inadimplência do contratado quanto a esses encargos não transferirá à Administração sua responsabilidade e não poderá onerar o objeto do contrato, nem restringir a regularização e o uso das obras e das edificações que ele envolve, inclusive perante o registro de imóveis. Há, porém, algumas exceções a essa "blindagem" que a LLic oferece à Administração.

Especificamente nos contratos de **serviços contínuos com regime de dedicação exclusiva de mão de obra**, basicamente os contratos de terceirização, como limpeza e segurança de edifícios públicos, "a Administração responderá solidariamente pelos encargos previdenciários e subsidiariamente pelos encargos trabalhistas se comprovada falha de fiscalização do cumprimento das obrigações do contratado" (art. 121, § 2º, da LLic). Em outras palavras, o ente público se responsabilizará excepcionalmente perante os colaboradores do contratado se: (i) o contrato envolver serviço contínuo com dedicação exclusiva de mão de obra (nos termos do art. 6º, XVI, da LLic) e (ii) houver falha de fiscalização. Cumpridas essas duas condições, a responsabilidade do ente contratante será (a) **solidária** com a empresa contratada na área previdenciária e (b) **subsidiária** na área trabalhista.

Por conta desse risco de responsabilização estatal, nos mencionados contratos de serviços contínuos com dedicação exclusiva de mão de obra, a Administração poderá se valer de algumas técnicas preventivas, mediante previsão no edital ou no contrato. Isso inclui a exigência de caução, fiança ou seguro garantia para cobrir verbas rescisórias inadimplidas; o condicionamento do pagamento à comprovação de quitação de obrigações trabalhistas vencidas relativas ao contrato; o depósito de valores em conta vinculada (conferindo-lhes o benefício da impenhorabilidade), entre outras técnicas previstas no art. 121, § 3º, da LLic.

Apesar do reconhecimento da responsabilidade da Administração nesse último caso, de maneira geral, a meu ver, a LLic peca por não conferir ao ente contratante um regime de responsabilidade equivalente ao do contratado. Isso se vislumbra, por exemplo, na norma que afasta a responsabilidade da Administração nos casos de falha seja de fiscalização, seja de recebimento das obrigações contratadas. Outro exemplo desse regime de privilégio aos entes estatais se encontra nas normas que cuidam da responsabilidade por infrações contratuais decorrentes de mora ou inexecução. A lei não aponta sanções administrativas contra os entes contratantes que incorram nesses comportamentos infrativos. Com isso, desestimula a boa gestão dos contratos administrativos e abre espaço para condutas desidiosas e negligentes em muitas situações práticas.

É preciso lembrar, contudo, que o modelo verticalizado e assimétrico consagrado na LLic não impede que se responsabilizem agentes públicos por eventual comportamento caracterizador de infração disciplinar, ato de improbidade ou crimes. As lacunas da LLic tampouco obstam a responsabilização civil da Administração por danos advindos da má-execução contratual. Ademais, o particular contratado e prejudicado por comportamentos indevidos do ente contratante poderá solicitar a rescisão do vínculo contratual por meio de arbitragem ou judicialização.

21.3.4 Subcontratação

O mercado brasileiro é formado por uma parcela gigantesca de empresas de reduzido porte e frágil estrutura. Considerando o empresariado em geral, poucos são os agentes econômicos capazes de executar tarefas muito variadas apenas com o apoio de suas próprias equipes de trabalho. Além disso, por mais que existam médias e grandes empresas com capacidade financeira e funcional para assumir contratos mais abrangentes e complexos, nem sempre o exercício de todas as obrigações pelo contratado faz sentido do ponto de vista econômico, pois é capaz de gerar custos mais elevados que aqueles existentes em modelos de cooperação empresarial.

Para contornar essas dificuldades e inconvenientes, utiliza-se a técnica da subcontratação, ou seja, da transferência, pelo contratado, de parcela de suas obrigações para terceiros, pessoas físicas ou jurídicas, que não integram, nem se confundem com a equipe daquele. No direito administrativo, a subcontratação encontra certas limitações. De um lado, ela é reconhecida, pois garante mais competividade aos certames e potencializa a boa execução dos contratos. De outro, porém, é restrita, uma vez que pode, sob certas condições, afrontar a pessoalidade de certos contratos e gerar riscos para sua adequada execução.

Grosso modo, a LLic consagra a regra da autorização de subcontratação. O art. 122, *caput* combinado com o § 2º demonstra que a subcontratação é livre por lei, cabendo à Administração estipular seus limites e condições e, caso deseje, vedá-la de modo expresso no edital. A vedação é a exceção e, por isso, necessita ser expressa de acordo com o mandamento legal.

Para que a subcontratação efetivamente ocorra, não basta, porém, verificar a ausência de vedação no edital. É preciso que o contratado decida empregar essa técnica, o que pode ocorrer tanto no momento da licitação quanto ao longo da execução contratual. A vantagem de se decidir na fase da licitação reside na possibilidade de o licitante utilizar documentos do futuro subcontratado para fins de habilitação. De acordo com a LLic, a qualificação técnica será demonstrada por meios de atestados, incluindo atestados do potencial subcontratado no limite de até 25% do objeto (art. 67, § 9º).

Em todo e qualquer caso, para que o subcontratado possa atuar de maneira lícita, será importante que, para além da autorização editalícia, demonstre capacidade técnica e obtenha uma avaliação prévia positiva por parte da Administração Pública. Daí se conclui que o contratado deverá apresentar a documentação do subcontratado potencial ao ente contratante antes que se inicie a colaboração na execução contratual (art. 67, § 1º). É preciso, adicionalmente, que se observem certas vedações relativas a conflitos de interesses e contratos personalíssimos. Nesse sentido, a LLic proíbe expressamente a subcontratação:

(i) Para evitar conflito de interesses e benefícios indevidos, quando o profissional subcontratado ou os dirigentes da pessoa jurídica subcontratada mantiverem vínculos de natureza técnica, comercial, econômica, financeira, trabalhista, civil (inclusive de parentesco até 3º grau) com dirigente do ente contratante ou com agente público que desempenhe função na licitação ou atue na fiscalização ou gestão contratual (art. 122, § 3º) e

(ii) Para proteger a execução personalíssima da obrigação, na contratação, por inexigibilidade de licitação, de serviços técnicos especializados de natureza predominantemente intelectual com profissionais ou empresas de notória especialização (art. 74, § 4º).

Além dessas normas, a legislação trata da subcontratação ao dispor da cláusula de retomada e da inclusão de Microempresas e Empresas de Pequeno Porte nas licitações.

A **cláusula de retomada** (*"step-in"*) utilizada em contratos de obras e serviços de engenharia permite que uma seguradora substitua o contratado segurado caso ele venha a descumprir suas obrigações. Se isso ocorrer, a seguradora poderá entre diretamente executar as obrigações remanescentes para finalizar o contrato ou, por sua decisão, subcontratar as tarefas pendentes, total ou parcialmente, a outra empresa (art. 102, III). Não há dúvidas de que, nessa última hipótese, o ente contratante também deverá examinar a capacidade técnica do subcontratado escolhido pela seguradora.

Já o Estatuto da Microempresa e da Empresa de Pequeno Porte (LC n. 123/2006, art. 48, II) prevê a **subcontratação compulsória**, ou seja, autoriza que a Administração Pública obrigue o contratado a subcontratar parcela das tarefas de contratos de obras e serviços em favor das ME e EPP. Note-se bem: a lei confere à Administração discricionariedade para exigir a subcontratação e vai além ao permitir seu direcionamento para beneficiar exclusivamente empresas locais ou regionais (art. 48, § 3º, do Estatuto). O ente contratante não está obrigado a usar essa técnica, mas, caso opte por ela, o contratado não terá como recusá-la.

Para que a subcontratação obrigatória cumpra sua função no sentido de incluir ME e EPP nos mercados públicos, é necessário, porém, que o contratado em si não seja empresa enquadrada nessas categorias. Além disso, com vistas a garantir a efetividade do instituto, a LC n. 123/2006 permite que o ente contratante efetue os pagamentos diretamente às empresas subcontratadas sem a necessidade de intermédio do contratado.[2]

---

2. Para mais detalhes, cf. MARRARA, Thiago; RECCHIA, Paulo Victor. Microempresas (ME) e empresas de pequeno porte (EPP) em licitações: comentários aos meios discriminatórios da LC 123 e suas modificações recentes. *Revista de Direito Público Contemporâneo*, v. 1, n. 3, 2017, p. 17 a 19 (disponível online).

21.3.5 Duração contratual

Os contratos administrativos movimentam recursos públicos vultosos que necessitam ser geridos de modo objetivo, eficiente, impessoal e em respeito ao princípio da competitividade. Por isso, é inaceitável que qualquer contrato dessa natureza dure indefinidamente. A renovação e a rotatividade dos contratados, de tempo em tempo, são imprescindíveis para garantir o Estado republicano, para fortalecer a competição e, inclusive, harmonizar a contratação com as regras do direito financeiro e do planejamento orçamentário.

A LLic estabelece normas gerais de duração e **prazos específicos** para certos tipos de contrato. Salvo para os contratos de execução imediata, a duração constará do edital e, naturalmente, de cláusula contratual. Deverá, ainda, ser definida de acordo com a finalidade do contrato e em linha com a legislação orçamentária, considerando-se a disponibilidade de recursos para arcar com as obrigações assumidas pela Administração.

A harmonização com os planos orçamentários plurianuais é especialmente importante quando a duração ultrapassa um exercício financeiro. Para esse grupo de contratos, porém, respeitados alguns limites temporais mínimos, a LLic confere ao ente contratante o poder de extinguir o contrato plurianual sem ônus desde que não mais disponha de crédito orçamentário para tanto ou demonstre que o contrato não mais oferece vantagem (art. 106, III).

Além dessas normas, a LLic oferece prazos máximos pontuais para determinadas espécies contratuais. Esses prazos estão sistematizados na tabela a seguir:

Contrato	Duração	Fundamento legal
Contratos de serviços e fornecimentos contínuos, aluguel de equipamentos e utilização de programas de informática	Até 5 anos com possibilidade de prorrogação até 10 anos mediante previsão no edital e comprovação de vantajosidade	Art. 106 Art. 107
Contratos que geram receitas e contratos de eficiência	Até 10 anos, nos contratos sem investimento	Art. 110
	Até 35 anos, nos contratos com investimento	
Contratos de operação continuada de sistemas estruturantes de TI	Até 15 anos	At. 114
Contratos de escopo	Até a conclusão do objeto	Art. 111

Fonte: elaboração própria

Os **contratos de escopo** ou de "serviços não contínuos" (art. 6º, XVII da LLic) merecem algumas considerações. Trata-se de um conjunto de contratos sustentados em uma obrigação principal cujo atendimento é essencial para o cumprimento de sua função. Não interessa tanto o que se faz ao longo do contrato, mas sim seu resultado. Exemplos básicos de contratos de escopo são os de consultoria para elaboração de projetos técnicos, os contratos de construção de obras, como pontes e avenidas, e os contratos de elaboração de obras de arte. Nesses ajustes, o interesse público primário que sustenta a contratação somente é atingido quando se conclui o objeto.

Com o objetivo de tutelar a finalidade contratual e os interesses públicos primários subjacentes, a LLic mitiga a rigidez do sistema de prazos para os contratos de escopo. De acordo com o art. 111, o prazo de vigência desses contratos será **automaticamente prorrogado** quando o objeto não for concluído no prazo inicialmente determinado. Note-se bem: a prorrogação decorre da lei e independe de uma decisão concreta da autoridade pública competente. No entanto, essa regra não afasta a necessidade de se apurar as razões dos atrasos na conclusão e de se instaurar os processos administrativos de responsabilização cabíveis quando houver indícios da prática de comportamento ilícito por parte do contratado. Caso se confirme sua conduta infrativa, além das sanções e eventuais determinações de reparação civil, o ente contratante terá a faculdade de extinguir o vínculo contratual.

21.3.6 Suspensão da execução

Embora rígido, o prazo de duração contratual não é absolutamente imutável. Dentro dos regramentos da lei, aceita-se que a duração se alongue para além do inicialmente previsto por técnicas de suspensão, prorrogação ou extensão.

A **suspensão** nada mais é que a parada do fluxo de execução contratual. Ela atinge contratos em curso e decorre geralmente de fatores imprevistos, como caso fortuito e força maior. Exemplo disso é o contrato paralisado por força de uma inundação ou forte tempestade, bem como o paralisado por atrasos na expedição de licenças ou por determinação de autoridades judiciais. A decisão de suspensão nem sempre é *interna corporis*, ou seja, nem sempre resulta de uma decisão da própria Administração Pública como ente contratante. Os órgãos de controle também detêm poderes que causam suspensão contratual, sobretudo quando necessário para evitar violação à legalidade ou a interesses públicos primários.

Na LLic de 2021, inúmeras são as normas referentes ao instituto. Em primeiro lugar, o art. 115, § 5º prevê que a suspensão do contrato ou ordem de paralisação implica a automática prorrogação do cronograma pelo tempo correspondente. Em segundo, o art. 137, § 2º cria regras de proteção ao contratado diante de suspensões excessivas. Nesse sentido, confere-lhe o direito de solicitar a extinção arbitral ou judicial do contrato quando a suspensão da execução por ordem da Administração superar o prazo de 3 meses ou quando as repetidas suspensões totalizarem 90 dias úteis ou mais, sem prejuízo do direito do contratado ao pagamento obrigatório de indenização pelas sucessivas e contratualmente imprevistas desmobilizações ou mobilizações.

Nos casos indicados de suspensão da execução pela Administração, o contratado terá a opção ou de solicitar a extinção do contrato pela via arbitral ou judicial ou por manter o contrato com a suspensão de atividades até o reestabelecimento da normalidade, quando então poderá solicitar reequilíbrio econômico-financeiro (art. 137, § 3º, II). Diz a lei, ademais, que a determinação de suspensão da execução pela Administração desobriga o contratado a renovar a garantia ou a endossar a apólice de seguro até que se reinicie a execução (art. 96, § 2º).

A determinação de suspensão da execução contratual, como dito, pode se fundar igualmente em indícios de irregularidades insanáveis no procedimento licitatório ou na execução contratual. Nessas hipóteses, a suspensão é determinada quer pela entidade contratante, quer por órgãos de controle, como o Judiciário. Para tratar desse assunto, a LLic previu um dispositivo exclusivo e bastante polêmico.

O art. 147 aponta que a decisão de suspensão da execução, assim como a de declaração de nulidade, somente será adotada quando se revelar de interesse público e passar por uma avaliação bastante complexa de efeitos que incluem, por exemplo, aspectos sociais, laborais, econômicos, administrativos, entre outros. Esse dispositivo absorve a lógica da avaliação de impacto (ou "**consequencialismo**") nas decisões sobre o andamento contratual, buscando evitar medidas precipitadas ou irracionais do contratante estatal. Ademais, apesar de ser silente, aparentemente, o art. 147 se aplica a todo e qualquer órgão público que possa tomar medida semelhante, inclusive o Judiciário. Assim, por exemplo, um juiz não poderá liminarmente determinar a suspensão sem a demonstração do interesse público e sem a avaliação de impacto exigida pela LLic. A esse dispositivo se voltará, oportunamente, na discussão sobre a declaração de nulidade.

Quer provenha a ordem de suspensão da própria Administração, quer de órgãos de controle, como o Judiciário, a LLic exige que o ente contratante a divulgue sempre que superar um mês. A divulgação ocorrerá tanto na internet, quanto no local da obra por meio de aviso público de paralisação, com o motivo e o responsável, bem como com a previsão do reinício (art. 115, § 6º).

21.3.7 Prorrogação e extensão

Enquanto a suspensão ocorre durante a execução contratual em razão de fatos imprevistos e prolonga a vida do contrato sem propriamente alterar sua cláusula de duração em termos formais, a prorrogação consiste em um acréscimo formal da duração, imediatamente subsequente ao esgotamento do prazo originário.

Embora a LLic vede a prorrogação para além de um ano dos contratos administrativos celebrados especificamente por dispensa baseada em emergência ou calamidade (art. 75, VIII conforme decisão do STF na **ADI 6890**), de maneira geral, a lei aceita a prorrogação como instituto do direito contratual. Seja pela necessidade de proteger a concorrência e o acesso de outros agentes econômicos a mercados públicos, seja para evitar fraudes e corrupção por meio de estratégias de prorrogação abusiva, essa autorização não poderia, contudo, ser irrestrita. Daí surgem as várias limitações e condições que a lei impõe ao tema.

A disciplina legal requer, em primeiro lugar, que a prorrogação seja debatida e ponderada já na fase de preparação da contratação. Ao elaborar o termo de referência, como documento necessário à contratação de bens e serviços, o administrador deverá não apenas definir o objeto, como também estipular o prazo do futuro contrato, com a possibilidade de sua prorrogação (art. 6º, XXIII). Essa mesma exigência vale para o edital e para o ato que justifica a contratação (art. 105).

Por força dessas normas, a **validade da prorrogação** depende (i) da indicação prévia de sua possibilidade, (ii) do pedido do contratado e (iii) da decisão discricionária da Administração em aceitá-la. Ao elaborar essa decisão, é necessário considerar não apenas a vantajosidade da prorrogação, inclusive em termos de preços e condições ofertadas em comparação com um novo contrato, como também a proteção da concorrência. Ademais, a autoridade competente deve previamente verificar a regularidade fiscal do contratado, consultar o CEIS e o CNEP, emitir certidões negativas de inidoneidade, de impedimento, bem como de débitos trabalhistas, juntando-os ao processo (art. 91, § 4º).

Quanto aos limites da prorrogação, a LLic traz normas importantes e que contêm uma diferenciação conforme o tipo de contrato. Tal como se demonstrou anteriormente, os contratos de serviços e fornecimentos contínuos aceitam prorrogação sucessiva até atingirem a vigência máxima decenal (art. 107). Já nos contratos de escopo, o prazo de vigência será automaticamente prorrogado quando o objeto não for concluído no prazo de duração originário, sem prejuízo de verificação de responsabilidades pelo atraso (art. 111).

Para além dessas situações, o uso da prorrogação do contrato é válido como estratégia de equilíbrio econômico-financeira. A essa estratégia de prorrogação para corrigir desequilíbrios se pode dar o nome doutrinário de **extensão contratual**. A princípio, trata-se de estratégia muito comum em concessões e PPP, para os quais o tempo de duração contratual aumenta a arrecadação de tarifas pela concessionária. Nos contratos regidos pela LLic, a lógica é predominantemente outra, já que muitos contratos são sustentados meramente com pagamentos do ente contratante estatal. Ainda assim, a LLic reconhece alguns contratos sustentados mediante exploração econômica realizada pelo contratado, como os de concessão de uso privativo de bens públicos para edificar construções e explorá-las. Nesses casos, portanto, a extensão de prazo poderá ser bastante útil e será aceitável desde que o pedido de reequilíbrio econômico-financeiro e a decisão de deferimento da extensão ocorram antes do esgotamento da vigência do contrato (interpretação lógica do art. 131, parágrafo único).

A preocupação do legislador com abusos e desvios no uso da prorrogação contratual o levou a prever normas de controle para tanto. Ao definir o conceito de **superfaturamento**, o art. 6º, LVII da LLic nele enquadra, entre outras ilicitudes, a "prorrogação injustificada do prazo contratual com custos adicionais para a Administração". Esse tipo de comportamento, além de configurar infração contratual por fraude (art. 155), também pode tipificar ato de corrupção (art. 5º da Lei Anticorrupção) e crime. De acordo com o art. 337-H do Código Penal, admitir, possibilitar ou dar causa a "prorrogação contratual, em favor do contratado, durante a execução dos contratos celebrados com a Administração Pública, sem autorização em lei, no edital da licitação ou nos respectivos instrumentos contratuais" é infração sujeita a penas de reclusão e multa.

21.3.8 Alterações contratuais

As possibilidades de modificação dos contratos administrativos não se restringem ao seu prazo de duração. Embora formal e escrito, esses contratos necessitam de um mínimo de flexibilidade para se adaptar à dinâmica da realidade e a interesses públicos primários, que variam no tempo e no espaço. É por essas e outras razões que as obrigações de execução também se submetem a eventuais alterações de ordem qualitativa e quantitativa. Ora essas alterações são negociadas pelas partes contratantes e fixadas de maneira amigável ou consensual, ora impostas pelo ente estatal contratante unilateralmente com base em suas prerrogativas contratuais. O particular contratado, entretanto, jamais poderá impor qualquer alteração isolada às obrigações praticadas.

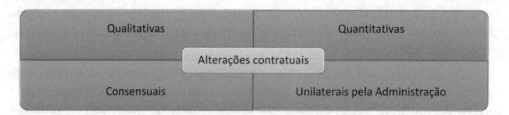

As causas de **alteração obrigacional consensual** ou amigável estão enumeradas de maneira expressa na LLic. O art. 124, II a prevê para fins de: substituição da garantia de execução; mudança de regime de execução ou modo de fornecimento; reequilíbrio econômico-financeiro em razão de caso fortuito, força maior, fato do príncipe etc.; bem como para modificação da forma de pagamento por circunstâncias supervenientes, mantido o valor inicial atualizado e vedada sua antecipação sem a correspondente contraprestação (salvo em casos excepcionais apontados oportunamente neste capítulo).

Já a **alteração obrigacional unilateral**, imposta pela Administração Pública como ente contratante, somente será lícita quando: (a) consistir em modificação do projeto ou das especificações para melhor adequação técnica do contrato a seus objetivos, caso em que se deverá verificar responsabilidade técnica do agente público que o elaborou incorretamente, com eventual exigência de reparação de danos (art. 124, § 2º) ou (b) for necessária à modificação do valor contratual em razão de acréscimo ou diminuição quantitativa do objeto nos limites permitidos pela LLic (art. 124, I).

Essa última hipótese de alteração unilateral do valor embute, por conseguinte, o reconhecimento de que o ente contratante goza de discricionariedade para proceder a acréscimos ou supressões do objeto contratual dentro de certos limites. Esses limites equivalem a 25% do valor atualizado do contrato para acréscimo ou supressão do objeto ou, particularmente no acréscimo em reforma de edifício ou equipamento, a 50% do referido valor.

De acordo com essas regras, o que importa para garantir a licitude da modificação quantitativa unilateral é o respeito à margem legal sobre o **valor atualizado do contrato** administrativo. Reitero: o percentual legal se refere ao valor contratual não ao quantitativo do objeto. Assim, por exemplo, seria lícito ao ente contratante impor um aumento de 30% (ou de percentual até maior) da quantidade de bens contratados desde que o acréscimo de pagamento daí resultante não superasse 25% do valor contratual atualizado.

Além de respeitar certos limites, é imprescindível que as alterações não transfigurem o objeto da contratação (art. 126) sob pena de violar tanto o **princípio da vinculação ao instrumento convocatório**, quanto os princípios da competitividade e da moralidade administrativa. Embora a Lei direcione essa regra apenas à alteração unilateral, entendo que ela se estende, pela mesma lógica, às alterações consensuais. Na prática, entretanto, nem sempre é simples verificar com precisão os limites razoáveis para se respeitar o objeto originário do contrato e da licitação.

Em todo e qualquer cenário, as alterações deverão ser acompanhadas das devidas medidas de reequilíbrio econômico-financeiro (art. 130). Nelas, há que se incluir, ainda, as reparações de custos de aquisição e outros danos devidamente comprovados pelo contratado como consequência de eventual supressão de obras, bens e serviços (art. 129).

21.3.9 Recebimento do objeto

O contratado está vinculado à fiel execução do pactuado e a Administração cumpre fiscalizar sua atuação e praticar os devidos atos de recebimento do objeto contratual. Tecnicamente, o recebimento representa um ato declaratório do ente contratante que tem a finalidade de atestar, de maneira provisória ou definitiva, o cumprimento de uma ou mais obrigações pelo contratado, colocando-se como condição prévia para a realização do pagamento (art. 140). Se o recebimento for rejeitado totalmente, não se deverá proceder ao pagamento. Se rejeitado em parte, restará autorizado apenas o pagamento da parcela executada, recebida e incontroversa (art. 143 da LLic).

O recebimento como ato da Administração que reconhece o adimplemento obrigacional pelo contratado é formalizado mediante termo escrito com validade provisória ou definitiva. Há, porém, algumas nuances:

- Nos **contratos de obras e serviços**, inclusive de engenharia, o recebimento provisório realizado pelo fiscal enseja a verificação do respeito, pelo contratado, às exigências técnicas. A seu turno, o recebimento definitivo, elaborado por um servidor ou comissão indicada para tanto, aponta a observância do contrato; e

- Nos **contratos de compra de mercadorias** (bens), o recebimento provisório é sumário e envolve a verificação básica do objeto, enquanto o definitivo pressupõe o exame detalhado do atendimento das exigências contratuais.

Nessas várias situações, é possível que a prática do ato de recebimento dependa não apenas de uma mera verificação do objeto, mas sim de ensaios, testes e outras provas técnicas e robustas que viabilizem ao agente público competente aferir a boa execução das obrigações pactuadas. Quando previstas, os custos dessas exigências técnicas correrão por conta do contratado, salvo se o edital ou ato regulamentar contiver previsão em sentido contrário (art. 140, § 4º).

A despeito de depender ou não de testes e ensaios, o recebimento não serve para afastar as responsabilidades do contratado pela correta e devida execução das obrigações pactuadas. Mesmo após a emissão do recebimento definitivo, ele deverá responder por violações de normas ético-profissionais, bem como, pelo prazo mínimo de 05 anos, por problemas relativos à solidez, segurança e funcionalidade de serviços, materiais, obras ou reformas. Constatados esses problemas ou irregularidades, deverá reparar, reconstruir, corrigir ou substituir o que for necessário (art. 140, § 6º). Nos serviços de elaboração de projetos de obras, o projetista ou consultor contratado será igualmente responsável por todos os danos advindos de suas falhas (art. 140, § 5º).

21.4 PAGAMENTO E EQUILÍBRIO ECONÔMICO-FINANCEIRO

21.4.1 Pagamentos, antecipação e parcelas variáveis

Os contratos administrativos regidos pela LLic são bastante variados. Alguns não envolvem prestação em dinheiro, como as permutas; outros ensejam pagamentos dos contratados para a Administração Pública, como os contratos de alienação de bens públicos ou de outorga de uso privativo desses bens. Apesar disso, é possível afirmar que os contratos instrumentais mais comuns e frequentes são aqueles em que o ente estatal contratante realiza o pagamento (i) pecuniário e (ii) em favor da pessoa física ou jurídica contratada. É isso que ocorre nos contratos que a Administração utiliza para aquisição de bens, de serviços e de obras.

Como tais contratos envolvem pagamentos ao contratado e movimentam recursos financeiros públicos, a legislação traz uma série de normas para disciplinar o tema. De um lado, essas normas buscam zelar pela moralidade e pela economicidade dos pagamentos. De outro, visam a tutelar os contratados para evitar que a Administração indevidamente os prejudique.

O pagamento necessita ser compreendido como a retribuição financeira a que uma parte contratante faz jus em razão da execução das obrigações pactuadas. Na LLic, sempre que a Administração contratante assumir obrigações de pagamento, somente poderá executá-las após o adimplemento das obrigações pela parte contratada. A regra geral é a do pagamento posterior, devendo o ente contratante receber as obrigações para então pagar. Há, porém, exceções.

De acordo com a LLic (art. 145, § 1º), o **pagamento antecipado** é admitido em duas hipóteses excepcionais. A primeira é aquela em que a antecipação propicia sensível economia de recursos públicos. A Lei não explica, porém, o que significa essa "sensível" economia e, por isso, depende de regulamentação sob o risco de gerar mais problemas que soluções. A segunda hipótese é aquela em que o pagamento antecipado representa condição indispensável para a obtenção de certo bem ou serviço. Isso ocorre em segmentos monopolizados, em que a Administração encontra uma única empresa fornecedora do objeto desejado. Se essa empresa somente contratar mediante pagamento antecipado, não haverá alternativa ao ente contratante senão aceitá-lo.

Nas duas hipóteses taxativas citadas, a autoridade responsável pelo planejamento da licitação ou da contratação direta deverá explicitamente prever o pagamento antecipado de antemão e justificar sua realização. Essa justificativa envolve a descrição da situação fática, bem como seu enquadramento dentro de uma das situações excepcionais indicadas. Fora dessas situações, a antecipação será ilícita e poderá gerar responsabilização das autoridades envolvidas.

A antecipação do pagamento sempre traz como risco a chance de que o particular contratado se enriqueça ilicitamente ao recebê-lo sem posteriormente executar o pactuado. Por isso, a LLic faculta ao ente contratante exigir do contratado a prestação de garantia adicional como condição para essa forma de pagamento. Entretanto, não há na lei qualquer estipulação quantitativa desse adicional (art. 145, § 2º). A LLic somente prevê que o valor antecipado deverá ser devolvido sempre que a obrigação não for executada no prazo contratual (art. 145, § 3º), sem prejuízo das demais sanções aplicáveis pelo inadimplemento. Caso, porém, não se tenha esgotado o prazo contratual e a Administração entenda cabível a execução obrigacional apesar da mora do contratado, não se deverá falar de devolução de valores, sob pena de enriquecimento sem causa do contratante estatal. Nessa hipótese, o contratado deverá apenas responder pela infração de mora nos termos previstos no contrato e na legislação.

Seja o pagamento posterior à execução obrigacional ou excepcionalmente antecipado, a LLic prevê sua possibilidade de realização em **parcela global única** ou por medição de unidades. O **pagamento por unidades** é adequado na situação em que a quantidade executada não puder ser devidamente mensurada de antemão ou puder variar por fatores supervenientes. Sob essas circunstâncias, o contrato deve mencionar o método de medição, por exemplo, em metros, em litros, em quilos etc.

Além de aceitar pagamento global ou por unidades, a LLic também classifica o pagamento em fixo ou variável. No modelo de **pagamento fixo**, a execução das obrigações, integralmente ou em parcelas, ocasiona o pagamento de um valor predefinido já no edital da licitação ou nos documentos da contratação direta. O problema desse sistema é que ele não estimula o melhor desempenho do contratado na execução de suas tarefas. Muito pelo contrário: a tendência é que o particular busque minimizar seus gastos e esforços na execução contratual para que possa extrair o máximo de lucro do pagamento realizado pela Administração.

Para corrigir os inconvenientes do pagamento fixo, a LLic faculta ao ente contratante realizar o **pagamento de parcelas adicionais variáveis**. Essas parcelas serão pagas tão somente se o contratado atingir metas de desempenho previamente estabelecidas pela Administração no edital e no contrato (art. 144). As metas consistirão em padrões de qualidade, critérios de sustentabilidade ambiental, prazos de entrega etc. Por exemplo, certo Município pode estipular que a empresa contratada para construir uma ponte receberá 20% a mais caso logre concluir a obra em metade do tempo programado. Da mesma forma, certa escola pública, ao contratar merenda, pode estipular um benefício adicional de 10% do pagamento caso a empresa fornecedora dos alimentos obtenha uma avaliação excelente por parte dos estudantes.

Assim como o pagamento antecipado, a utilização do sistema de remuneração variável necessita ser justificada de antemão. Deve, igualmente, ser considerada na orçamentação. O ente contratante necessita inserir o pagamento fixo e todas as parcelas variáveis, ainda que potenciais, dentro do limite de gastos de que dispõe para a celebração de um determinado contrato (art. 144, § 2º). Se não o fizer, correrá o risco de não dispor dos recursos necessários para o pagamento da parcela variável se o contratado atingir as metas.

Na LLic de 2021, nota-se uma clara preocupação do legislador com a proteção da ordem de pagamentos e com o combate de arbitrariedades na sua realização, de modo a beneficiar certos fornecedores e a prejudicar outros. Exatamente por isso, a lei impõe que os pagamentos deverão seguir uma **ordem cronológica** por categoria de contrato (serviços, bens, obras e locações). O descumprimento dessa ordem ensejará responsabilização do agente público competente. Caso sobrevenha disputa acerca da execução contratual e rejeição de recebimento de certas obrigações, então a entidade contratante deverá realizar apenas o pagamento das parcelas incontroversas e devidamente recebidas (art. 143).

Apesar de mandatória, a ordem de pagamento aceita relativizações. A LLic aponta causas taxativas que autorizam o ente contratante a modificar a ordem mediante prévia justificativa e posterior comunicação aos órgãos de controle interno e ao Tribunal de Contas. Essas causas abrangem, por exemplo, emergência e calamidade pública; pagamento a ME ou EPP que esteja sob risco de descontinuidade do contrato; pagamentos de direitos em situação de falência, recuperação judicial ou dissolução da contratada, entre outras hipóteses enumeradas no texto legal (art. 141, § 1º).

21.4.2 Equilíbrio econômico-financeiro

Para decidir se participará de uma licitação ou de um processo de contratação direta, o agente econômico racional pondera, de antemão, as expectativas de receitas, despesas, custos e investimentos que necessitará realizar em razão do contrato administrativo a ser eventualmente celebrado. Essas expectativas são geradas não apenas com base em seus fatores internos de organização empresarial e suas capacidades de agir de modo eficiente. Elas resultam igualmente das características e obrigações contratuais que o ente contratante apresenta ao mercado para atrai-lo.

A Administração Pública, destarte, não pode ignorar essas expectativas legitimamente criadas ao longo da execução do contrato sob pena de violar a moralidade, a boa-fé e a segurança jurídica. Desses princípios se extrai a necessidade de proteger a razão entre as entradas e saídas financeiras que o contrato ocasiona e que se indica no momento anterior à sua celebração. Essa razão entre entradas e saídas financeiras nada mais é que a **equação de equilíbrio econômico-financeiro** do contrato. Já a proteção jurídica que o ordenamento lhe confere é denominada de **intangibilidade** da equação econômico-financeira.

A partir desses conceitos, sempre que a execução do contrato ocorrer como esperado, ou seja, de forma compatível ao que se planejou, considerar-se-á que o equilíbrio econômico-financeiro está mantido (art. 103, § 5º, da LLic). Diferentemente, se eventos modificarem a razão estabelecida originariamente entre entradas e saídas financeiras esperadas, então haverá desequilíbrio.

É preciso ter em mente, porém, que nem todo desequilíbrio impõe reequilíbrio por parte da Administração Pública. Somente os riscos assumidos pelo ente contratante acarretam esse dever de reestabelecer a equação. Isso geralmente ocorre quando ele deixa indevidamente de entregar as áreas para a construção da obra contratada, não obtém as licenças necessárias ou comete outras condutas prejudiciais à execução contratual. Assim, o reequilíbrio se impõe quando o contratante faz uso de sua prerrogativa de alteração unilateral do contrato. Além disso, por força de disposição expressa da LLic (art. 134), cabe diante da criação, alteração ou extinção de tributos, encargos legais ou normas legais com repercussão financeira sobre as obrigações pactuadas.

Em contraste, se o equilíbrio tiver sido rompido por força de eventos imputáveis única e exclusivamente ao contratado, caberá a ele assumir isoladamente o prejuízo. Isso se vislumbra, por exemplo, quando o próprio contratado enfrenta problemas com sua equipe que atrapalham o contrato, quando não atinge as eficiências operacionais e produtivas que pretendia, quando comete erros e falhas que exigem o refazimento de obras ou serviços.

Há, ainda, eventos produzidos por terceiros ou pela própria natureza que impactam fortemente o contrato. Isso se vislumbra em desastres que dificultam ou impedem as obrigações, em guerras, pandemias etc. Sob circunstâncias assim, será preciso verificar se a legislação ou o contrato determinam o reequilíbrio ou atribuem isoladamente ao contratado a responsabilidade pelos prejuízos eventuais.

Embora seja frequentemente empregado como uma medida protetiva do contratado, o reequilíbrio serve igualmente para evitar prejuízos à Administração Pública. Em contratos instrumentais como os regidos pela LLic, seu uso ocasiona tanto elevação de pagamentos, quanto redução. Imagine, por exemplo, que certo Município celebre um contrato de obra para construção de escola pública e coloque ao particular o dever de adquirir o terreno para tanto. Mais tarde, porém, a União decide doar área para viabilizar o projeto, aliviando o contratado, que não mais terá que investir na aquisição do imóvel. Esse caso ilustra uma situação em que o fato externo impacta o contrato e, por conseguinte, exige reequilíbrio em favor do Município mediante a redução proporcional de suas obrigações de pagamento ao contratado.

Na prática, a efetivação do reequilíbrio contratual depende de várias ferramentas. A primeira delas são as cláusulas que definem a distribuição dos riscos e responsabilidades entre as partes contratantes. Por vezes, essas disposições aparecem nos contratos como matriz de risco, mas não é obrigatório que isso ocorra em todos os casos. Em segundo lugar, o reequilíbrio se desenvolve por meio de procedimentos administrativos específicos, a saber: o reajustamento em sentido estrito, a repactuação e a revisão contratual. Esses vários instrumentos serão examinados em mais detalhes nos próximos itens.

21.4.3 Matriz de riscos e teoria das áleas

Riscos são eventos futuros, previsíveis e cuja ocorrência, incerta, aumenta custos ou reduz ganhos das partes contratantes. Os riscos diferem dos perigos, já que aqueles são previsíveis, enquanto estes estão no âmbito da incerteza, ou seja, não se sabe se configuram eventos faticamente possíveis. Os riscos também se diferenciam das oportunidades, na medida em que estas indicam eventos futuros, previsíveis, mas benéficos, uma vez que permitem reduzir custos do contrato ou aumentar receitas.

Apesar das distinções conceituais, os riscos, os perigos e as oportunidades são contratualmente relevantes, porque dificultam, impossibilitam ou facilitam a execução das obrigações pactuadas entre a Administração e o particular. Quanto maior for a duração contratual, mais intensa será a sujeição das partes contratantes a esses eventos. Assim, racionalmente, elas necessitam se preparar para sua ocorrência, prevenir seus efeitos nocivos e estabelecer regras que tracem a responsabilidade pelas consequências financeiras negativas. Se não o fizerem, a ocorrência do evento futuro certamente gerará uma controvérsia que, além de suscitar conflitos e eventual judicialização, poderá comprometer a finalização e a efetividade do contrato administrativo.

A chamada **matriz de risco** nada mais é que o instrumento por meio do qual se anteveem e se sistematizam, de maneira expressa, riscos e oportunidades capazes de afetar significativamente um determinado contrato. Ao elaborá-la, o administrador público antevê, por exemplo, os riscos de desastres, de atraso na desapropriação da área para construção da obra, de indeferimento da licença ambiental, de aumento do valor do material de construção, de greve, de erros de projetos, de falhas de execução do projeto etc. Embora a lei não se refira a oportunidades, pela mesma razão, elas devem ser inseridas na matriz, a exemplo da redução de tributos, da queda de taxas de juros, deflação etc.

Na prática, esses vários riscos e oportunidades são sistematizados de maneira própria para reger cada contrato. Na prática, eles são frequentemente reunidos em grupos, como o de riscos jurídicos, riscos econômicos, riscos políticos, riscos ambientais, entre outros. É igualmente comum que a matriz se valha da **teoria das áleas** contratuais e absorva conceitos tradicionais e abertos como:

(i) **Caso fortuito**, para indicar o conjunto de eventos marcados pela imprevisibilidade, como roubos, furtos, epidemias e greves;

(ii) **Força maior**, para indicar o conjunto de eventos marcados pela irresistibilidade, como terremotos, tremores de terra e secas;

(iii) **Fato do príncipe**, para indicar atos estatais desvinculados das obrigações do ente contratante, mas que afetam o contrato de fora para dentro, a exemplo da não expedição de uma licença pela União para viabilizar a construção de obra prevista em contrato municipal e a modificação de tributos; e

(iv) **Fato da Administração**, para indicar inadimplementos ou atrasos imputáveis ao ente contratante e que afetam o contrato, como a não desapropriação da área necessária para a construção da obra contratada.

Adicionalmente aos riscos e oportunidades em espécie, a matriz necessita apontar a parte contratante responsável pelas desvantagens ou vantagens financeiras advindas da materialização do evento. Essa distribuição de responsabilidade aceita diferentes modelos. É se adotem tanto a regra da responsabilização alternativa, ou seja, imputada integralmente a uma ou outra parte, quanto a da responsabilização concorrente, distribuindo-a entre as duas partes de acordo com percentuais constantes da matriz. Por exemplo, 30% dos danos resultantes de certos desastres serão suportados pelo ente público contratante e 70% pela empresa contratada.

Na construção da matriz de risco (e oportunidades), a autoridade pública competente pelo planejamento do contrato necessita observar certos critérios. O conteúdo da matriz será resultado de parâmetros como: (i) a **probabilidade** dos eventos; (ii) a **significância** dos seus impactos e (iii) a **capacidade** de cada parte para gerenciá-los ou preveni-los, além de outros constantes de regulamentos (art. 103, § 6º).

Seguindo essa lógica básica, um evento improvável não deverá ser incluído na matriz, nem o insignificante. Por exemplo, dada sua improbabilidade no Brasil, erupções vulcânicas são completamente descabidas. Entretanto, a depender da região em que se executará a obrigação, será imprescindível prever eventos como terremotos, inundações ou deslizamentos de terra.

A capacidade das partes de prevenir ou reagir ao evento também necessita ser levada em conta (art. 103, § 1º). Dessa maneira, por exemplo, a Administração deverá ser responsável por omissões e atrasos na fase declaratória de desapropriações de áreas necessárias à execução contratual. Por outro lado, como a empresa contratada mantém relação direta com sua equipe de trabalho, é mais adequado que ela seja responsável por greves e outros eventos que afetem seus recursos humanos. Seguindo essa mesma lógica, a LLic expressamente prescreve que os riscos seguráveis deverão ser assumidos pela contratada, já que lhe cabe providenciar os seguros previstos no contrato administrativo.

Em termos formais, a matriz de riscos (e oportunidades) é elaborada na fase de planejamento da licitação ou da contratação direta, figurando como um anexo do edital ou do contrato, ou como uma cláusula contratual. Trata-se, porém, de mera faculdade, sujeita à decisão discricionária da entidade contratante (art. 22 e 103). A despeito de sua enorme relevância prática, a LLic não a impõe para toda espécie de contrato administrativo. A obrigatoriedade da matriz é excepcional e somente está prevista legalmente para: (i) contratos de obras ou serviços de grande vulto; (ii) contratação integrada e (iii) contratação semi-integrada (art. 22, § 3º). Nos dois últimos tipos contratuais, a matriz atribuirá ao contratado os riscos decorrentes de fatos supervenientes à celebração do contrato associados à escolha da solução do projeto básico (art. 22, § 4º).

A despeito da não obrigatoriedade, a matriz de riscos (e oportunidades) é recomendável para todos os contratos que se alonguem no tempo, ou seja, contratos de execução continuada. A falta da matriz dificultará a visualização tanto da equação de equilíbrio econômico-financeiro que guia o contrato, quanto de seu grau de risco, reduzindo a previsibilidade de que os agentes econômicos precisam para deliberar se participam ou não da contratação. Sua ausência também tornará muito mais difícil e custosa a resolução de conflitos oriundos de eventos que atinjam as obrigações (art. 103, § 4º), exigindo que as cláusulas contratuais façam seu papel. Em última instância, a falta de clareza quanto ao ambiente de riscos prejudicará o ente contratante, pois não logrará delimitar com a precisão necessária o valor estimado da contratação (art. 103, § 1º, e 22, *caput*). Afinal, riscos se transformam em preços e preços sustentam a orçamentação.

21.4.4 Repactuação, reajustamento e revisão

Ao longo da execução do contrato, alguns desequilíbrios suscitarão o emprego de instrumentos de reequilíbrio desde que a responsabilidade pela alteração nas entradas ou saídas financeiras esperadas recaia, integral ou parcialmente, sobre o ente estatal contratante. Para que se proceda ao reequilíbrio nessas situações, empregam-se diferentes procedimentos que, sob determinadas circunstâncias, transfiguram-se em verdadeiros processos administrativos, exigindo o respeito a garantias como a ampla defesa e o contraditório. A LLic de 2021 prevê basicamente três grandes procedimentos de reequilíbrio: (i) o reajustamento em sentido estrito; (ii) a repactuação e (iii) a revisão.

O **reajustamento em sentido estrito**, também conhecido como reajuste, é o procedimento mais simples e tem como única finalidade corrigir os pagamentos do ente contratante ao contratado em razão do efeito corrosivo da inflação sobre o contrato ou de deflação. Na prática, é mais frequente o uso do reajustamento para inflação, que acarreta a redução do poder de compra da moeda e impõe a elevação de valores nominais de pagamentos. De acordo com a LLic, respeitada a **anualidade** (mínimo de 12 meses completos), os pagamentos passarão por reajustamento que retratará a variação efetiva do custo de produção nos termos de um ou mais índices específicos ou setoriais para correção monetária (art. 6º, LVIII). A data base para contagem da anualidade equivale à data do orçamento estimado e a previsão do reajustamento deverá constar dos contratos a despeito de sua duração (art. 25, § 7º).

Especificamente para os contratos de serviços contínuos que envolvem dedicação exclusiva ou predominância de mão de obra, como os contratos de terceirização de serviços de limpeza e de segurança, a LLic impõe o reequilíbrio pelo procedimento da **repactuação**. Reitere-se: essa regra não vale para qualquer serviço contínuo, mas exclusivamente para os que envolvam a exclusividade/predominância de mão de obra (art. 25, § 8º). Para essas espécies contratuais, o reequilíbrio via repactuação considerará as variações: (i) dos custos de mercado e (ii) da mão de obra, nos termos dos acordos, convenções ou dissídios coletivos (art. 6º, LIX). Por consequência, duas datas serão relevantes para a contagem da anualidade, a saber: a data da apresentação das propostas, que serve de parâmetro para a avaliação da variação dos custos, e a data do acordo, convenção ou dissídio ao qual o orçamento esteja vinculado, que serve de parâmetro para a análise da variação dos custos de mão de obra.

Para todas as outras situações que não se enquadrem em reajustamento em sentido estrito ou repactuação, aplica-se o processo administrativo de **revisão** contratual. Nele, examinam-se os impactos de eventos caracterizados como força maior, caso fortuito, fato do príncipe, fato da Administração, incluindo a alteração unilateral das obrigações pela Administração, e outros tipos de riscos e oportunidades. A revisão não segue a anualidade, podendo ocorrer a qualquer tempo seja a pedido do contratado, seja da própria Administração Pública. Para sua validade, sempre que houver conflito entre as partes, é fundamental garantir a ampla defesa, o contraditório e os demais princípios processuais administrativos.

21.5 FISCALIZAÇÃO, INFRAÇÕES E GARANTIAS

21.5.1 Fiscalização do contrato

Fiscalizar significa coletar informações sobre a regularidade de algo ou certo comportamento. Trata-se de tarefa que envolve dois passos básicos. O primeiro consiste em obter a informação sobre um dado da realidade, de maneira passiva ou ativa. O segundo consiste em verificar se esse dado se adequa ao esquema normativo. Encontrados indícios de irregularidades, então a autoridade competente poderá utilizar ferramentas unilaterais ou consensuais de correção da situação e, eventualmente, responsabilizar os envolvidos. A fiscalização é, portanto, o precedente do controle e da responsabilização.

Essa lógica se aplica integralmente à fiscalização de contratos administrativos regidos pela LLic. Ao fiscalizar, o ente estatal contratante e os órgãos de controle interno ou externo caçam informações que lhes permitam avaliar a regularidade das condutas de execução contratual e, quando necessário, exigir do contratado as providências para a correção de problemas, sem prejuízo de eventual responsabilização e da extinção contratual.

Não se trata de tarefa simples. Os contratos envolvem objetos muito diferenciados, alguns deles de enorme complexidade. Isso gera para a Administração uma dificuldade técnica inicial, já que raramente contará com servidores especializados sobre todos os assuntos ou, ainda que deles disponha, não poderá alocá-los todos para tarefas de fiscalização em razão dos limites jurídicos resultantes, por exemplo, dos princípios da segregação das funções e da impessoalidade. Essa dificuldade é acentuada nos entes federativos de menor porte, cujos recursos humanos especializados são escassos e cuja estrutura administrativa se mostra frágil.

A despeito desses percalços, a fiscalização é fundamental e indispensável. De nada adianta planejar e executar uma licitação impecável, altamente competitiva e capaz de gerar um contrato administrativo vantajoso se, durante a execução das obrigações, não houver acompanhamento da execução e de sua fidelidade ao estabelecido no edital e no contrato. Sem fiscalização eficiente, as chances de que o contrato atinja suas finalidades se reduzem tremendamente, ao mesmo tempo em que se elevam riscos de má-execução, desperdício de recursos públicos e superfaturamentos.

Atenta ao assunto, a LLic de 2021 traz um conjunto bastante amplo de normas de fiscalização contratual. A lei começa por impor a atividade de fiscalização como obrigatória e necessariamente dependente de agentes públicos (art. 117, *caput*). Nesse sentido, aponta a fiscalização como uma prerrogativa ou poder exorbitante da Administração contratante (art. 104, III), de modo que nem o contrato nem o edital poderão obstá-la ou afastá-la.

Em termos operacionais, a preocupação com a fiscalização deve se iniciar já na fase preparatória da contratação. De acordo com a LLic, ao elaborar o estudo técnico preliminar (ETP) como documento de planejamento, o ente contratante, entre outras medidas, indicará as providências prévias necessárias à capacitação dos servidores ou dos empregados públicos para a fiscalização e gestão contratual (art. 18, § 1º, X). De outra parte, a lei exige que as regras sobre o assunto venham indicadas tanto no edital de licitação quanto no contrato (art. 25, *caput*).

A LLic também traz normas sobre o agente competente para fiscalizar. Dispõe que a execução contratual será acompanhada e fiscalizada por um ou mais fiscais, com os respectivos substitutos, designados dentre agentes públicos (art. 7º). A presença do fiscal oficial é compulsória. No mínimo um agente público deverá exercer essa atribuição e, na sua escolha, a Administração observará a segregação de funções para mitigar o risco de ocultação de erros e de ocorrência de fraudes (art. 7º, § 1º).

O fiscal desempenhará um conjunto básico de tarefas que a LLic determina. A elas podem ser somadas atribuições contidas na legislação subnacional, em leis setoriais ou regulamentos. Em apertada síntese, nos termos das normas básicas da LLic, caberá ao fiscal:

(i) anotar todas as ocorrências relacionadas à execução contratual em registro próprio;

(ii) determinar o que for necessário para regularização de falhas ou defeitos observados, comunicando-se com o preposto do contratado, ou seja, com a pessoa que o contratado indica para representá-lo, no local da obra ou do serviço (art. 118); e

(iii) informar os seus superiores em tempo hábil quando a situação exigir medida fora de sua competência.

A LLic não esclarece se o fiscal terá algum papel na avaliação de desempenho contratual que constará do cadastro de atesto do PNCP (art. 88, § 3º). Não obstante, sua participação nessa atividade se afigura bastante oportuna. Por outro lado, não deve o fiscal participar de processos administrativos de responsabilização, negociação de acordos de ajustamento ou outras atividades que conflitem com a independência e a imparcialidade necessárias à boa fiscalização.

Ao executar suas tarefas, os agentes designados contarão com apoio do órgão jurídico da entidade, dos órgãos de controle interno e externo, bem como da população. A lei impõe a colaboração aos agentes de assessoramento jurídico e controle, não lhes cabendo exercer qualquer juízo de discricionariedade.

Ao reconhecer as insuficiências e carências dos entes federativos brasileiros, a LLic ainda permite a **contratação de terceiros** para assistir e subsidiar os agentes públicos que atuem oficialmente como fiscais (art. 117, *caput*). Profissionais ou empresas externas especializadas podem ser recrutadas para oferecer suporte fiscalizatório. Todavia, ilícito será transferir completamente a esses particulares as funções de fiscalização ou as responsabilidades que recaem sobre os fiscais. A Lei é clara: a presença de um ou mais servidores públicos responsáveis pela fiscalização é imprescindível.

Os serviços externos de apoio à fiscalização são indicados pela LLic como "**serviço técnico especializado de natureza predominantemente intelectual**". Por consequência, sujeitam-se a contratação por licitação ou contratação direta por inexigibilidade na presença dos requisitos legais (art. 74, III, 'd'). Nessa contratação, será preciso observar a segregação de funções. Uma empresa que presta serviços à Administração não poderá participar de licitação para serviços de apoio à fiscalização em relação ao contrato que ela mesma executa. Referida situação configura conflito de interesses e viola o referido princípio.

A empresa ou o profissional contratado para apoiar a fiscalização: (i) assume responsabilidade objetiva pela veracidade e pela precisão das informações que prestarem; (ii) firma compromisso de confidencialidade e (iii) não pode exercer atribuição própria e exclusiva do fiscal oficial do contrato (art. 117, § 4º). Porém, a contratação e a atuação de terceiros na fiscalização não eximem de **responsabilidade** o fiscal oficial nos limites das informações recebidas (art. 117, § 4º, II).

Já para o contratado, a lógica é distinta. A legislação não afasta nem mitiga sua responsabilidade por má-execução ou por danos à Administração ou a terceiros a despeito de falhas de fiscalização (art. 120). Essa norma deve ser lida com cautela, pois a ausência de impacto para a responsabilidade do contratado não implica que falhas dos agentes públicos os imunizam de processos de responsabilização, por exemplo, nos campos disciplinar, civil ou da improbidade.

Ainda sobre o assunto, cumpre recordar que a LLic abre uma exceção ao mencionado art. 120. Como se demonstrou anteriormente, no tocante aos contratos de serviços contínuos com dedicação exclusiva de mão de obra (art. 121, § 2º), a falha de fiscalização será relevante, pois constitui um dos requisitos para responsabilizar a Administração Pública por encargos previdenciários (solidariamente ao contratado) e por encargos trabalhistas (subsidiariamente ao contratado).

21.5.2 Mora e inexecução como infrações

No capítulo anterior, apresentou-se como a LLic trata o direito administrativo sancionador, incluindo normas sobre infrações administrativas, sanções, processo administrativo de responsabilidade (PAR), prescrição, acordos de leniência, reabilitação e desconsideração da personalidade jurídica. De maneira geral, essas normas valem tanto para infrações administrativas pré-contratuais (comportamentos ilícitos, omissivos ou comissivos, praticados em procedimentos auxiliares, contratação direta ou em licitações), quanto para infrações propriamente contratuais (como comportamentos, omissivos ou comissivos, praticados pelo contratado durante a vigência do contrato). Exatamente por essa unificação do regime sancionador, interessa, por ora, apenas indicar as infrações contratuais em espécie.

De acordo com o texto legal (art. 155), essas infrações abrangem:

(i) A **inexecução parcial do contrato**, a princípio, sem danos. Por inexecução, entenda-se o descumprimento de uma obrigação prevista no contrato e cujo cumprimento tardio se mostra inútil. Se esse descumprimento atingir apenas uma parte das obrigações e não ocasionar dano, configurará infração punível com advertência, a mais branda dentre todas as previstas na LLic (art. 156, § 2º);

(ii) A **inexecução parcial do contrato que cause grave dano** à Administração, ao funcionamento dos serviços públicos ou ao interesse coletivo. Aqui, mais uma vez, fala-se de inadimplemento de parte das obrigações, mas com resultados danosos seja para o ente contratante, seja para terceiros. Contra esse comportamento, incidem as sanções de multa (0,5% a 30% do valor do contrato) e/ou impedimento de licitar ou contratar por até três anos. Em casos gravíssimos, a declaração de inidoneidade (de três até seis anos) poderá substituir o impedimento;

(iii) A **inexecução total** que, em contraste com a inexecução parcial, indica que nenhuma obrigação contratual foi cumprida. Apesar dessa gravidade, em termos punitivos, as consequências são equivalentes à do tipo infrativo anterior; e

(iv) A **mora** que, em contraste com o inadimplemento, equivale a um atraso injustificado no cumprimento de certa obrigação, mas cujo cumprimento tardio ainda gera utilidade ao contratante. Nesse cenário, além da possibilidade de se cominar sanção de impedimento ou, em casos gravíssimos, de inidoneidade, a infração ocasiona a aplicação de multa de mora (art. 162). Diferentemente da multa compensatória prevista para as demais infrações, a multa moratória não encontra limite mínimo, nem máximo na lei, devendo ter seus parâmetros definidos no edital ou no contrato. Se, em razão da mora, a Administração entender que o contrato será unilateralmente extinto, a multa moratória se converterá em multa compensatória (art. 162, parágrafo único).

Em adição às infrações propriamente contratuais e às infrações pré-contratuais, a LLic prevê um conjunto de infrações administrativas comuns, isto é, tipos que abarcam comportamentos omissivos ou comissivos praticados em procedimentos anteriores ao contrato ou durante a execução obrigacional. Esses tipos infrativos consistem basicamente em: apresentar declaração falsa a qualquer momento; cometer fraude; comportar-se de modo inidôneo e praticar atos lesivo tipificado na Lei Anticorrupção.

Seja para as infrações propriamente contratuais, seja para as comuns, valem as regras punitivas e processuais da LLic. O ente contratante somente poderá declarar o comportamento infrativo e cominar sanções administrativas após conduzir processo administrativo de responsabilização (PAR), em que respeitará as garantias da defesa, do contraditório, entre outras. Para fins de instrução, a Administração deverá utilizar provas lícitas, necessárias e pertinentes, garantindo o ônus probatório do acusado. Poderá, igualmente, empregar as provas trazidas por infratores confessos e que decidam colaborar por meio de acordo de leniência. Já na fase decisória, a Administração deverá levar em conta a prescrição e, ao condenar, motivará seu ato, inclusive com os critérios de dosimetria que a lei indica. Na condenação, apontará adicionalmente os critérios para a reabilitação do condenado caso se comine sanção de impedimento ou de inidoneidade. Todos esses aspectos foram comentados em mais detalhes no capítulo anterior sobre licitações.

21.5.3 Garantia de execução e retomada (*"step in"*)

Garantias são instrumentos de compensação por danos resultantes de comportamentos previsíveis, mas indesejados. Durante a licitação, a LLic autoriza que a Administração utilize a figura da garantia de proposta, cuja execução ocorrerá integralmente caso o licitante vencedor não celebre o contrato. Essa modalidade foi comentada em detalhes no capítulo anterior. Já para a fase propriamente contratual, utiliza-se um segundo mecanismo, a chamada *garantia de execução*.

Para os contratos administrativos regidos pela LLic, a exigência da **garantia de execução** consiste em faculdade do ente estatal na contratação de obras, serviços e fornecimento de bens (art. 96). No geral, ele não está obrigado a estipular a oferta dessa garantia pelo licitante vencedor. No entanto, quando o fizer, deverá respeitar algumas regras limitativas.

Dado que a garantia impõe um ônus aos licitantes e aumenta as barreiras para a participação na contratação, sempre que a Administração a desejar, deverá prevê-la no edital de licitação ou nos documentos da contratação direta. A partir disso, caberá ao contratado escolher a **modalidade de garantia** dentro das possibilidades aceitas pelo legislador. As opções incluem: (i) caução em dinheiro ou títulos da dívida pública; (ii) seguro-garantia; (iii) fiança bancária por instituição que opere no Brasil ou (iv) título de capitalização (art. 96, § 1º, da LLic conforme a Lei n. 14.770/2023).

Por força de mandamento legal, ainda que se faculte ao ente estatal demandar a garantia, não lhe cabe impor a modalidade ao contratado. Ademais, as exigências deverão respeitar alguns limites monetários, sobretudo porque a garantia, como dito, é um fator que claramente impacta a atratividade do contrato e afeta a competitividade dos certames. De acordo com a LLic (art. 98 e 99), a regra geral é de que a garantia atinja até 5% do valor inicial do contrato. Excepcionalmente, em vista da complexidade técnica e dos riscos envolvidos, poderá ser fixada entre 5% e 10% do valor contratual.

Já para os contratos de obras e serviços de engenharia de grande vulto, o percentual poderá atingir até 30%. Em qualquer situação, os valores de bens entregues pela Administração também deverão ser considerados na definição do percentual (art. 101).

Ao longo da execução contratual, as garantias servirão para estimular o contratado a executar adequadamente as obrigações, evitando moras ou inadimplementos que gerem danos e ocasionem sanções administrativas. Se o contrato se encerrar quer de maneira natural (por devida execução ou impossibilidade superveniente não ocasionada pelas partes) quer por decisão arbitral ou judicial motivada em razão de descumprimento por parte do ente estatal contratante, então a garantia será integralmente devolvida ao contratado (art. 100).

Diversamente, se cometer infração na execução contratual, devidamente apurada em processo de responsabilização, o contratado deverá recolher os valores de multas, realizar a reparação de prejuízos causados e pagar indenizações devidas ao ente contratante. Caso não o faça, o contratante abaterá esses valores dos pagamentos devidos ao contratado e, na insuficiência dessa medida, executará a garantia.

A LLic autoriza que se execute a garantia para finalidades adicionais ao ressarcimento e à quitação de multas quando a infração obrigacional ocasionar não somente punições, mas também a decisão de extinção do contrato administrativo unilateralmente pela Administração. Nessa hipótese, a garantia também servirá ao pagamento de verbas trabalhistas, fundiárias e previdenciárias dos trabalhadores da contratada (art. 139, III).

Para os contratos de obras ou serviços de engenharia, a LLic oferece uma alternativa à execução da garantia na modalidade seguro. Trata-se do **direito de retomada**, também conhecido como cláusula "*step-in*" (art. 102). A seu juízo de conveniência e oportunidade, o ente contratante, mediante previsão no edital, poderá determinar a garantia na modalidade de seguro combinada com a possibilidade de retomada do objeto contratual pela seguradora. Nesse sistema, se o contratado segurado inadimplir o contrato, a Administração dará à seguradora as alternativas de (i) pagar o montante segurado na sua integralidade ou (ii) assumir o contrato com o objetivo de concluí-lo seja por meio de sua própria equipe ou por meio de terceiros subcontratados.

O objetivo desse tipo de cláusula contratual é criar estímulos para que o contratado desempenhe bem suas obrigações. Ademais, a retomada torna desnecessário que a Administração conduza novas licitações ou convoque os licitantes remanescentes. A despeito desses benefícios, a validade da cláusula requer o preenchimento de alguns requisitos. Em primeiro lugar, o instituto está previsto na Lei para contratos de obras ou serviços de engenharia, como dito. Em segundo, a seguradora deverá firmar o contrato e seus aditivos como anuente. Em terceiro, a Administração deverá autorizá-la a exercer certos poderes, ou seja, ter livre acesso às instalações da execução contratual, acompanhar a execução, acessar auditoria técnica e contábil, bem como solicitar esclarecimentos a responsáveis técnicos (art. 102, I).

21.6 CONTROVÉRSIAS E EXTINÇÃO CONTRATUAL

21.6.1 Controvérsias e MASC

Quanto mais se alongar um contrato no tempo e quanto mais complexo for seu objeto, maior será a chance de que surjam conflitos entre as partes. Por isso, a criação e a consolidação de instrumentos de prevenção e solução de controvérsias representam condições fundamentais para que se tenha um ambiente de segurança jurídica e eficiência contratual. É preciso que, para além da judicialização, o ordenamento ofereça um sistema de múltiplas portas, autorizando aos envolvidos escolher a alternativa mais adequada à solução célere e efetiva de seu conflito.

A Lei de Licitações deu um importante passo no Brasil ao permitir o uso de meios alternativos de prevenção e solução de controvérsias (**MASC**) para conflitos contratuais públicos. Para além do Judiciário e de figuras tradicionais do direito administrativo, como os recursos, o art. 151 abre espaço para o emprego da mediação, da conciliação, do comitê de resolução de disputas, da arbitragem e de outras ferramentas análogas. Note-se bem: a lista da lei não é exaustiva. Esses quatro instrumentos não excluem outros que, porventura, venham a existir.

Além de indicar os quatro referidos mecanismos de solução de controvérsias, a LLic estabelece alguns parâmetros de utilização comuns a todos. De um lado, prescreve que o uso dos MASC é facultativo e será lícito ainda que não previsto no contrato administrativo. Se houver lacuna, bastará o aditamento contratual para inseri-los (art. 153) ou que se celebre diretamente algum compromisso arbitral. De outro lado, a lei impede o uso desses instrumentos para assuntos que não se enquadrem no conceito de **direito patrimonial disponível**. A expressão não encontra definição legal e suscita muitas controvérsias na prática. No entanto, dentro dela usualmente se enquadram questões relacionadas ao restabelecimento do equilíbrio econômico-financeiro do contrato administrativo, inadimplemento de obrigações contratuais patrimoniais, cálculo de indenizações etc.

A despeito desses pontos comuns, em termos operacionais, os quatro instrumentos são bastante distintos. A **mediação** é realizada por pessoa física que não se confunde com os contratantes, mas os auxilia a encontrar uma solução ao conflito. Já na **conciliação**, o terceiro que se agrega às partes em conflito assume papel proativo, uma vez que está autorizado a formular propostas de solução. Apesar dessas sutis distinções, ambos os mecanismos são simples, rápidos e baratos, de modo que devem ser empregados com preferência e primazia, deixando-se os comitês de disputa e a arbitragem, por sua maior complexidade e custo, a uma função subsidiária.

Em particular, o **comitê de solução de disputas** configura uma novidade inserida nas normas gerais de contratação pública pela LLic de 2021. Leis locais e estaduais já o indicavam por inspiração do direito norte-americano, em que é chamado de "*dispute board*", mas, até 2021, inexistia um reconhecimento normativo de caráter nacional como o do art. 151. Ocorre que o avanço se esgota nessa previsão. A Lei de Licitações não pormenoriza seu regime jurídico, demandando regramentos em leis subnacionais, em regulamentos ou, ao menos, no edital e no contrato.

A lacuna da LLic não impede que se tracem algumas características centrais desse mecanismo. Os comitês de disputas são compostos por dois ou mais membros, de preferência em número ímpar para se evitar empates decisórios. Esses membros são profissionais experientes e com formações técnicas relacionadas ao contrato, como engenheiros, sem a necessidade de presença de advogado. No exercício de suas funções, os membros ou acompanham o contrato desde o início ou atuam "*ad hoc*", sobre um conflito pontual deflagrado ao longo da execução obrigacional. Os comitês perenes são mais eficientes para prevenir conflitos, porém sua atuação constante gera custos mais altos em relação aos pontuais. Em termos decisórios, diante de um conflito instaurado, os comitês podem ou emitir mera recomendação ou manifestação vinculante. Como dito, porém, as características de cada comitê dependem de regramento externo à LLic, que não o detalha, nem impõe quaisquer dessas características.

Em comparação com o comitê, o regime jurídico da **arbitragem** se mostra bastante avançado e maduro. Trata-se do mecanismo alternativo de solução de controvérsias mais robusto e estruturado do direito brasileiro. Há normas sobre o assunto não apenas na Lei de Licitações, como também na Lei Geral de Arbitragem (Lei n. 9.307/1996), na Lei de Concessões e na Lei de Parcerias Público-Privadas (Lei n. 11.079/2004). A isso se somam regulamentos de inúmeras câmaras arbitrais com longa tradição.

A proliferação da arbitragem e o avanço do seu regime jurídico resultam das vantagens potenciais desse instrumento em comparação à via judicial. São elas: (i) a celeridade; (ii) a tecnicidade; (iii) a flexibilidade; (iv) a confiabilidade e (v) os custos menores em grande parte dos casos. As vantagens são muitas, mas, como ressaltado, meramente potenciais, pois dependem de inúmeros fatores e não necessariamente se confirmarão em qualquer situação. Na prática, observam-se muitas arbitragens sobre contratos administrativos conduzidas por advogados sem conhecimento aprofundado na área. Outras se prolongam demasiadamente no tempo e geram custos expressivos. A meu ver, portanto, os referidos benefícios somente podem ser gerados quando esse meio de solução de conflitos for conduzido por verdadeiros especialistas e por câmaras arbitrais devidamente estruturadas e profissionalizadas.

Quando empregada no âmbito da Administração Pública, inclusive em matéria contratual, a arbitragem se submete a normas especiais. Em primeiro lugar, o art. 152 da LLic impõe que se realize sempre com base no direito positivo por força da legalidade administrativa (vedado, assim, o julgamento por equidade). Em segundo, pede que se observe o princípio da publicidade (proibidas decisões sigilosas). Em terceiro, o art. 154 requer que a escolha dos árbitros e dos colegiados arbitrais observe critérios isonômicos, técnicos e transparentes. Em quarto, assim como os demais

MASC citados, a arbitrabilidade material se restringe a assuntos enquadrados no conceito de direito patrimonial disponível. Direitos sem caráter patrimonial ou marcados pela indisponibilidade não se sujeitam à arbitragem.

21.6.2 Extinção contratual: modalidades

Muitas são as formas de extinção contratual. Em situações ordinárias, espera-se que o contrato administrativo se encerre naturalmente após o recebimento formal do objeto e a realização dos devidos pagamentos. Ocorre que essa expectativa nem sempre se concretiza. Fatores internos ou externos atingem o contrato e, em certos casos, inviabilizam sua conclusão com sucesso. Por falhas do ente contratante, infrações do contratado ou fenômenos naturais, dentre outros motivos, o contrato termina antes que seu objeto tenha sido executado e seus objetivos atingidos.

As várias **causas e modalidades de extinção** contratual foram sistematizadas pela LLic. O art. 137 abrange a extinção (i) por culpa do contratado, em razão de mora, inexecução, alteração societária que comprometa a execução e descumprimento de regras de reserva de cargos; (ii) por culpa da Administração contratante, por exemplo, em razão de atraso na obtenção de licença ambiental ou na liberação de áreas necessárias; (iii) por modificação ou extinção das pessoas envolvidas, como a resultante da falência ou insolvência civil do contratado ou (iv) por fatores externos, como caso fortuito e força maior com efetivo impeditivo da execução, ou razões de interesse público devidamente justificadas pela autoridade máxima da entidade contratante.

Em termos operacionais, a depender da causa em jogo, o contrato administrativo será extinto:

- **Unilateralmente**, por meio de decisão imperativa e autoexecutória exclusiva do ente contratante a despeito de qualquer concordância do contratado. Esse tipo de decisão dependerá de autorização expressa, formalização em termo e motivação legítima, jamais se podendo fundamentá-la em conduta do próprio ente contratante (art. 138, I);

- **Consensualmente**, ou por uma decisão formal conjunta e amigável do ente contratante e do contratado, a pedido de qualquer uma delas ou por sugestão de mediador, conciliador ou comitê de resolução de disputas. Apesar do distrato ser amigável, são imprescindíveis a autorização do órgão competente, a formalização de termo e a motivação, sobretudo para viabilizar as atividades de controle interno e externo; ou

- **Judicialmente** ou por **decisão arbitral**, o que, muitas vezes, ocorre a pedido do contratado como reação ao descumprimento de obrigações pela Administração Pública. Afinal, o contratado não tem como se valer do poder de extinção unilateral.

21.6.3 Direito à extinção judicial/arbitral

Embora a LLic não confira ao contratado poder de extinção unilateral do contrato, ela lhe dá direito subjetivo à extinção pela via arbitral ou judicial em hipóteses taxativas previstas no 137, § 2º. Em circunstâncias ordinárias, esse direito surgirá quando a Administração Pública realizar alterações unilaterais indevidas, superando os percentuais legais; suspender a execução contratual por mais de 03 meses seguidos ou por mais de 90 dias, de maneira repetida; atrasar o pagamento por mais de 02 meses ou não liberar áreas, fontes de materiais e outros elementos essenciais à execução contratual. Em qualquer dessas hipóteses, caberá ao contratado escolher se suspende a execução até a superação do problema ou se solicita a extinção na via arbitral ou judicial.

Em circunstâncias extraordinárias, contudo, o direito à extinção não surgirá ainda que a Administração aja de maneira indevida, ou seja, cometa os mencionados comportamentos (suspensão excessiva, atraso de pagamentos etc.). Durante guerras, calamidades, grave perturbação da ordem, o direito do contratado à extinção ficará afastado, salvo em relação à hipótese de abuso na alteração unilateral do contrato. Tampouco surgirá referido direito quando problemas contratuais tiverem origem na própria conduta da pessoa física ou jurídica contratada ou em evento do qual tenha participado ou para o qual tenha contribuído (art. 137, § 3º, I).

O direito de extinção do contrato não precisa ser exercido necessariamente na via arbitral ou judicial. Antes disso, é recomendável que o contratado busque a extinção amigável ou consensual, deixando a via arbitral ou judicial como subsidiária. Sem prejuízo, quando reconhecida a causa e determinada a extinção, ao contratado serão assegurados os direitos de: (i) ser ressarcido por todos os prejuízos comprovados, inclusive pelos custos de desmobilização, se houver; (ii) obter a devolução da garantia e (iii) receber os pagamentos pelo que executou até a efetiva dissolução do vínculo contratual (art. 138, § 2º).

21.6.4 Extinção unilateral pela Administração

A extinção unilateral configura prerrogativa da Administração prevista na LLic (art. 104 e 137) e suscita muitos debates. Ela sofre questionamentos, em primeiro lugar, por criar um regime contratual assimétrico, verticalizado, favorável ao Estado. Em segundo, porque aumenta os riscos do contrato, fazendo os licitantes aumentarem seus preços. Em terceiro, porque a lei a autoriza por motivos extremamente amplos e abertos.

Na verdade, a LLic não estipula uma lista positiva de situações que autorizam a extinção unilateral. O art. 138, I simplesmente prescreve que essa decisão jamais poderá se basear em conduta da própria Administração. Destarte, o poder de extinção unilateral será incabível quando a própria entidade contratante não lograr liberar as áreas para a execução contratual, não obtiver as licenças devidas ou deixar de cumprir outras obrigações a seu cargo. Por via reflexa, caberá o manejo da extinção unilateral por:

- **Comportamentos indevidos do contratado** (como mora, inadimplemento, alteração societária que comprometa a capacidade técnica, violação de reserva de cargos etc.), devidamente apurados em processo administrativo de responsabilização;
- **Fatos alheios às partes**, ou seja, questões de interesse público que tornem a execução inconveniente (por exemplo, em razão de grave crise financeira do ente contratante) ou situações de caso fortuito ou força maior que impossibilitem a execução (como enchentes, epidemias, secas, inundações etc.); ou
- **Extinção do contratado**, por exemplo, pela falência da pessoa jurídica ou pela morte da pessoa física.

A extinção unilateral do contrato pela Administração Pública acarreta inúmeras consequências práticas, sobretudo quando resulta de infrações praticadas pelo contratado (art. 139 da LLIC). Em primeiro lugar, permite a assunção imediata do contrato pela Administração Pública mediante autorização expressa e prévia de Ministro de Estado (para contratos federais) ou de Secretários (para contratos estaduais e locais). A **retomada do objeto** implica a ocupação e utilização do local, das instalações, equipamentos, material ou pessoal necessários à sua continuidade. Em segundo lugar, a extinção decorrente de infração do contratado autorizará a **retenção dos créditos** decorrentes do contrato até o limite dos prejuízos eventualmente causados pelos particulares somados aos valores das sanções aplicadas. Em terceiro, implicará eventual **execução da garantia** para ressarcimentos, pagamentos de encargos e sanções.

21.6.5 Extinção por declaração de nulidade

Ao traçar as hipóteses de extinção do contrato, o art. 137 da LLic elenca uma série de eventos, mas não faz qualquer menção a problemas de legalidade na licitação ou no contrato. Isso poderia levar o intérprete a acreditar que a ilegalidade na formação do contrato seria completamente incapaz de gerar sua nulidade. Porém, essa conclusão é incorreta. O tema da extinção do contrato por vício de legalidade está devidamente tratado na LLic, mas em outros dispositivos.

Enquanto o art. 71 da LLic reconhece a revogação e a anulação da licitação, o art. 147 cuida expressamente da declaração de nulidade do contrato administrativo. É esse último dispositivo que rege a possível extinção contratual por vício de legalidade. Note, porém, que o artigo fala de nulidade, pois deseja restringir a invalidação apenas aos casos de vícios completamente insanáveis. Os contratos que demonstrem vícios sanáveis devem sujeitar-se à convalidação.

A exigência de **vício insanável** não é a única condição que a lei impõe para a declaração de nulidade. Além de confirmar esse tipo de vício, cumpre ao administrador competente ponderar uma ampla gama de fatores indicados na lei para, em seguida, demonstrar a compatibilidade da decisão com o interesse público.

Esses fatores envolvem aspectos extremamente abertos, como os impactos econômicos, financeiros, sociais, laborais e ambientais resultantes da extinção por nulidade, as consequências em termos de deterioração das parcelas executadas, de custos para preservação dessas parcelas, desmobilização, realização de nova licitação etc.

Essa lógica é confirmada no art. 147, parágrafo único da LLic. Caso a **declaração de nulidade** não se revele medida de interesse público, diz o dispositivo que o Poder Público optará pela continuidade do contrato e pela solução da irregularidade por meio de indenização por perdas e danos, sem prejuízo da apuração de responsabilidade e da aplicação de penalidades cabíveis. Nesse aspecto, a LLic inova significativamente, porque atrela a invalidação a juízos de interesse público e relativiza a legalidade ao permitir a manutenção de contratos ilícitos. Apesar de assustadora numa primeira leitura, como sustentei alhures, a opção legislativa é correta, pois se assenta na ideia de que a legalidade se desdobra em camadas, de modo que a observância do comando legal necessita ser ponderada diante de interesses públicos ancorados no plano da constitucionalidade. A anulação necessita ser examinada a partir da lei e da Constituição.[3]

Caso o administrador competente efetivamente conclua que a declaração de nulidade se baseia em ilegalidade insanável e se imponha à luz de interesses públicos, então poderá adotar essa decisão e, ao fazê-lo, estipulará seus efeitos. De acordo com o art. 148, *caput* da LLic, de maneira geral, a decisão de nulidade retroagirá, "impedindo os efeitos jurídicos que o contrato deveria produzir ordinariamente e desconstituindo os já produzidos". Ocorre que essa regra aceita mitigações. Para manter a continuidade da atividade administrativa, a autoridade poderá decidir que a nulidade somente terá eficácia em momento futuro, garantindo, com isso, tempo "suficiente para efetuar nova contratação". Fica evidente que a lei autoriza a **modulação dos efeitos da nulidade**, mas com limite de seis meses, prorrogáveis uma única vez (art. 148, § 2º).

Com ou sem modulação, a nulidade do contrato não eximirá a Administração de indenizar o contrato pelo que houver executado até a decisão anulatória, bem como por outros prejuízos regularmente comprovados. A LLic, aqui, não faz qualquer diferenciação entre a boa ou má-fé do contratado, pois busca evitar que a Administração se valha do vício de legalidade para enriquecer indevidamente. Caso o particular tenha agido de má-fé, porém, a Administração poderá, como já visto, descontar dos créditos e das garantias as indenizações, multas e outros valores devidos.

---

3. DI PIETRO, Maria Sylvia Zanella; MARRARA, Thiago. Estrutura geral da nova lei: abrangência, objetivos e princípios. In: DI PIETRO, Maria Sylvia Zanella et al. *Licitações e contratos administrativos*, 2ª ed. Rio de Janeiro: Forense, 2022, p. 21.

21.7 SÚMULAS

SUPREMO TRIBUNAL FEDERAL

- Súmula n. 7: Sem prejuízo de recurso para o congresso, não é exequível contrato administrativo a que o tribunal de contas houver negado registro.

SUPERIOR TRIBUNAL DE JUSTIÇA

- Súmula n. 599: O princípio da insignificância é inaplicável aos crimes contra a Administração Pública (2017).

- Súmula n. 646: O crime de fraude à licitação é formal, e sua consumação prescinde da comprovação do prejuízo ou da obtenção de vantagem (2021).

TRIBUNAL DE CONTAS DA UNIÃO

- Súmula n. 78: Com o sistema de controle externo, instituído pela Constituição de 1967 e disciplinado em legislação ordinária pertinente, não compete ao Tribunal de Contas da União julgar ou aprovar previamente contratos, convênios, acordos ou ajustes celebrados pela Administração Pública. Pode, todavia, o Tribunal, no exercício da auditoria financeira e orçamentária e com vistas ao julgamento das contas de responsáveis ou entidades sob a sua jurisdição, tomar conhecimento dos respectivos termos, para, se verificar ilegalidade ou irregularidade, adotar providências no sentido de saná-la ou evitar a sua reincidência.

- Súmula n. 88: Não é da competência do Tribunal de Contas da União o julgamento ou a aprovação, prévia ou "a posteriori", de minutas ou termos de convênios, ajustes, acordos, e contratos de abertura de crédito, financiamento ou empréstimo, celebrados, com a vinculação, em garantia, de quotas dos Fundos de Participação. Pode, todavia, o Tribunal, no exercício da auditoria financeira e orçamentária e com vistas ao julgamento da regularidade das contas relativas à movimentação e aplicação dos recursos provenientes daqueles Fundos, expedir Instruções sobre a matéria, ou, ainda, tomar conhecimento dos respectivos termos, para, se verificar ilegalidade ou irregularidade, adotar providências no sentido de saná-la ou evitar a sua reincidência.

- Súmula n. 191: Torna-se, em princípio, indispensável a fixação dos limites de vigência dos contratos administrativos, de forma que o tempo não comprometa as condições originais da avença, não havendo, entretanto, obstáculo jurídico à devolução de prazo, quando a Administração mesma concorre, em virtude da própria natureza do avençado, para interrupção da sua execução pelo contratante.

21.8 REFERÊNCIAS BIBLIOGRÁFICAS PARA APROFUNDAMENTO

AMARAL, Rosan de Sousa. *Manual da Nova Lei de Licitações*: Lei n. 14.133/2021. Belo Horizonte: Fórum, 2022.

ARAÚJO, Aldem Johnston Barbosa; SARAIVA, Leonardo (Coord.). *Obras públicas e serviços de engenharia na nova lei de licitações e contratos*. Rio de Janeiro: Lúmen Juris, 2021.

BAPTISTA, Patrícia. O equilíbrio econômico-financeiro dos contratos administrativos na Lei 14.133/2021. *Revista de Direito Administrativo e Infraestrutura*, v. 22, 2022.

BITTENCOURT, Sidney. *Nova Lei de Licitações passo a passo*: comentando, artigo por artigo, a nova Lei de Licitações e Contratos Administrativos, Lei n. 14.133, de 1º de abril de 2021. Belo Horizonte: Fórum, 2021.

CAMELO, Bradson; NÓBREGA, Marcos; TORRES, Ronny Charles Lopes de. *Análise econômica das licitações e contratos*: de acordo com a Lei n. 14.133/2021 (nova Lei de Licitações). Belo Horizonte: Fórum, 2022.

CAMPOS, Flávia. *Comentários à nova lei de licitações e contratos administrativos*. Indaiatuba: Editora Foco, 2021.

CAPAGIO, Álvaro do Canto; COUTO Reinaldo. *Nova Lei de licitações e contratos administrativos*: Lei n. 14.133/2021. São Paulo: Saraiva Educação, 2021.

CASTRO, Luciano Araújo de. *A boa-fé objetiva nos contratos administrativos brasileiros*: de acordo com a nova lei de licitações e contratos administrativos (Lei n. 14.133/2021), 2. ed. Rio de Janeiro: Lúmen Juris, 2021.

DAL POZZO, Augusto Neves; CAMMAROSANO, Márcio; ZOCKUN, Maurício (Coord.). *Lei de Licitações e Contratos comentada*. São Paulo: Revista dos Tribunais, 2021.

DIAS, Maria Tereza Fonseca. *Governança nas contratações públicas contemporâneas*. São Paulo: Dialética, 2021.

DI PIETRO, Maria Sylvia Zanella (Coord.). *Manual de licitações e contratos administrativos*, 3. ed. Rio de Janeiro: Forense, 2023.

FORTINI, Cristiana; OLIVEIRA, Rafael Sérgio Lima de; CAMARÃO, Tatiana (Coord.). *Comentários à Lei de Licitações e Contratos Administrativos*: Lei n. 14.133, de 1º de abril de 2021. Belo Horizonte: Fórum, 2022.

FORTINI, Cristiana; PAIM, Flaviana Vieira (Coord.). *Terceirização na Administração Pública*. Belo Horizonte: Fórum, 2022.

FREIRE, André Luiz. *Manutenção e retirada dos contratos administrativos inválidos*. São Paulo: Malheiros Editores, 2008.

GIACOMUZZI, José Guilherme. *Estado e contrato*. São Paulo: Malheiros, 2011.

HEINEN, Juliano. *Comentários à Lei de Licitações e Contratos Administrativos*: Lei n. 14.133/2021, 3. ed. Salvador: JusPodivm, 2023.

JUSTEN FILHO, Marçal. *Comentários à lei de licitações e contratações administrativas*. São Paulo: Thomson Reuters Brasil, 2021.

LOBÃO, Marcelo Meireles. *Responsabilidade do Estado pela desconstituição de contratos administrativos em razão de vícios de nulidade*. São Paulo: Malheiros, 2008.

MADUREIRA, Claudio. *Licitações, contratos e controle administrativo*: descrição sistemática da Lei n. 14.133/2021 na perspectiva do Modelo Brasileiro de Processo. Belo Horizonte: Fórum, 2021.

MAGALHÃES, Gustavo Alexandre. *Convênios administrativos*. São Paulo: Atlas, 2012.

MARRARA, Thiago. As cláusulas exorbitantes diante da contratualização administrativa. *Revista de Contratos Públicos*, v. 2, 2013.

MARRARA, Thiago; PINTO, João O. T. Arbitragem e Administração Pública? Considerações sobre propostas de alteração da legislação. *Revista de Direito Público da Economia*, v. 46, 2014.

MENEZES DE ALMEIDA, Fernando. *Contrato Administrativo*. São Paulo: Quartier Latin, 2012.

MIRANDA, Henrique Savonitti. *Licitações e Contratos Administrativos*, 5. ed. São Paulo: Thomson Reuters Brasil, 2021.

MOREIRA, Egon Bockmann (Coord.). *Tratado do equilíbrio econômico-financeiro*: contratos administrativos, concessões, parcerias público-privadas, Taxa Interna de Retorno, prorrogação antecipada e relicitação, 2. ed. Belo Horizonte: Fórum, 2019.

NIEBUHR, Joel de Menezes. *Licitação pública e contrato administrativo*. 5. ed. Belo Horizonte: Fórum, 2022.

NOHARA, Irene Patrícia Diom. *Nova Lei de licitações e contratos*: comparada. São Paulo: Thomson Reuters Brasil, 2021.

NOHARA, Irene Patrícia Diom. *Tratado de direito administrativo*: licitação e contratos administrativos, 3. ed. São Paulo: Thomson Reuters Brasil, 2022.

OLIVEIRA, Gustavo Justino de. *Contrato de gestão*. São Paulo: Revista dos Tribunais, 2008.

OLIVEIRA, Rafael Carvalho Rezende. *Nova lei de licitações e contratos administrativos comparada e comentada*, 3. ed. Rio de Janeiro: Forense, 2022.

PARZIALE, Aniello. *As sanções nas contratações públicas*: as infrações, as penalidades e o processo administrativo sancionador. Belo Horizonte: Fórum, 2021.

PEREIRA JUNIOR, Jessé Torres; DOTTI, Marinês Restelatto. *Políticas públicas nas licitações e contratações administrativas*, 3. ed. Belo Horizonte: Fórum, 2017.

POZZO, Augusto Neves Dal; ZOCKUN, Maurício; CAMMAROSANO, Márcio (Coord.). *Lei de Licitações e Contratos Administrativos Comentada*: Lei n. 14.133. Thomson Reuters Brasil, 2021.

PRUDENTE, Juliana Pereira Diniz; MEDEIROS, Fábio Andrade; COSTA, Ivanildo Silva da (Coord.). *Nova Lei de Licitações sob a ótica da Advocacia Pública*: reflexões temáticas. Belo Horizonte: Fórum, 2022.

REIS, Luciano Elias. *Compras públicas inovadoras*. Belo Horizonte: Fórum, 2022.

REIS, Luciano Elias. *Convênio administrativo*. Curitiba: Juruá, 2013.

REIS, Paulo Sérgio de Monteiro. *Contratos da Administração Pública*. Administração direta e estatais – formalização, conteúdo e fiscalização – de acordo com as Leis 8.666/1993, 14.133/2021 e n. 13.303/2016. Belo Horizonte: Fórum, 2021.

REISDORFER, Guilherme Dias. *Responsabilidade pré-contratual do Estado*. Belo Horizonte: Fórum, 2024.

SAADI, Mário (Coord.). *Nova Lei de Licitações* (Lei n. 14.133/2021). Belo Horizonte: Fórum, 2021.

SALLES, Carlos Alberto de. *Arbitragem em contratos administrativos*. Rio de Janeiro: Forense, 2011.

SANTOS, José Anacleto Abduch. *Contratos administrativos: formação e controle interno da execução*: com particularidades dos contratos de prestação de serviços terceirizados e contratos de obras e serviços de engenharia. Belo Horizonte: Fórum, 2015.

SCHIEFLER, Gustavo Henrique Carvalho. *Procedimento de manifestação de interesse (PMI)*. Rio de Janeiro: Lúmen Juris, 2014.

SUNDFELD, Carlos Ari; JURKSAITIS, Guilherme Jardim (Org.). *Contratos públicos e direito administrativo*. São Paulo: Malheiros Editores, 2015.

TANAKA, Sônia Yuriko Kanashiro. *Concepção dos contratos administrativos*. São Paulo: Malheiros Editores, 2007.

THAMAY, Rennan; GARCIA JUNIOR, Vanderlei; MACIEL; Igor Moura; PRADO, Jhonny. *Nova Lei de Licitações e contratos administrativos comentada e referenciada*. São Paulo: Saraiva Educação, 2021.

TORRES, Ronny Charles Lopes de. *Leis de licitações públicas comentadas*, 15ª ed. São Paulo: JusPodivm, 2024.

ZARDO, Francisco. *Infrações e sanções em licitações e contratos administrativos*: com as alterações da Lei anticorrupção (Lei n. 12.846/2013). São Paulo: Thomson Reuters Brasil, 2019.

22
CONCESSÕES

22.1 INTRODUÇÃO E NORMAS GERAIS

22.1.1 Os módulos concessórios

Os módulos concessórios equivalem a um grupo de contratos administrativos cuja finalidade central é a transferência temporária de serviços ou obras de titularidade do Estado à exploração econômica por um particular. No geral, o contratado equivale a empresa ou grupo de empresas reunidas em consórcio, pertencentes ou não a esferas federativas distintas à do titular do objeto concedido. A transferência realizada a seu favor abrange apenas a gestão da obra ou do serviço, jamais sua titularidade, que permanece nas mãos do ente federativo competente. Exatamente por isso, o contrato de natureza concessória é firmado por prazo determinado, mas longo o suficiente para viabilizar que o contratado obtenha recursos para cobrir tanto seu lucro, quanto os custos e investimentos necessários para executar, ampliar ou melhorar o objeto concedido. Ao final do contrato, o titular estatal retoma a tarefa concedida e os bens que lhes forem essenciais (ou seja, os bens reversíveis).

No conjunto dos módulos concessórios, incluem-se diferentes tipos contratuais, destacando-se as concessões comuns ou plenas de serviços públicos, as concessões de obra pública, além das parcerias público-privadas (PPP) nas modalidades patrocinada ou administrativa. Em contraste com o que ocorre nos contratos de prestação de serviços regidos pela Lei de Licitações, em que o Poder Público contrata e paga determinado agente econômico para executar ações de suporte como limpeza, consultoria, capacitação ou segurança, nos módulos concessórios, o particular é chamado para desempenhar a própria atividade estatal com todos os componentes nela envolvidos. Tanto nos contratos de serviços (instrumentais) como nos módulos concessórios, as partes contratantes são o Estado, de um lado, e um agente econômico, de outro. Porém, nos concessórios, o objeto do contrato é a função administrativa.

Um exemplo ajuda a esclarecer o conceito. Na política de saneamento básico, certo Município tem a opção de prestar o serviço de abastecimento de água diretamente. Ao fazê-lo, pode se valer de uma Secretaria da Administração Direta ou, pela técnica de descentralização funcional, criar autarquia própria, que participará da Administração Indireta. Nessa prestação direta, o Município contará com o trabalho de seus agentes públicos e, eventualmente, celebrará contratos de prestação de serviços para obter, no mercado, serviços de limpeza, de segurança, de apoio de informática, de manutenção, de transporte e outros necessários para auxiliar seus agentes no objetivo de viabilizar o abastecimento de água à população. Em vez disso, porém, o Município pode firmar um contrato de concessão para transferir a determinada empresa a gestão do de abastecimento de água. Essa empresa cuidará do serviço público por alguns anos, explorando-o economicamente e substituindo o Município no atendimento aos usuários. Por meio do módulo concessório, o serviço passa ao modelo de prestação indireta.

Os módulos concessórios permitem que empresas ou consórcios de empresas, não estatais ou estatais, prestem serviços e/ou explorem obras no lugar da União, dos Estados, do Distrito Federal ou dos Municípios. Eles possibilitam a prestação indireta tanto dos serviços de natureza econômica, quanto dos sociais e, até mesmo, dos administrativos. É concebível que esses contratos transfiram a execução de serviços federais de distribuição de energia elétrica, serviços locais de saneamento básico e de transporte coletivo urbano de passageiros, serviços estaduais de gás canalizado, entre tantos outros. Eles igualmente viabilizam que empresas absorvam a gestão de bens públicos, como aeroportos, rodovias, ferrovias e portos e outras obras passíveis de exploração econômica.

22.1.2 Vantagens e desvantagens

Os módulos concessórios são utilizados no Brasil desde longa data. Em movimento pendular, impulsionado por fatores sociais, econômicos e políticos, ora se acentua a desestatização de serviços estatais, fazendo que esses contratos ganhem proeminência, ora a estatização e a prestação direta se fortalecem, colocando-os em segundo plano.

A despeito da tendência de cada momento histórico, fato é que os contratos em debate sempre ocasionaram alguma controvérsia, sobretudo porque inserem particulares na prestação de atividades atribuídas ao Poder Público e, no mais das vezes, de grande interesse e importância para a coletividade. É o que ocorre com os contratos de delegação de serviços de distribuição de energia elétrica, transporte coletivo urbano de passageiros e saneamento básico, ou seja, serviços altamente condicionantes do bem-estar e da dignidade dos cidadãos.

Frente ao impacto desses serviços para a sociedade, na prática, a escolha pelo modelo de execução indireta de atividades estatais por particulares, baseada em módulos concessórios da prestação de serviços públicos ou da gestão de obras públicas, necessita considerar as vantagens e as desvantagens atreladas a esses contratos. Cumpre à Administração Pública ponderar os malefícios e benefícios potenciais no caso concreto, pautando-se pela racionalidade, pela finalidade pública, pela razoabilidade e pelo dever constitucional de oferecer à população serviços públicos adequados.

Dentre as vantagens oferecidas pelos módulos concessórios, geralmente, consideram-se:

- A possibilidade de atrair capitais privados para investimentos em infraestrutura, para a melhoria dos serviços públicos e sua expansão, de modo a favorecer sua qualidade, sua atualidade tecnológica e sua universalização. Isso pode ser especialmente útil e oportuno para o titular estatal em períodos de escassez de recursos públicos;
- A utilização do regime jurídico privado, que garante aos prestadores contratados mais flexibilidade e menos custos burocráticos em comparação com o regime jurídico-administrativo incidente na prestação direta pelo Estado, dado que, por exemplo, os particulares não são obrigados a realizar licitações ou concursos públicos;
- O compartilhamento de riscos das atividades estatais, já que, ao assumir o serviço ou a obra, o prestador indireto automaticamente absorverá boa parte dos riscos da sua gestão, de modo a aliviar as responsabilidades do titular estatal;
- A viabilidade de se usar um conjunto de técnicas de estímulo econômico à melhoria do serviço, como os sistemas de remuneração variável ao prestador por atingimento de metas qualitativas e quantitativas, e
- A possibilidade de o titular redirecionar recursos humanos e financeiros para atividades que considere prioritárias ou para ações que não aceitam delegação a particulares, como a regulação.

A essas potenciais vantagens do emprego de módulos concessórios pela Administração Pública se somam eventuais desvantagens, que também necessitam ser ponderadas ao se decidir pela prestação indireta. Dentre elas, merecem destaque:
- A necessidade de que o titular do serviço concedido ainda injete recursos financeiros na prestação para garantir, por exemplo, a modicidade tarifária e a universalização. Esses recursos ora aparecem como subsídios e aportes, ora como contraprestação estatal. A despeito da espécie, fato é que a injeção desses recursos afasta, de pronto, o argumento de que os módulos concessórios tornam os serviços públicos independentes do titular em termos econômico-financeiros. Aliás, no Brasil, existem espécies concessórias sustentadas integralmente por contraprestação estatal, como revelam as PPP administrativas;
- A necessidade de que o titular do serviço respeite a equação de equilíbrio econômico-financeiro estabelecida no momento da licitação como expressão garantidora da segurança jurídica, da previsibilidade e da vinculação ao instrumento convocatório. Esse fator reduz a capacidade de intervenção e influência do titular do serviço sobre seu regime financeiro, sobretudo em momentos de alta inflacionária ou diante de eventos extraordinários que pressionam aumentos tarifários; e

- A exigência de que o titular da obra ou do serviço público concedido, embora se afaste da gestão, conte com órgãos ou entidades capazes de exercer a fiscalização e a regulação do contrato administrativo de maneira constante, profissionalizada e eficiente.

22.1.3 Fundamentos constitucionais e competências

Além de considerar as vantagens e desvantagens que o emprego de módulos concessórios acarreta, a Administração Pública necessita observar o amplo regramento jurídico que o ordenamento contém sobre o tema. Essa disciplina se inicia na Constituição da República, que traz normas fundamentais sobre os contratos em debate, de um lado, e sobre as competências executórias e legislativas em matéria de serviços públicos, de outro.

Em termos administrativos ou executórios, o conjunto de normas constitucionais é amplo e, de modo inegável, permite à União, aos Estados, ao Distrito Federal e aos Municípios utilizar módulos concessórios. O autorizativo geral se encontra no art. 175, *caput*, que assim dispõe: "incumbe ao Poder Público, na forma da lei, *diretamente ou sob regime de concessão ou permissão*, sempre através de licitação, a prestação de serviços públicos" (g.n.).

Em primeiro lugar, esse dispositivo reconhece que serviços públicos se sujeitam à prestação por duas modalidades. A *prestação direta* é a executada pelo próprio titular estatal, por meio de suas equipes, com ou sem auxílio de terceiros contratados com base na Lei de Licitações para fornecer bens, prestar serviços ou edificar obras. Em contraste, a *prestação indireta* se dá por meio de delegatários que atuam por prazo certo e em lugar do titular, ou seja, sem contar com servidores públicos. Em segundo lugar, o dispositivo constitucional citado elege a concessão e a permissão como instrumentos jurídicos legítimos para viabilizar essa delegação da prestação. Em terceiro, impõe a licitação como processo administrativo imprescindível à escolha do prestador indireto, afastando dispensas e inexigibilidades nesse âmbito.

Além desse comando principal, o reconhecimento da concessão e de instrumentos congêneres se ancora nos dispositivos que repartem as atribuições das unidades federativas brasileiras. Sobre o assunto, os mandamentos constantes dos art. 21, 25 e 30 da Constituição da República são fundamentais.

- O art. 21 atribui à União a competência de explorar, direta ou indiretamente, mediante **autorização, permissão ou concessão**, os serviços de "telecomunicações, nos termos da lei, que disporá sobre a organização dos serviços, a criação de um órgão regulador" (inciso XI) e "a) os serviços de radiodifusão sonora, e de sons e imagens; b) os serviços e instalações de energia elétrica e o aproveitamento energético dos cursos de água (...); c) a navegação aérea, aeroespacial e a infraestrutura aeroportuária; d) os serviços de transporte ferroviário e aquaviário entre portos brasileiros e fronteiras nacionais, ou que transponham os limites de Estado ou Território; e) os serviços de transporte rodoviário interestadual e internacional de passageiros; f) os portos marítimos, fluviais e lacustres";

- O art. 25, § 2º atribui aos Estados a tarefa de explorar diretamente, ou mediante concessão, os serviços locais de gás canalizado, na forma da lei (...); e

- O art. 30 atribui aos Municípios: "V - organizar e prestar, diretamente ou sob regime de concessão ou permissão, os serviços públicos de interesse local, incluído o de transporte coletivo, que tem caráter essencial".

Esses artigos facultam a todas as unidades federativas celebrar concessões e instrumentos congêneres nos termos do regime definido por lei própria. A Constituição atribui **competência administrativa** quanto ao uso desses contratos para a União, os Estados, o Distrito Federal e os Municípios. Ao mesmo tempo, estipula a necessidade de criação de regramento legal sobre a matéria.

A confirmar a **reserva legal**, o art. 175, *caput* expressamente se refere à necessidade de lei, enquanto seu parágrafo único exige que a mencionada lei trate do: (i) "regime das empresas concessionárias e permissionárias de serviços públicos, o caráter especial de seu contrato e de sua prorrogação, bem como as condições de caducidade, fiscalização e rescisão da concessão ou permissão"; (ii) os direitos dos usuários; (iii) a política tarifária e (iv) a obrigação de manter o serviço adequado.

Apesar disso, o art. 175 é lacunoso quanto à competência legislativa. Não diz exatamente qual esfera federativa deverá editar a lei requerida. Todavia, essa dúvida se soluciona facilmente com apoio do art. 22, XXVII, da Constituição, que atribui "privativamente" à União a competência para edição de **normas gerais** de licitação e contratação pública, "em todas as suas modalidades". Desse comando se extrai a conclusão de que compete ao Congresso Nacional editar normas gerais sobre concessões e instrumentos análogos. Essas normas vincularão os Estados, o Distrito Federal e o Município, mas não os impedirão de criar leis próprias sobre concessões, permissões, PPP e outros contratos de delegação para disciplinar aspectos peculiares de suas realidades nos espaços deixados pelas normas gerais.

22.1.4 Evolução legislativa

Ao longo das décadas, principalmente do século XX, o Estado e a Administração Pública se agigantaram gradualmente com o objetivo de estruturar e executar políticas públicas capazes de efetivar direitos fundamentais das mais diversas gerações. Ao longo desse movimento, consolidaram-se técnicas de descentralização administrativa funcional e por colaboração.

Por meio da descentralização funcional, aos poucos, a organização administrativa se tornou mais complexa.[1] Surgiram entidades especializadas de direito público (como autarquias) e de direito privado (como empresas estatais), incrementando a Administração Indireta. Exemplo disso se vislumbra nas companhias estatais fundadas nos setores de energia, de telecomunicações e de saneamento, como CESP, Embratel, Eletrobrás, Telesp, Telebrás, Sabesp – muitas das quais já privatizadas.

A partir da década de 1990, porém, ganha força o modelo de descentralização por colaboração ou desestatização, apoiado em contratos de emparceiramento do Estado com a sociedade e com o mercado. Isso dá vida ao uso de módulos concessórios para viabilizar a gestão privada de obras e serviços públicos. Esses emparceiramentos passam a ocorrer pela transferência de atividades estatais para execução tanto por empresas de mercado, desvinculadas das esferas federativas, quanto por empresas criadas por essas esferas, mas distintas do titular do serviço concedido, como as companhias estaduais de saneamento (CESBs) que, há décadas, atuam para os Municípios.

O fortalecimento dos módulos concessórios após a Constituição de 1988 não é aleatório. O fenômeno resulta de dois movimentos de transformação da Administração Pública. A uma, é fomentado pela **desestatização** como estratégia de redução do tamanho do Estado para, entre outras finalidades, reduzir seus custos e sua ineficiência. Ao desestatizar, o Estado não apenas aliena suas empresas ao mercado (privatização em sentido estrito), como também se retira da prestação direta de inúmeros serviços públicos e da gestão de variadas infraestruturas. Para viabilizar esse câmbio do Estado prestador ao Estado regulador, o ordenamento estrutura um modelo de agencificação tecnicizada que busca tutelar interesses públicos primários a despeito de quem executa certas tarefas relevantes para a população e, ao mesmo tempo, passa a oferecer um regime de emparceiramentos seguros que se materializa em leis de concessões, PPP etc.

O fortalecimento dos módulos concessórios é igualmente fruto da contratualização como uma faceta da concertação administrativa, ou seja, da busca de instrumentos dialógicos, inclusive contratuais, para pautar as relações administrativas e mitigar o modelo antes predominante de administração imperativa e unilateral. Com isso, incrementam-se as formas de contrato entre o Estado, o mercado e o terceiro setor, sobretudo para viabilizar a transferência de funções estatais a particulares.

Essa forte inter-relação entre contratualização, concertação e desestatização se vislumbra com facilidade quando se traça um panorama histórico de leis editadas pelo Congresso Nacional a partir da década de 1990:

---

1. Para mais detalhes, confira o capítulo de organização administrativa no volume I deste Manual.

QUADRO: leis gerais em matéria de concessões

Ano	Lei	Conteúdo central
1990	Lei n. 8.031	Cria o Programa Nacional de Desestatização (revogada).
1993	Lei n. 8.666	Lei geral de licitações e contratos (revogada).
1995	Lei n. 8.987	Lei geral da concessão comum e da permissão.
1995	Lei n. 9.074	Trata de contratos da União sujeitos a concessões e permissões, de regras de outorga e prorrogações de concessões e permissões, e de serviços de energia.
1997	Lei n. 9.491	Altera os procedimentos do Programa Nacional de Desestatização e revoga a Lei n. 8.031/1990.
2004	Lei n. 11.079	Cria as parcerias público-privadas nas modalidades patrocinada e administrativa.
2016	Lei n. 13.334	Cria o Programa de Parcerias de Investimentos (PPI) no âmbito da União, atingindo também os empreendimentos públicos de infraestrutura executados, nas esferas infranacionais, por delegação ou com fomento da União.
2017	Lei n. 13.448	Cria a figura da relicitação, como forma de rescisão amigável de concessões nos setores rodoviário, ferroviário e aeroportuário.
2021	Lei n. 14.133	Lei geral de licitações e contratos, que se aplica subsidiariamente a contratos de concessão.

Fonte: elaboração própria

22.1.5 Leis de Concessões, Leis de PPP e Leis Setoriais

A partir da reserva legal imposta pela Constituição no art. 175 e dos movimentos de desestatização e contratualização, o Congresso Nacional paulatinamente estruturou um largo conjunto de leis sobre módulos concessórios, em especial para reger as concessões comuns e as parcerias público-privadas.

A diversidade e a complexidade do arranjo legislativo que se formou desde a década de 1990 no Brasil dificultam, em certa medida, o estudo e o entendimento do regime jurídico desses contratos, afetando também sua segurança jurídica. Essa dificuldade se eleva quando se consideram leis estaduais e municipais que também os disciplinam, além de leis setoriais diversas, como as de saneamento, de energia elétrica e de telecomunicações.

Para lidar com o emaranhado legislativo, o operador do direito necessita partir dos diplomas mais específicos e rumar em direção aos gerais. Em outras palavras, é essencial examinar a lei do setor que utiliza determinado módulo concessório para, apenas em caso de lacuna, seguir para as normas das leis gerais. Baseando-se nessa lógica, por exemplo, a construção de solução para questões relativas a concessões de saneamento básico, como serviços de água e de esgotamento, pede o exame inicial das normas do setor (Lei n. 11.445/2007) e, somente em caso de lacuna, apoia-se em normais gerais da Lei de Concessões ou de PPP. Já as normas da LLic serão empregadas subsidiariamente a todas as outras, ou seja, somente quando problemas jurídicos não forem equacionados nem pelas normas setoriais, nem pelas regentes dos módulos concessórios – e desde que não haja vedação expressa para tanto.

A despeito do emaranhado legislativo mencionado e da precedência das normas setoriais, não há dúvidas de que tanto a Lei Geral de Concessões (Lei n. 8.987/1995) quanto a Lei Geral de Parceiras Público-Privadas (Lei n. 11.079/2004) desempenham papel central, uma vez que apontam normas básicas sobre licitações e contratos que incidem sobre todos os entes da federação e para as mais diferentes obras e serviços públicos.

A Lei n. 8.987/1995 foi a primeira lei nacional brasileira sobre a matéria. Embora contratos de concessão já fossem empregados no Brasil desde o século XIX, até 1995 não havia lei geral que padronizasse minimamente seu regime jurídico nas diversas esferas federativas. Elaborado com suporte no art. 175 da Constituição, esse diploma normativo tem conteúdo relativamente enxuto, mas bastante relevante, pois: (i) define os conceitos de concessão e permissão; (ii) apresenta os pilares do serviço público adequado; (iii) estipula direitos e deveres dos usuários; (iv) trata dos encargos do poder concedente e da concessionária; (v) trata da política tarifária, de receitas extraordinárias e subsídios; além de (vi) disciplinar as licitações para concessões, com critérios de julgamento próprios.

Um pouco mais jovem, a Lei n. 11.079/2004 também ganhou papel de destaque por introduzir no ordenamento brasileiro duas figuras concessórias em regime jurídico próprio. Trata-se do contrato de parceria público-privada (PPP), que aceita a modalidade de concessão patrocinada ou de concessão administrativa. Com aplicabilidade igualmente nacional, mas limitada a essas duas figuras contratuais, a Lei das PPP: (i) estabelece definições; (ii) dispõe sobre o regime dos contratos; (iii) estipula prazo mínimo e máximo para sua vigência; (iv) estabelece valor contratual mínimo; (v) trata da contraprestação do parceiro público e dos aportes; (vi) cuida do regime de licitações e (vii) exige a criação de sociedade de propósito específico – SPE.

Em comparação com a Lei Geral de Concessões, a Lei das PPP adequadamente separa normas de caráter nacional (incidentes sobre todas as unidades federativas) e de caráter federal (incidentes apenas sobre a União, como as regras sobre o Fundo Garantidor – FGP). Essa divisão é muito útil, pois fixa os limites para criação de normas próprias sobre esses contratos no âmbito dos Estados e Municípios.

Conquanto a Lei de Concessões e a Lei de PPP se caracterizem como diplomas gerais de eficácia nacional extremamente relevantes sobre módulos concessórios, ambas pecam por não equacionar alguns aspectos essenciais dessa modalidade de contratação. Uma das mais graves lacunas de ambas as leis é a ausência completa de normas sobre os papéis do regulador e suas relações com os concedentes ou permitentes. Além disso, referidas leis não estipulam normas aprofundadas sobre matriz de risco, sobre modificações de contratos de concessões e sobre direito sancionador. Esses e outros exemplos revelam uma lacunosidade que, frequentemente, torna esses diplomas legislativos incapazes de solucionar problemas reais e corriqueiros.

Além disso, referida lacunosidade ocasiona uma implicação enorme para quem atua com o assunto e exige que se empreguem, na solução de problemas relativos a concessões e PPP, normas que a Lei de Licitações estipula para os módulos instrumentais, como os contratos de obras, serviços e aquisição de bens. A própria LLic indica sua aplicabilidade subsidiária para os módulos concessórios (art. 186). Entretanto, na aplicação de suas normas, será imprescindível cautela, pois concessões e instrumentos congêneres apresentam características peculiares. Diversamente dos módulos instrumentais regidos pela Lei de Licitações, elas configuram ajustes de longuíssimo prazo, dependentes de grande capacidade de adaptação à dinâmica real e que têm como objeto serviços ou infraestruturas públicas extremamente relevantes não somente para as partes contratantes, como também para a sociedade e o mercado. Além disso, os módulos concessórios envolvem formas próprias de sustentação econômico-financeira e atribuem ao contratado boa parte dos riscos de exploração da tarefa estatal. Por esses e outros fatores, não se deve estender automaticamente as normas da LLic para os contratos em debate sem uma verificação prévia de sua compatibilidade lógica.

22.2 MODALIDADES CONCESSÓRIAS

22.2.1 Concessão de serviço público

A partir da legislação geral, extraem-se quatro grandes figuras concessórias. São elas: (i) a concessão de serviço público, com ou sem obra pública; (ii) a concessão de obra pública; (iii) a concessão patrocinada como modalidade de parceria público-privada e (iv) a concessão administrativa, também como modalidade de parceria público-privada.

A concessão de serviço público regida pela **Lei Geral de Concessões** (Lei n. 8.987/1995) é também denominada concessão comum ou concessão plena. Trata-se de delegação contratual da prestação de certo serviço público "feita pelo poder concedente, mediante licitação, na modalidade de concorrência ou diálogo competitivo, à pessoa jurídica ou consórcio de empresas que demonstre capacidade para seu desempenho, por sua conta e risco e por prazo determinado" (art. 2º, II).

A definição legal é prolixa e contém muitos elementos secundários. Porém, na essência, esse contrato administrativo é marcado pela transferência da execução do serviço público, em sua integralidade ou parcialmente, por prazo determinado, a uma empresa ou consórcio de empresas, não estatais ou estatais (mas de esfera federativa distinta à do titular do serviço), que se remunera, principalmente, pela tarifa paga por usuários. O objeto central desse contrato é a delegação de serviço público, envolvendo ou não a execução de certas obras para viabilizá-lo.

A **tarifa** paga pelo usuário é a fonte essencial (embora não necessariamente exclusiva) dos recursos que sustentam a concessão comum. Dada a imprescindibilidade da tarifa, o objeto dessa modalidade de concessão recai necessariamente sobre serviço público divisível (*uti singuli*), já que somente esse tipo de serviço permite a mensuração da fruição pelo usuário. A divisibilidade da fruição constitui o requisito fundamental para cobrança de tarifa. Inexistindo divisibilidade, torna-se impossível a tarifa e, por consequência, incabível é a concessão comum.

Não quero dizer, com isso, que todas as tarefas e atividades relativas ao serviço tenham que ser divisíveis e tarifadas para viabilizar a concessão comum, mas a principal delas sim. Por exemplo, o serviço de captação e abastecimento de água domiciliar é compatível com essa modalidade de contrato, pois contém tarefas divisíveis que viabilizam tarifas. Todavia, não se pode afirmar que todas as fases desse serviço demonstram essa mesma característica. A captação da água no rio antes da sua distribuição à população, por exemplo, não é divisível. Isso mostra que a divisibilidade, como dito, não necessita caracterizar todas as etapas que o serviço envolve.

Quando, porém, todas as tarefas concedidas forem indivisíveis não caberá concessão comum. Essa modalidade concessória não aceita serviços públicos *uti universi* (indivisíveis), como a iluminação pública ou serviços apenas de limpeza de parques e praças. Ela tampouco se harmoniza com serviços públicos gratuitos. Ainda que alguns serviços se mostrem divisíveis, a gratuidade inviabilizará juridicamente a tarifa. É por isso que serviços de educação em estabelecimentos públicos e serviços de saúde no SUS não se acoplam ao modelo de concessão comum. A gratuidade da educação pública é regra constitucional, enquanto a da saúde pública consta da legislação ordinária. Por força da legalidade administrativa, editais e contratos ficam vinculados à legislação e, por conseguinte, não podem prever contrato de concessão comum para esses serviços.

O objetivo principal da concessão comum é viabilizar a **prestação indireta e adequada** do serviço público (divisível e tarifado) aos usuários. Para satisfazer a adequação, o contrato necessitará estabelecer obrigações ao prestador contratado no sentido de que ofereça um serviço em "condições de regularidade, continuidade, eficiência, segurança, atualidade, generalidade, cortesia na sua prestação e modicidade das tarifas" (art. 6º, § 1º da Lei n. 8.987/1995).

Dentre todos esses aspectos, merecem destaque: (i) a **generalidade**, como dever de estender o serviço gradualmente a todos; (ii) a **atualidade**, como modernidade das técnicas, instalações e equipamentos (art. 6º, § 2º); (iii) a **modicidade**, como valor acessível das tarifas, inclusive com diferenciações entre grupos de usuários para torná-lo inclusivo ao maior número de pessoas; e (iv) a **continuidade**, como prestação contínua, sujeita a interrupções somente nos casos indicados pela legislação (a saber: emergência, ordem técnica ou segurança, bem como inadimplemento do usuário, respeitado o interesse da coletividade – art. 6º, § 3º da Lei n. 8.987/1995).[2]

---

2. Para mais detalhes sobre as características essenciais do serviço público adequado, cf. o volume II deste Manual (capítulo de serviço público).

Para atingir o serviço adequado, a concessão comum poderá adicionalmente atribuir à concessionária obrigações de construir obras novas e/ou de reformar e ampliar obras existentes (art. 2º, III, da Lei n. 8.987/1995). Isso se verifica, por exemplo, nos contratos de transporte público com obrigações de construção de terminais e pontos de parada, bem como nos contratos de saneamento, com obrigações de construção e expansão de redes, estações elevatórias e estações de tratamento. Dessa maneira, conquanto a Lei Geral de Concessões fale de concessões de serviço público precedidas da execução de obra pública, nada impede que os contratos transfiram à concessionária obras antigas já prontas e adicionem obrigações de reforma, ampliação ou de construção de obras novas.

De todo modo, sempre que houver obra envolvida no contrato, alguns cuidados adicionais se imporão. Além de trazer **projetos básicos** que permitam a caracterização das obras, o edital deverá prever garantias adequadas ao caso concreto e limitadas ao valor da obra, bem como cronograma físico-financeiro de execução (art. 23, parágrafo único, da Lei n. 8.987/1995). O **cronograma** é peça fundamental por orientar os licitantes que desejam competir pela celebração do contrato de concessão. É igualmente essencial ao poder concedente, pois lhe dará os parâmetros para monitoramento e fiscalização de investimentos e cumprimento do contrato. Igualmente relevante será definir as obrigações de cada parte contratante para viabilizar as construções, com destaque para a disponibilização das áreas (por desapropriação ou outra forma de aquisição) e o licenciamento da obra (sobretudo na esfera ambiental).

22.2.2 Concessão de obra pública

A concessão comum de serviços públicos pode ou não conter obras públicas, precedentes ou posteriores, à sua celebração. Apesar disso, esse contrato não se confunde com a concessão de obra pública, cujo objeto principal reside na **construção ou na expansão de uma infraestrutura** para posterior exploração econômica por parte da concessionária.

O elemento principal desse contrato administrativo é a **exploração econômica da obra** em si, não do serviço público à população. A obra figura como objeto principal do contrato, como cerne e fonte das atividades de exploração econômica que sustentam o projeto concessório. Isso não significa, entretanto, que o contrato de obra pública não aceite certos serviços de caráter principalmente administrativo, como o da própria conservação e manutenção da obra. O fato é que os serviços, quando previstos nesses contratos, são acessórios ou secundários.[3] A obrigação principal é a gestão da obra e sua exploração para remunerar a concessionária.

---

3. Nesse sentido, cf. também DI PIETRO, Maria Sylvia Zanella. *Parcerias na Administração Pública*, 15. ed. Rio de Janeiro: Forense, 2022, p. 173-174.

Exemplos de contratos de obra pública são os voltados para construção e exploração de estacionamentos públicos em centros urbanos, de rodovias, de estádios, de cemitérios, de parques de exposição e eventos, entre outros. Nessas situações, a concessionária explorará uma certa infraestrutura (geralmente com natureza de bem público de uso comum do povo) para gerar recursos financeiros e compensar seus investimentos no próprio bem e os custos operacionais para mantê-lo. O objeto principal do contrato é gerenciar a obra, incluindo obrigações de construí-la, ampliá-la ou melhorá-la para que produza utilidades passíveis de exploração econômica mediante cobrança dos potenciais grupos de usuários.

Apesar de serem muito frequentes, essas concessões de obra pública não são tratadas com a clareza necessária na legislação brasileira e, não raramente, são confundidas com as concessões de serviços públicos envolvendo obras. A raiz desse problema se encontra no texto da Lei Geral de Concessões, que não emprega a expressão "concessão de obra pública" como figura autônoma, tratando apenas da "concessão de serviço público precedida da execução de obra pública".

De acordo com a Lei de Concessões, a concessão precedida de execução de obra abrange "a construção, total ou parcial, conservação, reforma, ampliação ou melhoramento de quaisquer obras de interesse público, delegadas pelo poder concedente, mediante licitação, na modalidade concorrência ou diálogo competitivo, a pessoa jurídica ou consórcio de empresas que demonstre capacidade para sua realização, por sua conta e risco, de forma que *o investimento da concessionária seja remunerado e amortizado mediante a exploração do serviço ou da obra* por prazo determinado" (art. 2º, III, da Lei n. 8.987/1995, g.n.).

Na definição legal transcrita, ainda que se faça referência à "concessão precedida de execução de obra", vislumbram-se, na verdade, dois módulos concessórios distintos. O primeiro é a tradicional concessão de serviço público acompanhada de obras, precedentes ou posteriores. As obras despontam como bens vinculados e acessórios ao serviço público que, por sua vez, forma o objeto principal do contrato administrativo. Exemplo disso se revela nas concessões de esgotamento sanitário com obrigações de construção de redes, estações elevatórias e de tratamento.

O segundo contrato, embutido sutilmente na definição legal, é propriamente a concessão de obra, ou seja, o contrato que tem como objeto central a construção, reforma, ampliação ou melhoria da obra (geralmente como bem público de uso comum do povo), acompanhado de obrigações de exploração econômica. Nesse modelo se inserem os já citados contratos de construção e exploração de estacionamentos públicos, de rodovia e congêneres.

A concessão de obra pública não deve ser confundida com o contrato de concessão de uso privativo de bem público, que é regido pela Lei de Licitações e mais simples. Na concessão de uso privativo, um ou mais particulares são escolhidos para usar apenas parcela do bem público e com fins estritamente particulares. O concessionário de uso não gerencia a infraestrutura como um todo, nem exerce função administrativa em nome do proprietário estatal. Diferentemente, na concessão de obra pública, o particular assume a gestão do bem como um todo para atender a coletividade.

Um exemplo ajuda a ilustrar a diferença. Certo Município, proprietário de um estádio público, pode desejar licitar alguns espaços para que empresas instalem bares e restaurantes no estádio. Essas empresas exercerão suas atividades privadas mediante uso privativo das pequenas áreas licitadas. Aqui há concessão de uso privativo regida pela Lei de Licitações. No entanto, pode o Município desejar transferir o estádio como um todo para gerenciamento privado. Para tanto, empregará a concessão de obra pública regida pela Lei de Concessões. Assumindo a função administrativa, a concessionária gerenciará o estádio para eventos, cuidará de toda sua estrutura, eventualmente alugará seus espaços para restaurantes e bares etc., remunerando-se pelos preços cobrados na exploração desse bem público.

No passado, era possível afirmar que a concessão de uso privativo de bem público e a concessão de obras se diferenciavam não somente pela abrangência e pelo regime jurídico, como também pela duração. Contudo, a LLic de 2021 passou a prever a possibilidade de celebração de contratos que prevejam investimentos do contratado por até 35 anos. Em virtude dessa longa duração, a concessão de uso privativo se aproximou a uma verdadeira concessão de obra. Ainda assim, o regime legal e a abrangência dos referidos contratos permanecem distintos.

22.2.3 Permissão

Ao abordar a execução indireta de serviços públicos por particulares, a Constituição da República faz menção tanto à concessão, quanto à permissão. A partir disso, a Lei n. 8.987/1995 define a figura da permissão como "delegação, **a título precário**, mediante licitação, da prestação de serviços públicos, feita pelo poder concedente (sic) à pessoa física ou jurídica que demonstre capacidade para seu desempenho, por sua conta e risco" (art. 2º, IV, g.n.). Em outro trecho, aponta que "a permissão de serviço público será formalizada mediante contrato de adesão, que observará os temos desta Lei, das demais normas pertinentes e do edital de licitação, inclusive quanto à **precariedade** e à **revogabilidade unilateral** do contrato pelo poder concedente" (art. 40, *caput*, g.n.).

Esses dois artigos demonstram que a permissão configura um contrato administrativo que viabiliza a outorga de serviços públicos a particulares, assim como a concessão comum. Diferentemente da **permissão de uso privativo** de bens públicos, que é ato administrativo e eventualmente licitado com base na LLic, a permissão de serviços públicos tem natureza contratual e se rege pela Lei n. 8.987/1995.

Resta saber, porém, o que a diferencia do contrato de concessão. Para responder a essa indagação, a lei aponta alguns elementos. De pronto, indica que a permissão configura "contrato de adesão", ou seja, contrato cujas cláusulas são estabelecidas pelo Poder Público e ao qual o vencedor da licitação adere. No entanto, essa explicação legislativa é inútil, uma vez que o caráter de adesão não é característica exclusiva da permissão, aparecendo em grande parte dos contratos da Administração Pública, tais como os módulos concessórios disciplinados pela Lei de Concessões, os módulos instrumentais regidos pela Lei de Licitações, bem como os vários módulos cooperativos, a exemplo dos tratados pela Lei das Parcerias Sociais (Lei n. 13.019/2014). Até existem alguns contratos da Administração efetivamente negociados pelo Estado, como acordos de leniência e compromissos de ajustamento, mas os contratos administrativos tradicionais, celebrados em regime competitivo, são todos de adesão e isso deriva da necessidade de, em geral, realizar um processo seletivo previamente à sua celebração.

Na verdade, retomando-se o exame do texto legislativo, nota-se que há dois fatores distintivos da permissão em relação à concessão. O primeiro diz respeito ao sujeito contratado e o segundo reside na sua precariedade e revogabilidade.

Ao definir os dois contratos em debate, aponta a Lei n. 8.987/1995 que a permissão pode ser celebrada com pessoas físicas ou jurídicas, diferentemente da concessão, que é firmada com pessoa jurídica ou consórcio de empresas.

Além disso, a permissão é caracterizada como precária e revogável, ou seja, poderá ser extinta a qualquer tempo, mesmo quando tiver prazo de duração. Esse último traço distintivo poderia ser eventualmente questionado, sobretudo quando se considera que as concessões se sujeitam à encampação, ou seja, à extinção por decisão unilateral do poder concedente baseada em motivo de interesse público. Ocorre que o instituto da encampação é altamente limitado e sempre condicionado a lei e indenizações prévias. Ao dizer, portanto, que a permissão é precária e revogável, o legislador visa esclarecer que a ela não se aplica o regime de encampação. A meu ver, portanto, a rescisão contratual unilateral da permissão é cabível a qualquer tempo a despeito de lei e de indenização prévias. Isso não exclui o dever de o ente público permitente indenizar eventuais danos, mas não necessariamente de maneira prévia.

Diante do regime marcado pela precariedade, a permissão de serviço público não se adequa bem a situações que envolvam investimentos expressivos do contratado em aparelhamento, obras ou grandes infraestruturas para viabilizar o serviço. Como o contrato é suscetível de revogação a qualquer tempo, a permissionária não dispõe da garantia do prazo de duração para recuperação dos investimentos. Isso mostra que a modalidade de contrato em debate se mostrará recomendável quando o serviço público ou a obra que se delega ao particular exigir unicamente despesas e custos operacionais. Para serviços dependentes de investimentos vultosos, a estabilidade contratual será desejável, mostrando-se mais adequada a utilização da concessão propriamente dita.

22.2.4 Parcerias público-privadas (PPP)

Em sentido comum e genérico, o termo "parceria" refere-se basicamente à cooperação, ou seja, ao trabalho conjunto entre pessoas. Porém, tecnicamente, no direito administrativo, é possível conceber três níveis de abrangência para a expressão:

(i) Em **sentido amplíssimo**, parceria envolve todo e qualquer tipo de cooperação realizada no âmbito interadministrativo ou entre o Estado, de um lado, e a sociedade ou o mercado, de outro. Sob essa concepção, parceria equivale a todo e qualquer tipo de emparceiramento que vise a promover interesses públicos primários, incluindo desde a figura das pessoas físicas em atividade de colaboração com a Administração até as pessoas jurídicas em execução de serviço público;

(ii) Em **sentido intermediário**, as parcerias se resumem a todos os acordos de cooperação ou colaboração envolvendo o Estado, incluindo convênios com entidades particulares, acordos com entidades do terceiro setor, acordos com pessoas físicas que contribuem com o exercício de poder de polícia, além dos contratos de permissão, concessão, PPP etc. Nessa perspectiva, as parcerias se resumem a contratos da Administração com a finalidade de inserir particulares em tarefas públicas; e

(iii) Em **sentido estrito**, restringindo o conceito a contratos voltados à prestação de serviços estatais e à colaboração com agentes de mercado (descentralização funcional), tem-se finalmente a parceria público-privada como uma modalidade de concessão. É nesse sentido técnico restrito que a palavra parceria público-privada (PPP) tem sido utilizada no direito administrativo brasileiro, sobretudo após a edição da Lei n. 11.079/2004.

A PPP consiste em um módulo concessório de serviços estatais. Trata-se de contrato administrativo pelo qual o Estado (como parceiro público) transfere, por prazo certo, a execução de serviço ou a gestão de obra sob sua titularidade a uma entidade externa de mercado (parceira privada). Nesse conceito, encaixam-se contratos de direito público para concessão tanto de obras, quanto de serviços públicos.

No direito positivo vigente, duas são as modalidades de PPP: a concessão patrocinada e a concessão administrativa. A Lei n. 11.079/2004 aponta as definições, o conteúdo mínimo, os prazos e as características básicas de cada modalidade, bem como as regras de licitação aplicáveis para sua celebração. Ao fazê-lo, apresenta igualmente características específicas e uma série de características comuns a ambas. Desse **regime básico comum**, vale destacar que tanto a concessão patrocinada, quanto a administrativa:

(i) Envolvem sempre um serviço e/ou obra de titularidade estatal, cumulado ou não com fornecimento de pessoal e/ou de maquinário;

(ii) Não podem ser usadas exclusivamente para fornecimento de pessoal, maquinário ou mera construção da obra (sem sua posterior exploração);

(iii) São firmadas após a realização de licitação na modalidade de concorrência ou diálogo competitivo, vedadas a inexigibilidade ou a dispensa de licitação;

(iv) São necessariamente executadas por sociedade de propósito específico (SPE), constituída pelo vencedor da licitação antes da celebração do contrato;

(v) Observam prazo de duração não inferior a 05 anos, nem superior a 35 anos, incluindo prorrogação;

(vi) Exigem valor mínimo de dez milhões de reais;[4]

(vii) Envolvem obrigatoriamente uma contraprestação (pecuniária ou não) do parceiro público em favor do parceiro privado;

(viii) Devem prever divisão objetiva dos riscos contratuais entre o parceiro público e o parceiro privado, inclusive no tocante a caso fortuito, força maior, fato do príncipe e álea econômica extraordinária; e

(ix) Estipulam penalidades administrativas tanto ao parceiro privado, quanto ao parceiro público em caso de inadimplemento contratual.

Como dito, essas e outras normas gerais se aplicam às duas modalidades de PPP e incidem sobre a Administração Direta da União, Estados, Distrito Federal e Municípios, bem como sobre as autarquias, fundações, empresas estatais e entidades controladas direta ou indiretamente pelos entes federados. Contudo, nem todas as normas da Lei n. 11.079/2004 são nacionais. Ao contrário da Lei Geral de Concessões, que não distingue os limites federativos de suas normas, dando a entender que todas seriam gerais e nacionais, a Lei das PPP dedica um capítulo próprio à União (capítulo VI) e no qual se encontram normas meramente federais, como as relativas ao órgão gestor de PPP e ao Fundo Garantidor de PPP (FGP). Essas normas não valem para Estados e Municípios, embora, eventualmente, possam ser empregadas nessas esferas subnacionais por força de analogia como técnica de integração de lacunas.

22.2.5 Concessão patrocinada

Como modalidade de PPP, a concessão patrocinada é definida legalmente como "concessão de serviços públicos ou de obras públicas que trata a Lei n. 8.987, de 13 de fevereiro de 1995, quando envolver, adicionalmente à tarifa cobrada do usuário **contraprestação** pecuniária (sic) do parceiro público ao parceiro privado" (art. 2º, § 1º da Lei n. 11.079/2004).

A marca distintiva dessa modalidade de PPP recai sobre a sustentação econômico-financeira do projeto concessório. Sem prejuízo de subsídios e receitas extra-

---

4. Antes da alteração promovida em 2017 pela Lei n. 13.529, o valor mínimo perfazia vinte milhões, o que tornava as PPP de difícil utilização, sobretudo para os Municípios de menor porte.

ordinárias eventuais, a modalidade patrocinada conta necessariamente com duas fontes básicas de recursos: a tarifa e a contraprestação do parceiro público. Isso a diferencia da concessão comum, que não conta com contraprestação estatal, salvo algum subsídio eventual, e da concessão administrativa, que não abrange tarifas dos usuários.

Por pressupor cobrança de tarifa e ter como objeto um serviço ou uma obra pública, a concessão patrocinada apresenta utilidades e limites semelhantes aos de uma concessão comum. Nem serviços públicos gratuitos nem serviços indivisíveis são passíveis de delegação por concessão patrocinada, uma vez que eles não viabilizam tarifa. Isso limita o emprego dessa modalidade aos mesmos serviços em que tradicionalmente se utiliza a concessão comum (como transporte coletivo urbano e abastecimento de água), mas com a vantagem de o parceiro privado contar com a contraprestação do parceiro público.

Essa contraprestação é **pecuniária ou não pecuniária**. Note-se bem: apesar de a definição legal acima transcrita indevidamente apontar que seria apenas pecuniária, outros artigos da Lei Geral de PPP evidenciam que as formas não pecuniárias são igualmente lícitas. Por exemplo, no lugar de recursos financeiros, a contraprestação pode consistir na alienação de um bem dominical ou na outorga de direito de uso privativo desse bem (art. 6º da Lei n. 11.079/2004). A despeito da natureza, a contraprestação exerce uma função clara: ela se destina a reduzir o peso e o papel da tarifa na sustentação econômico-financeira do objeto concedido, tornando a concessão patrocinada útil nos casos em que se deseje cobrar tarifas mais módicas dos usuários ou nas situações em que as tarifas, isoladamente, não logram gerar recursos suficientes para manter a obra ou o serviço adequado.

Em virtude dessas características, as concessões patrocinadas regem-se pela Lei Geral das PPP e, subsidiariamente, sujeitam-se a todas as normas da Lei Geral de Concessões. Em caso de lacuna da legislação concessória, incidirão subsidiariamente as normas da LLic, no que couber (art. 186).

22.2.6 Concessão administrativa

Segundo a Lei das PPP, a concessão administrativa é "contrato de prestação de serviços de que a Administração Pública seja a **usuária direta ou indireta**, ainda que envolva a execução de obra ou fornecimento e instalação de bens" (art. 2º, § 2º da Lei n. 11.079/2004). Essa definição é imperfeita, pois não aponta com a devida clareza as três características básicas dessa modalidade concessória, quais sejam: (i) a maior amplitude do objeto; (ii) a ausência de tarifa cobrada dos usuários e (iii) a sustentação econômica do contrato pela contraprestação do parceiro público.

Em comparação com a concessão comum e a patrocinada, a amplitude do objeto contratado na concessão administrativa é muito maior, pois essa modalidade abrange serviços estatais em que a Administração seja usuária direta e indireta. A definição legal sequer utiliza o adjetivo "público" ao tratar do serviço. Essa omissão é proposital e serve para demonstrar que a PPP em debate é capaz de envolver serviços de natureza administrativa e interna da Administração, sem qualquer contato com usuários. O Poder Público, titular do serviço, pode transferir serviços administrativos para execução por parceiros privados sem qualquer obrigação de atendimento direto do público. É essa característica que viabiliza o uso da concessão administrativa para desestatização de gestão de arquivos públicos, de gestão de sistemas estruturantes de informática, entre outros casos em que o usuário direto do serviço delegado será a própria Administração Pública, não o cidadão.

De outro lado, a Lei das PPP aceita que o parceiro privado assuma serviço estatal de que a Administração seja a usuária indireta, como os serviços de gestão de uma biblioteca aberta ao público, de museu, de escola ou hospital, bem como serviço de limpeza urbana ou de coleta de esgoto. Nessas hipóteses, os cidadãos figuram como usuários diretos do objeto concedido, restando a Administração, titular do objeto, como beneficiária indireta. Com isso, percebe-se que a potencialidade de uso da concessão administrativa é mais alargada que a das demais modalidades concessórias. Ela se compatibiliza perfeitamente com serviço público social, serviço público administrativo (ou interno) e serviço público de natureza econômica, acompanhados ou não de execução de obras e/ou instalação e fornecimento de bens.

A concessão administrativa, porém, nunca envolverá cobrança de tarifa do usuário. A sustentação econômico-financeira do contrato advém da contraprestação do parceiro público, sem prejuízo de receitas alternativas e aportes. Como não existe tarifa, essa modalidade de PPP se adequa tanto para serviços públicos *uti universi* (indivisíveis e, portanto, não tarifados) quanto para serviços públicos *uti singuli* (divisíveis), mas gratuitos por força de norma constitucional, norma legal ou decisão administrativa.

Apesar de se adequar mais aos serviços *uti universi* ou indivisíveis, nada impede que a Administração Pública utilize a concessão administrativa para um serviço público divisível, como transporte coletivo ou abastecimento de água. No entanto, repito, isso somente será possível quando esses serviços forem ofertados de modo gratuito ao usuário (ou seja, sem a cobrança de tarifas). Presente o intuito de cobrar tarifa, então caberá apenas concessão comum ou a concessão patrocinada, mas nunca a concessão administrativa.

Por suas características particulares, essa modalidade de PPP não se sujeita a incidência subsidiária de todas as normas da Lei de Concessões. De acordo com a Lei n. 11.079/2004, as concessões administrativas aceitam aplicação subsidiária apenas dos artigos 21, 23, 25, 27 a 39 da Lei Geral de Concessões, e do art. 31 da Lei n. 9.074/1995. Independentemente dessa limitação da aplicabilidade subsidiária, entendo que, na falta de normas específica da Lei de PPP, é cabível a aplicação, por analogia, das normas da Lei de Concessões que não tenham sido objeto de remissão explícita. Tampouco o comando legal deverá servir para impedir a incidência analógica de normas da LLic sobre esses contratos, no que couber.

22.2.7 PPP e concessão comum: distinções

O exame do texto da Lei n. 11.079/2004 demonstra que as PPP administrativas e patrocinadas apresentam características comuns, que as aproximam, e específicas, que as distinguem. Resta saber em que medida as PPP diferem da concessão comum regida pela Lei n. 8.987/1995. Embora todas as figuras representem módulos concessórios, uma análise das leis gerais aponta aspectos jurídicos diversos entre elas, como:

(i) *Remuneração*: nas PPP, a contraprestação do parceiro público é inafastável, podendo se somar a uma tarifa paga pelo usuário do serviço. Já na concessão comum, inexiste contraprestação do titular do serviço concedido à concessionária, mas a tarifa paga pelo usuário é obrigatória;

(ii) *Valor mínimo contratual*: para os contratos de concessão comum, não há limite mínimo de valor. Todavia, o regime jurídico especial das PPP se aplica apenas a contratos que envolvam, pelo menos, 10 milhões de reais. A Lei n. 11.079/2004 nada diz sobre como esse valor é calculado. A princípio, na falta de regulamentação, entendo cabível tomar como parâmetro a somatória das previsões de investimentos (CAPEX), despesas e custos operacionais (OPEX);

(iii) *Valor máximo de gastos*: como a PPP exige contraprestação financeira do Estado em favor do parceiro privado, a legislação estabelece um limite bruto global em relação à receita líquida corrente (atual e projetada) para PPP da União (art. 22). Além disso, proíbe a União de conceder garantias ou realizar transferências voluntárias a Estados e Municípios que superem determinado montante de suas receitas líquidas correntes com PPP (art. 28). Já nas concessões comuns, não se vislumbram tais restrições, porque os investimentos e as despesas com o objeto concedido são custeados pelo pagamento de tarifas do usuário do serviço público;

(iv) *Duração contratual*: ainda que os contratos administrativos em geral, inclusive as concessões comuns, devam ser celebrados por prazo determinado em virtude do princípio da competitividade e da livre-iniciativa, a Lei Geral de Concessões não prevê prazos mínimo e máximo para os contratos de concessão comum, deixando espaço para definição por leis setoriais, regulamentos ou pelo próprio concedente no momento da organização da licitação. Em contraste, as PPP somente serão válidas se respeitarem prazo mínimo de cinco anos e prazo máximo de trinta e cinco (já incluindo eventual prorrogação). Esses prazos são nacionais, não podendo ser modificados por leis subnacionais, regulamentos ou editais;

(v) *Riscos contratuais:* na PPP, é regra que se compartilhem riscos. Disso resulta que os contratos devem conter uma matriz seja na forma de anexo do edital, seja como cláusula ou conjunto de cláusulas. Nas concessões comuns, porém, não se fala da obrigatoriedade de compartilhamento de riscos, de modo que nem sempre existe uma matriz explícita;

(vi) *Garantias de execução:* as PPP envolvem não apenas a garantia do parceiro privado em favor do parceiro público (art. 5º, VIII), mas igualmente a garantia do parceiro público ao privado (art. 8º), bem como a garantia do parceiro público aos financiadores do projeto. Nas concessões comuns, porém, a Lei n. 8.987/1995 requer apenas que as concessionárias ofereçam garantias ao ente concedente;

(vii) *SPE:* Nas PPP, a execução contratual se realizará obrigatoriamente por uma Sociedade de Propósito Específico (SPE), criada pela empresa ou consórcio de empresas que vencer a licitação. A única finalidade institucional dessa SPE será executar determinado contrato de PPP. Essa técnica protege os investidores, de um lado, e, de outro, torna mais fácil a fiscalização da execução obrigacional pelo parceiro público. Nas concessões comuns, a constituição de SPE não aparece como exigência legal, embora seja recomendável;

(viii) *Sanções contratuais:* a Lei de PPP exige de modo expresso que o contrato traga tanto as penalidades administrativas incidentes sobre o parceiro privado, quanto à Administração Pública em caso de inadimplemento contratual, respeitando-se a proporcionalidade em relação à gravidade da infração (art. 5º, II). Essa norma constitui grande avanço da legislação contratual pública, que, tradicionalmente, não aceita sanções contra a Administração contratante, colocando-a em posição de superioridade. Diferentemente da Lei das PPP, a Lei Geral de Concessões segue o modelo antiquado, igualmente fixado na legislação licitatória, de exigir exclusivamente a estipulação contratual de infrações da concessionária, indicando-se as respectivas sanções.

22.2.8 Autorização de serviço público: particularidades

De modo geral, a autorização designa ato administrativo, marcado pela discricionariedade, pelo qual o Estado libera o particular a exercer certa atividade. O instituto é bastante comum e estudado intensamente no âmbito da polícia administrativa como um dos vários instrumentos liberatórios do exercício de direitos fundamentais, a exemplo da autorização de reuniões em locais públicos, autorização de ensino privado e autorização para concentrações econômicas.

Para além desse contexto, a autorização igualmente consta das normas constitucionais que tratam da execução de tarefas estatais. A Carta Maior prevê que a União poderá usar a autorização, ao lado da permissão e da concessão, para viabilizar que particulares assumam a execução de serviços de telecomunicações, radiodifusão, energia, navegação aérea, transporte ferroviário, aquaviário e rodoviário, entre outros (art. 21, XI e XII).

A partir desses comandos, diplomas infraconstitucionais têm se referido com cada vez mais frequência ao instituto e, em alguns casos, atribuído a ele natureza vinculada. Por exemplo, a Lei n. 9.074/1995, atualizada pela Lei n. 14.273/2021, prevê que "a outorga para exploração indireta de ferrovias em regime de direito privado será exercida mediante autorização, na forma da legislação específica" (art. 2º, § 4º). Já a Lei n. 9.472 prevê e define a autorização como "ato administrativo *vinculado* que faculta a exploração, no regime privado, de modalidade de serviço de telecomunicações, quando preenchida as condições objetivas e subjetivas necessárias" (art. 131, § 1º).

Apesar dessas normas setoriais, a legislação geral de contratação pública não trata do assunto, exigindo, portanto, que a doutrina posicione e diferencie a autorização em relação aos módulos concessórios.

Ao abordar o tema, Egon Bockmann Moreira explica que a autorização prevista no art. 21 da Constituição é "categoria *sui generis* de outorga" de serviços específicos que não se colocam em regime de concessão ou permissão, de acordo com regras estipuladas pelo legislador ordinário. A figura autorizaria e, ao mesmo tempo, obrigaria o particular a exercer atividade estatal em regime privado administrativo, geralmente em contexto não monopolístico, nas situações fixadas pelas leis de cada setor.[5]

Di Pietro, por sua vez, explica que a "autorização de serviço público (da mesma forma que a autorização de uso de bem público) é dada no interesse exclusivo do particular que a obtém; ele não exerce uma atividade que vá a ser usufruída por terceiros, mas apenas por ele mesmo". Assim, "a mesma atividade que, na concessão e permissão, constitui serviço público no duplo aspecto da titularidade do Estado e de prestação ao público (no interesse geral), quando se trata de autorização perde essa segunda característica, porque, embora continue de titularidade da União (como decorre do art. 21, XI e XII, da Constituição), não é prestado ao público, no interesse geral, mas no sentido restrito do próprio beneficiário da autorização".[6]

Por outra linha, há autores, como Lúcia Valle Figueiredo, que enxergam na autorização um ato administrativo unilateral e precário que se destina a viabilizar a prestação emergencial de certos serviços públicos e, portanto, uma prestação não constante, transitória.[7]

---

5. MOREIRA, Egon Bockmann. *Direito das concessões de serviço público:* inteligência da Lei n. 8.987/1995 (Parte Geral). São Paulo, Malheiros Editores, 2010, p. 66 a 69.
6. DI PIETRO, Maria Sylvia Zanella. *Parcerias na Administração Pública*, 12. ed. Rio de Janeiro: Forense, 2019, p. 180-182.
7. FIGUEIREDO. Lúcia Valle. *Curso de Direito Administrativo*, 7. ed. São Paulo: Malheiros, 2004 p. 112.

Em comum, essas explicações doutrinárias mostram que a autorização não representa um contrato, mas, apesar disso, serve como instrumento unilateral de outorga de atividades estatais a particulares. Como nem a Constituição, nem a legislação concessória atribuem uma definição e um motivo geral ao uso do instrumento, suas finalidades são determinadas conforme o setor e de acordo com a opção do legislador ordinário. Por essa razão, todas as utilidades apontadas pela doutrina são igualmente aceitáveis. A depender da norma setorial, a autorização como ato administrativo poderá:

(i) Viabilizar a entrada de atores econômicos que operam em regime privado dentro de certo setor titularizado pelo Estado. Eventualmente, esses atores conviverão com prestadores diretos ou prestadores indiretos regidos por contratos de concessão ou de permissão. A autorização, nesse contexto, destina-se a promover a liberalização do setor, ou seja, a **instituir competição** em campos primariamente estatais, como o das telecomunicações e o das ferrovias;

(ii) Viabilizar a prestação de **serviços públicos no interesse próprio** do autorizatário, sem que se lhe atribuam deveres de universalização ou atendimento da população em geral. Isso se verifica, por exemplo, na autorização de serviços públicos de saneamento descentralizados em áreas remotas, principalmente em zona rural. Como a extensão das redes de água e de esgoto para essas áreas é impossível ou financeiramente irrazoável, autoriza-se que determinada associação de moradores preste o serviço com técnicas descentralizadas para atender suas próprias necessidades;

(iii) Viabilizar a *prestação emergencial e transitória* de certo serviço público. Imagine, por exemplo, que determinado Município sofra um desastre ambiental e necessite urgentemente de mais linhas de transporte coletivo e serviços adicionais de limpeza de áreas públicas. Em situações assim, na impossibilidade de os prestadores em exercício assumirem as tarefas adicionais, a autorização de serviço emergencial será a melhor ferramenta para tutelar interesses públicos primários; ou

(iv) Introduzir em certos setores **regimes jurídicos mais flexíveis**, haja vista a desnecessidade de que todos os prestadores assumam obrigações de investir em infraestrutura. Em contexto assim, a autorização se justifica, pois não há utilidade em se forjar complexos projetos concessórios, dependentes de altos investimentos e balizados por regras de equilíbrio econômico-financeiro e estruturas custosas de gestão e fiscalização. Adotando essa lógica, nas **ADI 5549 e 6270**, o STF entendeu constitucional o regime de autorização para serviços públicos de transporte rodoviário interestadual, dando a possibilidade de que novos agentes econômicos ingressem nesse setor e convivam com prestadores em regime de concessão. Com isso, consolidou-se o entendimento de que um serviço público pode ser objeto de execução indireta simultânea por diferentes prestadores, mas em regimes jurídicos assimétricos.

Em síntese, a autorização é ato administrativo e, portanto, não se enquadra nos módulos concessórios como verdadeiros contratos públicos. Apesar de sua natureza unilateral, presta-se à função de outorga de serviços e obras sob titularidade estatal em situações indicadas pelas normas infraconstitucionais. Em última instância, o reconhecimento desse instituto atesta que o regime de prestação das atividades públicas não é unitário. A Constituição aceita regimes de prestação direta, de prestação indireta por meio de contratos sujeitos a intensa influência do direito administrativo e de prestação indireta por autorizações em regime mais flexível. É igualmente possível combinar vários modelos de prestação em um mesmo setor, buscando-se extrair dessa combinação vantagens para a coletividade. Como explica Vera Monteiro, "não há um projeto constitucional único em relação ao modo como o Estado deve prestar serviços públicos à coletividade ou autorizar o uso de seu patrimônio por particulares".[8]

22.3 ATORES ENVOLVIDOS

22.3.1 Concedente, permitente e parceiro público

Muitos são os atores envolvidos e as relações jurídicas que os módulos concessórios originam. A principal delas é a relação contratual pública instituída entre os dois sujeitos contratantes. Na concessão comum, figuram o ente concedente, como titular estatal de serviço ou de obra, e a concessionária, como empresa ou consórcio de empresas. Nas PPP, o ente concedente é chamado de parceiro público, enquanto a concessionária, de parceira privada. Nos contratos de permissão, marcados pela precariedade, aparecem o permitente e a permissionária.

Além da relação entre si, as partes contratantes sempre se envolvem com outros atores, como os usuários das obras e dos serviços públicos (relações disciplinares e consumeristas), os trabalhadores (relações laborais), os fornecedores (relações comerciais) e os reguladores (relações de polícia administrativa). Esses atores desempenham papel estratégico, pois afetam ou são afetados pelas partes e pelos contratos públicos em questão. Nesse contexto, cumpre examinar o regime jurídico do ente concedente, da concessionária e de figuras análogas para, em seguida, apontar como elas se relacionam com os demais atores mencionados.

O ente ou poder concedente, o permitente e o parceiro público equivalem ao **titular do serviço ou da obra** que conforma o objeto do contrato. Por consequência, esse papel recai sobre a União, os Estados, o Distrito Federal ou os Municípios a

---

8. MONTEIRO, Vera. *Concessão*. São Paulo: Malheiros, 2010, p. 78.

depender da distribuição de titularidades promovida pelo ordenamento jurídico a partir da Constituição da República. Apenas para exemplificar, a União é a titular e, portanto, concedente de serviços de distribuição de energia elétrica; os Estados são os titulares e concedentes de serviços de gás canalizado; os Municípios, dos serviços de transporte coletivo urbano e de esgotamento sanitário.

Especificamente nas unidades regionais, ou seja, nas microrregiões, aglomerações urbanas e regiões metropolitanas disciplinas pelo Estatuto da Metrópole, os serviços públicos caracterizados como **funções públicas de interesse comum** por força de lei estadual se sujeitam ao modelo de titularidade compartilhada. Desse modo, tanto o Estado quanto os Municípios que constituem uma determinada unidade regional assumem papel de concedentes.

Além disso, certas vezes, o papel de concedente, permitente ou parceiro público é desempenhado por entidades da Administração Pública Indireta à qual a pessoa política tenha atribuído, por força de lei, a gestão de obra ou serviço público. A Lei Geral de Concessões não reconhece essa situação expressamente, mas ela é comum e aparece em normas de outras leis, gerais e setoriais. Por exemplo, a Lei n. 11.107/2005 prevê que os consórcios públicos, como autarquias interfederativas, poderão outorgar concessão, permissão ou autorização de obras ou serviços públicos, desde que autorizados a tanto no protocolo de intenções (art. 2º, § 3º). No mesmo sentido, a Lei de PPP expressa sua aplicabilidade não só às pessoas políticas, como também às autarquias, fundações e empresas estatais (art. 1º, parágrafo único). Já no âmbito federal, muitas agências reguladoras, como entes especializados da Administração Indireta, colocam-se no papel de concedente ou permitente.

As **atribuições do ente concedente** são variadas e se encontram tanto na legislação setorial, quanto nas leis gerais, bem como em atos regulamentares, nos editais, contratos e respectivos anexos. O art. 29 da Lei de Concessões aponta, como suas tarefas centrais, regulamentar o serviço e fiscalizá-lo; homologar reajustes e proceder à revisão tarifária; aplicar sanções regulamentares e contratuais contra o prestador; intervir na prestação; extinguir a concessão, entre outras. Tarefas adicionais aparecem diluídas no texto da lei, como a de justificar a conveniência da outorga do serviço por concessão ou permissão antes de publicar o edital de licitação (art. 5º); organizar e realizar procedimento de manifestação de interesse – PMI (art. 21); elaborar o edital e conduzir a licitação (art. 18); prestar informações aos usuários (art. 7º, II); autorizar a exploração de receitas alternativas, extraordinárias e congêneres (art. 11) e anuir com a transferência da concessão ou do controle acionário da concessionária sob pena de caducidade (art. 27).

O art. 29 da Lei de Concessões se aplica aos contratos de permissão, bem como às PPP em suas duas modalidades. Isso explica a razão de a Lei n. 11.079/2004 não dedicar um artigo exclusivamente às obrigações dos parceiros públicos. Não obstante, as peculiaridades das parcerias público-privadas lhes impõem obrigações adicionais, como as de oferecer garantias (art. 8º) e oferecer contraprestação (art.

6º) em favor do parceiro privado. Daí se conclui que os regimes do concedente e do parceiro público são equivalentes em muitos aspectos, mas não idênticos.

Como a Lei de Concessões e a Lei de PPP configuram diplomas nacionais e gerais, suas disposições acerca dos deveres do concedente ou do parceiro público se aplicam a todos os níveis federativos, mas pedem cautela interpretativa.

Em primeiro lugar, as **leis setoriais** ora modificam essas tarefas legais, ora conferem algumas delas às agências reguladoras. Por exemplo, embora a Lei Geral de Concessões atribua ao ente concedente a função de cominar sanções regulamentares e contratuais, em muitos setores, os reguladores assumem grande parcela do poder fiscalizatório e punitivo, bem como da gestão do contrato, relegando o ente concedente a uma posição mais restrita. Caso a norma setorial divirja da norma da legislação concessória geral, a antinomia será resolvida pela regra da especialidade, que fará prevalecer a norma setorial.

Em segundo lugar, os Municípios e os Estados por vezes influenciam as funções do ente concedente ao editar leis próprias sobre concessões, permissões e parcerias público-privadas. Ao fazê-lo, porém, deverão respeitar a primazia das normas gerais criadas pelo Congresso Nacional. Na presença de antinomia entre disposições das leis estaduais e municipais, de um lado, e das leis aprovadas pelo Congresso, de outro, prevalecerá a disposição da União que tiver natureza de norma geral e, portanto, nacional.

22.3.2 Concessionária, permissionária ou parceira privada

Por força do princípio da competitividade e da isonomia, o ente concedente, permitente ou o parceiro público somente firmará o contrato de concessão, de permissão ou de PPP com a empresa ou o consórcio de empresas que vencer a licitação. Embora essas empresas sejam geralmente não estatais, é aceitável que sociedades de economia mista ou empresas públicas, pertencentes a esfera federativa distinta da do titular do serviço, concorram e vençam a licitação, isoladamente ou em conjunto com outras empresas.

A despeito de sua natureza e da participação eventual em consórcio, o vencedor da licitação, ao celebrar o contrato, assumirá diretamente o papel de concessionária, de permissionária ou de parceira privada ou, conforme o caso, criará uma sociedade de propósito específico (SPE) por ele controlada para cumprir essa função. Nos contratos de PPP, a SPE é obrigatória. Diversamente, nas concessões comuns e nas permissões, sua exigência configura uma faculdade do ente público contratante. Com ou sem SPE, como dito, é o contrato que faz nascer a relação jurídica de prazo determinado entre a concessionária, a permissionária ou a parceira privada e o titular do serviço ou obra.

Assim como ocorre com os entes concedentes, permitentes e parceiros públicos, os deveres e **obrigações da concessionária** e da parceira privada constam da legislação setorial, da legislação concessória geral, bem como de atos regulamentares, do edital, do contrato e respectivos anexos. Apesar da multiplicidade de diplomas normativos aplicáveis, de especial importância para o tema são as normas gerais da Lei de Concessões.

Em primeiro lugar, ao definir os contratos ora debatidos, prescreve o art. 2º, III e IV da Lei n. 8.987/1995 que a concessionária agirá por sua "conta e risco". Essa disposição legal precisa ser examinada com extrema cautela e de maneira sistemática. A obrigação de agir por "conta e risco" não transfere automaticamente à empresa contratada a responsabilidade por todos os custos, investimentos e riscos, nem o direito de se beneficiar isoladamente de todas as oportunidades do negócio. Os custos e investimentos são eventualmente compartilhados com o titular a depender da modelagem contratual. Isso significa que certos riscos aceitam compartilhamento entre as partes contratantes e, até mesmo, alocação integral ao ente concedente seja por determinação legal, seja por cláusula contratual ou previsão de matriz de risco. As oportunidades contratuais seguem a mesma lógica. Por vezes, a concessionária aproveitará as oportunidades com primazia, mas, em certas situações, as receitas delas advindas permanecerão integralmente com o ente concedente, que as direcionará para a modicidade tarifária, se o serviço for oneroso.

Por tudo isso, ao prever que a concessionária age por **conta e risco**, a lei simplesmente indica que o prestador assume custos e riscos relativos à exploração da obra ou do serviço concedido desde que inexista disposição legal, regulamentar ou contratual em contrário. A expressão legal não impede que o ente concedente seja responsável por certos custos, investimentos ou que se beneficie de certas oportunidades contratuais. Ademais, mesmo na ausência de qualquer disposição expressa que mitigue a "conta e o risco" da concessionária, a fórmula legal não poderá ser usada para enriquecer indevidamente o ente concedente, ou seja, para transferir à concessionária a responsabilidade pelos danos causados exclusivamente por comportamento intolerável da sua parte.

Em segundo lugar, além de reconhecer o dever de agir primariamente por sua conta e risco, o art. 31 da Lei Geral de Concessões traz um rol mínimo de obrigações da concessionária, como os de prestar o serviço público adequado; registrar bens vinculados ao serviço e por eles zelar; prestar contas ao concedente e aos usuários; promover a execução de desapropriações e constituir servidões; captar, aplicar e gerir os recursos financeiros necessários à execução do contrato. Deveres adicionais a esses aparecem em dispositivos como o art. 6º, que exige da concessionária a emissão de aviso prévio para interrupções do serviço por ordem técnica, segurança ou inadimplemento. Já o art. 7º-A impõe-lhe dar ao usuário o direito de escolher data de pagamento da tarifa.

Em terceiro lugar, a Lei Geral de Concessões alberga inúmeros direitos da concessionária. O mais importante deles é, sem qualquer dúvida, o de reequilíbrio econômico-financeiro do contrato por meio de técnicas de reajuste e de revisão. O reequilíbrio é a ferramenta imprescindível de proteção da segurança jurídica e da confiança que a empresa cria, no momento da licitação, sobre as entradas e saídas financeiras do projeto concessório. Além disso, a lei confere à concessionária direitos de indenização por investimentos e despesas não amortizados até o momento da extinção do contrato, inclusive em caso de caducidade derivada de seu inadimplemento culposo.

Na mesma linha do que se esclareceu no tratamento do ente concedente, os deveres e direitos gerais legalmente estipulados para as concessionárias estendem-se para as permissionárias. É preciso apenas ter em mente que a permissionária não detém qualquer direito contra a revogação a qualquer tempo da permissão. Melhor dizendo: enquanto a extinção unilateral da concessão se realiza nos limites rígidos da caducidade ou da encampação, a extinção unilateral da permissão pode se dar *ad nutum*.

Ademais, as normas relativas às concessionárias estendem-se aos contratos de PPP em suas duas modalidades, daí a razão de a Lei de PPP não trazer dispositivo próprio para sistematizar as atribuições da parceira privada. Ainda assim, o regime da concessionária não se identifica por completo com o da parceira privada, que, por exemplo, possui o direito de ver o parceiro público punido por descumprimentos contratuais e o direito de receber garantias.

O apontado rol de obrigações e direitos constante da Lei de Concessões é, frequentemente, modificado pela legislação setorial. Em alguns contextos, as normas especiais divergirão das gerais e, como dito anteriormente, prevalecerão sobre elas por sua própria especialidade. Isso se vislumbra, por exemplo, nas normas sobre interrupção de serviços constantes da Lei Geral de Saneamento (Lei n. 11.445/2007), que diferem levemente das normas sobre o mesmo assunto previstas na Lei de Concessões.

Também como já ressaltado no tocante ao ente concedente, o regime da concessionária, da permissionária ou da parceira privada poderá ser afetado por disposições de leis estaduais e municipais. No entanto, na hipótese de antinomia entre as normas subnacionais e as editadas pelo Congresso, prevalecerão estas últimas desde que tenham caráter geral e representem verdadeiras normas nacionais.

22.3.3 Trabalhadores e fornecedores

Para bem executar o objeto contratado, as concessionárias, permissionárias e parceiras privadas contam tanto com suas próprias equipes de trabalhadores, quanto com fornecedores externos de bens, serviços e obras. Trabalhadores e fornecedores são atores fundamentais para o sucesso do módulo concessório. Por isso, cabe verificar se e como o direito administrativo os afeta.

A legislação concessória não ignorou o assunto. De acordo com o art. 31, parágrafo único, da Lei n. 8.987/1995, "as contratações, inclusive de mão-de-obra, feitas pela concessionária serão regidas pelas disposições de **direito privado** e pela **legislação trabalhista**, não se estabelecendo qualquer relação entre os terceiros contratados pela concessionária e o poder concedente" (g.n.). Esse dispositivo é fundamental para a compreensão do tema, pois: (i) indica que as relações da concessionária com trabalhadores e fornecedores se guiam basicamente pelo direito privado, permanecendo o direito público em posição secundária, e (ii) afasta qualquer vínculo direto do ente concedente com os trabalhadores e fornecedores do prestador contratado.

O art. 25 da Lei n. 8.987/1995 reforça essa lógica ao prever que a concessionária está autorizada a "contratar com terceiros o desenvolvimento de **atividades inerentes, acessórias ou complementares** ao serviço concedido, bem como a implementação de projetos associados" (§ 1º, g.n.). Ao reconhecer essa faculdade, repete que os contratos com terceiros se submeterão ao direito privado, "não se estabelecendo qualquer relação jurídica entre os terceiros e o poder concedente" (§ 2º).

Apesar disso, a Lei Geral de Concessões demonstra que tanto os **fornecedores** quanto os trabalhadores da concessionária serão, em certa medida, afetados pelo direito administrativo e pelas cláusulas do contrato público. Isso se verifica quando exige que as tarefas desempenhadas por tais sujeitos respeitem "as normas regulamentares da modalidade do serviço concedido" (art. 25, § 3º). Disso se conclui que a concessionária tem o dever de elaborar os contratos privados que firma com esses outros atores de modo harmônico à concessão. Tem, ainda, o papel de zelar para que os terceiros com quem se relacione tomem conhecimento das normas regulamentares regentes do serviço ou da obra e para que não ajam de modo a prejudicar as finalidades e as regras da concessão, sob pena de responder, a própria concessionária, pelos danos que sua negligência causar ao concedente e aos usuários.

22.3.4 Usuários

Também chamada de Código de Defesa dos Usuários de Serviços Públicos (CDUSP), a Lei n. 13.460/2017 define o usuário como a "pessoa física ou jurídica que se beneficia ou utiliza, efetiva ou potencialmente, de serviço público" (art. 2º, I). A partir dessa disposição legal se conclui que, com a exceção de concessões administrativas que envolvem serviços prestados diretamente à Administração Pública (como os de arquivamento), os módulos concessórios em geral influenciam de maneira direta a vida, a saúde, o trabalho e a dignidade de incontáveis usuários de serviços e obras públicas. É pelo impacto em suas esferas de direitos que o regime jurídico desses contratos administrativos necessariamente se guia e se influencia pelos usuários.

Mais que permitir a sustentabilidade econômico-financeira de um serviço ou de uma obra, mais que viabilizar o retorno esperado dos investidores, mais que contribuir com a eficiência das funções administrativas, os módulos concessórios são instrumentos de concretização de direitos fundamentais. À luz dessa instrumentalidade, o atendimento dos interesses das partes contratantes são apenas meios para o atingimento de uma finalidade pública maior: atender o usuário de modo adequado. Por conseguinte, os indicadores cruciais para a mensuração do sucesso de projetos de desestatização mediante concessão, PPP ou permissão, são exatamente aqueles capazes de revelar os efetivos ganhos de bem-estar e de satisfação dos usuários.

Contratos incapazes de incrementar a qualidade de vida do usuário não são contratos bem-sucedidos por mais que possam se mostrar autossustentáveis e financeiramente saudáveis. E isso se extrai por meio de rápida análise de vários dispositivos da Constituição da República. O art. 37, § 3º, I, garante aos usuários o direito de manifestação, o direito a canais de atendimento e à avaliação periódica do serviço. Já o art. 175, parágrafo único, I e II, exige que lei cuide do direito dos usuários e da prestação do **serviço adequado**.

Não por outro motivo, várias leis se dedicam ao tema:

- A Lei n. 8.987/1995 assegura aos usuários, por exemplo, os direitos de receber informações, obter o serviço adequado, escolher o prestador e de receber notificação prévia à interrupção do serviço por reparo na rede ou inadimplemento;
- A Lei de Defesa dos Usuários de Serviços Públicos (Lei n. 13.460/2017) delineia o regime jurídico do direito de manifestação, prevê ouvidorias, conselhos de usuários, avaliação de serviços, bem como a carta e o quadro geral de serviços;[9]
- A Lei do Governo Digital (Lei n. 14.129/2021) demanda soluções digitais para a prestação de serviços públicos, incluindo técnicas de autosserviço (sem mediação humana) e acessibilidade tecnológica, com especial destaque para usuários de baixa renda; e
- A LGPD aborda especificamente o direito de proteção de dados no exercício de políticas públicas, apontando regras sobre compartilhamento de dados pessoais pelos titulares dos serviços em favor de particulares, como concessionárias, permissionárias e parceiras privadas (art. 26, § 1º, I).[10]

Esses vários diplomas legais atestam o quanto dito de início: os usuários são a finalidade última dos contratos de concessão, de PPP e de permissão. Quando incapazes de incrementar o bem-estar e a dignidade dos usuários, favorecendo a concretização de seus direitos fundamentais, referidos contratos não cumprirão sua função pública maior, ainda que se mostrem aptos a atender os interesses financeiros das partes contratantes. Os efeitos sobre os usuários, por isso, sempre deverão servir de parâmetro para a modelagem, a licitação, a fiscalização, a avaliação da execução e a regulação dos módulos concessórios.

---

9. Esses instrumentos da Lei ou "Código de Defesa dos Usuários de Serviços Públicos" (CDUSP) foram comentados em mais detalhes no capítulo de serviços públicos do volume II deste manual.
10. Em mais detalhes, cf. MARRARA, Thiago. LGPD, concessões de serviços públicos e equilíbrio econômico-financeiro. In: FERRAZ, Sérgio; VENTURINI, Otávio; GASIOLA, Gustavo Gil (Org.). *Proteção de dados pessoais e compliance digital*. São Paulo: Umanos, 2022, em geral.

22.3.5 Regulador

Até a década de 1990, os contratos de concessão se situavam em um contexto mais simples sob a perspectiva subjetiva. A relação era basicamente comandada pelos dois atores contratantes, ou seja, o titular da obra ou do serviço e a concessionária. Após a Constituição de 1988 e, em especial, do Plano Diretor de Reforma do Estado de 1995, a desestatização se acelerou e ocasionou movimentos de regulação estatal e de agencificação. É verdade que regulação já existia anteriormente, mas, a partir da década de 1990, ela gradualmente se desloca para as mãos de um terceiro ator, ou seja, de agências instituídas como autarquias de regime especial, dotadas de mais autonomia e marcadas pelo dever de atuação técnica e neutra, com maior ou menor grau de setorialidade.

As agências tornaram o cenário da desestatização de obras e serviços estatais mais complexo e impuseram desafios adicionais em matéria de concessões. Como consequência da agencificação, hoje, é imprescindível definir com mais clareza os papéis e as competências dos vários atores. Além disso, ganham cada vez mais relevância o debate e a construção de meios de articulação e coordenação administrativa.

Esses debates necessitam observar, porém, limites constitucionais. No Brasil, o modelo federativo tripartite e a autonomia organizacional da União, dos Estados e dos Municípios impedem a criação de uma lei nacional de agências. Isso explica, na prática, o enorme conjunto de leis específicas que instituem e regem essas entidades e a existência de uma **Lei Geral das Agências** restrita ao âmbito da União (Lei n. 13.848/2019).[11] Inexiste – nem poderia existir – uma lei nacional comum a todas as agências e que defina papéis comuns objetivos.

Não bastasse isso, embora criadas a partir de 1995, na origem do movimento de agencificação, nem a Lei Geral de Concessões, nem a Lei das PPP tratam do regulador. Essas leis abordam as atribuições e obrigações do ente concedente e da concessionária, referem-se a direitos e deveres dos usuários, mas silenciam inexplicavelmente sobre o regulador. Não há qualquer menção às agências, nem, por conseguinte, regras claras sobre a divisão de papéis, a interação e os limites entre as partes contratantes e o regulador. Sob esse contexto normativo lacunoso, dificuldades e conflitos variados surgem na modelagem e na gestão de contratos de concessão, de PPP e de permissão.

De modo a solucionar, pelo menos parcialmente, essas questões, **leis setoriais** delineiam as competências do regulador, tal como se verifica no setor de saneamento, cuja Lei de Diretrizes Nacionais confere a agências locais, intermunicipais e estaduais funções normativas, de orientação, de controle de informações e de gestão do equilíbrio econômico-financeiro do contrato. Sempre que essas normas especiais existirem, elas prevalecerão sobre as normas gerais da legislação concessória. Assim,

---

11. Em mais detalhes sobre as agências reguladoras na organização administrativa brasileira e sobre a regulação, recomenda-se ao leitor o exame dos capítulos sobre a Administração Indireta, no volume I deste Manual, e sobre Intervenção Econômica, no volume II.

o ente concedente deverá assumir somente funções residuais, ou seja, as que nem as leis setoriais, nem as leis de criação tenham atribuído expressamente às agências.

Como os titulares dos serviços e obras concedidos subordinam-se à legislação, os contratos administrativos que celebram devem igualmente respeitar a distribuição de competências e as tarefas conferidas ao regulador. A razão é simples e tem relação com a teoria das fontes. Enquanto o contrato administrativo de concessão é firmado pelo ente federativo, na qualidade de ente concedente, a agência reguladora é criada, como autarquia, também pelo ente federativo, mas por meio de seus Poderes Executivo e Legislativo. Isso confere às normas que criam o regulador e estipulam suas funções elevada legitimação democrática e hierarquia formal superior às normas do contrato.

Imagine, por exemplo, que a lei de um determinado setor confira à agência a competência para conduzir processos administrativos de revisão para reequilíbrio econômico-financeiro, mas determinado contrato também traga normas processuais sobre reajuste e revisão. Em casos assim, as normas do instrumento concessório somente valerão (i) enquanto não sobrevier norma regulamentar editada pela agência sobre o tema que se encontra na sua esfera de competência e (ii) somente nos espaços que as próprias normas regulamentares expedidas pelo regulador abrirem à norma contratual.

Fora dessas situações, o titular do serviço, que institui a agência por seus Poderes Executivo e Legislativo, não está autorizado a inserir em contratos normas destinadas a retirar ou mitigar a competência que a lei deu ao regulador, sobretudo no intuito de reduzir sua autonomia. A partir do momento em que a agência estipula normas regulamentares para concretizar e viabilizar suas funções privativas, constantes da lei que trata do setor ou da sua lei de criação, o titular restará proibido de constrangê-la ou limitá-la de qualquer modo por meio de cláusulas contratuais que estabeleçam regras em sentido diverso.

Para evitar esse tipo de problema entre as partes contratantes e o regulador, gerando-se mais previsibilidade às concessões, alguns contratos trazem cláusulas sobre as fontes normativas e sua hierarquia. Essas cláusulas sistematizam a relação entre normas regulatórias, planos do setor, edital de licitação, contrato, anexos e propostas, permitindo, com isso, a coordenação mais eficiente dos vários atores envolvidos. É óbvio que essas cláusulas não poderão subverter a sistematização de fontes que se estrutura a partir da Constituição e das leis. Ainda assim, elas são bastante oportunas na prática por contribuírem com a clareza, a previsibilidade, a solução de conflitos e a execução mais eficiente do contrato regulado.

22.4 PREPARAÇÃO CONTRATUAL E LICITAÇÃO

22.4.1 Autorização legislativa

Os módulos concessórios equivalem a contratos administrativos de longuíssimo prazo, que movimentam volumes elevados de recursos financeiros e atingem um conjunto amplo de atores, incluindo milhões de usuários em certos casos. Por esses e outros motivos, referidos contratos necessitam de preparação extremamente cuidadosa e modelagem capaz de assegurar um bom grau de adaptação, permitindo-lhes sobreviver às transformações pelas quais a realidade passará durante a execução obrigacional. Planejar a concessão é, portanto, condição essencial de seu sucesso. A partir daí se entende a relevância dos estudos, dos projetos, das minutas e dos processos licitatórios que antecedem contratos desse gênero.

O planejamento, porém, não basta. É preciso legitimar a utilização dos módulos concessórios em razão de seu impacto sobre a vida da população. Exatamente por isso, antes de se abordar os projetos e a licitação propriamente dita, cumpre debater se a celebração de concessões, permissões e PPP depende de autorização expressa do Poder Legislativo, como órgão de representação do povo.

Ao reconhecer as técnicas de execução indireta de serviços públicos por concessão e permissão, a Constituição da República requer lei geral e abstrata que discipline a matéria (art. 175).[12] Entretanto, não prevê lei autorizativa de efeito concreto, ou seja, lei que autorize a celebração de cada contrato na prática. A expressão "na forma de lei", presente no texto constitucional, contém apenas a mensagem de que o Congresso tem a incumbência de estabelecer as bases do regime concessório nacional e disciplinar, no mínimo, os temas apontados no parágrafo único do dispositivo citado. Com base nesse comando maior, criou-se a Lei Geral de Concessões, que, a seu turno, tampouco exige leis concretas para autorizar cada contrato.

No mesmo ano de 1995, porém, o Congresso Nacional editou a Lei n. 9.074, que veda à União, aos Estados, ao Distrito Federal e aos Municípios "executarem obras e serviços públicos por meio de concessão e permissão de serviços público, **sem lei que lhes autorize e fixe os termos**, dispensada a lei autorizativa nos casos de saneamento básico e limpeza urbana e nos já referidos na Constituição Federal, nas Constituições Estaduais e nas Leis Orgânicas do Direito Federal e dos Municípios (...)" (art. 2º, *caput*, g.n.). Também ficam dispensadas da autorização em debate as contratações de serviços e obras resultantes de processos iniciados com base na Lei n. 8.987/1995, entre sua data de publicação e a edição da Lei n. 9.074 no mesmo ano.

O dispositivo transcrito contém mandamentos claros a revelar que a autorização legislativa representa exigência subsidiária. Se as fontes constitucionais já tiverem previsto a possibilidade de conceder ou permitir certo serviço, dispensável será lei adicional de efeito concreto. Seguindo essa lógica, apenas para ilustrar, como a Constituição da República explicita que a União poderá explorar serviços de energia elétrica e os Municípios prestarão serviços de transporte coletivo por meio de

---

12. Nesse sentido, também BELSITO, Bruno Gazzaneo; TANNURE, Ricardo Tomaz. Discussão sobre a necessidade de autorização legislativa para concessões de serviços públicos. *Revista do BNDES*, v. 25, n. 50, 2018, p. 352.

concessões ou permissões, descabe exigir lei autorizativa para cada contrato relativo a esses serviços.

A lógica é simples: se os representantes do povo, reunidos como Poder Constituinte, já manifestaram sua autorização formal em norma abstrata, não há necessidade de outra. Porém, se nem as Constituições, nem as LOM tiverem apontado a possibilidade de concessão ou permissão de determinado serviço, então a lei específica autorizativa será necessária, salvo para os casos de saneamento básico (que já gozam de dispensa expressa da própria Lei n. 9.074/1995).

O regramento sobre a autorização legal como requisito de validade de concessões que o Congresso Nacional inseriu na Lei n. 9.074/1995 poderia ser reputado como violador da autonomia federativa e, em outra perspectiva, como controle indevido do Executivo pelo Legislativo em afronta à tripartição dos Poderes. Apesar disso, entendo que a crítica à autorização legislativa desparece quando se consideram alguns aspectos:

- A uma, a própria Constituição da República atribuiu ao Congresso a competência para estipular normas gerais sobre contratações públicas em todas as suas modalidades (art. 22, XXVII);

- A duas, a exigência de, ao menos, menção legal à possibilidade de concessão de certo serviço público resulta de salutar preocupação com a legitimação democrática de opções governamentais estratégicas com elevado impacto sobre direitos fundamentais da população. O argumento da tripartição de Poderes não deve ser manejado para coibir a democratização das políticas públicas. Como o Executivo depende do Legislativo para criar empresas estatais e autarquias, por que não deveria ter sua chancela para optar pela prestação indireta de serviços essenciais ao povo? Aliás, se o Legislativo precisa autorizar a encampação do contrato de concessão como forma de extinção unilateral por interesse público, por que não deveria autorizar sua celebração, ainda que de forma abstrata?; e

- A três – e mais importante, a meu ver – a exigência de autorização na Lei n. 9.074/1995 não é excessiva ou irrazoável, pois não se requer lei concreta para um contrato isoladamente considerado, bastando menção abstrata à possibilidade de outorga do serviço a particulares nas fontes constitucionais, ou seja, na Constituição da República, nas Constituições Estaduais ou nas Leis Orgânicas. Apenas na falta dessas previsões gerais é que uma lei concreta seria necessária.

Há, ainda, um quarto elemento relevante a se ponderar. Nada impede que o Congresso mitigue ou excepcione o comando legal da Lei n. 9.074/1995 ao tratar de contratações em certos setores ou programas governamentais. Ora, se pode o Congresso editar norma geral a exigir autorização legislativa prévia, também poderá afastá-la por norma de mesma hierarquia, já que, como se demonstrou, tal exigência não tem status constitucional. Tanto isso é verdade, que o afastamento da exigência se vislumbra em inúmeros diplomas.

A própria 9.074 cria exceções em seu texto para o saneamento básico e o Congresso as abre, por exemplo, aos projetos do Programa de Parceiras de Investimentos – PPI. Ao criar esse programa, a Lei n. 13.334/2016 conferiu ao Presidente da República o poder de enumerar os empreendimentos públicos federais de infraestrutura qualificados para implantação por parceria (art. 4º, II) e, expressamente, afirmou que "a licitação e celebração de parceiras dos empreendimentos públicos do PPI *independem de lei* autorizativa geral ou específica" (art. 13, g.n.).

Na jurisprudência do STF, porém, o assunto foi objeto de decisões em diferentes sentidos. Utilizando o argumento da separação dos poderes e baseando-se no art. 2º da Constituição, o STF julgou inconstitucional dispositivos da Constituição Baiana que previam autorização legislativa de contratações públicas (**ADI 462**, julgada em 1997, sob relatoria de Moreira Alves). Nesse mesmo sentido, o Supremo se manifestou em 2018 (AI n. 721.230/MG, sob relatoria do min. Roberto Barroso). Porém, em 2014, reconheceu a constitucionalidade de mandamento da Constituição Paraibana no sentido de preservar a necessidade de autorização legislativa para convênios e acordos que acarretem encargos ou compromissos gravosos ao patrimônio estadual (**ADI 331/PB**, sob relatoria de Gilmar Mendes). Embora não tenha abordado a concessão propriamente dita, esse último julgado abriu caminho para aceitações jurisprudenciais da exigência de autorização legislativa na contratação em geral. Isso se vislumbra em outros casos apreciados no STF (RE 1.159.814/SP, julgado em 2019, RE 602.458/SP, julgado em 2019; RE 974.493/MT, julgado em 2018).

A par dessa discussão geral, a Lei das PPP suscita discussões próprias ao prever que a autorização legislativa será imprescindível sempre que, nas concessões patrocinadas, mais de 70% da remuneração do parceiro privado for paga pela Administração Pública (art. 10, § 3º). A preocupação do legislador direciona-se ao comprometimento do orçamento público com a viabilidade do contrato, já que a PPP sempre envolve uma contraprestação estatal, ainda que não pecuniária. Seguindo essa lógica, por mais que a Lei das PPP não mencione, a exigência também deverá incidir sobre concessões administrativas, dado que, nelas, a integralidade da remuneração do parceiro privado será assumida pelo parceiro público.

Acerca dessa regra específica, algumas advertências parecem úteis. Em primeiro lugar, a Lei das PPP autoriza que a contraprestação do parceiro público seja pecuniária ou não pecuniária, como já visto. Se não for pecuniária, a exigência apontada se mostrará descabida, já que o dispositivo legal fala de "remuneração do parceiro privado *paga* pela Administração Pública". Em segundo, entendo que a autorização mencionada ficará suprida pela previsão das referidas despesas públicas na legislação orçamentária. Se essas leis formalizarem no orçamento o comprometimento dos recursos para certa PPP, não haverá necessidade de autorização duplicada em nova lei.

22.4.2 Exigências na preparação contratual

Em virtude de sua acentuada complexidade, os contratos de concessão dependem de inúmeros estudos, minutas, projetos e atos liberatórios, como licenças. Os estudos de preparação abordam assuntos de diversas ordens, envolvendo tanto aspectos jurídicos, quanto econômico-financeiros, de engenharia, ambientais, entre outros. Alguns desses estudos tomam forma como termos de referência, projetos básicos e executivos que se agregam ao edital de licitação de sorte a condicionar a elaboração das propostas e a execução do contrato administrativo.

Dada a imprescindibilidade desses elementos técnicos para a competitividade no certame, a Lei n. 8.987/1995 impõe que o edital de licitação contenha indicações sobre o fornecimento, aos interessados, dos "dados, estudos e projetos necessários à elaboração dos orçamentos e apresentação das propostas" (art. 18, IV). Em havendo obra pública, "os dados relativos à obra, dentre os quais os elementos do projeto básico que permitam sua plena caracterização" constarão igualmente do edital (art. 18, XV).

A preocupação com o planejamento das concessões se acentuou na **Lei das PPP**, que traz normas mais detalhadas sobre estudos e projetos, incluindo exigência de participação popular mediante consulta pública. O legislador é categórico ao exigir que toda contratação de parceria público-privada seja licitada e precedida de:

(i) **Autorização do agente competente**, baseada em "estudo técnico" capaz de demonstrar a conveniência da contratação e avaliar o impacto das despesas geradas sobre os resultados fiscais, entre outros aspectos;

(ii) Elaboração de **estimativa de impacto orçamentário-financeiro** nos exercícios em que o contrato vigorará;

(iii) **Declaração de compatibilidade** das obrigações assumidas pela Administração com a legislação orçamentária;

(iv) **Estimativa de fluxo de recursos** públicos para o cumprimento dessas obrigações e previsão no plano plurianual;

(v) Submissão da minuta de edital, da justificativa de contratação e da minuta do contrato e seus detalhes de duração e valor a **consulta pública**; e

(vi) **Licenciamento ambiental prévio** a cargo da Administração contratante ou, em seu lugar, expedição de diretrizes de licenciamento do empreendimento para o futuro parceiro privado (art. 10 da Lei n. 11.079/2004).

As regras e exigências apontadas demonstram, em última instância, que a legislação brasileira, acertadamente, impõe vários requisitos preparatórios para a celebração de concessões, PPP e permissões de serviço público ou obra pública. A preparação é fundamental, pois nela se averigua se efetivamente existe interesse público na delegação e se estabelecem parâmetros que orientam a conduta dos agentes econômicos interessados em participar da licitação, permitindo-lhes avaliar as vantagens e os riscos da contratação, bem como calcular racionalmente suas propostas. A falta ou a deficiência de estudos e de planejamento, por conseguinte, pode tanto ocasionar outorgas desfavoráveis à Administração e à coletividade, quanto processos licitatórios marcados por desvios competitivos que, não raramente, geram dificuldades e conflitos durante a execução das obrigações.

22.4.3 Procedimento de Manifestação de Interesse (PMI)

A elaboração de estudos, projetos e outros documentos preparatórios da contratação de concessões, PPP e permissões impõe desafios gigantescos à Administração Pública brasileira, composta por órgãos de milhares de Municípios carentes de recursos financeiros e de equipes especializadas. Grande parte dos entes públicos não dispõe de recursos financeiros, humanos e técnicos para tanto. Via de regra, não há pessoal devidamente especializado para preparar os complexos projetos, estudos e documentos preparatórios necessários. Tampouco há meios financeiros para se recrutar consultorias externas e especializadas capazes de suprir as deficiências mencionadas.

Para solucionar esses problemas, já na Lei n. 8.987/1995, permitiu-se a transferência dos riscos e dos custos de preparação e planejamento da concessão a particulares, utilizando-se a figura do procedimento de manifestação de interesse (PMI).

Diferentemente da LLic de 2021, a Lei Geral de Concessões de 1995 não aponta referido procedimento auxiliar de maneira expressa, nem detalha seu regime jurídico. Porém, ele está reconhecido nas regras nacionais que autorizam a Administração Pública contratante a: (i) formular diretamente os estudos e documentos preparatórios ou *permitir sua elaboração, mediante autorização, por terceiros*; e (ii) estipular, no edital, que o vencedor da licitação ressarça os dispêndios com os estudos, projetos, investigações e demais despesas do gênero realizadas durante a fase de preparação da contratação (art. 21 da Lei n. 8.987/1995).

A partir desse dispositivo legal, a Presidência da República editou o Decreto n. 8.428/2015 para reger o PMI e a apresentação de projetos, levantamentos, investigações ou estudos, por pessoa física ou jurídica de direito privado, utilizados pela Administração Pública na estruturação de desestatização de empresa estatal e na contratação de concessões, bem como na atualização de estudos e projetos já realizados. Em 2022, passou-se também a permitir seu uso para outorgas por meio de autorização administrativa no setor de ferrovias (art. 19-A), ou seja, mesmo que a Administração não venha a utilizar contrato de concessão ou de permissão.

Em apertada síntese, o PMI constitui um **procedimento auxiliar da contratação**, podendo ser utilizado conforme juízo de discricionariedade do ente contratante para obter, de particulares, tanto a elaboração dos primeiros **estudos e projetos**, quanto suas atualizações. Basicamente, o procedimento se desdobra em três fases:

(i) a abertura, por publicação de edital de chamamento público; (ii) a autorização para a apresentação dos estudos, projetos e levantamentos; e (iii) a avaliação, seleção e aprovação.

A apresentação e seleção das propostas trazidas por especialistas no PMI corre por **conta e risco dos participantes**. A Administração Pública não desembolsa qualquer recurso para remunerar as pessoas físicas e jurídicas que se dispõem a oferecer contribuições técnicas. Mesmo que o ente organizador selecione projetos, estudos e investigações de certos participantes no intuito de planejar uma futura contratação, não terá o dever de remunerá-los diretamente, nem de lhes garantir que realizará a licitação e celebrará qualquer contrato. A remuneração dos autores dos estudos, projetos e outros documentos produzidos no PMI ocorrerá única e exclusivamente se houver licitação com vencedor, seguida de celebração de contrato. Nesse cenário, por disposição expressa do edital, a concessionária ou parceira privada será obrigada a ressarcir os participantes que tiverem contribuições selecionadas no PMI e utilizadas como fundamento técnico da contratação.

A princípio, o Decreto n. 8.428/2015 foi elaborado pela Administração Pública federal, deixando aos Estados e Municípios a incumbência de regulamentar o art. 21 da Lei Geral de Concessões em suas respectivas órbitas. Porém, de maneira a facilitar o uso de instrumentos no âmbito subnacional, a Lei de Licitações de 2021 incluiu o PMI como um procedimento auxiliar para todo e qualquer tipo de contratação pública, não apenas as concessões. Desse modo, as normas gerais da Lei de Licitações oferecem um regime jurídico geral e básico para o PMI, inclusive em matéria de concessões, facilitando o uso do procedimento nos âmbitos estaduais e locais, sobretudo quando não houver regulamento próprio.

22.4.4 Cláusulas essenciais e objeto do contrato

Concessões são contratos de longuíssimo prazo em razão da complexidade de seu objeto e da necessidade de se gerar recursos financeiros elevados que compensem o prestador pelos investimentos, despesas e custos operacionais que assume. Ocorre que, quanto maior for esse prazo, mais desafiador será desenhar as cláusulas contratuais. Afinal, as obrigações previstas no instrumento terão que ser apresentadas de forma flexível para que tenham a capacidade de se adaptar às transformações da realidade, às oportunidades e aos riscos.

Sem prejuízo dessa característica relacional, a legislação impõe um núcleo rígido de temas que as concessões necessitam abordar em seu instrumento desde a minuta originária. Esses temas formam um corpo obrigacional mínimo que acompanhará todos os contratos, sem prejuízo de o Poder Público ampliar o conteúdo das cláusulas para atingir as finalidades públicas que deseja.

Ao tratar dos contratos de concessão comum, o art. 23 da Lei n. 8.987/1995 exige que seus instrumentos prevejam cláusulas essenciais sobre tópicos como: objeto, área, prazo e prorrogação; modo, forma e condições da prestação do serviço; parâmetros de qualidade; tarifação, reajuste e revisão; direitos e deveres dos atores envolvidos; fiscalização, penalidades e garantias; bens reversíveis e critérios de indenização; prestação de contas da concessionária e solução de disputas. Note-se, porém, que esse conjunto de obrigações básicas da lei não traz indicações sobre matriz de risco, relação com os reguladores, nem prazos mínimos e máximos de duração contratual.

Avançando no tema, inclusive de maneira a suprimir essas lacunas da lei de 1995, a Lei n. 11.079/2004 expandiu o **corpo mínimo de cláusulas contratuais**. Para as PPP administrativas e patrocinadas, o Poder Público deverá não somente observar as exigências básicas do precitado art. 23 da Lei de Concessões, como necessitará: observar o prazo mínimo de 5 anos e o prazo máximo de 35, incluindo prorrogação; prever sanções aplicáveis à Administração contratante; repartir riscos entre as partes contratantes; estipular formas de preservação da atualidade da prestação; estipular critérios objetivos de avaliação de desempenho do parceiro privado; dispor sobre compartilhamento de certos ganhos econômicos do parceiro privado com o público etc. (art. 5º). O contrato de PPP deverá, adicionalmente, tratar das formas de contraprestação do parceiro público ao parceiro privado (art. 6º).

No geral, a apreciação desse núcleo obrigacional mínimo revela que o legislador não somente adaptou o regime contratual da concessão comum às PPP, como foi mais exigente ao impor um conteúdo obrigacional que a Lei de 1995 jamais exigiu.

Várias das cláusulas obrigatórias apontadas na Lei Geral de Concessões e na Lei Geral das PPP demandam atenção e cuidado especial. Nos próximos itens, muitas delas serão debatidas com mais detalhes. Por ora, cumpre fazer breves considerações apenas sobre a regra que exige definição precisa do objeto, da área e do prazo da concessão.

Esse comando legal é fundamental para a exequibilidade do contrato e para seu equilíbrio econômico-financeiro. Para que o licitante possa avaliar o compromisso que assume ao participar da licitação, necessita saber exatamente quais tarefas assumirá, onde, para quem e por quanto tempo deverá executá-las. Apesar disso, não raramente, editais de licitação e cláusulas contratuais deixam de: (i) traçar com precisão esses aspectos do objeto concedido; (ii) esclarecer as áreas territoriais da prestação do serviço e se a concessionária deverá assumir automaticamente novas áreas ou não e (iii) de abordar aspectos como variações de demanda por mudanças do número de usuários em virtude de acréscimos ou decréscimos demográficos.

A ausência de especificações sobre os limites do objeto contratado é problemática, já que, em primeiro lugar, compromete a atratividade da licitação. Em segundo, gera disputas e incertezas que minam a segurança jurídica e prejudicam a confiança entre as partes contratantes. Em terceiro, desembocam em processos de reequilíbrio econômico-financeiro e, eventualmente, ocasionam a extinção contratual. Isso tudo demonstra a extrema importância da regra legal que exige do ente contratante um planejamento adequado da concessão que se reflita no desenho preciso do objeto contratado.

22.4.5 Peculiaridades da licitação

A Constituição é clara: concessões e permissões são contratos administrativos precedidos de licitação. Sua validade depende da escolha competitiva de um agente econômico. No direito brasileiro, a ausência de licitação se justifica (i) para hipóteses de autorização de serviço público em casos definidos pela legislação de cada setor ou (ii) em eventuais formas de cooperação estatal, como os consórcios e convênios. Todavia, como dito, inexiste previsão de contratação direta de concessionária, permissionária ou parceira privada.

A licitação de módulos concessórios será conduzida ou na modalidade de **concorrência** ou por **diálogo competitivo**. A escolha da concorrência pelo legislador se explica facilmente. Trata-se da modalidade mais completa dentre todas as licitações, razão pela qual permite avaliações de propostas mais aprofundadas e oferece intenso controle burocrático do ambiente de competição.

O diálogo competitivo também passou a ser aceito a partir de 2021, porém, somente para casos excepcionais em que restem cumpridos os parâmetros da Lei de Licitações (art. 32). *Grosso modo*, seu uso será válido quando a Administração Pública atestar que: (i) busca objeto caracterizado pela inovação, dependente de adaptações àquilo que o mercado oferece ou de apoio do mercado para definição precisa de especificações; e (ii) necessita, mediante diálogo, identificar meios e alternativas para satisfazer sua demanda quanto a aspectos técnicos, jurídicos ou financeiros da contratação. Os requisitos rígidos e estritos do diálogo competitivo tendem a repelir o uso dessa modalidade na prática, sobretudo porque outras técnicas, como o PMI, poderão ser empregadas com finalidade análoga.

Para além de ficar limitada às duas referidas modalidades procedimentais, a licitação para contratos de concessão comum e permissão apresenta uma série de características próprias:

- O edital deve conter normas sobre aspectos peculiares a esses contratos, como os referentes aos bens reversíveis, às fontes de receitas ancilares, ao ônus de desapropriações e servidões, ao reajuste e à revisão de tarifas do serviço público concedido, entre outros (art. 18 Lei n. 8.987/1995);
- A ordem das fases de habilitação e julgamento pode ser invertida (art. 18-A) conforme escolha discricionária da Administração;
- A fase de julgamento, com ou sem lances, segue critérios específicos (art. 15 da Lei n. 8.987/1995). A Administração poderá selecionar o vencedor por: menor tarifa do serviço a ser prestado; maior oferta ao ente concedente pela outorga da concessão; melhor proposta técnica combinada com preço fixo no edital; menor tarifa combinada com melhor técnica; maior oferta pela outorga combinada com melhor técnica; melhor oferta após qualificação técnica; combinação de certos critérios anteriores, dois a dois. A escolha do critério

há que constar de forma explícita do edital, incluindo parâmetros objetivos que garantam previsibilidade e competitividade legítima entre os licitantes. Note-se que os critérios são taxativos, não podendo a Administração Pública inventar outros não previstos em lei, como, apenas para ilustrar, um critério de maior investimento;

- No julgamento, em igualdade de condições, a proposta apresentada por empresa brasileira goza de preferência (art. 15, § 4º); e
- Impõe-se desclassificar propostas que, para sua viabilização, necessitem de vantagens ou subsídios (inclusive tratamento tributário diferenciado) não autorizados previamente em lei nem colocados à disposição de todos os concorrentes, bem como as propostas de entidade estatal alheia à esfera do poder concedente que, para sua viabilização, necessite de vantagens ou subsídios do seu controlador público (art. 17, § 1º).

Como modalidades concessórias de regime especial, as parcerias público-privadas também dependem de realização de licitação prévia na modalidade ou de concorrência ou de diálogo competitivo, seguindo, no geral, a lógica das licitações de concessões comuns e permissões. Entretanto, a dinâmica da sustentabilidade econômico-financeira das PPP enseja algumas adaptações do regime licitatório. Nesse sentido, o edital de licitação:

- Necessita prever itens especiais e estranhos às concessões comuns, como os relativos à garantia da contraprestação do parceiro público oferecida ao parceiro privado (art. 11, parágrafo único, da Lei n. 11.079/2004);
- Pode adotar critérios de julgamento previstos no art. 15, I a V, da Lei n. 8.987/1997 e critérios próprios como: (a) o menor valor da contraprestação a ser paga pela Administração Pública ao parceiro privado; e (b) a melhor proposta mediante combinação do critério anterior com o de melhor técnica (art. 12, II, da referida lei); e
- Pode restringir a apresentação de lances em viva voz aos licitantes cuja proposta econômica escrita for no máximo 20% maior que o valor da melhor proposta (art. 12, § 1º, II).

22.5 EXECUÇÃO CONTRATUAL

22.5.1 Sociedade de propósito específico (SPE)

Após a realização da licitação, o vencedor, isoladamente ou em consórcio, é chamado a diretamente firmar o contrato administrativo de concessão, PPP ou permissão apresentado juntamente com o edital, ou a criar a sociedade de propósito específico que o celebrará em seu lugar. Nesse contexto, a SPE nada mais é que a pessoa jurídica de direito privado, na forma de sociedade com finalidade econômica e intuito lucrativo, que assume a responsabilidade única e exclusiva de executar um determinado projeto concessório em nome do vencedor da licitação, que a institui e a controla. Nas concessões comuns e permissões, a exigência de sua criação é de escolha do Poder Público; nas PPP, sua criação é obrigatória por lei.

A grande vantagem da SPE reside em **isolar cada projeto concessório** em termos financeiros, de responsabilidade e de fiscalização. Para os investidores, a instituição da sociedade específica ocasiona proteção, já que ela responde primariamente por todas as obrigações contratuais e por conflitos que surjam durante a execução. Isso não impede, excepcionalmente, que a personalidade jurídica da SPE seja desconsiderada nos termos e condições previstos na Lei Geral de Licitações (art. 160).

Para o Estado, de outra parte, a SPE proporciona facilidades no tocante à fiscalização e ao controle, pois todas as entradas e saídas financeiras relativas ao contrato se concentram em uma pessoa jurídica, dedicada exclusivamente à sua execução. Referida sociedade não se envolve com outras atividades econômicas desempenhadas pelos vencedores da licitação que a instituíram.

Além disso, essa estrutura societária centrada no contrato administrativo oferece vantagens para os financiadores e garantidores do projeto concessório, sobretudo quando se considera a possibilidade de que venham a assumir o controle ou a administração temporária da empresa com o objetivo de promover sua reestruturação financeira e assegurar a continuidade da prestação (art. 27-A da Lei n. 8.987/1995 e art. 5º, § 2º, I da Lei n. 11.079/2004).

No campo das concessões comuns e das permissões, como adiantado, a criação de SPE para a execução obrigacional não é tratada na lei. Porém, a ausência de norma não impede que o ente contratante exija sua criação no edital, baseando sua decisão administrativa na promoção de eficiência tanto do projeto concessório, quanto de seu controle.

Apesar de não tratar da SPE, a Lei n. 8.987/1995 confere ao Poder Público concedente a faculdade de, no edital, prever que eventual consórcio, declarado vencedor da licitação, constitua empresa antes da celebração do contrato administrativo. Essa exigência é discricionária e se atrela à figura do consórcio. Assim, a depender de decisão da Administração Pública, a execução da concessão comum ou da permissão se dará ou pelas empresas diretamente componentes do consórcio vencedor ou por meio de uma sociedade que elas instituam com o propósito exclusivo de desempenhar as obrigações contratuais assumidas.

Diferentemente do que se vislumbra na Lei n. 8.987/1995, no âmbito das PPP, a SPE encontra disciplina bastante aprofundada. Nos termos do art. 9º da Lei n. 11.079/2004:

- Em primeiro lugar, não cabe ao parceiro público escolher se haverá ou não SPE. O contrato somente será assinado de maneira válida com a sociedade dedicada exclusivamente à sua implantação e gestão. Isso independe de o vencedor da licitação ser consórcio ou empresa isolada;

- Em segundo, permite-se que a SPE assuma forma de companhia aberta com valores mobiliários admitidos à negociação no mercado;
- Em terceiro, impõe-se que a sociedade obedeça a padrões de governança corporativa, além de adotar técnicas de padronização financeira e contábil conforme normas regulamentares; e
- Em quarto, impede-se que a Administração Pública detenha maioria do capital votante dessas sociedades, salvo quando eventualmente adquirir a maioria por meio de suas instituições financeiras e em razão de inadimplemento de contratos de financiamento.

22.5.2 Subcontratação

Embora as concessões, permissões e PPP sejam celebradas com a empresa ou o consórcio de empresas que vence a licitação, adquirindo, com isso, um caráter primariamente personalíssimo, não é de esperar que a prestadora do serviço ou obra, concedido ou permitido, seja capaz de realizar toda e qualquer tarefa que o objeto contratual envolva. Se o contratado tivesse a obrigação de executar todas as tarefas por sua própria equipe, certamente muitas empresas deixariam de participar de licitações relacionadas a módulos concessórios. Isso, de um lado, reduziria a competitividade desses certames em prejuízo da vantajosidade e, de outro, ocasionaria uma série de dificuldades para empresas de menor porte sobreviverem no mercado de contratos públicos.

Mesmo que se ignorasse a competitividade, a vantajosidade e princípios da ordem econômica, caso a legislação insistisse em impor a execução personalíssima das obrigações exclusivamente pela equipe do vencedor da licitação, essa concentração de funções nas mãos do prestador decerto ocasionaria perdas de eficiência e elevaria desnecessariamente custos e despesas, gerando efeitos reflexos negativos não apenas para a empresa contratada, mas igualmente para os usuários do serviço ou da obra concedida.

É por esses e outros motivos que, apesar da vinculação do contrato à licitação, os módulos concessórios também aceitam a figura da subcontratação. De acordo com a Lei Geral de Concessões (art. 25), cabe primariamente à concessionária a prestação do serviço concedido e a responsabilidade por falhas e prejuízos causados ao poder concedente, aos usuários ou a terceiros. Sem prejuízo dessa responsabilidade, a lei lhe autoriza a contratar o desenvolvimento de "atividades inerentes, acessórias ou complementares ao serviço concedido", bem como a implementação de projetos associados (art. 25, § 1º). Em outras palavras, a concessionária poderá subcontratar tarefas da concessão por meio de instrumentos de direito privado, de modo que terceiros venham a executá-las, mas sem afastar a responsabilidade daquela pela obra ou pelo serviço concedido. Ao atuar, terceiros subcontratados serão por fiscalizados e orientados pela subcontratante para que observem as normas regulamentares incidentes sobre o objeto concedido ou permitido.

O dispositivo da Lei Geral de Concessões que autoriza a subcontratação deve ser lido com atenção. Nele não se impõe que o edital ou o contrato fixem as tarefas sujeitas à subcontratação. A despeito de qualquer previsão, o instituto em debate poderá ser utilizado, mas jamais afastará a responsabilidade pessoal da concessionária. A Lei se resume a prever que a subcontratação pode envolver tanto atividades instrumentais ou adicionais (isto é, acessórias, complementares ou de projetos associados), quanto atividades finalísticas que formam o núcleo obrigacional (ou seja, "atividades inerentes"). Em uma concessão de rodovia, por conseguinte, a concessionária terá a possibilidade de subcontratar terceiros tanto para tapar buracos e cortar grama, quanto para operar cabines de pedágio e sistemas automáticos de cobrança tarifária.

Por se relacionar com a terceirização de tarefas nucleares da concessão, a subcontratação de **atividade inerente** constante do art. 25, § 1º da Lei n. 8.987/1995 suscita muita polêmica, de modo que foi levada ao exame do Supremo Tribunal Federal na **ADC 57**, ajuizada pela Confederação Nacional da Indústria e julgada em 2020. O motivo dessa ação declaratória foram decisões da Justiça do Trabalho que viam na autorização da legislação concessória uma afronta à disciplina da terceirização do trabalho privado e, por isso, limitavam sua aplicação diante da **Súmula n. 331** do TST.

Na análise do mérito da ADI citada, como relator, o ministro Facchin apontou que inúmeros precedentes da Corte trataram da terceirização e reconheceram sua possibilidade para qualquer atividade econômica, superando, inclusive, a distinção entre atividade-meio e atividade-fim como parâmetro de verificação de sua legalidade. Seguindo esse padrão decisório e o voto relator, o Supremo formou maioria para declarar a constitucionalidade do art. 25, § 1º, da Lei de Concessões, consagrando a autorização legal para subcontratação de atividades inerentes, além das meras atividades acessórias, complementares e de projetos associados.

22.5.3 Subconcessão

Diferentemente do que ocorre na subcontratação, a subconcessão retira parcela do objeto concedido e a transfere para outra empresa ou conjunto de empresas que, na qualidade de subconcessionária, passa a atuar por sua conta e risco sobre essa parcela. Enquanto a subcontratação mantém a responsabilidade nas mãos da concessionária e envolve relações entre ela e terceiros escolhidos de modo subjetivo por técnicas de direito privado; na subconcessão, a concessionária, agindo como subconcedente, transfere não só determinada tarefa, mas igualmente a responsabilidade sobre ela para uma subconcessionária escolhida por meio de licitação.

A subconcessão foi reconhecida explicitamente pelo legislador (art. 26 da Lei n. 8.987/1995). Para que ela ocorra validamente, requisitos inúmeros devem ser observados:

- Em primeiro lugar, depende de **autorização** expressa do poder concedente;
- Em segundo, a escolha da empresa subconcessionária se realiza por meio de **licitação** na modalidade concorrência. Isso demonstra que a lei não aceita escolhas subjetivas. Somente será válida a subconcessão quando a seleção da subconcessionária ocorrer de forma objetiva e mediada por certame público que abranja uma fase de habilitação e uma fase de julgamento de propostas comerciais. A Lei, entretanto, não aponta se essa licitação deverá ocorrer pelos mesmos critérios da licitação originária ou poderá ser guiada por novos critérios. Nesse particular, porém, entendo oportuno que se abra espaço de flexibilidade, inclusive pela escolha de critérios de julgamentos distintos dos empregados na licitação da concessão e que se mostrem mais adequados com a parcela de tarefas a se subconceder; e
- Em terceiro lugar, o vencedor da licitação, após a celebração do contrato, passa a atuar como subconcessionária e se sub-roga nos direitos e nas obrigações da subconcedente dentro dos limites da subconcessão.

Para ilustrar o instrumento, vale citar um exemplo simples. Imagine que determinado Município tenha realizado licitação para conceder, de modo conjunto, serviços públicos de esgotamento sanitário, abastecimento de água, limpeza urbana e drenagem de águas pluviais. Porém, ao longo do contrato, perceba que esse objeto contratual tão amplo não permite a boa execução dos serviços de saneamento ou que a empresa concedente enfrenta dificuldades com a execução obrigacional. Uma solução para tanto encontra-se na subconcessão, que poderia ser empregada quer para transferir a uma ou mais subconcessionárias um ou alguns dos serviços de saneamento que formam o contrato originário (deixando-se à empresa subconcedente os de água e esgoto e à subconcessionária, os serviços de limpeza e drenagem, por exemplo), quer para dividir a área de prestação do serviço público (reservando-se à subconcedente alguns bairros e outros à empresa subconcessionária).

22.5.4 Transferência e aquisição de controle

A Lei n. 8.987/1995 diferencia a subcontratação e a subconcessão de uma terceira figura. De acordo com o art. 27, faculta-se ao poder concedente autorizar que terceiros assumam a concessão por transferência ou obtenham o controle societário da concessionária. Nessas circunstâncias, o contrato se mantém na sua integralidade tal como firmado, mas a pessoa jurídica que figura como concessionária passa para as mãos de outro proprietário ou tem seu controle assumido por novos sujeitos. A mudança de controle se dá, por exemplo, quando certo agente econômico, inclusive o financiador, adquire ações da concessionária em condições de assumir seu controle ou quando a totalidade do capital da concessionária é transferido para outro agente econômico.

A transferência da concessão e a aquisição de controle da concessionária são bastante distintas da subconcessão e regem-se por normas próprias. Na subconcessão, parte do objeto concedido é transferido para a subconcessionária que passa a conviver com a subconcedente, cada qual isoladamente responsável por parte do objeto concedido. Nessa situação, surge um novo contrato, firmado por licitação, que deriva do originário e convive com ele.

Em contraste, na transferência e na aquisição de controle, o objeto contratado se mantém íntegro, não se inserem prestadores concomitantes, nem se realiza licitação. Exigem-se tão somente: (i) a **autorização prévia** do ente concedente (art. 27, *caput*); (ii) a verificação de que o pretendente atenda exigências de **capacidade técnica, idoneidade financeira**, bem como **regularidade jurídica e fiscal** necessárias à assunção do objeto concedido (art. 27, § 1º) e (iii) o compromisso de que o pretendente cumprirá todas as cláusulas do contrato em vigor que, como dito, restará intacto e íntegro (art. 27, § 1º).

A ausência de norma que imponha licitação para a transferência de concessão ou do controle societário de concessionárias gerou inúmeras controvérsias e deu causa à **ADI 2946**, ajuizada pela Procuradoria Geral da República para questionar a lacuna do art. 27, *caput* da Lei de Concessões. Nas discussões que levaram ao entendimento majoritário de desnecessidade de licitação, dando base ao julgamento emitido em 2022, o STF ressaltou a importância dos institutos em questão para zelar pela continuidade dos serviços concedidos, sobretudo quando as concessionárias se encontram em dificuldades. O Supremo também sublinhou a dinamicidade dos módulos concessórios, destacou que a mudança da figura do contratado não é por si ofensa ao dever de licitar, realçou a diferença frente à subconcessão e lembrou que a legislação, embora não imponha licitação para a transferência da concessão ou a aquisição de controle, estipula controles de legalidade.

22.5.5 Duração, prorrogação, extensão e cronograma

Concessões representam contratos de prazo determinado e de longuíssima duração, pois os investimentos, os custos e as despesas decorrentes da gestão de obras ou serviços públicos são elevados, demandando tempo para que a concessionária obtenha os recursos financeiros que compensem sua atividade e atendam sua expectativa de retorno (**refinanciamento**). Sob essa lógica, é preciso planejar o contrato de modo que sua duração se estenda pelo tempo suficiente para que o projeto concessório se mostre economicamente sustentável e atrativo. Se a duração do contrato for indevidamente curta, dificilmente a licitação será competitiva e bem-sucedida.

Apesar dessa lógica própria dos módulos concessórios, as regras de prazo variam de acordo com o tipo de contrato examinado. A Lei n. 8.987/1995 não aponta qualquer prazo mínimo ou máximo para as concessões. Resume-se, tão somente, a prescrever que o prazo será determinado (art. 2º, II) e que o ato de justificação da conveniência da concessão apontará o objeto, a área e o prazo antes mesmo da licitação (art. 5º). Em simetria, esse prazo será reproduzido no edital (art. 18, I) e no instrumento contratual (art. 23, I). Como a Lei Geral não aponta prazos em espécie, eles são eventualmente definidos em leis setoriais ou em leis de concessões aprovadas por Estados e Municípios. Na falta de norma legal geral ou especial a respeito, caberá ao ente público contratante defini-lo de modo racional e proporcional à complexidade do objeto e ao volume de recursos financeiros que o processo concessório movimenta.

É de se questionar se o regime de prazos da concessão comum incide igualmente para contratos de permissão, que se caracterizam pela precariedade e pela revogabilidade (art. 40). A despeito desses traços marcantes e de a lei facultar a Administração Pública a extinguir unilateralmente a permissão a qualquer tempo por mera decisão administrativa (regime distinto da encampação, portanto), a fixação de prazo continua essencial, quer por previsão em dispositivos da Lei n. 8.987/1995 (como o art. 5º), quer porque, conquanto não afaste a precariedade, o prazo delimita temporalmente as obrigações assumidas pela permissionária perante o titular do serviço e, assim, constitui um pilar da segurança jurídica.

Nas concessões administrativas e patrocinadas (PPP), regidas pela Lei n. 11.079/2004, o regime de prazos de duração contratual caracteriza-se por acentuada rigidez. Além de exigir prazo determinado, referido diploma estabelece prazo mínimo de cinco anos e máximo de trinta e cinco anos, incluindo prorrogações. Assim, embora existam concessões comuns de noventa anos no setor ferroviário brasileiro, as PPP jamais poderiam atingir prazos tão longos diante da expressa proibição legal.

A princípio, a única razão que vislumbro para explicar essa peculiaridade do regime das PPP em comparação com o das concessões comuns reside na obrigatoriedade da contraprestação do parceiro público. Como toda PPP ocasiona a contraprestação, a norma limitativa do prazo serve para afastar comprometimentos financeiros da Administração por períodos muito longos. De outra parte, a limitação tem a vantagem de evitar contratos exageradamente longos, que vinculam inúmeros governos futuros e podem gerar questionamentos e conflitos intensos.

Os prazos de duração de módulos concessórios, obrigatórios e predeterminados no edital, não são necessariamente imutáveis. O ordenamento reconhece a possibilidade de **prorrogação** como alongamento da duração total da concessão para além do que se fixou originariamente na licitação e nas cláusulas contratuais. A princípio, para validar a prorrogação, basta que o contrato preveja suas condições e que as partes contratantes as respeitem (art. 23, XII). Nada dizem a Lei Geral das Concessões e a Lei das PPP sobre ser a prorrogação uma decisão unilateral ou bilateral. Em havendo lacuna, a princípio, deve-se entender pela consensualidade, dada a natureza convencional dos contratos. A prorrogação unilateral mostrar-se-á aceitável tão somente quando vier embutida numa legítima alteração unilateral de elementos quantitativos ou qualitativos baseada no princípio da mutabilidade.

Na prática, a prorrogação é tema extremamente relevante por suas várias utilidades práticas e implicações. Essa técnica permite ao Poder Público ora se preparar para assumir o serviço ou organizar uma nova licitação, ora viabilizar o reequilíbrio econômico-financeiro do contrato em substituição a medidas de aumento tarifário ou pagamento de indenizações.

Na doutrina, essa última hipótese de prorrogação, usada com finalidade de reequilíbrio econômico-financeiro, é chamada de **extensão**[13] ou de **prorrogação extraordinária**.[14] A diferença terminológica não encontra respaldo no direito positivo, mas serve para interpretá-lo. Tomando-se como premissa a diferença finalística das figuras, torna-se possível afirmar que o prazo máximo de duração do contrato limita a prorrogação, mas não a figura da extensão como medida de reequilíbrio. Partindo-se dessa premissa, seria lícito empregar a extensão como meio de reequilíbrio para superar o teto de 35 anos das PPP. Diversamente, a prorrogação ordinária não poderia extrapolar o teto legal.

Além dos prazos de duração geral, os módulos concessórios frequentemente embutem prazos intermediários. Por meio de cronogramas, os contratos indicam e sistematizam os anos de execução e lhes atrelam limites temporais para investimentos, realização de tarefas e consecução de metas. A legislação não indica como obrigatório o cronograma, salvo em casos pontuais. Nesse sentido, as concessões que envolvam construção de obras deverão trazer **cronograma físico-financeiro** como cláusula essencial (art. 23, parágrafo único da Lei n. 8.987/1995). Outro caso de obrigatoriedade se verifica na Lei das PPP ao impor que os contratos tragam "cronograma e marcos para o repasse ao parceiro privado das parcelas do aporte de recursos, na fase de investimentos do projeto e/ou após a disponibilização dos serviços (...)" (art. 5º, XI).

Conquanto as leis gerais restrinjam a obrigatoriedade dos cronogramas a essas duas situações específicas, o planejamento da concessão pela disposição de prazos intermediários para execução de tarefas, realização de investimentos e atingimento de metas se mostra muito oportuno em contratos de concessão, permissão e PPP, mesmo quando não envolvam obras, nem aportes. Ao organizar os limites temporais para tarefas, metas e investimentos, os cronogramas viabilizam tanto a organização da concessionária, quanto a fiscalização eficiente do contrato, fornecendo elementos fundamentais para a comprovação de infrações e de má-execução. Em última instância, os cronogramas condicionam a prestação do serviço público adequado em favor dos usuários.

---

13. FREITAS, Rafael Véras de; RIBEIRO, Leonardo Coelho. O prazo como elemento da economia contratual das concessões: as espécies de prorrogação. In: MOREIRA, Egon Bockmann (Coord.). *Tratado do equilíbrio econômico-financeiro*, 2. ed. Belo Horizonte: Fórum, 2020, p. 386.
14. CANTO, Mariana Dall'Agnol; GUZELA, Rafaella Peçanha. Prorrogações em contratos de concessão. In: MOREIRA, Egon Bockmann (Coord.). *Tratado do equilíbrio econômico-financeiro*, 2. ed. Belo Horizonte: Fórum, 2020, p. 290-293.

22.5.6 Mutabilidade e alterações contratuais

Os serviços que a Administração Pública oferece à população são obrigatoriamente mutáveis, ou seja, modificam-se para evoluir continuamente e fazer frente às transformações da realidade em termos técnicos, econômicos e sociais, às novas demandas da população e à necessidade de se tutelar interesses públicos primários e direitos fundamentais. Em última instância, a mutabilidade indica a imprescindível transformação da forma e do conteúdo da prestação para garantir o serviço adequado numa realidade dinâmica.

Não interessa se o serviço é prestado diretamente pelo titular ou por uma empresa contratada. Como está ancorada em direitos fundamentais e princípios constitucionais da Administração, nem o edital, nem o contrato poderão afastar a mutabilidade. Por força desse princípio, os contratos administrativos se sujeitarão a alterações, inclusive unilaterais, decorrentes da necessidade de se harmonizá-lo aos regulamentos supervenientes. Não é possível conceber um contrato de longuíssima duração que permaneça estático e integralmente idêntico durante décadas. Se assim fosse, ao final do contrato, o serviço certamente teria pouca ou nenhuma utilidade aos cidadãos.

Por força dessas circunstâncias, embora o *"pacta sunt servanda"* inegavelmente se materialize no direito administrativo, sobretudo como princípio da vinculação ao instrumento convocatório, ele sofre relativizações. É imperativo que a forma e o conteúdo da prestação do serviço evoluam ao longo do tempo. Nesse movimento, compete ao ente contratante (ou a agências reguladoras, em certos casos) estipular como a evolução se dará por meio de regulamentos técnicos. A partir deles, procede-se a alterações contratuais e realizam-se os devidos reequilíbrios financeiros.

Apesar de sua inevitabilidade, a Lei n. 8.987/1995 não utiliza a palavra **mutabilidade** de modo expresso e direto. Ela reconhece essa característica natural apenas de maneira implícita, tal como se vislumbra nas normas que tratam da atualidade da prestação, da regulamentação do serviço concedido e das possibilidades de alteração contratual.

De acordo com a Lei Geral de Concessões, "a **atualidade** compreende a modernidade das técnicas, do equipamento e das instalações e a sua conservação, bem como a melhoria e expansão do serviço" (art. 6º, § 2º). Conquanto os serviços não necessitem ser oferecidos mediante as tecnologias mais avançadas, cumpre ao prestador garantir aos usuários padrões técnicos adequados a cada momento histórico e tecnológico. Não bastasse isso, a atualidade abrange o dever de conservação dos serviços, de suas infraestruturas e equipamentos em bom estado. Entendo, ainda, que dela resulta o dever de se treinar e capacitar permanentemente as equipes responsáveis pelo serviço ou pela gestão da obra pública.

Para além da atualidade, a mutabilidade se vislumbra nas normas sobre regulamentação do serviço. A esse respeito, a Lei de Concessões atribui expressamente ao ente concedente os deveres de "regulamentar o serviço concedido" e de "cumprir e fazer cumprir *as disposições regulamentares do serviço* e as cláusulas contratuais da concessão" (art. 29, I e VI, g.n.). Nesse contexto, os regulamentos nada mais são que consolidações de disposições técnicas sobre a prestação dos serviços e que se atualizam gradualmente, fundamentando alterações contratuais. Embora a lei mencione sua elaboração como uma tarefa do ente concedente, a depender do setor, eles são de incumbência dos reguladores especializados.

A mutabilidade reflete-se, ainda, nas normas que reconhecem a possibilidade de alteração das concessões e permissões, inclusive por decisão unilateral do contratante (art. 9º, § 4º). Prescreve a Lei n. 8.987/1995 que o edital de licitação apontará "os direitos e obrigações do poder concedente e da concessionária em relação a *alterações e expansões a serem realizadas no futuro,* para garantir a continuidade da prestação do serviço" (art. 18, VII, g.n.). Determina, igualmente, que o contrato traga cláusula sobre os direitos, as garantias e obrigações das partes contratantes, "inclusive os relacionados às previsíveis necessidades de *futura alteração e expansão do serviço e consequente modernização, aperfeiçoamento e ampliação dos equipamentos e das instalações"* (art. 23, V, g.n.).

Todos esses dispositivos atestam que a alteração de contratos de concessão, de permissão e de PPP é lícita e usual, podendo ocorrer de maneira **consensual ou unilateral**. Não obstante, a Lei Geral de Concessões deixa de esclarecer em quais casos a alteração unilateral será aceitável como verdadeira prerrogativa contratual do ente concedente. Tampouco aponta critérios e limites para o exercício desse poder.

Em razão dessa lacuna e da aplicabilidade subsidiária da LLic a contratos de concessão e instrumentos análogos (art. 186 da Lei n. 14.133/2021), discute-se se a alteração unilateral desses ajustes estaria limitada às hipóteses e aos limites aplicáveis aos contratos instrumentais, ou seja, aos contratos de obras, serviços, bens e outros. A importância prática dessa discussão é enorme. Por exemplo, ao alterar o número de bairros e habitantes atendidos por uma concessionária em razão da expansão urbana, um Município concedente deverá, ou não, observar o limite de 25% do valor atualizado do contrato para acréscimos quantitativos, como previsto na LLic (art. 125)?

A princípio, entendo inoportuno aceitar esses limites. Ainda que a LLic preveja a aplicação subsidiária de suas normas às concessões em caso de lacuna, isso somente poderá ocorrer quando a lógica dos contratos instrumentais se harmonizar à dos módulos concessórios. Sem essa verificação, a extensão das normas da LLic colocará em risco não apenas a função e a eficiência do contrato de concessão, como também interesses públicos primários e direitos fundamentais que dele dependem.

Particularmente no tocante às limitações ao exercício do poder de alteração unilateral, esse risco é expressivo e decorre de vários fatores. A uma, os contratos de concessão são de longo prazo, motivo pelo qual necessitam de mais flexibilidade que os contratos instrumentais. A duas, os limites da LLic se baseiam no valor atualizado do contrato, o que não é possível definir com facilidade em contratos de concessão e permissão. Afinal, que valor seria esse? Equivaleria ao total de investimentos, aos investimentos mais despesas e custos ou ao volume de tarifas e receitas extraordinárias previstas?

Por essas e outras incompatibilidade técnicas, entendo que os contratos de concessão, permissão e análogos se sujeitam a alterações unilaterais, mas não se submetem integralmente aos comandos rígidos da LLic em matéria de alteração unilateral. Da interpretação sistemática dos comandos da Lei n. 8.987/1995, esse poder de alteração envolve todos os aspectos de prestação do serviço, inclusive a tarifa. Quando exercido, porém, ensejará a proteção do prestador mediante técnicas de reequilíbrio econômico-financeiro no sentido de preservar a equação originária de entradas e saídas financeiras.

22.6 ASPECTOS ECONÔMICO-FINANCEIROS

22.6.1 Saídas e entradas financeiras: panorama

Marcados pela longa duração, os projetos concessórios envolvem uma gama complexa de entradas e saídas financeiras. Além do lucro que pretende retirar de suas operações, a empresa prestadora se responsabiliza pela manutenção de serviços e de infraestruturas, assumindo despesas administrativas e custos operacionais correntes (conhecidos como **OPEX**). Por exemplo, em um contrato de concessão de transporte coletivo urbano, isso se verifica nos recursos financeiros destinados para operação, limpeza e segurança de estações, ônibus e pontos de parada.

Não basta, porém, manter as operações. O prestador geralmente realiza investimentos (**CAPEX**), ou seja, injeta recursos financeiros para construir ou ampliar obras, adquirir equipamentos, expandir redes, criando ativos que passam a fazer parte do projeto concessório, garantindo sua eficiência, sua atualidade tecnológica e sua universalização gradual. Se permanecerem essenciais ao serviço concedido, os bens criados ou adquiridos serão considerados reversíveis, transferindo-se ao patrimônio do titular do serviço ou da obra ao final do contrato.

Para compensar as várias despesas, custos operacionais e investimentos, que representam saídas financeiras, bem como garantir seu lucro, o prestador necessita de **receitas**. Na prática, esses valores provêm de diferentes fontes, incluindo principalmente: (i) as tarifas, como preços pagos pelos usuários quando o serviço for divisível e oneroso; (ii) as contrapartidas estatais, exclusivamente presentes em contratos de PPP; (iii) os subsídios estatais; (iv) os aportes, exclusivamente em PPP; (v) as receitas alternativas, extraordinárias, acessórias ou de projetos associados e (vi) as parcelas adicionais por desempenho. Essas várias fontes são utilizadas segundo o arranjo adotado na prática e a depender do regime jurídico que incide sobre o contrato.

A despeito de variações de modelagem e de regimes, o panorama traçado serve para demonstrar que os módulos concessórios, em termos de sustentabilidade financeira, diferem tanto da prestação direta do serviço, quanto dos contratos instrumentais regidos pela LLic. Na prestação direta, o próprio titular da obra ou serviço o sustenta por meio de eventuais taxas pagas pelos usuários e/ou de recursos orçamentários diretos ou transferidos por outros entes federativos. Já nos contratos de obras e serviços da Lei de Licitações, a situação é ainda mais simples, uma vez que o particular contratado recebe diretamente o pagamento pela execução de sua obrigação após o devido recebimento do objeto. Em apenas alguns poucos contratos instrumentais, como os de uso privativo de bem público, é que a LLic autoriza exploração econômica como fonte de receita.

Nos módulos concessórios, todavia, cumpre à exploração econômica do serviço ou da obra o papel central na geração de receitas, podendo ser combinada com outras fontes. Eventualmente se somam à fonte tarifária (primária) as contraprestações estatais, as receitas alternativas, acessórias, complementares ou de projetos associados, os adicionais de desempenho, os subsídios e aportes. Somente em casos muito específicos, como o da concessão administrativa, é que se aceita a sustentação integral do projeto por meio de contraprestações estatais. Ainda assim, essas contraprestações não necessariamente possuirão natureza pecuniária.

Quadro: panorama financeiro dos módulos concessórios

Saídas financeiras	Investimentos
	Despesas
	Custos
	Lucro
Entradas financeiras	Tarifa (inexistente em PPP administrativa)
	Contraprestação (obrigatória em PPP, mas não necessariamente com natureza financeira; já em concessão comum e permissão, não há contraprestação)
	Eventual subsídio estatal
	Eventual aporte (apenas em PPP)
	Eventual parcela variável por desempenho
	Eventuais receitas alternativas, acessórias, complementares ou de projetos associados

Fonte: elaboração própria

22.6.2 Tarifas e sua tipologia

Como preços cobrados dos usuários pela prestação de serviços públicos divisíveis ou pelo uso de uma obra pública, as tarifas exercem grande protagonismo na concessão comum, na permissão e na concessão patrocinada. De maneira geral, a concessão comum e a permissão são sustentadas por essa fonte. Já a PPP patrocinada se mantém pela tarifa, somada a uma contraprestação, pecuniária ou não, do parceiro público. Dada a presença obrigatória da tarifa, esses três tipos contratuais não servem para a desestatização de serviços públicos gratuitos ou indivisíveis, como se explicou anteriormente.

Dentre as modalidades gerais de concessão, a única que não prevê tarifação é a PPP na forma de concessão administrativa, já que, nesse regime, o financiamento do projeto recai sobre a contrapartida do parceiro público. Como não há tarifa, essa modalidade concessória é extremamente adaptável, podendo ser utilizada para transferir a particulares serviços gratuitos divisíveis ou indivisíveis.

Com a exceção da concessão administrativa, portanto, é inegável a importância da tarifa para os módulos concessórios. Isso levou o legislador a inserir na Lei n. 8.987/1995 um regramento dedicado ao assunto. A depender do critério de julgamento da licitação, o valor tarifário será: (i) fixado originariamente no edital de licitação ou (ii) definido posteriormente nos termos da proposta vencedora do certame (art. 9º). Ao longo da execução contratual, esse valor flutuará para mais ou para menos em decorrência de reajustes ou revisões ocasionadas, respectivamente, por variações da inflação ou por eventos ordinários ou extraordinários que impactem as entradas ou saídas financeiras do projeto concessório.

Independentemente de suas variações e dos motivos que as causam, as tarifas sempre manterão respeito à **modicidade**, como um pilar do serviço adequado. Juridicamente, tarifas módicas são tarifas acessíveis financeiramente aos usuários do serviço ou da obra. Matematicamente, porém, não é fácil identificar esse valor. Como obras e serviços públicos beneficiam grupos de usuários com distintas condições econômicas, a modicidade jamais aceitará definição estática. É preciso que ela seja considerada e calculada diante do poder de compra de cada grupo nos diferentes momentos da execução contratual.

Em outras palavras: uma tarifa jamais poderá ser julgada compatível ou incompatível com a modicidade apenas pelo seu valor monetário absoluto em um momento histórico. Há fatores mais importantes a se considerar, incluindo, a meu ver: (i) a capacidade dos usuários para custeá-la; (ii) o impacto da tarifa na renda dos usuários e (iii) a relação da tarifa com a quantidade e qualidade do serviço ofertado ou da obra colocada à disposição. Periodicamente, em razão das mudanças econômicas, sociais e tecnológicas, é preciso que esses parâmetros sejam revisitados.

Como guia jurídico para a fixação dos preços pelo uso do serviço ou da obra pública, a modicidade autoriza que se adotem discriminações tarifárias de natureza inclusiva. Aqui despontam as **tarifas sociais** como preços reduzidos intencionalmente com o objetivo de garantir a acessibilidade de obras ou serviços públicos a usuários em situação de vulnerabilidade econômica. Seguindo essa lógica, será igualmente legítimo prever **gratuidades** para grupos extremamente vulneráveis.

Como, porém, inexiste "almoço grátis", os valores que deixarem de ser recolhidos para garantir os descontos ou a gratuidade a alguns usuários deverão ser retirados de alguma outra fonte de receitas, ou seja, das tarifas ordinárias pagas pelos demais, de subsídios estatais ou de receitas alternativas, acessórias, complementares ou de projetos associados.

A diferenciação tarifária com finalidade inclusiva não é a única juridicamente aceitável. A Lei n. 8.987/1995 prevê tarifas com valores diferenciados em virtude seja das características técnicas do serviço, seja de custos específicos decorrentes do atendimento aos distintos segmentos de usuários (art. 13). Reforçando essa possibilidade, mas com foco no setor de saneamento, a **Súmula 407** do STJ aduz ser "legítima a cobrança da tarifa de água de acordo com as categorias de usuários e as faixas de consumo".

Diferentemente das sociais, as tarifas diferenciadas por fatores técnicos perseguem finalidades próprias. Em primeiro lugar, elas viabilizam que se cobre de cada usuário pelo tipo de técnica que o serviço abrange. Assim, uma concessionária de serviços de transporte urbano poderá estipular tarifa de ônibus distinta da aplicada à viagem por trem ou bonde. Em segundo lugar, a tarifa eventualmente variará conforme os custos específicos do atendimento. Essa regra abre espaço para que se cobre mais de passageiros que utilizam o transporte público concedido por mais tempo ou maior distância[15] ou para que se cobre mais, em concessões de rodovias, por veículos pesados que gerem mais desgaste ao asfalto.

Embora a Lei de Concessões não trate explicitamente do assunto, defendo ser igualmente lícita a diferenciação tarifária por critérios de sustentabilidade ambiental. Sob essa lógica, em uma concessão de rodovia, seria cabível fixar tarifas mais elevadas, por exemplo, em razão do grau de poluição gerada pelo veículo ou do seu tamanho e impacto sobre a mobilidade. Numa concessão de abastecimento de água, com a finalidade de estimular a economia de recursos hídricos, seria aceitável prever tarifas mais altas para unidades que utilizam volume de água *per capita* desproporcionalmente alto. Apesar de a Lei de Concessões não tratar da diferenciação tarifária como estratégia de sustentabilidade, ela encontra respaldo na Constituição da República, que consagra um direito difuso ao meio ambiente ecologicamente equilibrado (art. 225). Reforça esse argumento o fato de que as normas gerais da LLic, aplicáveis subsidiariamente às concessões, consagram o desenvolvimento nacional sustentável como objetivo e princípio das contratações públicas (art. 5º e art. 11, IV, da Lei n. 14.133/2021).

---

15. É preciso ter cautela na cobrança de tarifas diferenciadas com base em critérios de distância no transporte coletivo urbano, pois esse tipo de metodologia é capaz de gerar efeito regressivo e excludente, já que eleva os custos de grupos populacionais empobrecidos e que, principalmente nas metrópoles brasileiras, residem em áreas periféricas.

Para além dos aspectos relativos à mensuração das tarifas e suas relações com a modicidade, com a sustentabilidade e com a eficiência da gestão do serviço ou da obra concedida, a Lei n. 8.987/1995 traz algumas normas formais sobre transparência e garante ao usuário alguns direitos. Diz a lei que o prestador divulgará em sua página eletrônica, de forma clara e de fácil compreensão pelos usuários, a tabela com o valor das tarifas praticadas e a evolução das revisões e reajustes nos últimos cinco anos (art. 9º, § 5º). Deverá, outrossim, conferir ao usuário o direito de escolher datas de vencimento de seus débitos (art. 7º-A).

22.6.3 Contraprestação do parceiro público

O traço marcante e exclusivo das PPP é a presença da contraprestação do parceiro público em favor do parceiro privado. Em contraste com o que ocorre na concessão comum e na permissão, que não contam com essa fonte de receita, toda e qualquer concessão administrativa ou patrocinada envolve contraprestação. A PPP pressupõe a colaboração do parceiro público com a sustentabilidade econômico-financeira do contrato e ocasiona algum comprometimento do seu patrimônio ou de suas receitas orçamentárias.

As implicações econômicas da contraprestação nas parcerias público-privadas não significam que ela será necessariamente pecuniária, ou seja, realizada mediante a transferência de recursos financeiros ao parceiro privado. Segundo a Lei n. 11.079/2004 (art. 6º), a contraprestação ocorrerá por ordem bancária, por cessão de créditos não tributários, outorga de direitos em face da Administração Pública, outorga de direitos sobre bens públicos dominicais ou por outros meios admitidos legalmente.

Tome-se um exemplo para ilustrar as possibilidades legais. Um Município que deseje celebrar um contrato de PPP no setor de transporte público urbano poderá se comprometer com uma contrapartida financeira mensal em favor do parceiro privado e/ou lhe conferir direito de explorar economicamente bens públicos dominicais, como apartamentos, fazendas e qualquer outro tipo de bem público, móvel ou imóvel, não afetado. Poderá, como alternativa, ceder ao parceiro créditos não tributários para sustentar a PPP, entre outras estratégias.

Ainda que a Lei n. 11.079/2004 enumere alguns meios de contraprestação, seu texto deixa claro que a lista é exemplificativa. Por isso, aceita-se o emprego de outros mecanismos desde que autorizados legalmente. A União, os Estados, o Distrito Federal e os Municípios, por sua conveniência e oportunidade, estão autorizados a ampliar o rol de formas de contraprestação em suas respectivas leis contratuais. Não é lícito, entretanto, que ignorem a reserva legal para estipular novos meios por ato infralegal, como resoluções e decretos.

Além de traçar as formas de contraprestação, as normas nacionais da Lei das PPP estipulam um regime para sua liberação (art. 7º). A Administração Pública está expressamente proibida de oferecê-la ao parceiro privado antes da **disponibilização do serviço** que é objeto da concessão. No entanto, aceita-se a liberação gradual nos termos do contrato, ou seja, que a Administração realize a contraprestação das parcelas fruíveis do serviço ao longo da execução obrigacional.

As restrições legais à liberação da contraprestação servem para evitar que o parceiro privado, em vez de aportar investimentos obtidos diretamente, valha-se apenas da contraprestação para fazer os investimentos a que se comprometeu. Na prática, porém, essa limitação perdeu efeito por conta da instituição do sistema de aportes, como recursos disponibilizados ao parceiro privado para realização de obras e aquisição de bens reversíveis (art. 6º, § 2º).

Outra regra relativa à contraprestação diz respeito à sua eventual **retenção** pelo parceiro público. Caso o parceiro privado cometa infrações e gere danos, o ente contratante poderá não somente usar as garantias para recolher valores de multas e compensar danos, como reter contraprestações pecuniárias devidas ao prestador (art. 5º, X). Não há dúvidas de que essa medida tem caráter restritivo e punitivo. Partindo dessa premissa, é fundamental que, antes de aplicada, venha devidamente acompanhada do processo administrativo de responsabilização (PAR) e da condenação do parceiro privado, sempre garantida a ampla de defesa. Ademais, como a Lei das PPP não define se a retenção do pagamento precederá a execução das garantias, caberá às normas regulamentares ou ao contrato dispor sobre o assunto, aplicando-se subsidiariamente a LLic caso subsista a lacuna.

22.6.4 Receitas extraordinárias

As obras e serviços públicos que compõem uma concessão, permissão ou PPP embutem uma série de oportunidades e potencialidades econômicas. Em complemento à coleta de tarifas dos usuários e/ou ao recebimento de contraprestações estatais (exclusivamente nas PPP), é concebível que gerem recursos financeiros pela oferta de utilidades adicionais a terceiros, inclusive aos próprios usuários.

Tome-se o exemplo dos aeroportos privatizados. Em adição às tarifas aeroportuárias coletadas dos usuários, a concessionária obtém vultosos recursos pelo aluguel de espaços comerciais para lojas, restaurantes e farmácias. É igualmente possível que ceda espaços de maneira onerosa para agências de publicidade, construa e explore estacionamentos e hotéis, diretamente ou por terceiros etc. Esse simples caso ilustra como obras e serviços públicos são fontes potenciais de muitas receitas financeiras adicionais.

Com criatividade e bom gerenciamento, a previsão e arrecadação dessas receitas tornam o projeto concessório mais atrativo ao particular ao mesmo tempo em que contribuem com a modicidade das tarifas. Exatamente por isso, a Lei Geral de Concessões possibilita que o ente concedente, de modo discricionário, faça constar do edital de licitação autorizações de obtenção de receitas alternativas, complementares, acessórias ou de projetos associados (art. 11).

Referido dispositivo legal merece alguns comentários. Em primeiro lugar, mostra que as receitas extraordinárias, acessórias dentre outras somente serão geradas de forma lícita quando precedidas de autorização do ente estatal contratante. Não há direito subjetivo da concessionária, da parceira privada ou da permissionária à exploração e à obtenção dessas receitas sem previsão e autorização prévia da Administração Pública. Em segundo lugar, o dispositivo evidencia que a exploração dessas receitas envolve decisão discricionária do ente público. Não há obrigatoriedade de prever receitas desse tipo nos módulos concessórios, mas tão somente uma faculdade.

O legislador andou bem ao garantir a discricionariedade decisória por um fato simples: receitas adicionais proveem de atividades que ocasionam, eventualmente, desgaste adicional de infraestrutura e comprometimento de pessoal. Para decidir se a exploração dessas receitas vale a pena, é imprescindível ponderar os benefícios e os possíveis malefícios.

Sem prejuízo dessa consideração, entendo que a Administração Pública não deverá recusar a exploração de fontes adicionais de receitas por mero capricho. Discricionariedade não se confunde com arbitrariedade. Dessa maneira, não há que se negar receitas adicionais quando elas sejam viáveis e não apresentem qualquer inconveniente relevante. Disso decorre a necessidade de sempre se motivar a decisão que negue a geração dessas receitas, indicando-se os impactos negativos vislumbrados. A exigência de motivação, com avaliação de impactos, não é meramente formal, pois se sustenta em razão de interesse público. Afinal, o art. 11 da Lei Geral de Concessões aponta que as receitas alternativas, complementares, acessórias ou de projetos associados, com ou sem exclusividade, deverão favorecer a modicidade das tarifas. Se essas receitas se direcionam ao benefício do usuário, não se deverá negar arbitrariamente sua geração sob pena de se atacar de maneira indevida a modicidade como elemento do serviço adequado.

Resta saber se os recursos gerados na forma de receitas extraordinárias, acessórias, complementares ou de projetos associados deverão ser integralmente direcionados à redução da tarifa. Esse ponto suscita bastante polêmica, porque a redação da Lei de Concessões não se mostra suficientemente clara. Entendo, porém, que o art. 11 traz em seu texto uma solução à dúvida ao estipular que a geração poderá ocorrer "**com ou sem exclusividade**". Esse trecho legal aponta inexistir o dever de que todos os recursos sejam utilizados para redução da tarifa. Se não fosse assim, que estímulo sobraria à concessionária ou à permissionária para gerá-las?

Diante do art. 11, há que se aceitar duas situações. A primeira é aquela em que as receitas adicionais servem exclusivamente para reduzir a tarifa, adequada para casos em que sua geração não ocasiona investimentos ou custos adicionais ao prestador. A segunda é aquela em que parte da receita é direcionada à modicidade e o restante ao prestador, seja para fazer frente a custos e investimentos adicionais, seja para estimular a exploração dessas receitas.

Outra questão ainda relevante diz respeito à necessidade de se prever de antemão todas as fontes de receitas extraordinárias no edital. Uma leitura inicial do art. 11 da Lei de Concessões aponta que essa previsão é obrigatória e que os valores previstos deverão ser computados na equação do equilíbrio econômico-financeiro do contrato. Ocorre que os módulos concessórios são contratos de longo prazo. Por isso, é natural que algumas potencialidades de exploração econômica se revelem somente ao longo da execução obrigacional e outras, inicialmente previstas, desapareçam. Disso resulta que a ausência de previsão de certa fonte de receita adicional no edital não deve servir de argumento impeditivo à sua inclusão posterior no contrato. Ilícita não é a inclusão de fontes de receitas após o edital, mas sim sua exploração sem autorização do concedente ou sua exploração sem a necessária destinação de alguma parcela dos recursos para fins de modicidade tarifária.

22.6.5 Remuneração variável

As parcelas variáveis consistem em adicionais seja de tarifa, seja da contraprestação do parceiro público, pagas ao prestador que atingir metas estabelecidas objetivamente no contrato. Esse tipo de técnica é bastante interessante, pois o **estímulo econômico** por ela gerado reforça o cumprimento do contrato e tende a evitar execuções de baixa qualidade. Para que funcione, porém, é essencial que o contrato descreva as metas de forma clara, que apresente condições temporais, quantitativas e/ou qualitativas, além de estipular indicadores de avaliação e os responsáveis por essa tarefa.

Inúmeros são os exemplos imagináveis de remuneração variável. Um contrato de PPP de rodovias poderá conter metas quantitativas relativas à redução do número de acidentes por mês ou metas temporais para aceleração de obras de reforma e ampliação das pistas. Um contrato de concessão de abastecimento de água poderá estipular como meta a redução percentual das suspensões de fornecimento ou a redução do volume de metros cúbicos de perda de água. Um contrato de permissão de transporte coletivo poderá estipular como meta a redução do número de atrasos dos ônibus ou do número de acidentes.

No direito positivo, a faculdade de a Administração contratante prever remuneração variável está explícita na Lei de PPP (art. 6º, § 1º). Já a Lei Geral de Concessões não traz dispositivo específico sobre o assunto. Todavia, essa lacuna não obsta que concessões comuns e permissões utilizem a técnica em debate, seja porque ela decorre do princípio constitucional da eficiência administrativa, seja porque a LLic de 2021 autoriza a remuneração variável atrelada ao atingimento de metas contratuais (art. 144).[16] Como se sabe, em caso de lacuna, tais normas se estendem subsidiariamente às concessões e às permissões desde que compatíveis com sua lógica de funcionamento.

---

16. Sobre o assunto e as regras do art. 144 da LLic, cf. o item de pagamentos e parcelas variáveis do capítulo anterior.

22.6.6 Subsídios e aportes

Os subsídios estatais são recursos financeiros que o ente concedente injeta no projeto concessório a partir de seus próprios recursos orçamentários ou de recursos transferidos por outros entes federativos ou, até mesmo, bancos e organizacionais internacionais. Com isso, eles evitam que a tarifa se torne muito elevada, comprometendo a modicidade e a universalização efetiva do serviço à população. Para evitar distorções concorrenciais, os subsídios devem estar previstos originariamente no edital de licitação. Excepcionalmente, poderão ser introduzidos para fins de revisão contratual em alternativa a elevações tarifárias.

Na Lei n. 8.987/1995, encontram-se algumas regras sobre o tema que objetivam evitar distorções concorrenciais no certame. Em primeiro lugar, a lei é explícita ao determinar a desclassificação de qualquer proposta, apresentada em uma licitação para concessão ou permissão, que dependa de vantagens e subsídios não autorizados previamente em lei, nem à disposição de todos os licitantes (art. 17, *caput*). Em segundo, prevê que se desclassifiquem propostas de entidades estatais alheias à esfera do poder concedente sempre que necessitarem de vantagens e subsídios por parte do ente público controlador (art. 17, § 1º).

Por força dessas normas, se a proposta de uma sociedade de economia mista paulista, apresentada em licitação municipal de concessão de saneamento, depender, para sua execução, de subsídios do governo do Estado de São Paulo, ela deverá ser desclassificada. Por vantagem, nesse contexto, entende-se não somente o repasse de recursos da Administração Direta para a descentralizada, como também qualquer tipo de tratamento tributário diferenciado que comprometa a isonomia fiscal entre os competidores na licitação (art. 17, § 2º).

Além dos subsídios, especificamente no campo das PPP, encontra-se uma fonte de receitas adicional denominada **aporte**. Mediante autorização no edital, para contratos celebrados de 09 de agosto de 2012 em diante, ou por lei, para contratos firmados até 08 de agosto de 2012, o parceiro público é autorizado a transferir recursos financeiros ao parceiro privado para a realização de obras e aquisição de bens reversíveis na fase de investimentos do projeto e/ou após a disponibilização dos serviços. Esses repasses obedecem a um cronograma formal, que indica marcos temporais de repasse (art. 6º, § 2º da Lei n. 11.079/2004).

Sempre que utilizado, referido sistema impedirá que, ao final do contrato, o parceiro privado pleiteie indenização por bens reversíveis (não amortizados ou depreciados) adquiridos com recursos dos aportes (art. 6º, § 5º). A razão é simples: se os bens ingressaram no patrimônio do prestador graças à injeção de recursos do parceiro público, não há que se exigir que este pague qualquer valor para retomá-los após a extinção do contrato. A fim de evitar distorções contábeis, a lei prevê uma série de regras para que os valores dos aportes não sejam drenados pelos tributos que a parceira privada é obrigada a recolher (art. 6º, § 3º).

22.6.7 Equilíbrio econômico-financeiro: intangibilidade relativa

Apesar dos diferentes tipos de concessões e dos variados arranjos na estipulação de entradas e saídas financeiras, há um ponto comum em todos esses contratos administrativos que o direito disciplina e tutela: a **equação de equilíbrio econômico-financeiro**. Simplificadamente, essa "equação" equivale à relação de proporção matemática, resultante dos elementos do edital, entre (i) as entradas financeiras previstas, resultantes de tarifas, contrapartidas, aportes, subsídios e/ou receitas extraordinárias e (ii) as saídas financeiras previstas, incluindo investimentos, despesas, custos e lucro.

Essa relação se estabelece no momento da licitação a partir de elementos fixados no edital e nos demais documentos preparatórios (como projetos, estudos, termos de referência etc.). Juntos, esses documentos conformam as expectativas dos licitantes sobre as entradas e saídas financeiras que ocorrerão ao longo da execução da concessão, da PPP ou da permissão de obras ou serviços públicos. Exatamente por isso, se esses documentos tiverem sido forjados ou elaborados com erros inescusáveis, a princípio, caberá ao Poder Público assumir os prejuízos. De outra parte, se o licitante vencedor cometer erros graves na sua interpretação, será tão somente ele o responsável por eventuais prejuízos ao longo do contrato.

Em termos jurídicos, a equação de equilíbrio econômico-financeiro que se estrutura na fase de preparação da contratação desempenha dois papéis. De um lado, ela configura fator determinante para justificar a conveniência e vantajosidade da contratação que o ente estatal pretende realizar. De outro, ao ser divulgada ao público na abertura da licitação, ela se torna um elemento chave para que agentes econômicos ponderem as vantagens e desvantagens de participar do certame e de celebrar o contrato de concessão, de permissão ou de PPP.

Como a equação funda expectativas legítimas recíprocas entre as partes contratantes, ela passa a gozar de **intangibilidade**, ou seja, não pode ser ignorada, destruída ou distorcida pelas partes. Assim, eventos que ocasionem desequilíbrios deverão ensejar reequilíbrio desde que não estejam, segundo o compartilhamento de riscos, no âmbito de responsabilidade da parte contratante prejudicada. Esses desequilíbrios demandarão procedimentos de reajuste e revisão.

Porém, eventos que atinjam o contrato, gerando prejuízo para alguma das partes, não ensejarão reequilíbrio se estiverem sob a responsabilidade do próprio atingido. Nesse sentido, por exemplo, prejuízos assumidos pelo ente concedente em razão de atraso na finalização de infraestruturas do serviço prestado à população não poderão ser considerados no reequilíbrio caso o referido atraso tenha decorrido de comportamentos imputáveis ao próprio concedente, como sua omissão na desapropriação do terreno necessário. Isso demonstra que a boa-fé fundamenta a intangibilidade da equação de equilíbrio econômico-financeiro, mas a relativiza ao mesmo tempo, dado que impede seu uso para fundamentar pleitos de reequilíbrio por quem deu causa ao desequilíbrio ou assumiu seu risco. É isso que chamo de **intangibilidade relativa**.

22.6.8 Desequilíbrio, áleas e matriz de riscos

De acordo com a Lei de Concessões, "sempre que forem atendidas as condições do contrato, considera-se mantido seu equilíbrio econômico-financeiro" (art. 10). Diversamente, se eventos atingirem o contrato de maneira a distorcer as condições fáticas de execução em relação ao pactuado, haverá desequilíbrio. Daí se conclui que o aumento na duração dos contratos os torna cada vez mais sujeitos a eventos perturbadores e, portanto, a desequilíbrios. Como os contratos de concessão são de longo prazo, será praticamente inevitável que em algum momento se desequilibrem, cabendo ao ordenamento, ao edital e ao contrato prever mecanismos capazes de lidar com esses cenários.

Na prática, os eventos que ocasionam desequilíbrio são das mais diversas naturezas. De maneira geral, suas manifestações são classificadas doutrinariamente em conceitos abstratos maiores da tradicional teoria das áleas e que abrangem:

(i) O **caso fortuito**, como eventos que, por não poderem ser previstos, geram impactos expressivos, a exemplo de guerras ou pandemias;

(ii) A **força maior**, como eventos que, embora previstos, são irresistíveis e geram impactos inevitáveis, a exemplo de terremotos, inundações e furacões;

(iii) O **fato do príncipe**, como comportamento do Estado baseado em sua autoridade e que afeta o contrato, como a recusa de licenças e a modificação de tributos;

(iv) O **fato da Administração**, como comportamento lícito ou ilícito do ente contratante que afeta as condições iniciais do contrato, incluindo: (a) alterações unilaterais do contrato ou (b) infrações contratuais, a exemplo da omissão no cumprimento de suas obrigações de desapropriar ou adquirir áreas ou de solicitar licenças ambientais prévias; e

(v) As **infrações da contratada**, como a não conclusão de obras no momento previsto ou a omissão na realização de investimentos.

Como dito, esses conceitos foram sistematizados na doutrina pela chamada teoria das áleas ou dos riscos contratuais. Ocorre que a legislação contratual pública não os define de maneira expressa, ainda que os mencione em certas regras. Essa lacuna do direito positivo ocasiona frequentes divergências sobre seu significado, sua abrangência e sobre a responsabilidade de cada parte contratante quando da sua ocorrência. Na prática, isso estimula confusões na redação de contratos e suscita conflitos contratuais, além de judicialização.

O debate acerca do fato do príncipe ilustra as consequências nocivas da omissão legislativa. Esse conceito absorve apenas comportamentos imputáveis aos entes que formam a esfera federativa do contratante estatal ou comportamentos estatais de qualquer ente federado? Em termos mais práticos, os impactos causados por ações do governo catarinense sobre um contrato de concessão paranaense serão assumidos por quem?

A Lei de Concessões não dá respostas claras e sequer cita o conceito de **fato do príncipe**, resumindo-se a tratar de situações pontuais, como a dos tributos. A respeito, prevê que, ressalvado o imposto sobre a renda, "a criação, alteração ou extinção de quaisquer tributos ou encargos legais, após a apresentação da proposta, quando comprovado seu impacto, implicará a revisão da tarifa, para mais ou para menos, conforme o caso" (art. 9º, § 3º). Esse dispositivo leva a crer que o contratante responde por alterações tributárias em geral, ainda que determinadas por outras esferas federativas. A despeito dessa regra pontual, não se pode concluir que o fato do príncipe sempre abarque comportamentos de qualquer esfera da federação sob pena de se impor responsabilidades indiretas ao contratante estatal sem qualquer fundamento legal.

O **fato da Administração** é outro conceito que suscita problemas. A Lei de Concessões tampouco o menciona, resumindo-se a fazer referências indiretas. É o que se vislumbra no art. 9º, § 4º, segundo o qual o equilíbrio econômico-financeiro será restabelecido em razão de alteração unilateral do contrato que o afete. Aqui se nota o reconhecimento de que a alteração unilateral implica fato da Administração. Porém, o conceito é muito maior, dado que abarca não apenas atos lícitos, como a alteração unilateral. Nele é preciso incluir também atos ilícitos, ou seja, infrações contratuais praticadas pelo ente estatal.

Ao tratar do assunto, a Lei das PPP pouco avançou. Seu texto não traz uma sistematização das áleas, nem definições de conceitos fundamentais para a contratação pública, embora os mencione com mais clareza. A única diferença significativa desse diploma em relação à Lei Geral de Concessões reside na previsão explícita de que o contrato deverá prever a "repartição objetiva de riscos entre as partes" (art. 4º, VI), inclusive em relação a "caso fortuito, força maior, fato do príncipe e álea econômica extraordinária" (art. 5º, III).

A partir desses dispositivos, passou-se a entender que todo e qualquer contrato de PPP necessita embutir a chamada **matriz de riscos**, ou seja, um anexo ou cláusula que estipule: (i) os eventos capazes de impactar o contrato; (ii) a responsabilidade pelo impacto e (iii) a proporção de responsabilidade, quando ela for compartilhada. A matriz deverá, assim, considerar os inúmeros eventos, incluídos ou não nos conceitos tradicionais da teoria das áleas, e que acarretam consequências negativas ou positivas, potenciais e impactantes, em termos de investimentos, custos, despesas etc. Essa técnica, em última instância, destina-se a gerar previsibilidade às partes, permitir a solução rápida de questionamentos e mitigar disputas capazes de comprometer o andamento ou a subsistência do contrato.

A regra da Lei n. 11.079/2004 não se aplica aos contratos de concessão comum e de permissão. Além disso, embora a LLic de 2021 tenha disciplinado o tema da matriz de riscos, tampouco a impôs para esses contratos.[17] Disso resulta que concessões comuns e permissões de obras e serviços públicos, regidas pela Lei n. 8.987/1995, não conterão obrigatoriamente uma matriz explícita em formato de cláusula ou de anexo. Todavia, a ausência de obrigatoriedade não impede que ela esteja presente por força de uma decisão discricionária do ente contratante, baseada no princípio da segurança jurídica e no da eficiência. Além disso, na hipótese de inexistir qualquer matriz explícita, caberá ao intérprete delinear o que chamo de **matriz implícita**, ou seja, buscar o tratamento dos riscos nas normas legais, nos itens do edital e de seus documentos anexos, bem como nas cláusulas contratuais. O fato de não haver uma matriz explícita, por conseguinte, não significa que o contrato prescinda completamente de uma disciplina dos riscos. Ela existirá, mas estará implícita, fragmentada e certamente incompleta.

22.6.9 Reequilíbrio, reajuste e revisão

Por força da **intangibilidade relativa**, antes esclarecida, nem todo desequilíbrio contratual gera reequilíbrio. O dever de se reequilibrar os contratos depende de uma análise mais complexa, que ultrapassa a mera ocorrência de um evento impactante. É preciso verificar, frequentemente, quem deu causa ao evento, como ele se enquadra na matriz de riscos, se existente, e como ela distribui as responsabilidades.

Para sustentar o direito subjetivo de uma parte contratante ao reequilíbrio por um evento concreto será imprescindível que a matriz, explícita ou implícita, não atribua a ele mesmo a responsabilidade pelo ocorrido. Em outras palavras, somente haverá dever de reequilíbrio quando o contrato dissociar a parte que sofre o dano da parte responsável por ele.

Um exemplo ajuda a ilustrar a afirmação. Imagine que um contrato de concessão de rodovia seja afetado por um terremoto, que destrói parte da estrada recém-construída com investimentos da concessionária, gerando a necessidade de mais investimentos para refazê-la. Se o contrato dispuser que riscos por terremotos ou eventos de força maior recaem sobre a própria concessionária, então não haverá direito seu ao reequilíbrio. O desequilíbrio causado não gerará reequilíbrio, porque a responsabilidade pelo evento recai sobre a própria parte prejudicada. Diferentemente, se o contrato previr que o risco de terremoto é de responsabilidade do ente concedente, então o reequilíbrio será devido.

Nem sempre, porém, há clareza a respeito da causa do evento, sua natureza e seu enquadramento na matriz de risco, explícita ou implícita. Por essa razão, são necessários processos administrativos de apuração, envolvendo, muito frequentemente, especialistas do direito, da engenharia e da contabilidade. Um desses processos é a

---

17. Em detalhes sobre o regramento da matriz de riscos na LLic, cf. o capítulo de contratos deste Manual.

revisão contratual, na qual se busca verificar os eventos, suas causas e responsáveis para, ao final, decidir ou não pelo atendimento de pleitos de reequilíbrio. A legislação concessória, mais uma vez, é omissa no tratamento desses processos, mas eles geralmente encontram regramento em leis setoriais, normativas de agências reguladoras e nas próprias cláusulas contratuais.

Embora a legislação geral não preveja, é igualmente comum que se apartem as **revisões ordinárias e extraordinárias**. As primeiras são destinadas a realizar uma apreciação geral sobre o contexto de riscos a que o contrato se submete, ocorrendo de maneira periódica (geralmente, a cada quatro ou cinco anos). Diferentemente, as revisões extraordinárias servem para eventos impactantes inesperados, que exijam reequilíbrio mais célere. Nada impede, contudo, que esses eventos sejam considerados nas próprias revisões ordinárias, salvo previsão legal ou contratual em sentido contrário.

Além das revisões, os contratos de concessão se submetem aos **reajustes**. Assim como ocorre nos contratos instrumentais regidos pela LLic, esse mecanismo persegue a única e exclusiva função de reequilibrar o contrato em razão de variações inflacionárias, para mais ou para menos. Essas variações são verificadas de acordo com um ou mais índices inflacionários previstos no contrato. Importante é apenas que esses índices sejam escolhidos de maneira aderente aos itens envolvidos na execução do serviço ou da obra com o objetivo de evitar enriquecimento indevido para qualquer parte contratante.

Como o reajuste dedica-se simplesmente a corrigir efeitos inflacionários, baseando-se em índices preestabelecidos pelo próprio ente contratante, seu procedimento é geralmente mais célere e simples. Segundo a Lei n. 8.987/1995, cabe ao poder concedente apenas **homologar** os reajustes (art. 29, V). A Lei n. 11.079/2004 vai além na simplificação ao prever que "as cláusulas contratuais de atualização automática de valores baseadas em índices e fórmulas matemáticas, quando houver, *serão aplicadas sem a necessidade de homologação pela Administração Pública, exceto se esta publicar*" razões fundamentadas para rejeitar a atualização (art. 5º, § 1º, g.n.). Por força da lei, na PPP, cabe ao ente que discorda da aplicação do reajuste questioná-lo formalmente como condição para evitar sua aplicação. Salvo disposição em contrário, seu silêncio equivalerá a concordância.

Seja no reajuste, seja na revisão, o reconhecimento do direito ao reequilíbrio implica a necessidade de um contratante compensar o outro, parcial ou integralmente, pelas consequências financeiras do evento ocorrido. As formas para essa compensação são das mais diversas e abrangem não apenas medidas de caráter financeiro e não financeiro, mas como impactos dessa ordem. Simplificadamente, o reequilíbrio se dará por:

- Aumentos ou reduções da tarifa cobrada dos usuários;
- Aumentos ou reduções do prazo de duração do contrato;

- Aumentos ou reduções de obrigações de investimentos;
- Aumentos ou reduções de custos ou despesas;
- Alteração de remuneração variável ou de previsão de ganhos de produtividade;
- Previsão ou exclusão de receitas acessórias, alternativas, complementares ou de projetos associados;
- Pagamento de indenizações; ou
- Injeção de subsídios.

O reconhecimento dessas várias ferramentas é fundamental para evitar uma leitura incorreta da Lei de Concessões, que, por vezes, dá a impressão de que a revisão de tarifas é o único caminho possível para o reequilíbrio econômico-financeiro (tal como se verifica no art. 9º, § 2º). As ferramentas são muitas e, na prática, necessitam ser comparadas com o objetivo de permitir a escolha compatível com a razoabilidade, o serviço público adequado, os direitos fundamentais dos usuários e interesses públicos primários em jogo.

22.7 FISCALIZAÇÃO, SANCIONAMENTO E EXTINÇÃO

22.7.1 Fiscalização

Como visto no capítulo sobre contratos, a fiscalização abarca uma gama de tarefas destinadas a (i) buscar informações para (ii) verificar a regularidade de uma situação ou comportamento. Seguindo essa lógica, fiscalizar módulos concessórios implica observar sua execução no sentido de confirmar sua regularidade. Na presença de indícios de falhas, a autoridade responsável deverá informar a concessionária e lhe solicitar providências adequadas para ensejar a regularização e, em casos não solucionados, instaurará processos administrativos sancionadores ou celebrará compromissos de ajustamento.

Como os módulos concessórios perseguem a finalidade maior de aumentar o bem-estar dos usuários e viabilizar seus direitos fundamentais, é imprescindível que as entidades contratantes realizem a fiscalização eficiente e efetiva da execução obrigacional, sobretudo em relação à qualidade do atendimento e às metas de investimentos. Fiscalizar é essencial para estimular a prestação adequada do serviço público ou da gestão da obra pública. Embora o delegatário responda pelos danos que cause aos usuários ou a terceiros, o Estado é o verdadeiro titular do objeto contratado, de modo que jamais poderá renunciar ao seu papel de garantidor da boa gestão.

O ordenamento jurídico reconhece e reitera o papel de fiscalização de contratos de concessão e instrumentos congêneres em inúmeros comandos legais. O art. 3º da Lei Geral de Concessões é explícito: "as concessões e permissões sujeitar-se-ão à fiscalização (...) com a cooperação dos usuários". Para além desse comando, a Lei ainda estipula que:

- O instrumento contratual conterá normas sobre a forma de fiscalização das instalações, dos equipamentos, métodos e práticas de execução do serviço, bem como a indicação dos órgãos competentes para exercê-la (art. 23, VII);
- O ente de fiscalização terá acesso aos dados relativos à administração, contabilidade, e recursos técnicos, econômicos e financeiros da concessionária (art. 30, *caput*);
- Os usuários deverão levar ao conhecimento do Poder Público e do prestador as irregularidades de que tenham conhecimento e comunicar às autoridades os atos ilícitos praticados pelo prestador (art. 7º, IV e V);
- O prestador contratado garantirá aos encarregados da fiscalização livre acesso, em qualquer época, às obras, aos equipamentos e às instalações integrantes do serviço, bem como a seus registros contábeis (art. 31, V);
- O prestador deverá apresentar relatórios sobre a execução na forma e na periodicidade estipulada pelo contrato (art. 23, XIII e art. 31, XIII);
- O prestador publicará demonstrações financeiras periodicamente (art. 23, XIV); e
- A fiscalização não eximirá o prestador da responsabilidade por todos os prejuízos que causar ao concedente, aos usuários e a terceiros (art. 25, *caput*).

A Lei n. 8.987/1995 atribui as atividades de fiscalização permanente da obra ou da prestação do serviço ao ente estatal contratante (art. 29, I). No entanto, essa norma requer cautela interpretativa, já que existem muitos atores envolvidos nas tarefas em debate.

A própria Lei de Concessões afirma que a fiscalização poderá ser realizada diretamente pelo ente concedente, por meio de **órgão técnico**, ou por **entidade conveniada**, abrindo espaço para terceiros contribuírem com a função (art. 30, parágrafo único). Essa norma é relevante, pois nem sempre os titulares do serviço ou da obra pública dispõem de equipe especializada e completa para bem fiscalizar contratos complexos como os de concessão e PPP. Ao falar de entidade conveniada, aparentemente, o legislador permite que a fiscalização seja integralmente transferida a terceiros, diferenciando seu regime do presente na LLic, que autoriza a terceiros apenas auxiliar os fiscais oficiais de contratos instrumentais por ela regidos.

A legislação setorial, por sua vez, geralmente prevê que se dividam as tarefas fiscalizatórias entre o ente concedente e a agência reguladora competente. Não há um modelo nacional e geral sobre esse compartilhamento de atribuições. Em certos casos, o ente concedente permanecerá com funções reduzidas. Noutros, desempenhará papel central. A despeito do modelo adotado, importante é ter em mente que a omissão da legislação concessória em relação ao regulador não impossibilita que ele assuma funções fiscalizatórias estratégicas nos termos de outras leis especiais, as quais prevalecem sobre normas gerais de mesma hierarquia.

A LLic, aplicável subsidiariamente aos módulos concessórios, insere outro ator na fiscalização ao obrigar os **órgãos públicos de assessoramento jurídico e de controle interno** da Administração a auxiliar o ente contratante nessas tarefas, dirimindo dúvidas dos fiscais e subsidiando-os com informações relevantes para prevenir riscos ao longo da execução obrigacional (art. 117, § 3º, da Lei n. 14.133/2021).

Já a Lei de Concessões estipula que o **usuário** assume deveres de informar as irregularidades e os ilícitos observados na execução contratual. A concretizar esse mandamento, o chamado Código de Defesa dos Usuários de Serviços Públicos (Lei n. 13.460/2017) oferece meios de atuação ao usuário, como o direito de manifestação, a participação em conselho, dentre outros. O CDUSP ainda impõe formas de autofiscalização que valem, de maneira subsidiária, para concessionárias e permissionárias. Nisso se inclui a criação ouvidoria como órgão competente para receber, analisar e responder manifestações dos usuários, assim como para elaborar relatório anual que aponte falhas na prestação dos serviços e para sugerir melhorias (art. 14 da Lei n. 13.460/2017).

Diante dessa pluralidade de atores e considerando a multiplicidade de setores em que o Estado utiliza concessões e permissões, não há como se pensar em uma estrutura organizacional nacionalmente padronizada de fiscalização. Essa dificuldade não obsta que a legislação contratual pública trace um corpo mínimo de atribuições do fiscal ou grupo de fiscais do contrato.

Aplicável subsidiariamente às concessões, a LLic exige que os fiscais registrem formalmente as **ocorrências** observadas na execução contratual. Já a Lei de Concessões proíbe que se instaure qualquer processo sancionador contra a concessionária ou permissionária antes de a fiscalização lhe comunicar, detalhadamente, os descumprimentos contratuais, conferindo-lhe "prazo para corrigir as falhas e transgressões apontadas" (art. 38, § 3º). Reitere-se: verificados indícios de irregularidades na concessão, faz-se o registro detalhado e formal, dando-se em seguida ciência à prestadora para que, em prazo razoável, tome as **providências de correção** sob pena de responder em processo administrativo por infrações específicas. Somente na omissão da prestadora notificada dentro do prazo estipulado é que referido processo deverá ser instaurado.

Ainda que nem as leis concessórias, nem a LLic abordem o tema, os processos sancionadores poderão ser substituídos por acordos de ajustamento de conduta. A falta de permissivo expresso na legislação contratual pública não invalida essa solução consensual. O art. 26 da LINDB deixa evidente que a Administração Pública em geral está autorizada a celebrar compromissos com particulares, entre outras finalidades, para "eliminar irregularidade". Por sua abrangência semântica, o citado autorizativo se estende para entes contratantes estatais. A validade dos acordos de ajustamentos de conduta que celebram com os prestadores contratados fica, porém, condicionada à oitiva do órgão jurídico competente, à publicação oficial do acordo e ao preenchimento de requisitos regulamentares ou contratuais.

22.7.2 Infrações, sanções, PAR

Em paralelismo ao que ocorre nos contratos regidos pela LLic, os módulos concessórios preveem obrigações cujo descumprimento injustificado caracteriza infração contratual. Ocorre que nem a Lei n. 8.987/1995 nem a Lei n. 11.079/2004 trazem um conjunto amplo de regras que tipifiquem as infrações, disciplinem o processo de responsabilização e estipulem as sanções. Essas leis se resumem a poucas disposições sobre o direito administrativo sancionador, tal como se demonstrará a seguir.

A Lei de Concessões exige que o contrato necessariamente contenha cláusula a respeito das "penalidades contratuais e administrativas a que se sujeita a concessionária e sua forma de aplicação" (art. 23, VIII). Em linha com esse comando, prescreve que incumbe ao poder concedente "aplicar as penalidades regulamentares e contratuais" (art. 29, II). Uma interpretação sistemática desses dois dispositivos dentro do corpo normativo da lei aponta algumas conclusões relevantes:

- A uma, a lei não trata expressamente de infrações, não apresenta tipos infrativos, deixando que sejam definidos pela legislação setorial, por normativas das agências reguladoras e/ou pelos próprios contratos;
- A duas, a lei não estipula uma lista das sanções, ou seja, não explicita qual seria a consequência exata do ilícito. Para solucionar essa dúvida, é possível aplicar subsidiariamente as normas da LLic, de modo a se circunscrever as sanções a advertência, multa, impedimento e declaração de inidoneidade, salvo na presença de norma especial em sentido contrário presente na legislação setorial;
- A três, a lei se resume a mencionar genericamente infrações da concessionária. Isso revela que o legislador reproduz, no campo das concessões comuns e permissões, a lógica verticalizada e assimétrica da responsabilidade contratual que se vislumbra na LLic. A meu ver, com isso, a legislação brasileira estrutura um regime desigualmente benéfico ao ente contratante, o que, na prática, não o estimula a observar o contrato como deveria. Melhor seria, portanto, que a Lei mencionasse diretamente infrações e sanções para os dois lados do contrato;
- A quatro, apesar de não mencionar as espécies de infrações e sanções, a lei faz distinção entre violações de normas regulamentares e de normas contratuais. Essa disposição é extremamente relevante, pois deixa claro que as partes se vinculam não somente ao pactuado, mas também ao que dispõe a legislação setorial e a regulação. Contudo, é fundamental que normas regulamentares ou setoriais estabeleçam claramente a divisão de competências dos atores estatais para apuração de infrações contra os diferentes tipos de normas, evi-

tando-se, assim, conflitos negativos e positivos de competência entre o ente concedente e agência reguladora que eventualmente atue sobre o contrato; e

- A cinco, a lei não oferece detalhes sobre como se conduzirá o processo administrativo sancionador para responsabilização contratual. Aqui, mais uma vez, há que se recorrer às normas gerais da LLic, que tratam do PAR, de sua condução, da defesa e da produção de provas.

Em grande medida, as falhas e lacunas da Lei n. 8.987/1995 não foram resolvidas pela Lei n. 11.079/2004. Apesar disso, esse diploma dá um passo importante ao favorecer a horizontalidade do regime sancionador. Esse movimento se vislumbra especialmente no art. 5º, II, segundo o qual os contratos de PPP obrigatoriamente preverão as "penalidades aplicáveis à Administração Pública e ao parceiro privado em caso de inadimplemento contratual, fixadas sempre de forma proporcional à gravidade da falta cometida e às obrigações assumidas".

O dispositivo legal transcrito é emblemático não apenas por consagrar a razoabilidade no poder sancionatório, mas, principalmente, por apontar de maneira expressa a necessidade de se prever sanções tanto contra o particular contratado, quanto contra o parceiro público. Na prática, porém, resta obscura a forma de apuração da responsabilidade contratual do Estado – problema que deverá ser solucionado pela legislação setorial ou pelo contrato.

22.7.3 Garantias e FGP

As garantias relacionam-se diretamente à execução contratual e servem como mecanismos de proteção dos contratantes contra comportamentos indesejados. No âmbito das concessões comuns e permissões, a Lei n. 8.987/1995 aborda o regime da garantia em alguns trechos, mas sem muitos pormenores. Em primeiro lugar, destaca a necessidade de cláusula contratual que preveja os direitos, as obrigações e as garantias das partes contratantes (art. 23, V). Em segundo, demanda que os contratos envolvendo obras públicas prevejam garantia para o fiel cumprimento das obrigações relativas (art. 23, parágrafo único, II). Essa disposição é repetida na lei, quando impõe que o edital de licitação dos contratos com obras públicas estipule as garantias especificamente destinadas e adequadas às obrigações de edificação, limitando-se pelo valor de cada obra (art. 18, XV).

A despeito dessas normas, como dito, a legislação concessória é bastante sucinta e lacunosa sobre o regime jurídico das garantias. As lacunas a respeito do tema pedem a aplicação subsidiária das regras da LLic ao campo das concessões comuns e permissões. Essa extensão normativa é imprescindível, mas exige cuidados e adaptações, haja vista as diferenças estruturais e finalísticas entre os contratos instrumentais e os módulos concessórios aqui tratados. Além disso, como destaca Di Pietro, na construção do regime de garantias, há que se observar principalmente o princípio da razoabilidade e o princípio da competitividade, pois excessos de exigências de garantias elevam as barreiras para participação na licitação, reduzindo o número de interessados e colocando em risco a vantajosidade desejada pela Administração Pública.[18]

Em complemento às garantias oferecidas ao ente concedente, a Lei n. 8.897/1997 preocupa-se com os **financiadores** de projetos concessórios. Isso se percebe na permissão de que a concessionária utilize os direitos emergentes da concessão para sustentar garantias em favor dos financiadores "até o limite que não comprometa a operacionalização e a continuidade da prestação do serviço público" (art. 28). A norma descrita faculta que as vantagens financeiras obtidas com a exploração da concessão se transformem em garantias que se acoplem, caso a concessionária deseje, aos contratos de financiamento. No entanto, a lei é expressa ao vedar a incidência da referida medida sobre bens reversíveis, ou seja, sobre os bens materiais ou imateriais essenciais para o funcionamento do serviço ou da obra concedida/permitida.

Na mesma linha se deve interpretar o art. 28-A da Lei de Concessões, que autoriza as concessionárias a ceder parcela de seus créditos operacionais futuros ao mutuante. Certamente, não será possível comprometer esses créditos numa quantidade superior aos recursos necessários para investimentos e para a cobertura de custos e despesas operacionais com a manutenção do serviço concedido em situação de prestação adequada.

Na **Lei das PPP**, as garantias recebem mais importância e sujeitam-se a um regime jurídico diferenciado. Basicamente, as concessões administrativas e patrocinadas envolvem três formas de garantia. São elas:

(i) A **garantia oferecida pelo parceiro público** *ao parceiro privado* conforme especificação do edital (art. 11, parágrafo único). Prevista com a finalidade de proteger o particular contra violações contratuais do ente público, essa garantia assume a forma de vinculação de receitas, seguro-garantia, instituição ou utilização de fundos especiais e outras formas legalmente admitidas (art. 8º). O contrato deve estabelecer as situações para seu acionamento pelo parceiro privado (art. 5º, VI);

(ii) A **garantia oferecida pelo parceiro privado para o parceiro público** (art. 5º, VIII). Essa garantia será compatível com os ônus e riscos envolvidos no contrato e observará o limite que a LLic prevê para contratações de grande vulto. Considerará, ademais, o valor de bens que o parceiro público eventualmente repassará para o privado e as obras que deverão ser edificadas ao longo da execução contratual (aplicabilidade do art. 18, XV da Lei n. 8.987/1995 às PPP); e

---

18. DI PIETRO, Maria Sylvia Zanella. *Parcerias na Administração Pública*, 13. ed. Rio de Janeiro: Forense, 2022, p. 110.

(iii) **A garantia oferecida pelo parceiro público ao financiador/garantidor da PPP**. A exigência dessa garantia é apenas facultativa (art. 5º, § 2º). Quando prevista no caso concreto, permitirá: (a) a transferência do controle ou a administração temporária da SPE ao financiador ou garantidor da PPP, desde que com ela não mantenha vínculo direto, permitindo-lhe promover reestruturação financeira e assegurar a continuidade da prestação dos serviços; (b) a emissão de empenho em nome dos financiadores do projeto em relação às obrigações pecuniárias da Administração Pública; e (c) a legitimidade dos financiadores para receber indenizações por extinção antecipada do contrato, bem como pagamentos efetuados pelos fundos e por empresas estatais garantidores das PPP (art. 5º, § 2º, I, II e III).

Em complemento às normas gerais sobre garantias, a Lei n. 11.079/2004 traz um conjunto de regras sobre a instituição, a operação e o funcionamento do **Fundo Garantidor de Parcerias Público-Privadas** (FGP). Resumidamente, esse fundo, de natureza privada e com patrimônio próprio, constitui um sujeito autônomo de direitos e obrigações, sendo administrado, gerido e representado, judicial ou extrajudicialmente, por instituição financeira controlada direta ou indiretamente pela União (art. 17, *caput*). Por meio de bens, títulos da dívida pública e recursos financeiros recebidos de entes cotistas, além de outras fontes de receitas, o FGP oferece garantias de obrigações pecuniárias assumidas por parceiros públicos federais, estaduais, distritais ou municipais em virtude da celebração de PPP (art. 16). Essas garantias dependem de aprovação na assembleia de cotistas do fundo e necessitam observar as formas indicadas expressamente na lei (art. 17, § 1º).

22.7.4 Extinção, caducidade, encampação, anulação e revogação

As formas de extinção das concessões, permissões e PPP encontram-se legalmente sistematizadas. De acordo com a Lei n. 8.987/1995 (art. 35), a extinção ocorrerá: (i) por advento do termo contratual, ou seja, quando o prazo contratual se esgotar e o contrato atingir sua finalidade, encerrando-se naturalmente; (ii) por encampação, isto é, por motivo de interesse público primário declarado pelo ente contratante; (iii) por caducidade, ou seja, descumprimento injustificado do contrato por parte do particular contratado; (iv) por anulação, decorrente de vícios de legalidade na licitação ou no próprio contrato; e (v) por falência ou extinção da empresa concessionária e falecimento ou incapacidade do titular, no caso de empresa individual.

A essas situações do art. 35, é preciso adicionar a extinção: (vi) consensual, resultante de decisão amigável das partes e (vii) judicial ou arbitral, decorrente de decisão requerida pelo particular quando o ente concedente descumprir o contrato – vale notar que a interrupção do serviço somente poderá ocorrer após o trânsito em julgado da decisão (art. 39). De todas essas modalidades extintivas, ao menos três merecem comentários adicionais.

A **caducidade** é termo técnico que indica a extinção administrativa e unilateral do contrato por culpa da concessionária ou parceira-privada. O art. 38 da Lei de Concessões traz amplo regramento sobre o instituto. Quando a contratada cometer inexecução total ou parcial, o contratante público poderá, a seu critério, aplicar apenas sanções isoladamente ou somar a elas a determinação de caducidade do contrato, extinguindo-o.

A opção pela extinção será lícita sempre que o serviço não for prestado de forma adequada; cláusulas, normas regulamentares ou legais forem violadas; o serviço concedido/permitido for paralisado indevidamente (salvo em situação de caso fortuito ou força maior); o prestador não mais demonstrar condições econômicas, técnicas ou operacionais para manter o serviço adequado; não cumprir penalidades impostas por suas infrações; não atender a intimações para corrigir falhas no serviço ou obra ou não apresentar documentação fiscal solicitada no curso da concessão.

Qualquer uma dessas situações legais poderá justificar a decisão administrativa de caducidade, mas, antes disso, será imprescindível conduzir o devido processo administrativo e prolatar decisão administrativa condenatória e motivada. Melhor dizendo: ao verificar uma irregularidade ou falha, inicialmente, o ente contratante apontará a situação à contratada, oferecendo-lhe prazo para tomada de providências. Somente na manutenção da situação irregular é que o processo de responsabilização será instaurado, assegurando-se, no seu curso, a ampla defesa, o contraditório e outras garantias fundamentais (art. 38, § 3º). Após o devido processo e caso haja provas de infração, então o contratante poderá condenar a empresa contratada a sanções cumuladas ou não com a caducidade contratual, expedida em forma de decreto.

Nessa última hipótese, a extinção contratual exigirá verificação de necessidade de indenização, que será calculada no decurso do processo administrativo, descontando-se o valor das multas contratuais e os danos causados pela concessionária. Na caducidade, o pagamento não necessita ser prévio, ou seja, pode ocorrer mesmo após a retomada efetiva do serviço, sem prejuízo das devidas correções, quando cabíveis. Além disso, mesmo após a caducidade e a retomada do serviço pelo titular, a antiga prestadora continuará responsável por encargos, ônus, obrigações ou compromissos assumidos com terceiros ou trabalhadores, não se podendo transferi-los ao ente concedente (art. 38, § 6º).

Em contraste com a caducidade, que se baseia em comportamentos imputáveis ao contratado, a **encampação** é uma forma de extinção unilateral do contrato por motivo de interesse público primário. Exatamente por isso, os requisitos para sua prática são mais rigorosos. De acordo com a Lei Geral de Concessões (art. 37), a encampação exige: (i) decisão amplamente motivada com a indicação concreta dos prejuízos para um ou outro interesse público primário; (ii) a aprovação de lei autorizativa prévia e específica; além de (iii) prévio pagamento da indenização ao contratado. Dados os requisitos legais, bem como os custos políticos e financeiros envolvidos, a encampação é utilizada de maneira bastante rara na Administração

Pública. Alternativa mais fácil e simples é a resolução amigável que, porém, depende do acordo entre as partes.

A **anulação** é outra forma polêmica de extinção contratual. Trata-se de medida extintiva por decisão judicial ou administrativa baseada em vícios de legalidade na licitação ou no contrato. Ocorre que a legislação concessória não disciplina em detalhes a utilização desse instituto, restando a dúvida sobre a aplicabilidade dos inúmeros requisitos que a LLic traz sobre o tema. A princípio, como há lacuna e inexistem impeditivos expressos, entendo que as normas da LLic se estendem subsidiariamente à essa figura de extinção contratual, mas como as devidas mitigações.

As implicações desse entendimento são várias. Em primeiro lugar, não se deve proceder à anulação do contrato em razão de vícios sanáveis. Somente vícios danosos e insanáveis poderão justificá-la. Em segundo lugar, mesmo na presença de vícios insanáveis, será essencial ponderar interesses públicos no sentido de se aferir as vantagens e desvantagens da nulidade para a população, para a Administração Pública, para o meio ambiente etc. Em terceiro lugar, se impositiva a anulação após a ponderação, será igualmente relevante aceitar a possibilidade de modulação de seus efeitos, sobretudo para que o ente contratante possa retomar os serviços sem colocar em risco a vida e a dignidade dos usuários ou para que possa realizar licitação e escolher o prestador subsequente. Todas essas observações resultam, diretamente, da aplicação subsidiária do art. 147 e do art. 148 da LLic aos módulos concessórios.

Extinto o contrato, por uma causa ou outra, o titular da obra ou do serviço público concedido deverá retomá-lo, isto é, ocupar as instalações e assumir todos os bens reversíveis, direitos e privilégios transferidos ao prestador (art. 35, § 1º). Especificamente no caso de extinção por advento contratual e por encampação, a reversão ocorrerá com a "indenização das parcelas dos investimentos vinculados a bens reversíveis, ainda não amortizados ou depreciados, que tenham sido realizados com o objetivo de garantir a continuidade e atualidade do serviço concedido" (art. 36). Isso significa que a indenização será prévia. Já na caducidade, como visto, a indenização da reversão poderá ocorrer posteriormente à retomada por disposição legal expressa (art. 38, § 4º). Antecipada ou posterior, o parâmetro fundamental do cálculo da indenização será o conjunto de bens reversíveis e sua situação, conceito que se retomará no item a seguir.

22.7.5 Bens reversíveis

O conceito de bens reversíveis é a chave não apenas para se identificar o conjunto patrimonial imprescindível à gestão de uma obra ou à prestação de um serviço público, como também para solucionar questões sobre indenização no momento de extinção da concessão, da permissão ou da PPP. O tema requer atenção, pois os bens reversíveis não equivalem apenas a bens públicos, nem se confundem com todo o conjunto de bens que o prestador tem em sua propriedade ou gerencia durante a vigência do contrato.

Na verdade, as empresas que celebram instrumentos de concessão ou permissão lidam com uma gama bastante variada de objetos. Isso inclui: (i) bens particulares próprios e totalmente desvinculados da função pública que exercem na gestão da obra ou do serviço; (ii) bens particulares e próprios, mas essenciais à função pública que exercem; (iii) bens de terceiros, desvinculados da função pública; (iv) bens de terceiros, em sua posse e vinculados à função pública e (v) bens públicos recebidos do contratante estatal, titular do serviço, e essenciais ao serviço ou à obra que forma o objeto da concessão ou permissão.

Diante desse amplo conjunto patrimonial, os bens reversíveis constituem um subgrupo composto pelos bens, públicos ou particulares, pertencentes ao ente contratante, ao contratado ou a terceiros, que demonstram essencialidade para o funcionamento adequado da obra ou do serviço público concedido ou permitido. Dentro do conceito de reversíveis cabem bens públicos ou particulares, imóveis ou móveis, materiais ou imateriais.

Não reversíveis, por conseguintes, são os bens particulares de que dispõe a concessionária ou permissionária para exercer meras finalidades comerciais ou tarefas acessórias que somente contribuem com o objeto do contrato de concessão ou permissão indiretamente. Assim, para saber se um bem é reversível ou não, basta comprovar faticamente se a obra ou o serviço funcionarão de modo adequado sem a sua presença. Daí se chega a uma conclusão juridicamente relevante: o fato de um bem se mostrar reversível no início do contrato não significa que manterá essa qualidade por todas as décadas de duração do contrato até sua extinção.

É a partir dessas premissas que se deve interpretar a legislação sobre o tema. A Lei n. 8.987/1995 prevê que o edital da licitação indicará os bens reversíveis, suas características e as condições em que estes serão postos à disposição quando se extinguir o contrato (art. 18, X e XI, e art. 23, X). Essas normas devem ser lidas com muito cuidado! Embora seja possível enumerar e caracterizar bens essenciais ao serviço ou à gestão da obra concedida ou permitida no momento da licitação, é impossível prever como definitividade: (i) quais bens futuros poderão se tornar reversíveis; (ii) quais bens deixarão de ser reversíveis e (iii) quais permanecerão reversíveis até o final do contrato.

A realidade é dinâmica, as tecnologias mudam e os serviços concedidos sujeitam-se à mutabilidade e à atualidade técnica. Um bem essencial ao serviço hoje poderá deixar de sê-lo amanhã e outro, inútil hoje, poderá se tornar essencial no futuro. Por conseguinte, é preciso interpretar os dispositivos legais no sentido de se impor ao ente contratante apenas a indicação dos bens que, no momento inicial do contrato, são imprescindíveis para a obra ou o serviço delegado. Deles não se deve extrair a proibição de que a lista de reversíveis seja periodicamente atualizada, com inclusões ou exclusões de bens, mediante as devidas compensações de distorções no equilíbrio econômico-financeiro.

Sob essa premissa também se deve interpretar o art. 35, § 1º, da Lei n. 8.987/1995. De acordo com esse dispositivo, "todos os bens reversíveis" retornam ao poder concedente com a extinção do contrato. "Todos os bens reversíveis" são todos os essenciais na fase final do contrato, não exatamente todos os que foram listados no edital como tais, nem todos os que, em algum momento da execução obrigacional, assumiram essa característica. A reversibilidade indica uma condição que depende da relação de essencialidade técnica do bem para com a obra ou serviço concedido. Como a realidade constrói ou destrói essa relação, o conjunto de reversíveis necessariamente se modificará, daí a importância de sua revisão constante.

Resta saber, porém, como esses bens serão considerados para fins de indenização no momento final do contrato de concessão ou de permissão. Para se chegar a essa conclusão, é preciso levar em conta tanto a natureza, quanto a propriedade do bem reversível. Como bens entregues pelo ente contratante à posse da concessionária ou permissionária no momento da celebração do contrato, os **bens públicos reversíveis** necessitam apenas ser devolvidos ao final da concessão. Via de regra, não há que se falar de indenização, salvo para investimentos de ampliação, reforma ou melhorias ainda não amortizadas. Já os **bens particulares reversíveis**, adquiridos pelo prestador e sob sua propriedade, serão indenizados apenas na medida em que não tenham sido amortizados pelas fontes financeiras do contrato. É preciso recordar, porém, que a indenização será indevida quando tiverem sido adquiridos com subsídios estatais ou aportes (art. 6º, § 5º, da Lei das PPP).

Categoria adicional de bens reversíveis é formada por **bens particulares pertencentes a terceiros**. Aqui se enquadram, por exemplo, imóveis alugados, áreas arrendadas ou veículos em leasing, custeados por pagamentos periódicos e utilizados como suporte essencial para o funcionamento da obra ou do serviço concedido. Essa prática tem se tornado cada vez mais comum na prática, seja pelo desinteresse na imobilização de ativos, seja pelas facilidades na atualização tecnológica, seja por ausência de regramento legal sobre o assunto nas concessões e permissões. Para evitar conflitos e problemas, salvo outra solução prevista no contrato ou na legislação setorial, é extremamente recomendável que se estipulem limites e condições para essa prática, sobretudo no sentido de prever e autorizar que a Administração Pública, quando da extinção da concessão ou permissão, sub-rogue-se na posição contratual da concessionária ou permissionária perante o terceiro fornecedor,[19] dispensando-se indenização.

---

19. Nesse sentido, cf. MARQUES NETO, Floriano de Azevedo. *Bens públicos*: função social e exploração econômica – o regime jurídico das utilidades públicas. Belo Horizonte: Fórum, 2009, p. 176-178 e p. 186.

22.7.6 Meios alternativos de solução de controvérsias (MASC)

Seja ao longo da execução obrigacional, seja na fase de extinção, o contrato de concessão, de permissão ou de PPP é um campo natural de conflitos variados entre as partes. A deflagração desses conflitos é praticamente inevitável por motivos diversos. Em primeiro lugar, esses contratos são de longa duração e envolvem um relacionamento constante dos particulares contratados não apenas com os administradores e governantes que os celebraram, mas com vários de seus sucessores. Em segundo, a longa duração torna o contrato mais vulnerável a eventos que o desequilibram, implicando frequentes pedidos de reequilíbrio que acarretam tensões entre as partes. Em terceiro, a necessidade de tornar esses contratos flexíveis e adaptáveis às mudanças pressupõe cláusulas abertas e vagas, levando a disputas interpretativas constantes. Em quarto, os altos valores envolvidos nesses contratos não raramente ocasionam disputas acirradas sobre reequilíbrio e cálculos de indenização, mormente quanto aos bens reversíveis.

Consciente dessa conflituosidade imanente, o legislador introduziu mecanismos alternativos de solução de controvérsias na legislação concessória muitos antes das alterações promovidas na Lei da Arbitragem, da edição da Lei de Mediação e da LLic de 2021. Desde 2004, a Lei das PPP autoriza o emprego de mecanismos privados de solução de disputas, inclusive a arbitragem, para dirimir conflitos decorrentes ou relacionados ao contrato (art. 11, III). Em 2005, a Lei n. 11.196 inseriu na Lei n. 8.987/1995 o art. 23-A, que legalizou o uso de mediação, de conciliação e de arbitragem para solução de conflitos relativos a concessões comuns e permissões.

Uma vez comentados no capítulo anterior, não há necessidade de aprofundar as definições desses mecanismos novamente. Vale apenas reiterar duas observações. A uma, é preciso utilizar os MASC com razoabilidade, isto é, empregá-los na ordem do mais simples e barato aos mais complexo e custoso, levando em conta as características dos conflitos em jogo. A duas, para que a utilização se mostre lícita, os mecanismos deverão: (i) limitar-se a conflito sobre **direito patrimonial disponível**, tal como definido no próprio contrato; (ii) realizar-se no Brasil; (iii) em língua portuguesa; (iv) de acordo com o princípio da **legalidade** (vedando-se julgamentos por equidade) e (v) com o princípio da **publicidade** administrativa.

Nem a Lei de Concessões, nem a de PPP trata da figura dos **comitês de resolução de disputas** (*"dispute boards"*). Apesar disso, esse mecanismo foi reconhecido nas normas gerais e nacionais da LLic de 2021 que, por aplicação subsidiária, incidem sobre as concessões, permissões e PPP. Na prática, contudo, a LLic prescinde de detalhamento operacional sobre o tema. Essa lacuna exige que o ente concedente discipline em regulamento, no edital ou contrato sua composição, duração (perene ou *ad hoc*), poderes (de recomendação ou de decisão vinculante) e custeio.

22.8 SÚMULAS

SÚMULAS VINCULANTES

- Súmula Vinculante n. 27: Compete à Justiça Estadual julgar causas entre consumidor e concessionária de serviço público de telefonia, quando a ANATEL não seja litisconsorte passiva necessária, assistente, nem opoente.

- Súmula n. 477: As concessões de terras devolutas situadas na faixa de fronteira, feitas pelos Estados, autorizam, apenas, o uso, permanecendo o domínio com a União, ainda que se mantenha inerte ou tolerante, em relação aos possuidores.

SUPERIOR TRIBUNAL DE JUSTIÇA

- Súmula n. 506: A Anatel não é parte legítima nas demandas entre a concessionária e o usuário de telefonia decorrentes de relação contratual.

TRIBUNAL DE CONTAS DA UNIÃO

- Súmula n. 9: Está sujeito ao Tribunal de Contas o julgamento da regularidade das contas das entidades concessionárias de serviços públicos, quanto aos recursos provenientes de transferência do Orçamento Federal e administração eventual de bens da União, não mais cabendo a observância do disposto no Decreto-lei n. 426, de 12/05/38, art. 20, § 4º, Decreto n. 17.788, de 08/02/45, art. 2º, § 1º, e Lei n. 830, de 23/09/49, art. 71.

22.9 REFERÊNCIAS BIBLIOGRÁFICAS PARA APROFUNDAMENTO

ALENCAR, Leticia Lins de. *Equilíbrio na concessão*. Belo Horizonte: Fórum, 2019.

AMARAL, Antônio Carlos Cintra do. *Concessão de serviço público*. São Paulo: Malheiros, 2002.

ANDRADE, Letícia Queiroz de. *Teoria das relações jurídicas da prestação de serviço público sob regime de concessão*. São Paulo: Malheiros Editores, 2015.

ANDRADE, Ronaldo José de. *Incorporação de novas tecnologias em contratos de concessão*: estudo de caso do setor rodoviário paulista. Belo Horizonte: Fórum, 2022.

ARAGÃO, Alexandre Santos de. *Direito dos serviços públicos*, 4. ed. Belo Horizonte: Fórum, 2017.

ARRUDA CÂMARA, Jacintho. *Tarifa nas concessões*. São Paulo: Malheiros Editores, 2009.

BELSITO, Bruno Gazzaneo; TANNURE, Ricardo Tomaz. Discussão sobre a necessidade de autorização legislativa para concessões de serviços públicos. *Revista do BNDES*, v. 25, n. 50, 2018.

BITENCOURT NETO, Eurico. *Devido procedimento equitativo e vinculação de serviços públicos delegados no Brasil*. Belo Horizonte: Fórum, 2009.

BITTENCOURT, Sidney. *Parceria público-privada passo a passo*: comentários à Lei n. 11.079/04, que institui normas gerais para licitação e contratação de PPP na Administração Pública, alterada pelas Leis n. 12.024/09, 12.409/11, 12.766/12, 13.043/14, 13.097/15.13.137/15 e 13.529/17, 4. ed. Belo horizonte: Fórum, 2020.

CALDAS, Roberto. *Parcerias público-privadas e suas garantias inovadoras nos contratos administrativos e concessões de serviços públicos.* Belo Horizonte: Fórum, 2011.

CRUZ, Carlos Oliveira; SARMENTO, Joaquim Miranda. *Manual de Parcerias Público-Privadas e concessões.* Belo Horizonte: Fórum, 2020.

DAL POZZO, Augusto Neves; VALIM, Rafael; AURÉLIO, Bruno; FREIRE, André Luiz (Org.). *Parcerias Público-Privadas*: teoria geral e aplicação nos setores de infraestrutura. Belo Horizonte: Fórum, 2014.

DAL POZZO, Augusto Neves. *O direito administrativo da infraestrutura.* São Paulo: Contracorrente, 2020.

DIAS, Maria Tereza Fonseca. *Parceiras público-privadas e contratualização pública.* São Paulo: Dialética, 2023.

DI PIETRO, Maria Sylvia Zanella. *Parcerias na administração pública*: concessão, permissão, franquia, terceirização, parceria público-privada, 15. ed. Rio de Janeiro: Forense, 2022.

FARIA, Edimur Ferreira de (Coord.). *Controle da administração pública direta e indireta das concessões*: autocontrole, controle parlamentar, com o auxílio do Tribunal de Contas, controle pelo Judiciário e controle social. Belo Horizonte: Fórum, 2018.

GARCIA, Flávio Amaral. *A mutabilidade nos contratos de concessão.* São Paulo: Malheiros/JusPodivm, 2021.

GASIOLA, Gustavo Gil; MARRARA, Thiago. Concessão de rodovia: análise crítica da prática contratual brasileira. *Revista de Direito Público da Economia*, v. 52, 2015.

GIACOMUZZI, José Guilherme. *Estado e contrato.* São Paulo: Malheiros, 2011.

GUIMARÃES, Fernando Vernalha. *Concessão de serviço público.* São Paulo: Saraiva, 2014.

HARB, Karina Houat. *A revisão na concessão comum de serviço público.* São Paulo: Malheiros, 2012.

JURKSAITIS, Guilherme Jardim; ISSA, Rafael Hamze; TAFUR, Diego Jacome Valois (Org.). *Experiências práticas em Concessões e PPP.* São Paulo: Quartier Latin, 2019.

JUSTEN FILHO, Marçal; SCHWIND, Rafael Wallbach (Org.). *Parcerias público-privadas*: reflexões sobre os 10 anos da Lei n. 11.079/2004, 2. ed. São Paulo: Revista dos Tribunais, 2022.

LIBERAL, Edilson. *Elementos orçamentários e fiscais nas PPPs sociais.* São Paulo: Dialética, 2022.

MARQUES NETO, Floriano de Azevedo. *Concessões.* Belo Horizonte: Fórum, 2016.

MARRARA, Thiago (Org.); SADDY, André; MORAES, Salus (Coord.). *Tratado de Parcerias Público-Privadas.* São Paulo: Centro de Estudos Empírico-Jurídicos, 2019. t. III – Estudo prévio para a implementação dos PPPs.

MARRARA, Thiago. Aspectos concorrenciais da concessão de florestas públicas. *Revista de Direito Público da Economia*, v. 8, n. 32, 2010.

MARRARA, Thiago. Comitê de resolução de disputas na nova Lei de Licitações e Contratos. *Conjur,* 23 de julho de 2023, disponível online.

MARRARA, Thiago. LGPD, concessões de serviços públicos e equilíbrio econômico-financeiro. In: FERRAZ, Sérgio; VENTURINI, Otávio; GASIOLA, Gustavo Gil (Org.). *Proteção de dados pessoais e compliance digital*. São Paulo: Umanos, 2022.

MARRARA, Thiago. Regulação sustentável de infraestruturas. *Revista Brasileira de Infraestrutura – RBInf*, v. 1, 2012.

MARRARA, Thiago. Tarifa mínima para manutenção de serviços públicos de fornecimento de água e de coleta de esgoto. *Revista de Direito administrativo e infraestrutura*, v. 3, 2019.

MARRARA, Thiago; BARBOSA, Allan Fuezi. Responsabilidade do Estado pelo contrato: reflexões a partir da responsabilidade do contratante por lacunas e erros em concessões de serviços públicos. In: GOMES, Carla A.; NEVES, Ana F.; BITTENCOURT, Eurico; MOTTA, Fabricio (Org.). *Responsabilidade nos Contratos Públicos*: uma perspectiva comparada luso-brasileira. Lisboa: Instituto de Ciências Jurídico-Políticas, 2020.

MARRARA, Thiago; SOUZA, André Luís. Equilíbrio econômico-financeiro e redução tarifária. In: MOREIRA, Egon Bockmann (Org.). *Tratado do equilíbrio econômico-financeiro*, 2. ed. Belo Horizonte: Fórum, 2019.

MELLO, Celso Antônio Bandeira de. *Serviço público e concessão de serviço público*. São Paulo: Malheiros, 2017.

MIGUEL, Luiz Felipe Hadlich. *As garantias nas parcerias público-privadas*. Belo Horizonte: Fórum, 2011.

MONTEIRO, Vera. *Concessão*. São Paulo: Malheiros Editores, 2010.

MOREIRA, Egon Bockmann (Coord.). *Tratado do equilíbrio econômico-financeiro*: contratos administrativos, concessões, parcerias público-privadas, Taxa Interna de Retorno, prorrogação antecipada e relicitação, 2. ed. Belo Horizonte: Fórum, 2019.

MOREIRA, Egon Bockmann. *Direito das concessões de serviço público*, 2. ed. Belo Horizonte: Fórum, 2022.

MORENO, Maís. *A participação do administrado no processo de elaboração dos contratos de PPP*. Belo Horizonte: Fórum, 2019.

NESTER, Alexandre Wagner. *Autorização de serviços públicos*. Tese de Doutoramento. Faculdade de Direito – FD/USP. 2019.

NIEBUHR, Pedro de Menezes. *Parcerias Público-Privadas*: Perspectiva Constitucional Brasileira. Belo Horizonte: Fórum, 2008.

OLIVEIRA, Gesner; OLIVEIRA FILHO, Luiz Chrysostomo de (Org.). *Parcerias público-privadas*: experiências, desafios e propostas. Rio de Janeiro: LTC, 2013.

PEREZ, Marcos Augusto. *O risco no contrato de concessão de serviço público*. Belo Horizonte: Fórum, 2006.

RIBEIRO, Mauricio Portugal. *Concessões e PPPs*: melhores práticas em licitações e contratos. Paulo: Atlas, 2011.

SADDY, André; MORAES, Salus (Org.). *Tratado de Parcerias Público-Privadas: Teoria e Prática*. Rio de Janeiro: CEEJ, 2019. v. 1 a 11.

SCHIEFLER, Gustavo Henrique Carvalho. *Procedimento de manifestação de interesse (PMI)*. Rio de Janeiro: Lumen Juris, 2014.

SCHWIND, Rafael Wallbach. *Remuneração do concessionário*. Belo Horizonte: Fórum, 2010.

SOUZA, Ana Paula Peresi de Souza. *Mecanismos de equilíbrio econômico-financeiro:* uma análise das concessões de rodovias federais. Belo Horizonte: Fórum, 2022.

SUNDFELD, Carlos Ari (Coord.). *Parcerias Público-Privadas*, 2. ed. São Paulo: Malheiros, 2011.

ZANCHIM, Kleber Luiz. *Contratos de Parceria Público-Privada (PPP)*: Risco e Incerteza. São Paulo: Quartier Latin, 2012.

Anotações